❖ 城市轨道交通系列教材 ❖

信号检修

昆明地铁运营有限公司　编

西南交通大学出版社
·成都·

图书在版编目（CIP）数据

信号检修/昆明地铁运营有限公司编. —成都：
西南交通大学出版社，2015.4
城市轨道交通系列教材
ISBN 978-7-5643-3677-6

Ⅰ. ①信… Ⅱ. ①昆… Ⅲ. ①城市铁路–交通信号–
检修–高等学校–教材 Ⅳ. ①U239.5

中国版本图书馆 CIP 数据核字（2015）第 005740 号

城市轨道交通系列教材

信号检修

昆明地铁运营有限公司　编

责 任 编 辑	周　杨
封 面 设 计	墨创文化
出 版 发 行	西南交通大学出版社 （四川省成都市金牛区交大路 146 号）
发 行 部 电 话	028-87600564　028-87600533
邮 政 编 码	610031
网　　　　址	http://www.xnjdcbs.com
印　　　　刷	成都中铁二局永经堂印务有限责任公司
成 品 尺 寸	185 mm×260 mm
印　　　　张	28.75
字　　　　数	716 千
版　　　　次	2015 年 4 月第 1 版
印　　　　次	2015 年 4 月第 1 次
书　　　　号	ISBN 978-7-5643-3677-6
定　　　　价	90.00 元

图书如有印装质量问题　本社负责退换
版权所有　盗版必究　举报电话：028-87600562

编委会

主　任　王　征

副主任　赵　磊　宋政严

委　员　朱统世　王树文　徐　斌　张　杰　任　晔
　　　　　李志辉　罗曦春　宋　建　孟红波　樊　盈
　　　　　周　云　林云松　魏成阳　许敏娟　何志彬
　　　　　李志敏　刘　兰　达世鹏　孟　敏　赵建国
　　　　　王　娜　王贵有　杨伟俊　李淑红　蔡贵雄
　　　　　郭永权　杨　勰

策　划　朱统世

出版说明

城市轨道交通诞生于 19 世纪中叶的英国伦敦，经历了近 150 多年的发展历史。它技术成熟、安全可靠、形式多样、用途广泛，以其大载客量、快捷、准时、环保而成为解决日益严重的城市交通堵塞的最有效手段。

随着我国经济社会的发展，内地城市化进程大大加快，城市交通问题已然成为制约城市发展的一大问题。为此，国家确立了优先发展城市公共交通的城市发展战略。2009 年年底，国务院批准几个城市轨道交通建设计划。到目前为止，除北京、上海、广州已建成并使用的城市轨道交通线路外，许多二线城市已在建或拟建城市轨道交通线路。根据统计，到 2015 年年底，我国拥有城市轨道交通的城市将达到 30 个。未来 10 年，我国内地将新建城市轨道交通线路 60 多条，新建线路里程在不断扩大；北京、上海、广州等一线城市的城市轨道交通已经形成网络化格局，并呈现密集态势。我国城市轨道交通迎来了最好的发展时机。

城市轨道交通的发展，急需大量德才兼备的各类专业人才，如运营、供电、驾驶与检修等。为满足企业对人才特别是高、中级技能型人才培养的迫切需要，同时为适应职业教育"校企合作、工学结合"的教改形势，促进轨道交通行业职业教育教材体系趋于完善，西南交通大学出版社与昆明地铁运营公司及几所高中职学校共同策划，拟出版一套（有 20 余种）适合高、中级职业学校城市轨道交通类专业学生学习以及城市轨道交通营运公司员工培训的教材，首期推出以下 6 种（余下的后续出版）：

《信号检修》

《通信检修》

《电客列车司机》

《车站值班员》

《电客列车检修》

《变电检修》

  本套教材侧重运营和维修知识的介绍，编写者根据近几年城市轨道交通的发展，将最新的技术资料收入其中；紧扣职业教育的特点及企业岗位需求，在讲述基本专业知识的基础上，注重实际操作技能的培养。内容系统完整，文字通俗易懂，图文并茂。为配合教学需要，还配有适量练习题。

  希望本套教材的出版，能对城市轨道交通职业教育，对正在运行和将要运行的相关城市轨道交通营运公司的用人产生积极影响。受编者水平和时间的限制，本套教材的不足或错漏之处在所难免，欢迎读者批评指正。

西南交通大学出版社

2015 年 1 月

序

经过多年的发展，我国城市轨道交通将在2015年迎来发展的一个高峰。从已经开通和正在修建的城市轨道交通线路来看，我国的城市轨道交通建设已呈现稳健、持续的态势。城市轨道交通的发展无疑给我们的城市带来诸多益处，让城市魅力得到展现。

为更好地落实"十二五"城市轨道交通人才发展规划，强化人才培养和实践锻炼，加快建设一支数量充足、结构合理、素质过硬的专业技术人才队伍，尽快满足并确保城市轨道交通安全运营对专业技术人才的需要，昆明地铁运营有限公司本着立足当前、着眼长远、瞄准前沿、务求实用的原则，编写了这套既可为企业培训所用，亦可为开设有城市轨道交通课程学习的职业学校所用的专业系列教材。

这套教材与其他的城市轨道交通教材不同，它既突出企业管理新理念，又突出职业学校"产学结合、校企合作"的办学新理念。企业化培训教学，是由国际劳工组织开发推广的以现场教学为主、技能培训为核心的一种教学模式。因其教学模式具有灵活性、针对性、现实性、经济性的特点，即通过科学高效的培训，可大大提高职工业务技术、操作技能水平和应急处理能力，在国内外现代企业中被广泛应用。而我国职业教育发展到今天，校企合作成为一种必然选择。无论哪种职业教育，只有注重培养质量，注重学校学习与企业实践相结合，注重学校与企业资源、信息共享，才能使自身筋骨更强劲，道路更宽广。

这套教材针对地铁一线生产岗位需要，以应知应会、实作技能为重点，涵盖了地铁行车组织、调度指挥、客运、供电、工务、通信、信号等专业系统知识。教材内容通俗易懂、信息量大、专业性强，侧重地铁运营管理中的新技术、新设备，既立足应用实际又有适度超前，部分章节在各类地铁教材中属于首次涉及，因而对培训者与学习者来说具有重要意义与参考价值。编排体例上进行了分类处理，分章节模式和模块模式，对涉及地铁运营、调度岗位的采用章节模式，对涉及地铁维修岗位的采用模块模式。

这套教材由昆明地铁运营有限公司人力资源部组织筹划，体现了公司及客运站段、维保中心专业部室骨干人员的技术力量与智慧，公司工程师以及上海地铁专家对教材内容进行了评审。在此，谨对撰写者付出的辛劳，对专家们给予的大力支持表示衷心感谢！

王 征

2015 年 1 月

前　言

随着科学技术和城市化的发展，城市轨道交通在现代城市中起着越来越重要的作用，轨道交通在城市交通运输中的优势越来越明显。近年，城市雾霾严重困扰着人们的生活，低碳环保成为了国民经济建设的需要，城市轨道交通面临着前所未有的发展机遇，全国有20多个城市开通了城市轨道交通，近20个城市在建城市轨道交通。

在城市轨道交通的各个系统中，轨道交通信号系统技术含量高，具有网络化、自动化的特点，在整个轨道交通中发挥着重要的作用，是一个保证运营安全、提高运输效率的系统。但目前国内能适应城市轨道交通培训使用的教材不多，因此我公司组织编写了系列丛书，以填补培训资料不足的情况。

本书由理论知识和实作技能两大模块构成。理论知识分为基础知识（包含电子电工基础知识、网络基础知识、信号基础知识）、安全知识（安全基础知识、基本安全规章）和专业知识（地铁信号概述、色灯信号机、转辙装置、轨道空闲检测设备、信号继电器、电源设备、计算机联锁系统、ATP/ATO系统、ATS系统、数据通信系统、信号集中监测系统）三个分模块。实作技能分为基本技能（仪器仪表使用）、专业技能（单项信号设备检修、转辙机轮修、继电器轮修、电源设备检修、计算机联锁设备检修、ATP/ATO设备检修、ATS设备检修、DCS设备检修、信号集中监测检修、各种设备操作）、应急处置（信号设备故障应急处理程序、信号机故障处理、道岔故障处理、轨道电路故障处理、计轴设备故障处理、计算机联锁故障处理、电源屏故障处理、ATS 设备故障处理、车载设备故障处理、DCS 设备故障处理）三个分模块。

本教材紧扣职业教育的特点，在讲述基本专业知识的基础上，注重实际操作技能的培养。内容简洁明了，文字通俗易懂。本教材适合城市轨道交通信号检修人员和城市轨道交通信号检修专业学生使用。

本教材由昆明地铁运营有限公司信号中心王桂梅担任主编，陈宝德担任副主编。其中由王桂梅编写的部分为：LA 基础知识（LA1-LA3）、LB 安全知识（LB1-LB2）、LC1 地铁信号概述、LC2 色灯信号机、LC5 信号继电器、LC6 电源设备、LC9 列车自动监督系统（ATS）、LC11 信号集中监测系统、SA1 仪器仪表使用、SB1 单项信号设备检修、SB 专业技能（SB1-SB10）、SC1 信号设备故障应急处理程序、SC2 信号机故障处理、SC7 智能电源屏故障处理、SC8 ATS 系统故障处理。陈宝德编写的部分为：LC3 转辙装置、LC4 轨道空闲检测设备、LC7 计算机联锁系统（CBI）、LC8 列车自动防护/驾驶系统、LC10 数据通信系统（DCS）、SC3 道岔故障处理、SC4 50 Hz 轨道电路故障处理、SC5 计轴设备故障、SC6 计算机联锁故障处理、SC9 车载设备故障处理、SC10 DCS 设备故障处理。

本教材经历了一年多的编写、校对，但由于编者水平与时间有限，书中难免有不足和疏漏之处，欢迎读者批评指正。

编　者
2014 年 10 月

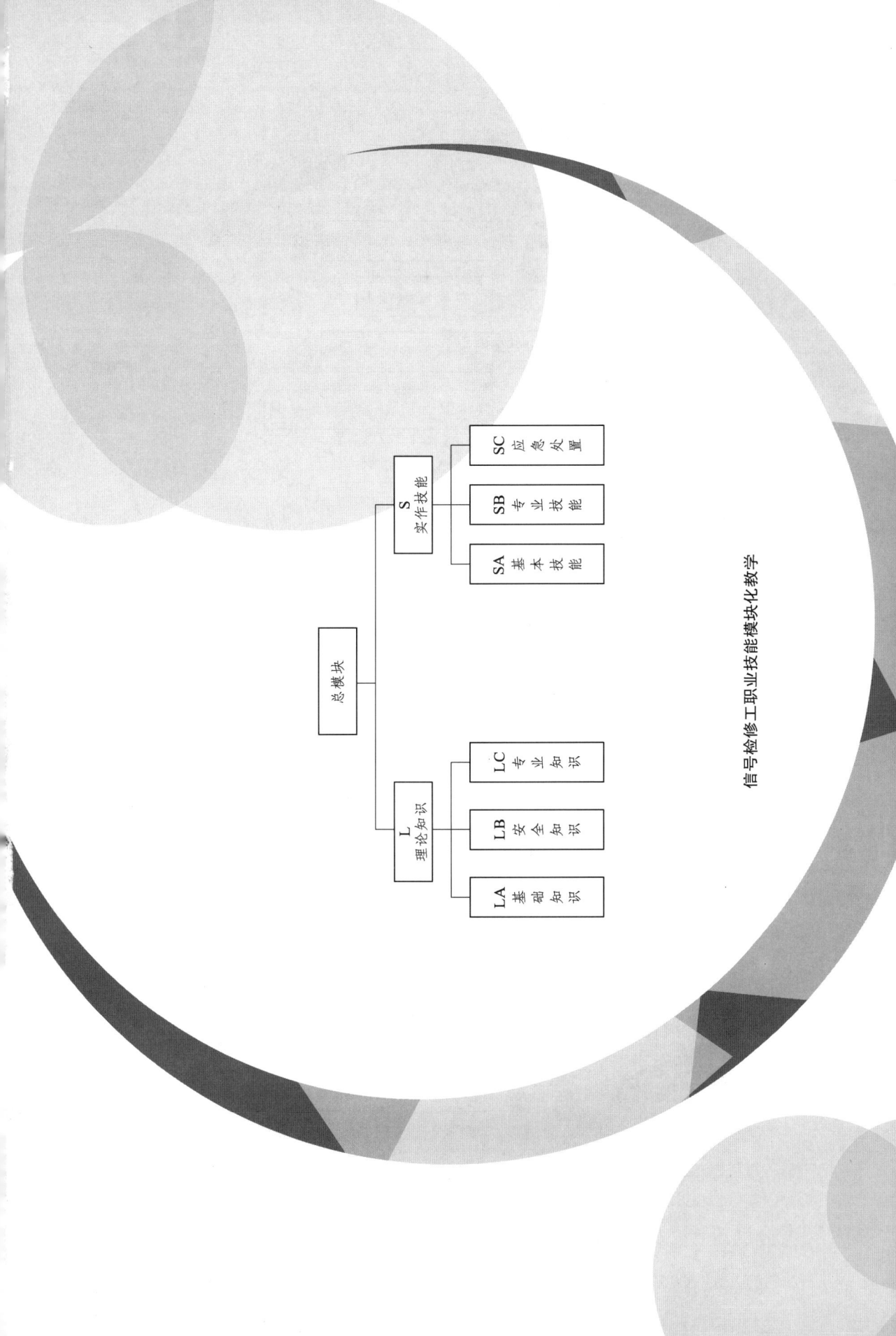

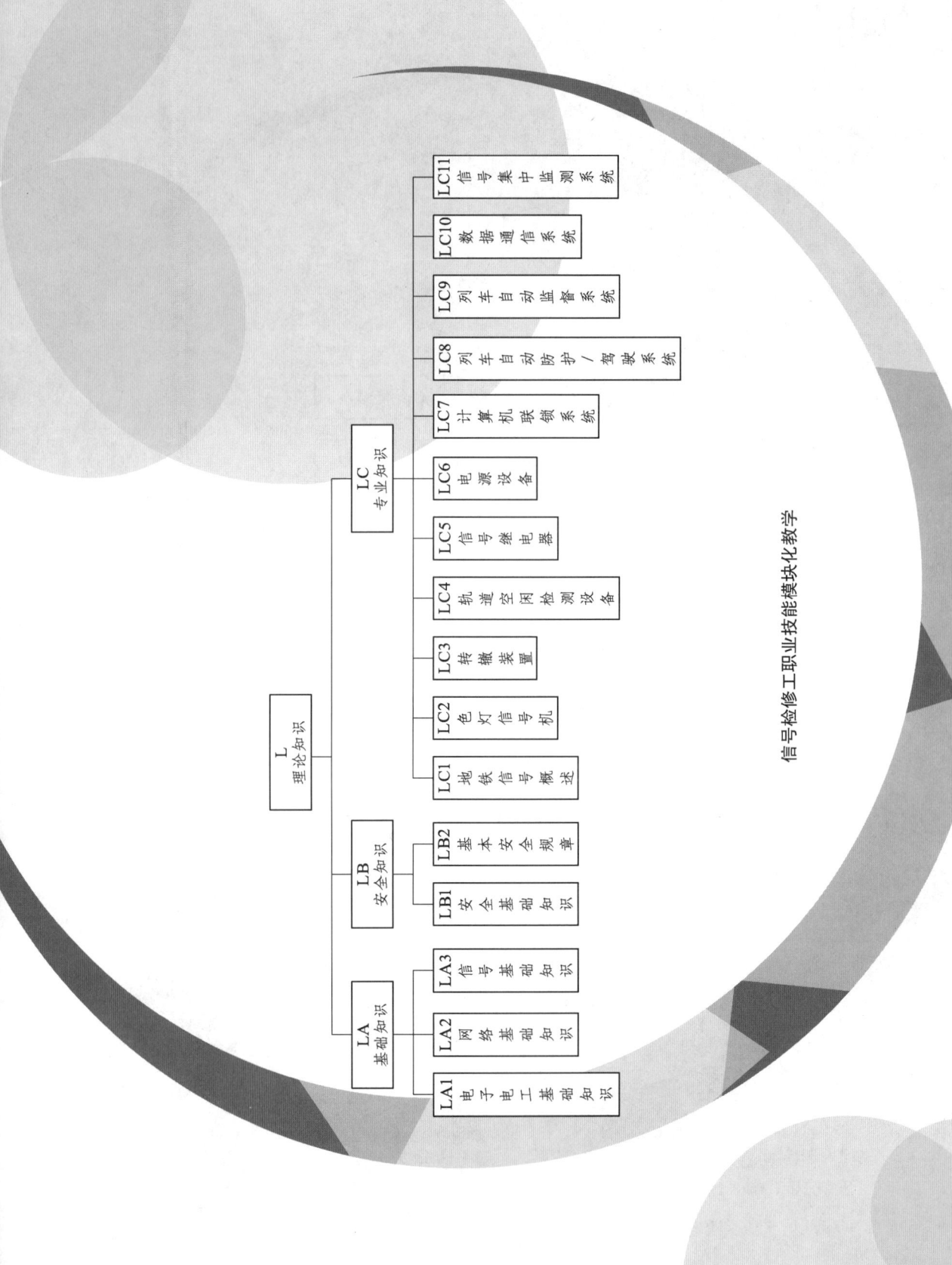

信号检修工职业技能模块化教学

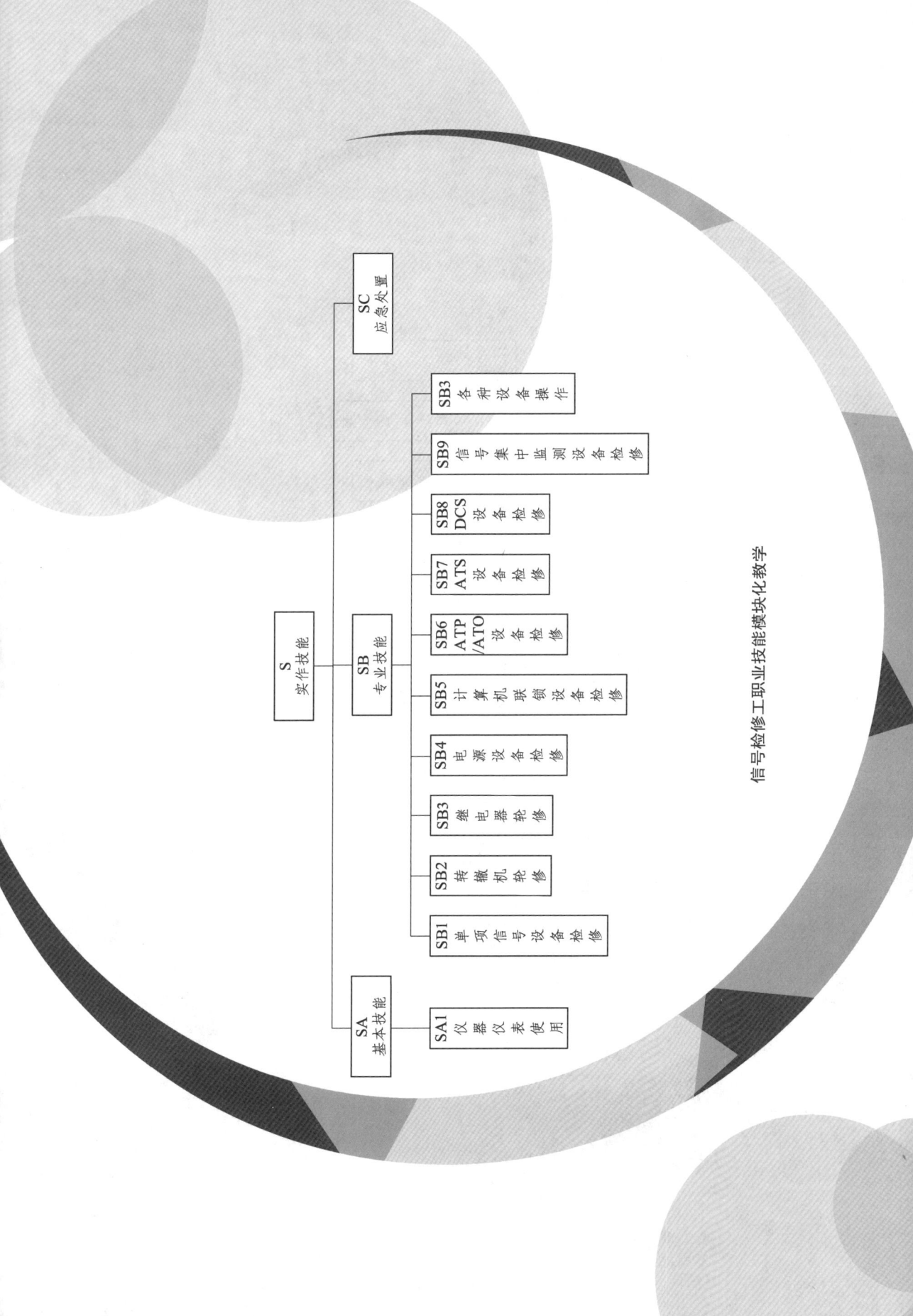

信号检修工职业技能模块化教学

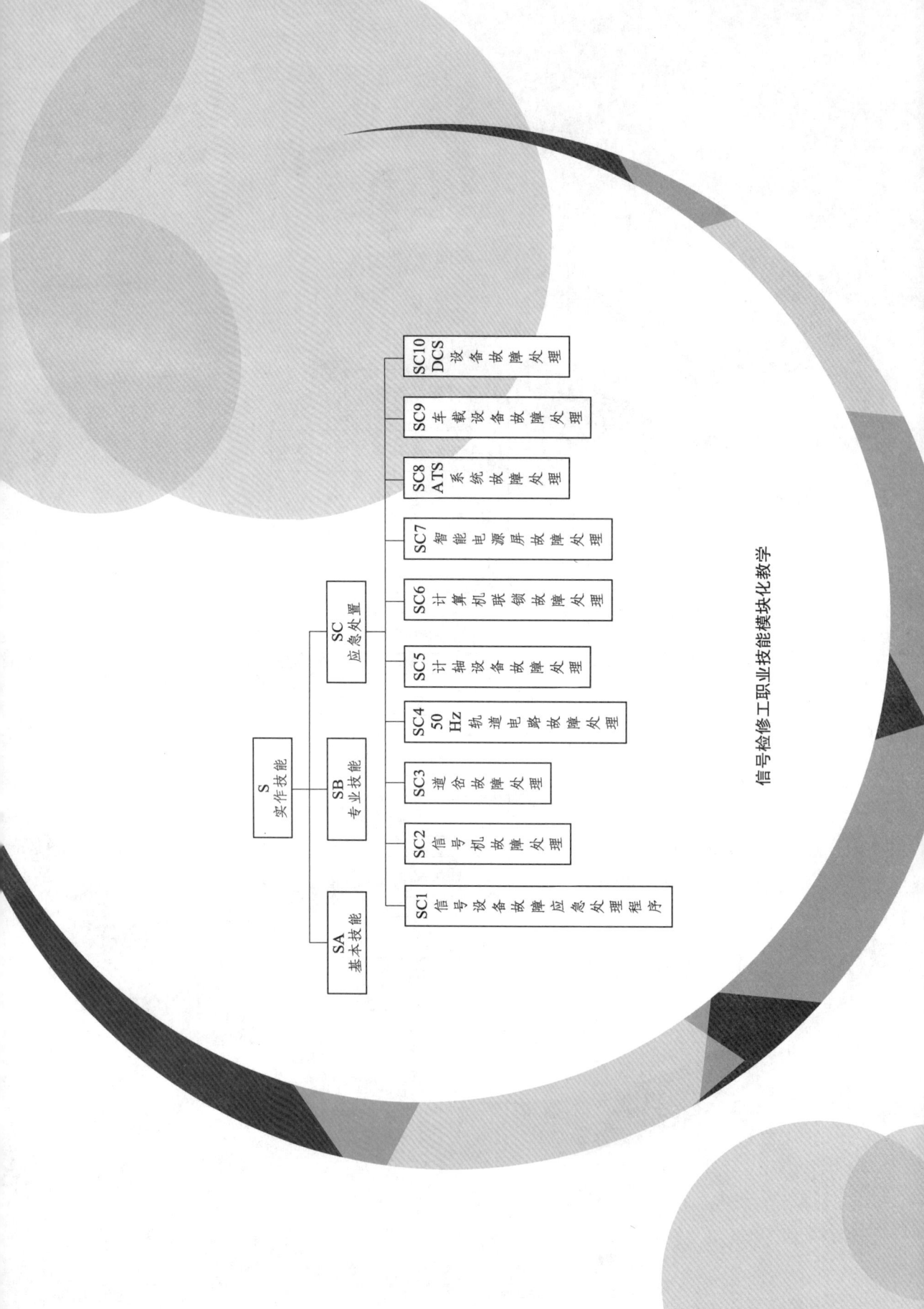

信号检修工职业技能模块化教学

目 录

总模块 L 理论知识

- **分模块 LA 基础知识** 1
  - 子模块 LA1 电子电工基础知识 1
  - 子模块 LA2 网络基础知识 20
  - 子模块 LA3 信号基础知识 28
- **分模块 LB 安全知识** 50
  - 子模块 LB1 安全基础知识 50
  - 子模块 LB2 基本安全规章 52
- **分模块 LC 专业知识** 54
  - 子模块 LC1 地铁信号概述 54
  - 子模块 LC2 色灯信号机 59
  - 子模块 LC3 转辙装置 70
  - 子模块 LC4 轨道空闲检测设备 98
  - 子模块 LC5 信号继电器 116
  - 子模块 LC6 电源设备 152
  - 子模块 LC7 计算机联锁系统（CBI） 165
  - 子模块 LC8 列车自动防护/驾驶系统（ATP/ATO） 196
  - 子模块 LC9 列车自动监督系统（ATS） 234
  - 子模块 LC10 数据通信系统（DCS） 244
  - 子模块 LC11 信号集中监测系统 266

目录

总模块 S 实作技能

- **分模块 SA 基本技能** ……281
  - 子模块 SA1 仪器仪表使用 ……281
- **分模块 SB 专业技能** ……288
  - 子模块 SB1 单项信号设备检修 ……288
  - 子模块 SB2 转辙机轮修 ……298
  - 子模块 SB3 继电器轮修 ……304
  - 子模块 SB4 电源设备检修 ……311
  - 子模块 SB5 计算机联锁设备检修 ……314
  - 子模块 SB6 ATP/ATO 设备检修 ……318
  - 子模块 SB7 ATS 设备检修 ……324
  - 子模块 SB8 DCS 设备检修 ……333
  - 子模块 SB9 信号集中监测设备检修 ……338
  - 子模块 SB10 各种设备操作 ……341
- **分模块 SC 应急处置** ……378
  - 子模块 SC1 信号设备故障应急处理程序 ……378
  - 子模块 SC2 信号机故障处理 ……380
  - 子模块 SC3 道岔故障处理 ……382
  - 子模块 SC4 50 Hz 轨道电路故障处理 ……390
  - 子模块 SC5 计轴设备故障处理 ……392
  - 子模块 SC6 计算机联锁故障处理 ……397
  - 子模块 SC7 智能电源屏故障处理 ……403
  - 子模块 SC8 ATS 系统故障处理 ……407

目 录

子模块 SC9　车载设备故障处理 …………………………………… 414
子模块 SC10　DCS 设备故障处理 ………………………………… 422

- 附录 1：考试卷样题 ………………………………………………… 427
  信号检修工职业技能培训考试卷（初级）……………………… 428
  信号检修工职业技能培训考试卷（中级）……………………… 431
  信号检修工职业技能培训考试卷（高级）……………………… 435
- 附录 2：中英文对照表 ……………………………………………… 438
- 参考文献 …………………………………………………………… 442

总模块 L

理论知识

分模块 LA 基础知识

子模块 LA1 电子电工基础知识

一、直流电路

1. 电路概念

电路就是电流所流经的路径及实际电路的原理接线图，如图 LA1-1 所示。它是由电源、负载（负荷）、连接导线和开关四个基本部分组成的。当开关合上时，灯泡就会发光，这表明在电路中通过了电流。

导线和开关是电源和负载之间必不可少的连接和控制部分，只有将开关合上把电路接通时，才能有电流通过负载。

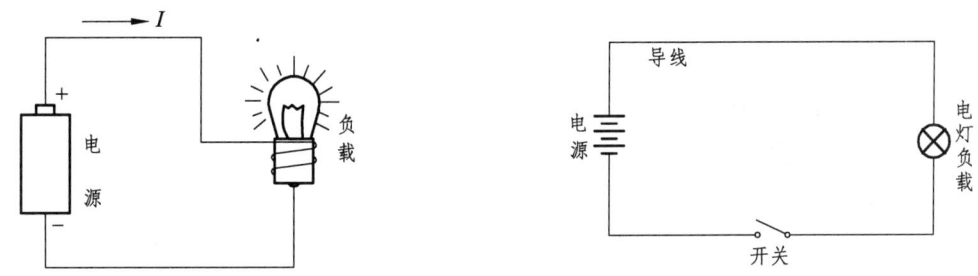

图 LA1-1 电路构成及接线图

2. 电 流

1）电流的概念

电荷有规则的定向运动，就形成了电流。在导线中，电流实际上是带负电的电子的流动所形成的，但其效果与等量正电荷反方向流动完全相同，人们用每秒钟通过导线某一截面的电荷量的多少来衡量电流的强弱，叫作电流强度（简称电流），用符号 I 表示。电流的大小以安培为单位计量，简称安，用符号 A 表示。如果 1 秒钟（s）有 1 库仑（C）的电量通过导线的某一截面，这时的电流就是1安（A）。常用的还有毫安（mA）、微安（μA），它们之间的关系是：

$$1 千安（kA）= 1\,000 安（A）$$
$$1 安（A）= 1\,000 毫安（mA）$$
$$1 毫安（mA）= 1\,000 微安（μA）$$

2）直流电流与交流电流

直流电流：电流的大小和方向都不随着时间变化，即在任何不同时刻，单位时间内通过导体横截面的电荷量均相同，其方向也始终不改变，如图 LA1-2（a）所示。

交流电流：电流的大小和方向随时间按一定的规律反复交替地变化，即由小变大，又由大变小；一段时间电流方向是正的，一段时间变成负的，如图 LA1-2（b）所示。

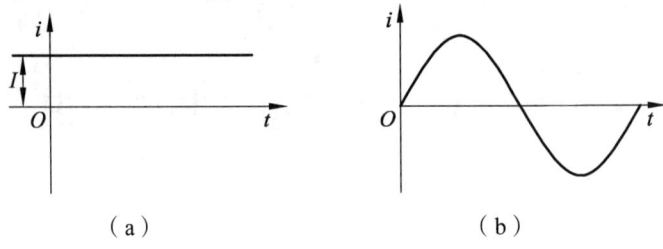

图 LA1-2　直流电流和交流电流

3. 电　压

1）电　压

在一个已知的电场内，电场力把单位正电荷从高电位移至低电位所做的功，就是该两点间的电压，用符号 U 表示，单位是伏（V）。如果搬移电荷量为1库仑（C）所做功为1焦耳（J）时，电压就为1伏（V）。常用的电压单位还有毫伏（mV），微伏（μV）和千伏（kV）。它们之间的关系是：

$$1 千伏（kV）= 1\,000 伏（V）$$
$$1 伏（V）= 1\,000 毫伏（mV）$$
$$1 毫伏（mV）= 1\,000 微伏（μV）$$

2）电　位

电压又叫电位差，它表示电场中两点间电位的差别。实践和数学公式推导都证明：电场力将单位正电荷从电场中的某点移到参考点（参考点的电位规定为零）所做的功，叫作该点的电位。也可以说，电场中的某点和参考点之间的电压，就是该点的电位。

在电场中，当选中的参考点不同时，各点的电位也会不同，但任意两点之间的电位差（电压）却保持不变。

4. 电阻和电阻率

导体内的电荷在运动的过程中不断地相互碰撞，并且还与导体的分子相碰撞，因此，导体对于它所通过的电流呈现有一定的阻力，这个阻力就叫作电阻，用符号 R 表示。电阻的大小以欧姆为单位计量，简称欧，用字母 Ω 表示。常用的单位还有千欧（kΩ）、兆欧（MΩ），它们之间的关系是：

$$1 千欧（kΩ）= 1\,000 欧（Ω）$$
$$1 兆欧（MΩ）= 1\,000 千欧（kΩ）$$

导体的电阻不仅和导体的材料种类有关，而且还和导体的尺寸有关。实验证明，同一材料导体的电阻和导体的截面积成反比，而和导体的长度成正比。用公式表示为：

$$R = \rho \cdot L / S$$

式中　L——导线长度，单位是米（m）；
　　　S——导线截面积，单位是平方米（m^2）；
　　　ρ——比例常数，叫作导体的电阻率，单位是欧·米（Ω·m）。

5. 欧姆定律

当电阻两端有电压时，电阻中就有电流流过。实验证明：流过电阻 R 上的电流 I 与电阻两端的电压 U 成正比，与电阻 R 成反比，这就是欧姆定律。它是电路中的一条很重要的基本定律，反映了电路中电压、电流与电阻三者之间的相互关系。用公式表示为：

$$I = U / R$$

式中电压的单位用伏（V），电阻的单位用欧（Ω），则电流的单位是安（A）。

欧姆定律还可以用三种不同的形式来表示：$I = U/R$，$U = IR$，$R = U/I$。

6. 电功率

1）电功率的计算

在分析或解决有关电路的实际问题中，有时需要考虑功率问题，就是根据已知的电压、电流或电阻值来计算一个电阻元件所消耗的电功率。

电功率的定义是单位时间内电场力搬运电荷所做的功。用公式表示为

$$P = W / t$$

式中　W——电场力移动电荷所做的功，单位是焦耳（J）；
　　　t——代表时间，单位是秒（s）；
　　　P——电功率，单位是焦耳/秒（J/s），通常还叫作瓦特（简称瓦），用字母 W 表示。
常用的还有千瓦（kW）、毫瓦（mW），它们之间的关系：

$$1 千瓦（kW）= 1\,000 瓦（W）$$
$$1 瓦（W）= 1\,000 毫瓦（mW）$$

实验证明，电功率还可以用三种不同的形式来表示：$P = UI$，$P = I^2R$，$P = U^2/R$。

2）电流的热效应

在正常情况下，任何一种导体都具有一定的电阻。因此当电流流经导体时，电能就不断地随着电流的流动而转变为热能，使导体温度升高，这种现象就叫作电流的热效应。

人们经过长期的实践和实验,发现电流通过导体时所产生的热量和电流值的平方、导体本身的电阻值以及电流通过的时间成正比。用公式表示为:

$$Q = 0.24I^2Rt\text{(cal)}$$

式中　Q——电流在电阻上产生的热量,单位是卡(cal),1 cal = 4.186 8 J;
　　　I——通过导体的电流,单位是安(A);
　　　R——导体的电阻,单位是欧(Ω);
　　　t——电流通过的时间,单位是秒(s);
　　　0.24——热功当量,它相当于电阻为1 Ω的导体中通过1 A电流时,每秒钟产生的热量。

这个关系式又叫作焦耳-楞次定律。

二、简单直流电路

1. 电阻串联电路

1)串联电阻的计算

如果把几个电阻首尾相接地连接起来,中间没有分叉,在这几个电阻中通过的电流是同一电流,这种连接方式叫作串联。如图 LA1-3 所示,两电阻 R_1、R_2 串联之后,接在电源电压 E 的两端就组成了电阻串联电路。通过它们的电流是同一电流 I。

电流的方向可根据已知的电源电压的极性标出,电流通过外电路时,应该从高电位的正极流向低电位的负极,而在电源内部,电流则是从低电位流向高电位。图 LA1-3 表示的电路中,电流是按顺时针方向流动的。

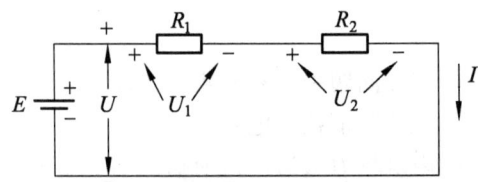

图 LA1-3　电阻的串联

根据电流的流动方向可以分别标出电阻 R_1、R_2 上的电压 U_1、U_2 的极性。这样根据欧姆定律可知:

$$U_1 = IR_1 \quad U_2 = IR_2$$

所以:

$$U = U_1 + U_2 = IR_1 + IR_2 = I(R_1 + R_2)$$

这样可以用一个电阻 R 来代替电路中原来的两个电阻,并保持电路中总的电压和电流都不变,于是又可将上式写成:

$$U = IR$$

式中的电阻 R 就叫作串联电阻 R_1 与 R_2 的等效电阻(也可以叫作总电阻)。等效电阻的大小等于相串联的各电阻阻值之和,即

$$R = R_1 + R_2 + \cdots + R_n$$

"等效"的意思就是电路的某一部分被替换之后,电路中其余部分的电压和电流并不发生变化。

2) 串联电阻间的电压分配

从图 LA1-3 可以看出,电阻 R_1 与 R_2 上的电压降,都是总电压的一部分。那么总的电压是按照什么样的规律分配在两串联的电阻 R_1 与 R_2 两端的呢?根据欧姆定律可知,每个电阻上的电压分别是:

$$U_1 = IR_1 \quad U_2 = IR_2$$

所以电路中两电阻电压的比例是:

$$U_1/U_2 = IR_1/IR_2 = R_1/R_2$$

也就是说,在电阻串联的电路中,每个电阻上分得的电压的大小,与电阻的大小成正比。即电阻大的分得的电压大,电阻小的分得的电压小。

还可以将 $I = U/(R_1 + R_2)$ 代入 $U_1 = IR_1$ 式中,得到:

$$U_1 = U/(R_1 + R_2)R_1 = R_1/(R_1 + R_2)U = (R_1/R)U$$
$$U_2 = U/(R_1 + R_2)R_2 = R_2/(R_1 + R_2)U = (R_2/R)U$$

这组公式就称为两串联电阻的分压公式。

这两个式子说明,串联电阻中每个电阻上分得的电压取决于这个电阻和总电阻 R 的比值。适当选择 R_1 和 R_2 的数值,就可以在每个电阻上获得相应的电压。比值 $R_1/(R_1 + R_2)$ 和 $R_2/(R_1 + R_2)$ 又叫作分压比。

2. 电阻并联电路

几个电阻一齐接在相同的两点之间,每个电阻两端所承受的是同一个电压,这种连接方式叫作并联。如图 LA1-4 所示,两电阻 R_1、R_2 并联之后,接在电源电压的两端就组成了电阻并联电路,加在它们两端的电压是同一个电压。

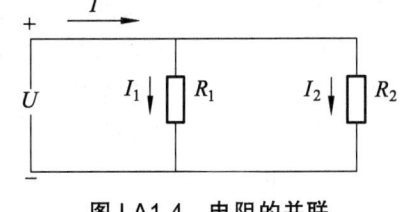

图 LA1-4 电阻的并联

两并联的电阻两端的电压是一样的,但由于电阻的阻值不同,其支路中流过的电流也就不同。根据欧姆定律可知:

$$I_1 = U/R_1 \quad I_2 = U/R_2$$

所以

$$I = I_1 + I_2 = U/R_1 + U/R_2 = U(1/R_1 + 1/R_2)$$

这样可以用一个电阻 R 来代替电路中原来的两个电阻,并保持电路中总的电压和电流都不变,于是又可将上式写成:

$$I = U(1/R)$$

式中的电阻 R 就叫作并联电阻 R_1 与 R_2 的等效电阻(也可以叫作总电阻)。等效电阻的倒数等于相并联的各电阻阻值的倒数之和。即:

$$1/R = 1/R_1 + 1/R_2 + \cdots + 1/R_n$$

整理上式可得到：

$$1/R = R_2/R_1R_2 + R_1/R_1R_2 = (R_1 + R_2)/R_1R_2$$

由此得出两并联电阻的等效电阻是：

$$R = R_1R_2/(R_1 + R_2)$$

由此可见，两个并联电阻的总电阻，比其中任何一个电阻的阻值都要小；如果两个阻值相等的电阻并联，其总阻值等于一个电阻阻值的一半；如果两个电阻阻值相差悬殊，并联以后的总电阻就接近于小电阻的阻值，于是在估算总电阻时，就可以忽略那个高值电阻。

注意：当三个电阻并联时，也可先将任意两个电阻化简成一个等效电阻，然后再将它与第三个电阻并联化简。更多电阻并联则以此类推。在特殊情况下，当几个相同阻值的电阻并联时，它的等效电阻等于 R/n，n 为并联电阻数量。

3. 电阻复联（混联）电路

如果在一个电路中，既有互相串联的电阻，又有互相并联的电阻，那么这个电路就叫作复联电路。计算或分析复联电路，可以分成三个步骤：

首先合并单纯的串联与并联部分，算出电路的总电阻；根据总电阻和总电压算出电路中的总电流；根据串联电路中的分压关系和并联电路中的分流关系，逐步推算各部分的电压和电流。

下面以分压器作为例子，来说明这种电路的分析和计算方法。

现有一个分压器电路，如图 LA1-5 所示。

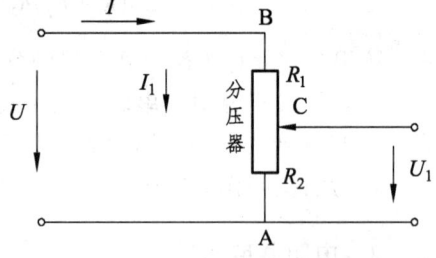

图 LA1-5　分压器电路

A、B 两端之间的总电阻是 100 Ω，额定电流是 3 A，它的两个固定端钮 A 与 B 和 220 V 电源相接，改变活动触头的位置，就可以使输出电压 U_1 在 0～220 V 范围内变化。当活动触头置于分压器的中点 C 的位置时，输出电压 U_1 等于 110 V，即为电源电压的一半。这是因为 AC 和 CB 之间电阻丝长度相等，所以 R_1 等于 R_2，在 R_1 上分得的电压为总电压的一半。也可以说，输出电压 U_1 与输出段 AC 之间的电阻成正比。

但是，如果把负载电阻（$R_L = 50\ \Omega$）接在此时的输出端时，输出电压 U_1 是否仍然是 110 V 呢？为了分析这个问题，我们在图中画出接上负载后的分压器电路，如图 LA1-6（a）所示。

这是一个由三个电阻组成的复联电路。为了求出分压器的输出电压 U_1，首先应该求出电阻 R_1 与 R_L 并联后的等效电阻 R'_L。

已知

$$R_1 = 1/2 \times 100 = 50\ (\Omega)$$

所以

$$R'_L = R_1 \cdot R_L/(R_1 + R_L) = 50 \times 50/100 = 25\ (\Omega)$$

这时电路可以简化，如图 LA1-6（b）所示。

为了求出电路中的总电流 I，需求出串联电路的总电阻 R：

$$R = R'_L + R_2 = 25 + 50 = 75 \text{ (Ω)}$$

这时电路可以再次简化，如图 LA1-6（c）所示。所以电路中的总电流为：

$$I = U/R = 220/75 = 2.94 \text{ (A)}$$

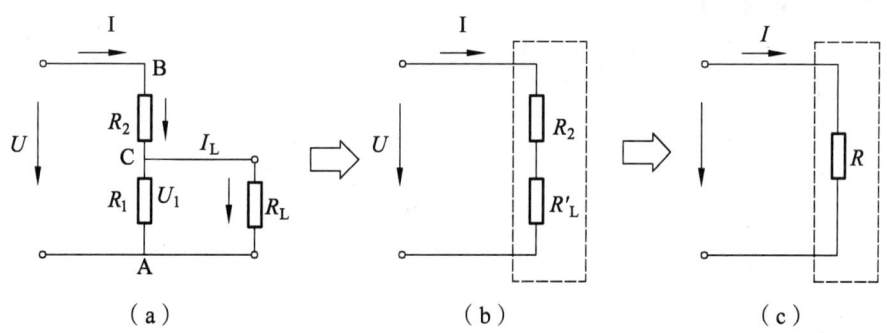

图 LA1-6 接上负载的分压器电路及等效电路

又根据图 LA1-6（b）所示，负载电阻两端的电压为

$$U_1 = IR'_L = 2.94 \times 25 = 73.5 \text{ (V)}$$

负载电阻中通过的电流为

$$I_L = IR_1(R_1 + R_L) = 2.94 \times 50/(50+50) = 1.47 \text{ (A)}$$

计算结果表明，由于接入了 50 Ω 的负载电阻，A、C 两点之间的等效电阻从 50 Ω 减少到 25 Ω，所以分得的电压下降为 73.5 V。又因为电路的总电阻由 100 Ω 减少到 75 Ω，所以电路中的总电流由 2.2 A 上升到 2.94 A。

如果负载电阻不是 50 Ω 而是 5 kΩ，分压器的输出电压 U_1 又将发生什么变化呢？

首先还是计算负载电阻 R_L 为 5 000 Ω 并入后，A、C 两点之间的等效电阻 R'_L，即：

$$R'_L = R_1 R_L /(R_1 + R_L) = 50 \times 5\,000/(50+5\,000) = 49.5 \approx 50 \text{ (Ω)}$$

R'_L 与不接负载电阻时的电阻 R_1 相比仅相差 1%。可以认为 5 000 Ω 的负载电阻接入前后，电路的总电阻基本上没有变化。因为电源电压不变，所以电路中的总电流基本不变，输出电压 U_1 也接近于 110 V。

根据以上的分析计算可知，只有当负载电阻比分压器电阻大得多时，分压器的输出电压才和分压器输出端的电阻成正比。

三、三相交流电路

1. 三相交流电的产生

三相交流电是由三相发电机产生的，其发电原理如图 LA1-7 所示。它由三个线圈组成，而且一个线圈叫一相，共有三个线圈，所以叫三相发电机。

在图 LA1-7 中，磁极是静止的。在 N、S 极之间的圆柱形铁心上有三个相同的线圈（每个线圈只画出一匝），叫作三相绕组。绕组的一端用 A、B、C 表示，叫作始端；另一端用 X、Y、Z 表示，叫作末端。AX、BY、CZ 构成了三相绕组。三相绕组之间在空间彼此相隔 120°，也就是说，当 AX 绕组在水平位置时，在从 A 端按顺时针方向旋转 120° 的位置上，固定着 BY 绕组，A 与 B 相隔 120°，X 与 Y 也相隔 120°，在从 B 端按顺时针方向旋转 120° 的位置上，固定着 CZ 绕组。三相绕组固定在铁心上，铁心与绕组合称电枢。三相发电机和单相发电机一样，电枢表面的磁感应强度也是按正弦规律分布的。

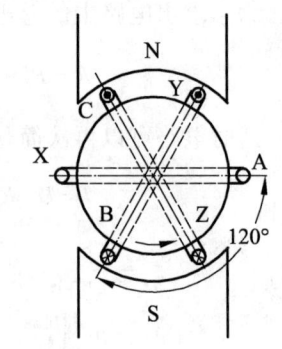

图 LA1-7　三相发电机示意图

当线圈在磁场中旋转时，就产生了感应电动势。若 AX 绕组从水平位置开始逆时针移动，它的初相角为零，其瞬时值函数式为：

$$e_A = E_{Am} \sin \omega t$$

对 BY 绕组来说，其所处的空间位置比 AX 绕组落后 120°，所以感应电动势 e_B 比 e_A 在时间上滞后了 120°，其瞬时值函数式为：

$$e_B = E_{Bm} \sin(\omega t - 120°)$$

同理，对 CZ 绕组来说，感应电动势 e_C 比 e_B 滞后 120°，也就是滞后 e_A 240°，或者说超前 e_A 120°，所以其瞬时值函数式为：

$$e_C = E_{Cm} \sin(\omega t - 240°) = E_{Cm} \sin(\omega t + 120°)$$

从以上分析可以看出：

（1）由于三相绕组的结构相同，所以在其中产生的感应电动势的最大值相同，用 E_m 表示，即 $E_{Am} = E_{Bm} = E_{Cm} = E_m$。

（2）由于三相绕组以相同的速度在磁场中旋转，所以三个感应电动势的角频率相同。

（3）三相绕组在空间相差 120°，所以感应电动势的相位差互为 120°。

这个三个最大值相等、角频率相同、彼此间的相位差是 120° 的电动势，叫作对称三相交流电动势。

在工程实际中，习惯用 A-B-C 表示三相交流电动势的相序。所谓相序是指相位的顺序。A-B-C 就表示 A 相比 B 相超前 120°，B 相比 C 相超前 120°，C 相又比 A 相超前 120°。在发电机并联运行和三相电源的接用问题上，相序是很重要的问题。

2. 三相电源的连接

1）三相电源的星形连接

如果将三个绕组的末端 X、Y、Z 连接在一起，由 A、B、C 三个始端引出连接线，这种连接方式就叫作星形连接，如图 LA1-8 所示。

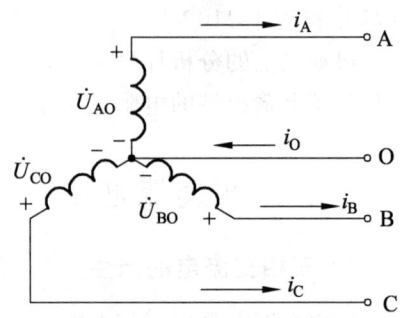

图 LA1-8　三相电源的星形连接

星形连接时，三个绕组末端连接在一起的那一点，叫作三相电源的中点（或零点），用"O"表示，从中点引出的连接线叫作中线（或地线）。从三个绕组的另一端引出的三根线分别称为 A 线、B 线和 C 线，统称为端线（或火线）。因为总共接出了四根导线，所以这种电源被称为三相四线制电源。

在三相电源中流过每一绕组的电流称为相电流，端线中的电流称为线电流。当电源接成星形时，每相线圈与端线具有串联关系，即线电流等于相电流。

在三相四线制电源中可以得到两种电压——相电压和线电压。三相电源每个绕组两端的电压称为相电压；三相电源中任意两根端线间的电压称为线电压。

同时，可推导出星形连接的对称三相电源的线电压和相电压之间的关系：其线电压的有效值（或振幅值）是相电压的 30.5 倍，即 $U_{线} = 30.5 U_{相} = 1.732 U_{相}$（或 $U_{m线} = 30.5 U_{m相}$）；在相位上，线电压超前相应的相电压 30°。

星形连接的三相电源，也可以不接中线，即三相电源只接出三根端线。这种电源就称为三相三线制交流电源。三相三线制电源只能供出一种电压——线电压。

2）三相电源的三角形连接

电源的另外一种连接方法是三角形连接。三角形连接就是把一个绕组的末端和另一个绕组的始端顺次连接，例如，X 接 B，Y 接 C，Z 接 A，连接成一个闭合回路，再从三个连接点引出三根导线向外送电，如图 LA1-9 所示。

与星形连接相反，当三相电源接成三角形时，由于每相绕组直接接在两根端线之间，故线电压就是电源相电压；线电流的有效值为相电流的 30.5 倍。

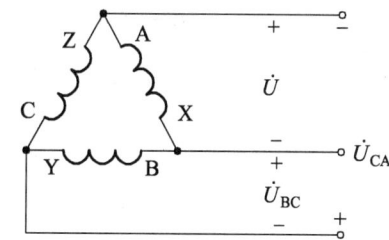

图 LA1-9　三相电源的三角形连接

3. 三相负载的连接

1）三相负载的星形连接

如果将三个负载的末端连接在一起称为负载的中点，三端分别引出连接线，这种连接方式就叫作负载的星形连接，如图 LA1-10（a）所示。

由对称三相电源、对称三相负载和对称三相输电线所组成的三相电路，称为对称三相电路。流经对称负载的电流，从图 LA1-10（b）中可以看出，由于每相负载两端的电压等于相对应的三相电源的相电压，各负载相电流大小相等，相位彼此相差 120°，线电流等于相电流，中线电流等于零。因此，在星形连接的对称三相电路中，无论接不接中线对于负载中的电流没有影响。

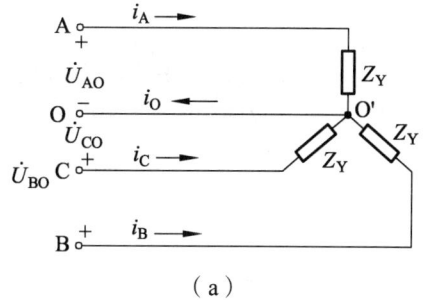

（a）

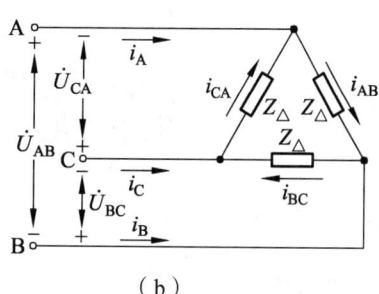

（b）

图 LA1-10　三相负载的星开和三角形连接

2) 三相负载的三角形连接

若将三相负载的每一相负载分别直接接在相应的两根端线（即火线）之间，负载的这种连接方式就叫作三角形连接，如图 LA1-10（b）所示。

当负载接成三角形连接的对称三相电路时，负载的相电压就等于电源的线电压；同时可以算出线电流的有效值是相电流有效值的 30.5 倍；在相位上，线电流滞后于相应相的相电流 30°。

三相负载接到三相电路中是采用星形连接还是三角形连接，应根据三相电源的线电压和负载的额定相电压的具体情况来确定。如果三相负载的额定相电压等于电源的线电压时，该三相负载就应接成三角形；若负载的额定相电压是电源线电压的 1/30.5 时，该三相负载就应接成星形。例如三相电动机的铭牌上所标明的额定工作电压为 220 V，当对称三相电源的线电压为 380 V 时，此电动机就应接成星形。

4. 三相负载的功率

在正弦交流电路的内容中已经介绍过，一个负载两端加上正弦交流电压 U、流过的电流 I，那么该负载所消耗的平均功率为：

$$P = UI\cos\phi$$

式中　U、I——电压、电流的有效值；

　　　ϕ——电压与电流之间的相位差。

在三相电路里，负载消耗的平均功率应该等于各相平均功率之和，即

$$P = P_A + P_B + P_C = U_A I_A \cos\phi_A + U_B I_B \cos\phi_B + U_C I_C \cos\phi_C$$

式中　U_A、U_B、U_C——三相负载的相电压；

　　　I_A、I_B、I_C——通过各相负载的相电流；

　　　ϕ_A、ϕ_B、ϕ_C——相电压与相电流之间的相位差。

在对称三相电路中：

$$U_A = U_B = U_C = U_{相}$$
$$I_A = I_B = I_C = I_{相}$$
$$\phi_A = \phi_B = \phi_C = \phi_{相}$$

则三相负载功率可表示为：

$$P = 3U_{相}I_{相}\cos\phi_{相}$$

在对称三相电路中，不论负载的连接是哪种形式，对称三相负载的平均功率都是：

$$P = \sqrt{3}U_{线}I_{线}\cos\phi_{相}$$

四、电阻器

1. 电阻器

电阻器是利用有一定电阻率的金属或非金属材料制成的，并具有阻碍电流通过能力的电

子元件。电阻器的主要作用是限流、分流、降压、分压、负载、阻抗匹配、阻容滤波等。

电阻器的基本单位是欧姆,用希腊字母 Ω 表示。在实际应用中,常常使用由 Ω 导出的单位,如千欧(kΩ),兆欧(MΩ)等。

2. 电阻器分类

(1)按结构分为:固定电阻器、可变电阻器、敏感电阻器。

可变电阻器分为滑线变阻器、电位器,如图 LA1-11 所示。敏感电阻器分为热敏电阻、光敏电阻、压敏电阻、湿敏电阻、气敏电阻,如图 LA1-12 所示。

(2)按外形分为:圆柱型、圆盘型、管型、方型、片状、纽扣状电阻。

(3)按材料和工艺分为:碳膜式电阻、实芯式电阻、金属线绕电阻。常见电阻如图 LA1-13 所示。

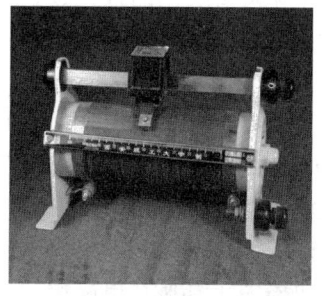 

图 LA1-11　滑线变阻器及电位器

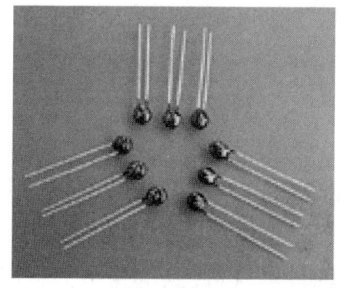 

图 LA1-12　热敏电阻及光敏电阻

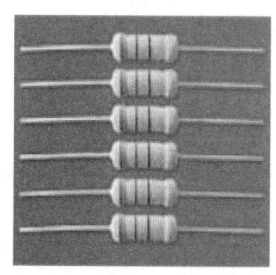 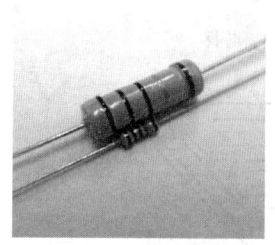 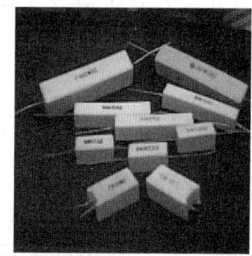

图 LA1-13　碳膜电阻、金属膜电阻、水泥电阻

3. 电阻器的主要技术参数

电阻器的主要技术指标有标称阻值、阻值误差、额定功率,最高工作温度、最高工作电

压、噪声、温度特性和高频特性等。通常在选用电阻器时，只考虑阻值、阻值误差和额定功率。由于电阻器表面积有限，一般只标明阻值、精度、材料和额定功率，而对于额定功率小于 0.5 W 的小电阻，通常只标明阻值和精度，材料及功率由外形颜色和尺寸判断。

1）标称阻值

标称阻值即标称在电阻器上的电阻值，单位有 Ω、kΩ、MΩ。标称值是根据国家制定的标准系列标注的。根据《基本单位换算对照表》，其相互间的换算关系是：

$$1 \text{ M}\Omega = 1\,000 \text{ k}\Omega = 10^6 \text{ }\Omega$$

在电路图和材料规格表中，标示电阻器的数值单位时，一般将兆欧标为 M，千欧标为 k，欧姆则不标单位。如 1 MΩ 标作 1 M，1 kΩ 标作 1 k，100 Ω 标作 100。

2）阻值误差

阻值误差是指标称阻值与实际阻值的差值与标称阻值之比的百分数。电阻器的允许误差分为三个等级：Ⅰ级为 ±5%，Ⅱ级为 ±10%，Ⅲ级为 ±20%。误差越小，表明电阻器的精度越高。

3）额定功率

额定功率是指电阻器在规定的气压（101 kPa）、环境温度（-55～+77 ℃）等条件下，连续承受直流或交流负荷时所允许的最大消耗功率。额定功率的单位是瓦特（W）。常用电阻器的功率有 1/8 W、1/4 W、1/2 W、1 W、2 W、5 W、10 W 等。在电路图中，电阻器的功率一般是直接标出数值。为保证安全，一般选额定功率大于其所在电路中消耗功率的 2～3 倍。

五、电容器

1. 电容器的基本概念

1）电容器的构成

电容器就是储存电荷的容器。任何两块金属导体，中间用不导电的绝缘材料隔开，就形成了一个电容器，如图 LA1-14（a）所示。

被绝缘物隔开的金属板叫作极板，它们可以通过电极接到电路中去，用来隔开极板的绝缘材料叫作绝缘介质，如空气、纸、云母、油、塑料等，都可以作为电容器的介质。图 LA1-14（b）所示是电容器在电路中的一般表示符号。

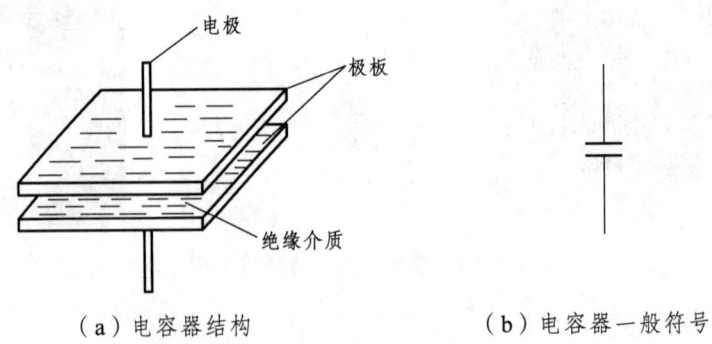

（a）电容器结构　　　　　　　（b）电容器一般符号

图 LA1-14　平板电容器结构原理图

2）电容器的电容量

电容器的电容量（简称电容或容量），是衡量电容器储集电荷能力标准的一个数量值。如果把电容器接到直流电源上。在电源电动势的作用下，电容器的两块极板就分别带上数量相等符号相反的电荷，如图LA1-15所示。与电源正极相连的极板带正电荷，与电源负极相连的极板带负电荷，加在电容器两块极板上的电压越高，极板上储存的电荷也越多。也就是说，电容器极板上的带电量 Q 与两极板间的电压 U 成正比。我们把两极板在单位电压作用下，每块极板上所储存的电荷量叫作该电容器的电容，用字母 C 来表示，即：

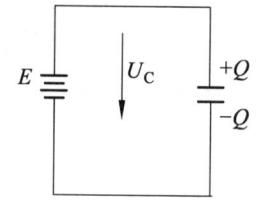

图 LA1-15 电容器接入电源

$$C = Q/U$$

这个式子表明，C 的数值越大，电容器所能储集的电量越多。

上面式子中，电量 Q 的单位是库（C），电压 U 的单位是伏（V），电容量 C 的单位是法拉（简称法），用符号 F 表示。如果电容器两极板间的电压是 1V，每个极板上的电荷量是 1C 时，该电容器的电容就等于 1F。实用上常常感到法拉这个单位太大，所以通常用微法（μF）或皮法（pF）等较小的单位来表示电容器的容量。

它们之间的关系是：

$$1 法（F）= 1\,000\,000 微法（μF）$$

$$1 微法（μF）= 1\,000\,000 皮法（pF）$$

2. 电容器的连接

电容器是按一定规格生产的，所以在实际工作中常常会遇到现有的电容器不能满足需要，因此把几只电容器接成串联或并联的形式，以满足不同的需要。

1）电容器的串联

如果单独使用一只电容器，它的容量满足要求，但耐压不能满足要求时，就需要把电容器串联起来使用，以获得较高的耐压水平。

几只电容器接成一个无分支电路的连接方式叫作电容器的串联。

如图 LA1-16 所示就是两只电容器的串联电路。两只电容器的容量分别为 C_1 和 C_2。下面我们来分析电容器串联时的总电容（也称等效电容）如何计算。

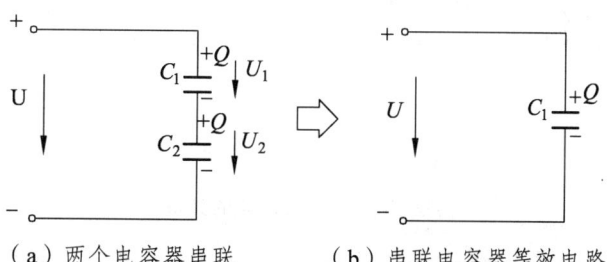

（a）两个电容器串联　　　（b）串联电容器等效电路

图 LA1-16 电容器的串联

如果把这组串联电容器接到电压为 U 的直流电源上，电容器就被充电。充电结束后，在和电源相接的两块极板上分别出现等量的正电荷和负电荷，其余两块极板由于静电感应的结果，也分别产生了与两块极板等量的感应电荷。所以，当电容器串联时，各电容器上的电荷量相等，那么它们所承受的电压也相等，每个电容器上的电压等于电源电压的 $1/n$（n 是串联电容的数目）。

根据电容定义，可将每只电容器两极板之间的电压表示为

$$U_1 = Q/C_1 \quad U_2 = Q/C_2$$

因为串联电路中的总电压等于该电路中各段电压之和，即

$$U = U_1 + U_2$$

也可以写成

$$U = Q/C_1 + Q/C_2 = Q(1/C_1 + 1/C_2) = Q/C$$

消去等式 $Q(1/C_1 + 1/C_2) = Q/C$ 等号两边的 Q 得

$$1/C = 1/C_1 + 1/C_2 \quad 或 \quad C = C_1 C_2 /(C_1 + C_2)$$

如果串联电容器的电容量相同，其等效电容量的计算公式就是

$$1/C = n/C_1 \quad 或 \quad C = C_1/n$$

从电容器串联的等效计算公式中可以看出，电容器串联后，等效电容量 C 的值减小了，而且比电路中任意一只电容器的容量都要小。也就是说，串联电容器的等效电容量的倒数等于各个电容器的容量的倒数之和。这种关系类似于电阻并联时的情况。

2）电容器的并联

如果单独使用一只电容器，它的耐压能满足需要，但容量不能满足需要时，就可以把几只电容器并联起来使用，以组成较大的等效电容。

几只电容器接在同一对节点间的连接方式叫作电容器的并联。

如图 LA1-17 所示就是两只电容器并联的电路，两只电容器的容量分别是 C_1 和 C_2。下面我们来分析电容器并联时的总电容（也称等效电容）如何计算。

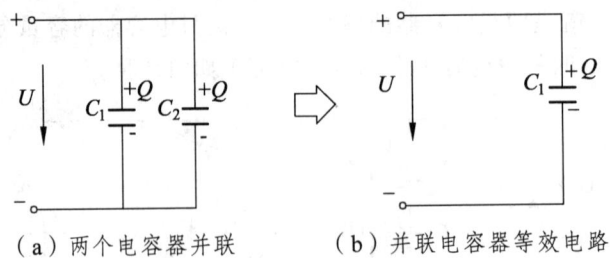

（a）两个电容器并联　　（b）并联电容器等效电路

图 LA1-17　电容器的并联

如果把这组并联电容器接到电压为 U 的直流电源上，电容器就被充电，充电结束后，在各电容器上的电压都等于电源电压 U，各电容器极板上的电荷量分别为 $Q_1 = C_1 U$ 及 $Q_2 = C_2 U$。这时，总的电荷量应等于每个电容器上的电荷量之和，即

$$Q = Q_1 + Q_2 = C_1U + C_2U = U(C_1 + C_2) = UC$$

消去等式 $U(C_1 + C_2) = UC$ 等号两边的 U，得

$$C = C_1 + C_2$$

如果有几只电容量为 C_0 的电容器并联，其等效电容量的计算公式就是

$$C = nC_0$$

从电容器并联的等效计算公式中可以看出，电容器并联后，等效电容 C 的数值增大了。也就是说，并联电容器的总电容量是各个单独电容器的电容量之和。这种关系类似于电阻串联时的情况。

六、磁场和电磁感应

1. 电流产生的磁场

1）通电导体周围的磁场

把一根有电流通过的导线（载流导线）垂直穿过一块纸板，并且在纸板上撒上许多铁屑，这时可以看到，铁屑会有规则地团团围住导线，形成许多以导线为中心的同心圆环，如图 LA1-18（a）所示。再用一个可以自由转动的小磁针放在圆环上，当小磁针静止时，它的指向就停在圆环的切线方向上。这些圆环就是通电导线的磁通线，小磁针 N 极的指向就是磁通线的方向，如图 LA1-18（b）所示。

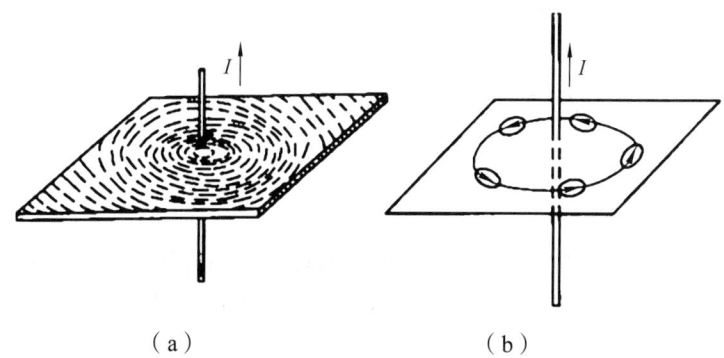

（a） （b）

图 LA1-18　通电导线周围的磁场及方向

如果将纸板沿导线上下移动，磁通线的方向和形状均不改变，这说明导线各截面处的磁场相同。

如果改变导线中电流的大小，可以发现，通过导线的电流越大，在靠近导线的地方，铁屑排列得就越密，即磁场越强。

如果改变电流的方向，可以看到磁通线的形状不变，但小磁针 N 极的指向与前相反，即磁场的方向改变了。

上述现象表明：载流导线周围的磁场是由导线中通过的电流产生的；磁场的强弱取决于电流的大小；磁场的方向取决于电流的方向。它们之间的关系，可用右手定则来表示：即把

右手的大拇指伸直，其余四指围绕导线，当大拇指指的是电流方向时，其余四指所指的方向就是磁通线的方向，如图 LA1-19 所示。

2）载流线圈产生的磁场

在实际应用中，电流往往通过螺旋线圈，这时磁通线是怎样分布的呢？我们先用上面讲的右手定则分析一圈导线的磁通，再把相邻两圈的磁通叠加起来，即方向相同的磁通相加，方向相反的磁通互相抵消，这样便得到了一个总磁通，如图 LA1-20（a）所示。从图中可以看到，通电线圈的磁场和一根条形磁体的磁场很相似，即磁通线从 N 极一端出发，回到另一端 s 极。

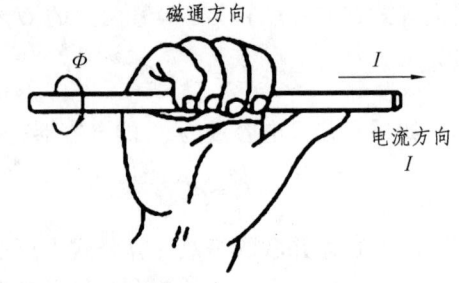

图 LA1-19　单导线右手定则

为了判断线圈电流与磁场方向的关系，仍可用右手定则来确定：即将右手的大拇指伸直，用其余四指滑着电流方向围绕线圈，于是大拇指所指的方向就是磁通线从线圈中出来的方向，如图 LA1-20（b）所示。这个右手定则和直导线磁场的右手定则比较，大拇指和其余四指所代表的对象恰好相反，不可搞错。

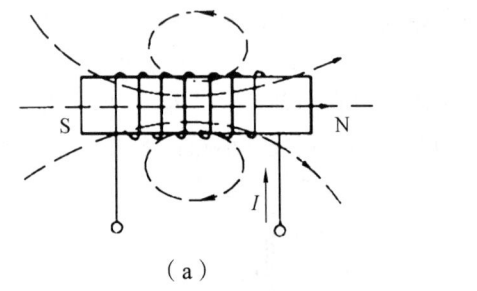
（a）

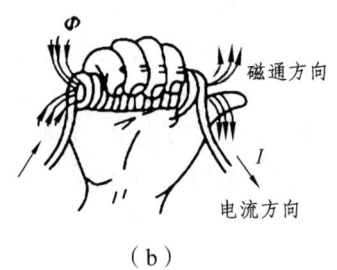
（b）

图 LA1-20　螺旋线圈的磁场及线圈的右手定则

2. 电磁感应

1）电磁感应的条件

将一根导线放在均匀磁场中，导线和一个检流计接成闭合回路，如图 LA1-21（a）所示。当导线在磁场中沿着与磁力线（磁通线）垂直的方向向下移动时，可以看到检流计的指针向左偏转，这说明导线中出现了电流，或者说导线中产生了感应电动势。如果让导线自下而上移动，可以看到检流计的指针向右偏转，说明导线中也产生了感应电动势，但方向相反。如果导线不动而使磁场上下移动，就会发现，磁场向下移动与导线向上移动的结果相同，磁场向上移动与导线向下移动的结果相同。如果导线和磁场都静止不动，也就不会产生感应电动势。变动的磁场能够在导体中引起电动势的现象，叫作电磁感应。由电磁感应作用产生的电动势叫作感应电动势（感应电压）。由感应电动势所引起的电流叫作感应电流。

感应电动势的方向可以用发电机右手定则来确定，如图 LA1-21（b）所示。伸直右手，拇指和其余四指垂直，使磁力线垂直穿过手掌，拇指的方向表示导体运动的方向，其余四指的方向就是感应电动势方向。

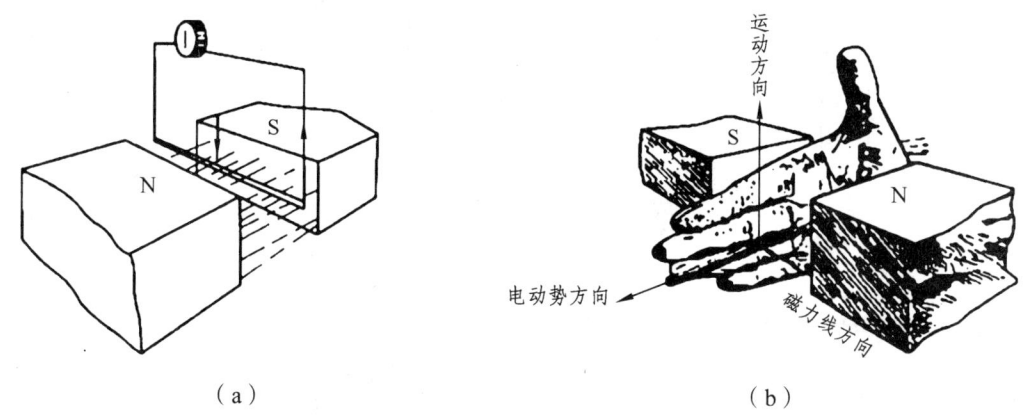

图 LA1-21　导线切割磁力线及发电机右手定则

2）电磁感应定律

（1）感应电动势的大小。

通过进一步的实验可以知道，当导线在磁场中运动时，所产生的感应电动势的大小和以下几个因素有关：导线的有效长度（即在磁场中切割磁力线的导线长度）L 越长，所产生的感应电动势越大；导线的运动速度 v（就是导线在垂直于磁场的方向上切割磁力线的速度）越大，所产生的感应电动势越大；磁感应强度 B 越大，所产生的感应电动势越大；导线的运动方向与磁力线方向垂直时，感应电动势最大，导线的运动方向与磁力线平行时，感应电动势为零，因为这时导线并不切割磁力线。

法拉第电磁感应定律：感应电动势的大小和产生该感应电动势的磁通变化率成正比。

（2）感应电动势的极性。

把一个螺旋线圈和一块检流计接成闭合回路，然后把一条形磁铁插入线圈。当磁铁向线圈中插入时，检流计的指针发生偏转，说明线圈中产生了感应电动势和感应电流，如图 LA1-22（a）所示。如果磁铁放在线圈中停止不动，则检流计指示为零，如图 LA1-22（b）所示。当将磁铁从线圈中拔出时，可以看到检流计指针反向偏转，说明线圈中产生了反方向的感应电动势和感应电流，如图 LA1-22（c）所示。

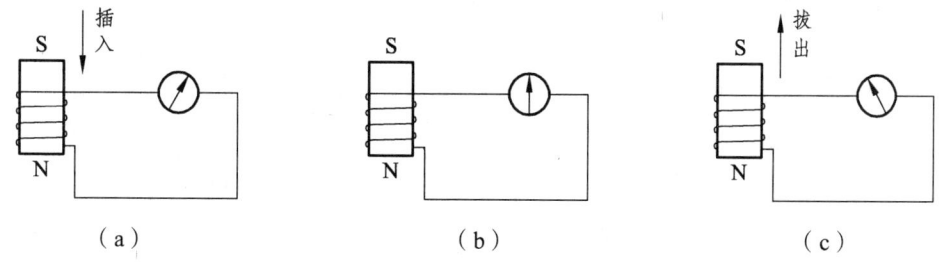

图 LA1-22　条形磁铁在线圈中运动

进一步分析上图的实验现象，可以发现：当磁铁插入线圈时，穿过线圈的磁通增加，线圈中产生的感应电流使检流计指针向右偏转；当磁铁拔出时，穿过线圈的磁通减少，线圈中又产生感应电流，使检流计指针向左偏转。这说明，线圈中感应电动势的方向与穿过线圈的磁通是增加还是减少有关，如图 LA1-23 所示。

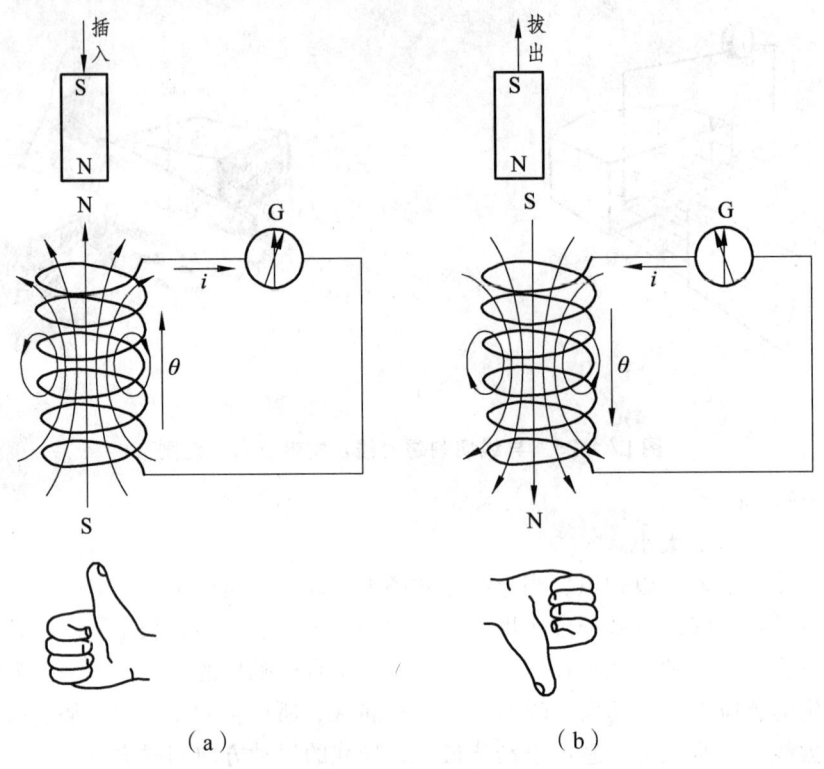

(a)　　　　　　　　　　　　(b)

图 LA1-23　磁铁在线圈中运动时感应电动势的方向

楞次定律：当磁通增加时，感应电动势要产生方向相反的磁通来削弱原来磁通；但当磁通减少时，感应电动势则要产生方向相同的磁通来加强原来的磁通。

七、晶体二极管

1. PN 结及二极管的结构

当把两块半导体，N 型和 P 型各一块组合到一起时，就会形成 PN 结，如图 LA1-24 所示。

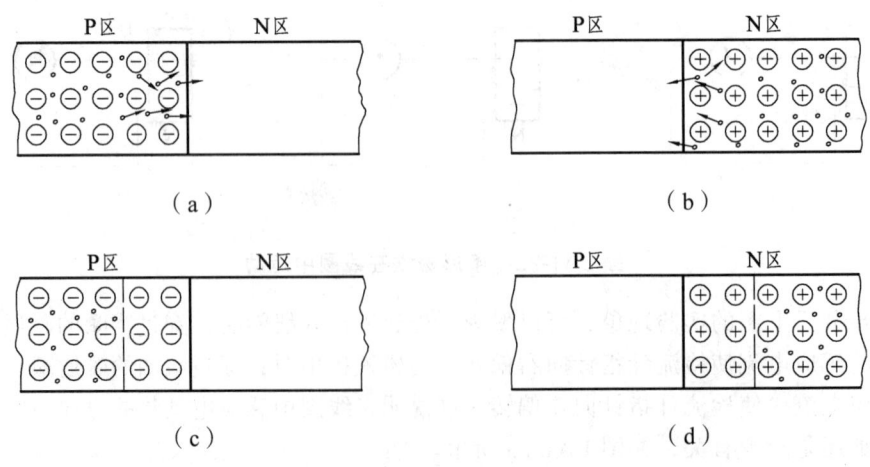

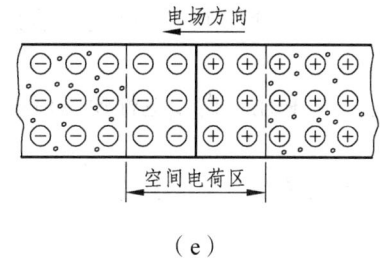

(e)

图 LA1-24 PN 结的形成

由于 P 型半导体多空穴，N 型半导体多电子，所以两种半导体一结合，P 区内的空穴向 N 区扩散，N 区内的电子向 P 区扩散。最终在交界处形成一个空间电荷区，这个区就称为 PN 结。

PN 结的重要特点就是单向导电性，即在 P 区加正电，N 区加负电时，PN 结处于导通状态；反之，PN 结处于截止状态。

二极管就是由 PN 结构成的，只不过在后者基础上加了封装和阳极引脚。二极管的图形符号如图 LA1-25 所示。

阳极 ————▷|———— 阴极

图 LA1-25 二极管的符号

2. 晶体二极管的参数

了解二极管的参数很重要，否则错误地使用不仅能使二极管损坏，甚至影响电路的正常工作。下面介绍二极管的几个主要参数。

1）最大整流电流

最大整流电流是指二极管长时间运用时，允许流过二极管的最大正向平均电流。如果正向平均电流太大，就可能使 PN 结过度发热而烧坏。所以在使用二极管时，通过管子的正向平均电流不允许超过规定的最大整流电流值。

2）最高反向工作电压

最高反向工作电压是指晶体二极管的参数变化不超过规定的允许值时的最大反向电压，通常是反向击穿电压的 1/2 或 2/3，以保证二极管在使用中不致因反向过压而损坏。

3）最大反向电流

最大反向电流是指在二极管两端加上最高反向工作电压时的反向电流值。反向电流大，说明管子的单向导电性差，不但使整流效果差，而且容易烧坏管子。

3. 晶体二极管的简单测试及应用

1）检查二极管的好坏

使用万用表的 R×100 挡或 R×1k 挡，用两只表笔分别接在二极管的两个极上，看一下表的指针，然后将两只表笔对换一下，再看一下表的指针。如果两次测试中，表针一次指示无穷大，一次指示很小，即存在单向导电性，那么就说明二极管是好的，反之就是坏的。

2）判断二极管的极性

为了正确将二极管接入电路，在使用时必须先对二极管的极性进行判别。

首先将万用表的红表笔插入表的"＋"，黑表笔插入表的"－"。此时表内电池的正极接黑表笔，负极接红表笔。如果二极管是好的，那么将表笔接入二极管两极，导通时，即表针摆幅较大时，黑表笔所接端子即为二极管的阳极，红表笔端为二极管的阴极。

3）二极管的简单应用

二极管的应用比较广泛，它可以利用单向导电性使交流电变成脉动的直流电，亦可以与其他元件配合组成多种检波电路。

由二极管组成的整流电路有半波整流、全波整流、桥式整流和倍压整流，这些电路都是重要的电源电路。

二极管在铁路信号设备中运用也很广泛，如道岔表示电路中的整流匣、电源屏中整流设备等。

子模块 LA2　网络基础知识

一、网络的定义及功能

网络的定义：网络是指将地理位置不同的具有独立功能的多台计算机及其外部设备，通过通信线路连接起来，在网络操作系统、网络管理软件及网络通信协议的管理和协调下，实现资源共享和信息传递的计算机系统。通俗来说，网络就是通过电缆、电话线或无线通信等互联的计算机的集合。

网络的功能：通过网络，可以和其他连到网络上的用户一起共享网络资源，如磁盘上的文件及打印机、调制解调器等，也可以和它们互相交换数据信息。

二、计算机网络的四大要素

（1）能向用户提供若干台独立的主机系统。至少两台不存在主从关系；共享的资源包括硬件资源、软件资源和信息资源。

（2）由通信线路和通信设备组成通信子网。通信线路指的是传输介质及其介质连接部件。通信设备指网络连接设备、网络互联设备，包括：网卡、集线器（HUB）、中继器（Repeater）、交换机（Switch）、网桥（Bridge）和路由器（Router）以及调制解调器（Modem）等其他的通信设备。

（3）主机与主机，主机与通信子网、通信子网中各结点机间建立的一系列协议约定规程。协议是指通信双方必须共同遵守的约定和通信规则；协议规定了分层原则、层间关系、执行信息传递过程的方向、分解与重组等约定。实现协议要用硬件、软件。

（4）具有网络软件，包括网络系统软件、网络应用软件。

三、网络的分类

1. 按地理范围分类

（1）局域网（LAN，Local Area Network）：将较小的地理区域内的计算机或数据终端设备连接在一起的通信网络。局域网覆盖的地理范围一般在几十米到几十千米之间。它常用于组建一个办公室、一栋楼、一个楼群或一个校园和一个企业的计算机网络。

（2）城域网（MAN，Metropolis Area Network）：是一种大型的 LAN，它的覆盖范围介于局域网和广域网之间，一般为几千米到几十千米，城域网的覆盖范围在一个城市内。

（3）广域网（WAN，Wide Area Network）：在一个广阔的地理区域内进行数据、语音、图像信息传输的通信网。广域网通信线路大多借用公用通信网络，传输速率比较低，这类网络的作用是实现远距离计算机之间的数据传输和信息共享。广域网覆盖的地理区域大，通常在几千米至几千、几万千米，可以覆盖一个城市、一个国家甚至于全球（如 Internet）。

2. 按网络拓扑结构分类

1）星型网络

每个结点都由一条点到点链路与中心结点（公用中心交换设备，如交换机、HUB 等）相连。信息的传输是通过中心结点的存储转发技术实现的，并且只能通过中心站点与其他站点通信，其结构如图 LA2-1 所示。

2）环型结构

环型结构是各个网络结点通过环接口连在一条首尾相接的闭合环型通信线路中，其结构如图 LA2-2 所示。

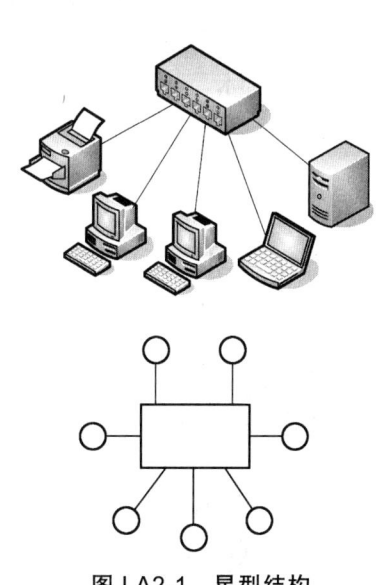

图 LA2-1　星型结构

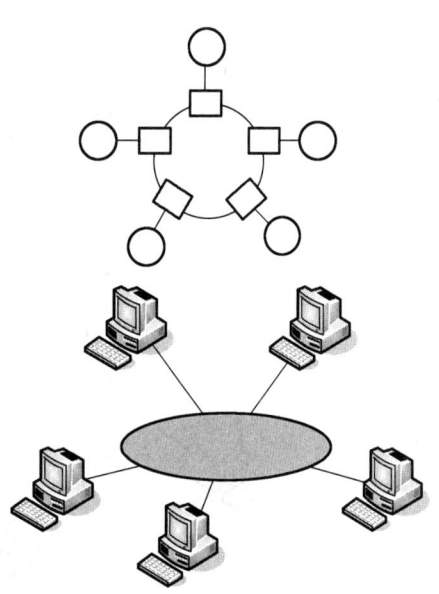

图 LA2-2　环型结构

环型结构有两种类型，即单环结构和双环结构。

令牌环（Token Ring）是单环结构的典型代表，光纤分布式数据接口（FDDI）是双环结构的典型代表。

3）总线型结构

总线型结构采用一条单根的通信线路（总线）作为公共的传输通道，所有的结点都通过相应的接口直接连接到总线上，其结构如图 LA2-3 所示。

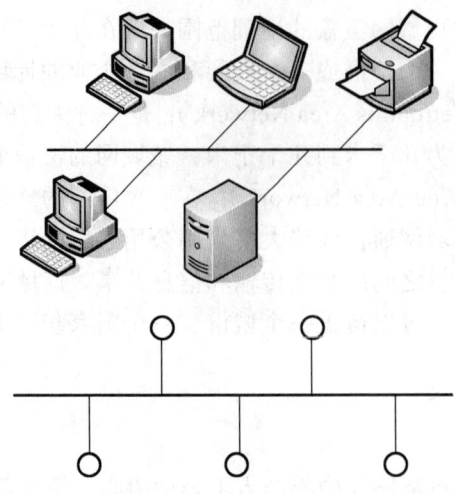

图 LA2-3　总线型结构

总线型网络使用广播式传输技术，总线上的所有结点都可以发送数据到总线上，所有结点共享同一条公共通道，数据可以被总线上的其他所有结点接收。

粗、细同轴电缆以太网就是这种结构的典型代表。

4）树型结构

树型结构是从总线型和星型结构演变来的，它有两种类型：一种是由总线型拓扑结构派生出来的，它由多条总线连接而成；另一种是星型结构的变种，各结点按一定的层次连接起来，形状像一棵倒置的树，故得名树型结构，其结构如图 LA2-4 所示。

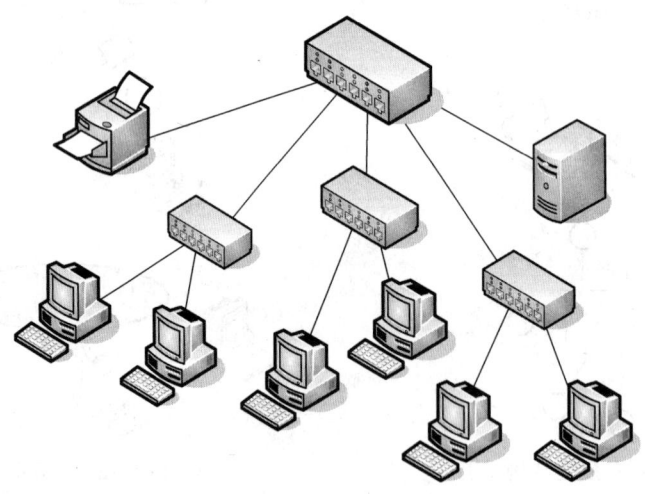

图 LA2-4　树型结构

5）网状结构

网状结构是指将各网络结点与通信线路互连成不规则的形状，每个结点至少与其他两个结点相连，或者说每个结点至少有两条链路与其他结点相连。

大型互联网一般都采用这种结构，如我国的教育科研示范网 CERNET、国际互联网 Internet 的主干网都采用网状结构，其结构如图 LA2-5 所示。

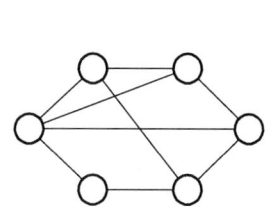 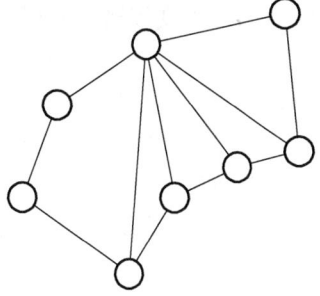

图 LA2-5 网状结构

6）混合型结构

混合型拓扑结构是由以上几种拓扑结构混合而成的，如环星型结构，它是令牌环网和 FDDI 网常用的结构。再如：总线型和星型的混合结构等。

中国教育科研计算机网络（CERNET）可认为是网状形网、树形网和环形网的复合。其主干网为网状形结构，连接的每一所大学大多是树形结构或环形结构。

3. 按传输介质分类

1）有线网络

有线传输介质包括双绞线、同轴电缆和光纤。

（1）双绞线（twisted pair）。

每一对双绞线由绞合在一起的相互绝缘的两根铜线组成，这样可以减少电磁干扰，提高传输质量。电话线就是双绞线。双绞线可以用于传输模拟传输或数字传输。计算机局域网中使用的双绞线有屏蔽和非屏蔽之分。

屏蔽双绞线（STP）：抗干扰性好，性能高，用于远程中继线时，最大距离可以达到十几公里。但成本也较高，所以一直没有广泛使用。

非屏蔽双绞线（UTP）：传输距离一般为 100 m，由于它较好的性能价格比，目前被广泛使用。非屏蔽双绞线常用的有 3、4、5 和超 5 类等。

（2）同轴电缆（coaxial cable）。

基带同轴电缆又分为粗缆和细缆。粗缆多用于局域网主干，支持 2 500 m 的传输距离，可以连接数千台设备，但其价格较高；细缆多用于与用户桌面连接，级联使用可支持 800 m 的传输距离，但一般不超过 180 m，可以连接数千台设备。

基带同轴电缆的最大优点是抗干扰性强，而且支持多点连接。缺点是物理可靠性不好，在公用机房、教学楼等人员嘈杂的地方，极易出现故障，而且一点发生故障，整段局域网都无法通信，所以基本已被非屏蔽双绞线所取代。

（3）光纤（optical fiber）。

光纤即光导纤维。利用光导纤维作为光的传输介质，以光波为信号载体的光纤通信，只有 40/50 年的历史。1966 年，英籍华人高锟博士提出，石英玻璃可制成光纤。

光纤通信的原理：入射角逐渐增大，基于光线由光密介质进入光疏介质时，在入射角足够大的情况下会发生全反射。

光纤分为单模光纤和多模光纤。单模光纤指光纤做得极细，接近光波波长，光信号只能与光纤轴成单个可辨角度传输。多模光纤的纤芯比单模的粗,光信号与光纤轴成多个可辨角度传输。

2)无线网络

无线传输介质包括无线电、微波、卫星、红外线、激光通信等各种通信介质。

(1)地面微波通信。

传输频率:300 MHz ~ 300 GHz;传输距离:40 ~ 60 km。

(2)卫星通信。

商用的通信卫星一般被发射在赤道上方 3.6 万公里的同步轨道上,另外也有中低轨道的小卫星通信,如 1990 年 Motorola 公司的"铱计划"(77 颗卫星,后修改为 66 颗的"镝计划")。

(3)红外线和激光通信。

红外线和激光传输频率太高,波长太短,不能穿透固体物体;对环境因素敏感。

四、OSI 七层模型

国际标准化组织(ISO)在 1979 年建立了一个分委员会来专门研究一种用于开放系统互联的体系结构(Open Systems Interconnection),简称 OSI。

OSI 参考模型分为 7 层,分别是物理层,数据链路层,网络层,传输层,会话层,表示层和应用层。

1. 物理层

物理层主要定义物理设备标准,如网线的接口类型、光纤的接口类型、各种传输介质的传输速率等。它的主要作用是传输比特流(就是由 1、0 转化为电流强弱来进行传输,到达目的地后再转化为 1、0,也就是我们常说的数模转换与模数转换)。这一层的数据叫作比特。

2. 数据链路层

数据链路层定义了如何格式化数据以进行传输,以及如何控制对物理介质的访问。这一层通常还提供错误检测和纠正,以确保数据的可靠传输。

3. 网络层

网络层在位于不同地理位置的网络中的两个主机系统之间提供连接和路径选择。Internet 的发展使得从世界各站点访问信息的用户数大大增加,而网络层正是管理这种连接的层。

4. 传输层

传输层定义了一些传输数据的协议和端口号(WWW 端口 80 等),如:TCP(传输控制协议,传输效率低,可靠性强,用于传输可靠性要求高、数据量大的数据),UDP(用户数据报协议,与 TCP 特性恰恰相反,用于传输可靠性要求不高,数据量小的数据,如 QQ 聊天数据就是通过这种方式传输的)。传输层主要是将从下层接收的数据进行分段和传输,到达目的地址后再进行重组。常常把这一层数据叫作段。

5. 会话层

会话层通过传输层（端口号：传输端口与接收端口）建立数据传输的通路，主要在系统之间发起会话或者接受会话请求（设备之间需要互相认识，可以是 IP 也可以是 MAC 或者是主机名）。

6. 表示层

表示层可确保一个系统的应用层所发送的信息可以被另一个系统的应用层读取。例如，PC 程序与另一台计算机进行通信，其中一台计算机使用扩展二-十进制交换码（EBCDIC），而另一台则使用美国信息交换标准码（ASCII）来表示相同的字符。如有必要，表示层会通过使用一种通用格式来实现多种数据格式之间的转换。

7. 应用层

应用层是最靠近用户的 OSI 层。这一层为用户的应用程序（例如电子邮件、文件传输和终端仿真）提供网络服务。

五、TCP/IP 协议

常用网络协议有 NETBEUI、IPX/SPX、TCP/IP 三种。NetBEUI 是由 MS 公司为 IBM 开发的非路由协议，缺乏路由和网络层寻址功能，这既是其最大的优点，也是其最大的缺点。因为它不需要附加的网络地址和网络层头尾，所以很快并很有效且适用于只有单个网络或整个环境都桥接起来的小工作组环境。

IPX 是 NOVELL 用于 NETWARE 客户端/服务器的协议群组，避免了 NETBEUI 的弱点。IPX 具有完全的路由能力，可用于大型企业网。IPX 的可扩展性受到其高层广播通信和高开销的限制。服务广告协议 SAP（Service Advertising Protocol）将路由网络中的主机数限制为几千。

TCP/IP 协议（Transfer Control Protocol/Internet Protocol）叫作传输控制/网际协议，又叫网络通信协议，这个协议是 Internet 国际互联网络的基础。

1. TCP/IP 协议族

TCP/IP 是一个协议族，是因为 TCP/IP 协议包括 TCP、IP、UDP、ICMP、RIP、TELNETFTP、SMTP、ARP、TFTP 等许多协议，这些协议一起称为 TCP/IP 协议。其中：
- TCP（Transport Control Protocol）——传输控制协议
  IP（Internetworking Protocol）——网际协议
  UDP（User Datagram Protocol）——用户数据报协议
  ICMP（Internet Control Message Protocol）——互联网控制信息协议
  SMTP（Simple Mail Transfer Protocol）——简单邮件传输协议
  SNMP（Simple Network manage Protocol）——简单网络管理协议
  FTP（File Transfer Protocol）——文件传输协议
  ARP（Address Resolation Protocol）——地址解析协议

从协议分层模型方面来讲，TCP/IP 由四个层次组成：网络接口层、网间网层、传输层、应用层。

2. IP 地址

网际协议地址（即 IP 地址）是为标识 Internet 上主机位置而设置的。

Internet 上的每一台计算机都被赋予一个世界上唯一的 32/64 位 Internet 地址（Internet Protocol Address，简称 IP Address），这一地址可用于与该计算机有关的全部通信。为了方便起见，在应用上我们以 8bit 为一单位，组成四组十进制数字来表示每一台主机的位置。

一般的 IP 地址由 4 组数字组成，每组数字介于 0~255，如某一台电脑的 IP 地址可为 202.206.65.115，但不能为 202.206.259.3。

每个 IP 地址都包含两个部分：网络 ID 和主机 ID。网络 ID 标识在同一个物理网络上的所有宿主机，主机 ID 标识该物理网络上的每一个宿主机，于是整个 Internet 上的每个计算机都依靠各自唯一的 IP 地址来标识。

IP 地址根据网络 ID 的不同分为 5 种类型：A 类地址、B 类地址、C 类地址、D 类地址和 E 类地址。

1）A 类 IP 地址

一个 A 类 IP 地址由 1 字节的网络地址和 3 字节的主机地址组成，网络地址的最高位必须是 "0"，地址范围从 1.0.0.0 到 126.0.0.0。可用的 A 类网络有 126 个，每个网络能容纳 1 亿多个主机。

2）B 类 IP 地址

一个 B 类 IP 地址由 2 字节的网络地址和 2 字节的主机地址组成，网络地址的最高位必须是 "10"，地址范围从 128.0.0.0 到 191.255.255.255。可用的 B 类网络有 16382 个，每个网络能容纳 6 万多个主机。

3）C 类 IP 地址

一个 C 类 IP 地址由 3 字节的网络地址和 1 字节的主机地址组成，网络地址的最高位必须是 "110"。范围从 192.0.0.0 到 223.255.255.255。C 类网络可达 209 万余个，每个网络能容纳 254 个主机。

4）D 类 IP 地址

D 类 IP 地址第一个字节以 "1110" 开始，它是一个专门保留的地址。它并不指向特定的网络，目前这一类地址被用在多点广播（Multicast）中。多点广播地址用来一次寻址一组计算机，它标识共享同一协议的一组计算机。

5）E 类 IP 地址

E 类 IP 地址第一个字节以 "11110" 开始，它是一个专门保留的地址。

六、常用网络设备

1. 网络适配器

网络适配器又称网卡或网络接口卡（NIC），英文名为 Network Interface Card。它是使计算机联网的设备。平常所说的网卡就是将 PC 机和 LAN 连接的网络适配器。网卡（NIC）插在计算机主板插槽中，负责将用户要传递的数据转换为网络上其他设备能够识别的格式，通过网络介质传输。它的主要技术参数为带宽、总线方式、电气接口方式等。它的基本功能为：从并行到串行的数据转换，包的装配和拆装，网络存取控制，数据缓存和网络信号。目前主要有 8 位和 16 位网卡。

2. 集线器（HUB）

它是一个共享设备，主要功能是对接收到的信号进行再生放大，以扩大网络的传输距离。依据总线带宽的不同，HUB 分为 10M、100M 和 10/100M 自适应三种；若按配置形式的不同可分为独立型 HUB、模块化 HUB 和堆叠式 HUB 三种；根据管理方式可分为智能型 HUB 和非智能型 HUB 两种。

3. 交换机（SWITCH）

交换机的交换技术允许共享型和专用型的局域网段进行带宽调整，交换技术是一个具有简化、低价、高性能和高端口密集特点的交换产品，体现了桥接技术的复杂交换技术在 OSI 参考模型的第二层操作。与桥接器一样，交换机按每一个包中的 MAC 地址相对简单地决策信息转发。

4. 调制解调器（Modem）

调制解调器作为末端系统和通信系统之间信号转换的设备，是广域网中必不可少的设备之一。它分为同步和异步两种，分别用来与路由器的同步和异步串口相连接，同步可用于专线、帧中继、X.25 等，异步用于 PSTN 的连接。

5. 路由器（Router）

路由器（Router）是用于连接多个逻辑上分开的网络，所谓逻辑网络是代表一个单独的网络或者一个子网。当数据从一个子网传输到另一个子网时，可通过路由器来完成。因此，路由器具有判断网络地址和选择路径的功能，它能在多网络互联环境中建立灵活的连接，可用完全不同的数据分组和介质访问方法连接各种子网，路由器只接受源站或其他路由器的信息，属网络层的一种互联设备。它不关心各子网使用的硬件设备，但要求运行与网络层协议相一致的软件。

路由器分本地路由器和远程路由器：本地路由地是用来连接网络传输介质的，如光纤、同轴电缆、双绞线；远程路由器是用来连接远程传输介质，并要求相应的设备，如电话线要配调制解调器，无线要通过无线接收机、发射机。

一般说来，异种网络互联与多个子网互联都应采用路由器来完成。

路由器的主要工作就是为经过路由器的每个数据帧寻找一条最佳传输路径，并将该数据有效地传送到目的站点。由此可见，选择最佳路径的策略即路由算法是路由器的关键所在。为了完成这项工作，在路由器中保存着各种传输路径的相关数据——路径表（RoutingTable），供路由选择时使用。路径表中保存着子网的标志信息、网上路由器的个数和下一个路由器的名字等内容。路径表可以是由系统管理员固定设置好的，也可以由系统动态修改，可以由路由器自动调整，也可以由主机控制。

1）静态路径表

由系统管理员事先设置好固定的路径表称为静态（Static）路径表，一般是在系统安装时就根据网络的配置情况预先设定的，它不会随未来网络结构的改变而改变。

2）动态路径表

动态（Dynamic）路径表是路由器根据网络系统的运行情况而自动调整的路径表。路由器根据路由选择协议（Routing Protocol）提供的功能，自动学习和记忆网络运行情况，在需要时自动计算数据传输的最佳路径。

6. 协议转换器

协议转换器（简称协转，也叫接口转换器）也就是网关，它能使处于通信网上采用不同高层协议的主机仍然互相合作，完成各种分布式应用。它将以太网信号或 V.35 信号转换为 E1 信号，以 E1 信号形式在同步/准同步数字网上进行长距离传输。其主要目的是为了延长以太网信号和 V.35 信号的传输距离，是一种网络接入设备。

协议转换器分为 GE 和 GV 两种。简单地说，GE 就是将 2M 转换成 RJ45 的以太网接口；GV 就是将 2M 转换成 V35 接口，以便与路由器相接。

子模块 LA3　信号基础知识

一、联　锁

联锁是指通过技术方法，使信号、道岔和进路必须按照一定程序并满足一定条件，才能动作或建立起来的相互关系。确保联锁关系正确是信号设备设计、制造、施工、维护应遵循的基本原则。信号设备机械强度和电气特性是保证联锁关系正确的基本条件。联锁错误或失效将直接危及行车安全。

进路是指车站内列车或调车车列运行所经过的路径。列车用的称为列车进路，调车用的称为调车进路。进路包括数个轨道电路或者计轴区段。

1. 道岔与进路间的联锁

道岔有定位和反位两个位置，进路有锁闭和解锁两种状态。道岔位置正确，进路才能锁闭；进路解锁，道岔才能转换位置，这就是存在于道岔和进路之间的基本联锁关系。

如图 LA3-1 所示，当排列下行 3G 接车进路时，应将 1 号道岔扳到定位而将 3 号道岔扳到反位。当道岔位置符合开通方向时称为进路在开通状态；当进路的有关道岔锁在规定位置时则不能扳动，我们把对道岔的这种锁闭称为进路锁闭。道岔在进路锁闭之后便处于锁闭状态；反之，则处于解锁状态。

在建立进路时，不但对进路中的道岔进行锁闭，有时为了防止侧面冲突，还需要使不在所排进路上的道岔处于防护位置并予以锁闭，该种道岔称为防护道岔，在联锁表中用中括号[ ]表示。

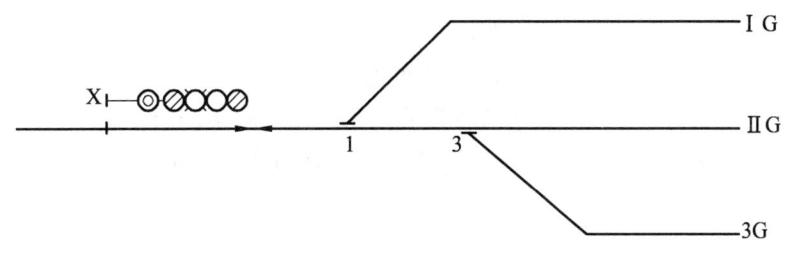

图 LA3-1 道岔与进路间的联锁

为了考虑平行作业的需要，排列进路时，还需要把某些不在进路内的道岔带动到规定位置，并对其实行锁闭，该道岔称为带动道岔，在联锁表中用大括号表示{ }。

由此可见，防护道岔可以保证行车安全，而带动道岔可以提高作业效率。

2. 道岔与信号机之间的联锁

因为车站、车辆段或者停车场的进路是由信号机防护的，所以道岔与进路间的联锁也可以用道岔与信号机之间的联锁来描述。

如图 LA3-2 所示，进站信号机 X 防护着两条进路：一条是要求 1 号道岔在定位的 I 道下行接车进路；另一条要求 1 号道岔在反位的 2 道下行接车进路。因此信号机 X 与道岔 1 之间的联锁关系，既有定位锁闭关系，又有反位锁闭关系。既然 1 号道岔在定位也准许开放信号机 X，1 号道岔在反位也准许开放信号机 X，如果两者不采取一定的锁闭措施，将会影响行车安全。因为道岔除定位和反位两种位置以外，还有一种不正常的位置，如道岔不密贴或道岔被挤等。也就是说，道岔在不正常位置时是不准许开放信号机的。

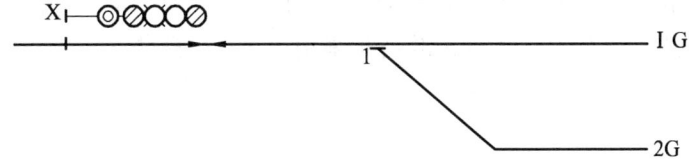

图 LA3-2 道岔与信号机间的联锁

3. 进路与进路间的联锁

如图 LA3-3 所示，如果同时建立上行 1 道接车进路和下行 1 道接车进路，显然会引起列车正面相撞的危险。像这样不能用道岔位置来直接控制易引起列车正面相撞的两条进路，称为互为敌对进路。

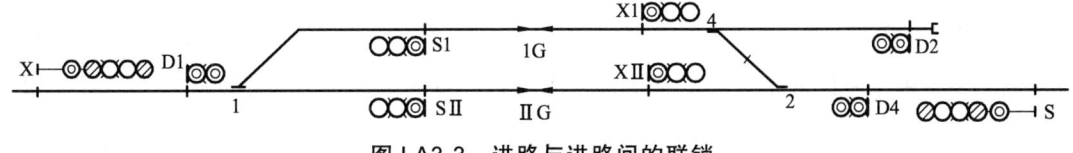

图 LA3-3 进路与进路间的联锁

车站站内联锁设备中，除引导接车外，敌对进路有：

（1）同一到发线上的对向列车进路，如下行 1 道与上行 1 道的接车进路。

（2）同一到发线上的对向列车进路与调车进路，如下行 II 道接车进路与 D4 向 II 道调车进路。

（3）同一咽喉区内对向重叠的列车进路或调车进路，如下行Ⅱ道接车进路与上行Ⅱ道发车进路或D1向Ⅱ道调车进路与SⅡ向D1调车进路。

（4）同一咽喉区内对向重叠或顺向重叠的列车进路与调车进路，如下行Ⅱ道接车进路与上行Ⅱ道SⅡ向D1调车进路为同一咽喉区内对向重叠的列车进路与调车进路。

由此可知，敌对进路有如下特点：两条进路有重叠部分，而且不能以道岔的位置使它们区别开来。

4．进路与信号机间的联锁

信号机是防护进路的，只有在进路处于开通状态，与进路有关的道岔被锁闭以及敌对进路没有建立的条件下，才能开放信号机。信号机一旦开放后，进路上有关道岔及敌对信号均被锁闭。只有信号关闭后，才有可能解锁进路，也只有这样才能保证行车安全。

二、故障-安全原则

"故障-安全"是信号设计的基本原则。它要求行车时一旦信号设备故障或者系统发生故障后，应具有自动导向安全一侧，防止出现危险性后果，以确保行车安全的功能。

在设计电路时，应采取必要的安全措施，以保证在电路设备发生故障或人为错误操作时仍能通过设备使其动作后果导向安全方面。例如：在信号机显示红灯的情况下不至于因电路故障而自动地改亮黄灯或绿灯；进路在锁闭状态下，不至于因电路故障而自动错误解锁等。这些就是我们在设计继电电路时采取的故障-安全原则措施。

在信号设备故障中混线和断线故障最为常见，应采用相应的混线和断线保护，以避免发生这两类故障时危及行车安全。断线故障防护采用按闭合电路法（以电路断开对应安全侧，以电路闭合对应危险侧）设计继电电路，即发生断线故障时使继电器落下以满足故障-安全的要求；混线防护的方法有位置法、极性法、双断法等。

三、闭　塞

1．闭塞的定义

闭塞就是用信号或凭证，保证列车按照空间间隔制运行的技术方法。空间间隔制就是前行列车和追踪列车之间必须保持一定距离的行车方法。

2．闭塞分类

（1）闭塞根据不同的角度可以有多种分类方式，总的来说可分为站间闭塞和自动闭塞两大类。

站间闭塞就是两站间只能运行一列车，其列车的空间间隔为一个站间。

自动闭塞就是根据列车运行及有关闭塞分区状态自动变换信号显示，而司机凭信号行车的闭塞方法。

（2）从保证列车运行而采取的技术手段角度来看，自动闭塞可分为两大类：传统的自动闭塞和装备列车运行自动控制系统的自动闭塞。

传统的自动闭塞一般设地面通过信号机，装备有机车信号，保证列车按照空间间隔制运行的技术方法是用信号或凭证来实现的。传统的自动闭塞通常就称为自动闭塞。

对于装备列车运行自动控制系统（简称列控系统）的自动闭塞，保证列车按照空间间隔制运行的技术方法是靠控制列车运行速度的方式来实现的。

（3）从闭塞制式的角度来看，装备列车运行控制自动的自动闭塞可分为三类：固定闭塞、准移动闭塞（含虚拟闭塞）和移动闭塞。

固定闭塞：列控系统采取分级速度控制模式时，采用固定闭塞方式。运行列车间的空间间隔是若干个闭塞分区，闭塞分区数依划分的速度级别而定。一般情况下，闭塞分区是用轨道电路或计轴装置来划分的。固定闭塞的追踪目标点为前行列车所占用闭塞分区的始端，后行列车从最高速开始制动的计算点为要求开始减速的闭塞分区的始端，这两个点都是固定的，空间间隔的长度也是固定的，所以称为固定闭塞。

准移动闭塞：准移动闭塞方式的列控系统采取目标距离控制模式（又称连续式一次速度控制）。目标距离控制模式根据目标距离、目标速度及列车本身的性能确定列车制动曲线，不设定每个闭塞分区速度等级，采用一次制动方式。准移动闭塞的追踪目标点是前行列车所占用闭塞分区的始端，当然会留有一定的安全距离，而后行列车从最高速开始制动的计算点是根据目标距离、目标速度及列车本身的性能计算决定的。目标点相对固定，在同一闭塞分区内不依前行列车的走行而变化，而制动的起始点是随线路参数和列车本身性能不同而变化的。空间间隔的长度是不固定的，由于要与移动闭塞相区别，所以称为准移动闭塞。一般情况下，闭塞分区是用轨道电路或计轴装置来划分的。

移动闭塞：移动闭塞方式的列控系统也采取目标距离控制模式（又称连续式一次速度控制）。目标距离控制模式根据目标距离、目标速度及列车本身的性能确定列车制动曲线，采用一次制动方式。移动闭塞的追踪目标点是前行列车的尾部，当然会留有一定的安全距离，后行列车从最高速开始制动的计算点是根据目标距离、目标速度及列车本身的性能计算决定的。目标点是前行列车的尾部，与前行列车的走行和速度有关，是随时变化的，而制动的起始点是随线路参数和列车本身性能不同而变化的。空间间隔的长度是不固定的，所以称为移动闭塞。其追踪运行间隔要比准移动闭塞更小一些，如图 LA3-4 所示。

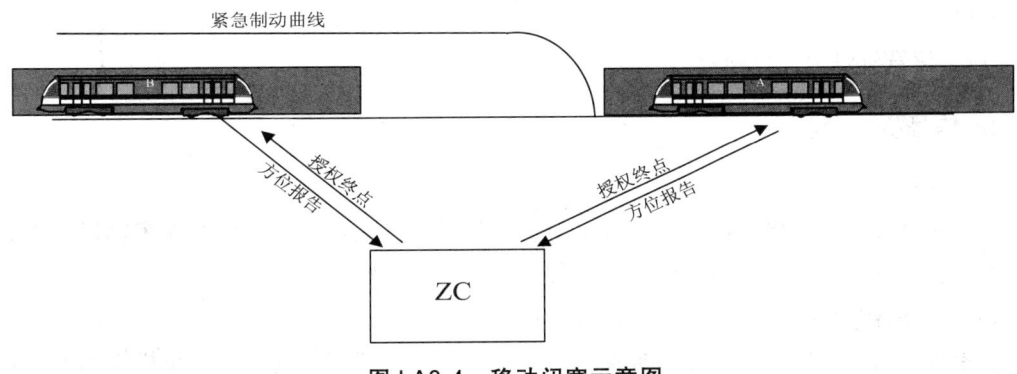

图 LA3-4　移动闭塞示意图

由于轨道交通具有发车间隔小、行车密度大的特点，因此信号系统的闭塞方式一般都采用移动闭塞方式。

四、信号机

信号机是用于指挥列车运行的信号设备,信号机显示为开放信号时允许列车通过进路,信号机显示为关闭信号时禁止列车进入进路。开放信号是指室外信号机点亮绿灯(黄灯或白灯),关闭信号是指室外信号机点亮红灯(蓝灯)。

铁路视觉信号的基本颜色是红色、黄色和绿色。其中红色信号的基本意义是停车,黄色信号是注意或减速运行,绿色信号是按规定速度运行。实际运用中信号机显示含义在铁路信号和地铁信号有所不同。

1. 信号机基本要求

(1)水泥信号机柱不得有裂通圆周的裂纹,裂纹超过半周的应采取加固措施;纵向裂纹,钢筋不得外露;机柱顶端须封闭不进雨雪。

(2)水泥信号机柱的埋设深度为柱长的20%,但不得大于2 m。卡盘的埋深应符合安装标准和设计要求。机柱周围应夯实,并硬面化。

(3)设在路堤边坡的信号机,如有影响信号机稳固的因素时,应以砌石或围桩加固。当用片石、水泥砂浆砌围时,砌围边缘距信号机柱边缘不小于800 mm。

(4)信号机梯子中心线与机柱中心线应一致,梯子无过甚弯曲,支架应水平安装。

(5)同一机柱上的色灯信号机构,其安装位置应保证各灯显示方向一致。

(6)信号机构的光源应正确调整在透镜组的焦点上。

(7)灯室之间不应窜光,并不应因外光反射而造成错误显示。机构门应密封良好,且开启灵活。

(8)色灯信号机灯泡的端子电压为额定值的85%~95%(调车信号为75%~95%)。

(9)FDZ发光盘专用点灯装置(LED),输入交流176~235 V时,输出直流电压12±1 V。

(10)双丝灯泡的自动转换装置,当主丝断丝后,应能自动转至副丝,有断丝报警功能的,应报警。

(11)LED发光盘内发光二极管损坏数量达到30%时,不能影响信号显示的规定距离,并及时报警,更换发光盘。

(12)信号机灯泡主丝断丝后应及时更换。

2. 信号机的分类

1)按照用途分类

在正线上可以分为出站信号机、进路防护信号机、区间信号机三种。在车辆段可以分为列车信号机、调车信号机、阻挡信号机三种。

2)按照结构分类

信号机按结构不同分为一灯位机构、两灯位机构、三灯位机构、四灯位机构和五灯位机构五种。其中,进段/场信号机采用五灯位机构(绿色灯位封闭);在正线上采用四灯位机构的信号机;出段/场信号机采用三灯位机构;调车信号机采用两灯位机构的信号机;段/场内尽头线阻挡信号机采用一灯位矮型机构信号机,显示红色光。

3）按光源分类

信号机按使用光源不同可分为透镜式色灯信号机和 LED 色灯信号机两种。两种类型的信号机各有优缺点，目前昆明地铁采用的是透镜式色灯信号机。

3. 信号机的设置

信号机的设置位置和显示方向，应使接近的列车或车列容易辨认信号显示，并不致被误认为是邻线的信号机。由于铁路和地铁机车结构不一样，从而使信号机的设置位置有所不同。

1）信号机显示距离要求

信号机的显示均应使其达到最远，即使是在曲线上的信号机，也应使接近的列车尽量不间断地看到显示，信号机的显示距离应满足以下要求：

（1）正线上各类信号机的显示距离原则上不得小于 400 m。

（2）车辆段各类信号机的显示距离原则上不得小于 200 m。

2）信号机设置原则

（1）地铁信号机原则上设置于列车运行方向线路的右侧，特殊情况可设于列车运行方向的左侧或其他位置。

（2）铁路信号机原则上设置于列车运行方向线路的左侧或其所属线路的中心线上空。特殊地段因条件限制可设于列车运行方向的右侧。

4. 透镜式色灯信号机

1）透镜式色灯信号机的结构

透镜式色灯信号机有高柱和矮型两种类型，它们的区别主要在于高柱信号机的机构在信号机柱，而矮型信号机的机构安装在水泥基础上，如图 LA3-5 所示。

高柱透镜式色灯信号机如图 LA3-6 所示。它由机柱、机构、托架、梯子等部分组成。

机柱用于安装机构和梯子。机构的每个灯位配备有相应的透镜组和单独点亮的灯泡，给出信示。托架用来将机构固定在机柱上，每一机构需上、下托架各一个。

2）透镜式信号机的机构

透镜式色灯信号机有两灯位、三灯位和四灯位机构三种，主要由灯泡、灯座、点灯单元、透镜组、遮檐、背板等组成，如图 LA3-7 所示。

灯泡是色灯信号机的光源。为保证信号显示的不间断，目前绝大多数信号机均采用直丝双丝铁路信号灯泡，即当点亮的主灯丝断丝时，可改为副灯丝点亮。

灯座用来安放灯泡，采用定焦盘式灯座，在调整好透镜组焦点后固定灯座，更换灯泡时无需再调整。

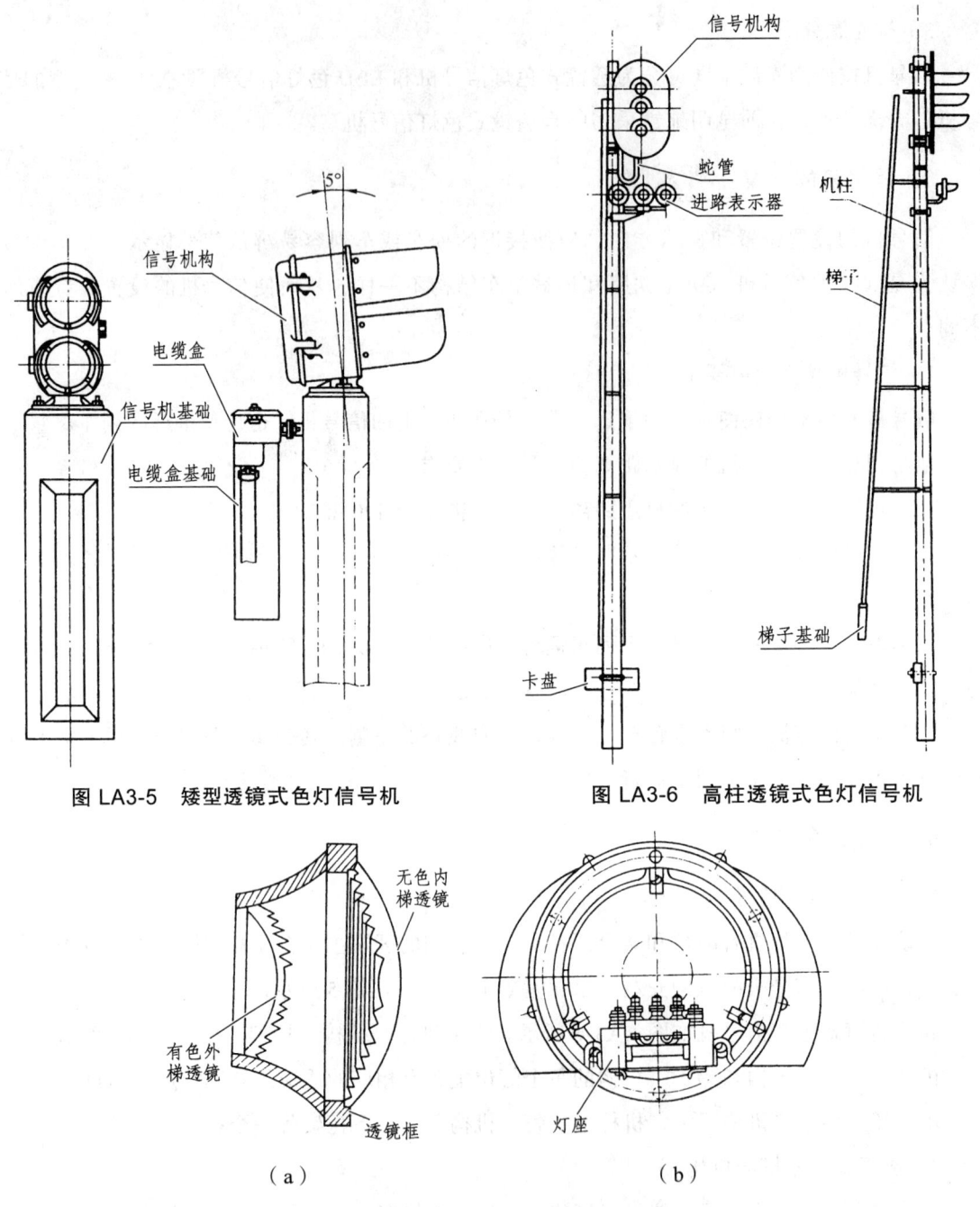

图 LA3-5　矮型透镜式色灯信号机

图 LA3-6　高柱透镜式色灯信号机

图 LA3-7　透镜式色灯信号机构

透镜组装在镜架框上,由两块带棱的凸透镜组成,里面是有色带棱外凸透镜(可有红、黄、绿、蓝、月白、无色六种颜色),外面是无色带棱内凸透镜。之所以采用两块透镜组成光学系统,是利用光的折射和反射原理,将光源发出的光线集中射向所需要的方向,即增加该方向的光强。这样,就能满足显示距离远且具有很好的方向性的要求。之所以采用带棱型(梯形)透镜,是因为它比不带棱的透镜轻,且光学效果好。信号机构的显示颜色取决于有色透镜，可根据需要选用。

遮檐用来防止阳光等光线直射时产生错误的幻影显示。

背板是黑色的，可衬托出信号灯光的亮度，改善瞭望条件。一般信号机采用圆形背板。

3）灯泡和灯座

透镜式色灯信号机的灯泡一般采用直丝信号灯泡，其额定电压为 12 V、额定功率为 25 W。灯座为带转换试验按钮和不带转换试验按钮两种的定焦盘式铁路信号灯座。此灯座安装位置必须可调整，从而可以调整信号机光源位置，使主灯丝位于透镜组的焦点上，获得最佳显示效果，但调好焦距后更换灯泡就无须再调整，其外形尺寸如图 LA3-8 所示。

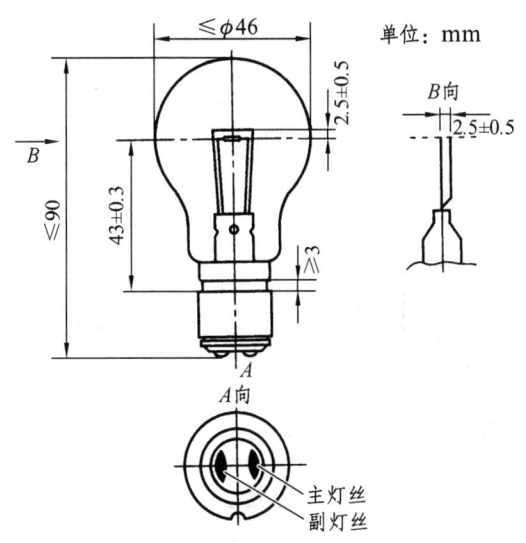

图 LA3-8 TX12-25A 型信号灯泡

4）点灯单元

色灯信号机的点灯单元一般由信号变压器和灯丝转换继电器组成，目前城市轨道交通使用的主要是将点灯和灯丝转换结合为一体的 XDZ 型多功能信号点灯装置。

（1）XDZ-B 型多功能信号点灯装置概述。

XDZ-B 的定义：X（信号）、D（点灯）、Z（装置）、B（产品序号）。信号点灯电源是由室内信号电源屏提供的交流 220 V 电压，信号灯泡的额定电压 12 V，为了防止信号灯泡断丝造成的信号显示中断，应在主、副灯丝之间进行转换。因此，信号点灯装置是由信号变压器和灯丝转换继电器组成的。

（2）XDZ-B 型点灯装置工作原理。

XDZ-B 型点灯装置的端子号编号含义为：1 号端子接输入 XJZ220V，2 号端子接输入 XJF220V，3 号端子接主灯丝，4 号端子接副灯丝，5 号端子为公共端，Z 号端子为报警 Z（中接点），H 号端子为报警 H（后接点），Q 号端子为报警 Q（前接点）。XDZ-B 点灯装置结构如图 LA3-9 所示，其工作原理如图 LA3-10 所示。

在 XDZ-B 型点灯装置原理图中，主灯丝电路中的灯丝转换继电器 JZ 为电流型继电器，与主灯丝串联，主灯丝断丝时 JZ 继电器失磁落下，继电器的后接点 JZ-1 闭合接通副灯丝电路，完成灯丝转换。副灯丝电路中的报警继电器 JG 为电压型继电器，与副灯丝串联，副灯

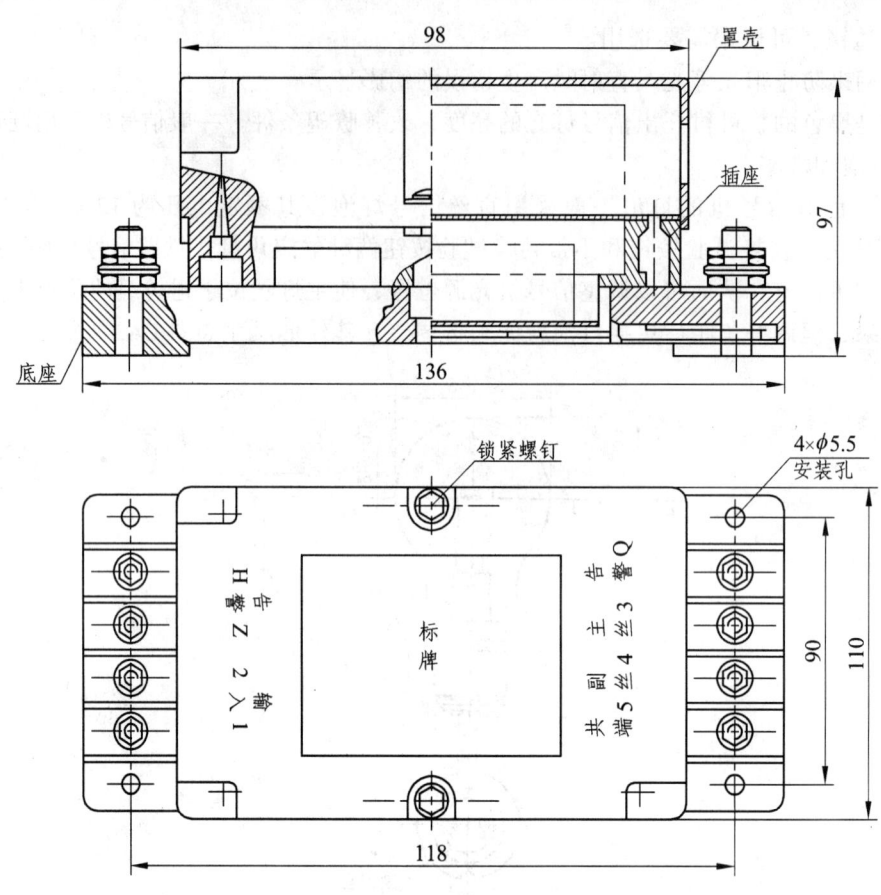

图 LA3-9　XDZ-B 型点灯装置结构

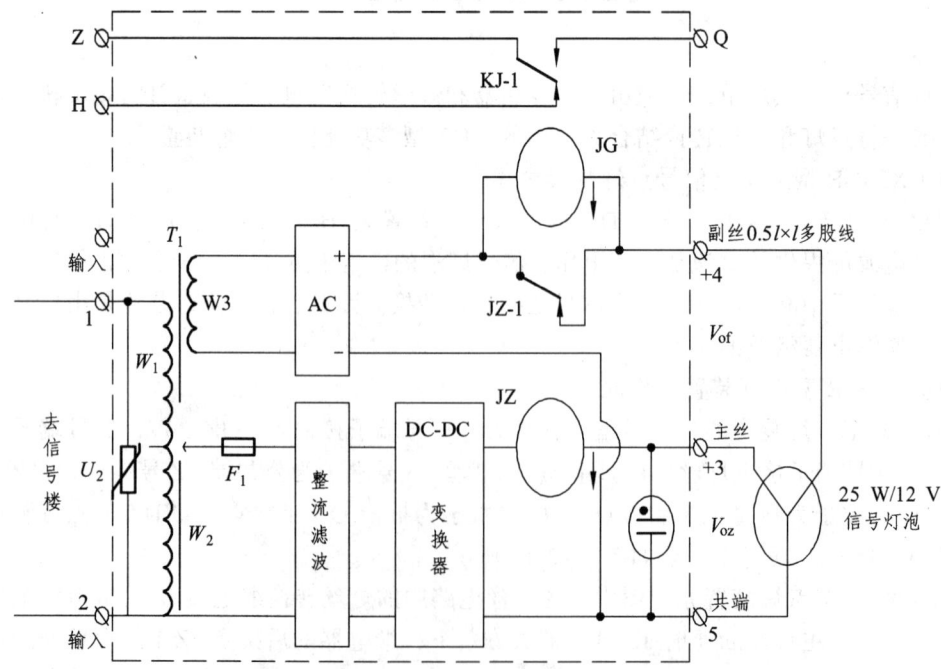

图 LA3-10　XDZ-B 型点灯装置原理图

丝断丝时失磁落下，由此提供了副灯丝断丝报警。综上所述，当主灯丝断丝而副灯丝完好时，灯丝转换继电器 JZ 失磁落下，通过 JZ-1 闭合完成灯丝转换，同时短路报警继电器 JG 并使之失磁落下，所以主灯丝和副灯丝两者任一个断丝，JG 都及时报警。

（3）XDZ-B 型点灯装置主要技术参数。

输入电压：220 V（176～253 V），单相交流 50 Hz。

额定负载：25 W/12 V 双灯丝信号灯泡。

输出电压：高柱为 DC10.7～DC11.9 V；矮型为 DC10.2～DC11.4 V。

灯泡端电压：10.2～11.4 V（调车信号机 9.0～11.4 V）。

空载电流：在最高输入电压下 ≤16 mA。

主丝冷丝冲击电流：≤6 A。

主丝软启动时间：0.05～0.2 s。

主副灯丝转换时间：＜0.1 s。

环境温度：-25～60 ℃。

输入、输出端子对地的缘电阻：≥25 MΩ。

冷丝冲击电流：点灯开始瞬间，灯丝处于冷态时所经过的电流。信号灯灯丝冷态电阻约 0.5 Ω，如开启时输出电压瞬间全额加在灯丝上，此时的冷丝线冲击电流在 10 A 以上，影响灯丝寿命。

软启动：在灯丝点亮瞬间加在灯丝上的电压远低于额定电压（本装置仅为 3 V），然后经过 0.05～0.2 s 上升至额定值，此时间称为软启动时间。

5. LED 色灯信号机

1）LED 色灯信号机构成

LED 色灯信号机由铝合金机构、发光盘、点灯装置、报警单元组成。

2）LED 发光盘

信号机光源是由多个发光二极管组成一个串并联结构的发光矩阵，排列成圆盘形状，在 LED 发光二极管前设一蜂房状透镜板，如图 LA3-11 所示。将透镜板上的小透镜一一对应地安放在 LED 发光二极管前面的光轴上，使所有 LED 发光二极管的散射光都聚焦成为方向一致的平行光束。

发光盘分为高柱发光盘、矮型发光盘和表示器发光盘三种，其 LED 数量递减。为满足曲线轨道的信号显示，可根据现场需要，在发光盘前部叠装偏散镜片。发光盘后部有一个突起的防雷盒。

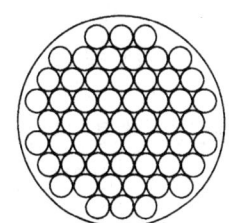

图 LA3-11　XDZ-B 型点灯装置原理图

3）LED 色灯信号机构工作原理

LED 光源小型信号机构的供电电源是机房电源屏所供的 AC110 V 交流电源，经室外的点灯单元转变为 LED 发光二极管所需的直流电源。因此，电路的基本形式是变压器降压和整流电路。点灯变压器是一种新型的 R 型变压器，变压器额定输出功率 40 VA，空载电流小于 5 mA。光源实际消耗功率小于 8 W，保证电路有较高的安全可靠性。

LED 发光二极管电路为串、并联相结合设计,将 7 个 LED 发光二极管与限流电阻串在一起,再将 8 组上述 LED 发光二极管组并联组成光源。根据 LED 发光二极管的光电特性和考虑 JZXC-H18 灯丝继电器的工作值,将每组 LED 发光二极管的管电流控制在 20 mA 左右,如图 LA3-12 所示。

4)LED 信号机主要优点

可靠性高:发光盘由上百只 LED 和数十条支路组成,个别 LED 或支路故障不会影响信号正常显示。

寿命长:LED 寿命可达 10 万小时,是信号灯泡的 100 倍,有利于实现免维修。

节省能源:信号灯泡功率为 25 W,发光盘功率不足信号灯泡的 1/2,铁路信号机数量庞大,点亮时间长,LED 节能效果显著。

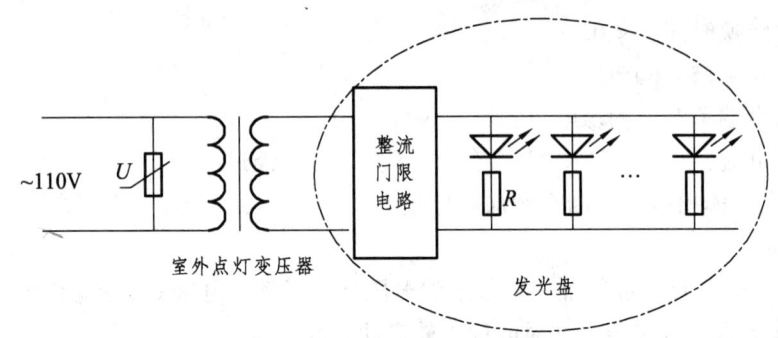

图 LA3-12 XDZ-B 型点灯装置原理图

聚焦稳定:发光盘焦距在设计和生产中已经确定,并能够始终保持良好的聚焦状态,不需现场调整。

无冲击电流:LED 信号机没有点灯过程中冷丝状态的冲击电流,有利于延长供电装置使用寿命。

三、轨道电路

轨道电路是以铁路的两条钢轨为导体,使电流在一定范围内流通,用以检查列车占用线路、传递列车占用信息及实现地面与机车间传递信息的电气回路。

1. 轨道电路基本要求

1)轨道电路钢轨绝缘的设置应符合标准

(1)在道岔区段,设于警冲标内方的钢轨绝缘,除双动道岔渡线上的绝缘外,其安装位置距警冲标不得小于 3.5 m。当不得已必须装于警冲标内方小于 3.5 m 处时,应按侵入限界考虑,如图 LA3-13 所示。

(2)轨道电路的两钢轨绝缘应设在同一坐标处,当不能设在同一坐标时,其错开的距离(死区段)应不大于 2.5 m,如图 LA3-14 所示。

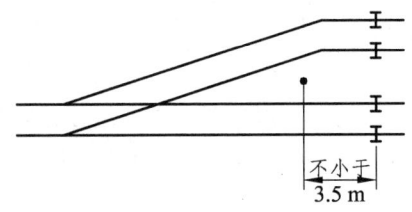
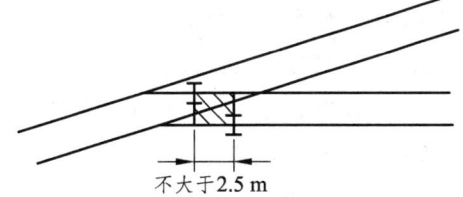

图 LA3-13　道岔区段钢轨绝缘安装　　　　图 LA3-14　轨道电路死区段示意图

（3）两相邻死区段间的间隔（见图 LA3-15（a）），或与死区段相邻的轨道电路的间隔（见图 LA3-15（b）），一般不小于 18 m；当死区段的长度小于 2.1 m 时，其与相邻死区段间的间隔或与相邻轨道电路的间隔允许 15~18 m。

（4）设于调车信号机处的钢轨绝缘，应与信号机坐标相同，当不可能设在同一坐标处时，应设在信号机前方或后方各 1 m 的范围内。

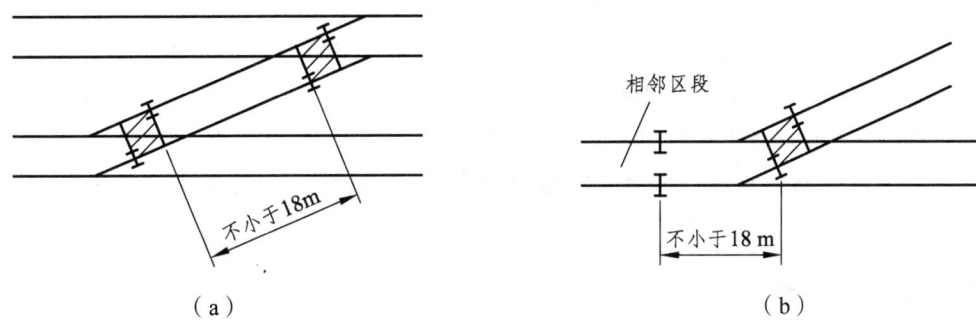

图 LA3-15　轨道电路两个死区段间隔示意图

（5）集中联锁车站的牵出线、机待线、出库线、专用线或其他用途的尽头线入口处的调车信号机前方，应设轨道电路，其长度不得小于 25 m。

（6）异型钢轨接头处，不得安装钢轨绝缘。

（7）桥梁（隧道）护轮轨上应安装钢轨绝缘。

（8）轨道电路内的各种绝缘装置，均须保持绝缘良好。邻接轨道电路间钢轨绝缘破损时，轨道接收设备应不受邻接轨道电路电流影响而误动，或有符合设计要求的防护措施。

（9）钢轨绝缘应做到钢轨、槽形绝缘、钢轨连接夹板（鱼尾板）相吻合，轨端绝缘安装应与钢轨接头保持平直。采用高强度钢轨绝缘（即使用高强度螺栓、螺母、铁平垫圈和高强度绝缘垫圈）时，每根螺栓紧固后的扭矩：50 kg/m 钢轨应不小于 700 N·m；60 kg/m 及其以上钢轨应不小于 900 N·m。

（10）装有钢轨绝缘处的轨缝应保持在 6~10 mm，两钢轨头部应在同一平面，高低相差不大于 2 mm；在钢轨绝缘处的轨枕应保持坚固，道床捣固良好。

（11）在轨道电路区段内的道床，应保持清洁及排水良好。道砟面与钢轨底面的距离应保持在 30 mm 以上。

2）道岔区段的轨道电路应符合标准：

（1）轨道电路的道岔跳线应采用双跳线。

（2）与到发线相衔接的道岔轨道电路的分支末端，应设接收端。

（3）所有列车进路上的道岔区段，其分支长度超过 65 m 时（自并联起点道岔的叉心算起），在该分支末端应设接收端。

（4）个别分支长度小于 65 m、分路不良、危及行车安全的分支线末端，亦应增设接收端。

（5）一送多受轨道电路，同一道岔区段最多不应超过 3 个接收端（单动道岔不超过 3 组）。

3）轨道电路的道岔跳线和钢轨引接线应符合下列要求：

（1）道岔跳线和钢轨引接线须采用面积不小于 15 mm^2（非电气化区段，ϕ1.0 mm×19）或截面积不小于 4 mm^2（电气化区段，ϕ1.2 mm×37）的多股镀锌钢绞线。道岔跳线应按规定位置安装，跳线敷设应平直。

（2）钢轨引接线塞钉孔距钢轨连接夹板边缘应为 10 mm 左右。引接线与变压器箱、电缆盒连接时，应将螺母拧紧，不得有松动现象。绝缘片、绝缘管应完整无破损，保证绝缘良好。引接线的裸线部分不得与箱盒金属体接触。

（3）跳线和引接线的长度、规格适当，焊接牢固；应平直地固定在枕木或者其他专用设备上，不得埋于土或者石砟中，芯线裸露部分及接头处须涂油防蚀，断根不得超过 1/5。

（4）跳线和引接线处不得有防爬器和轨距杆等物。穿越钢轨处，距轨底不应小于 30 mm，不得与可能造成短路的金属件接触。胶接式绝缘接头、黏结式绝缘轨距杆的绝缘阻值应大于 1 MΩ。

2. 轨道电路分类

（1）轨道电路按动作电源分类，可分为直流轨道电路和交流轨道电路。

一般来说交流轨道电路使用较为普遍，常用的交流轨道电路有 JZXC-480 型轨道电路、25 Hz 相敏轨道电路、50 Hz 相敏轨道电路。

（2）轨道电路按工作方式分类，可分为闭路式和开路式。一般来说常用的轨道电路为闭路式轨道电路。

（3）轨道电路按所传送的电流特性分类，可分为连续式、移频式以及数字编码式。例如：JZXC-480 型轨道电路、25 Hz 相敏轨道电路、50 Hz 相敏轨道电路均为连续式，ZPW2000 移频轨道电路、UM71 移频轨道电路属于移频式轨道电路。

（4）按电气牵引区段牵引电流的通过路径分类，可分为单轨条轨道电路和双轨条轨道电路。

3. 轨道电路的组成

如图 LA3-16 所示，轨道电路主要由送电端、钢轨线路和受电端组成。

（1）送电端由电源、限流器、引接线及电缆盒组成。限流器是为了保护电源而设，一般由电阻器或电抗器构成，轨道电源使用电子设备时，一般不需设限流器。

（2）钢轨线路是由轨条、轨端接续线和钢轨绝缘等组成。轨端接续线是为减小轨条的接触电阻，钢轨绝缘是为分隔或划分轨道回路。

（3）受电端主要设备是轨继电器。

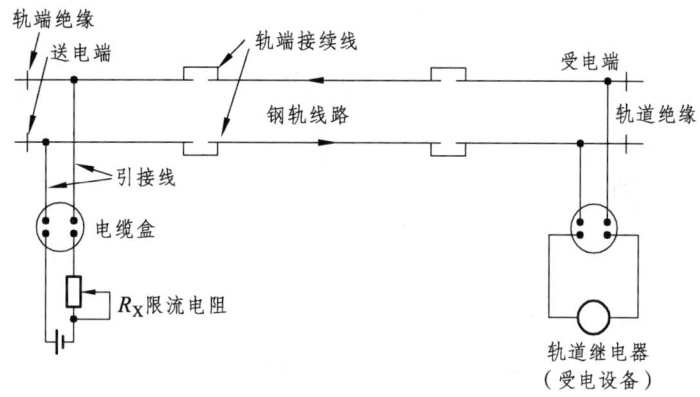

图 LA3-16 轨道电路组成

3. 轨道电路的基本工作原理

当轨道未被列车占用即空闲时,电源通过钢轨和轨道继电器线圈构成闭合回路,形成电流使轨道继电器吸起。利用其前接点闭合条件,接通了信号机的绿灯电路,表示轨道设备完整且空闲,允许列车进入该区段,如图 LA3-17(a)所示。

当轨道被列车占用时,由于列车分路电阻比继电器线圈电阻小得多,所以大部分电流就被列车轮对分路,轨道继电器线圈电流减少,轨道继电器落下,其后接点闭合,接通信号机红灯电路,向后续列车显示停车信号,如图 LA3-17(b)所示。

由以上介绍所知,轨道继电器监督轨道电路的工作状态,继电器接点控制信号机显示,信号机显示控制列车运行,列车运行又改变着轨道电路的工作状态,这就构成了自动控制系统。

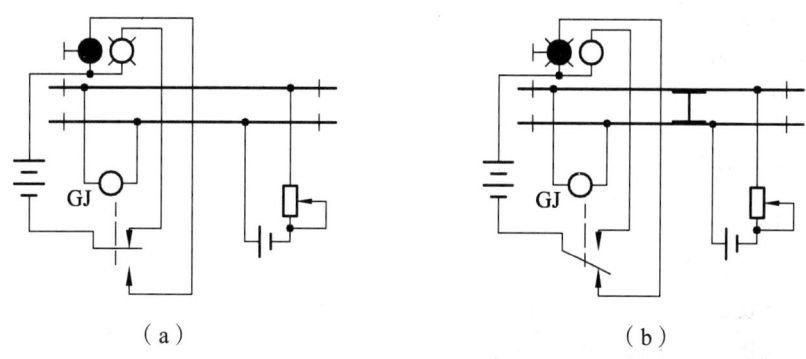

图 LA3-17 轨道电路工作原理

4. 轨道电路的基本工作状态

轨道电路应能迅速反映出轨道的占用情况,并对电路本身各部件的工作情形进行监督,还要检查轨条的完整情况。因此,在工程设计或调整轨道电路时,要从它的三种基本工作状态出发,保证轨道电路在最不利的条件下,均能可靠稳定工作,实现其保证行车安全的主要作用。轨道电路的三种基本工作状态是调整状态、分路状态和断轨状态,如图 LA3-18 所示。

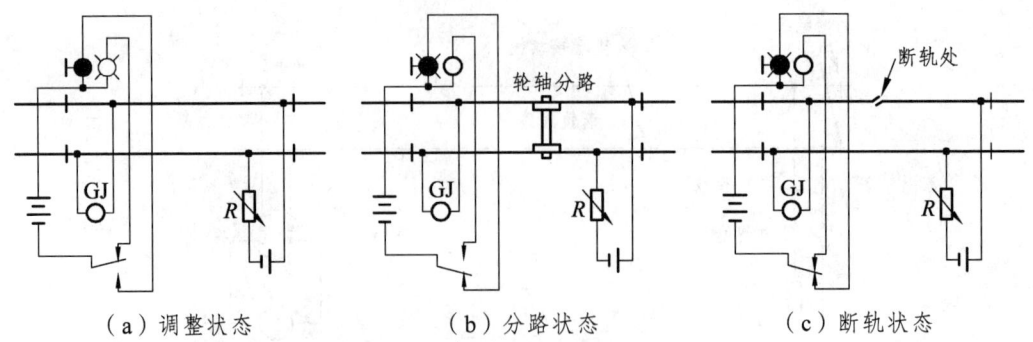

（a）调整状态　　　　　　（b）分路状态　　　　　　（c）断轨状态

图 LA3-18　轨道电路三种基本工作状态

（1）调整状态即轨道电路空闲，设备完好的状态。要求受电端的接收设备应可靠工作，对电磁继电器接收设备则要求轨道继电器可靠励磁，前接点闭合。

（2）分路状态即轨道电路被列车占用的状态。要求接收设备应可靠工作，对电磁继电器接收设备则要求应可靠落下，后接点闭合。

（3）断轨状态即轨道电路的钢轨在某处断开时的状态。要求接收设备应可靠停止工作，受电端采用电磁继电器时，继电器应可靠落下。

轨道电路在这三种工作状态下工作，往往受许多外界影响，但主要有三个变量参数：轨道电路的道砟电阻、钢轨阻抗和电源电压。这三个变量对三种工作状态的影响也不一样。因此，三种工作状态的最不利因素是不一样的。

调整状态的最不利因素是：电源电压最低、钢轨阻抗最大、道砟电阻最小，即接收设备获得的电流最小。

分路状态的最不利因素是：电源电压最高、钢轨阻抗最小、道砟电阻最大，即轨道接收设备获得的电流最大。

断轨状态的最不利因素是：钢轨阻抗的模值最小、电源电压最高、临界断轨地点的临界道砟电阻值最小，即接收设备获得的电流最大。

5. 轨道电路作用

1）监督列车的占用

利用轨道电路监督列车在区间或列车和调车车列在站内的占用，用轨道电路反映该线路是否空闲，为开放信号、建立进路或构成闭塞提供依据，还利用轨道电路的被占用关闭信号，把信号显示与轨道电路是否被占用结合起来。

2）传递行车信息

对于城市轨道交通，轨道电路不仅用来检测列车是否占用，更重要的是要传输 ATP 信息。所以除车辆段可采用 50 Hz 相敏轨道电路外，正线需要采用音频轨道电路或者基于无线通信的移动闭塞系统。例如：音频轨道电路利用轨道电路中传递不同的频率来反映前行列车的位置，决定各信号机的显示，为列车运行提供行车命令。

3）断轨检查

轨道电路电流流过钢轨，在钢轨断轨情况下，电流通过径路中断，由于道砟电阻的大小和断轨地点问题，轨道继电器仍然有电流流过，但不足以保持继电器吸起，轨道电路显示红光带。

四、转辙装置

1. 道岔基本要求

1）道岔转换设备安装方正的标准

（1）道岔转换设备应与单开道岔直股基本轨或直股延长线、与双开对称道岔股道中分线相平行，各种类型转辙机及转换锁闭器外壳纵侧面的两端与基本轨或中分线垂直距离的偏差：内锁闭道岔不大于 10 mm。

（2）各种类型的道岔杆件均应与单开道岔直股基本轨或直股延长线、与双开对称道岔股道中分线相垂直，各杆件的两端与基本轨或中分线的垂直偏差：内锁闭道岔的密贴调整杆、表示杆、尖端杆应不大于 20 mm。

（3）道岔的密贴调整杆、表示杆、尖端杆、拉杆，其水平方向的两端高低偏差应不大于 5 mm（以两基本轨工作面为基准）。

（4）转换设备中的各种杆件及导管等的螺纹部分的内、外调整余量应不少于 10 mm。表示杆的销孔旷量应不大于 0.5 mm；其余部位的销孔旷量应不大于 1 mm。

（5）密贴调整杆动作时，其空动距离应在 5 mm 以上。

（6）穿越轨底的各种物件，距轨底的净距离应大于 10 mm。

（7）发生挤岔时，道岔转换设备应可靠断开道岔表示。

（8）在单点牵引道岔的牵引点处及多点牵引道岔的第一牵引点处的尖轨与基本轨间有 2 mm 及其以下间隙时，道岔能可靠锁闭，给出相应正确表示；尖轨与基本轨间有 4 mm 及其以上间隙时，道岔不能锁闭、信号不能开放。

（9）双机牵引道岔第二牵引点尖轨与基本轨间有 4 mm 及其以下间隙时，道岔能可靠锁闭，给出相应正确表示；尖轨与基本轨间有 6 mm 及其以上间隙时，道岔不能锁闭、信号不能开放。

（10）附有绝缘的密贴调整杆、尖端杆、角形铁、角钢等，绝缘装设完整、性能良好。

（11）直流转辙机表示电路中应采用反向电压不小于 500 V，正向电流不小于 300 mA 的整流元件；三相交流转辙机表示电路中应采用反向电压不小于 500 V，正向电流不小于 1 A 的整流元件。

2）道岔应符合的标准

（1）单机牵引道岔开程为 142～152 mm。

（2）60 kg/m 钢轨 12 号道岔第一牵引点道岔开程为 176～180 mm，第二牵引点道岔开程为 76～80 mm。

（3）60 kg/m 钢轨 9 号道岔第一牵引点道岔开程为 156～160 mm，第二牵引点道岔开程为 71～75 mm。

（4）尖轨、基本轨的爬行、窜动量不得超过 20 mm，限位铁两边应有间隙，尖轨、基本轨爬行、窜动不得影响道岔方正，造成杆件别劲、磨卡。

（5）道岔的转换阻力不得大于电动转辙机的牵引力，转辙机牵引力应符合规定标准。

（6）尖轨无影响道岔转换、密贴的硬弯、肥边和反弹，甩开转换道岔杆件，人工拨动尖轨，刨切部分应与基本轨密贴，其间隙不大于 1 mm。

(7)尖轨顶铁与轨腰的间隙均应不大于 1.5 mm。

(8)道岔转换时基本轨横移不得导致道岔的 4 mm 锁闭。

(9)道岔转辙部位的轨枕间距符合标准,窜动不得造成杆件别劲、磨卡,影响道岔方正和道岔的正常转换。

(10)尖轨底部与滑床板密贴。

(11)滑床板无影响道岔转换的划痕。

(12)道岔安装装置绝缘不得小于 1 kΩ。

(13)道岔转换设备应与单开道岔直股基本轨或直股延长线相平行。各种类型转辙机及转换锁闭器外壳所属线路侧面的两端与基本轨或中心线垂直距离的偏差:内锁闭道岔不大于 10 mm;外锁闭道岔不大于 5 mm。

(4)各种类型的道岔杆件均应与单开道岔直股基本轨或直股延长线相垂直。各杆件的两端与基本轨或中心线的垂直偏差:内锁闭道岔的密贴调整杆、表示杆、尖端杆应不大于 20 mm;分动外锁闭道岔各牵引点的锁闭杆、表示杆应不大于 10 mm。

(5)道岔的密贴调整杆、表示杆、尖端杆、拉杆及外锁闭装置的锁闭杆、表示杆,其水平方向的两端高低偏差应不大于 5 mm。

(16)道岔转换设备的安装装置必须有足够的强度和刚度,安装装置应采用防松螺栓、螺母。

2. 道岔相关知识介绍

道岔是一种使机车车辆从一股道道转入另一股道的线路连接设备。它是地铁线路中最关键的特殊设备。道岔的转换和锁闭设备,直接关系到行车安全。道岔的操纵分为手动、电动两种方式。手动是作业人员通过道岔摇把在现场直接摇动转换道岔,这种方式在转辙机故障的情况下使用。电动方式,是指电力直接操纵转辙机带动道岔转换和锁闭道岔,易于集中操纵,实现自动化。转辙机是重要的信号基础设备,它对于保证行车安全、提高运输效率起着非常重要的作用。

1)道岔构成

道岔是车站的重要设备,担负着列车或机车车辆在车站改变径路的任务,是会让和转线作业的设备。它与线路相连,如图 LA3-19 所示,道岔主要由尖轨、基本轨、辙岔心、导曲轨、护轮轨及各种连接零件组成。

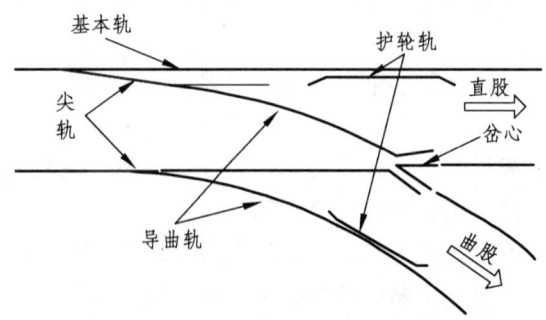

图 LA3-19 道岔示意图

2）道岔的辙叉号

由岔心所形成的角，叫辙叉角，它有大有小。道岔号码（N）是代表道岔各部主要尺寸的，通常用辙叉角 α 的余切来表示，如图 LA3-20 所示，即

$$N = \cot\alpha = \frac{FE}{AE}$$

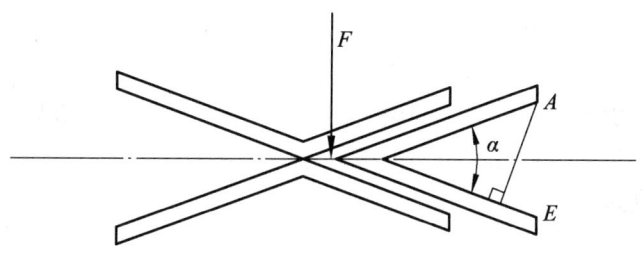

图 LA3-20　道岔号数计算示意图

由此可见，道岔号与辙叉角 α 成反比关系，α 角越小，N 越大，导曲线半径也越大，机车车辆通过该道岔时就越平稳，允许过岔速度也就越高。

3）道岔的位置和状态

如图 LA3-19 所示，道岔有两根可以移动的尖轨，一根密贴于基本轨，另一根尖轨离开基本轨。可以同时改变两根尖轨的位置，使原来密贴的分离，而原来分离的密贴，可见道岔有两个可以改变的位置。我们通常把道岔经常所处位置叫作定位，临时根据需要改变的另一位置叫作反位。为改变道岔的两个位置，在道岔尖轨处需要安装道岔转辙设备。

尖轨与基本轨密贴的程度如何，对行车安全影响很大，比如列车迎着尖轨运行时，如果尖轨密贴程度差，即间隙超过一定限度（大于 4 mm）则车的轮缘有可能撞着或从间隙中挤进尖轨尖端而造成颠覆或脱轨的严重行车事故。因此，对尖轨与基本轨的密贴程度规定有严格的标准。装有电动、电液或电空转辙机的单机牵引普通道岔，在工务第一连接杆处以及没有外锁闭装置的尖轨、心轨第一锁闭杆处的尖轨与基本轨间、心轨与翼轨间有 4 mm 及其以上间隙时，道岔不能锁闭和信号不能开放。

4）对向道岔和顺向道岔

道岔本身并无顺向和对向之分，这只是根据列车运行方向而言的。列车迎着道岔尖轨运行时，该道岔就叫对向道岔；反之，列车顺着道岔尖轨运行时，就叫顺向道岔，如图 LA3-21 所示。

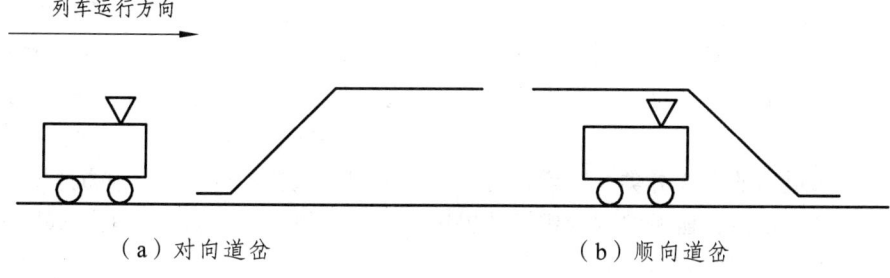

图 LA3-21　道岔的对向和顺向道岔

对向道岔和顺向道岔的不安全因素不一样，导致事故的后果也不同。

当列车迎着岔尖运行时，如果道岔位置扳错了，则列车就被接向另一条线路上去了。如果这条线路已停有车辆，就会造成列车冲撞。另外，如果道岔位置虽然对，但其尖轨与基本轨不密贴（即状态不良），则车轮轮缘有可能将密贴的一根尖轨挤开，造成"四开"，从而引起列车颠覆事故。

当列车顺着岔尖运行（即从辙叉方面开来），与上述情况就不同了。这时道岔位置如果不对，车轮轮缘可以从尖轨与基本轨挤进去，并推动另一根尖轨靠近基本轨。发生这种情况，叫挤岔。挤岔时有可能使道岔和道岔转换器遭到损伤。

在实际工作中，因为车站的许多线路是固定使用的（如某一股道只接一个方向的列车），所以对某一组道岔来说，它可能只作对向道岔使用，或只作顺向道岔使用。这样，我们就可以区别对待：在对向道岔处安装质量较好的道岔转换器和道岔锁闭器；在正常维修工作中，要加强对对向道岔的维护。

为了保证行车安全，凡是列车经过的道岔，不论对向的还是顺向的，都要和信号机实现联锁。在电动的道岔转换器和锁闭器的结构上也要使之能够反映出道岔不密贴和挤岔等危险情况，一旦道岔不密贴或被挤时，就不能使信号机开放。

5）单动道岔和双动道岔

按压一个道岔按钮，如仅能使一组道岔转换，则称该道岔为单动道岔；如果能使两组道岔同时或顺序转换，则称为双动道岔。双动道岔有时也称为联动道岔，故它有三动和四动的情况。为了简化操作手续，简化联锁关系，有时还为了保证行车安全和节省信号器材等因素，凡是能双动的道岔必须使之双动。

3．转辙机的分类

（1）按动作能源和传动方式分类，转辙机可分为电动转辙机、电动液压转辙机和电空转辙机。

电动转辙机由电动机提供动力，采用机械传动的方式。

电动液压转辙机简称电液转辙机，由电动机提供动力，采用液力传递的方式。ZY（J）系列转辙机即为电液转辙机。

电空转辙机由压缩空气作为动力，由电磁换向阀控制。ZK系列转辙机即为电空转辙机。

（2）按供电电源种类分类，转辙机可分为直流转辙机和交流转辙机。

直流转辙机采用直流电源，由直流电动机作为动力，如ZD6系列电动转辙机。直流电动机的缺点是，由于存在换向器和电刷，易损坏，故障率较高。

交流转辙机采用三相交流电源或单相交流电源，由三相异步电动机或单相异步电动机（现大多采用三相异步电动机）作为动力，如ZDJ9系列电动转辙机和S700K交流转辙机。交流转辙机采用感应式交流电动机，不存在换向器和电刷，因此故障率低，而且单芯电缆控制距离远。

（3）按锁闭道岔的方式分类，转辙机可分为内锁闭转辙机和外锁闭转辙机。

内锁闭转辙机依靠转辙机内部的锁闭装置锁闭道岔尖轨，是间接锁闭的方式。内锁闭方式，锁闭可靠程度较差，列车对转辙机的冲击大。

外锁闭转辙机虽然内部也有锁闭装置，但主要依靠转辙机外的外锁闭装置锁闭道岔，将密贴尖轨直接锁闭于基本轨，拆离尖轨锁于固定位置，是直接锁闭方式，如 S700K 型转辙机，其锁闭可靠，对转辙机几乎没有冲击，使用寿命长。

（4）按是否可挤分类，转辙机可分为可挤型转辙机和不可挤型转辙机。

可挤型转辙机内设挤岔保护（挤切或挤脱）装置，道岔被挤时，动作杆解锁，保护了整机。不可挤型转辙机内不设挤岔保护装置，道岔被挤时，挤坏动作杆与整机连接结构，应整机更换。

4. 转辙机的作用

（1）转换道岔的位置，根据需要转换至定位或反位。

（2）道岔转至所需位置而且密贴后，实现锁闭，防止外力转换道岔。

（3）正确地反映道岔的实际位置，道岔的尖轨密贴于基本轨后，给出相应的表示。

（4）道岔被挤或因故处于"四开"（两侧尖轨均不密贴）位置时，及时给出报警及表示。

5. 转辙机的基本要求

（1）作为转换装置，应具有足够大的拉力，以带动尖轨作直线往返运动；当尖轨受阻不能运动到底时，应随时通过操纵使尖轨回复原位。

（2）作为锁闭装置，当尖轨和基本轨不密贴时，不应进行锁闭；一旦锁闭，应保证不致因车通过道岔时的震动而错误解锁。

（3）作为监督装置，应能正确地反映道岔的状态。

（4）道岔被挤后，在未修复前不应再使道岔转换。

五、信号继电器

1. 继电器的主要功能

继电器是自动控制和远程控制系统必不可少的元件，用于闭合或断开控制电路，能够以极小的电信号控制执行电路中相当大功率的对象，并能够控制数个对象和数个回路，具有典型的继电器特性。继电器一般由电磁系统和接点系统两部分组成：电磁系统由磁路和线圈组成，是继电器的感应机构，专门用来接受和反应输入物理量的性质；接点系统是继电器的执行机构，通过接点的通或断，实现控制目的。

2. 继电器的分类

（1）按动作原理分类，继电器可分为电磁继电器和感应继电器。

电磁继电器是通过继电器线圈中的电流在磁路的气隙（铁芯与衔铁之间）中产生电磁力，吸引衔铁，带动接点动作的。城市轨道交通绝大多数继电器均属于电磁继电器，如直流无极继电器、直流有极继电器、交流继电器、二元差动继电器等。

感应继电器是利用电流通过线圈产生的交变磁场与另一交变磁场在翼板中所感应的电流相互作用产生电磁力，使翼板转动而动作的。

（2）按动作电流分类，继电器可分为直流继电器和交流继电器。

直流继电器是由直流电源供电。按所通电流的极性，又可分为无极、偏极和有极继电器。

交流继电器是由交流电源供电。按动作原理，有电磁继电器，也有感应继电器。整流式继电器虽然用于交流电路中，但它用整流元件将交流电整流为直流电，所以其实质上是直流继电器。

（3）按输入量的物理性质分类，继电器可分为电流继电器和电压继电器。电流继电器反映电流的变化，它的线圈必须串联在所反映的电路中。该电路中必有被反映的器件，如电动机绕组、信号灯泡等。电压继电器反映电压的变化，它的线圈励磁电路单独构成。

（4）按动作速度分类，继电器可分为正常动作继电器和缓动继电器。

正常动作继电器衔铁动作时间为 0.1~0.3 s。大部分信号继电器属于此类。

缓动继电器，衔铁动作时间超过 0.3 s，如无极缓放继电器、热力继电器、安全型半导体缓吸继电器。缓动继电器又分为缓吸继电器和缓放继电器：缓吸继电器是利用脉冲延时电路或软件设定使之缓吸；缓放型继电器则利用短路铜环产生磁通使之缓动，主要取其缓放特性。

（5）按接点结构分类，继电器可分为普通接点继电器和加强接点继电器。

普通接点继电器具有开断功率较小的接点的能力，以满足一般信号电路的要求，多数继电器为普通接点继电器。

加强接点继电器具有开断功率较大的接点的能力，以满足电压较高、电流较大的信号电路的要求。

（6）按工作可靠程度分类，继电器可分为安全型继电器和非安全型继电器。

安全型继电器（N型）是无须借助于其他继电器，亦无须对其接点在电路中的工作状态进行监督检查，其自身结构即能满足一切安全条件的继电器。

3. 继电器基本动作原理

1）继电器组成

继电器由接点系统和电磁系统两大部分组成：电磁系统由线圈、固定的铁心、轭铁以及可动的衔铁组成；接点系统由动接点、静接点构成，如图 LA3-22 所示。

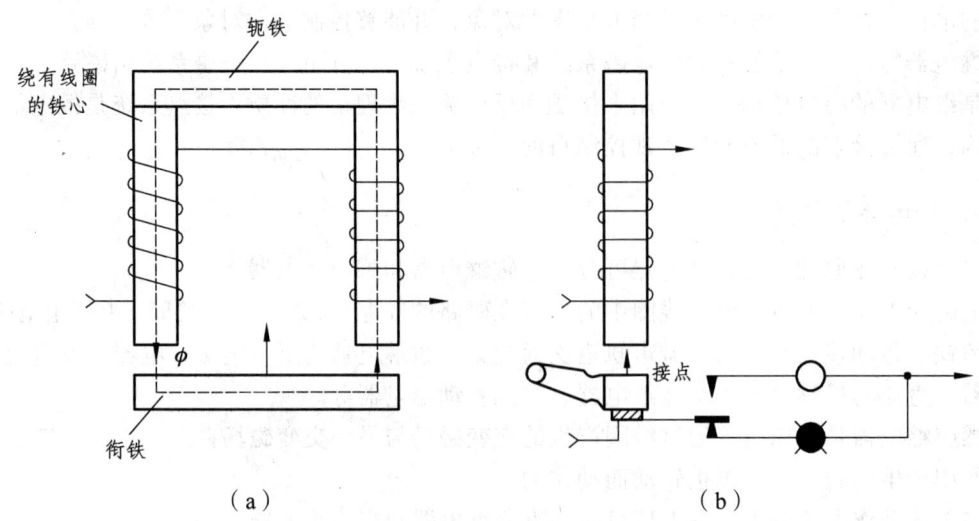

图 LA3-22　电磁继电器工作原理图

2）动作原理

当线圈中通入一定数值的电流后，由于电磁作用或感应方法产生电磁吸引力，吸引衔铁，由衔铁带动接点系统，改变其状态，从而反映输入电流的状况。动作原理具体如下：

线圈通电→产生磁通（衔铁、铁心）→产生吸引力→克服衔铁阻力→衔铁吸向铁心→衔铁带动动接点动作→前接点闭合、后接点断开，电流减少→吸引力下降→衔铁依靠重力落下→动接点与前接点断开，后接点闭合。

可见，继电器具有开关特性，利用其接点的通、断电路，从而构成各种控制表示电路。

3）继电器的继电特性

继电器的特性是当输入量达到一定值时，输出量发生突变，如图 LA3-23 所示。继电器线圈回路为输入回路，继电器接点所在回路为输出电路。当线圈中电流 I_{x_1} 从 0 增加到某一定值 I_{x_2} 时，继电器衔铁被吸引，接点闭合，接点回路中的电流 I_y 从 0 突然增大到 I_{y_2}。此后，若 I_x 继续增大，由于接点回路中阻值不变，I_y 保持不变。当线圈中电流 I_x 减到 I_{x_2} 时，继电器衔铁释放，输出电流 I_y 从 I_{y_2} 减小到 0，此后，I_x 再减小，I_y 保待为 0 不变。

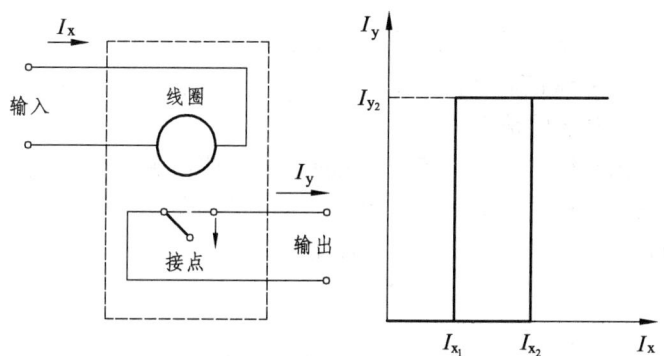

图 LA3-23　电磁继电器工作原理图

分模块 LB 安全知识

子模块 LB1 安全基础知识

一、安全色和安全标志

安全色与安全标志是为了防止事故的发生,用形象而醒目的信息语言向人们提供了表达禁止、警告、指令、提示等含义的信息。

1. 安全色

我国规定了红、黄、蓝、绿四种颜色为安全色,其含义和用途为:

(1)红色:一般用来标志禁止和停止,如信号灯、紧急按钮均用红色,分别表示"禁止通行"、"禁止触动"等禁止的信息。

(2)黄色:一般用来标志注意、警告、危险,如"当心触电"、"注意安全"等。

(3)蓝色:一般用来标志强制执行和命令,如"必须戴安全帽"、"必须验电"。

(4)绿色:用来标志安全无事,如"在此工作"等。

2. 安全标志

安全标志是由安全色、几何图形和图形符号所构成,用以表达特定的安全信息。其目的是引起人们对不安全因素的注意,预防发生事故。但不能代替安全操作规程和防护措施,不包括航空、海运及内河航运上的标志。

安全标志分为禁止标志、警告标志、指令标志和提示标志四类。

(1)禁止标志:不准或制止人们的某种行动。其几何图形为带斜杠的圆环,斜杠和圆环为红色,图形符号为黑色,其背景为白色。

(2)警告标志:使人们注意可能发生的危险。其几何图形是正三角形。三角形的边框和图形符号为黑色,其背景色为黄色。

(3)指令标志:告诉人们必须遵守某项规定,其几何图形是圆形,其背景是具有指令意义的蓝色,图形符号为白色。

(4)提示标志:向人们指示目标和方向,其几何图形是长方形,底色为绿色,图形符号及文字为白色。但是消防的 7 个提示标志,其底色为红色,图形符号及文字为白色。

二、电工安全常识及触电

1. 电压等级

电压可分为高电压,低电压和安全电压。

高电压：对地电压高于 250 V 的为高压。
低电压：对地电压小于 250 V 的为低压。
安全电压：人体较长时间接触而不致发生触电危险的电压。我国规定工频安全电压有效值的限值为 50 V，直流安全电压的限值为 120 V。

我国对工频安全电压规定了以下五个等级，即 42 V，36 V，24 V，12 V 及 6 V。具体规定如下：

（1）凡特别危险环境使用的携带式电动工具应采用 42 V 的安全电压。

（2）凡有电击危险环境使用的手持照明灯和局部照明灯应采用 36 V 或 24 V 安全电压。

（3）金属容器内、隧道内、水井内以及周围有大面积接地导体等工作地点狭窄、行动不便的环境应采用 12 V 安全电压。

（4）水下作业等特殊场所应采用 6 V 安全电压。

（5）当电气设备采用 24 V 以上安全电压时，必须采取直接接触电击的防护措施。

2. 电流对人体的作用

人体由于不慎触及带电体，产生触电事故，将使人体受到各种不同的伤害，根据伤害性质可分为电击和电伤两种。电击是指电流通过人体，使内部器官组织受到损伤。如果触电者不能迅速摆脱带电体，最后会造成死亡事故。电伤是指在电弧作用下或熔断时，对人体外部的伤害，如烧伤、金属溅伤等。

与触电伤害程度有关的因素有以下几个方面：

（1）电流的大小。电流是触电伤害的直接因素，电流越大，伤害越严重。一般来说，通过人体的交流电（80 Hz）超过 10 mA、直流电超过 50 mA 时，触电者就会感觉麻痹或剧痛，并且呼吸困难，甚至自己不能摆脱电源，有生命危险。

（2）触电时间的长短。一般可用触电电流与触电持续时间的乘积（称为电击能量）来反映触电的危害程度。通电时间越长，能量积累增加，就越容易引起心室颤动。若电击能量超过 50 mA·s，人就有生命危险。

（3）电流通过人体的途径。电流通过心脏会引起心室颤动，较大的电流还会使心脏停止跳动，血液循环中断，导致死亡；电流通过中枢神经或有关部位，会引起中枢神经系统强烈失调而导致死亡；电流通过头部会使人昏迷，若电流较大，会对脑产生严重损害，甚至使人死亡；电流通过脊髓，会使人截瘫。电流通过人体的途径中，以胸到左手的通路为最危险，从脚到脚是危险性较小的电流途径。

（4）人体电阻的大小。在一定的电流作用下，流经人体的电流大小与人体电阻成反比，因此人体电阻的大小将对触电后果产生一定的影响。人体的电阻因人而异，一般为 800 ~ 1 000 Ω，皮肤潮湿、有损伤、带有导电性粉尘等，都会降低电阻数值。

（5）电流频率。一般来讲，在同样的电压下，频率为 40 ~ 60 Hz 的交流电对人体是最危险的。随着频率的增高，电击伤害程度显著减小。低压交流电的频率超过 500 kHz 时，对人体是安全的。

（6）人体状况。电流对人体的作用，女性较男性更为敏感。由于心室颤动电流约与体重成正比，因此小孩遭受电击较成人危险。另外，身体的健康情况与精神状态正常与否，对于触电伤害后果有一定的影响，如患有心脏病、神经系统疾病、结核病等病症的人因电击引起的伤害程度比正常人来得严重。

3. 触电方式

根据电流通过人体的路径及触及带电体的方式，一般可将触电分为单相触电、两相触电和跨步电压触电等。

1) 单相触电

如果人站在大地上，当人体接触到一根带电导线时，电流通过人体经大地而构成回路，这种触电方式通常被称为单线触电，也称为单相触电，如图 LB1-1 所示。这种触电的危害程度取决于三相电网中的中性点是否接地。单相触电按电网的运行方式又可分为中性点接地系统的单线触电和中性点不接地系统的单线触电，如图 LB1-1、LB1-2 所示。

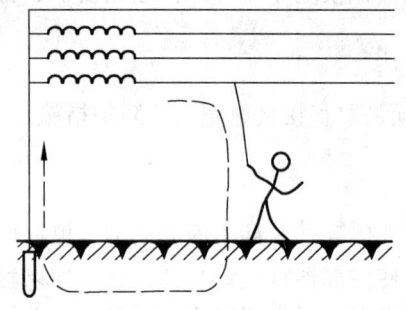
图 LB1-1　中性点接地系统的单线触电

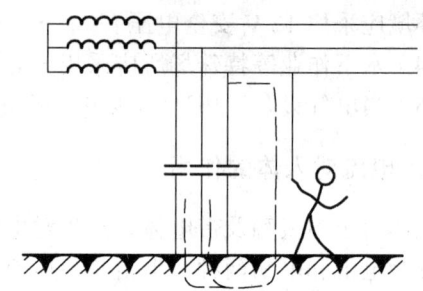
图 LB1-2　中性点不接地系统的单线触电

2) 两相触电

发生触电时人体的不同部位同时触及两相带电体（如同一变压器供电系统）称两相触电。两相触电时，相与相之间以人体作为负载形成回路电流。此时，电流过人体的电流强度完全取决于电流路径对相对应的人体阻抗和供电电网的线电压。

3) 跨步电压触电

当带电体接地处有较强电流进入大地时（如输电线断线故障），电流通过接地体向大地作半球形流散，并在接地点周围地面产生一个相当大的电场。电场强度随着距离增加而减小。跨步电压的大小与电位分布区域内的位置有关，在越靠近接地体处，跨步电压越大，触电危险性也越大。此时，为了保证人身安全可采用双脚并拢或单脚跳离跨步电压区。

跨步电压触电时，电流仅通过身体下半部及两下肢，基本上不通过人体的重要器官，故一般不危及人体生命，但人体感觉相当明显。当跨步电压较高时，流过两下肢电流较大，易导致两下肢肌肉强烈收缩，此时如身体重心不稳（如奔跑等）极易跌倒而造成电流通过人体的重要器官（心脏等），引起人体死亡事故。

子模块 LB2　基本安全规章

一、设备维护工作中必须执行"三不动"、"三不离"

1. "三不动"

（1）未联系登记好不动。

（2）对设备性能状况不清楚不动。
（3）正在使用中的设备不动。

2. "三不离"

（1）工作完成后未彻底试验好不离。
（2）发现设备有异常，未查明原因不离。
（3）没有彻底克服影响设备正常使用缺点不离。

二、检修作业及处理故障时执行的"八严禁"

（1）严禁采用封连线或其他手段封连信号设备电气接点，造成联锁失效。
（2）严禁甩开联锁条件，借用电源动作设备或借用其他条件改变联锁关系。
（3）严禁在轨道电路上拉临时线沟通电路造成死区间，或盲目用提高轨道电路送电端电压的方法处理故障。
（4）严禁色灯信号机灯光灭灯时，用其他光源代替。
（5）严禁采用非正常手段，人为地沟通道岔假表示，更换转辙、转换设备或进行道岔转换试验。
（6）严禁未要命令、未登记要点使用道岔"手摇把"转换道岔。
（7）严禁代替行车人员按压按钮扳动或转换道岔，检查进路，办理闭塞和开放信号。
（8）严禁未登记要点"偷点"、"抢点"作业。

三、事故分析处理中执行的"三个清"、"三个及时"和"四不放过"

1. 处理事故要"三个清"

时间清、地点清、原因清。

2. 接到事故通告"三个及时"

（1）及时赶赴现场。
（2）及时保护事故现场。
（3）对事故及时组织处理、救护、上报。

3. "四不放过"

（1）事故发生后原因不查明不放过。
（2）事故责任者不处理不放过。
（3）整改措施未落实不放过。
（4）有关人员未受到教育不放过。

分模块 LC 专业知识

子模块 LC1 地铁信号概述

一、信号系统概述

在城市轨道交通系统中，信号系统是一个集行车指挥和列车运行控制为一体的非常重要的机电系统，它直接关系到城市轨道交通系统的运营安全、运营效率以及服务质量。它保证乘客和列车的安全，实现列车快速、高密度、有序运行的功能。

地铁信号系统的核心是列车自动控制（ATC）系统。它由计算机联锁系统（CBI）、列车自动防护（ATP）系统、列车自动驾驶（ATO）系统、列车自动监控（ATS）系统构成。各系统之间相互渗透，实现地面控制与车上控制相结合、现地控制与中央控制相结合，构成一个以安全设备为基础，集行车指挥、运行调整以及列车驾驶自动化等功能为一体的自动控制系统。它是现代城市轨道交通核心控制技术之一。

二、城市轨道交通信号系统特点

城市轨道交通信号系统的终端设备基本沿袭了铁路信号制式设备，但也有自身的特点。由于城市轨道交通的行车间隔密度高、客运量大，最小行车间隔可以达到 90 s，甚至更小，因此对列车运行速度监控的要求极高。但其运行速度（通常最高为 80 km/h）却低于铁路干线的列车运行速度，所以一般采用速率较低的数据传输系统。

随着城市轨道交通信号自动化技术的不断发展，信息需求量越来越大，而且逐步采用速率较高且独立的数据传输系统。虽然城市轨道交通的大多数车站不设置道岔，甚至不设地面信号机，仅在少数有岔联锁车站及车辆段才设置道岔和地面信号机，故联锁设备监控的对象远少于铁路车站监控的对象，联锁关系远没有铁路复杂。除折返站外全部作业仅为旅客乘降，非常简单，通常几个集中站或一个控制中心即可实现全线的联锁功能。

另外城市轨道交通信号控制最大的特点是把联锁关系纳入到 ATC 监控体系中，且包含一些轨道交通特有功能，例如自动折返、自动进路、紧急关闭、扣车和跳停、屏蔽门/安全门联控等功能。城市轨道交通的车辆段类似于铁路区段站的功能，包括列车编解、接发列车和频繁的调车作业，线路较多，道岔较多，信号设备较多，一般采用独立的一套联锁设备。由于城市轨道交通的线路长度短、站间距离短、列车种类较少、行车规律性很高，因此在信号系统中通常包括自动排列进路和自动调整功能，自动化程度高，人工介入少。

轨道交通信号系统的特点归纳如下：

（1）具备完善的列车速度监控功能。

（2）信号系统数据传输系统相对独立、传输速率高。
（3）正线车站联锁关系较简单但技术要求高。
（4）车辆段/停车场采用独立的联锁设备。
（5）ATC 系统自动化程度高。

三、城市轨道交通信号的基本功能

1. 列车自动监控系统（ATS）

ATS 系统由控制中心（OCC）、正线集中车站、正线非集中车站、车辆段/停车场及车载设备组成。ATS 系统在 ATP 系统的支持下完成对列车的自动控制，实现以下基本功能：

（1）通过 ATS 车站设备，采集轨旁及车载 ATP 提供的轨道占用状态、进路状态、列车运行状态以及信号设备故障等控制和监督列车运行的基础信息。

（2）根据联锁表、计划运行图及列车位置，自动生成输出进路控制命令，传送至车站联锁设备，设置列车进路、控制列车停站时分。

（3）列车识别跟踪、传递和显示功能。

（4）列车计划与实迹运行图的比较和计算机辅助调度功能。

（5）ATS 中央故障情况下的降级处理，由调度员人工介入设置进路，对列车运行进行调整，由 ATS 车站完成自动进路或根据列车识别号进行自动信号控制，由车站人工进行进路控制。

（6）在计算机辅助下完成对列车基本运行图的编制及管理，并具有较强的人工介入能力。

（7）列车运行显示屏及调度台显示器能对轨道区段、道岔、信号机和列车运行情况等进行监视，同时在调度台上给出设备故障报警及故障源提示。

（8）在中央专用设备上提供模拟和演示功能，用于培训及参观。

（9）在车站控制模式下与计算机联锁设备结合，将部分或所有信号机置于自动模式状态。

（10）向通信无线、广播、旅客向导系统提供必要的信息。

2. 列车自动防护系统（ATP）

ATP 系统由地面设备、车载设备组成，监督列车在安全速度运行下，确保列车超过规定速度时，立即实施制动，主要实现以下功能：

（1）自动连续地对列车位置进行检测，并向列车发送必要的速度、距离、线路条件等信息，以确定列车运行的最大安全速度。

（2）提供列车速度保护，在列车超速时提供常用制定或紧急制动，保证前行列车与后续列车之间的安全间隔，满足正向行车时的设计行车间隔和折返间隔。并对方向运行列车进行 ATP 防护。

（3）确保列车进路正确及列车的运行安全，确保同一进路上的不同列车之间具有足够的安全距离，防止列车侧面冲撞。

（4）防止列车超速运行，保证列车速度不超过线路、道岔、车辆等规定的允许速度。

（5）为列车车门的开启提供安全、可靠信息。

（6）根据联锁设备提供的进路上轨道区间运行方向，确定相应轨道电路发码方向。

（7）任何车-地通信中断以及列车非预期移动（含退行）、任何列车完整性电路的中断、列车超速（含临时限速）、车载设备故障等均将产生安全性制动。

（8）实现与ATS的接口和有关的交换信息。

（9）系统的自诊断、故障报警、记录。

（10）列车的实际速度、推荐速度、目标速度、目标距离等信息的记录和显示。

（11）具有人工或自动轮径补偿功能。

3. 列车自动运行系统（ATO）

ATO系统是控制列车自动运行的设备，由车载设备和地面设备组成，在ATP系统的保护下，根据ATS的指令实现列车运行的自动驾驶、速度的自动调整、列车车门控制。主要实现以下功能：

（1）自动完成对列车的启动、牵引、巡航、惰行和制动的控制，以及较高的速度进行追踪运行和折返作业，确保到达设计间隔及旅行速度。

（2）在ATS监控范围的入口及各站停车区域（含折返线、停车线）进行车-地通信，将列车有关信息传送至ATS系统，以便于ATS系统对列车进行监控。

（3）控制列车按照运行图进行运行，达到节能及自动调整列车运行的目的。

（4）ATO自动驾驶时实现车站站台定点停车控制、舒适度控制及节能控制。

（5）能根据停车站台的位置及停车精度，自动地对车门进行控制。

（6）与ATS和ATP结合，实现列车自动驾驶、有人或无人驾驶。

四、运营组织相关技术

1. 城市轨道交通列车运行特点

城市轨道交通客流量具有流量大、阶段性高峰明显等特点。城市轨道交通线路具有站间距离短、车站配线数量少、列车交路种类多、出入库频繁等特点。一旦列车发生运行延误，因其调整难度较大，使延误的传播速度快、影响范围大，具有直接性、快速性和双向性。

2. 城市轨道交通列车运行方案和运行间隔

列车运行方案主要包括列车交路计划和列车停站计划两方面。

（1）折返方式分为：站后折返、站前折返和混合折返。

采用站后折返的优点是：出发列车与到达列车不存在敌对进路，折返作业时空载运行，折返线还可以当作临时存车线；其缺点为：列车折返走行距离较长。站后折返示意图如图LC1-1所示。

采用站前折返的优点是：列车折返走行距离较短，乘客同时上下，节约停站时间；其缺点是：出发列车与到达列车存在敌对进路，折返作业时载客运行影响乘客舒适感。站前折返示意图如图LC1-2所示。

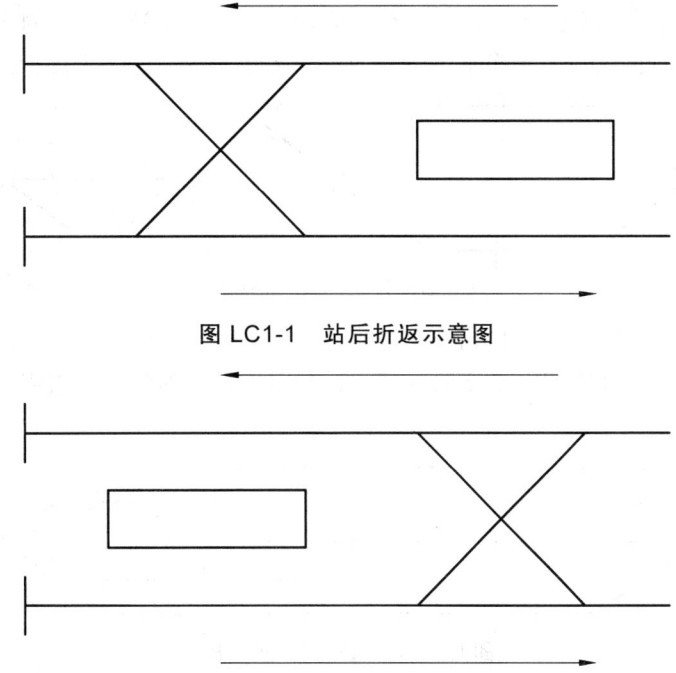

图 LC1-1 站后折返示意图

图 LC1-2 站前折返示意图

采用混合折返兼有站前折返和站后折返的特点，能够提高列车折返能力与线路通过能力，更有利于行车组织调整，适用于对折返能力要求较高的终点站。混合折返示意图如图 LC1-3 所示。

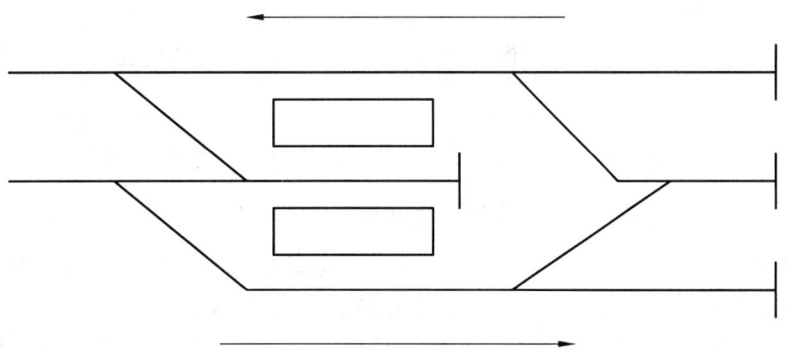

图 LC1-3 混合折返示意图

（2）列车交路分为：长交路、短交路和长短交路。

长交路是指列车在线路的两个终点站间运行，行车组织较为简单，但在各区段客流不均衡程度较大的情况下，会产生客流较小区段的运能浪费。长交路示意图如图 LC1-4 所示。

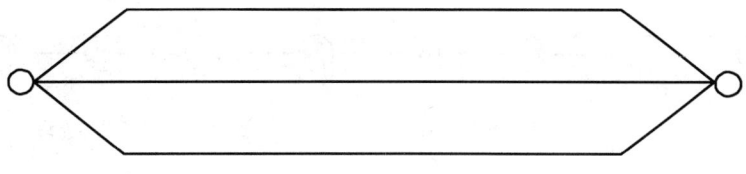

图 LC1-4 长交路示意图

短交路是指列车在线路的各部区段内往返运行,在指定车站折返,对不同客流区段的运能较为经济,但双向折返站需要换乘,给乘客带来不便。短交路示意图如图 LC1-5 所示。

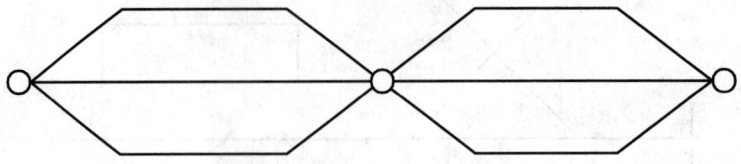

图 LC1-5　短交路示意图

长短交路也称大小交路,是指列车在线路上既有采用长交路方式运行的,也有采用短交路方式运行的。它兼有长交路和短交路的特点,对中间折返站的运营组织要求较高。长短交路示意图如图 LC1-6 所示。

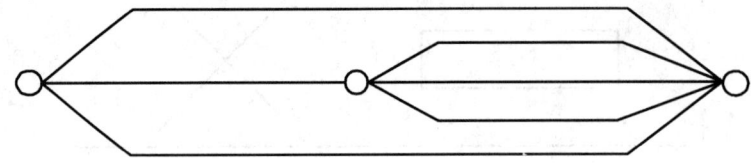

图 LC1-6　长短交路示意图

（3）停站计划主要有分段停站和跨站停站两种方案。

分段停站是在长短交路的基础上,规定长交路运行列车在短交路区段外站站停车,在短交路区段内不停车通过;而短交路运行列车在短交路区段内站站停车。此方案减少了长交路列车的停站次数,缩短了长途乘客的旅行时间,但也带来候车、换乘等不便问题。分段停站示意图如图 LC1-7 所示。

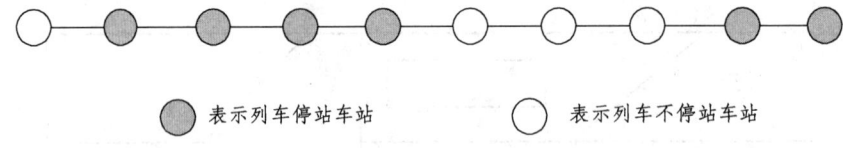

图 LC1-7　分段停站运行方案

跨站停站是将全线车站分为 A、B、C 三类,规定运行列车既有只停 A 类站和 C 类站（B 类站跳停）,也有只停 B 类站和 C 类站（A 类站跳停）。此方案减少了停站次数,缩短了旅行时间,还加速了车辆周转速度,减少了车辆的使用,但也带来候车、换乘等不便问题。跨站停站适用于 C 类站客流较大,而 A、B 类站客流较小,且长途乘客较多的线路,其示意图如图 LC1-8 所示。

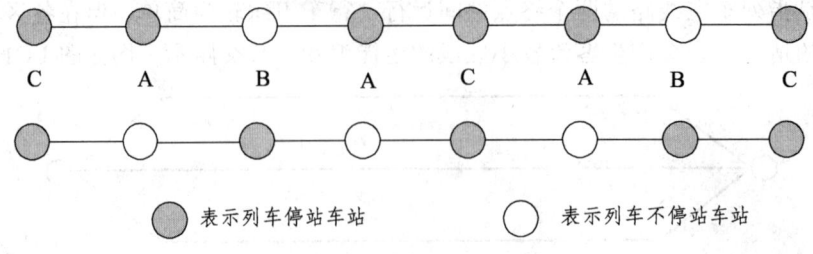

图 LC1-8　跨站停站运行方案

3. 城市轨道交通列车运营模式

城市轨道交通列车运营模式分为 CBTC 模式、点式 ATP/ATO 模式和 CBI 控制模式。

信号系统的正常运营模式是 CBTC 模式，点式 ATP/ATO 模式和联锁控制模式作为备用运营模式。

点式 ATP/ATO 模式是 CBTC 模式下列车运行的一种降级模式，当轨旁 ATP/ATO 功能丢失或车-地无线传输故障时，可作为信号系统后备模式。

在连续式 ATP 功能和点式 ATP 功能均丧失时，采用联锁控制模式，列车的运行安全由调度员、司机和联锁系统共同保证。

子模块 LC2　色灯信号机

色灯信号机在显示含义、电路设置、信号机设置位置等方面根据不同的设计厂家而有所不同。以下以卡斯柯厂家对应的色灯信号机相关知识来进行介绍。

一、各种信号机显示含义

1. 正线信号机含义

蓝色灯光——表示系统运行在 CBTC 自动模式下；

绿色灯光——表示系统处于后备模式，进路所有道岔开通直向位置；准许列车按规定速度越过该架信号机；

红色灯光——禁止列车越过该架信号机；

红色灯光 + 黄色灯光——表示系统处于后备模式，开放引导信号，准许列车以不大于 25 km/h 速度越过该架信号机继续运行，并随时准备停车。

2. 入段/场信号机显示含义

红色灯光——禁止列车越过该架信号机；

红色灯光 + 白色灯光——引导信号显示，准许列车以不大于 25 km/h 速度越过该架信号机继续运行，并随时准备停车；

黄色灯光 + 黄色灯光——表明信号机所防护的进路中至少有一组道岔开通侧向位置，准许列车按规定速度越过该架信号机进入车辆段。

3. 出段/场信号机显示含义

红色灯光——禁止列车越过该架信号机；

绿色灯光——准许列车按规定速度通过该架信号机驶出车辆段；

白色灯光——准许列车通过该架信号机进行调车。

4. 段/场内调车信号机显示含义

蓝色灯光——禁止列车越过该架信号机进行调车作业；

白色灯光——准许越过该架信号机进行调车作业。

注：段/场内尽头线阻挡信号机采用单显矮型机构信号机，显示红色光。

二、信号机点灯电路

1. 正线信号机点灯电路及工作原理

1）正线进路防护信号机（FX1）点灯电路

正线进路防护信号机（FX1）点灯电路如图 LC2-1 所示。

（1）蓝色灯光——表示系统运行在 CBTC 自动模式下，其电路接通公式为：

XJZ_{220}-RD1-DDJ_{11-12}-DJ（A）$_{5-6}$-XDZ（A 灯）-DDJ_{32-31}-RD3-XJF_{220}

（2）红色灯光——禁止列车越过该架信号机，其电路接通公式为：

XJZ_{220}-RD1-DDJ_{11-13}-DJ_{5-6}-LXJ_{31-33}-XDZ（H 灯）-LXJ_{53-51}-DDJ_{33-31}-RD3-XJF_{220}

（3）绿色灯光——表示系统处于后备模式，进路所有道岔开通直向位置；准许列车按规定速度越过该架信号机，其电路接通公式为：

XJZ_{220}-RD1-DDJ_{11-13}-DJ_{5-6}-LXJ_{31-32}-ZXJ_{31-32}-XDZ（L 灯）-ZXJ_{42-41}-LXJ_{52-51}-DDJ_{33-31}-RD3-XJF_{220}

（4）红色灯光 + 黄色灯光——表示系统处于后备模式，开放引导信号，准许列车以不大于 25km/h 速度越过该架信号机继续运行，并随时准备停车，其电路接通公式为：

红色灯光：XJZ_{220}-RD1-DDJ_{11-13}-DJ_{5-6}-LXJ_{31-33}-XDZ（H 灯）-LXJ_{53-51}-DDJ_{33-31}-RD3-XJF_{220}

黄色灯光：XJZ_{220}-RD2-DDJ_{21-23}-$2DJ_{5-6}$-LXJ_{41-43}-YXJ_{31-32}-XDZ（U 灯）-YXJ_{42-41}-LXJ_{53-51}-DDJ_{33-31}-RD3-XJF_{220}

2）折返线进路防护信号机（FX1）点灯电路

折返线进路防护信号机（FX1）点灯电路如图 LC2-2 所示。

（1）蓝色灯光——表示系统运行在 CBTC 自动模式下，其电路接通公式为：

XJZ_{220}-RD1-DDJ_{11-12}-DJ（A）$_{5-6}$-XDZ（A 灯）-DDJ_{32-31}-RD3-XJF_{220}

（2）红色灯光——禁止列车越过该架信号机，其电路接通公式为：

XJZ_{220}-RD1-DDJ_{11-13}-DJ_{5-6}-LXJ_{31-33}-XDZ（H 灯）-LXJ_{53-51}-DDJ_{33-31}-RD3-XJF_{220}

（3）红色灯光 + 黄色灯光——表示系统处于后备模式，开放引导信号，准许列车以不大于 25 km/h 速度越过该架信号机继续运行，并随时准备停车，其电路接通公式为：

H 灯：XJZ_{220}-RD1-DDJ_{11-13}-DJ_{5-6}-LXJ_{31-33}-XDZ（H 灯）-LXJ_{53-51}-DDJ_{33-31}-RD3-XJF_{220}

U 灯：XJZ_{220}-RD2-DDJ_{21-23}-$2DJ_{5-6}$-LXJ_{41-43}-YXJ_{31-32}-XDZ（U 灯）-YXJ_{42-41}-LXJ_{53-51}-DDJ_{33-31}-RD3-XJF_{220}

3）出站及区间信号机（JLX）点灯电路

出站及区间信号机（JLX）点灯电路如图 LC2-3 所示。

（1）蓝色灯光——表示系统运行在 CBTC 自动模式下，其电路接通公式为：

XJZ_{220}-RD1-DDJ_{11-12}-DJ（A）$_{5-6}$-XDZ（A 灯）-DDJ_{32-31}-RD3-XJF_{220}

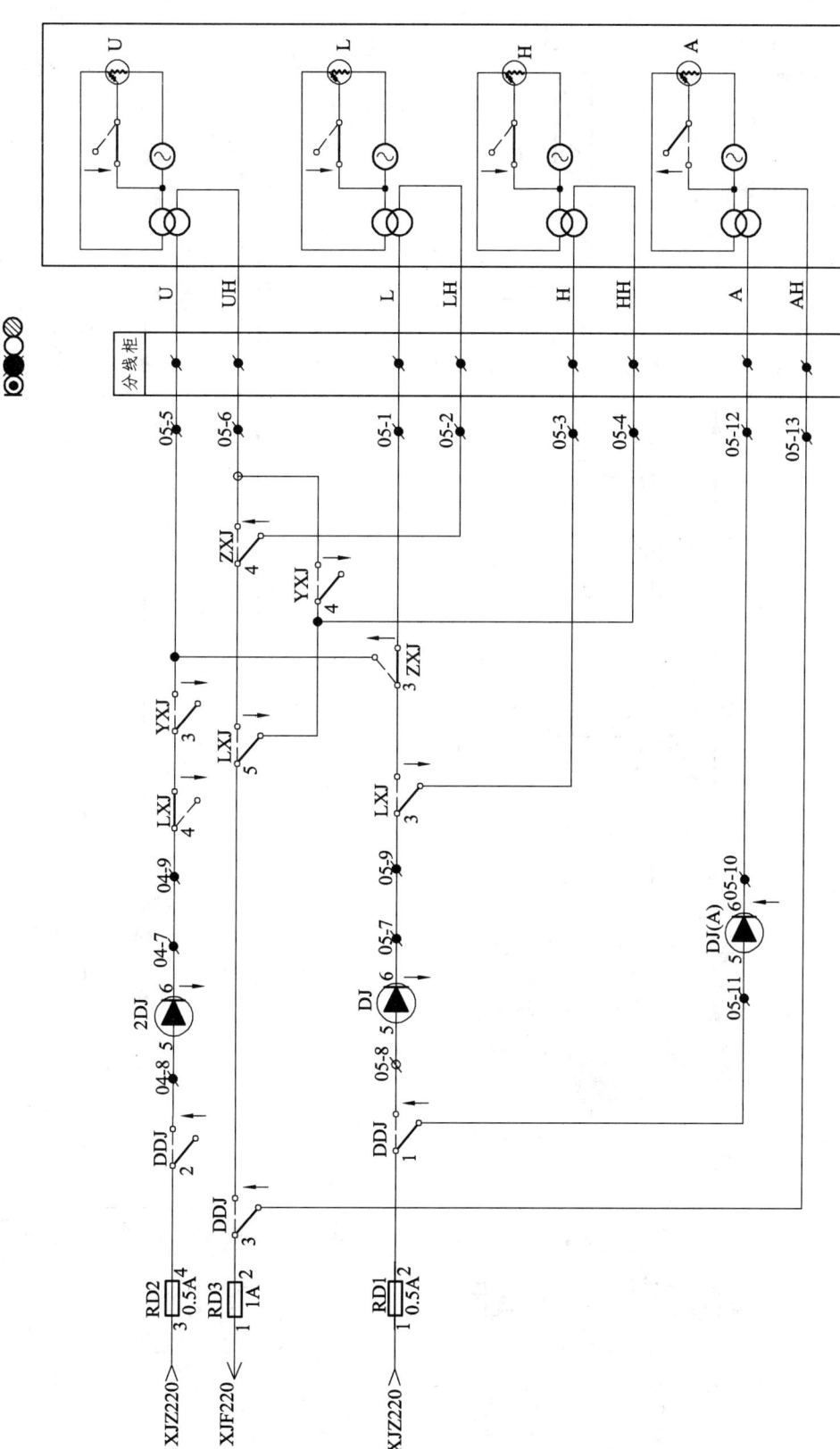

图 LC2-1 正线进路防护信号机点灯电路图

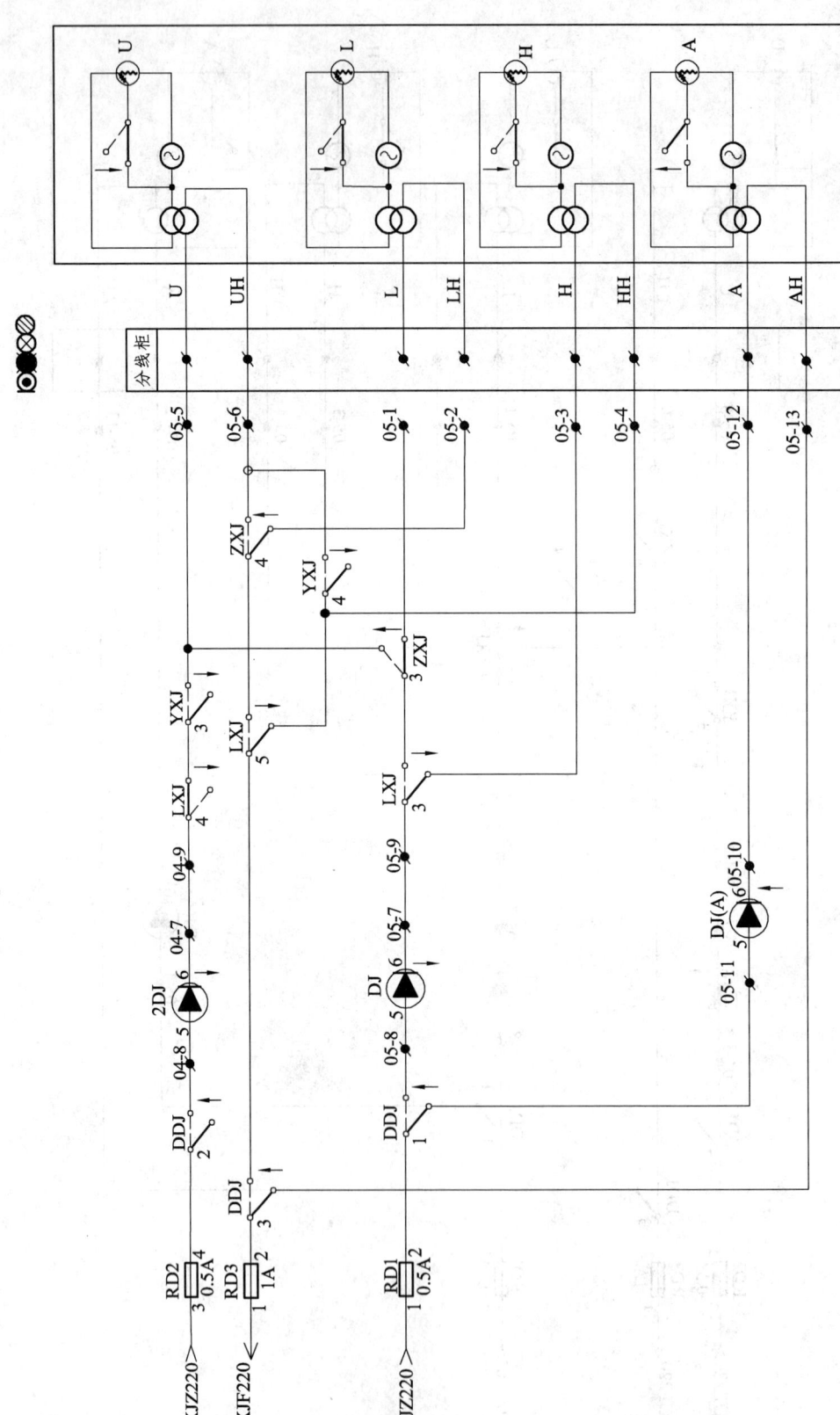

图 LC2-2 折返线进路防护信号机点灯电路图

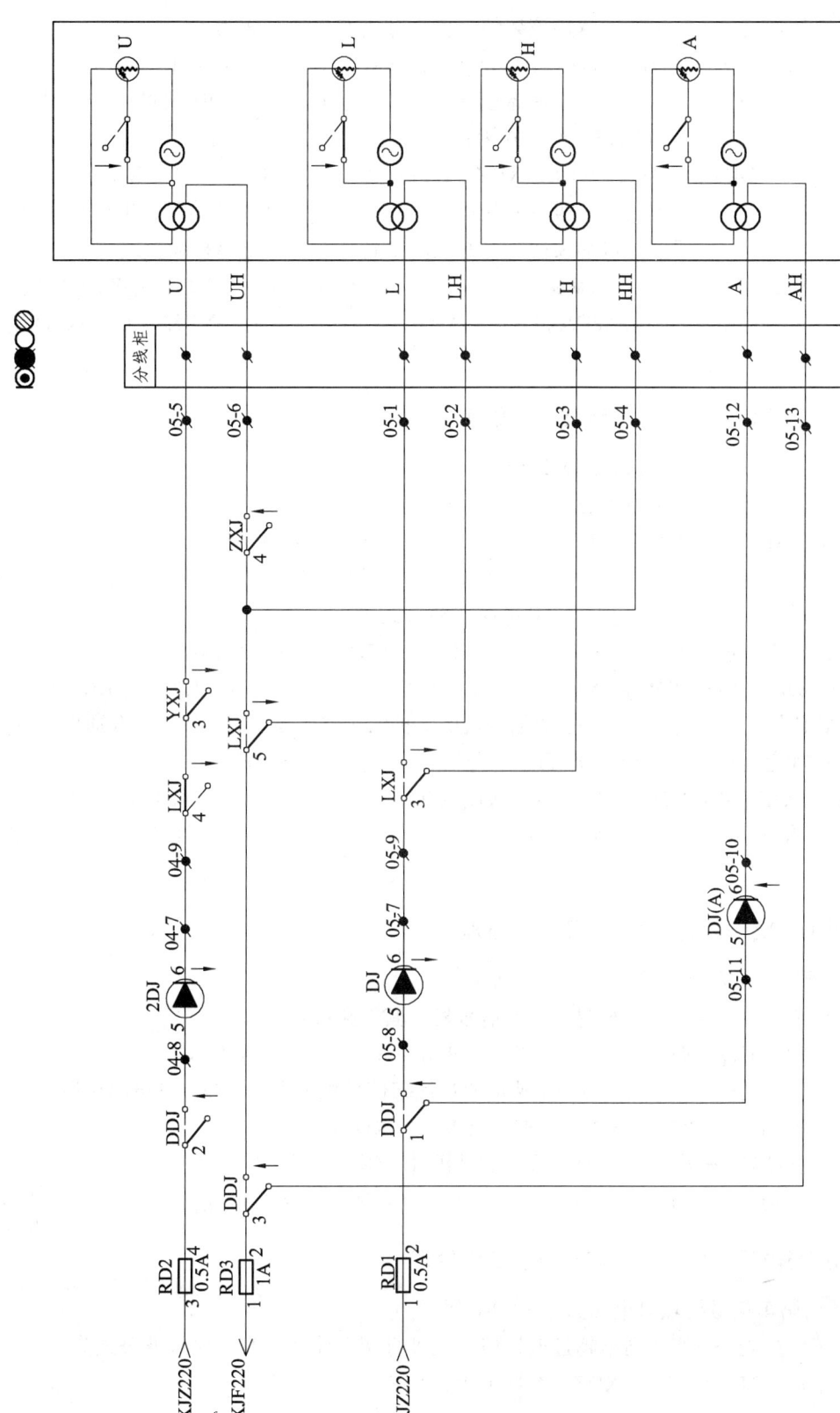

图 LC2-3　进站及区间信号机点灯电路图

（2）红色灯光——禁止列车越过该架信号机，其电路接通公式为：

XJZ_{220}-RD1-DDJ_{11-13}-DJ_{5-6}-LXJ_{31-33}-XDZ（H灯）-LXJ_{53-51}-DDJ_{33-31}-RD3-XJF_{220}

（3）绿色灯光——表示系统处于后备模式，进路所有道岔开通直向位置；准许列车按规定速度越过该架信号机，其电路接通公式为：

XJZ_{220}-RD1-DDJ_{11-13}-DJ_{5-6}-LXJ_{31-32}-XDZ（L灯）-LXJ_{52-51}-DDJ_{33-31}-RD3-XJF_{220}

（4）红色灯光+黄色灯光——表示系统处于后备模式，开放引导信号，准许列车以不大于25 km/h 速度越过该架信号机继续运行，并随时准备停车，其电路接通公式为：

H灯：XJZ_{220}-RD1-DDJ_{11-13}-DJ_{5-6}-LXJ_{31-33}-XDZ（H灯）-LXJ_{53-51}-DDJ_{33-31}-RD3-XJF_{220}

U灯：XJZ_{220}-RD2-DDJ_{21-23}-$2DJ_{5-6}$-LXJ_{41-43}-YXJ_{31-32}-XDZ（U灯）-YXJ_{42-41}-LXJ_{53-51}-DDJ_{33-31}-RD3-XJF_{220}

2. 入段/场信号机点灯电路及工作原理

入段/场信号机点灯电路如图 LC2-4 所示。

（1）红色灯光——禁止列车越过该架信号机，其电路接通公式为：

XJZ_{220}-RD1-DJ_{5-6}-LXJ_{11-13}-XDZ（H灯）-LXJ_{43-41}-RD3-XJF_{220}

（2）红色灯光+白色灯光——引导信号显示，准许列车以不大于 25 km/h 速度越过该架信号机继续运行，并随时准备停车，其电路接通公式为：

H灯：XJZ_{220}-RD1-DJ_{5-6}-LXJ_{11-13}-XDZ（H灯）-LXJ_{43-41}-RD3-XJF_{220}

B灯：XJZ_{220}-RD2-$2DJ_{5-6}$-LXJ_{31-32}-YXJ_{31-32}-XDZ（B灯）-YXJ_{42-41}-LXJ_{43-41}-RD3-XJF_{220}

（3）黄色灯光+黄色灯光——表明信号机所防护的进路中至少有一组道岔开通侧向位置，准许列车按规定速度越过该架信号机进入车辆段，其电路接通公式为：

2U灯：XJZ_{220}-RD2-$2DJ_{5-6}$-LXJ_{31-32}-ZXJ_{31-33}-TXJ_{41-43}-XDZ（2U灯）-LXJ_{42-41}-RD3-XJF_{220}

1U灯：XJZ_{220}-RD1-DJ_{5-6}-LXJ_{11-12}-ZXJ_{11-13}-$2DJ_{11-12}$-$LUXJ_{31-33}$-XDZ（1U灯）-LXJ_{42-41}-RD3-XJF_{220}

3. 出段/场信号机点灯电路及工作原理

出段/场信号机点灯电路如图 LC2-5 所示。

（1）红色灯光——禁止列车越过该架信号机，其电路接通公式为：

XJZ_{220}-RD-DJ_{5-6}-LXJ_{11-13}-DXJ_{31-33}-XDZ（H灯）-LXJ_{33-31}-RD-XJF_{220}

（2）绿色灯光——准许列车按规定速度通过该架信号机驶出车辆段，其电路接通公式为：

XJZ_{220}-RD-DJ_{5-6}-LXJ_{11-12}-XDZ（L灯）-LXJ_{32-31}-RD-XJF_{220}

（3）白色灯光——准许列车通过该架信号机进行调车，其电路接通公式为：

XJZ_{220}-RD-DJ_{5-6}-LXJ_{11-13}-DXJ_{31-32}-XDZ（B灯）-LXJ_{33-31}-RD-XJF_{220}

4. 段/场内调车信号机点灯电路及工作原理

段/场内调车信号机点灯电路如图 LC2-6 所示。

（1）蓝色灯光——禁止列车越过该架信号机进行调车作业，其电路接通公式为：

XJZ_{220}-RD-DJ_{5-6}-DXJ_{31-33}-XDZ（A灯）-RD-XJF_{220}

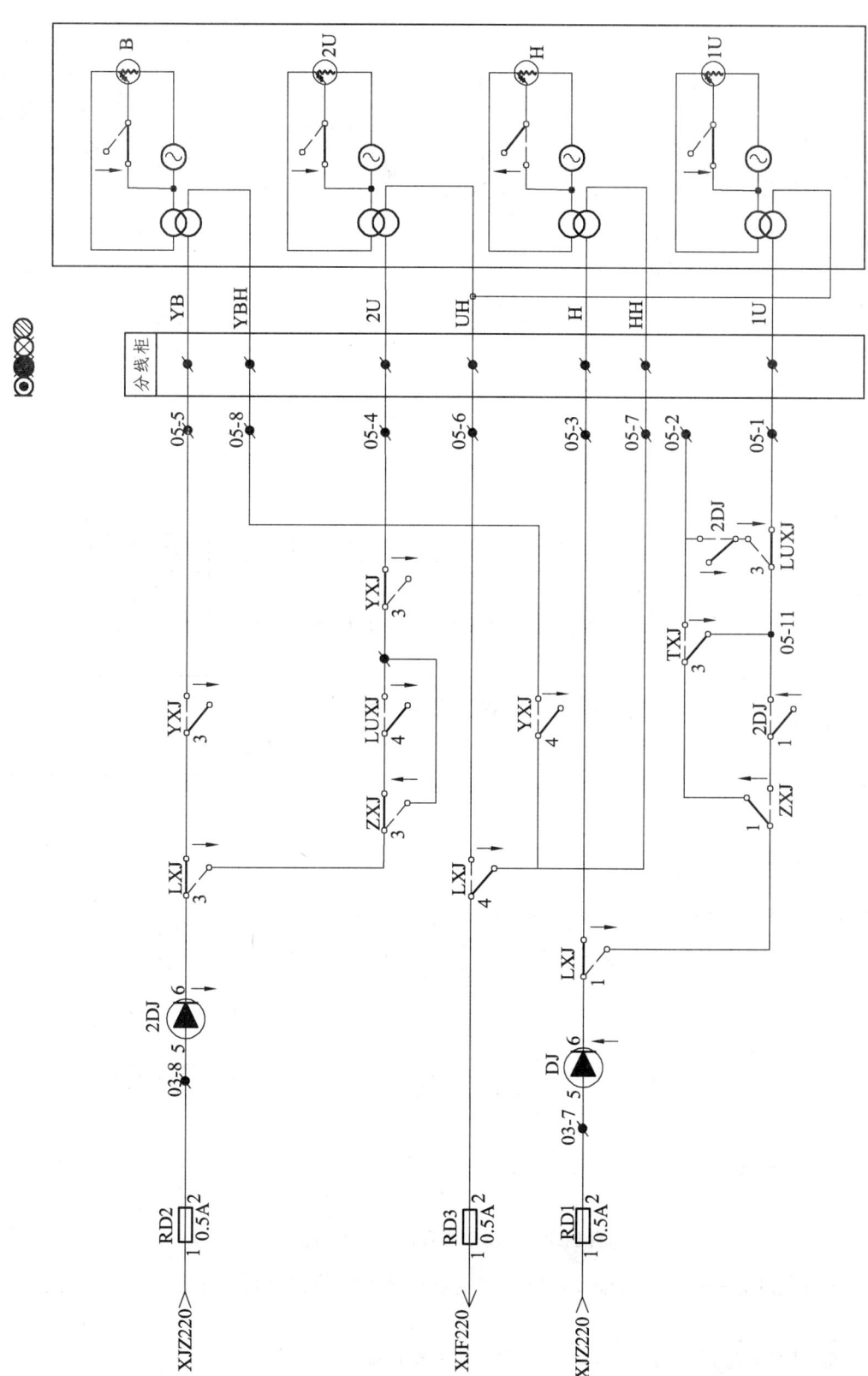

图 LC2-4 入段/场信号机点灯电路图

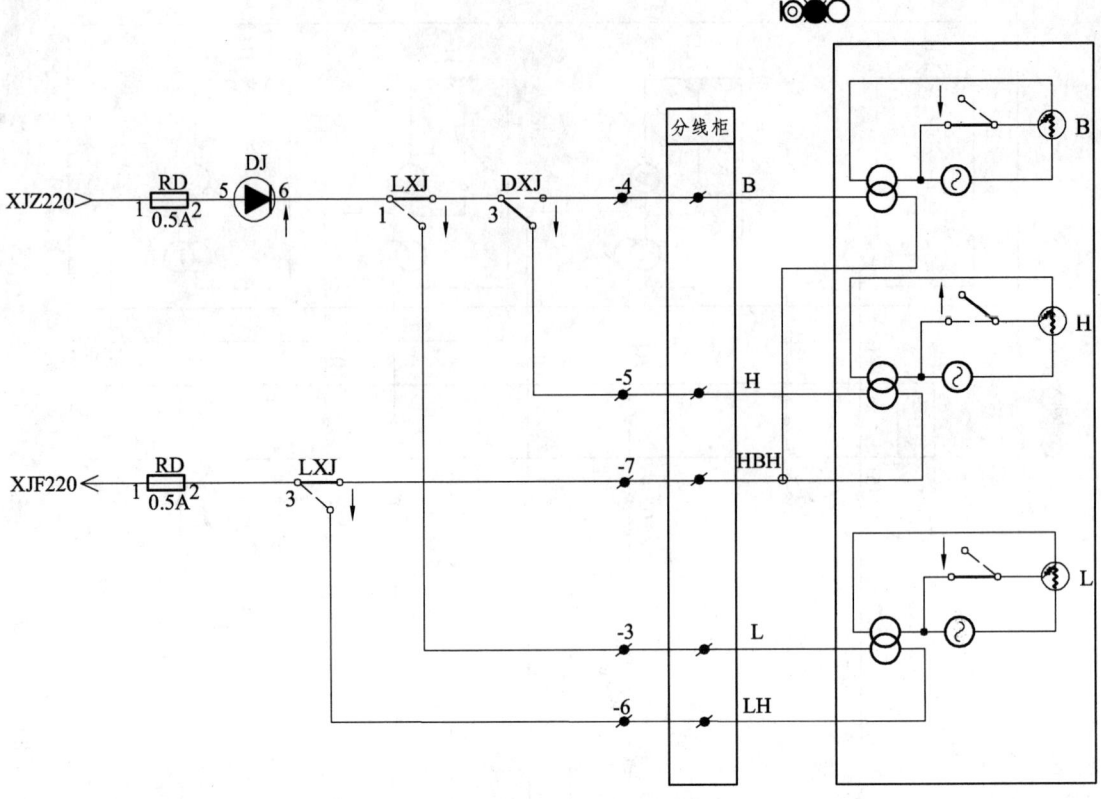

图 LC2-5 出段/场信号机点灯电路图

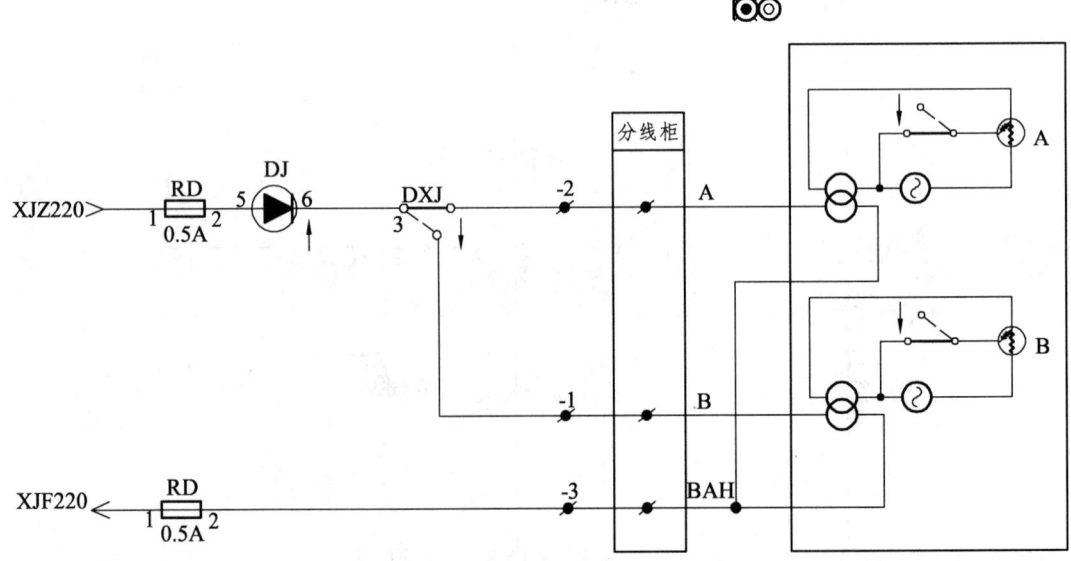

图 LC2-6 调车信号机点灯电路图

（2）白色灯光——准许列车按规定的速度越过该架信号机进行调车作业，其电路接通公式为：

XJZ_{220}-RD-DJ_{5-6}-DXJ_{31-32}-XDZ（B 灯）-RD-XJF_{220}

5. 段/场内阻挡信号机点灯电路及工作原理

段/场内阻挡信号机点灯电路如图 LC2-7 所示。

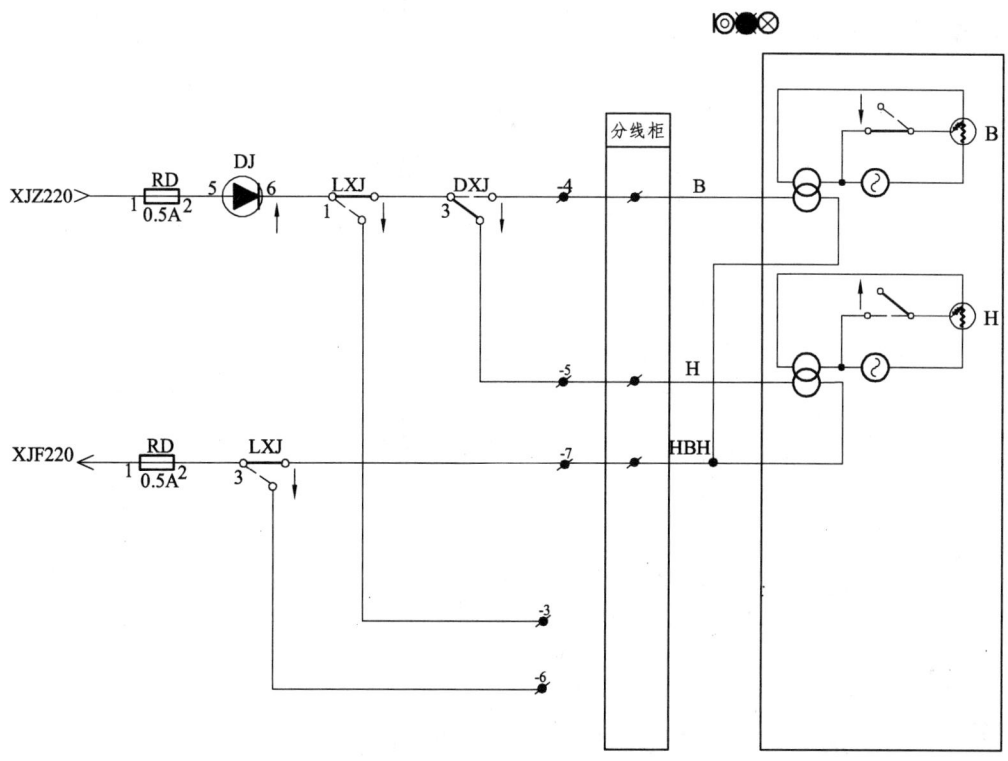

图 LC2-7　阻挡信号机点灯电路图

（1）红色灯光——禁止列车越过该架信号机进行调车作业，其电路接通公式为：

XJZ_{220}-RD-DJ_{5-6}-LXJ_{11-13}-DXJ_{31-33}-XDZ（H 灯）-LXJ_{33-31}-RD-XJF_{220}

（2）白色灯光——准许列车按规定的速度越过该架信号机进行调车作业，其电路接通公式为：

XJZ_{220}-RD-DJ_{5-6}-LXJ_{11-13}-DXJ_{31-32}-XDZ（B 灯）-LXJ_{33-31}-RD-XJF_{220}

6. 车辆段试车线信号机点灯电路及工作原理

车辆段试车线信号机点灯电路如图 LC2-8 所示。

（1）蓝灯点灯电路接通公式：

XJZ_{220}-SCJ_{11-12}（SCJ_{41-42}）-RD1-DDJ_{11-12}-DJ（A）$_{5-6}$-XDZ（A 灯）-DDJ_{32-31}-RD3-SCJ_{31-32}（SCJ_{61-62}）-XJF_{220}

（2）红灯点灯电路接通公式：

XJZ_{220}-SCJ_{11-12}（SCJ_{41-42}）-RD1-DDJ_{11-13}-DJ_{5-6}-LXJ_{31-33}-XDZ(H 灯)-LXJ_{53-51}-DDJ_{33-31}-RD3-SCJ_{31-32}（SCJ_{61-62}）-XJF_{220}

（3）绿灯点灯电路接通公式：

XJZ_{220}-SCJ_{11-12}（SCJ_{41-42}）-RD1-DDJ_{11-13}-DJ_{5-6}-LXJ_{31-32}-ZXJ_{31-32}-XDZ（L 灯）-ZXJ_{42-41}-LXJ_{52-51}-DDJ_{33-31}-RD3-SCJ_{31-32}（SCJ_{61-62}）-XJF_{220}

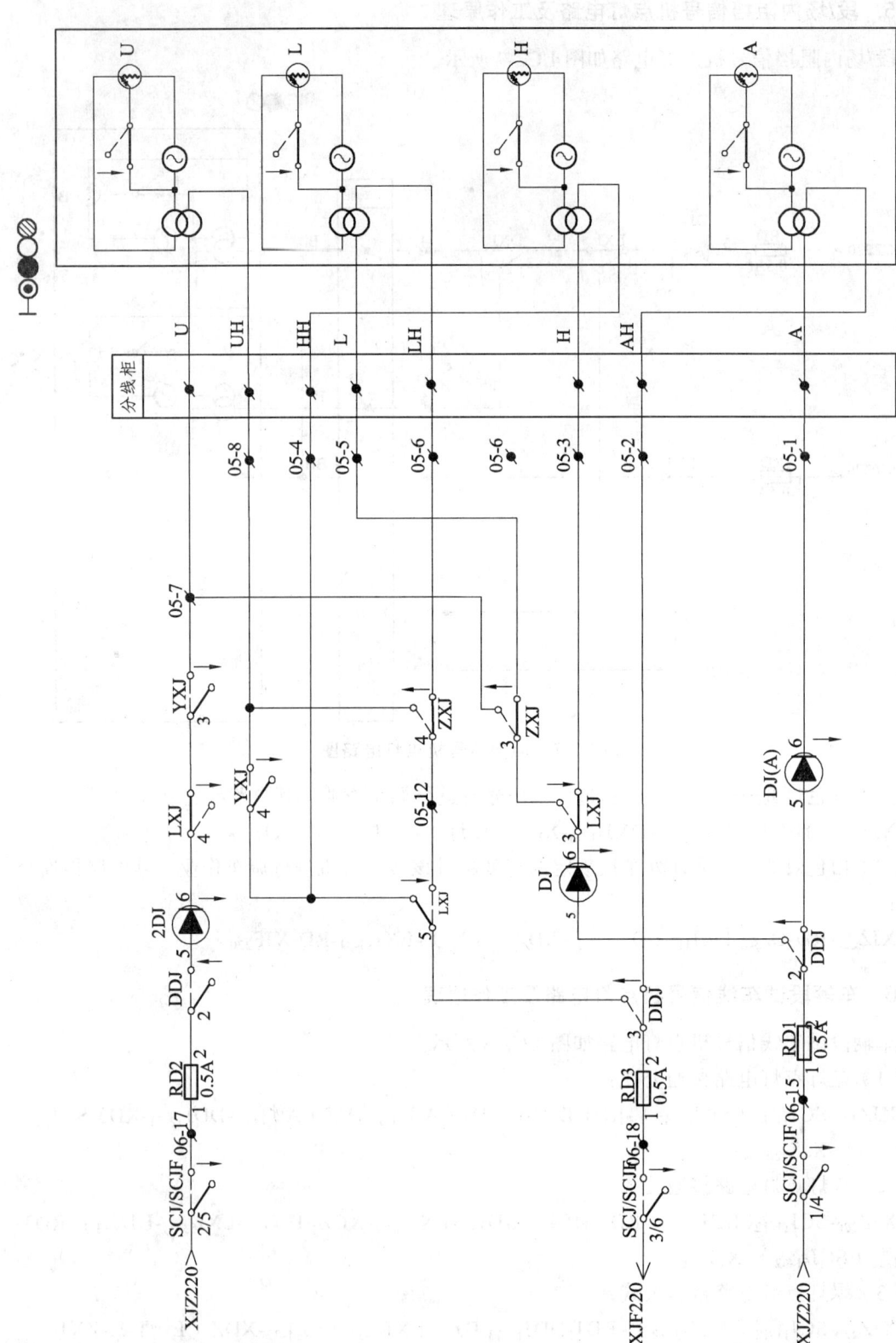

图 LC2-8 试车线信号机点灯电路图

（4）引导信号红灯+黄灯点灯电路接通公式：

H 灯：$XJZ_{220}\text{-}SCJ_{11\text{-}12}(SCJ_{41\text{-}42})\text{-}RD1\text{-}DDJ_{11\text{-}13}\text{-}DJ_{5\text{-}6}\text{-}LXJ_{31\text{-}33}\text{-}XDZ(H\text{ 灯})\text{-}LXJ_{53\text{-}51}\text{-}DDJ_{33\text{-}31}\text{-}RD3\text{-}SCJ_{31\text{-}32}(SCJ_{61\text{-}62})\text{-}XJF_{220}$

U 灯：$XJZ_{220}\text{-}SCJ_{21\text{-}22}(SCJ_{51\text{-}52})\text{-}RD2\text{-}DDJ_{21\text{-}23}\text{-}2DJ_{5\text{-}6}\text{-}LXJ_{41\text{-}43}\text{-}YXJ_{31\text{-}32}\text{-}XDZ(U\text{ 灯})\text{-}YXJ_{42\text{-}41}\text{-}LXJ_{53\text{-}51}\text{-}DDJ_{33\text{-}31}\text{-}RD3\text{-}SCJ_{31\text{-}32}(SCJ_{61\text{-}62})\text{-}XJF_{220}$

三、报警电路

信号机报警电路主要由室外的报警模块和室内的报警主机构成，如图 LC2-9 所示。每一架信号机设一个报警模块，如图 LC2-10 所示，每个联锁区设一台报警主机，如图 LC2-11 所示。室外每架信号机报警模块分别配线到分线柜，在分线柜上环接后送至报警主机的 51、61 接点。当报警主机接受到室外信号机灯丝断丝信息时，报警主机的 31、32 接点构成，此时 DSBJ 得电后励磁吸起，联锁机采集到 DSBJ 的吸起接点，从而给出了灯丝断丝告警信息。与此同时，报警主机还通过 33、12 将灯丝断丝报警信息传送到微机监测系统，在微机监测系统中给出报警信息。

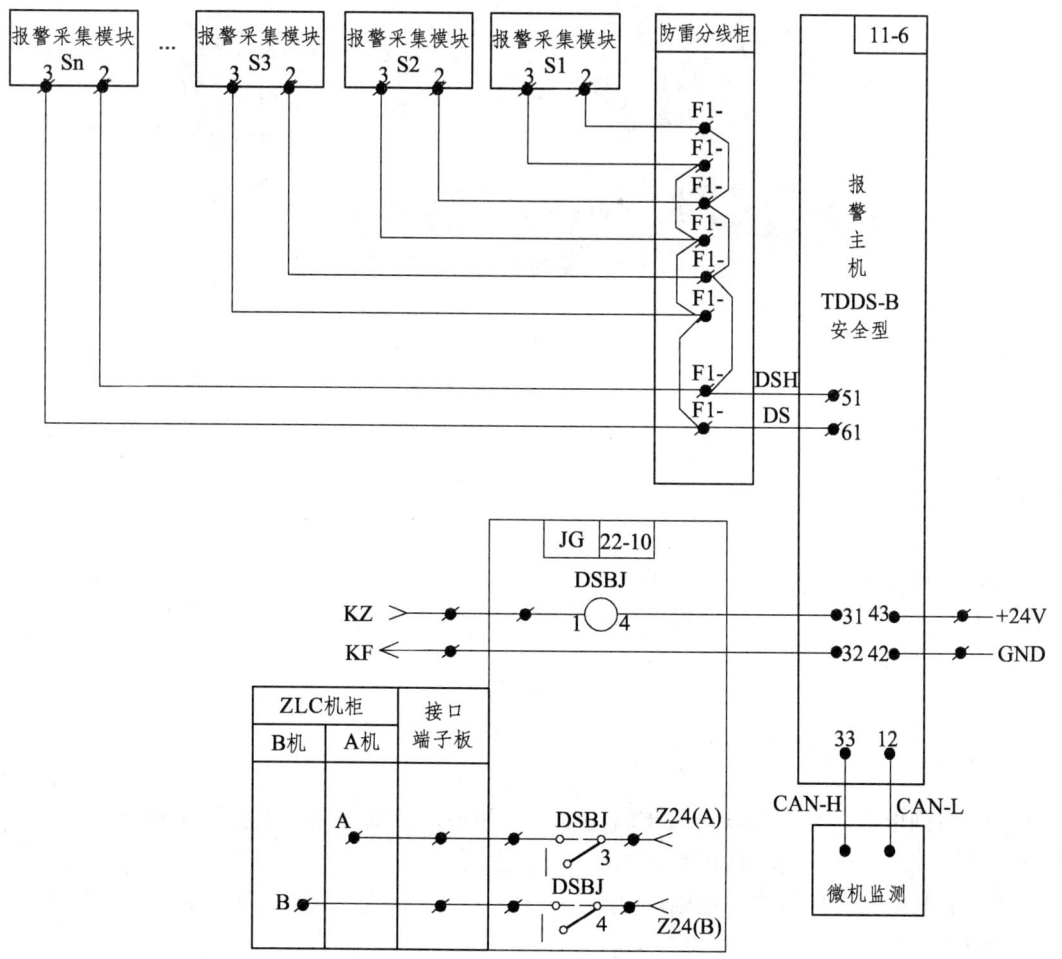

图 LC2-9　信号机报警电路图

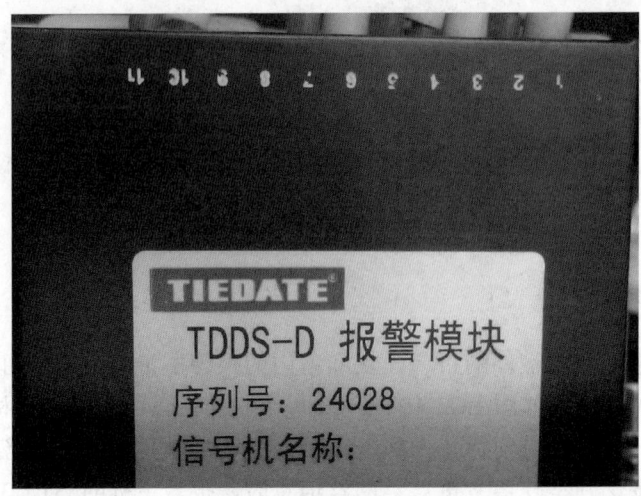

图 LC2-10　信号机报警模块

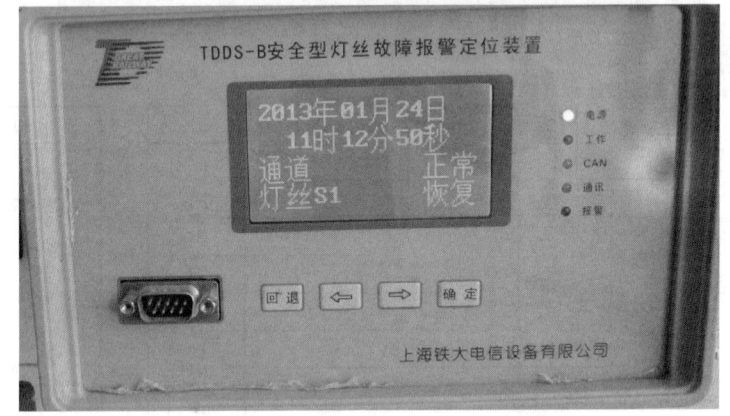

图 LC2-11　信号机报警主机

子模块 LC3　转辙装置

城市轨道交通的正线上一般采用 9 号道岔，车辆段（停车场）一般采用 7 号道岔，通常一组道岔由一台转辙机牵引。如果正线上采用的是 9 号 AT 道岔，其为弹性可弯道岔，需要两点牵引，即一组道岔需要两台转辙机牵引。

一、ZD6 系列电动转辙机

ZD6 系列电动转辙机是我国城市轨道交通使用最广泛的电动转辙机，包括 A、D、E、J 等派生型号。ZD6 型电动转辙机采用内锁闭方式。

ZD6 型电动转辙机的编号原则以 ZD6-D165/350 为例进行说明：Z 为转辙机，D 为电动机，6 为设计顺序号，D 为派生顺序号，165 为动程，350 为拉力。

1. ZD6 型电动转辙机结构

ZD6 型电动转辙机由电动机、减速器、自动开闭器、动作杆、表示杆、移位接触器、底壳及机盖等九个部分组成，如图 LC3-1 所示。

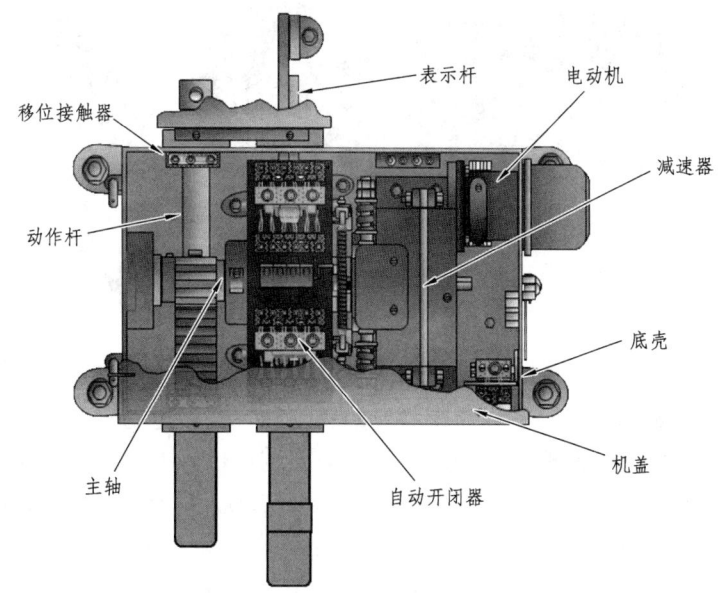

图 LC3-1　ZD6 电动转辙机结构示意图

电动机为转辙机提供动力，采用直流串激电动机。

减速器降低转速以换取足够的转矩，并完成传动，由第一级齿轮、第二级行星传动式减速器组成。

用弹簧和摩擦制动板，组成输出轴与主轴之间的摩擦连接，以防止尖轨受阻时损坏机件。

主轴由输出轴通过起动片带动旋转，主轴上安装锁闭齿轮。锁闭齿轮和齿条块相互动作，将转动运动变为平动，通过动作杆带动尖轨运动，并完成锁闭作用。

动作杆与齿条块之间用挤切销相连，正常动作时，齿条块带动动作杆，挤岔时，挤切销折断，动作杆与齿条块分离，避免机件损坏。

表示杆由前后表示杆以及两个检查块组成。随着尖轨移动，只有当尖轨密贴且锁闭后，自动开闭器的检查柱才能落入表示杆的缺口之中，接通表示电路。挤岔时，表示杆被推动，顶起检查柱，从而断开表示电路。

移位接触器用来监督挤切销的受损状态，道岔被挤或挤切销折断时，断开道岔表示电路。

自动开闭器由动静接点、速动爪、检查柱组成，用来表示道岔尖轨所在的位置。

安全接点（遮断开关）用来保证维修安全。

外壳用来固定各部件，防止内部器件受机械损坏和雨水、尘土等的侵入。

2. 主要部件及作用

1）电动机

ZD6 型电动转辙机采用直流窜激电动机，主要由定子、转子及前后端盖等部件组成。定子是产生电动机磁场的部件，由机体磁极和定子绕组构成。转子，即电枢部分，由铁心、绕组、换向器及转子轴组成。它将电能转化为旋转机械能驱动转辙机动作,最终实现转换道岔的功能,如图 LC3-2 所示。

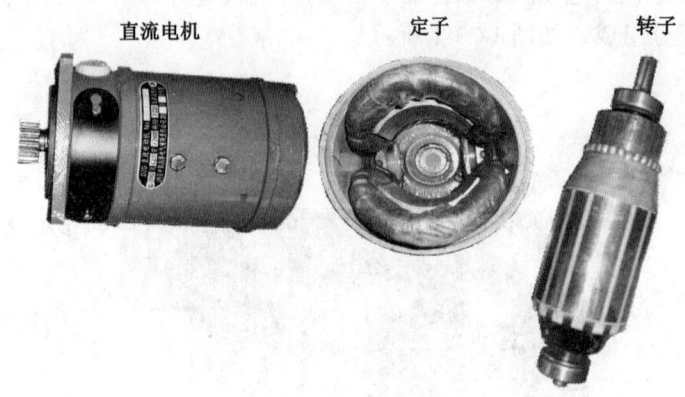

图 LC3-2　ZD6 直流电机结构示意图

电动机要求具有足够的功率,以获得必要的转矩和转速。电动机要有较大的起动转矩,以克服尖轨与滑床板之间的静摩擦。同时,道岔需要定反位转换,要求电动机能够逆转,通过改变定子绕组中或电枢(转子)中的电流的方向来实现。两个定子绕组通过公共端子分别与转子的绕组串联,如图 LC3-3 所示。

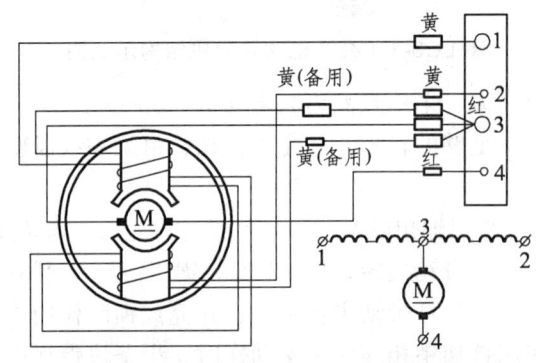

图 LC3-3　电机接线图

直流电动机电气参数如下:额定电压 160 V;额定电流 2.0 A,摩擦电流 2.3 ~ 2.9 A;额定转速 2 400 r/m;额定转矩 0.882 6 N,单定子工作电阻 $(2.85 \pm 0.14) \times 2\ \Omega$,刷间总电阻 $4.9 \pm 0.245\ \Omega$。

2)减速器

减速器是电动转辙机的主要部件,由减速器壳、内齿轮、外齿轮、偏心套、中间板、输入轴、大齿轮、输出轴等组成,如图 LC3-4 所示。

它的作用是将电机的高转速降低为适合道岔转换的低转速,与此同时,将电动机输入的低转矩增大到足以能够驱动带规定负载的道岔转换锁闭机构。

由于采用了行星减速机构,故具有一定程度的防逆转功能,以防列车通过道岔时产生的冲击力矩而解锁道岔。它的特点是当道岔转换终了时,将电机旋转剩余惯量吸收掉,遇到障碍时起摩擦连接作用。通过电流调整控制道岔的实际转换力矩,起到保护设备的作用。当停电或故障时,其输入轴头部方榫供手摇转动道岔。

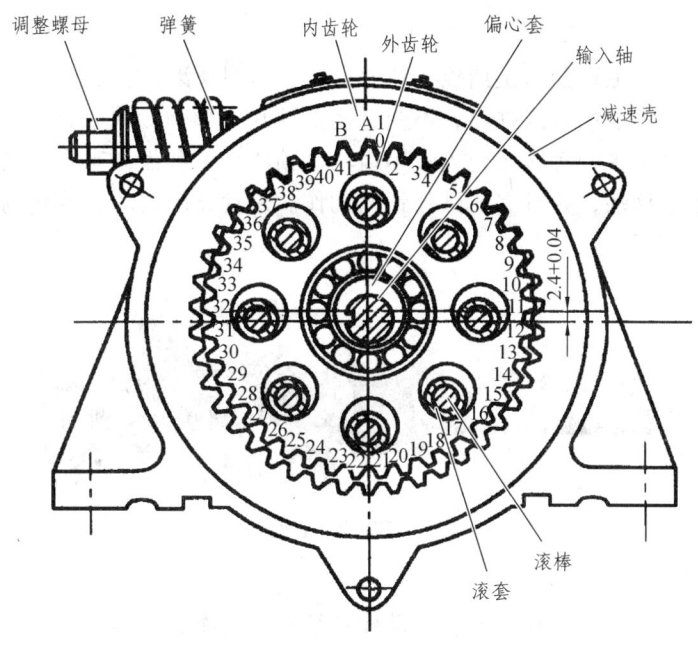

图 LC3-4 减速器

为了得到足够的转矩，要求将电机的高速旋转降下来。其由两级组成：第一级为小齿轮带动大齿轮，减速比为 103∶27，第二级为行星传动式，减速比为 41∶1。总的减速比为 $103/27 \times 41/1 = 156.4$。

行星减速器中内齿轮靠摩擦联结器的摩擦作用"固定"在减速器壳内，内齿轮里装有外齿轮。外齿轮通过滚动的轴承装载偏心的轴套上。偏心轴套用键又固定在输入轴上。外齿轮上有八个圆孔，每孔插入一根套有滚套的滚棒。八根滚棒固定在输出轴的输出圆盘上。当外齿轮作摆式旋转时，输出轴就随着旋转。

当输入轴随第一级减速齿轮顺时针旋转时，偏心轴套也顺时针旋转，使外齿轮在内齿轮里沿内齿圈作逐齿咬合的偏心运动。外齿轮 41 齿，内齿轮 42 齿，两者相差 1 齿。因此，外齿轮做一周偏心运动时，外齿轮的齿在内齿轮里错位一齿。正常情况下，内齿轮静止不动，迫使外齿轮在一周的偏心运动中反方向旋转一齿的角度（即输入轴顺时针方向旋转 41 周，外齿轮逆时针方向旋转一周）。带动输出轴逆时针方向旋转一周，这样达到减速目的。

外齿轮既在输入轴的作用下作偏心运动，又与内齿轮作用做旋转运动，类似于行星运动：既有公转，又有自转。

3）传动装置

传动装置包括减速齿轮、输入轴、减速器、输出轴、启动片、主轴等。

（1）启动片。

启动片是介于减速器与主轴间的传动媒介，如图 LC3-5 所示。它连接输出轴与主轴，利用其正反两面相互垂直成"十"字形的沟槽，在旋转时补偿两轴不同心的误差，同时，还能够对自动开闭器起到控制作用。

图 LC3-5 启动片

（2）主轴。

主轴主要由主轴、主轴套、止挡栓、锁闭齿轮、挡圈及滚轮轴承等组成，如图 LC3-6 所示。该主轴由底壳的一端插入或抽出，不受其他部件互相影响。从来自减速器的转矩，通过起动片传给主轴，又由主轴将转矩传到锁闭齿轮，锁闭齿轮和齿条啮合传动，就把旋转运动转换成动作杆的水平移动，并且完成圆弧锁闭动作。带动锁闭齿轮，通过与齿条块配合完成转换和锁闭道岔。

图 LC3-6　主轴

4）转换锁闭装置

转换锁闭装置由锁闭齿轮和齿条块、动作杆组成。它将旋转运动变为直线运动以带动道岔的尖轨位移，并完成内部锁闭。

（1）锁闭齿轮和齿条块（见图 LC3-7）。

 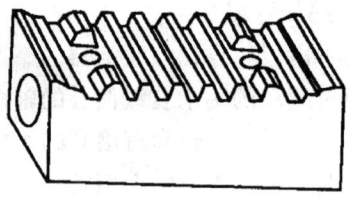

（a）锁闭齿轮　　　　　　　　　　（b）齿条块

图 LC3-7　锁闭齿轮和齿条块

当道岔在定位或反位，尖轨与基本轨密贴时，锁闭齿轮的圆弧正好与齿条块的销尖齿弧面重合，如图 LC3-8 所示。这时如果尖轨受到外力要使之移动，或列车经过道岔使齿条块受到水平作用力，这些力只能沿锁闭圆弧的半径方向传给锁闭齿轮，它不会转动，齿条块及固定在其圆孔中的动作杆也不能移动，这样就实现了对道岔的锁闭。

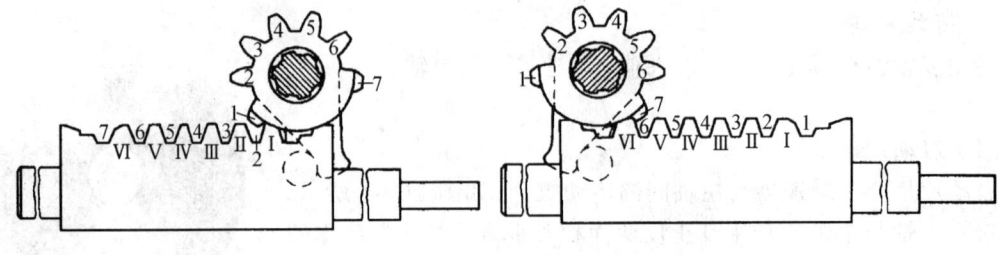

（a）定位锁闭状态　　　　　　　　　（b）反位锁闭状态

图 LC3-8　转辙机内锁闭

电动转辙机每转换一次，锁闭齿轮与齿条块要完成解锁、转换、锁闭三个过程。

（2）动作杆。

动作杆穿入齿条块，通过挤切销连接后带动而完成推、拉道岔尖轨的动作，如图 LC3-9 所示。

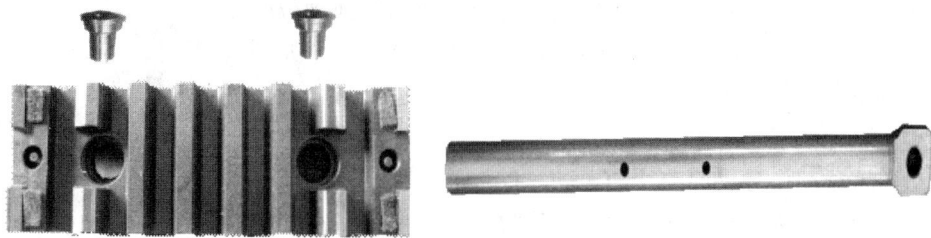

图 LC3-9　动作杆

挤切销由合金制成，受到超限度的挤切力（3T/5T）而折断。其作用一是把齿条块和动作杆连接在一起，将齿条块的动作经过动作杆，传递到尖轨上。二是在道岔受挤时，来自尖轨的挤切力推动动作杆，因齿条块被锁闭，齿轮抵住不能移动，连接齿条块和动作杆的挤切销被挤断，使动作杆在齿条块孔内空动，从而保护了机件和尖轨不被损坏。

5）自动开闭器

自动开闭器用来及时、正确反映道岔尖轨的位置，并完成控制电动机和挤岔表示的功能。

自动开闭器主要由机械联动机构和接点开关系统两部分组成，接点系统的接通与断开由机械联动机构带动，如图 LC3-10 所示。机械联动机构由起动片、速动片、速动爪、调整架、拉簧、检查柱、拐轴和支架等零部件组成。接点开关系统由四排静接点和两排动接点组成。

自动开闭器是转辙机中以机械动作来实现电路控制的重要部件，又是一个监督检查机构。自动开闭器要监督转辙机自身的转换过程是否按要求完成并与表示杆一起不间断地检查道岔开通位置以及尖轨与基本轨的密贴状态。电动机驱动电路的接通与切断也要由自动开闭器完成。

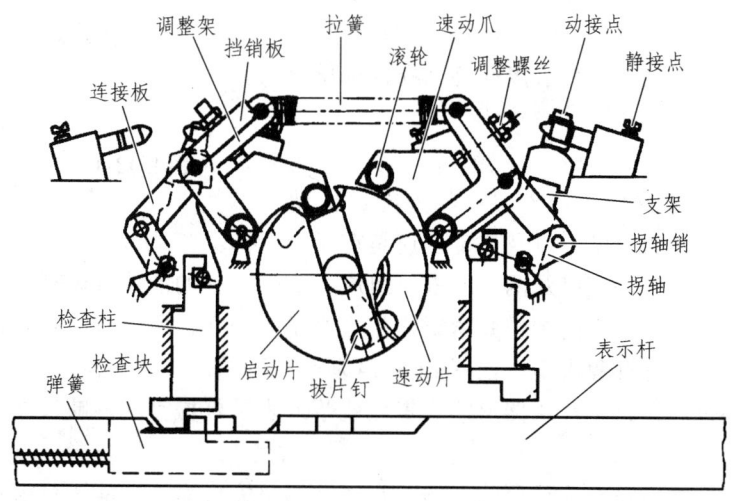

图 LC3-10　自动开闭器

检查柱在正常转换过程时,对表示杆缺口起到探测作用。道岔不密贴,缺口位置不对,检查柱不会落下,它阻止动接点块动作,不构成道岔表示电路。挤岔时,检查柱被表示杆顶起,迫使动接点块转向外方,断开表示电路。

(1)速动片。

速动片配合起动片完成解锁和锁闭功能,当道岔转换到位时使速动爪落入其梯形凹槽之中,实现自动开闭器的速动,如图LC3-11所示。

其动作原理如下:

自动开闭器动作是受起动片和速动片的控制。输出轴转动时带动起动片转动。速动片由起动片上的拨片钉带动转动,从而将速动爪顶起或到位后落入,带动动接点块的运动。它们之间的动作关系及受它们控制的速动爪的动作情况,如图LC3-12所示。

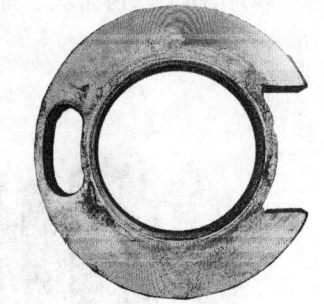

图 LC3-11 速动片

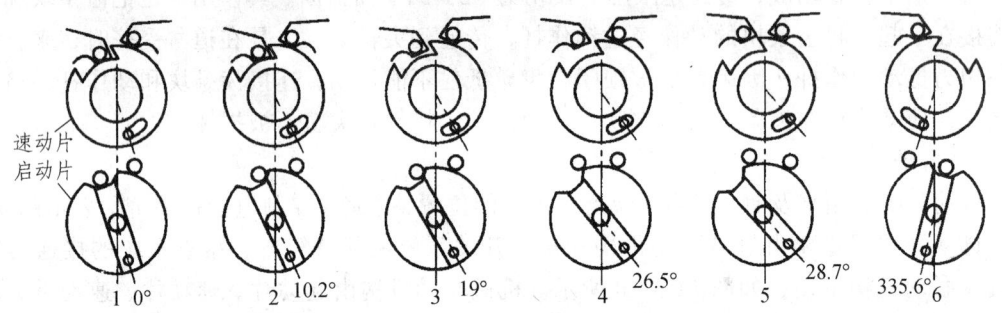

图 LC3-12 启动片、速动片及速动爪的动作关系

(2)自动开闭器接点。

自动开闭器有2排动接点,4排静接点,编号是站在电动机处观察,自右向左分别为1、2、3、4排,每排有3组接点,自上向下顺序编号,例如11、12、13、14、15、16,如图LC3-13所示。

定位状态时,有第1、3排接点闭合和2、4排接点闭合。其中,2、3排接点是表示用,1、4排为动作用。道岔转换时,先断开表示接点组,最后断开动作接点组。

6)表示杆

表示杆通过与道岔的表示连接杆相连随道岔动作,用来检查尖轨是否密贴,以及在定位还是在反位。

图 LC3-13 自动开闭器接点

表示杆由前、后表示杆以及两个检查块组成。前表示杆的前伸端设有连接头,用来和道岔的表示杆相连。后表示杆前端与并紧螺栓相连的是一长孔,所以有 86～167 mm 的调整范围,以满足不同的道岔开程需要。如图 LC3-14 所示。

道岔转换到位后,自动开闭器上的检查柱就落入表示杆检查块的缺口之中,两侧的间隙为 1.5 mm。

现场调整表示缺口是一项重要的工作,在密贴调整完成后,才能进行表示的调整:先伸出,再拉入;先调密贴,再调表示。

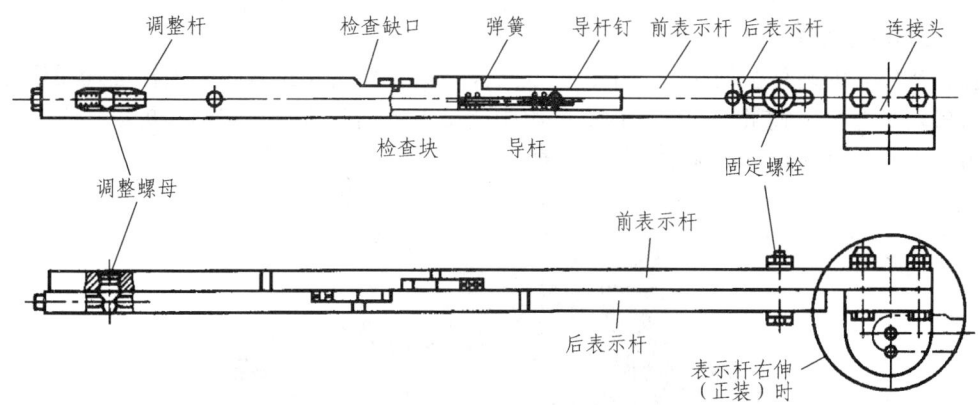

图 LC3-14 表示杆

7）摩擦联结器

摩擦联结器保护电动机和吸收转动惯量的联结装置，如图 LC3-15 所示。其主要作用是在道岔因故转换不到底时，确保电机的电路不能断开，如果电动机突然停转，电动机将会因为电流过大而烧坏。另外，在正常使用过程中，可以消耗电动机的惯性，以避免内部器件受到撞击或毁坏。

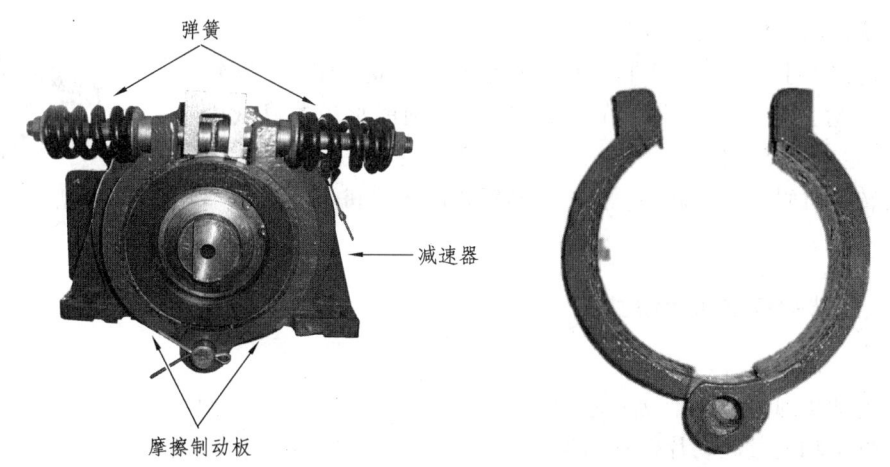

图 LC3-15 摩擦联结器

正常情况下，依靠摩擦力，内齿轮反作用于外齿轮，使外齿轮作摆式旋转，带动输出转动，使道岔转换。

当发生尖轨受阻不能密贴和道岔转换完毕电动机惯性运动的情况下，输出轴不能转动，外齿轮受滚棒阻止而不能自转，但在输入轴的带动下作摆式运动，这样外齿轮对内齿轮产生一个作用力，使内齿轮在摩擦制动板中旋转（摩擦空转），消耗能量，保护电动机和机械传动装置。

调整过紧会失去摩擦联结作用，损坏电动机和机件，过松则不能正常带动道岔转换。其松紧可以通过调整螺母来调整弹簧的压力实现。标准是 1.3~1.5 倍的额定电流。

8）挤切装置

挤切装置包括挤切销和移位接触器，用来进行挤岔保护，并给出挤岔表示。

（1）移位接触器。

在转辙机内安装移位接触器两个，分别与齿条块在伸出及拉入时的顶杆位置互相对应。移位接触器是非自复式微动开关，内有一组常闭接点，用来监督挤切销的折损状态。该接触器上方留有人工恢复接点的窗口，如图LC3-16所示。

图LC3-16 移位接触器

（2）挤切销（见图LC3-17）。

两挤切销（主销和副销）将动作杆与齿条块连成一体。正常转换时，带动道岔。当来自尖轨的挤岔力超过挤切削能承受的机械力时（3T/5T），主、副挤切削先后被挤断，动作杆在齿条块内移动，道岔即与电动转辙机脱离机械联系，保护了转辙机的主要机件和尖轨不被损坏。

图LC3-17 挤切销

3. 电动转辙机整体动作过程

（1）电动机得电旋转；

（2）电动机通过齿轮带动减速器；

（3）输出轴通过起动片带动主轴；

（4）锁闭齿轮随主轴逆时针方向旋转；

（5）拨动齿条块，使动作杆带动道岔尖轨运动；

（6）转换过程中，通过自动开闭器的接点完成表示。

电动转辙机的传动原理如图LC3-18所示，图中各机件所处的初始位置是处于左侧锁闭（假设为定位）的状态。此时自动开闭器的第1、第3两排接点闭合。现在我们来分析定位转向反位的整个传动过程：

来自道岔控制电路的电源，经图中自动开闭器的第1排接点，接至电动机，使电动机轴按图中所示方向旋转。

电动机通过齿轮带动减速器，输出轴按反时针方向旋转并动作起动片，起动片动作主轴。输出轴与起动片用扁圆联接，起动片与主轴也是用扁圆联接，因此相当于一个十字滑块联接器。起动片上的斜面推动速动爪上的滚轮，使速动爪转动。速动爪的爪尖逐渐退出速动片的缺口。通过自动开闭器断开第三排接点，切断表示电路；同时主轴的转动使锁闭齿轮开始解

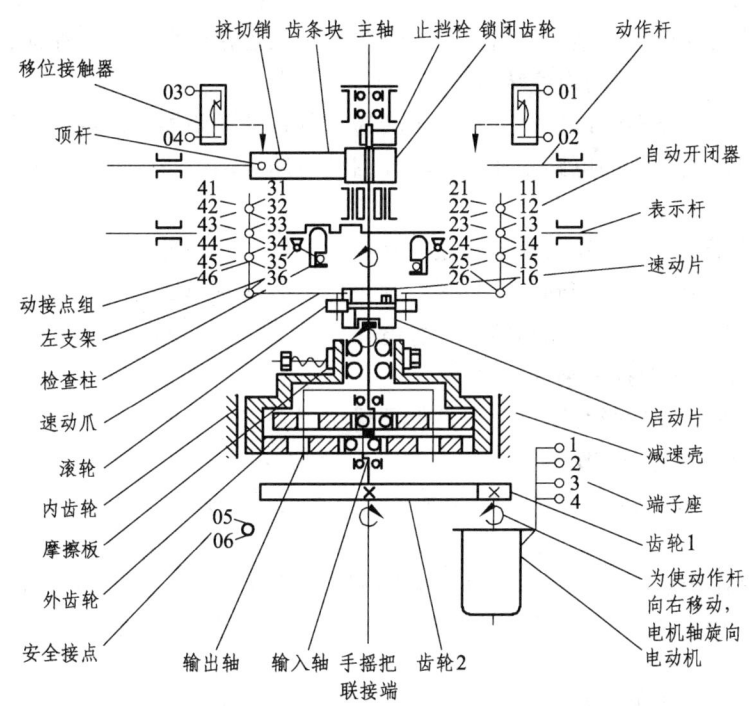

图 LC3-18 电动转辙机传动原理

锁。在起动片转动一定角度后,起动片上的拨片钉带动速动片一起旋转。此时锁闭齿轮也已将齿条块解锁,主轴就通过锁闭齿轮和齿条块将旋转运动转换成动作杆的直线运动,并通过密贴调整杆动作道岔。在完成转换过程后,锁闭齿轮的圆弧面即将进入齿条块的另一个削尖齿的圆弧面上,对齿条块进行锁闭。

因此,右侧速动爪快速落入速动片缺口中,使自动开闭器动接点组快速断开。第 1 排的电机电路并接通第 2 排接点,表示道岔锁闭在新的位置。此时动接点支架上带动的检查柱必须能进入表示杆检查块的缺口(此缺口在平时调整时,每侧应留 1.5 mm 的间隙)。检查柱进入检查块缺口表示道岔已被锁在正确位置。如果表示杆检查块的缺口位置偏移,检查柱落不到缺口内只能落到表示杆检查块的平面上,则表示电路不能接通。

当尖轨与基本轨有障碍物,动作杆受阻不能锁闭时,电机动作电路不切断,迫使电动机带动摩擦带联结器空转,防止转辙机各部件受伤。

当挤岔时,车轮将尖轨移动,通过密贴调整杆传到动作杆;由于动作杆和齿条块是由挤切削联结的,齿条块被锁闭齿轮锁住不能动作,因此挤岔力超过挤切削的挤切力后就将挤切削挤断,移位接触器接点断开,切断表示电路。与此同时,表示连接杆也受力再传动转辙机的表示杆,表示杆斜面推动检查柱向上运动,检查块移动压缩弹簧,在移动 8 mm 时表示接点被切断,给出挤岔表示。

4. 道岔控制电路

1)道岔启动电路的技术条件

(1)道岔区段有车时,道岔不应转换,此种锁闭叫作区段锁闭。

(2)进路在锁闭状态时,进路上的道岔都不应再转换,此种锁闭叫进路锁闭。

(3) 在道岔启动电路已经动作后，如果车随后驶入道岔区段，则应保证转辙机继续转换到底，不受条件（1）的限制而停转。

(4) 道岔启动电路动作以后，如果由于转辙机的自动开闭器接点或电动机的整流子与炭刷接触不良，以致电动机的电路不通时，应使启动电路自动停止工作并复原，保证道岔不再转换。

(5) 维修试验，或在尖轨与基本轨之间夹有障碍物，致使道岔转不到底时，能使道岔转回原位，必须保证道岔无论转到什么位置，都可以随时使它向回转。

(6) 道岔转换完毕，应自动切断电动机电路。

2）道岔表示电路的技术条件

(1) 只能用继电器的吸起状态与道岔的正确位置相对应，要分别设置道岔定位表示继电器 DBJ 和道岔反位继电器 FBJ，而不能合用一个继电器。

(2) 当室外联系线路发生混线或混入其他电源时，必须保证不致使 DBJ 或 FBJ 错误吸起。

(3) 当道岔在转换或发生挤岔事故、停电或断线等故障时，必须保证 DBJ 或 FBJ 失磁落下，因此必须使用安全型继电器，而不能用电码继电器代替。

3）道岔启动电路

现行的道岔控制电路采用四线制控制电路，通过三级电路完成对道岔转换的控制，如图 LC3-19 和 LC3-20 所示。现以道岔在定位向反位操纵为例进行说明。

第一级控制电路是 1DQJ3-4（道岔第一启动继电器）线圈励磁电路，检查联锁条件，确定能否接收控制命令。

操纵道岔时 FCJ（反位操纵继电器）↑，道岔启动电路的技术条件满足 SJ↑，1DQJ3-4 线圈得电励磁吸起。

第二级控制电路是 2DQJ 的转极电路，确定道岔的转换方向（向定位转还是向反位转），1DQJ↑后使 2DQJ 转极。

2DQJ 采用的继电器有极继电器，用其 3-4 线圈接收向定位转的控制命令，2-1 线圈接收向反位转的控制命令。由于具有极性保持特性，所以当接收到向定位转的控制命令后，其定位极性接点闭合，并且在未接收到向反位转的控制命令前将一直把这个命令记录下来，即其定位极性接点将一直保持吸合。

当接收到向反位转的控制命令后，其反位极性接点闭合，并保持记录到接收到下一项定位转控制命令。2DQJ 具有记录控制命令，有两方面作用：一是在道岔转换过程中即使是车驶入道岔区段也能使道岔继续转换到底；二是可以校核发出的控制命令与返回来的表示信息是否一致。另外，道岔在转换过程中，1DQJ 保持励磁时，这时 2DQJ 可随时在单独操纵方式下，接收向相反方向转的控制命令而转极时，道岔在转换途中向回转。

第三级控制电路是 1DQJ1-2 线圈自闭电路，接通并随时检查电动机动作电路是否正常。

1DQJ1-2 线圈电路在道岔动作时和电机串联，用来监督电动机的运转情况。若电动机运转正常，道岔转到底的时候，用自动开闭器动作接点断开来切断 1DQJ 自闭电路。当电机电路故障则 1DQJ 自闭电路接不通而失磁落下，使动作电路自己复原，保证道岔不转换。

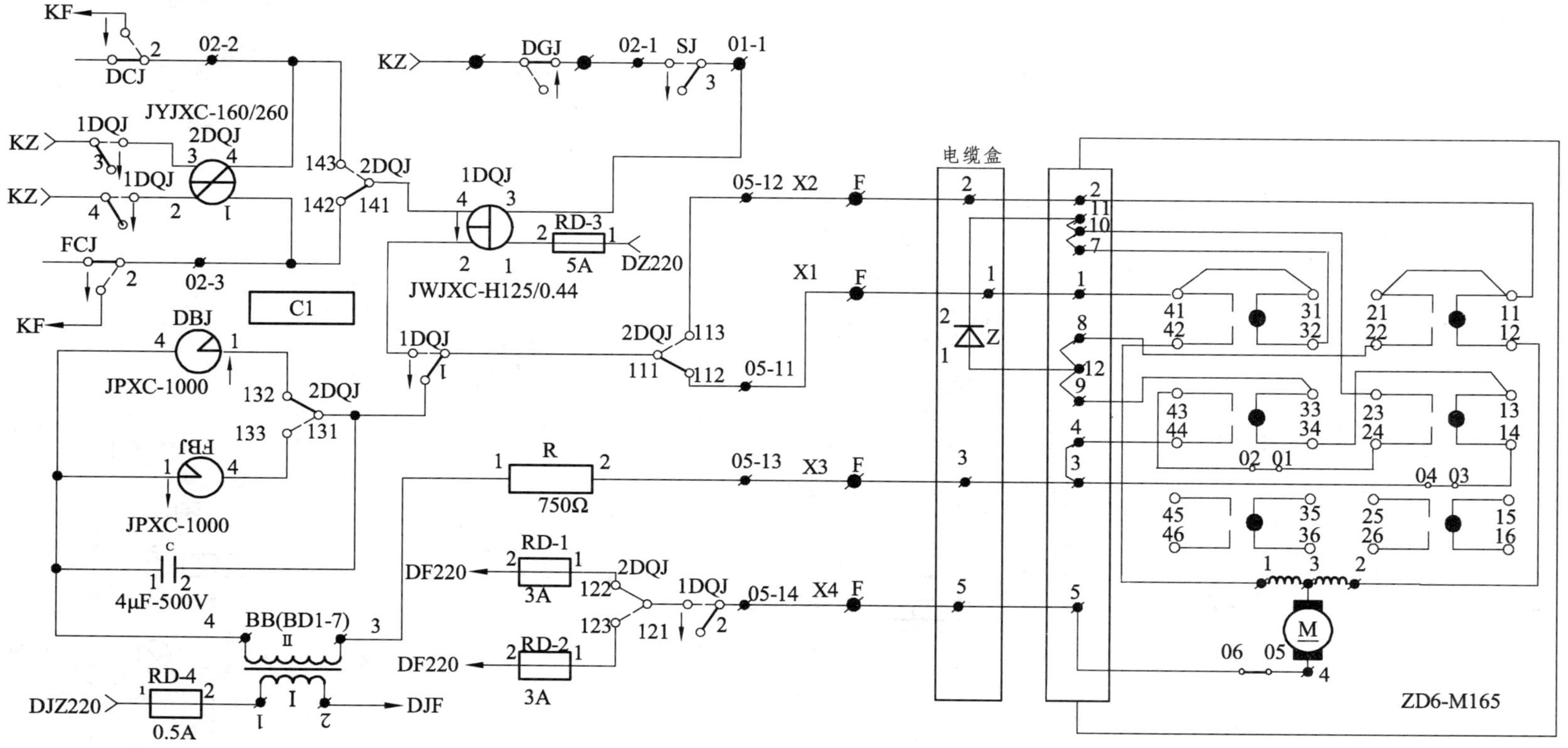

总模块 L 理论知识

图 LC3-19 ZD6 型四线制单机电路图

★ 本图按定位 1、3 闭合设计，若定位在 2、4 闭合需做如下修改：X1、X2 交叉，二极管极性颠倒。

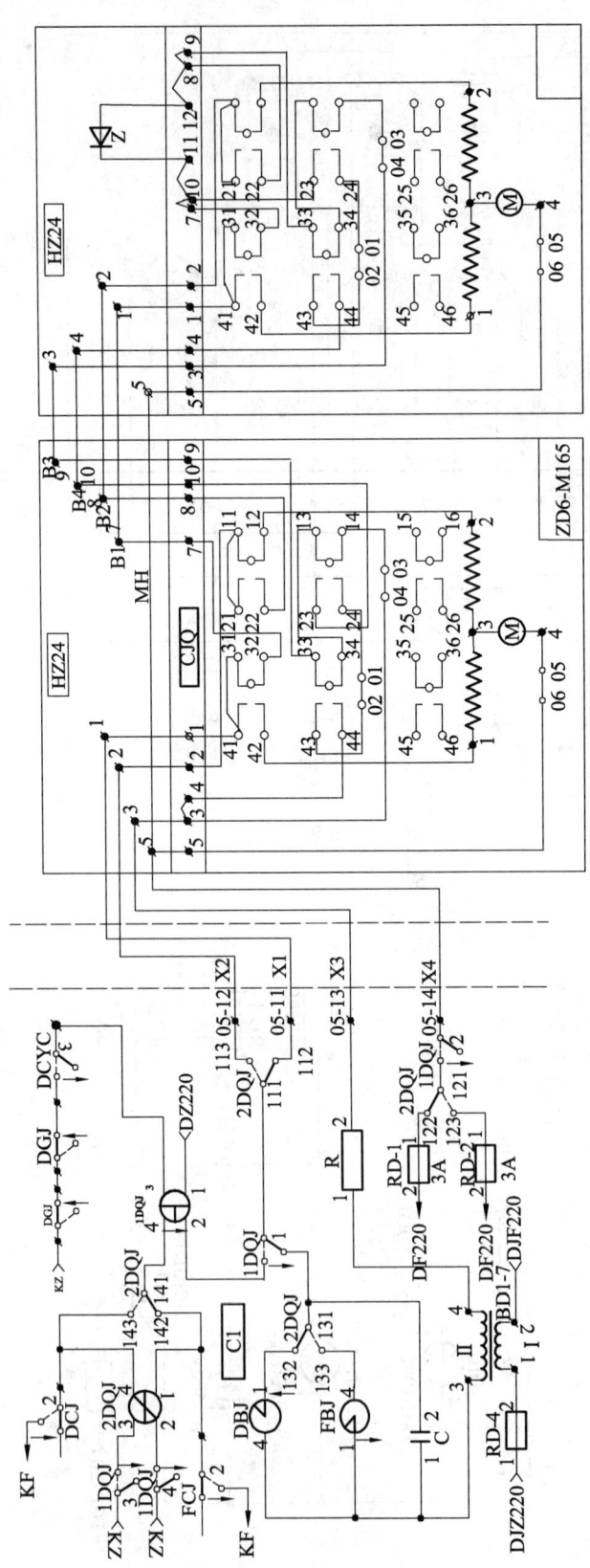

图 LC3-20　ZD6型四线制双动道岔电路图

★ 本图按定位1、3闭合设计，若定位在2、4闭合需做如下修改：
X1、X2交叉，二极管极性颠倒。

4）道岔表示电路

电路中使用了两个安全型偏极继电器作为道岔表示继电器，使用了独立的表示变压器，并在电路的末端设置整流堆（直流开关），检查电路完整后送回直流电源，为了防止半波整流造成表示继电器抖动，在表示继电器两端并联了 4 μF 电容器起滤波作用。

为了实施断线保护而采用两个继电器 DBJ 和 FBJ。为了实施混线保护，DBJ 和 FBJ 采用直流偏极继电器。这种继电器既检查电压极性，又检查是否有电流流过线圈。

5. 主要技术标准

1）电动转辙机主要技术标准

（1）电动转辙机。转辙机额定电压为 DC160 V，工作电流≤2 A；额定转换力为 3 430 N；动作杆动程为 165~167 mm；表示杆动程为 135~185 mm；转换时间不大于 5.5 s。

（2）减速器。减速器的输入轴及输出轴在减速器中的轴向窜动量应不大于 1.5 mm，动作灵活，通电转动时声音正常，无异常噪声；减速器内的润滑脂应满足使用环境的要求。

（3）摩擦联结器。道岔在正常转动时，摩擦联结器不空转；道岔转换终了时，电动机应稍有空转；道岔尖轨因故不能转换到位时，摩擦联结器应空转。摩擦联结器弹簧相邻圈最小间隙不小于 1.5 mm，弹簧不得与夹板圆弧部分触碰。摩擦带与内齿轮伸出部分清洁，不锈蚀或沾油。

（4）自动开闭器。

a. 绝缘座安装牢固、完整、无裂纹；接点座不松动，静接点片必须长短一致，左右接点片对称，接点片不弯曲，不扭斜，辅助片作用良好。

b. 动接点在静接点片内的接触深度不小于 4 mm，用手扳动动接点，其摆动量不大于 3.5 mm；动接点与静接点座间隙不小于 3 mm；接点接触压力不小于 4.0 N；动接点组打入静接点组内，动接点环不低于静接点片，同时静接点片下边不应与动接点绝缘体接触；速动爪落下前，动接点在静接点内有窜动时，应保证接点接触深度不小于 2 mm。

c. 速动爪与速动片的间隙在解锁时不小于 0.2 mm，锁闭时为 1~3 mm，如图 LC3-21 所示。

d. 速动片的轴向窜动，应保证速动爪滚轮与滑面的接触不小于 2 mm；转辙机在转动中速动片不得提前转动。

e. 速动爪的滚轮在传动中应在速动片上滚动，落下后不得与启动片缺口底部相碰。

f. 在动作杆、表示杆正常伸出或拉入过程中，拉簧的弹力适中，作用良好，保证动接点迅速转接，并带动检查柱上升和下落。

g. 左、右拐轴与左、右支架应采用花键连接，拐轴与接点座的配合处应采用复合衬套等滑动轴承以保证转动灵活。

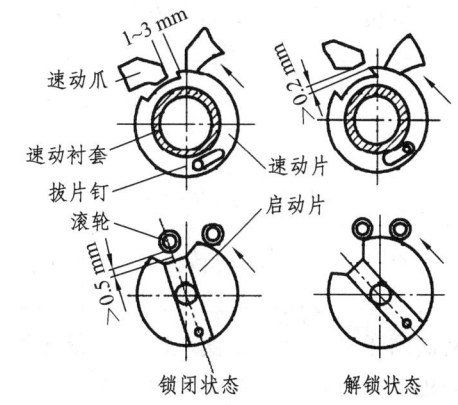

图 LC3-21　速动爪与速动片解锁及锁闭状态

（5）动作杆。

a. 动作杆不得有损伤。

b. 动作杆与齿条块的轴向位移量和圆周方向的转动量均不大于 0.5 mm。

c. 齿条内各部件和联结部分须油润，各孔内不得有铁屑及杂物，挤切销固定在齿条块圆孔内的台上，不得顶住或压住动作杆。

d. 锁闭齿轮圆弧与动作齿条削尖齿圆弧应吻合，无明显磨耗接触面不小于 50%，在动作齿条处于锁闭状态下，两圆弧面应保持同圆心。

e. 检查块的上平面应低于表示杆或锁闭表示杆的上平面 0.2~0.8 mm；检查柱落入检查块缺口内两侧间隙为 1.5 mm±0.5 mm，如图 LC3-22 所示。

（6）移位接触器。

a. 当主销折断时，接点应可靠断开，切断道岔表示。

b. 顶杆与触头用 1.5 mm 垫片试验时，接点不应断开；用 2.5 mm 垫片试验或用备用销带动道岔（或推拉动作）试验时，接点应断开，非经人工恢复不得接通电路。其"复位按钮"在加外力复位过程中不得引起接点簧片变形。

2）直流电动机应符合标准

（1）电动机的线圈无混线，无断线，转子与磁极间不磨卡，转子的轴向游程不大于 0.5 mm。

图 LC3-22 检查块与检查柱、表示杆之间间隙

（2）换向器表面光滑、干净，换向片间的绝缘物不得高出换向器的弧面。

（3）碳刷于刷握盒内上下不卡阻，四周无过量旷动，弹簧压力适当，碳刷与换向器呈同心弧面接触，接触面积不少于碳刷面的 3/4，工作时应无过大火花，碳刷长度不小于碳刷全长的 3/5。

（4）直流电动机：

a. 额定电压：160 V。

b. 额定电流：≤2.0 A。

c. 转速：≥2 400 r/min。

d. 短时工作输出功率：≥220 V·A。

e. 额定转矩：0.882 6 N·m（0.09 kg/m）。

f. 电机转子（刷间）电阻：4.9±0.245 Ω。测试定子电阻：单定子电阻为：5.7±0.28 Ω。

g. 转辙机所使用的挤切销（主、副销）均为 3 t。

h. 转辙机摩擦电流为 2.3~2.9 A，正反向摩擦电流相差应小于 0.3 A。

二、ZDJ9 型电动转辙机

ZDJ9 型系列电动转辙机是一种能适应交、直流电源的新型转辙机。它有着安全可靠的内锁闭功能，因此既可适用于联动内锁道岔，又可适用于分动外锁道岔，既适用于单点牵引，又适用于多点牵引，安装时，既能角钢安装，又能托板安装。目前使用的 ZDJ9 转辙机有 4 种机型，分别是：A/B 型，C/D 型。

ZDJ9 型电动转辙机的特点：交流 380 V 交流控制；摩擦联结器不需要调整；滚珠丝杠作为驱动传动装置延长其使用寿命。

ZDJ9 型电动转辙机型号组成及表示意义：

递到滚珠丝杠上。滚珠丝杠把传动齿轮的旋转运动转换成与丝杠联结的推板套的水平直线运动。推板套水平直线运动，推动安装在动作杆上的锁块，在锁闭铁的辅助下使动作杆水平运动，完成道岔的解锁、转换和锁闭功能。

ZDJ9 型转辙机有着安全可靠的内锁功能，在两个终点位置时锁块在推板套和锁闭铁的共同作用下实现了转辙机对道岔的锁闭。

图 LC3-24 中左侧各机件所处的位置是动作杆由右向左移动后的停止状态。此时接点座的第 1、3 排接点闭合。现使动作杆向右移动，其传动过程如下：

（1）来自道岔控制电路的电流，经由接点座的第 1 排接点接至电动机，使电动机按逆时针方向旋转（从电机后端看）。

（2）电动机 1 输出扭矩经减速器 2 放大后，驱动摩擦联结器 3 按逆时针方向旋转。

（3）摩擦联结器 3 内的摩擦扭矩驱动内摩擦片，内摩擦片通过键联结驱动滚珠丝杠 4 按逆时针方向旋转，丝杠旋转时驱动丝母做直线运动，丝母带动推板套 5 做直线运动。

（4）推板套 5 推动动作杆 10 上的锁块 6，在锁闭铁 7 的作用下，完成机械的解锁、转换、锁闭等动作。

（5）同时通过推板套上装配的动作板 8，完成接点的转换，进而实现电路的通断。

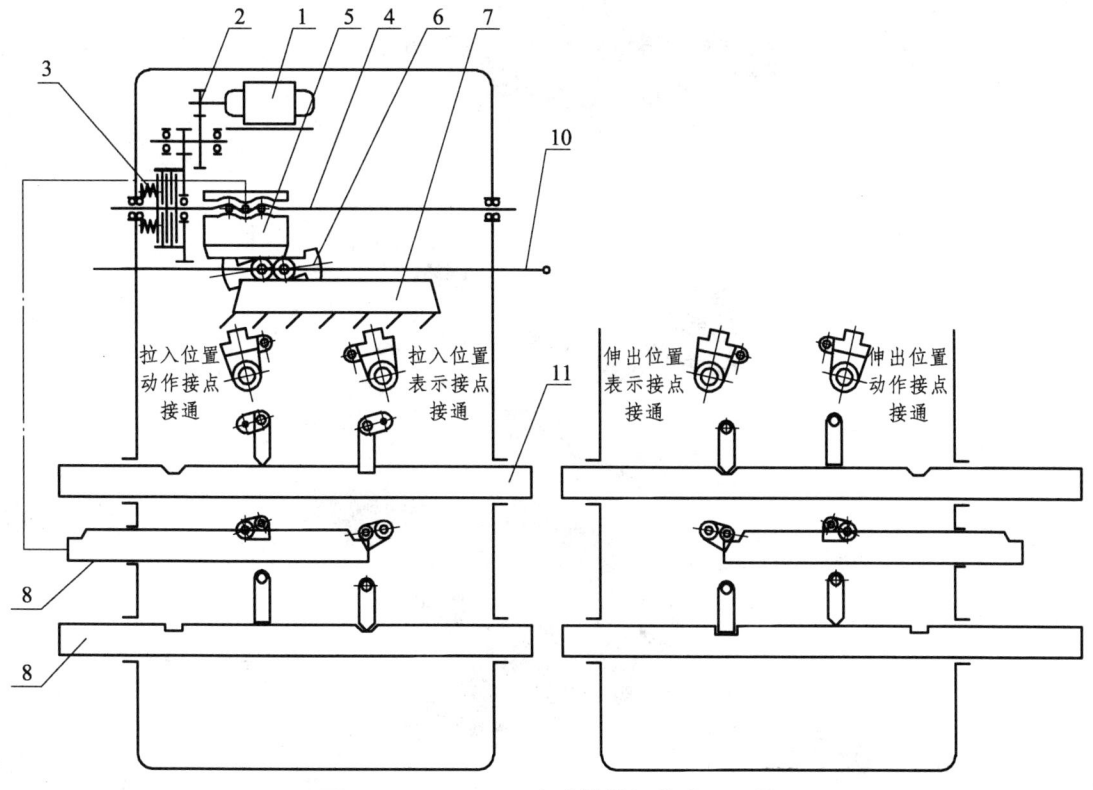

图 LC3-24　ZDJ9 电动转辙机传动原理图

1—电机；2—减速器；3—摩擦联结器；4—滚珠丝杠；5—推板套；6—锁块；
7—锁闭铁；8—动作板；9—锁闭杆；10—动作杆；11—锁闭杆

1）推板套、动作杆、锁块和锁闭铁关系及转换锁闭原理

对于右伸 ZDJ9 转辙机（人站在打开机盖一侧，面向转辙机）：

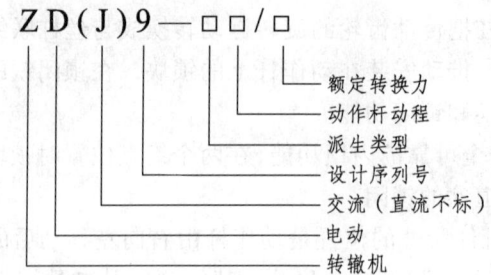

1. ZDJ9 型电动转辙机结构

ZDJ9 型电动转辙机主要由电动机、减速器、摩擦联结器、滚珠丝杠、推板套、动作板、锁块、锁闭铁、接点座、动作杆、锁闭（表示）杆等零部件组成，如图 LC3-23 所示。

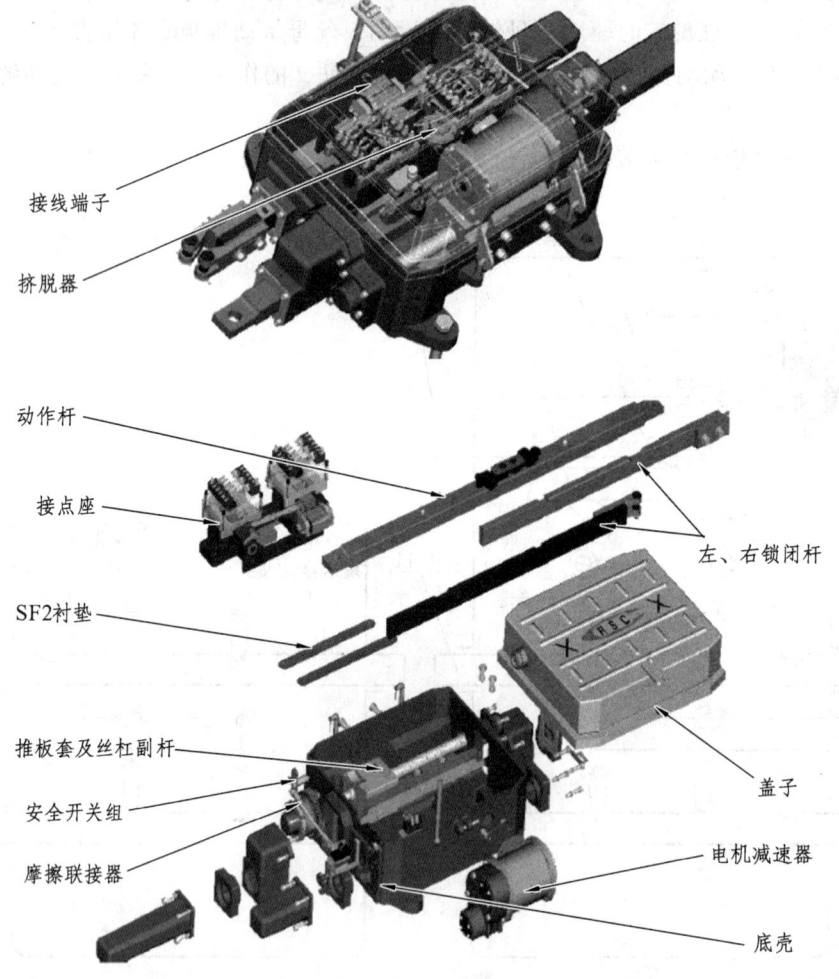

图 LC3-23　ZDJ9 转辙机整体及部件图

2. 动作原理

电动机接通电源后，电机上的小齿轮通过齿轮箱中的传动齿轮进行两级减速，把动力传递到摩擦联结器的齿轮上。通过摩擦联结器中的内外摩擦片的摩擦作用，齿轮的旋转运动传

（1）动作杆2锁闭在拉入位，通电后电机旋转，带动推板套1向右运动，动作杆开始解锁如下图所示；

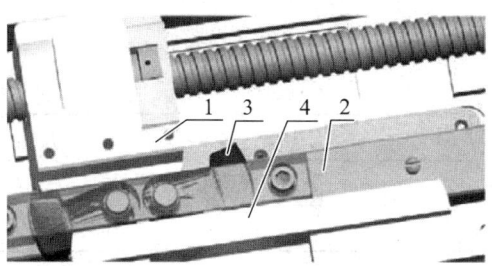

（2）推板套1继续向右运动，推动锁块3并带动动作杆2一起向右运动如下图所示；

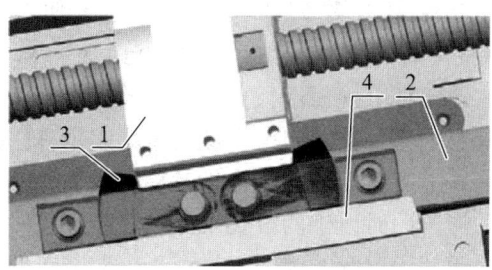

（3）动作杆2行程走完，推板套1将锁块3压入锁闭铁4，将动作杆2锁闭在伸出位，如图LC3-25所示。

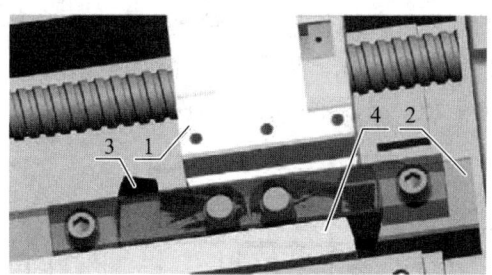

图LC3-25　推板套、动作杆、锁块、锁闭铁的运动关系图

2）动作板、速动片和接点动作关系

在推板套上固定有动作板，动作板与动接点轴、起动片、速动片和弹簧的相互动作关系见图LC3-26。

动作杆处于伸出位，动作板1抬起左侧滚轮5及起动片3，左支架向左倾斜，第1排动作接点接通，第2排表示接点断开；同时右侧滚轮5及起动片3落下，右支架向左倾斜，第4排动作接点断开，若锁闭（表示）杆同时到位，锁闭（检查）柱正常落下，可接通第3排表示接点，达到检测道岔状态的作用。

3. 挤岔表示

ZDJ9型电动转辙机有可挤和不可挤型，不可挤型ZDJ9电动转辙机无挤脱器，一般用于多机多点牵引的第一牵引点和可动心轨辙叉的第一牵引点，这种情况下若发生挤岔，由多机多点牵引的其他牵引点给出挤岔表示。

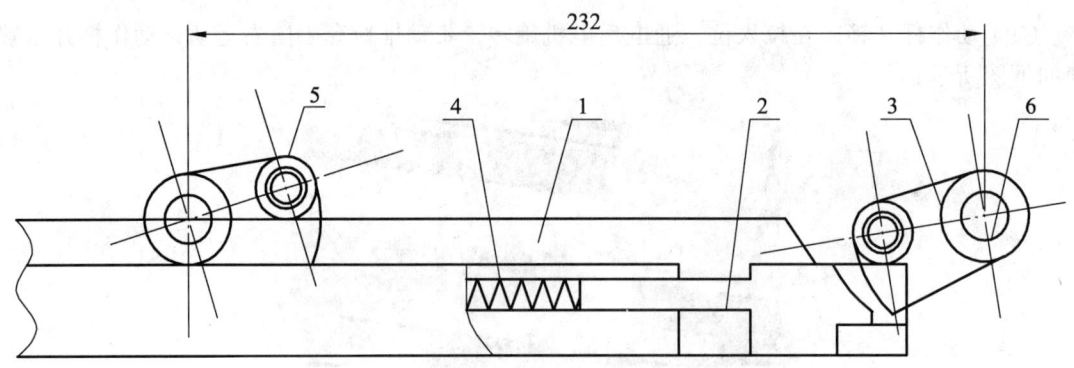

图 LC3-26　动作板、速动片和接点动作关系图
1—动作板；2—速动片；3—起动片；4—弹簧；5—滚轮；6—动接点轴

可挤型 ZDJ9 电动转辙机设有挤脱器，挤脱力为（28±2）kN。

ZDJ9-A 和 B 型机左右锁闭杆分别与两根尖轨相连，当一根锁闭杆通过锁闭柱将尖轨锁在机内时，在斥离尖轨上固定的另一根锁闭杆则成为挤岔表示杆。当挤岔时，通过斥离尖轨动作作为挤岔表示杆的锁闭杆上有斜面的缺口，推动检查柱断开表示接点，给出挤岔表示。而在锁闭位置的锁闭柱不动作，同时由于两根尖轨用拉杆连接在一起而同时转换，动作杆在超过挤脱力后就解锁，而处于锁闭位置的锁闭杆，由于安装装置的连接杆，当挤岔时就因变形而损坏。一根锁闭杆上的锁闭用的直缺口和挤岔表示用的斜缺口的距离与尖轨动程有关，只能适用于相应的尖轨动程，当超过此动程范围需另配该动程范围的锁闭杆。

挤岔时，当挤脱器中的锁闭铁在动作杆上的锁块作用下，脱开挤脱柱，在锁闭铁上的凹槽推动水平顶杆，水平顶杆推动竖顶杆，竖顶杆推动动接点支架，从而切断表示，非经人工恢复锁闭铁，不可能再接通表示。挤脱器中的锁闭铁与动接点支架的结构可参见图 LC3-27。

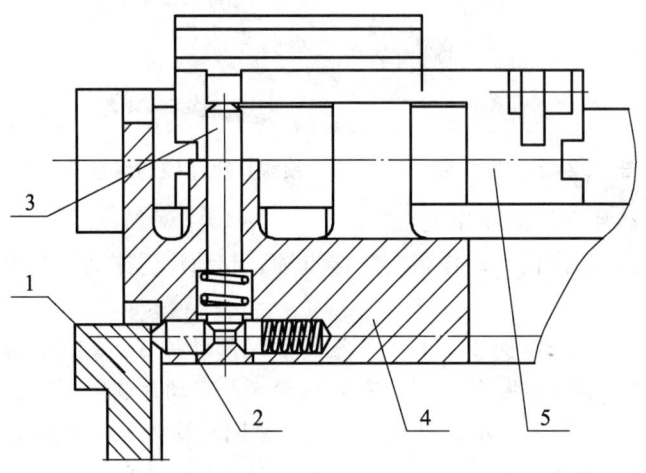

图 LC3-27　挤脱器中的锁闭铁与动接点支架的结构
1—锁闭铁；2—水平顶杆；3—竖顶杆；4—接点座；5—动接点支架

在推板套与动作杆间有弹簧制动机构，转辙机在进入锁闭动程切断电机电源后，动作杆的侧斜面通过摩擦块压缩弹簧，从而将传动系统的惯性动作制动住。

ZDJ9-A 和 C 型为两点牵引道岔第一牵引点用的不可挤型转辙机，故没有挤脱器，有动作杆的锁块锁闭和与密贴尖轨相连的锁闭杆锁闭。道岔的挤岔表示由 ZDJ9-B、D 和 E 型转辙机给出。

ZDJ9-B、D 和 E 型为两点牵引道岔第二牵引点用的转辙机，仅有动作杆的锁块锁闭，表示杆只有检查尖轨密贴和挤岔断表示的功能。在挤脱器内锁闭铁的锁闭和挤岔断表示的功能与 ZDJ9 型转辙机相同。

4. 推板套惯性的制动措施

在推板套上设置有碟簧机构。当动作杆到位，电机断电后推板套在惯性作用下继续运动。动作杆与推板套发生相对运动时压缩碟簧且产生摩擦，从而制动推板套的惯性动作。

5. 电动机

电动机有交流电机和直流电机两种，均为短时、可逆电机，绝缘等级 F 级，具有过载能力强，在额定转矩的 1.5 倍情况下能安全使用的特点。该电动机适用于各种 ZDJ9 型电动转辙机。

6. 动作杆、表示（锁闭）杆

ZDJ9 系列电动转辙机所用的动作杆、表示杆表面处理为镀硬铬，提高了耐磨性能。

7. 产品技术参数

交流系列电动转辙机技术参数如表 LC3-1 所示。

表 LC3-1　交流电动转辙机技术参数

型号	ZDJ9-A　　ZDJ9-C	ZDJ9-B　　ZDJ9-D
电源电压 AC 三相 V	380	380
额定转换力 kN	2.5	4.5
动作杆动程 mm	220±2	150
锁闭杆动程 mm	160±20	75±20
工作电流 A≤	2.0	2.0
动作时间 S≤	5.8	5.8
单线电阻 Ω≤	54	54
挤脱力 ±2kN	—	28±2
摩擦力 kN±10%	3.4~4.2	6.2~7.4
重量 kg	182	177
适用范围	双机牵引第一牵引点，不可挤，双杆内锁	双机牵引第二牵引点，可挤，单杆内锁（Ⅰ、Ⅱ、Ⅲ型提速道岔）

8. 室内道岔控制电路工作原理

ZDJ9 道岔电路主要分为三个部分：室内控制电路、道岔动作电路、道岔表示电路。电路制式为五线制电路，分别命名为 X1~X5 线。

1）组合名称

QB：保护组合，每组（双动或单动）道岔设一个。

JSDZ：道岔主组合，每组（双动或单动）道岔设一个。

JSDF：道岔辅助组合，每个牵引点设一个。

2）组合包含的继电器

QB：1QDJ、1ZBHJ、1DKJ、1DWJ，双机牵引双动道岔增加设置 2QDJ、2ZBHJ、2DKJ、2DWJ。

JSDZ：1DQJ（1）、2DQJ（1）、SJF（1）、DCJ、FCJ、ZDBJ、ZFBJ，双机牵引双动道岔增加设置 SJF（2）。

JSDF：1DQJ、BHJ、2DQJ、1DQJF、DBQ、TJ、DBJ、FBJ、SJ。

3）继电器名称

1QDJ：一切断继电器

2QDJ：二切断继电器

1ZBHJ：一总断相保护继电器

2ZBHJ：二总断相保护继电器

BHJ：断相保护继电器

DBQ：断相保护器

DKJ：动作开始继电器

DWJ：动作完成继电器

TJ：时间继电器

4）电路构成

为了提高办理进路的速度，对应每组道岔每一个牵引点各设一套启动电路和表示电路。

控制电路由 1DQJ、2DQJ、1DQJF、保护继电器 BHJ、总保护继电器 ZBHJ、时间继电器 TJ 等继电器构成。如图 LC3-28 所示。

5）技术要求

（1）当三相电源中任意一相断电，室外电机不得启动，在转换过程中任一相断电，电机应立即停止转换。

（2）牵引点中有一台电机不启动，需切断牵引道岔的所有转辙机动作电源，停止转换。

（3）当转换超过规定时间时，应停止转换。

6）工作原理

当进路式或单独操纵道岔时，首先使 JSDZ 中 1DQJ（1）、J1 及 J2 的 1DQJ3-4 线圈励磁，从而使它们的 1DQJF 励磁吸起（同时接通 TJ 的励磁电路）；再由各牵引点的 1DQJ 及 1DQJF 的前接点接通 2DQJ 的转极电路。当 2DQJ 转极后，通过 1DQJ、1DQJF、2DQJ 的接点向室外送三相动作电源。当道岔动作电路构通时，BHJ 吸起，由各牵引点的 BHJ 接点使 ZBHJ 吸起并自闭后，接通 QB 组合内的 1QDJ 励磁电路并使其自闭，并由 1QDJ 的前接点接通各牵引点 1DQJ 的自闭电路。

道岔定位（1-3 排接点接通）转反位电路的动作程序为：

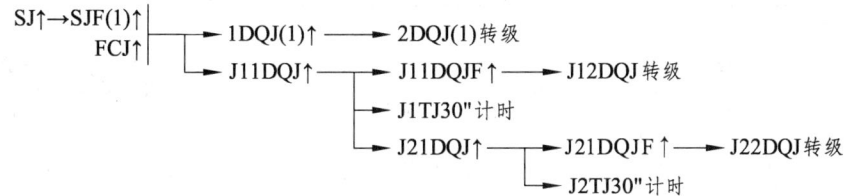

室外两牵引点道岔转换→BHJ↑→1ZBHJ↑→1QDJ 自闭保持↑→1DQJ 自闭↑。

当道岔动作到位，自动开闭器 2-4 排接点接通。BHJ 落下，则切断 1DQJ 自闭电路，从而使 1DQJF 落下，停止向室外送三相动作电源。同时 ZBHJ、1QDJ 落下复原。

当道岔动作超过规定时间后 TJ↑，导致 1DQJ，1DQJF 落下，停止向室外送三相动作电源，保护电机。

当道岔启动时某一牵引点故障，该牵引点的 BHJ 无法吸起，使得 1ZBHJ、1QDJ 也无法吸起，从而切断了各牵引点 1DQJ 的自闭电路，使 1DQJ、1DQJF 落下，停止向室外送三相动作电源。如图 LC3-28 所示。

7）电路分析

不论是单动还是双动道岔，每组道岔均对应每个牵引点设置一个组合，各牵引点组合系并联关系，但电路动作时是用 J1（第一牵引点）的 1DQJ 前接点来构通 J2（第二牵引点）的 1DQJ 励磁电路的，它是一个顺序动作的过程。

ZBHJ 电路：ZBHJ 型号为 JWXC-1700。作用：用于两个牵引点的转辙机全部开始转换和全部转换到底的监督。当两个牵引点都开始转换时 ZBHJ 吸起，当所有牵引点转换到底时 ZBHJ 落下。

1DQJ 电路：1DQJ 型号为 JWJXC-H125/80。其 3～4 线圈的电路为励磁电路，1～2 线圈自闭电路由 BHJ 第三组前接点、TJ 第三组后接点、1DQJ 第三组前接点构通，以实现技术要求。

1DQJF 电路：1DQJF 型号为 JWJXC-480。当 1DQJ 吸起后，由其第三组前接点（及 TJ 第三组后接点）构通 1DQJF 励磁电路。

2DQJ 电路：2DQJ 型号为 JWJXC-160/260。其作用是控制道岔转换方向。

TJ 电路：TJ 型号为 JSBXC-850。当 1DQJ 吸起时，由其前接点接通 TJ 电路，经过规定时间（30秒）后吸起，切断了 1DQJ 自闭电路及 1DQJF 的励磁电路。1DQJ 落下后切断了 TJ 的电路，使其落下。（在采用带延时的 DBQ 后可不再设置 TJ）

1QDJ 电路：QDJ 继电器型号为 JWXC-1700。作用：用于多机牵引的所有转辙机全部开始转换和全部转换到底的监督，以及本台转辙机 1DQJ 自闭电路的切断。其 3～4 线圈由各牵引点的 BHJ 第四组后接点构通，当 SJF（1）吸起时其马上吸起；当道岔转换时，由 1ZBHJ 第四组前接点构通其 1～2 线圈自闭电路保持吸起；在 QDJ 3～4 线圈上并联的 C1、R1 起缓放作用，在 BHJ 吸起而 ZBHJ 尚未吸起的瞬间，使其保持在吸起状态。

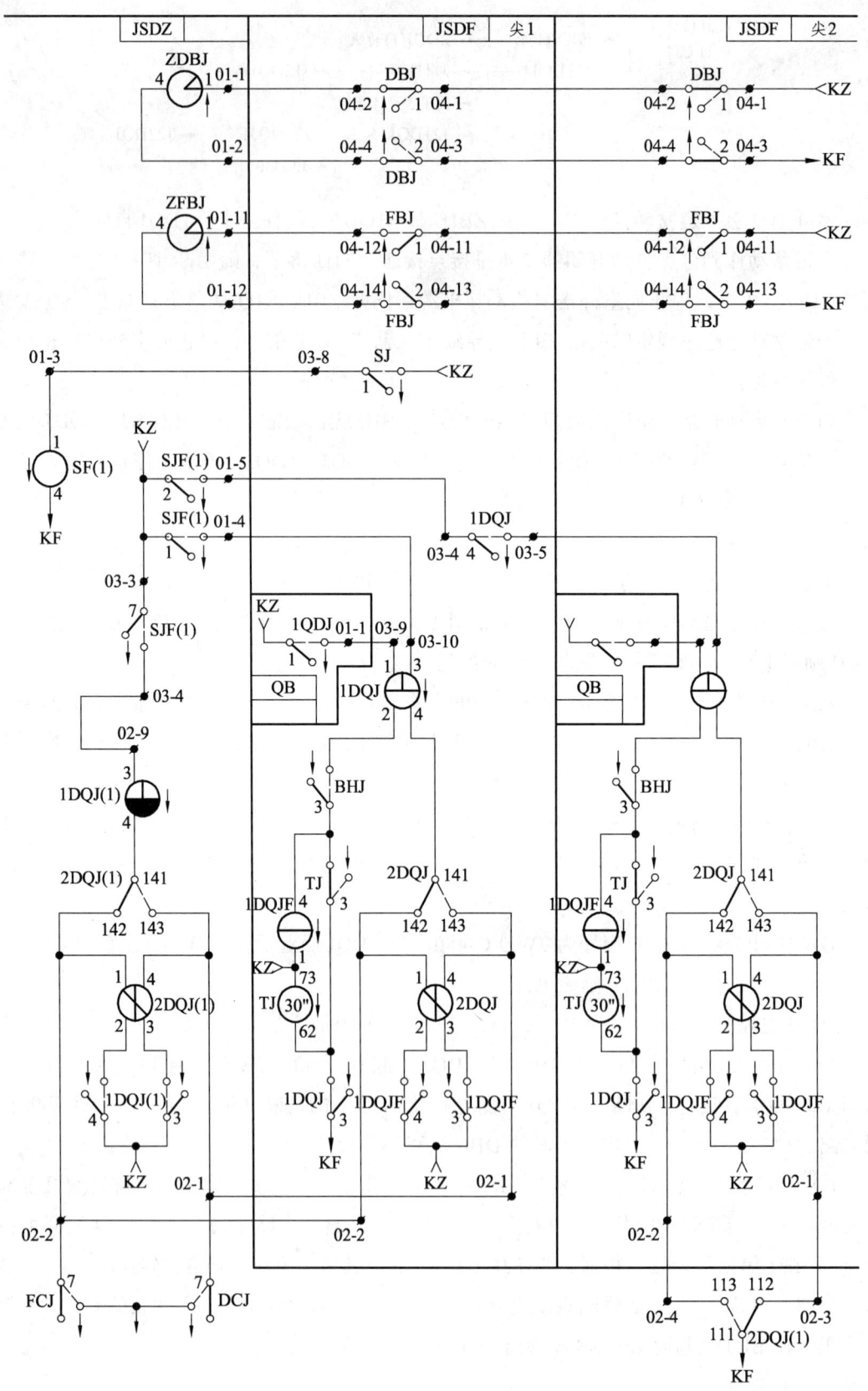

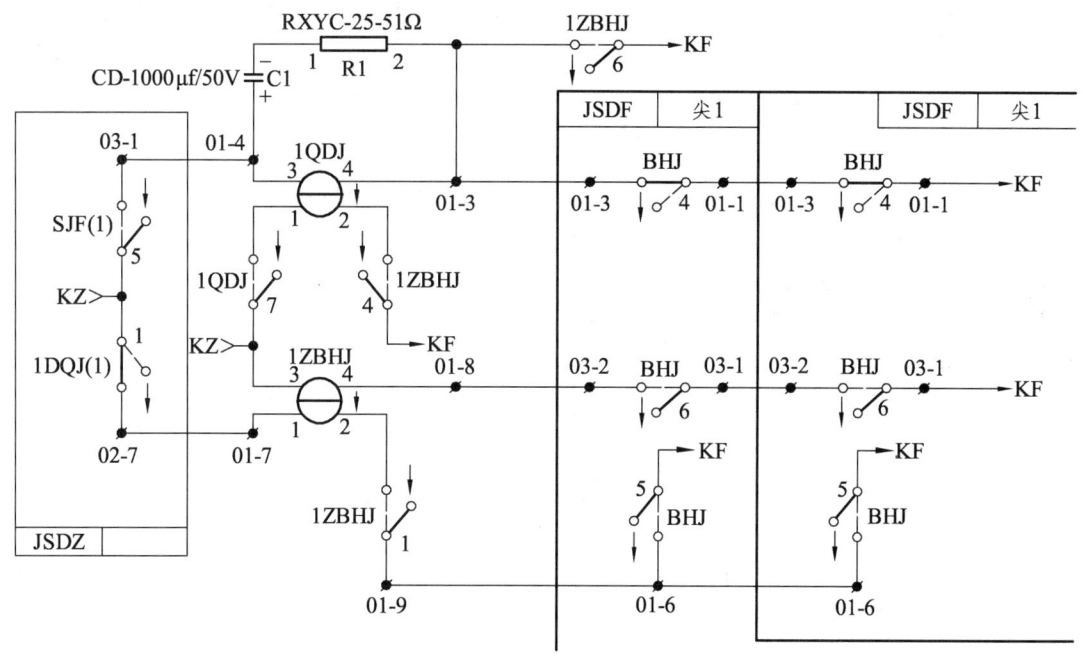

图 LC3-28 双机牵引单动道岔室内控制电路图

9. 道岔动作电路

ZDJ9 道岔动作电路为五线制电路,即 X1~X5 线。其各线的作用如下:

X1 线:定反位动作、表示共用线;

X2 线:反位→定位动作及定位表示线;

X3 线:定位→反位动作及反位表示线;

X4 线:定位→反位动作及定位表示线;

X5 线:反位→定位动作及反位表示线。

1)工作原理

以定位第一、三排接点闭合,道岔由定位向反位动作为例,见图 LC3-28。分析如下:

(1)当室内 1DQJ、1DQJF 吸起,2DQJ 转极后,三相动作电源经 DBQ 及 1DQJ、1DQJF、2DQJ 接点,由 X1、X3、X4 线向室外送电,电机开始转动,转辙机第三排接点断开,切断定位表示电路,接通第四排接点。

(2)此时 BHJ 吸起,接通 1DQJ 自闭电路。

(3)道岔动作到反位时,第一排接点断开,接通第二排接点,为接通反位表示做好准备。

(4)第一排接点断开后,切断了动作电路,使 BHJ 落下,随后 1DQJ↓→1DQJF↓,接通反位表示。

道岔反位向定位转换时原理同上,所不同的是使用 X1、X2、X5 线构通电路。

从图 LC3-29 可知,当各牵引点的 1DQJF 和 2DQJ 吸起后,沟通了电机启动电路,电机动作正常后 BHJ 吸起,当道岔转换到位后,动作接点断开,BHJ 落下。当转辙机因故转换不到底时,电机空转 30 秒后自动断电。平时 DBQ 内发光二极管灭灯,当电机动作正常后亮灯,道岔转换结束后灭灯。

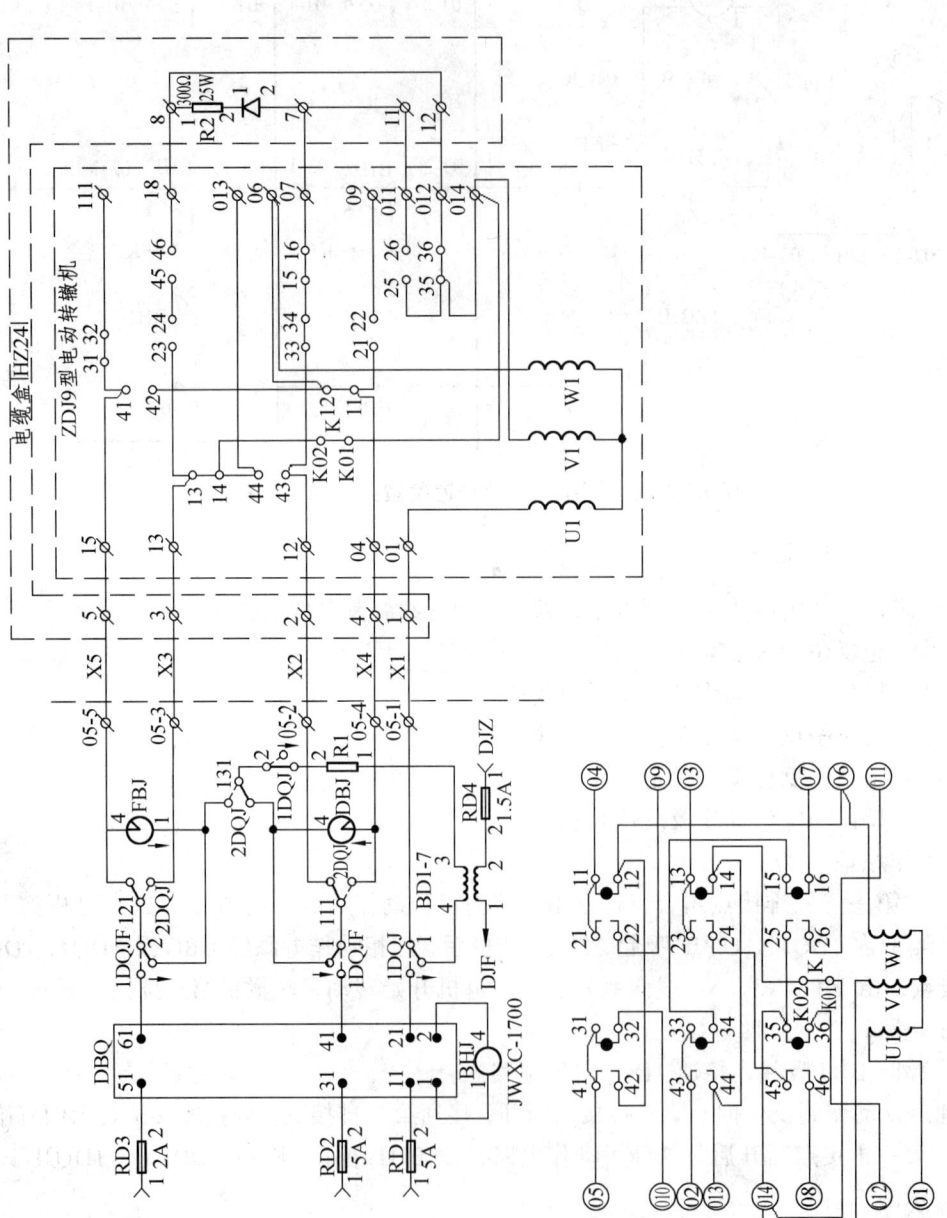

图 LC3-29 双机牵引单动道岔动作电路电路图

2）电路分析

（1）采用 DBQ 动作 BHJ 来保护三相电机。

（2）对应每组道岔的每个牵引点的组合设一台 DBQ。

断相保护器工作原理：

电流型 DBQ，如图 LC3-30：

由于道岔平时不动作，故 DBQ 的三个变压器输入线圈中无电流通过，桥式整流也就无输出，BHJ 处于落下状态。

当道岔动作时，三个变压器的输入线圈中有电流通过，在变压器Ⅱ次侧得到感应电压后，串联叠加送至桥式整流堆，整流后使保护继电器（BHJ）吸起。

当发生三相电源缺相、三相负载断相时，三个变压器Ⅱ次侧串联叠加输出为零，故桥式整流堆也无输出，使保护继电器（BHJ）落下，形成保护。电路中电容的主要是起滤波作用。

（3）转换道岔的前提是 1DQJ 的吸起，而决定转换方向的则是 2DQJ 的接点位置。

（4）2DQJ 的两组接点的作用主要是区分定、反位动作方向；对 B、C 相电源进行换相，使三相电机正转或反转。

（5）道岔动作到位后，由 11-12 及 13-14 或 41-42 及 43-44 接点断开三相动作电源。

（6）为保护作业人员的人身安全，在电机的 U 相电路中串入了遮断开关 K。在需要时，可切断动作电路，使 BHJ 不能吸起或由原来的吸起转为落下，使道岔不能电动转换。

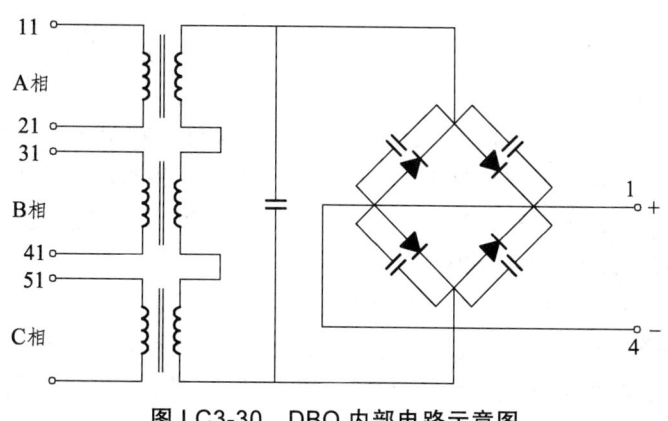

图 LC3-30　DBQ 内部电路示意图

10. 道岔表示电路

1）电路特点

（1）定位表示和反位表示电路分别使用三条线来控制。

定位用 X1、X2、X4 三线控制；

反位用 X1、X3、X5 三线控制。

（2）表示电路由两条支路构成，表示继电器与整流堆属并联关系，改变了以前的串联结构，并取消了电容；

（3）电路中串入了电机线圈，构通表示电路的同时也检查了电机线圈；

（4）每个牵引点均设独立表示继电器，各点给出表示后，再接通总表示，便于缩小故障范围，查找故障。

2）电路原理

因采用 BD1-A7 表示变压器，输出为 110 V 交流电源，故须按交流电正、负半波进行电路分析。

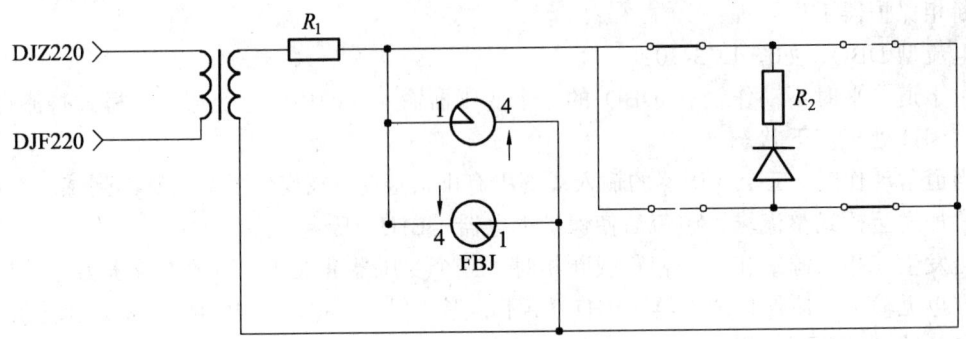

图 LC3-31　表示电路简图

（1）当正弦交流电源正半波时，假设变压器Ⅱ次侧 4 正 3 负。电流的流向为：Ⅱ4→1DQJ（13-11）→X1 线→电机线圈 U→电机 W→接点（12-11）→X4→DBJ（1-4）→2DQJ（132-131）→1DQJ（21-23）→R1（2-1）→Ⅱ3，这时 DBJ 吸起；同时，与 DBJ 线圈并联的另一条支路中，电流的流向为：电机线圈 U→电机 V→接点（35-36）→R2（1-2）→Z（1-2）→接点（16-15）→接点（34-33）→X2→2DQJ（112-111）→1DQJ（11-13）→2DQJ（132-131）→1DQJ（21-23）→R1（2-1）→Ⅱ3。在这条支路中，整流二极管反向截止，故电流基本为零。

（2）当正弦交流电为负半波时，即变压器次侧 3 正 4 负，在 DBJ 及整流堆这两条支路中，电流方向均相反，由于这时整流堆呈正向导通状态，故该支路的阻抗要比 DBJ 支路阻抗小得多，所以此时电流绝大部分由整流堆支路中流过，加上 DBJ 线圈的感抗很大，且具有一定的电流迟缓作用因而使 DBJ 能保持在吸起状态。

（3）反位表示电路与定位表示电路的工作原理相同，但使用的是 X1、X3、X5 线构通。

（4）对应每组道岔每个牵引点设有设一套表示电路，每个牵引点分别设有 DBJ、FBJ。每组道岔设一个总定位表示继电器和一个总反位表示继电器参加联锁。只有各个牵引点的转辙机位置一致后，总表示继电器才能吸起。

3）电路分析

R1 的作用：防止负载短路时烧毁 BD1-A7 变压器，一般情况下使用 1 000 Ω/25W 的电阻。

R2 的作用：在 1DQJ↑→1DQJF↑，而 2DQJ 尚未转级前，或者当道岔转换到位时，表示接点已接通，而 1DQJ 在缓放状态下，室内送出去的 380 V 直接加在整流堆上（反位→定位 X1、X2 线；定位→反位 X1、X3 线），接入 R2 可保护二极管不被击穿。R2 一般选择 300 Ω/50 ~ 75W 电阻。

在电路中 DBJ 检查了 2DQJ 的前接点；FBJ 则检查了 2DQJ 的后接点，这样是为了检查启动电路与表示电路动作的一致性。

BD1-A7 变压器作用：降压隔离，提供 110 V 的独立电源，供表示电路使用，提高表示电路的稳定性。

11. 主要技术标准

（1）ZD（J）9交流电动转辙机主要技术特性，如表LC3-2所示。

表 LC3-2　ZDJ9型电动转辙机主要技术指标

型　号	ZDJ9-C220/2.5（联动道岔第一牵引点，不可挤，双杆内锁）	ZDJ9-D150/4.5K（联动道岔第二牵引点，可挤，单杆内锁）
电源电压 AC 三/V	380	380
额定转换力/kN	2.5	4.5
动作杆动程/mm	220±2	150
锁闭杆动程/mm	160±20	75±20
工作电流 A≤	2.0	2.0
动作时间 S≤	5.8	5.8
单线电阻 Ω≤	54	54
挤脱力/kN	—	28±2
摩擦转换力/kN	3.8±0.4	6.8±0.7

注：锁闭（表示杆）动程在用于不同的道岔时有所不同，应根据具体道岔来确定。

（2）交流电动转辙机转子转动应自如，无磨卡，动作时无过大异常杂音。交流电机的电气参数应符合表LC3-3要求。

表 LC3-3　交流电机的电气参数

电源电压 AC 三相/V	单线电阻/Ω	最小堵转转矩/N·m	最大转矩/N·m	额定转矩/N·m	转速/(r/min)	工作电流/A
380	54	≥2.6	≥3.0	2.0	≥1 330	≤1.5
380	0	—	—	2.0	—	≤2.1

（3）转辙机在供给额定电流电压、输出额定转换力条件下，滚珠丝杠应转动灵活，回珠无卡阻，丝杆母两端密封应良好。

（4）道岔在正常转动时，摩擦连结器不空转，摩擦连接作用良好，道岔尖轨因故不能转换到位时，摩擦连结器应空转。转辙机的摩擦转换力应调整至 D.3.1 中的相关标准要求。并应用锁紧片锁定，做红漆标记。

（5）自动开闭器。

a. 绝缘座安装牢固、完整、无裂纹；动接点不松动，静接点须长短一致，相互对称，接点片不弯曲，不扭斜，辅助片作用良好。

b. 动接点在接点片内的接触深度不小于 4 mm，用手扳动动接点，其摆动量不大于 3.5 mm；动接点与静接点座间隙不小于 3 mm；接点接触压力不小于 4.0 N；滚轮落下前，动接点在静接点内有窜动时，应保证接点接触深度不小于 2 mm。

c. 滚轮在动作板上应滚动灵活。当滚轮在动作板上滚动时,启动片尖端离开速动片上平面的间隙应为 0.3～0.8 mm。

d. 当转辙机转换终了时,启动片尖端离开速动片时,应快速切断动作接点。

e. 当锁闭杆从终端位往回移动,锁闭杆斜面与检查柱斜面接触后,锁闭杆再移动 12 mm 时,如图 LC3-32 所示,表示接点组应可靠断开开关的常闭接点。

(6) 转辙机的检查(锁闭)柱与表示杆之间应符合下列要求:

检查(锁闭)柱的下平面在接点组动作位时,离杆上平面应不小于 1 mm,在检查(锁闭)位时进入表示杆检查块缺口应不小 6 mm,并不打底面。如图 LC3-33 所示,当检查(锁闭)柱因故落在杆上平面时,动接点环的断电距离应大于 2.5 mm。检查(锁闭)柱与表示杆检查块缺口之间间隙之和:C 型机为 4 mm;D 型机为 8 mm。

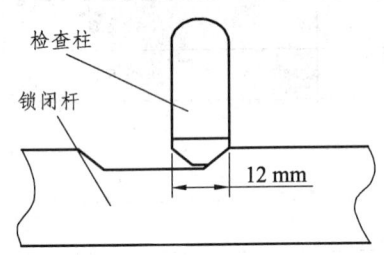

图 LC3-32　锁闭杆与检查柱面关系图　　图 LC3-33　检查柱与表示杆关系图

(7) 遮断器的常闭接点应接触良好,在插入手摇把时,常闭接点应能可靠断开。手摇把取出后,非经人工恢复不得接通常闭接点。

(8) 挤脱器挤脱力应调整为 (28±2) kN,并用红漆标记。挤岔时,表示接点动接点环的断电距离应大于 1.5 mm。挤岔恢复后,应使调整螺母恢复到原来的位置。

(9) 转辙机内滚珠丝杠、副动作杆、表示杆、齿轮组、锁闭铁、推板等均应保持润滑,润滑材料应采用 ZDJ9 规定的润滑脂。

(10) 表示杆缺口与锁闭柱(检查柱)间隙,ZDJ9-C220/2.5 为每侧 2 mm;ZDJ9-D150/4.5K 为每侧 4 mm。

子模块 LC4　轨道空闲检测设备

轨道空闲检测设备可分为轨道电路和计轴设备。轨道电路又可分为模拟式轨道电路和数字编码式轨道电路,比如地铁常用的 50 Hz 相敏轨道电路属于模拟轨道电路,它传递的信息是连续的,比如音频数字编码轨道电路属于数字编码轨道电路。在地铁实际运用中车辆段一般使用 50 Hz 相敏轨道电路,区间一般使用计轴设备和音频数字轨道电路来作为轨道空闲检测设备。两种类型的轨道空闲检测设备各有优缺点,以下主要介绍 AzS(M)350U 微机计轴设备和 WXJ50-II 型微电子相敏轨道电路。

一、AzS（M）350U 微机计轴设备

计轴设备是一种通过检测和比较进入和离开计轴轨道区段的列车车轮轮轴数，来判断相应轨道区段的空闲/占用状态，并将判断的结果经继电器输出的轨道空闲检测设备。

计轴设备的最大优势在于它与轨道和道床状况的无关性，这使其不仅具备检查长大区间的能力，而且也解决了长期因道床潮湿和钢轨生锈影响铁路安全运行的困扰。

故障导向安全：当设备断电、重启后，所有区段会设置为占用状态；当列车驾驶出区间而计轴数比较结果不为零（可能为正数也可能为负数），此时该区段仍会处于占用状态。列车无法出清，需要由行车人员确认该区间无车后，先对区段进行预复位，然后正常通过一列列车，才能使区段空闲。

计轴设备，主要有西门子的 AzS（M）350 型和阿尔卡特的 AzL90M 型等。

1．组成及功能

1）系统组成

（1）安装在站场轨旁的 ZP43 型计轴点设备（车轴检测器）。

（2）置于室内的西门子 AzS（M）350U 计轴主机。

（3）ZP43 计轴点和 AzS（M）350 计轴主机的外部电缆连接系统。

（4）AzS（M）350 计轴主机与计算机联锁系统、微机监测系统以及便携式计算机诊断设备之间的接口电路，在应急盘上的控制按钮和表示灯，以及配套的不间断电源设备等。

2）计轴主机

（1）计轴主机的主要功能有：

a．处理来自计轴点的信号；

b．比较进入区段的轴数和离开区段的轴数；

c．监控线路区段，给出空闲/占用指示。

计轴主机如图 LC4-1 所示，所有的电路板都插在一个组匣中。若没有使用，则其位置先用空板替代。

运算单元之间可以通过 SIRIUS2 板（串行数据输入输出板）连接。SIRIUS2 板提供了两个双向串行接口来传输数据，每一个串行接口都有一个 V.24 输出端。

BLEA12 闭塞信息输入输出板用于传送所有进出联锁系统的信息（CI、¬CI、AzGrT、RR、RA、用户自定义信息）。用户也可有选择地插入另外一对 BLEA12 板。

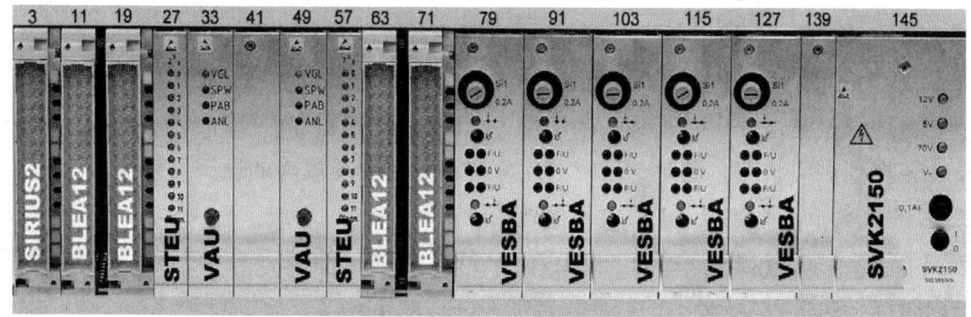

图 LC4-1　计轴主机配置

STEU 板（控制诊断板）用于分析所接收到的车轮传感器信号。运算单元的每一个通道都是相同的，都有一个 STEU 板。

VAU 板（数据处理和监视板）是中央处理单元，它以 SIMIS – C 计算机为核心构成了故障-安全型微机系统。

每一个直接连接的车轮传感器（计轴点）都需要一个与之相对应的 VESBA 板（放大触发和带通滤波板），它将室内和室外设备从电气上进行隔离。VESBA 板将信号 f_1 和 f_2 分离并传送到两个独立的通道中进行带通滤波、放大、整形和触发。每一个车轮传感器（WDE）都有与之对应的 VESBA 板（WDE1-WDE5）。

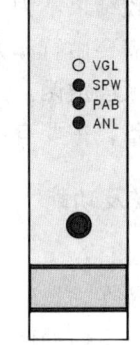

SVK2150 电源板为两个 SIMIS-C 计算机通道（VAU 板）和其他外围组件（STEU 板、BLEA12 板、SIRIUS2 板以及 VESBA 板）供电。

（2）计轴主机各板卡功能如下：

① VAU 数据处理监视板（见图 LC4-2）。

VGL——比较器；

SPW——电压控制器；

图 LC4-2　VAU 数据处理监视板

PAB——程序控制切断；

ANL——启动；

红色按钮——系统复位。

VAU 板是 SIMIS-C 系统的中央处理单元。在组件中，两个彼此独立的 MES80 微机在不用附加其他电路的基础上就可以连接成一个节拍同步、双通道的、具有 SIMIS 核心功能的微机系统。

每个 VAU 板都具有检测和比较的功能，可检查 2 个微机的同步运行情况。故障时，VAU 板发出一个切断控制信号（SCS）来切断信号及与外围设备的连接。

系统复位后，VAU 板按照标准的程序运行顺序开始运行。为使两个通道同步启动，在按压两个组件面板上的系统复位按钮时必须同时按下并持续约 1 s。

如果两个 VAU 板上的 LED "VGL" 都亮，则说明运算单元正处于运行状态，此时，同步工作的微机处理同样的数据。

若 LED "SPW" 点亮，则说明供电电压过高或低于 5VDC，系统必须复位。

若 LED "PAB" 点亮，则表明程序控制紧急切断。比如，如果比较器检测到两个通道不同步或者在连续检测过程中检查到一个涉及安全的错误，则系统由硬件或软件控制切断输出，运算单元转换到占用状态。此时，系统必须复位。导致系统故障的原因可以通过 STEU 板上的 LED 灯的点亮情况来判断（LED0 不停地闪烁）。

运算单元启动的过程中，LED "ANL" 点亮约 3 s。系统故障后，为使运算单元同步启动，则必须同时按下两个 VAU 板上的红色复位按钮并持续 1 s。

② STEU 控制诊断板（见图 LC4-3）。

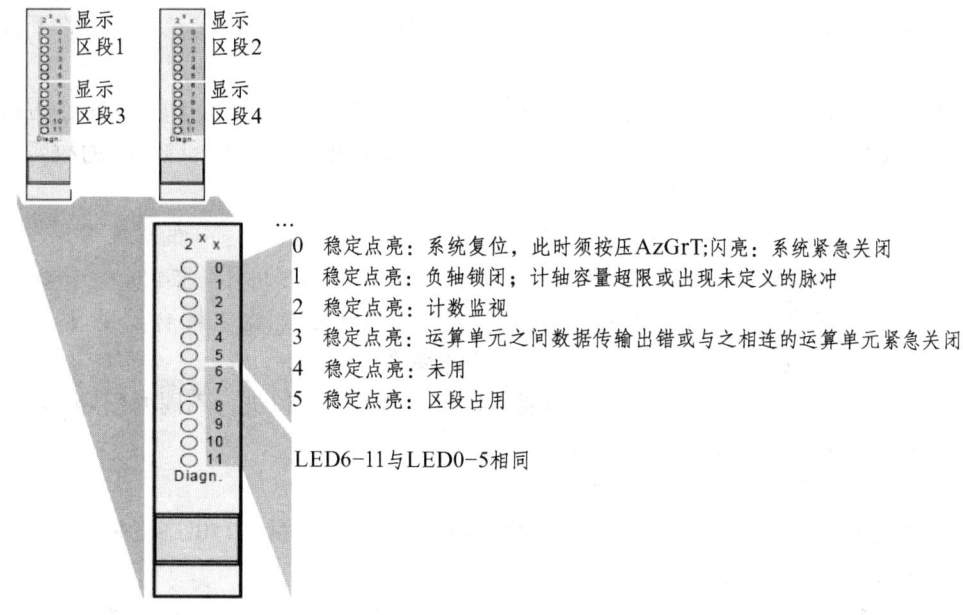

图 LC4-3　STEU 控制诊断板

STEU 板缓存从车轮传感器传来的信号。由于运算单元的双通道特性，所以每一个通道都有一个 STEU 组件。该组件上的 LED 显示的内容如下：

正常显示：两个 STEU 组件显示 4 个轨道空闲检测区段的工作状态（正常显示），STEU1 显示 TVDS1 和 TVDS3，STEU2 显示 TVDS2 和 TVDS4。

统计显示：显示某个计轴点或区段的工作状态（通过按压 AzGrH 按钮切换）。

紧急关闭后的显示：显示紧急关闭状态。

③ BLEA12 闭塞信息输入/输出板。

BLEA12 组件由从联锁电路中输入信息或向联锁电路输出信息的功能单元组成。BLEA12 组件由 12 个动态继电器输出端、12 个光电耦合器输入端及 96 个配置开关组成。该组件是单通道结构。

BLEA12 组件具有一个 MES80 总线接口，通过它该组件可以与 VAU 板交换数据。BLEA12 组件也有一个用于连接 SCSI 内部切断控制信号的接口，通过这个信号可以切断输出继电器的供电。

BLEA12 板完成以下功能：

a. 输出 TVDS 的空闲/占用表示（CI 和¬CI）；

b. TVDS 立即复位的输入（按压 AzGrT）；

c. AzGrH 的输入；

d. 计轴系统复位后复位确认（RA）的输出；

e. 根据需求，通过 96 个开关来配置系统；

f. 自定义信息的输入输出。

每一个轨道区段的空闲表示信息（CI）或占用表示信息（¬CI）都是通过动态继电器的接点输出的。每块 BLEA12 板最多能给出 4 个 TVDS 的空闲/占用信息。对空闲或占用来说，继电器都是作为双通道输出，即在两个计算机通道中产生并行输出。为此，在每个计算机通道里都有两个继电器，这些继电器的接点连成两个接点链，一个常闭接点和一个常开接点或两个常开接点。

因此，在双通道的 AzS（M）350U 系统中，每一个故障-安全信息（轨道空闲/占用表示以及用户定义的特殊操作数据）都是通过 4 个继电器来输出的。这 4 个继电器的故障不会导致危险故障的发生。

BLEA12 板可实现 12 个用户自定义的特殊操作信息（如闭塞信息）的输入输出。如果再插入两块附加的 BLEA12 板（通道 A 和通道 B 各一个），则最多可传输 24 对特殊操作信息。特殊操作信息是在电隔离的条件下通过光电耦合器输入的，光电耦合器的输入电压为 21.6VDC～72VDC。通过继电器的接点来输出特殊操作信息。

另外，BLEA12 板上还有 96 个 DIP 开关，通过这些开关可以进行不同的配置。信息通过该组件面板上的 48 针插头进行输入输出。

④ SIRIUS2 串行通信板。

为了控制传输系统（两个运算单元之间传输数据），AzS（M）350U 提供了一个通用计算机串行接口组件（SIRIUS2 组件）。

SIRIUS2 组件提供了两个串行双向接口，每一个接口都配置了一个 V.24 格式的输出端，V.24 接口中的一个配置了两个控制信号（RTS1 和 CTS1）。

在故障-安全方面，SIRIUS2 将外围设备和计算机核心之间进行了电流隔离。为了使数据传输符合故障-安全原则，系统采用了程序保护的数据传输程序 SEUZI（符合故障-安全的单通道的状态信息传输）。

在面板上有一个 48 针的插头，它提供了所有的接口信号的连接。

⑤ VESBA 放大、触发滤波板（见图 LC4-4）。

VESBA 放大、触发、带通板的功能如下：

a. 与 ZP43E/V 计轴点的连接；

b. 为 WDE 供电（从 SVK2150）；

c. WDE 和 AzS（M）350U 之间通过一根两芯电缆连接。在 VESBA 组件上还有一个用于数字复用的附加的输出接口。

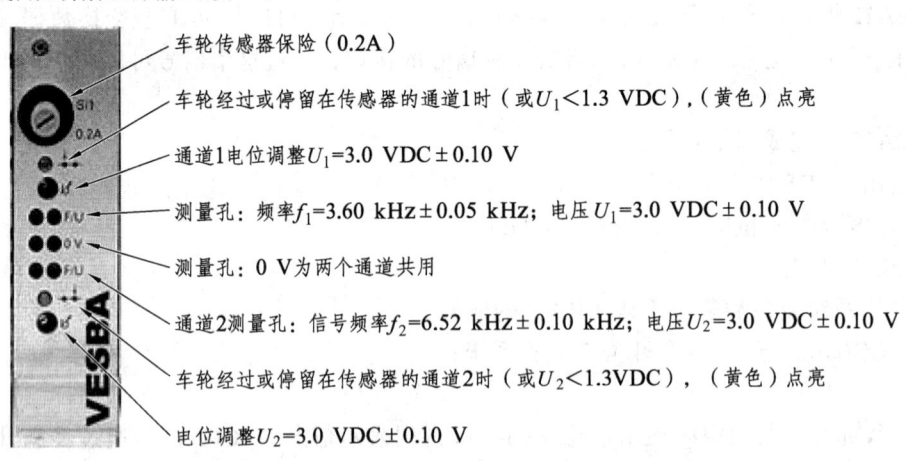

车轮传感器保险（0.2A）

车轮经过或停留在传感器的通道1时（或 $U_1 < 1.3\ \text{VDC}$），（黄色）点亮

通道1电位调整 $U_1 = 3.0\ \text{VDC} \pm 0.10\ \text{V}$

测量孔：频率 $f_1 = 3.60\ \text{kHz} \pm 0.05\ \text{kHz}$；电压 $U_1 = 3.0\ \text{VDC} \pm 0.10\ \text{V}$

测量孔：0 V 为两个通道共用

通道2测量孔：信号频率 $f_2 = 6.52\ \text{kHz} \pm 0.10\ \text{kHz}$；电压 $U_2 = 3.0\ \text{VDC} \pm 0.10\ \text{V}$

车轮经过或停留在传感器的通道2时（或 $U_2 < 1.3\text{VDC}$），（黄色）点亮

电位调整 $U_2 = 3.0\ \text{VDC} \pm 0.10\ \text{V}$

图 LC4-4　VESBA 放大、触发滤波板

VESBA 组件实现了室内设备和室外设备（车轮传感器）之间的电气隔离。它把从车轮传

感器传来的信号 f_1 和 f_2 分离并送入两个独立的通道，然后通过带通滤波、放大、整形，最后计数（触发）。

VESBA 组件面板上安装了用于故障诊断的测量孔及 LED 灯，LED 灯用于显示列车通过时的状态。

如果两个 LED 中的一个常亮，则有可能是一个车轮停在了车轮传感器上。如果不是这样，则有可能是故障。在未连接车轮传感器或供给车轮传感器的电源电压不准确、失调（<1.3 V；车轮传感器连接错误）的情况下，LED 灯也会点亮。进入计轴点的电压必须在 60V/70VDC 左右。如果电压不准，则检查保险。

注意：在调整电压 U_1 和 U_2 时，请注意不要超出规定电压的范围。

⑥ 电源板 SVK2150（见图 LC4-5）。

SVK2150 板将联锁系统的电源电压转换成所需的电压（5VDC 供给微机，12VDC 未用，70VDC 供给计轴点）。所有的电压均由电压控制器监控。输入/输出电压进行电气隔离。

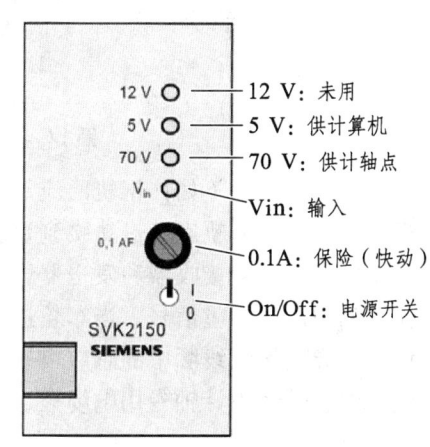

如果在连接的输入端上有电压时，则 SVK2150 处于运行准备状态，用黄色 LED（Vin）指示。当面板上开关位于 "1" 时，"5V"、"12V"（未用）、"70V" 的黄色 LED 点亮，指示已有电压输出。

* 欠压时，输出电压被切断；过压时，0.1A 保险丝（快动）熔断，切断输出。只有在更换保险丝后才能继续投入使用。

图 LC4-5　电源板 SVK2150

* 如果根本没有电压，则检查印刷电路板上的保险（8A；慢动）。

SVK2150 电源板最多可直接向 5 个计轴点供电。通过连接在 SVK2150 上的端子排，可使室内、室外设备进行电气隔离。计轴点 4、5 也可由另外的电源供电，如集中信号楼的蓄电池供电。为连接计轴点 4、5，需在后背板的端子上利用短接线进行相应的连接。

3）计轴室外设备

计轴室外设备由 ZP43 计轴点室外设备、DEK43 双置传感器和连接电缆（长度大约为 4.2 m），以及轨道连接箱组成，如图 LC4-6 所示。

图 LC4-6　室外设备

(1) ZP43 DEK43 双置传感器。

每个 DEK43 双置传感器都由两个封装在一个箱体里的两个电子传感器组成。一个部件是安装在钢轨外侧的发送器，另一个部件是安装在钢轨内侧的接收器。这两个部件连续传输交流电压，如图 LC4-7 所示。

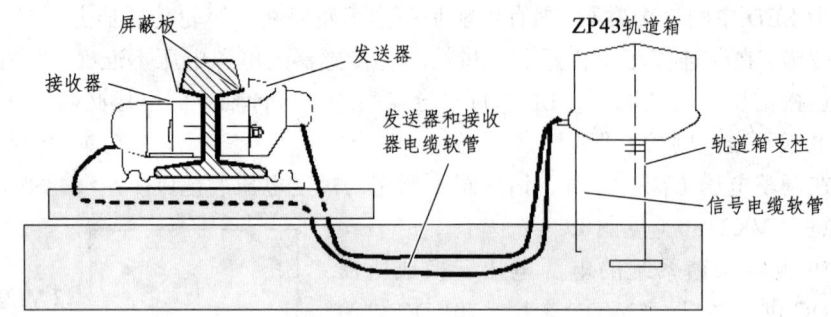

图 LC4-7　ZP43-DEK43 双置传感器

为了减少干扰（如：钢轨回流）的影响，在发送器和接收器之间安装适合钢轨外形的屏蔽板，该屏蔽板从轨底经过轨腰到达轨头下方。对所有的钢轨断面，均提供合适的屏蔽板。

车轮传感器由接收器和发送器组成，发送器产生频率为 43 kHz 的交变磁场，该磁场在接收器线圈中产生感应信号。当车轮进入传感器的有效范围后，发送器和接收器之间的耦合磁场增加，导致接收线圈中的感应电压增加，感应电压经过连接电缆进入轨道箱，经过放大、整流、滤波后经由计轴专用电缆被送到计轴主机，如图 LC4-8 所示。

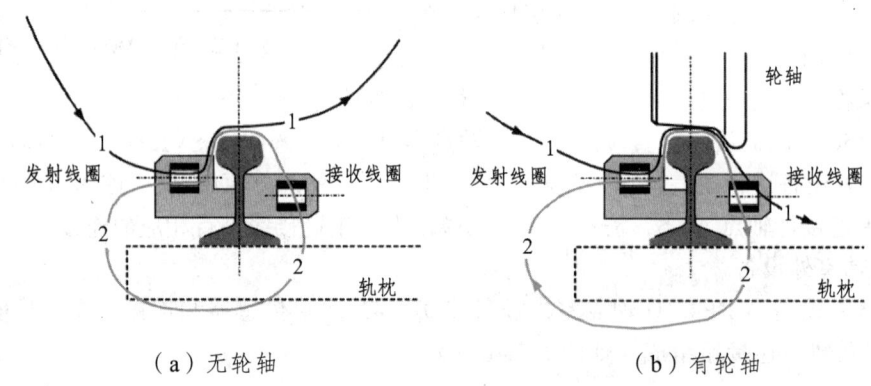

图 LC4-8　双置传感器耦合原理

ZP43 通过两芯星绞铁路信号电缆连接到运算单元上，在通常情况下，该电缆进行数据传输和为计轴点供电。

DEK43 用两个螺栓通过轨腰上的孔固定，并用两根电缆与轨道箱连接。

(2) 连接电缆。

DEK43 和轨道箱之间通过屏蔽电缆固定连接，它连接到轨道箱里的接线端子上。连接电缆的长度约 4.2 m，相当于 DEK43 和轨道箱之间的最大允许间隔。

(3) ZP43-轨道箱。

ZP43 轨道箱有 E（铸铝）型和 V（塑料）型。为将电缆引入，提供不同直径的电缆套管；为将轨道箱安装在线路旁，提供不同高度的支柱。

轨道箱简称 TCB，由两个功能模块组成：数据处理模块及过压保护模块。TCB 的功能为：处理来自车轮传感器的信号，分离来自室内的电源和送到室内去的信号。

计轴点和主机的距离为 6.5 km 时，通过增加宽带隔离变压器，可以实现 21 km 的控制距离。

TCB 与传感器在出厂时已经连接，与计轴主机的连接分三种情况：

一般情况下：只连接"NS"端子。

当计轴点复用时：使用"NS"端子和"DN"端子将该点信号分别送到两个不同的集中站，构成该点复用。如图 LC4-9 所示。

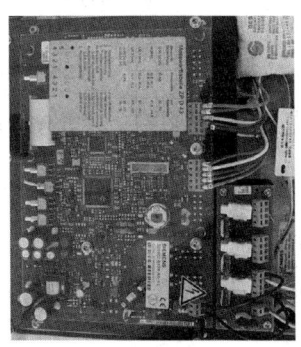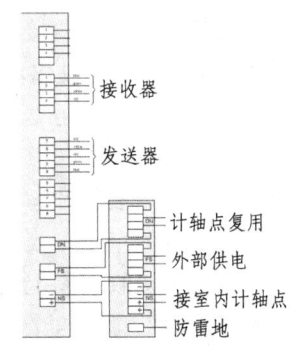

图 LC4-9 计轴主机接线图

当计轴点距离室内主机超过 6.5 km 时，增加宽带隔离变压器，并且信号和供电分开，分别使用端子"NS"和"FS"。

接线位置如表 LC4-1 所示。

表 LC4-1 计轴主机接线位置表

ZP43E TCB 内部端子	ZPD43 TCB 内部端子	接线说明		
1 2	1 2	蓝绿	接收器 2	接收器
3 4	3 4	黄 红	接收器 1	
5	5	红	地	
6 7	6 7	黄红	发送器 1	发送器
8 9	8 9	绿蓝	发送器 2	
12 + 13 −	NS + NS −	使用计轴专用电缆与计轴主机相连		
10 11	FS FS	外部供电时使用		
15 16	DN DN	该计轴点复用时使用计轴专用电缆与计轴主机相连		

2. 系统原理

在所监测区段的每一个端口安装一个计轴点。这些计轴点监测在这个轨道区段上运行的机车和车辆的轴数及运行方向，每个计轴点通过一根两芯电缆将这些信息传送到运算单元。同时，这条电缆也用来向计轴点供电。

计轴系统用于自动监控区间线路和车站线路，将线路空闲检测区段、道岔和股道显示"空闲"或"占用"。

计轴系统工作原理：列车从所检测区间的一端出发，驶入区间，经过计轴点时，运算单元对传感器产生的轴信号进行处理、判别及计数，此时轨道继电器落下。发车端不断将"计轴数"及"驶入状态"等信息编码传给接车端。当列车驶出区间，经过接车端计轴点时，接车端计数，接车端将"计轴数"及"驶出状态"传给发车端。当两端对"计轴数"及"驶入、驶出状态"校核无误后方可使两端轨道继电器吸起，给出所检测区间的空闲信号。

计轴原理如图 LC4-10 所示。

计轴系统包括 ZP43 计轴点装置和运算单元。安装在一根钢轨上的双置传感器（两个发送器和两个接收器）探测通过的车轮，当车轮通过时，它改变了传感器的发送器和接收器之间的交变电磁场，从而改变了接收线圈上的感应电压，其幅度的变化及其变化的时间顺序包含了计数和识别方向所必需的信息，这个信息从计轴点传送到运算单元上。

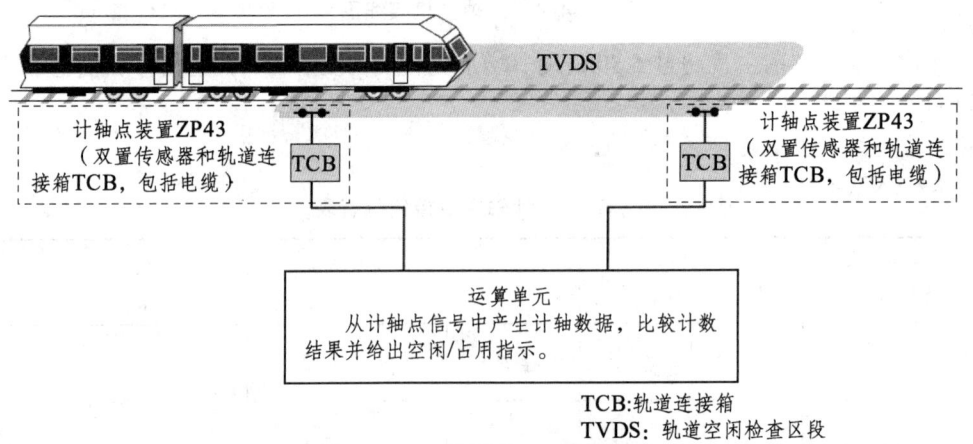

图 LC4-10 计轴原理图

AzS（M）350U 是由 AzS（M）350B、M 型和 T 型计轴系统集中而成的一个新的系统，为了能与联锁系统相连，AzS（M）350U 提供了一个通用接口，该接口为继电器接点输出和光电耦合器输入。

西门子 AzS（M）350 微机计轴系统，是一种新型微机计轴系统。它采用西门子 SIMIS 安全型微机为控制核心，配以完善的外围电路构成运算单元，每个运算单元可以直接连接多个先进的西门子 ZP43 计轴点设备（T 型 3 个、M 型 4 个、U 型 5 个），同时具备检查多个轨道区段（T 型和 M 型 2 个、U 型 4 个）的能力，并且通过多个运算单元之间的有机组合来构成一个整体系统，用以检查不同规模的站场和区间轨道空闲或占用状态。该系统还具有远程监控功能。

M 型：可直接同 4 个计轴点相连（第 5 个计轴点可复用），一个运算单元提供两个区段的空闲/占用表示，主要用于站内区段检查。

T 型：可直接同 3 个计轴点相连，且一个运算单元可检测两个区间，两运算单元之间的数据传输采用调制解调器和通信电缆/光缆，主要用于区间检查。

U 型：可直接同 5 个计轴点相连，且一个运算单元可检测四个区间，两运算单元之间的数据传输采用调制解调器和通信电缆/光缆或者通过无线传输（两个运算单元放置在同一机柜内时，可直接连接，不需要调制解调器），主要用于站内和区间检查。

3. 技术标准

1）车轮传感器的安装标准

（1）在所防护区段的每个检测点设置一对车轮传感器。

（2）列车速度低于 120 km/h 时，距钢轨接头不小于 1 m；列车速度高于 120 km/h 时，距钢轨接头不小于 2 m。

（3）相邻车轮传感器间的距离不小于 1.2 m。

（4）车轮传感器安装于两轨枕间钢轨的轨腰处，发送器装于钢轨的外侧，接收器装于钢轨的内侧。

（5）车轮传感器周围 0.5 m 范围内除钢轨外不能有其他金属异物。

（6）钢轨的钻孔尺寸：

轨底距钻孔尺寸如图 LC4-11 所示（单位 mm）。

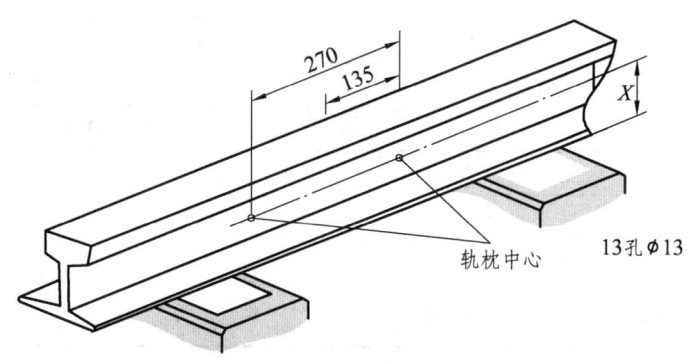

图 LC4-11　钻孔尺寸示意图

50 kg/m 钢轨 $X = (68.5 \pm 1)$ mm；

60 kg/m 钢轨 $X = (92.5 \pm 1)$ mm；

车轮传感器的接收器、发送器用两个 M12 螺栓与两个屏蔽板一起固定在轨腰上。

2）车轮电子检测器的安装标准

（1）车轮电子检测器安装时其外沿距所属线路侧钢轨内侧为不小于 1 400 mm，如图 LC4-12 所示。

（2）车轮传感器和车轮电子检测器之间应用专用连接电缆连接，中间不得有接头。

（3）车轮电子检测器底面距基础平台面高度不小于 200 mm。

（4）轨道箱外壳应接地。

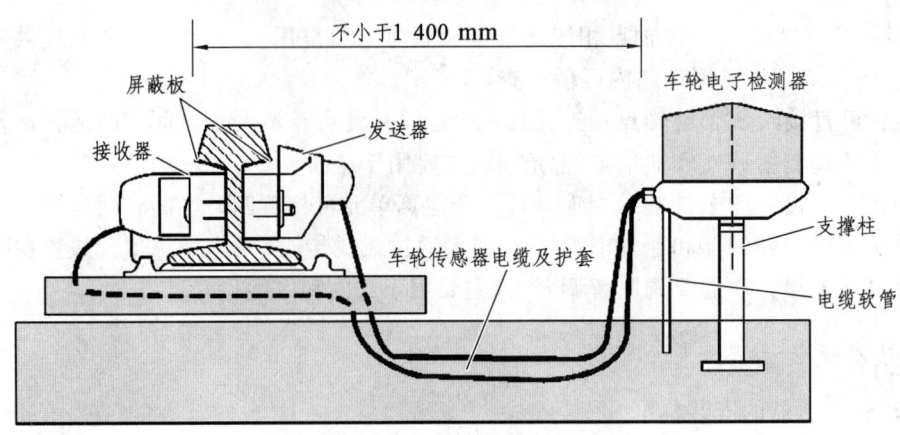

图 LC4-12　车轮电子检测器安装图

3）计轴设备主要电气参数

室外车轴检测器主要电气参数见表 LC4-2。

表 LC4-2　室外车轴检测器主要电气参数

序号	项　目	技术指标（允许范围）
1	工作频率	42.8～43.2 kHz
2	供给计轴点的电压（外部供电）	DC30～72 V　AC21～50 V
3	工作电压	DC21.3～22.4 V
4	信号频率 f_1	3.55～3.65 kHz（无车轮通过）
5	信号频率 f_2	6.42～6.62 kHz（无车轮通过）
6	标准电压 1	DC5.3～6 V
7	标准电压 2	DC5.2～5.9 V
8	接受电压 1	60～150 mV
9	接受电压 2	60～150 mV
10	WDE 输出电压（外部供电）	AC0.48～1.8 V AC0.7-2.7V

室内计轴主机主要电气参数见表 LC4-3。

表 LC4-3　室内计轴主机主要电气参数

序号	项　目			技术指标（允许范围）
1	供电电压			DC24～60 V，不间断 +20%～10%
2	计轴点	通道 1	f_1	3.55～3.65 kHz
			U_1	DC2.9～3.1 V
		通道 2	f_2	6.42～6.62 kHz
			U_2	DC2.9～3.1 V

传输设备主要电气特性见表 LC4-4。

表 LC4-4 传输设备主要电气特性

序号	项目		技术指标
1	传输方向		双向
2	传输模式		全双工，异步
3	传输速率		9 600 bit/s 或 1 200 bit/s
4	发送电平		0～－31 dB，可调
5	接受电平（灵敏度）		－43 dB
6	传输可靠性		汉明距离＝9，64 bit 安全码
7	调制解调器预运算单元的连接		接口按 CCITT V.24/V.28 和 DIN66020
8	调制解调器之间的连接		电缆/光缆
9	电码	数据位	8 bit
		停止位	1 bit
		奇偶位	0 bit

二、WXJ50-II 型微电子相敏轨道电路

50 Hz 相敏轨道电路用于城市轨道交通的车辆段及停车场内。50 Hz 相敏轨道电路有继电式和微电子式两种，本章以 50 Hz 微电子相敏轨道电路为例进行介绍。

1. 室外送端设备构成

室外送端设备如图 LC4-13 所示，包含：

BG5-B：发送端电源变压器；

BZ-B：接收端中继变压器；

JNQ-B：节能器；

R1：送电端防护电阻（送电端 R1 同时又是限流电阻）；

RD1：熔断器，南非断路器，SA-B-10A；

RD2，RD3：熔断器，南非断路器，SA-B-1A。

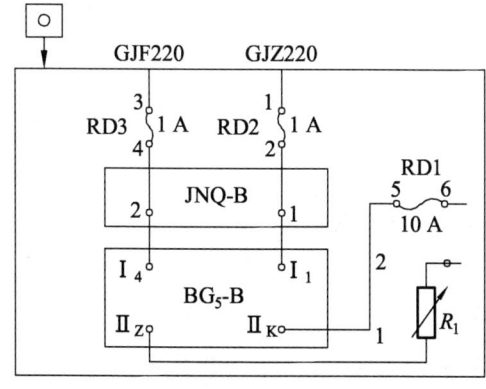

图 LC4-13 室外送端设备构成图

1）轨道电源 GJZ220/GJF220

为轨道电路提供 50 Hz 的连续工作电源，大部分采用室内集中送电，在室外利用电缆盒分别送往不同的区段。

2）送端 1A 保险 RD2/RD3

用于保护轨道电源 GJZ220/GJF220。

3）节能器 JNQ

补偿有功功率，降低轨道电路功率损耗。

4）送端轨道变压器 BG5-B

在送端起降压作用，接设备的是Ⅱ次侧，接电源的是Ⅰ次侧，调整变压器Ⅱ次侧端子，轨道继电器正常工作。

5）送端限流电阻

保护电源不致因为负荷而损坏，同时保证列车占用轨道电路时，轨道继电器可靠落下，应注意送端限流电阻固定使用，不允许调整。

6）送端 10 A 保险

用于分级防护，保护器材。防止轨道电路受瞬间牵引冲击电流的干扰，能安全渡过牵引冲击电流浪涌的冲击。

2. 室外受端设备构成

室外受端设备如图 LC4-14 所示，包含受端 10A 保险、受端中继变压器 BZ-B。

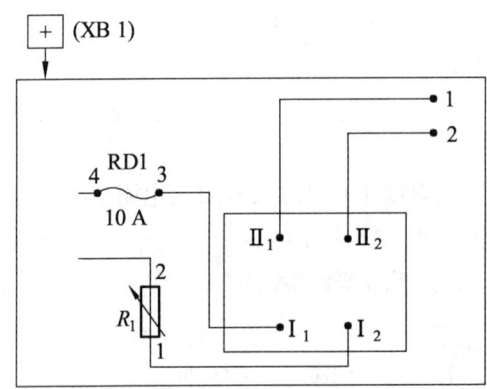

图 LC4-14　室外受端设备构成图

1）受端 10 A 保险（设备同送端）

用于分级防护，保护器材。防止轨道电路受瞬间牵引冲击电流的干扰，能安全渡过牵引冲击电流浪涌的冲击。

2）受端中继变压器 BZ-B

在受端起升压作用，接设备的是Ⅱ次侧，接电缆的是Ⅰ次侧。作用是保证轨道继电器正常工作。受端轨道变压器固定使用。

3. 室内设备构成

1）微电子相敏轨道电路接收器

WXJ50 微电子相敏轨道电路接收器（以下简称电子接收器）为室内 50 Hz 相敏轨道电路接收设备。根据使用需要分为单套设备和双套设备，昆明轨道交通管内为双套设备。

双套设备包括：双套 WXJ50 型电子接收器（安全型继电器结构）、TFQ-A 型调相防雷器（安全型继电器结构）、HBJ 型报警盒。如图 LC4-15 所示为一个 50 Hz 微电子相敏轨道电路组合，共包括 8 台 WXJ50 型电子接收器、2 个 TFQ 调相防雷器、1 个 BJH 报警盒。

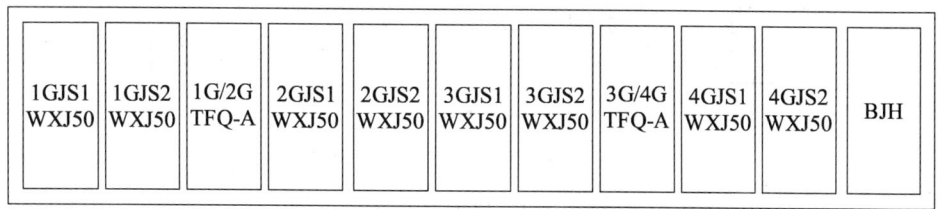

图 LC4-15　50 Hz 微电子相敏轨道电路组合排列图

一个 50 Hz 微电子相敏轨道电路组合可供 4 个轨道电路接收端使用，其中 WXJ50-II 微电子相敏接收器为双机并用。两套设备中只要有一套能正常工作，就能保障系统正常运行，进一步提高了系统的可靠性；如果其中一套发生故障，能及时报警，通知维修人员进行维修，而且对其中单套维修时，不影响系统使用，提高了系统的可靠性，方便维修。

WXJ50 型电子接收器接线如图 LC4-16 所示。

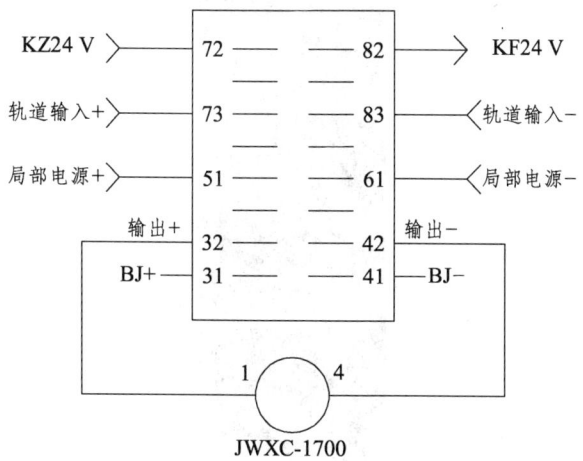

图 LC4-16　WXJ50 型电子接收器接线图

WXJ50 型微电子相敏接收器安装在安全型继电器罩内，采用继电器插座。外部输入条件有：工作电源为直流 24 V±15%，可由电源屏供给，也可另加独立整流电源供给。每套接收器耗电小于 100 mA。局部电源为 50 Hz 110 V，由电源屏或另加独立电源供给。每套接收器局部输入阻抗为 30 kΩ，输入电流 3.7 mA。轨道接收信号与局部电源理想相位为 0°。WXJ50 型微电子相敏接收器的最后执行继电器为 JWXC-1700 安全型继电器。

WXJ50 型微电子相敏接收器在一送多受时，每个分支用一个微电子相敏接收器和执行继电器，在主接收器的执行继电器的吸起回路中串接其他分支执行继电器的上接点，如图 LC4-17 所示。

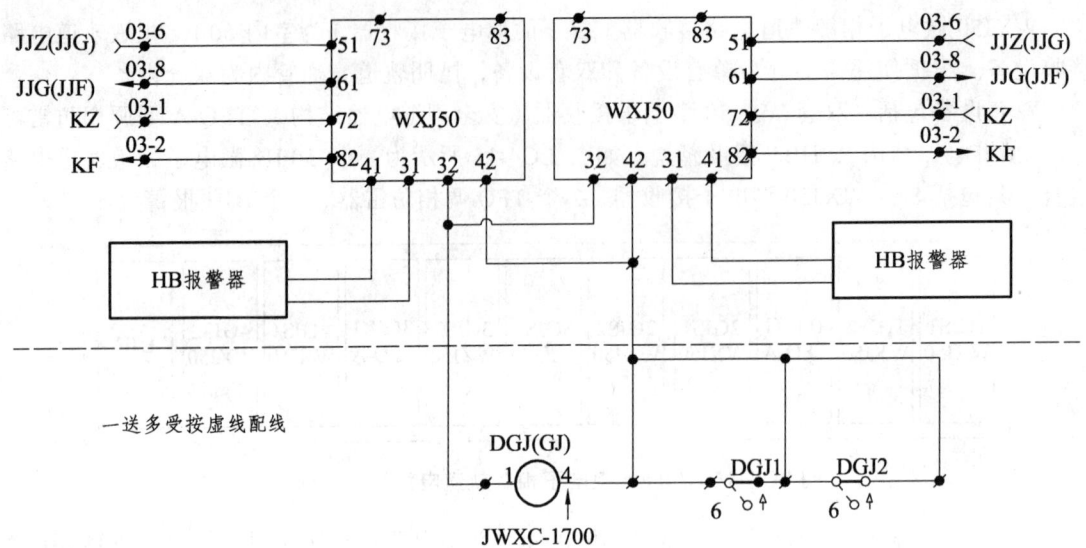

图 LC4-17　WXJ50 型微电子相敏接收器一送多受原理图

WXJ50 接收器表示灯意义（见下图）：

红灯亮表示直流 24 V 电源工作正常；红灯灭表示直流 24 V 电源没电。

绿灯亮表示对应的轨道区段没有车占用；绿灯灭表示对应的轨道区段有车占用。

红灯、绿灯交替闪光表示电子接收器的局部电源没电。

2）调相防雷器

调相防雷器（TFQ）安装在安全型继电器罩内。每个轨道组合安装 2 套设备，供两段轨道电路使用，其电路图及接线端子如图 LC4-18 所示。

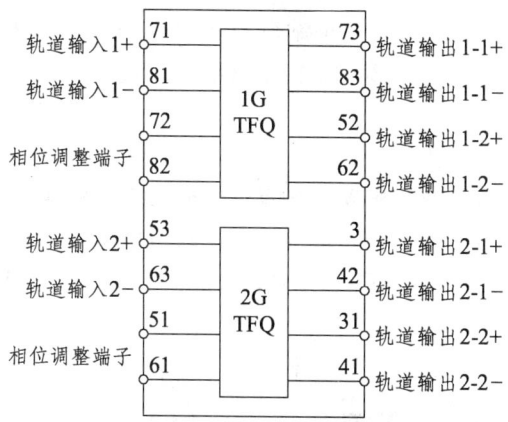

图 LC4-18　调相防雷器电路图

其中"轨道输入+"和"轨道输入-"接轨道电路,"轨道输出+"和"轨道输出-"接 WXJ50 接收器的"73"、"83"端子,通过相位调整端子跳线可以将相位调整到较为理想的角度。

3) 报警盒(见图 LC4-19)

报警盒(BJH)安装在安全型继电器罩内,监督每个受电端双套 WXJ50 的工作状况,如果同一受电端的 2 个 WXJ50 动作不一致,则报警。

本组合中所有 WXJ50 的 41 端子并联后接 BJH 的 71 端子,WXJ50 的 31 端子依次接 BJH 的 51、61、53、63、32、42、31、41,"轨道输出+"和"轨道输出-"接 WXJ50 接收器的"73"、"83"端子,通过相位调整端子跳线可以将相位调整到较为理想的角度。

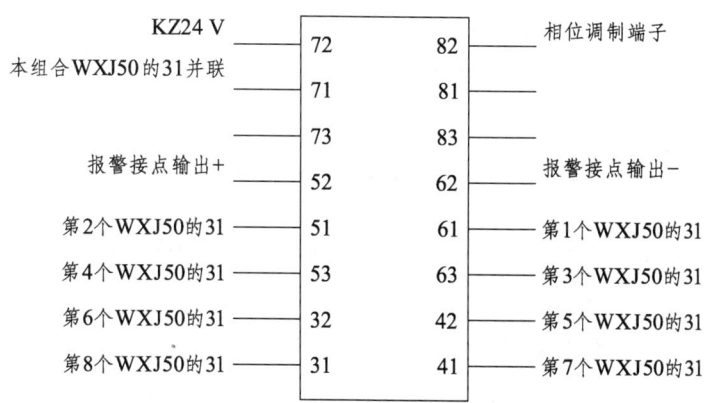

图 LC4-19　报警盒接线图

报警盒(BJH)表示灯意义:

(1) 红灯 LED9 亮表示直流 24V 电源工作正常;红灯 LED9 灭表示直流 24V 电源没电。

(2) 黄灯 LED1、LED2、LED3、LED4、LED5、LED6、LED7、LED8 灭灯表示本组合内所有 WXJ50 微电子相敏轨道电路接收器工作正常;黄灯 LED1、LED2、LED3、LED4、LED5、LED6、LED7、LED8 闪光表示对应的 WXJ50 微电子相敏轨道电路接收器故障。

每个轨道组合设一个 BJH，一个车站所有报警电路输出并联，驱动一个报警继电器（JWXC-1700），当任意一套设备故障时，使报警继电器吸起，通过继电器接点向控制台或计算机联锁系统报警。

4）WXJ50 轨道电路测试盘

微电子相敏接收器配置的轨道电路测试盘是在原轨道电路测试盘基础上增加了相位测试功能和轨道继电器电压测试功能，使得能够在测试轨道电路接收电压的同时测量接收信号与局部信号的相位以及轨道继电器电压。其测试功能如图 LC4-20 所示。

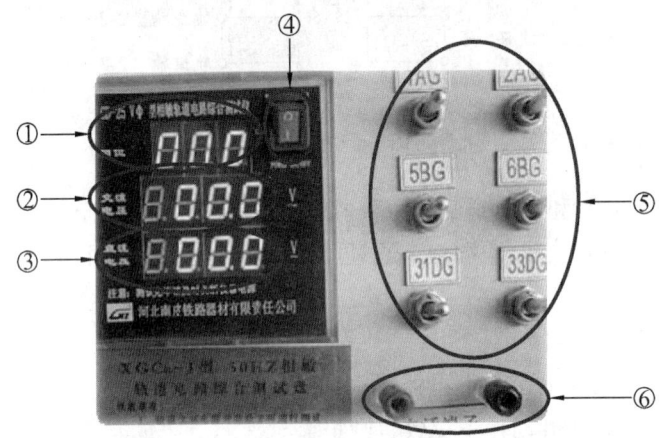

图 LC4-20　WXJ50 轨道电路测试盘

图中：①——测量轨道电源与局部电源之间相位角的 50 Hz 数字相位表；

②——测量轨道接收电压 50 Hz 交流电压表；

③——测量执行继电器工作电压的直流电压表；

④——电源开关，用 50 Hz 110 V 作为工作电源；

⑤——转换开关；

⑥——维修电话端子。

5）室内轨道继电器

室内轨道继电器用于表示轨道电路情况。其中，吸起表示轨道电路空闲，落下表示轨道电路占用。

4. 50 Hz 微电子相敏轨道电路原理

50 Hz 微电子相敏轨道电路如图 LC4-21 所示，局部电源和轨道电源分别由电源屏提供。送电端轨道电源（GJZ/GJF）经节能器（JNQ-B）、轨道变压器（BG5-B）降压后送至钢轨。受电端经中继变压器（BZ-B）后送至调相防雷器（TFQ），再送至两台 WXJ50。两台接收器双机并用，只要有一台接收器有输出，轨道继电器 GJ 即吸起，以提高轨道电路的可靠性。当 50 Hz 微电子相敏轨道电路接收器接收到 50 Hz 轨道信号，且接收电压与局部电源的相位角范围为 $0 \pm 30°$，微电子接收器使轨道继电器吸起，在 $\theta = 0°$ 时，处于最佳接受状态。当收到的信号不能完全满足以上条件时，轨道继电器落下。

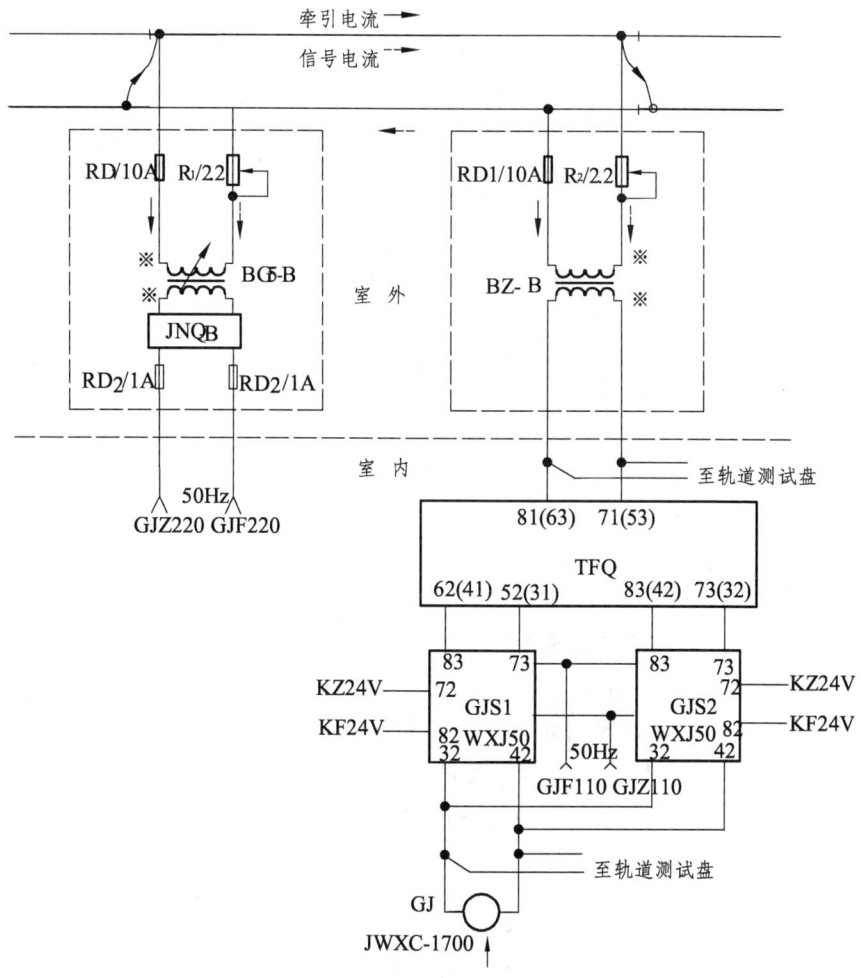

图 LC4-21　WXJ-50Ⅱ微电子相敏轨道电路原理图

5. 技术标准

（1）能适应的最大直流牵引电流为 4 000 A。

（2）轨道电路的分路电阻为 0.15 Ω，分路残压不大于 10 V。

（3）轨道电路的极限长度为 300 m。

（4）在钢轨阻抗为 0.8∠60° Ω/km、道砟电阻为 1.5 Ω·km ~ ∞、50 Hz 电源电压范围为（220 ± 6.6）V 时，在轨道电路极限长度内，该轨道电路能满足调整和分路检查的要求，并实现一次调整。

（5）电源采用 DC（24 ± 3.6）V，交流成分不大于 1 V。

（6）电子接收器轨道输入信号与局部电源理想相位角为 0°。

（7）电子接收器交流工作电压为 13.5 ~ 18 V，工作值（12.5 ± 0.5）V，轨道输入信号与局部电源理想相位角为 0°，返还系数大于 85%。

（8）电子接收器的应变时间小于 0.3 ~ 0.5 s。

（9）送、受电端防护电阻值不小于 1.6 Ω。

（10）送电端电缆压降不大于 30 V。

子模块 LC5　信号继电器

继电器是自动控制和远程控制系统必不可少的元件，用于闭合或断开控制电路，能够以极小的电信号控制执行电路中相当大功率的对象，并能够控制数个对象和数个回路，具有典型的继电器特性，一般由电磁系统和接点系统两部分组成。电磁系统由磁路和线圈组成，是继电器的感应机构，专门用来接受和反应输入物理量的性质；接点系统是继电器的执行机构，通过接点的通或断，实现控制目的。

一、安全型继电器概述

安全型继电器是直流 24 V 系列的重弹力式直流电磁继电器，其典型结构为无极继电器，其他各型继电器由无极继电器派生。因此，绝大部分零件都能通用。

1. 插入式和非插入式

安全型继电器分为插入式和非插入式。插入式多为单独使用，非插入式常使用于有防尘外壳的组匣中。两者的区别仅在于，插入式继电器带有透明性能很好的外罩（由聚甲基丙烯酸甲酯或聚碳酸酯制成），用以密封防尘，同时为了与插座配合使用，插入式继电器安装在酚醛塑料制成的胶木底座上。插入式无极继电器如图 LC5-1 所示。

插入式继电器的外形尺寸为 163 mm × 48.5 mm × 160 mm，重量 1.2 ~ 1.8 kg。非插入式继电器的外形尺寸为（131 ~ 149）mm × 35 mm ×（105 ~ 140）mm（视不同品种略有不同），重量 1.0 ~ 1.6 kg。

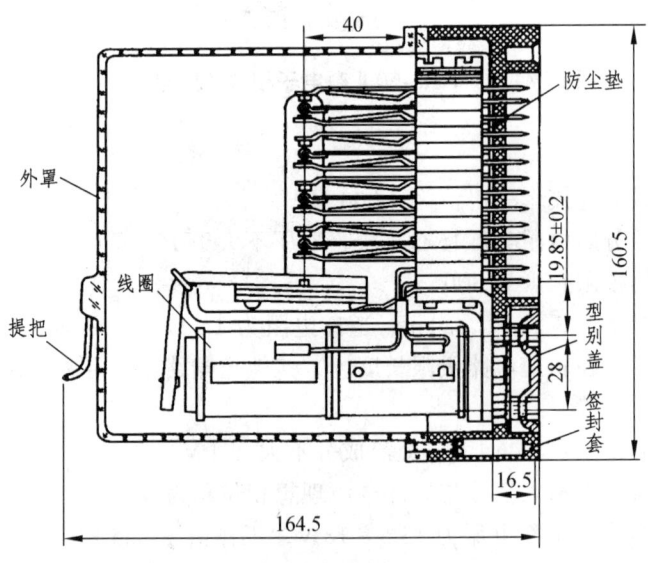

图 LC5-1　插入式无极继电器

2. 安全型继电器的型号表示法

安全型继电器型号用汉字拼音字母和数字表示：字母表示继电器种类，数字表示线圈的电阻值（单位为 Ω），例如：

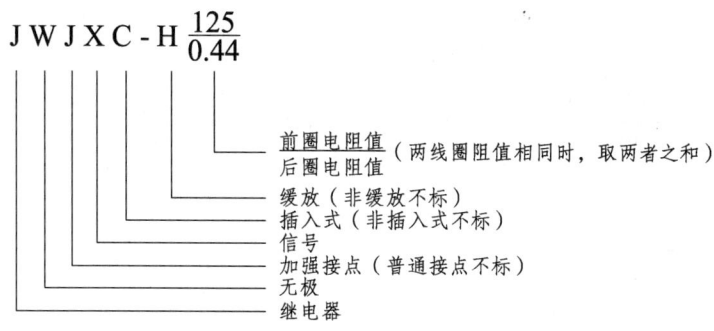

继电器型号的文字符号及含义如表 LC5-1 所示。

表 LC5-1　继电器型号的文字符号及含义

代号	含义		代号	含义	
	安全型	其他类型		安全型	其他类型
A		安全	R		二元
B		半导体	S		时间、灯丝、双门
C	插入	插入、传输、差动	T		通用、弹力
D		单门、动态	W	无极	
DB	单闭磁		X	信号	信号、小型
H	缓放	缓放	Y	有极	
J	继电器、加强接点	继电器、加强接点、交流	Z	整流	整流、转换
P	偏极				

3. 安全型继电器的品种及用途

安全型继电器具有无极、无极加强接点、无极缓放、无极加强接点缓放、整流式、有极、有极加强、偏极、单闭磁等共 5 种 9 类，见表 LC5-2。它们的特性和线圈电阻值各不相同，在信号电路中有不同的作用。

4. 继电器插座

安全型继电器组成插入式，需加装继电器插座板，其结构如图 LC5-2 所示。

插座插孔旁所注接点编号系无极继电器的接点编号，其他各型继电器的接点系统的位置及使用编号与之不同，而实际使用的插座仅此一种，所以必须按图 LC5-3 所示编号对照使用。安全型继电器有多种类型，为防止不同类型的继电器错误插接，在插座下部鉴别孔内铆以鉴别销。鉴别销号码详见表 LC5-2 中所列。

表 LC5-2 安全型继电器接点连接及鉴别销明细

序号	继电器名称	型号	线圈连接	接点组数	鉴别销号	电源片连接 使用	电源片连接 连接	用途
1	无极继电器	JWXC-1700	串联	8QH	11，51	1-4	2-3	通用继电器
2		JWXC-1000			11，52			
3	无极加强接点继电器	JWJXC-480		2QH 2QHJ	15，51			通用继电器
4	无极缓放继电器	JWXC-H600		8QH	12，51			电源屏交流 220 V/180 V 转换
5		JWXC-H340			12，52			
6		JWXC-500/H300			12，53			
7	无极加强接点缓放继电器	JWJXC-H125/0.44	单独	2QH、2QHJ	15，55	3-4 1-2		通用继电器
8		JWJXC-H125/0.13		2QH 2QHJ/2H	15，43			道岔控制电路使用继电器
9	整流继电器	JZXC-480	串联	4QH 2Q	13，55	7-8	1-4	交流继电器
10		JZXC-0.14	并联	4QH	13，54		1-3 2-4	局部供电的灯丝监督继电器
11		JZXC-H18	串联	4QH	13，53	5-6		灯丝监督继电器
12		JZXC-H18F					1-4	防雷灯丝监督继电器
13	有极加强接点缓放继电器	JYJXC-160/260	单独	2DF 2DFJ	15，54	1-2 3-4		道岔控制电路
14		JYJXC-135/220						
15	偏极继电器	JPXC-1000	串联	8QH	14，51	1，4	2，3	道岔表示继电器

表中，Q 表示前接点，H 表示后接点，D 表示定位接点，F 表示反位接点，J 表示加强接点。

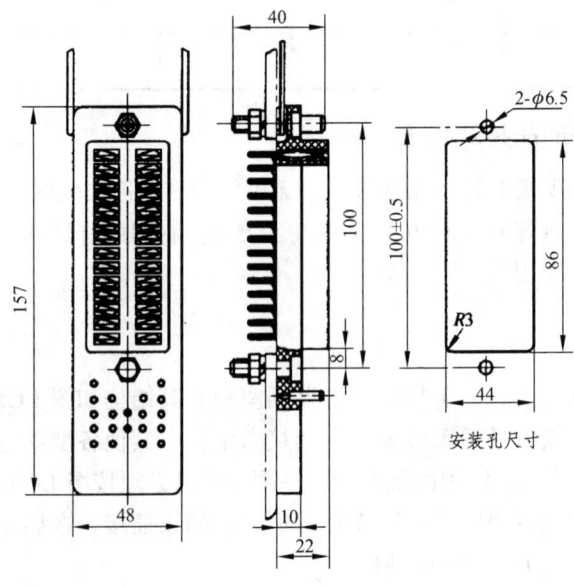

图 LC5-2 安全继电器插座

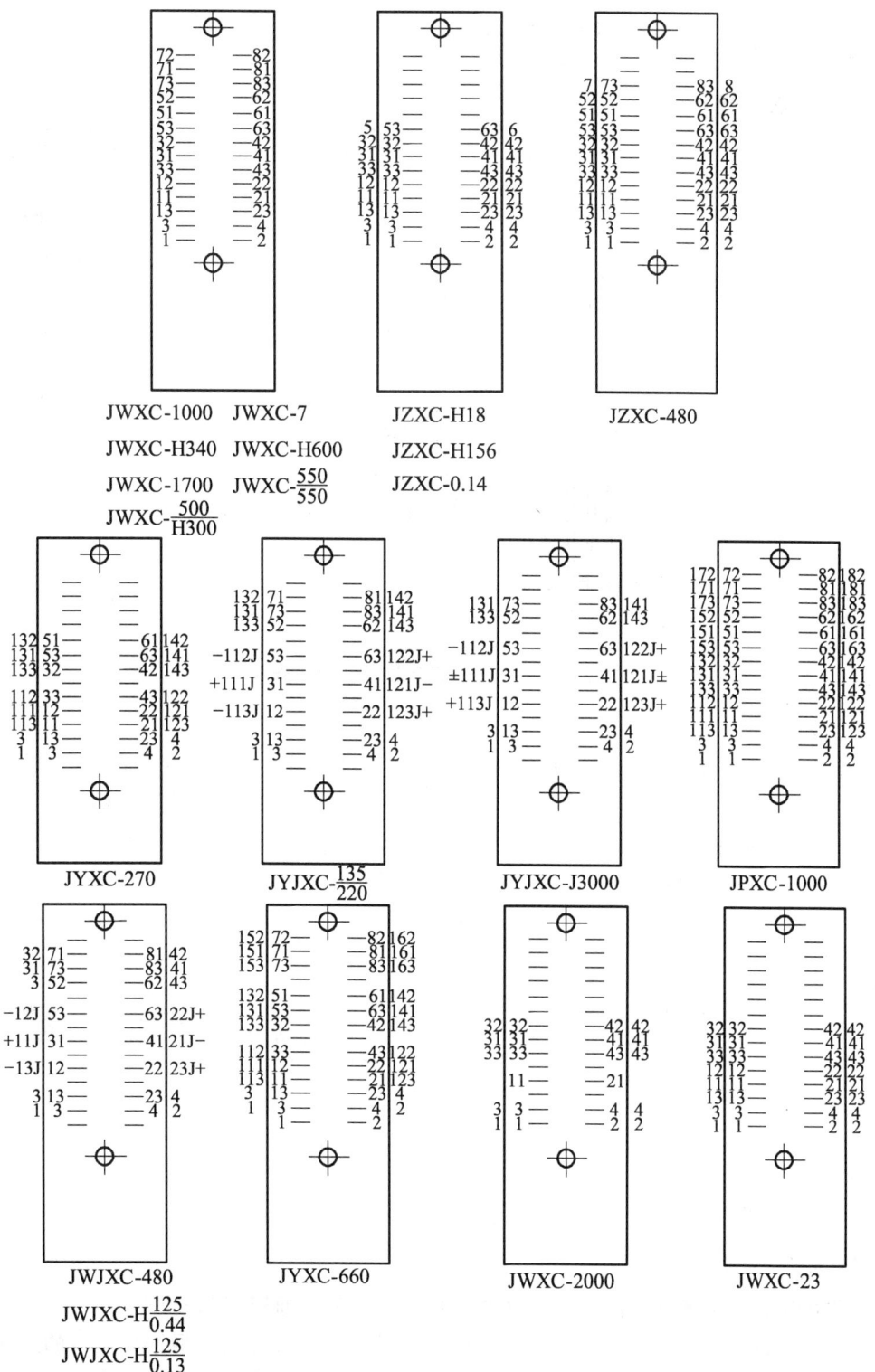

图 LC5-3 插座接点编号对照

二、安全继电器结构及动作原理

1. 无极继电器

无极继电器有 JWXC-2000、JWXC-1700、JWXC-1000、JWXC-7、JWXC-2.3、JWXC-370/480 及缓放的 JWXC-H600、JWXC-H340、JWXC-500/H300 等品种。

1）直流无极继电器的结构

JWXC 型直流无极继电器的结构如图 LC5-1 所示。无极继电器由电磁系统和接点系统两大部分组成。电磁系统包括线圈、铁芯、扼铁和衔铁，如图 LC5-4 所示。

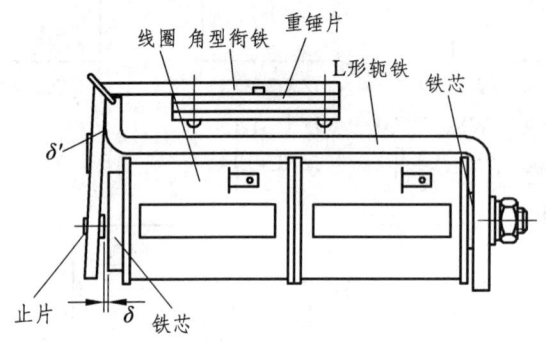

图 LC5-4　无极继电器的电磁系统

（1）线圈。

线圈水平安装在铁芯上，分为前圈和后圈。之所以采用双线圈，主要是为了增强控制电路的适应性和灵活性，可根据电路需要单线圈控制、双线圈串联控制或双线圈并联控制。

线圈绕在线圈架上，线圈架由酚醛树脂压制而成。缓放型无极继电器为了增加缓放时间，采用铜质阻尼线圈架。线圈用高强度漆包线密排绕制，抽头焊有引线片，线圈与电源片的连接如图 LC5-5 所示。

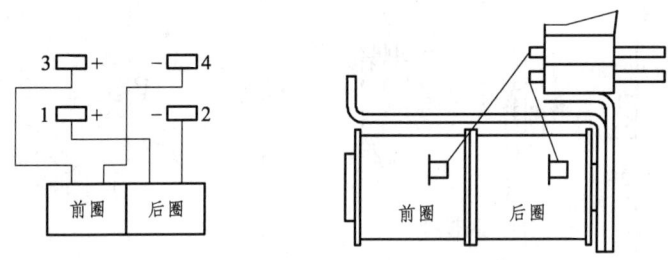

图 LC5-5　线圈及其与电源片的连接

（2）铁芯。

铁芯由电工纯铁制成，其为软磁材料，具有较高的磁通密度和较小的剩磁，以利于继电器的工作，如图 LC5-6 所示。铁芯外层镀锌防护，它的尺寸大小根据继电器的规格不同而有所区别。缓放型继电器、灵敏继电器尺寸大些，以加大缓放时间或减小工作值。极靴在铁芯头部，用冷镦法加粗。在极靴正面，钻有两个圆孔，是为了组装和检修时，紧固和拆装铁芯用的。

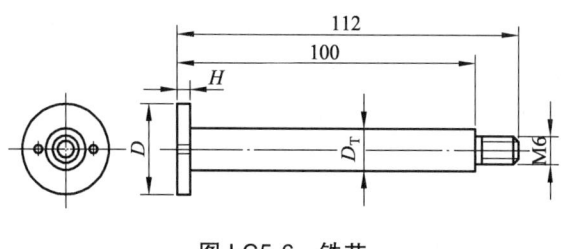

图 LC5-6 铁芯

（3）扼铁。

扼铁呈 L 形，由电工纯铁板冲压成型，外表镀多层铬防护。

（4）衔铁。

衔铁为角形，靠蝶形钢丝卡固定在轭铁的刀刃上，动作灵活。衔铁由电工纯铁冲压成型，衔铁上铆有重锤片，以保证衔铁靠重力返回。重锤片由薄钢板制成，其片数由接点组的多少决定，使衔铁的重量基本上满足后接点压力的需要。一般 8 组后接点用三片，6 组用两片，4 组用一片，2 组不用。

衔铁上有止片，止片由黄铜制成，安装在衔铁与铁芯闭合处。止片有 6 种厚度，因继电器规格不同而异，可取下按规格更换。止片用以增大继电器在吸起状态的磁阻，减小剩磁影响，保证继电器可靠落下。

在电磁系统中，除衔铁和铁芯间工作气隙外，在轭铁的刀口处尚有第二工作气隙，以减小磁路的磁势降，从而提高继电器的灵敏度。

（5）接点系统。

接点系统如图 LC5-7 所示，处于电磁系统上方，通过接点架、螺钉紧固在轭铁上，两者成为一个整体。用螺钉将下止片、电源片单元、银接点单元、动接点单元以及压片按顺序组装在接点架上。在紧固螺钉前，应将拉杆、绝缘轴、动接点轴与动接点组装好。

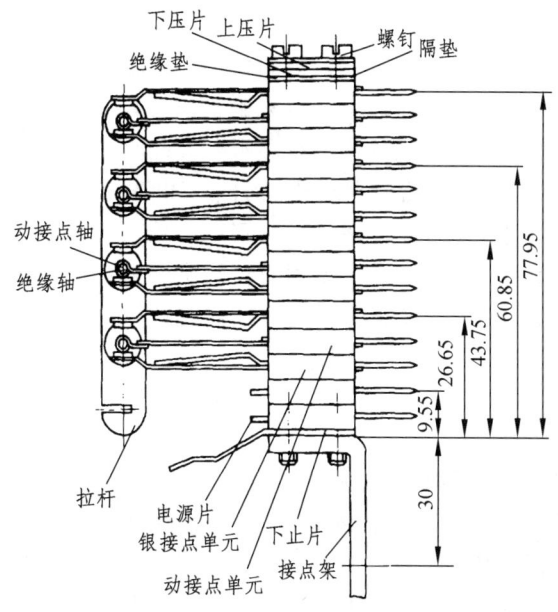

图 LC5-7 无极继电器接点系统

无极继电器接点系统采用两排纵列式联动结构，因此，接点组数只能成偶数增减。拉杆传动中心线与接点中心线一致，以减少不必要的传动损失。为减少接点组组装时的积累公差，将接点片与托片组合压在酚醛塑料内以形成单元块。单元块之间为平面接触，易于控制公差，同时提高了接点组之间的绝缘强度。

银接点单元由锡磷青铜带制成的接点片与由黄铜制成的托片，两组对称地压制在胶木内。在接点簧片的端部焊有银接点。

接点接触时碰撞会产生颤动，颤动将形成电弧，对接点有较大的破坏作用，为消除这种颤动必须设置托片。在调整继电器时，可在接点片和托片间加一个初压力，保证接点刚接触时可动部分的动能被接点片吸收，这样既可消除颤动，又可缩短接点的完全闭合时间，大大减轻了接点的烧损。

动接点单元由锡磷青铜带制成的动接点簧片与黄铜板制成的补助片压制在酚醛塑料胶木内。动接点簧片端部焊有动接点。动接点由银氧化镉制成。

电源片单元由黄铜制成的电源片压在胶木内。

拉杆有铁制的和塑料制的，衔铁通过拉杆带动接点组。

绝缘轴用冻石瓷料（一种新型陶瓷材料）制成，抗冲击强度足够。动接点轴由锡磷青铜线制成。

压片由弹簧钢板冲压成弓形，分上、下两片，其作用是保证接点组的稳固性。

下止片由锡磷青铜板制成，外层镀镍。它在衔铁落下时起限位作用。

接点架由钢板制成，用稳钉与扼铁固定，保证接点架不变位。接点架的安装尺寸是否标准，角度是否准确，对继电器的调整有很大影响。

2）无极继电器的动作原理

无极继电器的磁系统为无分支磁路，如图 LC5-8 所示。在线圈上加上直流电压后，线圈中的电流 I 使铁芯磁化，在铁芯内产生工作磁通 Φ，它由铁芯极靴处经过主工作气隙 δ 进入衔铁，又经过第二工作气隙 δ' 进入扼铁，然后回到铁芯，形成一闭合磁路。在工作气隙 δ 处，由于磁通 Φ 的作用，铁芯与衔铁间产生电磁吸引力 F_D，当 F_D 大到足以克服机械负载的阻力 F_j（主要是衔铁自重）时，衔铁即与铁芯吸合。此时衔铁通过拉杆带动动接点运动，使后接点断开，前接点闭合。

当线圈中的电流减小时，铁芯中的磁通按一定规律随之减小，吸引力也随着减小。当电流小到一定值时，它所产生的吸引力小于机械力时，衔铁离开铁芯，被释放。此时拉杆带动动接点运动，使前接点断开，后接点闭合。

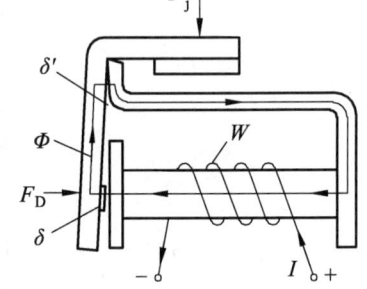

图 LC5-8　无极继电器磁路

2. 无极加强接点继电器

加强接点继电器是为通断功率较大的信号电路而设计的。无极加强接点继电器有 JWJXC-480 型、缓放的 JWJXC-H125/0.44 和 JWJXC-H125/0.13 型等品种。

JWJXC-480 型继电器，其磁系统具有加大尺寸的无极磁路，接点系统由两组普通接点和两组加强接点组成，表示为 2QH 和 2QHJ。普通接点与无极继电器相同，加强接点则具有特殊设计的大功率接点和磁吹弧器。

JWJXC-H125/0.44 和 JWJXC-H125/0.13 型无极加强接点缓放继电器，其电磁系统和无极缓放继电器（JWXC-H340）相同。接点系统由两组带磁吹弧器的加强前接点、两组不带磁吹弧器的加强后接点和两组普通接点组成，即 2QJ、2H、2QH。前线圈为主线圈，后线圈为电流保持线圈。JWJXC-H125/80 型继电器则是专为交流转辙机设计的缓放继电器，其后线圈为电压保持线圈。

无极加强接点继电器电磁系统虽与无极继电器相同，但由于接点系统结构的改变，引起磁系统的结构参数有较大变化。无极加强接点继电器的线圈与电源片连接方式与无极继电器相同。

无极加强接点继电器的接点系统如图 LC5-9 所示。它的普通接点与无极继电器相同。加强接点组由加强动接点单元和带磁吹弧器的加强接点单元组成。为了防止接点组间的飞弧短路，在两组加强接点间安装既耐高温又具有良好绝缘性能的云母隔弧片，隔弧片铆在拉杆上。为保证加强接点的安装空间，增加了空白单元。图 LC5-9 中用虚线表示的熄弧磁钢，说明只有带熄弧器的加强后接点才有。

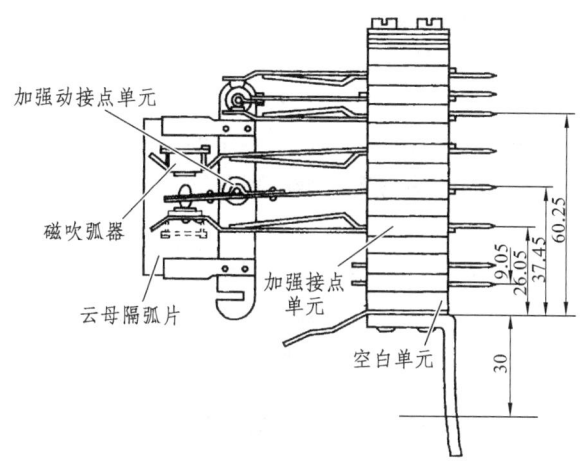

图 LC5-9　加强接点系统

由锡磷青铜片冲压成型的加强动接点片头部，铆有由银氧化镉制成的动接点。而加强静接点片头部，同样铆接银氧化锡接点，在接点的同一位置点焊了安装磁钢的熄弧器夹。

熄弧磁钢由铝镍钴合金或铁镍铝合金制成。其熄弧原理是利用电弧在磁场中受力运动而产生吹弧作用，使电弧迅速冷却而熄灭。为避免电弧烧损接点及对磁钢去磁，加强接点端部设有导弧角，使电弧迅速移到接点及磁钢的前部位置。

由于磁钢吹弧方向与极性有关，因此，熄弧磁钢极性的安装有特定的要求。

磁熄弧器的安装与接点电流方向，如图 LC5-10 所示。

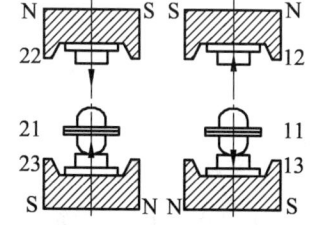

图 LC5-10　磁熄弧器的极性安装

3. 整流式继电器

整流式继电器用于交流电路中。它通过内部的半波或全波整流电路将交流电变为直流电而动作。之所以如此，是为了避免在 AX 系列继电器中采用结构形式完全不同的交流继电器，以提高产品的系列化和通用化程度。

整流式继电器的电磁系统与无极继电器相同，只是磁路结构参数有所不同。更主要的是，在接点组上方安装有由二极管组成的半波或全波整流电路。

整流式继电器有 JZXC-480、JZXC-0.14、JZXC-156、JZXC-H18 型及派生的 JZXC-H18F 型等品种。

JZXC-480 型继电器的磁路具有加大的尺寸（加大止片厚度），是为了增大返还系数而不使工作值增加很多。它具有不规则的 4QH 与 2Q 接点组。在接点组上，安装有由二极管 2CP25 组成的桥式全波整流电路。

JZXC-0.14 型继电器磁系统与 JZXC-480 相同。两线圈并联连接，有 4QH 接点组，接点组上方安装有由 2CZ-1 型二极管组成的半波整流电路。

JZXC-H156 与 JZXC-H18 型继电器为具有缓放特性的整流式继电器，其采用铜线圈架，接点系统为 4QH 接点组，在接点组上方安装有由二极管 2CPZ 导组成的桥式全波整流电路。JZXC-H18F 是 JZXC-H18 的派生型号，具有防雷性能，以保护整流二极管免遭击穿。

JZXC-H142 型、JZXC-H138 型和 JZXC-H60 型整流式继电器用于 LED 为光源的信号点灯电路。JZXC-16/16 型整流式继电器具有较高的返还系数，用于自动闭塞区间信号点灯电路，可解决长距离供电电缆漏泄电流大，灯丝断电器释放不可靠的问题。其前圈为二极管封闭的短路线圈，无整流单元与电源线直接连接，具有一定的防雷功能。

整流式继电器的接点系统的结构与无极继电器相同，零部件全部通用，只是接点的编号有区别。

整流式继电器动作原理与无极继电器相同，但由于交流电源通过整流后动作继电器，在线圈上加上的是全波或半波的脉动直流电，其中存在交变成分，使电磁吸引力产生脉动，工作时发出响声，对继电器正常工作带来不利影响。其工作电流如图 LC5-11 所示。

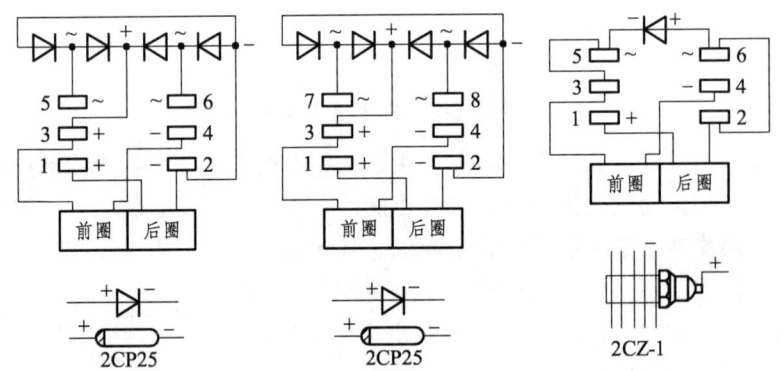

图 LC5-11　整流式继电器的线圈、整流器与电源片连接

4．有极继电器

有极继电器根据线圈中电流极性不同而具有定位和反位两种稳定状态，这两种稳定状态在线圈中电流消失后，仍能继续保持，故又称极性保持继电器。它的特点是磁系统中增加了永久磁钢。在线圈中通以规定极性的电流时，继电器吸起，断电后仍保持在吸起位置；通以反方向电流时，继电器打落，断电后保持在打落位置。

有极继电器有 JYXC-660、JYXC-270 型和加强接点的 JYJXC-J3000、JYJXC-135/220 型等品种。

1）有极继电器的结构

有极继电器的磁路结构与无极继电器基本相同，不同的只是用一块端部呈刃形的长条形永久磁钢代替无极继电器的部分轭铁。磁钢与轭铁间用螺钉联结，衔铁上没有止片。

在与扼铁联结的部位有两个大于螺钉的圆孔，便于与扼铁安装时适当地调节磁钢的前后位置。磁钢上部的中间位置有一台面，以形成均匀的第二工作气隙。台面的中间有一凹槽，使拉杆下部不致与磁钢抵触而影响第二工作气隙的调整。

有极继电器的角形衔铁的尾部加装两个青铜螺钉，用来调节第二工作气隙的大小。在铁芯部位没有加装止片。JYJXC-135/220 和 JYJXC-J3000 分别是原 JYJXC-220/220 和 JYJXC-3000 的改进型。其结构及特性都有较大变化，以克服原继电器在使用中出现的外部机械力作用下在高电压时反位不打落的问题。改进型继电器利用偏极继电器的铁芯，增加了偏极磁钢，衔铁增加了止片，形成特性较对称的永磁磁路。JYJXC-X135/220 型是在 JYJXC-135/220 型的加强接点上罩一个专用的熄弧装置而构成的。

有极继电器的线圈引线与电源片的连接与无极继电器相同。

有极继电器衔铁位置的定位、反位规定为：衔铁与铁芯极靴之间的间隙最小时（即吸起状态）的位置规定为定位，此时闭合的接点叫作定位接点（符号为 D，相当于前接点）；衔铁与铁芯极靴之间的间隙最大时（即打落状态）的位置规定为反位，此时闭合的接点叫作反位接点（符号为 F，相当于后接点）。

对于两线圈串联使用的有极继电器，如 JYXC-660、JYXC-270、JYJXC-J3000，电源片 1 接电源正极、4 接电源负极为定位吸起，反之为反位打落。对于分线圈使用的有极继电器 JYJXC135/220 则规定前圈的电源片 3 接电源正极、4 接电源负极时为定位吸起；而后圈的电源片 2 接电源正极、1 接电源负极时为反位打落。

有极继电器的接点系统与无极继电器相同。改进型的有极继电器（如 JYJXC-135/220T、JYJXC-J3000）的接点系统有较大改变：加强接点片加厚，取消接点托片，动接点片改为面接触以增大接触面积。JYJXC-J3000 还取消了普通前接点。加强接点继电器磁熄弧器的极性与接点电源极性的配合如图 LC5-12 所示。

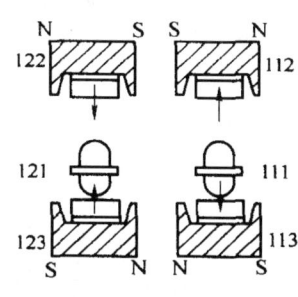

图 LC5-12　磁吹弧器的极性

2）有极继电器的工作原理

有极继电器的磁路系统由永磁磁路与电磁磁路两部分组合而成，为不对称的并联磁路结构，如图 LC5-13 所示。

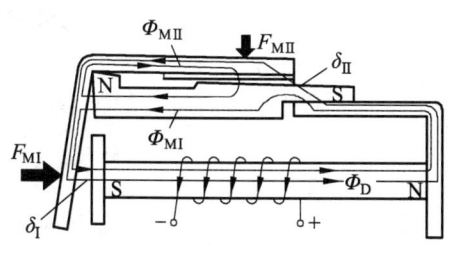 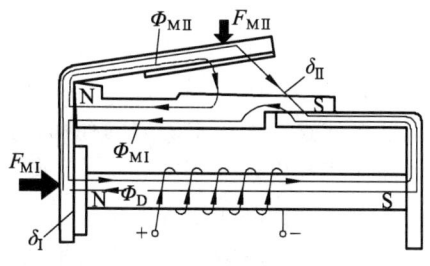

（a）由反位转换至定位的磁通方向　　（b）由定位转换至反应的磁通方向

图 LC5-13　有极继电器磁路及工作原理

永久磁钢的磁通分为 Φ_{MI} 和 Φ_{MII} 两条并联支路。Φ_{MI} 从 N 极出发，经衔铁、第一工作气隙 δ_I、铁芯、轭铁，到 S 极；Φ_{MII} 从 N 极出发，经衔铁上部、重锤片、第二工作气隙 δ_{II}，到 S 极。这两条支路不对称，磁路的不平衡就形成有极继电器的正向转极值与反向转极值的较大差别。

当衔铁处于打落状态时（反位），由于 $\delta_I \gg \delta_{II}$，因此 $\Phi_{MII} \gg \Phi_{MI}$。由 Φ_{MII} 所产生的吸引力 F_{MII} 与衔铁重力、动接点预压力共同作用，克服了 Φ_{MI} 产生的吸引力 F_{MI} 与后接点压力，使衔铁保持在稳定的打落位里。反之，当衔铁处于吸合状态（定位）时，由于 $\delta_I \ll \delta_{II}$，因此 $\Phi_{MI} \gg \Phi_{MII}$。由 Φ_{MI} 所产生的吸引力 F_{MI} 将克服 Φ_{MII} 产生的吸引力 F_{MII}、衔铁重力及接点的反作用力，使衔铁处于稳定的吸合位置。

显然，有极继电器从一种稳定位置转变到另一种稳定的位置，只有依靠电磁力的作用。如图 LC5-13 所示，电磁磁通 Φ_D 经过的是一个无分支的磁路，即铁芯、扼铁、δ_{II}、重锤片、衔铁、δ_I、极靴。磁通的方向由线圈中的电流极性决定。对于电磁通来说，永久磁钢是一个很大的磁阻，如同气隙一般。

图 LC5-13（a）表示有极继电器由反位转换到定位的过程。继电器原处于反位状态，现在线圈中通以正极性电流，产生电磁通 Φ_D 的方向是极靴处为 S 极。这时在 δ_I 处 Φ_D 与 Φ_{MI} 方向一致，磁通是加强的，等于 $\Phi_D + \Phi_{MI}$。而在 δ_{II} 处 Φ_D 与 Φ_{MII} 方向相反，磁通是削弱的，等于 $\Phi_{MII} - \Phi_D$，当 Φ_D 增加到足够大时，$\Phi_D + \Phi_{MI} > \Phi_{MII} - \Phi_D$，则 $F_{MDI} > F_{MDII}$，F_{MDI} 将克服 F_{MDII}、衔铁重力及接点反作用力，使衔铁开始吸合。在衔铁吸合过程中，随着 δ_I 的不断减小、δ_{II} 的不断增大，$F_{MDI} \gg F_{MDII}$，衔铁便迅速运动到吸合位置。

如果改变线圈电流极性，如图 LC5-13（b）所示，则铁芯中电磁通 Φ_D 的方向随之改变，极靴处为 N 极。这时在 δ_I 处 Φ_D 与 Φ_{MI} 方向相反，磁通削弱，等于 $\Phi_{MI} - \Phi_D$；在 δ_{II} 处 Φ_D 与 Φ_{MII} 方向相同，磁通加强，等于 $\Phi_{MII} + \Phi_D$，当 $\Phi_{MII} + \Phi_D > \Phi_{MI} - \Phi_D$ 时，$F_{MDII} \gg F_{MDI}$，在 F_{MII}、衔铁重力、接点作用力的共同作用下，衔铁返回到打落位里。

5. 偏极继电器

JPXC-1000 型和 JPXC-400 型偏极继电器是为了满足信号电路中鉴别电流极性的需要设计的。它与无极继电器不同，衔铁的吸起与线圈中电流的极性有关，只有通过规定方向的电流时，衔铁才吸起，而电流方向相反时，衔铁不动作。但它又不同于有极继电器，只有一种稳态，即衔铁靠电磁力吸起后，断电就落下，落下是稳定状态。

1）偏极继电器的结构

偏极继电器的磁系统与无极继电器基本相同，如图 LC5-14 所示。但铁芯的极靴是方形的，在方极靴下方用两个螺钉固定永久磁钢，使衔铁处于极靴和永久磁钢之间，受永磁力的作用偏于落下位置。由于永磁力的存在，衔铁只安装一块重锤片，后接点的压力由永磁力和重锤片共同作用产生。

铁芯由电工纯铁制成，方形极靴是先冲压成型后再与铁芯焊成整体的。

由于铁芯为方形极靴，衔铁也由半圆形改为方形，以增加受磁面积，降低气隙磁阻。永久磁钢由铝镍钴材料制成，其上部为 N 极，下部为 S 极。两线圈串联使用，接线方式同无极继电器。接点系统与无极继电器完全相同，具有 8QH 接点组。

2) 偏极继电器的工作原理

偏极继电器的磁路系统由永磁磁路与电磁磁路两部分组合而成。如图 LC5-14 所示。永磁的磁通中 Φ_M 从 N 极出发，经第三工作气隙 δ_{III} 进入衔铁后分为两条并联支路：一部分磁通中 Φ_{M1} 经第一工作气隙 δ_I 进入方形极靴，然后直接返回 S 极；另一部分磁通 Φ_{M2} 穿过第二工作气隙 δ_{II} 进入轭铁，再经铁芯至方形极靴，返回 S 极。由于 $\delta_I > \delta_{II}$，所以 $\Phi_{M2} > \Phi_{M1}$，而 $\Phi_M = \Phi_{M1} + \Phi_{M2}$，故 $\Phi_M >> \Phi_{M1}$。这样，δ_{III} 处由 Φ_M 产生的永磁力 F_M 远大于 δ_I 处由 Φ_{M1} 产生的永磁力，使衔铁处于稳定的落下位置。

线圈通电后，铁芯中产生电磁通 Φ_D，Φ_D 的磁路与无极继电器相同，见图 LC5-14（a）。若线圈中电流方向使电磁通在极靴处为 S 极，这时，δ_I 处 Φ_D 和 Φ_{M1} 方向相同，总磁通为两者之和，相应的总电磁吸引力 F_{MD1} 增大；在 δ_{II} 处 Φ_D 和 Φ_{M2} 方向相反，总磁通为两者之差，相应的总电磁吸引力 F_{MD2} 减小。由于力臂相差较大，F_{MD1} 的增大较 F_{MD2} 的减小作用要大得多，因此，对衔铁的总吸引力 F_{MD} 增大。当 $F_{MD} > F_M$ 时，F_{MD} 克服 F_M 与接点的反作用力，使衔铁被吸合。

衔铁吸合后，磁路气隙发生变化，$\delta_{III} >> \delta_I$，永磁磁通在磁路中大大减小，F_M 显著减小，这时只要有一定值的电流存在，衔铁即保持在吸起状态。

断开线圈电源时，衔铁重力和接点的反作用力使衔铁返回。在衔铁返回的过程中，δ_I 增大，δ_{II} 减小，永磁磁通 Φ_M 迅速增加，加速衔铁的返回，直到衔铁被下止片阻挡为止。

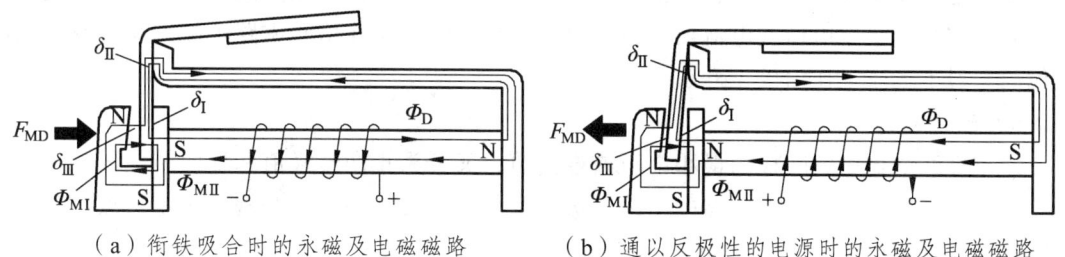

（a）衔铁吸合时的永磁及电磁磁路　　　（b）通以反极性的电源时的永磁及电磁磁路

图 LC5-14　偏极继电器磁路及工作原理

当线圈通以反极性电流时，见图 LC5-14（b），由于电磁通 Φ_D 改变了方向，在 δ_I 处 Φ_D 与 Φ_{M1} 相减。而在 δ_{II} 处 Φ_D 与 Φ_{M2} 相加，总的电磁吸引力反而下降，因此衔铁不会吸合，从而具有鉴别电流极性的功能。

但是，反极性不吸起是有条件的，如果不断增大反极性电流，使电磁通足以克服永磁的作用，即 $F_D - F_{M1} > FM$，则衔铁可在反极性电流作用下吸合，这是不允许的。因此，在偏极继电器的电气特性上加上一条特殊的标准，即反向加 200 V 电压，衔铁不能吸起，以保证其工作的可靠性。

三、安全型继电器的特性

安全型继电器的特性包括电气特性、时间特性和机械特性。这些特性用来表征继电器的性能，是使用和检修继电器的重要依据。

1. 电气特性

电气特性是安全型继电器的基本要求，也是设计和实现信号逻辑电路的依据。

电气特性包括额定值、充磁值、释放值、工作值、反向工作值、转极值。

1）额定值

额定值是满足继电器安全系数所必须接入的电压或电流值。AX系列继电器的额定电压为直流24 V，作为轨道继电器、灯丝继电器、道岔启动继电器时除外。

2）充磁值

为了测试继电器的释放值或转极值，预先使继电器磁系统磁化，向其线圈通以4倍的工作值或转极值。这样可使继电器磁路饱和，在此条件下测试释放值或转极值。

3）释放值

向继电器通以规定的充磁值，然后逐渐降低电压或电流，至全部前接点断开时的最大电压或电流值。

4）工作值

向继电器线圈通电，直到衔铁止片与铁芯接触、全部前接点闭合，并满足规定接点压力所需要的最小电压或电流值。此值是继电器的磁系统及接点系统刚好能工作的状态，一般规定工作值不大于额定值的70%。

5）反向工作值

向继电器线圈反向通电，直到衔铁止片与铁芯接触、全部前接点闭合，并满足规定接点压力时所需要的最小电压或电流值。造成反向工作值大于工作值是磁路剩磁影响所致，反向工作值一般不大于工作值的120%。

6）转极值

使有极继电器衔铁转极的最小电压或电流值，又分为正向转极值和反向转极值。

正向转极值是使有极继电器的衔铁转极，全部定位接点闭合，并满足规定接点压力时的正向最小电压或电流值。

反向转极值是使有极继电器的衔铁转极，全部反位接点闭合，并满足规定接点压力时的反向最小电压或电流值。

7）反向不工作值

向偏极继电器线圈反向通电，继电器不动作的最大电压值。

8）返还系数

释放值与工作值之比称为返还系数。返还系数对于信号继电器有着特别重要的意义，返还系数越高，标志着继电器的落下越灵敏。规定普通继电器的返还系数不小于30%，缓放型继电器不小于20%，轨道继电器不小于50%。

2. 时间特性

电磁继电器的电磁系统是具有铁芯的电感，在接通或断开电源时，由于电磁感应作用，在铁芯中产生涡流，在线路中产生感应电流。这些电流产生的磁通阻碍铁芯中原来的磁通的变化，所以电磁继电器或多或少地都具有一些缓动的时间特性。

在各种继电器控制的电路中，由于它们完成的作用不一样，对继电器的时间特性要求也不一样，如果不能满足对时间特性的要求，控制电路便不能正常工作。因此不仅要了解继电器固有的时间特性，而且还要按电路的要求，设法改变继电器的时间特性。

1）继电器的时间特性

电磁继电器线圈所具有的电感不仅电感量大，而且是非线性的。再加上继电器磁路中的工作气隙在动作过程中是变化的。因此继电器线圈中的电流变化规律较为复杂。

从线圈通电到衔铁动作，带动后接点断开，前接点接通，需要一定的时间。从线圈断电到衔铁动作，带动前接点断开，后接点接通，也需要一定的时间。即吸合需要时间，释放也需要时间。

吸合时间指向继电器通入额定值起至全部前接点闭合所需的时间（包括通电至后接点断开的吸起启动时间和从后接点断开到前接点闭合的衔铁运动时间）。返回时间指向继电器通入额定值，从线圈断电时起至前接点断开所需的时间（包括断电至前接点断开的缓放时间和从前接点断开至后接合闭合的衔铁运动时间）。继电器动作时间如图LC5-15所示。

JWXC-1000型继电器的吸合时间为0.1~0.15 s，返回时间为0.01~0.02 s。可见继电器都是缓动的，但其缓吸、缓放时间都非常短。

2）改变继电器时间特性的方法

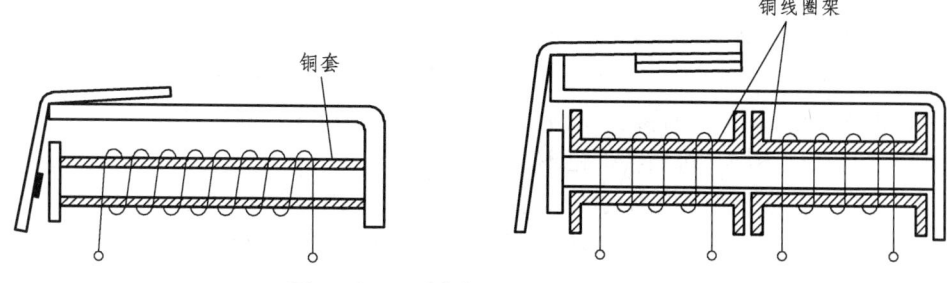

图 LC5-15　继电器动作时间

继电器用于控制电路中，要满足不同控制对象对时间特性的要求，光依靠继电器的固有时间特性是不行的，必须根据需要改变继电器的时间特性。改变继电器时间特性的方法，一是改变继电器的结构；二是用电路来实现。

（1）改变继电器结构以获得继电器的缓动。

用改变继电器结构的方法来改变继电器的时间特性的方法有：改变衔铁与铁芯间止片厚度来改变继电器的返回时间；选用电阻率较高的铁磁材料以缩短继电器的动作时间；增大线圈导线的线径来减小继电器的吸合时间等方法。而采用得最多的方法是在继电器铁芯上套短路铜环使继电器缓动，构成缓放型继电器。安全型继电器用铜线圈架作为铜环，如图LC5-16所示。

图 LC5-16　缓放型继电器铜线圈架

这样的继电器，当其线圈接通电源或断开电源时，铁芯中的磁通发生变化，在铜线圈架中产生感应电流（涡流），感应电流所产生的磁通阻止原磁通的变化，使铁芯中的磁通变化减慢（即接通电源时感应电流产生的磁通与原磁通方向相反，使磁通增长减慢；切断电源时感应电流的磁通与原磁通方向相同，使磁通减小变慢），从而使继电器缓吸缓放。在具体电路中，最多利用的是它的缓放特性。

同样的继电器在不同的工作电压下，缓放时间是不同的，如JWXC-H340型继电器在18 V时缓放时间为0.45 s，而在24 V时为0.5 s。

（2）构成缓放电路以获得继电器的缓放。

通过电路的方法来改变继电器时间特性的方法有：提高继电器端电压使其快吸；与继电器线圈串联 RC 并联电路使其快吸；在继电器线圈两端并联电阻或二极管使其缓放；短路继电器一个线圈使其缓放等。最多采用的是在继电器线圈两端并联 RC 串联电路，使继电器缓吸缓放，如图 LC5-17 所示。在继电器通电时，电容器充电，因充电电流一开始很大，在 R 上产生较大压降，降低了继电器的端电压，使继电器线圈中的电流增长减缓，起到缓吸的作用。在继电器断电时，依靠电容器 C 的放电，使继电器缓放。

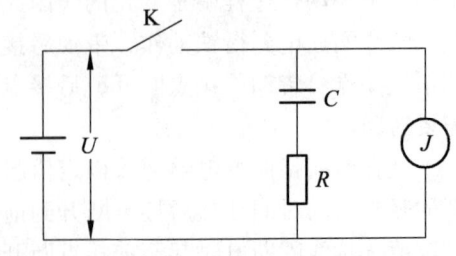

图 LC5-17　继电器线圈两端并联 RC 电路

缓放时间长短与电容器的容量、放电回路中的电阻值及继电器的释放值有关。可通过改变 C 的电容量和 R 的电阻值来获得所需要的缓放时间。电路中 R 的作用除上述调节缓放时间外，还有限制电容器的充电电流以及防止电路振荡等。缓放型继电器的缓放时间最长仅 0.5 s，不能满足一些信号电路对时间的要求，因此常用在继电器线圈两端并联 RC 电路的方法来获得所需要的缓放时间。

3. 安全型继电器的机械特性与牵引特性

在继电器衔铁的动作过程中，衔铁上受到电磁吸引力和反作用力。电磁吸引力又称牵引力。反作用力与之方向相反，对于安全型继电器来说是由衔铁（及重锤片）的重力和接点簧片的弹力组成的，所以称为机械力。要使继电器可靠工作，牵引力必须大于机械力。因此牵引力的大小要根据机械力来确定。

1）机械特性

AX 系列继电器机械力的大小与接点片的数量、重锤片的数量、衔铁的动程等有关，而且在衔铁的整个运动过程中所受到的机械力不是固定不变的，而是在一个很大的范围内变化的。也就是说，继电器的机械力 F_j 是随着衔铁与铁芯间的气隙 δ 的变化而变化的。$F_j = f(\delta)$ 的变化关系称为继电器的机械特性。表示这种变化关系的曲线，称为机械特性曲线。不同类型的继电器，其结构不同，机械特性也不同。

图 LC5-18 所示为无极继电器的机械特性曲线，图中纵坐标表示衔铁运动时所克服的机械力 F_j（单位为 g），横坐标表示衔铁与铁芯间的工作气隙 δ（单位为 mm），横轴上线段 oa 代表最大气隙 δ 值，$o\delta_0$ 代表止片厚度，$a\delta_0$ 代表衔铁动程值（$\delta_a \sim \delta_0$）。

继电器衔铁释放时气隙最大，这时在衔铁重力和动接点片的预压力（动接点片预先向下弯曲变形所产生的弹力）的作用下，使动接点片与后接点片间保持一定的压力，以保证接触良好。后接点片的预压力与衔铁重力及动接点片预压力之和相平衡，衔铁上的机械力 F_j 为零，在机械特性曲线上用 a 点表示。

当衔铁开始运动，工作气隙从 δ_0 逐渐减小时，后接点片的挠度随之逐渐减小，使后接点片与动接点片之间的压力逐渐减小。这时后接点片给予动接点片的作用力也逐渐减小，动接点片的挠度逐渐增大。因此，随着气隙的减小，机械力 F_j 逐渐增大，如线段 ab 所示。该线段的陡度由后接点片和动接点片的弹性变形决定。

当动接点与后接点刚分离时，动接点片失去了后接点片对它的作用力，使机械力突然增大，如线段 bc 所示。其值决定于衔铁重量和动接点片的预压力之和。

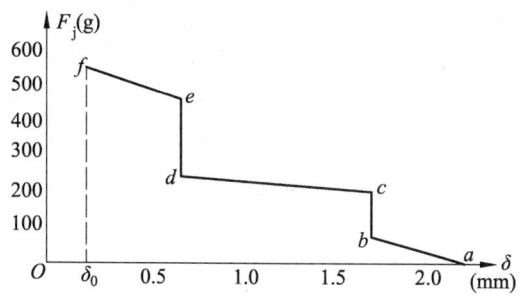

图 LC5-18　无极继电器的机械特性曲线

衔铁继续运动，使动接点片逐渐向上弯曲，由于动接点片的挠度加大，使动接点片对衔铁的压力逐渐上升，如线段 cd 所示。上升的陡度由动接点片的弹性变形决定。

当动接点片与前接点片接触并使前接点片刚离开上托片时，动接点片上增加了前接点的预压力，使机械力突然加大，如线段 de 所示。其值决定于动接点片的弯曲挠度所产生的弹力及前接点的预压力之和。

为使动接点片与前接点片间接触良好，必须要求它们之间有一定的压力，所以衔铁仍须运动，直至衔铁运动完毕。在这一过程中由于动接点片和前接点片共同弹性变形，弹力增大，所以机械力上升较快，如线段 ef 所示。

可见，继电器的机械特性曲线是一条折线，它表示了衔铁运动在不同位置时的机械反作用力 F_j。折线上 c、e 两个折点突出向上，它们反映了衔铁运动在这两个位置的机械反作用力变化最大。如果继电器的牵引力在这两个位置均能大于机械反作用力，该继电器就能吸起。所以 c、e 两个点中的一个，一般作为确定牵引力的依据，称为临界点。

2) 牵引特性

当无极继电器线圈上加上直流电源后，铁芯中就产生磁通，磁通经过铁芯与衔铁间的气隙 δ 时，对衔铁产生电磁吸引力，称为牵引力 F_Q。牵引力 F_Q 与线圈的磁势（线圈的匝数和所加电流的乘积 IW，通常称安匝）及气隙大小有关。当 δ 一定时，F_Q 与安匝（IW）的平方成正比；当安匝一定时，F_Q 与 δ 的平方成反比。即 F_Q 随 δ 呈双曲线规律而变化。牵引力 F_Q 随工作气隙 δ 变化的关系式为：$F_Q = f(\delta)$，称为牵引特性。牵引特性曲线如图 LC5-19 所示。从图中可看出，当安匝一定时，牵引力 F_Q 随 δ 的减小呈双曲线规律急剧增大；而相同的工作气隙在不同的安匝下，牵引力 F_Q 也不同，安匝大，牵引力也大。因此，不同的安匝值牵引力 F_Q 与工作气隙 δ 的牵引特性曲线也不同，安匝大，曲线 $F_Q = f(\delta)$ 位置就高。

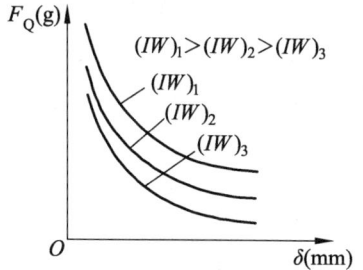

图 LC5-19　牵引特性曲线

3) 牵引特性与机械特性的配合

将机械特性曲线和牵引特性曲线用同一比例尺绘在同一坐标上，如图 LC5-20 所示。这一族牵引特性曲线对应于不同的继电器安匝。显然，要使继电器吸起，就必须要求继电器衔铁在整个运动过程中，牵引力处处大于或等于机械力。也就是说，牵引特性曲线必须在机械特性曲线之上,至少也要与机械特性曲线相切。如前所述,机械特性曲线上的 c 点和 e 点是两个突出的折点,如果衔铁运动到这两点时牵引力都大于或等于机械力,那么在其他点的牵引力都能满足要求。因此,只要根据这两点中的任一点相切在另一点之上的牵引特性曲线,就能确定该继电器的吸起安匝。在图 LC5-20 中,$(IW)_3$ 的牵引特性曲线不能满足要求,因它虽与 e 点相切,上部分处于机械特性曲线之上,但下部分处于机械特性曲线之下,说明下部分的牵引力小于机械力,继电器不能吸起。而与 c 点相切的 $(IW)_2$ 牵引特性曲

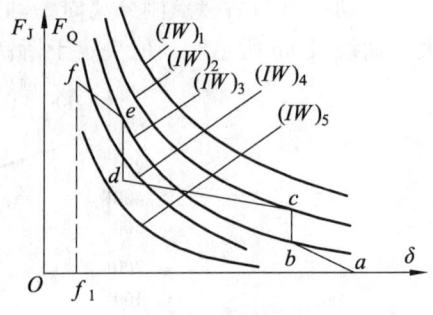

图 LC5-20 牵引特性曲线与机械特性曲线配合

线,除 c 点牵引力等于机械力外,其余都大于机械力,所以能使继电器吸起,$(IW)_2$ 就是吸起安匝。又因为 c 点的牵引力等于机械力,所以这个吸起安匝称为临界安匝,切点 c 称为临界点。为使继电器可靠吸起动作,继电器的安匝应大于临界安匝,在临界安匝上再加一个储备量,即乘以储备系数 K,就成为工作安匝 $(IW)_G$。储备系数 K 越大,牵引力越大,吸起时间越短。但 K 不能过大,K 过大不但造成不必要的功率消耗,而且因吸引力过大会造成点在闭合时发生剧烈振动,影响接点稳定工作,甚至产生强烈的电弧或火花使接点损坏。K 值一般为 1.1~1.3。

四、安全型继电器接点

继电器接点是继电器的执行机构,通过接点来反映继电器的状态,进行电路的控制。对于继电器接点有较高的要求,从接点材质到接点结构,从接点组数到接点容量。对频繁通断大电流的接点,还必须采取灭火花措施。

1. 对接点系统的要求

在实际应用过程中,继电器的大部分故障发生在接点系统上,因此继电电路的可靠性在很大程度上决定于接点系统工作的可靠性。为保证继电器的可靠工作,必须对接点系统有一定的要求,这些要求包括:

(1)接点闭合时,接触可靠,接触电阻小而且稳定;
(2)接点断开时,要可靠分开,接点间电阻为无穷大,即有一定的间隙;
(3)接点在闭合和断开过程中没有颤动;
(4)不发生熔接;
(5)耐各种腐蚀;
(6)导热率和导电率要高;
(7)使用寿命长。

2. 接点参数

1)接点材质

对接点材质的基本要求是机械强度高、导电率和导热率高、耐腐蚀、沸点较高、加工容易、价格适宜。

2）接点电阻

接点接触时两导体间的连接是接触表面间若干个接触过渡段的结合，因此它的电阻比同样形状、尺寸的整个导体要大得多，这种接触连接所形成的电阻叫作接触电阻。接点电阻与接点材料、接点间压力、接点的接触形式、接点间电压降、温度及化学腐蚀、电腐蚀等因素有关。

接点电阻由接触电阻及接点本身的电阻两部分组成。

由于接触电阻的存在，使通过接点的电流在接触过渡区产生功率损失，使接点发热。接点发热后增大了材料的电阻系数，减低了机械强度。由于发热和散热是同时进行且取得平衡的，所以接点通电后，能产生一定的温升（接点温度与周围环境温度之差），使接点电阻和机械强度保持在一定范围内。

总的要求是尽量减小接点电阻，以避免过高的接点温升与电压降。因此对接点电阻均要提出不允许超过的电阻值。

3）接点压力

接触点之间的压力和材质，在很大程度上决定着接点电阻的大小。开始接触的瞬间，接点压力加在为数不多的接触点上，这些接触点被压平，使两接触表面更加接近一些，产生一些新的接触点，总的接触电阻就会降低。但当压力达到某数值时，再增大压力，也不会使接点电阻有明显减小。

接点间存在压力，接点支撑件（接点弹片等，一般采用弹性元件）能产生弹性变形，避免因振动等因素造成接触分离，所以对接点压力有明确的最低值。

4）接点齐度

同一继电器的所有接点用于电路中，理论上要求同时接触。但在接点系统的生产过程中，从工艺上不可能做到没有误差，因而接点很难做到完全同时接触。继电器各组接点同时接触的误差称为接点不齐度，要求其越小越好。

5）接点间隙

在动接点和静接点开始分离的瞬间，接点间产生很高的电场，在接点间隙中的自由电子在此电场力的作用下从阴极向阳极高速移动，这样就产生了接点间的电弧。另外，这些电子与气体中的自由电子撞击，使气体电离，进一步使电弧加剧。电弧的产生使接点迅速氧化和点燃，加速接点的损耗，缩短使用寿命。但当接点间隔增大后，拉长了电弧，可使电弧熄灭。此外，接点间隙小，雷电效应亦可能使接点间产生放电现象。故要求接点间有足够大的间隙。

6）接点滑程

接点表面的腐蚀、氧化和灰尘等对接触电阻有很大影响，为了保证接点的可靠工作，当接点开始接触后，要求接点相互之间有一定程度的位移，该位移叫作接点滑程。

3. 接点容量

继电器接点所允许通过的最大电流称为接点容量，继电器使用时严禁超出接点允许容量，以保证各类接点达到规定的接点寿命动作次数。超出接点容量使用时，而造成接点接触面拉弧烧损，使接点接触电阻增大，寿命缩短，严重时造成器材或设备烧损。

安全型继电器的接点容量如表LC5-3所列。

表 LC5-3　继电器接点容量

接点类型	电源	电压/V	电流/A	负载性质
普通接点	直流	24	1	
无极加强接点	直流	220/380	5	电阻
	交流			
有极加强接点	直流	220	7.5	有极加强接点
	直流	380	15	有极加强接点

4. 接点材料

一般继电器要求接点材料的电阻系数小，抗压强度低，而且选用不易氧化或其氧化物电阻率小的材料。这是因为，接触材料电阻系数越小，接点本身的电阻越小，接触电阻越小；材料的抗压强度越小，在一定的接点压力下，接触面积就越大，接触电阻越小。

银的电阻率最低，银的氧化膜的导电率与纯银几乎相等，且抗压强度不高，因此几乎所有类型的继电器，都采用银和银合金作为接点材料。对控制大电流和高电压的接点，应选择耐电腐蚀和难熔的材料，例如钨和金属陶瓷等。钨熔点高，硬度也很高，不会熔合，几乎没有机械磨损，耐电腐蚀能力强，但它在大气中易氧化。金属陶瓷，大部分是由两种互相不能熔成合金的成分，用金属陶制法（粉末冶金法）制成的。它磨损小，熔点非常高，耐电腐蚀能力强，不易熔合，导电导热性能好，很适宜作为接点材料。银氧化镉就是其中的一种，其基本物质为银（85%～80%）和氧化镉（12%～15%），分别起导电和导热作用，获得了最佳配合。它在高温下（990 ℃）还能以爆炸形式分解出氧与镉的蒸汽，起到对电弧的吹动和消除游离的效应，形成自动吹弧作用，提高了接点的熄弧性能。特别是它与银接点配合使用时，具有防粘连、接触电阻小等特点。

安全型继电器的普通接点，静接点常用银或银氧化锡制成，动接点用银氧化锡制成。加强接点的静接点、动接点均用银氧化镉制成。

普通接点的接触电阻：银-银应不大于 0.03 Ω，银-银氧化镉应不大于 0.05 Ω，银-银碳应不大于 0.3 Ω，银氧化镉-银氧化镉应不大于 0.1 Ω。加强接点的接触电阻，银氧化镉-银氧化镉应不大于 0.1 Ω。

5. 接点的接触形式

接点的接触形式，有面接触、线接触和点接触三种，如图 LC5-21 所示。从表面上看，面接触的接触面最大，接触电阻最小。但实际上并非如此，由于接点的接触面稍有歪斜，两个接点的接触面就不能全面接触，往往只能在一个点或一个不大的面积上接触，因此接触电阻仍然较大。而且接触的部分每次闭合都有不同，加上接点表面的氧化物层自动净化不良，所以接触电阻很不稳定。线接触的压力比较集中，在接点闭合和断开过程中，线接触的接点表面能沿另一接点表面滑动，表面氧化层和灰尘会自动脱落，起到自动净化的作用，使接触电阻减小，而且接触电阻也较稳定。点接触压力最为集中，接触电阻也最稳定，但接触电阻大，散热面积小，温升高，只适用于小功率的控制电路中。

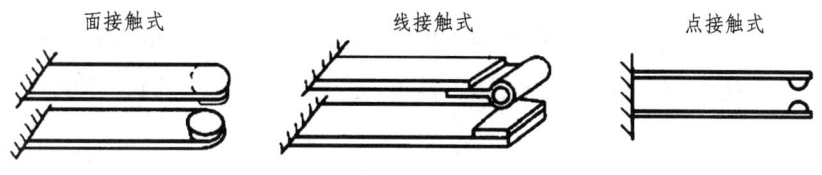

图 LC5-21 接点的接触形式

例如，JWXC 型无极继电器的接点采用点接触方式。在接点簧片的端部开一条 0.5 mm 宽的细长槽口，在槽的两边各焊一个银接点（由直径 1.5 mm 的银丝制成，见图 LC5-22）。它与动静点一起构成点接触方式，且形成一个簧片上有两个接触点的并联接触方式，大大提高了触头接触的可靠性。

JYJXC-135/220 型加强接点有极继电器，为满足通断较大电流的需要，除了加强接点片厚度外，接点采用面接触方式。

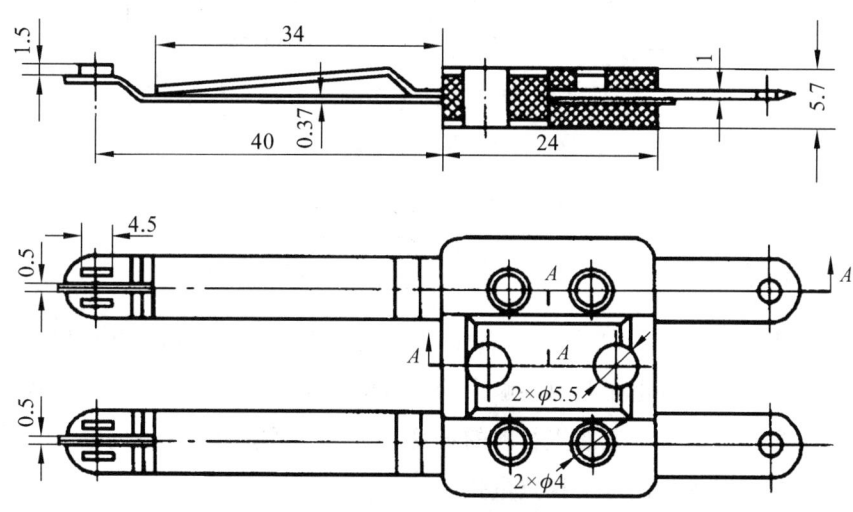

图 LC5-22 银接点单元

6. 接点的灭火花电路

为了提高接点的使用寿命，应设法避免接点间发生火花。发生火花的原因，是接点控制电路中有电感元件，电感元件中储存着磁场能量，当接点断开时往往以高电压击穿空气隙，使这些能量出现在接点之间，形成火花放电（但此时，因电流未达到电弧临界电流 I_c 不会产生电弧）。要消灭接点火花，必须采取措施将这部分磁场能量引出，不使它出现在接点上，使接点间的电压低于击穿空气的电压，那么接点间的火花即可消灭。具体方法一般是采用灭火花电路，总的原理是利用灭火花电路沟通电感负载所产生的感应电流回路，以降低自感电势，并把磁场能量消耗在回路中的电阻上，这样接点间的电压就可能降低到不能击穿空气隙，避免接点火花的出现。

灭火花电路如图 LC5-23 所示，分别为灭火花电阻与电路电感元件并联电路、灭火花二极管与电路电感元件并联电路、灭火花电阻电容与电路电感元件并联电路、灭火花电阻与接点并联电路、灭火花电阻电容与接点并联电路。灭火花电阻电容与接点并联是最常用的方法，在接点断开瞬间，电感负载所产生的感应电流流经并联在接点上的电容和电阻串联电路，使接点上的电压降至击穿空气隙的电压之下，从而避免发生火花。此时，磁场能量消耗在回路电阻上。

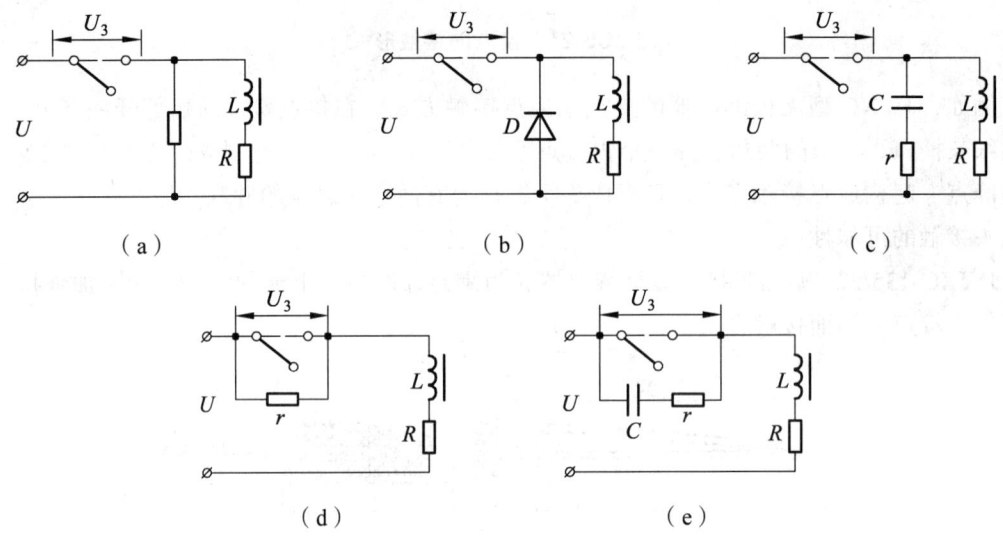

图 LC5-23　灭火花电路

7. 熄灭接点电弧

当电路中的电流较大时（大于产生电弧的临界电流 I_0）时，接点断开过程中，由于在强大电场作用下从负极发出的电子具有足够大的能量使气体电子发生强烈游离，就在接点间产生电弧。电弧温度很高，会引起接点材料的蒸发与喷溅，更增加了接点的电腐蚀，同时还引起接点表面的氧化。必须设法熄灭接点电弧。

电弧在接点间燃烧时，对电路来说具有一定的电阻值，使电路继续保持接通状态。要使电弧自行熄灭，就必须使电流值的增长率小于零，电流逐渐减小至零。要保证这一点，有两条途径：限制电路功率和增大接点间隙距离。限制电路功率，可使电流值达不到临界电流，但不是任何情况下都能采用的。单纯增大接点间距离熄弧效果有限。于是，在接点组数有多余的情况下，可采用几组接点串联的方法。串联几组接点，增大了接点间距离，也提高了电弧临界电压，有较好的熄弧效果。

最常用的则是磁吹弧，这种方法是利用磁场的电磁力把电弧拉长，起到增大接点间距离的作用，使电弧拉长到加在接点间的电压不足以维持电弧燃烧所需的电压而自行熄灭。磁吹弧法是在接点上加装一块永久磁钢，永磁磁通经过接点间的气隙构成磁回路。接点断开时在接点之间产生电弧，实际上就是电子和离子在接点间的移动。当接点间产生电弧时，电子和离子就要受到永磁的电磁力，使电弧吹得向外拉长，最后使电弧自行熄灭。其示意图如图 LC5-24 所示。

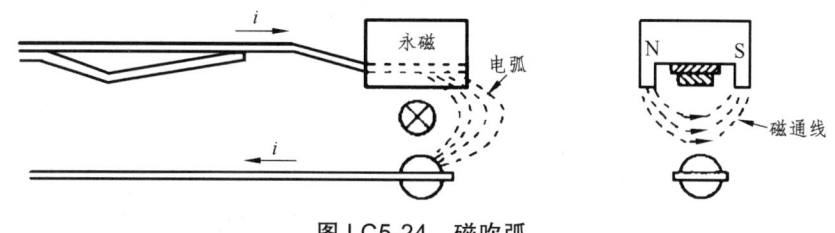

图 LC5-24 磁吹弧

磁吹弧的方向根据左手定则确定,如图 LC5-25 所示。此时要求通过接点电流的方向,应符合使接点间电弧向外吹的原则。否则,向内吹弧,非但不会熄灭电弧,还会造成接点的损伤。

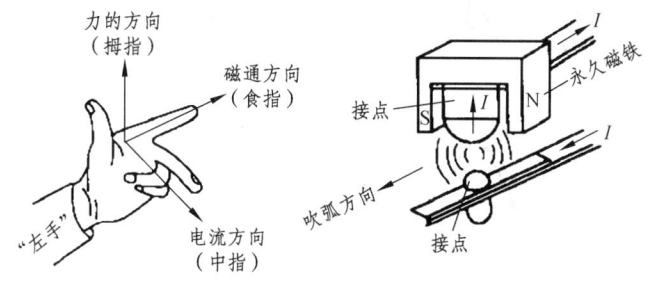

图 LC5-25 磁吹弧方向示意图

因此,加强接点上用磁吹弧的继电器,如 JWJXC-480、JWJXC-H125/0.44、JWJXC-H125/0.13、JYJXC-135/220 等都规定了接点的正负极性,使用中要注意磁吹弧的方向。这样,接点电流产生的磁场方向与磁钢的磁场方向一致,还保证不会产生对磁钢的去磁作用。

用永久磁钢作磁吹弧有许多优点:可节省铜线和绝缘材料,灭弧系统结构简单;灭弧功能较稳定;没有电能消耗;可使接点开距缩小。

五、时间继电器

1. JSBXC-850 时间继电器

JSBXC-850 时间继电器是一种缓吸继电器,借助电子电路,获得 180 s、30 s、13 s、3 s 等延时,以满足信号电路的需要。时间继电器由时间控制单元与 JWXC 型无极继电器组合而成。时间控制单元装在印刷电路板上,安装在接点组的上方,鉴别销号码为 14、55。常用时间继电器的基本情况如表 LC5-4 所列。

表 LC5-4 常用时间继电器基本情况

名称	型号	线圈电阻	充磁值/mA	释放值不小于/mA	工作值不大于/mA	动作时间 连接端子 51-52, 53-12			
						51-52	51-61	51-63	51-83
半导体时间继电器	JSBXC-850	370/480	56/54	4/3.8	14/13.4	180±27	30±4.5	13±1.95	3±0.45
单片机时间继电器	JSBXC1-850	370/480	56/54	4/3.8	14/13.4	180±9	30±1.5	13±0.65	3±0.15

1）延时电路

JSBXC-850 型半导体时间继电器（型号中 S 为时间，B 为半导体，850 是 370 和 480 之和）的时间控制电路如图 LC5-26 所示。其核心是由单结晶体管等组成的脉冲延时电路。

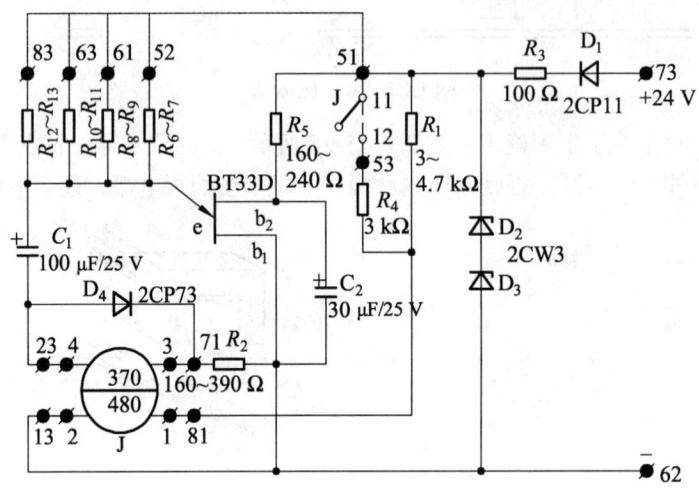

图 LC5-26 JSBXC-850 延时电路

在单结晶体管 BT 的发射极 E 和第一基极 B 的放电回路中接入继电器 J 的前圈（3-4，370 Ω），它的后圈（1-2，480 Ω）通过电阻 R_1 直接与电源相连。接通电源时，后圈有电流流过，其电路为：+24 V 电源（73 端子）—二极管 D_1—R_3—R_1—J_{1-2}—电源（62 端子）。但是，R_1 的阻值很大，为 3～4.7 kΩ，因此流过后圈的电流很小，继电器 J 不会动作。与此同时，电容器 C_1 也开始充电，其电路为：+24 V 电源（73 端子）—D_1—R_3—R_6～R_7（或 R_8—R_9、R_{10}—R_{11}、R_{12}—R_{13}）—C_1–J_{4-3}—电源（62 端子）。此电流流过前圈的方向正好与后圈的相反，继电器更不会动作。

当电容器 C_1 充电电压上升至高于单结晶体管 BT 的击穿电压时，BT 的发射极 e 与第一基极 b_1 间导通，C_1 放电，其电路为：C_1（+）—BT_{eb1}—R_2—J_{3-4}—C_1（-）。此电流流过前圈的方向与后圈的相同，当两者之和达到继电器的工作值时，继电器吸起，其前接点 11—12 沟通了自闭电路，电路为：+24 V 电源（73 端子）—D_1—R_3—J_{11-12}—R_4—J_{1-2}—电源（62 端子）。由于 R_4 的接入，电路的电阻值降低近一半，流过后圈的电流大于继电器的落下值，继电器可靠吸起。

2）延时时间

由上可见，由于 BT 和 C_1 组成的脉冲延时电路的存在，使继电器从接通电源到完全吸起经过了一段时间，这段时间就是继电器的缓吸时间。缓吸时间与充电电路的时间参数有关。C_1 的电容量越大，充电至单结晶体管 BT 击穿电压的时间越长，缓吸时间越长。充电电路的电阻值越大，电容器的充电电流越小，充电时间必然延长，缓吸时间越长。在端子 52、61、63、83 上分别接入不同阻值的电阻，即获得四种延时。缓吸时间还与单结晶体管的击穿电压有关，而击穿电压又决定于单结晶体管的分压比，分压比越大，击穿电压越高，缓吸时间越长。

在半导体时间继电器中，C_1 和单结晶体管选定后，改变延时时间，就靠接入不同的阻值的电阻来完成。

一般情况是，连接端子 51—52 为 3 min；51—61 为 30 s；51—63 为 13 s；51—83 为 3 s。此外，通过端子的不同连接还可获得其他延时时间，如 51 与 61、63 相连，为 9 s；51 与 61、63、83 相连，为 2.3 s，以满足电路的特殊需要。

3）其他元件的作用

（1）稳压管 D_2、D_3。

D_2、D_3 与 R_3 串联后成为稳压电路，稳压值 19.5~20.5 V，使继电器电源电压在 21~27 V 间变化时保持标准值的吸起时间，以消除电源电压波动对延时的影响。

（2）二极管 D_1。

D_1 是防止电源极性接错而设的，电源接错时它使电路不通。

（3）二极管 D_4。

D_4 并在继电器前圈两端，构成继电器断电时产生的反电势的回路，以免击穿单结晶体管。

（4）电容器 C_2。

C_2 是单结晶体管第二基极的平滑电容，也是稳压电路的滤波电容，以消除电源杂音对电路延时的干扰。

（5）电阻 R_5。

R_5 是单结晶体管的基极电阻。

4）特性

JSBXC-850 型继电器的电气特性与 JWXC-370/480 型相同。但有以下补充规定：

（1）继电器的延时误差不能超出标准值的 ±15%。

（2）在通电至继电器吸起的缓吸时间内，后接点的压力为 0.098~0.147 N。

5）接点使用

JSBXC-850 型继电器的接点编号与无极继电器相同。图 LC5-27 中，除 73、62 外，时间控制单元的端子号与继电器接点完全相同。除 73 接 + 电源，62 接 - 电源以及按所需时间连接对应接点外，继电器内部尚需连接 1—81、2—13、3—71、4—23、11—51、12—53。因此，可供使用的只有第三、第四两组接点组和第二组前接点。

2. JSBXC1-850 时间继电器

JSBXC-850 时间继电器采用 RC 延时电路，由于电容器老化和环境温度变化，延时时间会漂移，需定期检修和调整其时间常数。$JSBXC_1$-850 型可编程时间继电器是新一代的时间继电器。它采用微电子技术，通过单片机软件设定不同的延时时间；采用动态电路输出，延时精度高（±5%），不需要调整，电路安全可靠。它不改动继电器的外部配线，使用很方便。

$JSBXC_1$-850 型可编程时间继电器内部电路如图 LC5-27 所示。电路由 4 部分组成：输入电路、控制电路、电源电路和动态输出电路。

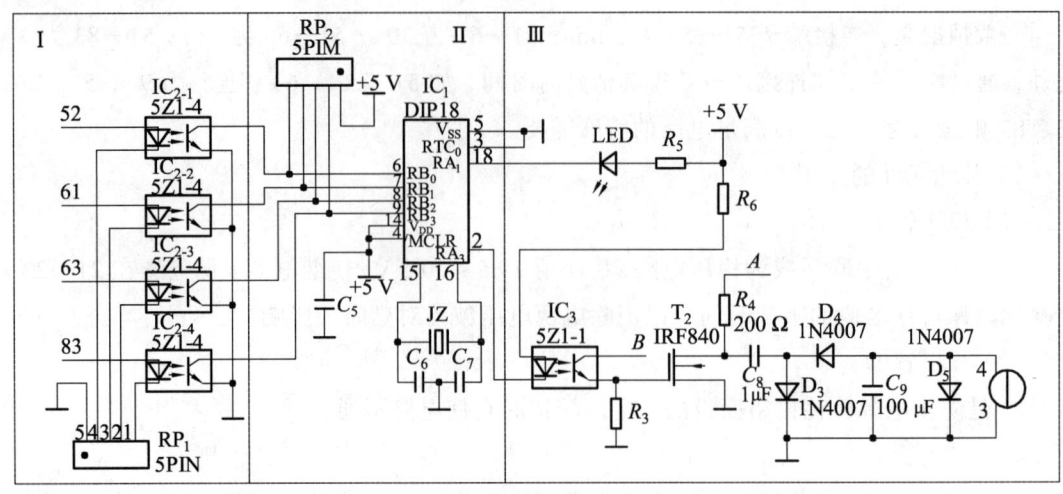

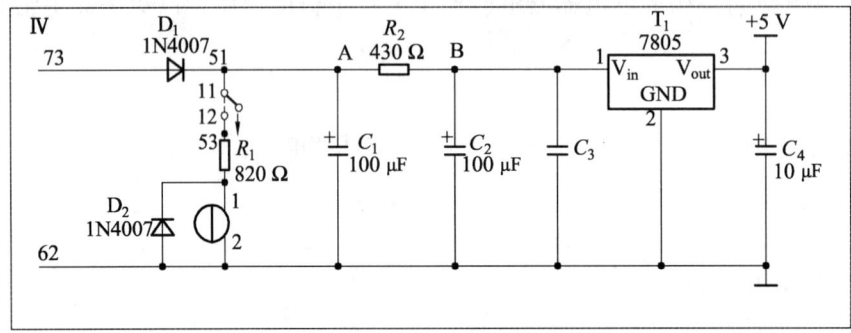

图 LC5-27　JSBXC1-850 型继电器内部电路图

1）输入电路

输入电路将 52、61、63、83 所接外部电路经 4 个光电耦合器 $IC_2\text{-}1 \sim IC_2\text{-}4$（5Z1-4 型）与单片机不同输入端连接，设定不同的延时时间，其连接同 JSBXC-850 型继电器。光电耦合器起隔离作用，将外部电路和单片机控制电路隔离开。当光电耦合器的发光二极管有输入导通时，其光敏三极管就导通；否则，就截止。

2）控制电路

控制电路由单片机 IC_1（DIP18 型）和晶体振荡器 JZ 及 C_6、C_7 等组成。JZ 为 IC_1 提供振荡源。当 IC_1 的输入端 $RB_0 \sim RB_3$ 其中一个有输入时，通过软件的设定，其输出端 $RA_1 \sim RA_3$ 在不同的延时时间后就有序列脉冲输出。在延时过程中发光二极管 LED 每秒钟闪亮一次。

3）动态输出电路

当单片机的输出通过光电耦合器 IC_3 接至 MOS 管 T_2 栅极，在序列脉冲的作用下，T_2 反复导通和截止。T_2 导通时，对 C_8 充电。T_2 截止时，C_8 对 C_9 放电。当 C_9 上电压充至继电器工作值时，通过前圈（370 Ω）使继电器吸起。继电器吸起后，其前接点 11-12 闭合，又使后圈（480 Ω）励磁，于是继电器可靠吸起。

4）电源电路

电源电路由 D_1、D_2、C_1、C_2、C_3、C_4、T_1 组成。经 73（+）和 62（-）输入直流 24 V 电源经 D_1 鉴别极性。C_1、R_2、C_2 组成的滤波电路滤除交流成分，三端稳压器 T_1 稳压，为单片机提供工作电源。

六、继电器检修标准

1. 继电器通用标准

（1）继电器的外罩须完整、清洁、明亮、封闭良好、封印完整，外罩应采用阻燃材料。继电器的可动部分和导电部分，与外罩均须有 2 mm 以上的间隙。

（2）所有金属零件的防护层，不得有龟裂、融化、脱落及锈蚀等现象，对防护层脱落部分（除导电部分外），可用涂漆方法防锈。端子板、线圈架应无影响电气性能、机械强度的破损及裂纹。

（3）线圈应安装牢固、无较大的旷动，线圈封闭良好、无短路、断线及发霉等现象。线圈引出线及各部连接线须无断根、脱落、开焊、假焊及造成混线的可能。

（4）磁极应保持清洁平整，不得有铁屑或其他杂物。衔铁动作灵活，不别、不卡。接点在吸起或落下时不得跳动。

（5）接点须清洁平整，不得有严重的烧损或发黑。接点引接线应不影响接点动作，并无歪斜、碰混及脱落、腐蚀等现象。

（6）继电器的同类型接点应同时接触或同时断开，其齐度误差：普通接点与普通接点间应不大于 0.2 mm；加强接点与加强接点间应不大于 0.1 mm。

（7）普通接点的接触电阻：银—银氧化镉时应不大于 0.05 Ω；银氧化镉—银氧化镉时应不大于 0.1 Ω；插座簧片与插片的接触电阻应不大于 0.03 Ω。

（8）继电器和插座的绝缘电阻应不小于 100 MΩ。

（9）在试验的标准大气条件下，继电器和插座的绝缘电阻应不小于 100 MΩ。

（10）当继电器超过电寿命规定次数，或超过继电器的寿命管理周期时，继电器不能继续使用。

（11）继电器中使用的电子元器件，其特性发生变化不能保证其使用时，不得继续使用。

2. 安全继电器检修标准

（1）衔铁与轭铁间左右的横向游间应不大于 0.2 mm，钢丝卡应无影响衔铁正常活动的卡阻现象。

（2）银接点应位于动接点的中间，偏离中心时，接触处距动接点边缘不得小于 1 mm；银接点伸出动接点外不得小于 1.2 mm，如图 LC5-28 所示。

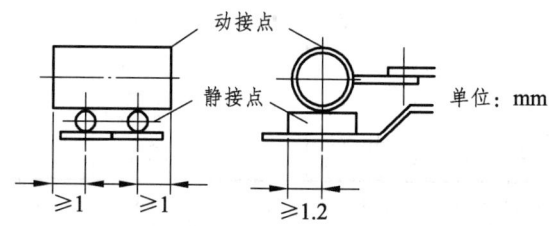

图 LC5-28 动接点与静接点之间距离示意图

（3）接点插片须间隔均匀，伸出底座外不小于 8 mm。

（4）应处于衔铁槽口中心，衔铁运动过程中与拉杆均应保持不小于 0.5 mm 的间隙。

3. 安全无极继电器机械特性和电气特性

无极继电器的机械特性应符合表 LC5-5 所示的要求。

表 SC5-5　无极继电器的机械特性

序号	继电器型号	接点间隙不小于/mm		普通接点压力不小于/mN		加强接点压力不小于/mN		托片间隙/mm	
		普通接点	加强接点	动合接点	动断接点	动合接点	动断接点	普通接点不小于	强接点
1	JWXC-1700	1.3	—	250	150	—	—	0.35	—
2	JWJXC-480	3	5	150		400	300		0.1～0.3
3	JWXC-H340	1.3	—	250	150	—	—	0.35	—
4	JWJXC-H125/0.44		2.5	150	150	400	300		0.1～0.3
5	JWJXC-H125/80								

无极继电器在环境温度为 +20 ℃ 时的线圈参数、电气和时间特性应符合表 LC5-6 的要求。

表 LC5-6　无极继电器的电气特性

序号	继电器型号	线圈电阻/Ω	额定值	充磁值	时间特性			缓放时间不小于/s	
					释放值不小于	工作值不大于	反向工作值不大于	18V	24V
1	JWXC-1700	850×2	24 V	67 V	3.4 V	16.8 V	18.4 V	—	—
2	JWJXC-480	240×2	24 V	64 V	4.8 V	16 V	17.6 V		
3	JWXC-H340	170×2	24 V	46 V	2.3 V	11.5 V	12.6 V	0.45	0.50
4	JWJXC-H125/0.44	125/0.44	24 V/2 A	48 V	2.5 V	12 V	13.2 V	0.35　后圈电流由 5 A 降至 1.5 A 断电时 0.3	0.45
5	JWJXC-H125/80	125/80	24 V	48 V	2.5 V/2.5 V	12 V/12 V	13.2V/13.2V	0.4/0.4	0.5/0.5

注：1. JWXC-H340 型继电器缓吸时间当电压为 18 V 时不大于 0.35 s，为 24 V 时不大于 0.3 s；
　　2. JWJXC-H125/80 型继电器是专为交流道岔改进设计的全电压缓放继电器。

4. 安全型整流继电器机械特性和电气特性

整流继电器的机械特性应符合表 LC5-7 的要求。

表 LC5-7　整流继电器的机械特性

序号	继电器型号	接点间隙不小于 /mm	接点压力不小于/mm		托片间隙不小于 /mm
			动合	动断	
1	JZXC-H18	1.3	250	150	0.35
2	JZXC-H18F				

整流继电器在环境温度为 +20 ℃ 时的线圈参数、电气特性和时间特性应符合表 LC5-8 的要求。

表 LC5-8　整流继电器的电气特性

序号	继电器型号	线圈电阻 /Ω	电气特性				时间特性
			额定值	充磁值	释放值不小于	工作值不大于	释放时间不小于/s
1	JZXC-H18	9×2	AC150 mA	AC400 mA	AC40 mA	AC100 mA	AC100 mA 时 0.15
2	JZXC-H18F	480/16	AC155 mA	AC400 mA	AC40 mA	AC140 mA	140 mA 时 0.15

5. 偏极继电器机械特性和电气特性

偏极继电器的机械特性应符合表 LC5-9 的要求。

表 LC5-9　偏极继电器的机械特性

序号	继电器型号	接点间隙不小于/mm	接点压力不小于/mN		托片间隙不小于 /mm
			动合	动断	
1	JPXC-1000	1.3	250	150	0.35

偏极继电器在环境温度为 +20 ℃ 时的线圈参数、电气特性应符合表 LC5-10 的要求。

表 LC5-10　偏极继电器的电气特性

序号	继电器型号	线圈电阻/Ω	电气特性			
			额定值	充磁值	释放值不小于	工作值不大于
1	JPXC-1000	500×2	24 V	64 V	4 V	16 V

注：JPXC-1000 型继电器反向不吸起电压应大于 200 V。

6. 安全型有极（加强）继电器机械特性和电气特性

有极继电器的机械特性应符合表 LC5-11 的要求。

表 LC5-11　有极继电器的机械特性

序号	继电器型号	接点间隙不小于/mm		普通接点压力不小于/mN		加强接点压力不小于/mN		托片间隙/mm		备注
		普通接点	加强接点	定位	反位	定位	反位	普通接点不小于	加强接点	
1	JYJXC-135/220	4.5	7	150	150	2200	2200	0.35	—	定位或反位保持力不小于 4 N
2	JYJXC-160/260	4.5	7	150	150	2200	2200	0.35	—	

有极继电器在环境温度为 +20 ℃ 时的线圈参数、电气特性应符合 LC5-12 的要求。

表 LC5-12　有极继电器的电气特性

序号	继电器型号	线圈电阻/Ω	电气特性		
			额定值	充磁值	转极值
1	JYJXC-135/220	135/220	24 V	64 V/64 V	正向 10～16 V 方向 10～16 V
2	JYJXC-160/260	前圈 160±16 后圈 260±26			

7. 时间继电器机械特性、电气特性及时间特性

时间继电器的机械特性应符合表 LC5-13 的要求。

表 LC5-13　时间继电器的机械特性

继电器型号	普通接点间隙不小于/mm	普通接点压力不小于/mN		托片间隙不小于/mm
		动合	动断	
JSBXC1-850	1.02	250	150	0.35

继电器的线圈参数及电气特性应符合表 LC5-14 的要求。

表 LC5-14　时间继电器的电气特性

继电器型号	线圈电阻/Ω	电气特性		
		充磁值	释放值不小于	工作值不大于
JSBXC1-850	370/480	560 mA/560 mA	4 mA/3.8 mA	14 mA/13.4 mA

时间继电器的时间特性应符合表 LC5-15 的要求。

表 LC5-15 时间继电器的时间特性

继电器型号	连接端子	5-11、53-12			
		51-52	51-61	51-63	51-83
JSBXC1-850	动作时间/s	180±9	30±1.5	13±0.65	3±0.15

七、继电器的应用

1. 继电器的表述

1) 继电器的名称符号

继电器一般是根据它的主要用途和功能来命名的,例如反映按钮动作的继电器称为按钮继电器,控制信号的继电器称为信号继电器。为了便于标记,继电器符号用汉语拼音字头来表示,例如,按钮继电器表示为 AJ,信号继电器表示为 XJ。在一个控制系统中会用到许多继电器,同一作用和功能的继电器也不止一个,它们的名称必须有所区别。例如,以 XLAJ 代表下行进站信号机的列车进路按钮继电器,STAJ 代表上行通过按钮继电器。同一个继电器的线圈和接点必须用该继电器的名称符号来标记,以免互相混淆。同一个继电器的各接点组还需用其编号注明,以防重复使用。

2) 继电器的定位

继电器有两个状态:吸起状态和落下状态。在电路图中只能表达这两种状态中的一种,应有所规定。电路图中继电器呈现的状态称为通常状态(简称常态)或定位状态。

在电路图中,凡以吸起为定位状态的继电器,其线圈和接点处均以"↑"符号标记之;凡以落下为定位状态的继电器,其线圈和接点处均以"↓"符号标记之。

3) 继电器图形符号

在继电电路中,涉及继电器线圈和接点组,它们的图形符号分别如表 LC5-16 和表 LC5-17 所列,这些图形符号反映了继电器的某些特性,因此绘图时必须正确选用,以免混淆。表中的接点图形符号有工程图用和原理图用两种。工程图用的符号略为复杂,但能准确表达接点的状态,且不致因笔误而造成误解,所以工程图必须采用工程图用符号。原理图用的接点符号比较简单,但稍有笔误即易造成误认,仅限于设计草图和教学中使用。

表 LC5-16 继电器接点图形符号

序号	符 号		名 称	说 明
	标准图形	简化图形		
1			前接点闭合	
2			后接点断开	
3			前接点断开	

续表 LC5-16

序号	符号 标准图形	符号 简化图形	名 称	说 明
4	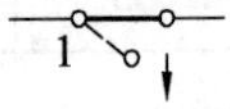		后接点闭合	
5	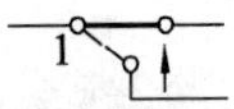	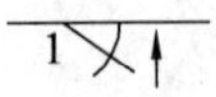	前、后接点组	前接点闭合 后接点断开
	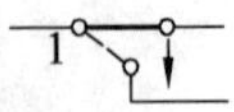	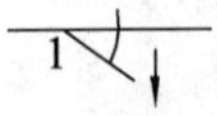		前接点断开 后接点闭合
6	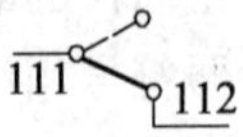	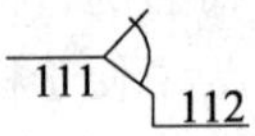	极性定位接点闭合	
7	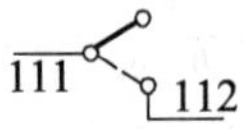	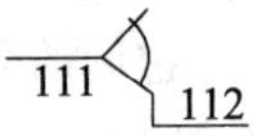	极性定位接点断开	
8	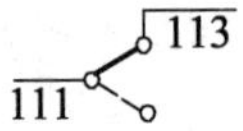	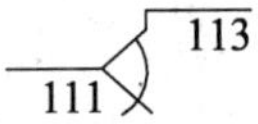	极性反位接点闭合	
9	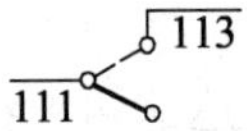	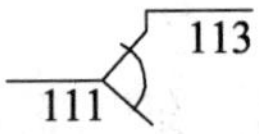	极性反接点断开	
10			极性定、反位接点组	定位接点闭合 反位接点断开
				定位接点断开 反位接点闭合

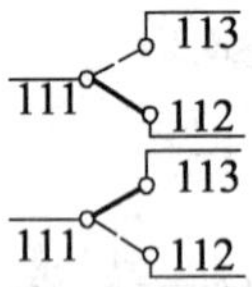

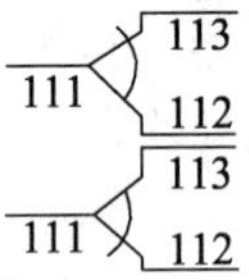

表 LC5-17　继电器线圈图形符号

序 号	符 号	名 称	说 明
1		无极继电器	两线圈分接
2		无极缓放继电器	单线圈缓放
3			
4	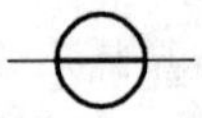	无极加强继电器	
5	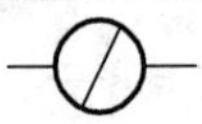	有极继电器	

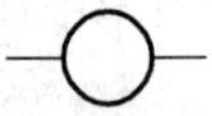

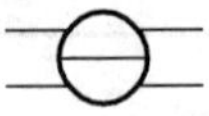

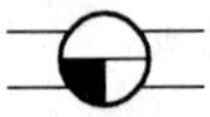

续表 LC5-17

序 号	符 号	名 称	说 明
6	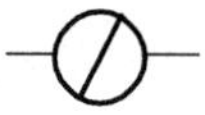 (图)	有极加强继电器	
	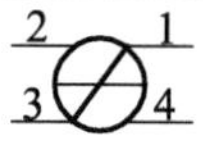 (图 2 1 3 4)		两线圈分接
7	 (图 4 1)	偏极继电器	
8	 (图)	整流式继电器	
9	 (图 3′)	时间继电器	
10	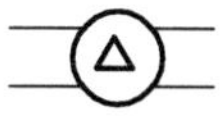 (图 △)	单闭磁继电器	
11	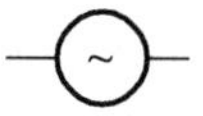 (图 ~)	交流继电器	
12	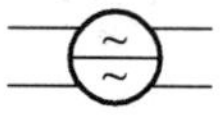 (图 ≈)	交流二元继电器	
13	 (图)	动态继电器	
	 (图)		两线圈分接
14	(图)	传输继电器	

对于继电器的前接点和后接点，只标出其接点组号，而不必详细标明动接点、前接点、后接点号。例如第一组接点，其动接点片为 11，前接点为 11—12，后接点为 11—13。而对于有极继电器，因无法用箭头表示其状态，所以必须标明其接点号，如 111—112 表示定位接点，111—113 表示反位接点，百分数 1 是为了区别于其他继电器而增加的。

2. 继电器线圈的使用

对于有两个线圈参数相同的继电器，它的线圈有多种使用方法：可以两个线圈串联使用，连接 2—3 电源片，使用 1—4 电源片；可以两个线圈并联使用，电源片 1—3 连接，2—4 连接；也可以两个线圈分别使用或单线圈单独使用，使用 1—2 或 3—4 电源片。

无论哪一种使用方法，都要保证继电器的工作安匝和释放安匝，才能使继电器可靠工作。例如 JWXC-1000 型继电器，它的前后线圈均为 8 000 匝，两个线圈串联使用时，工作电压不大于 14.4 V，故工作电流不大于 14.4/1 000 = 0.014 4 A，工作安匝不大于 2 × 8 000 × 0.014 4 = 230.4 安匝。当单线圈使用时，为了得到同样的安匝，加在两线圈的工作电压应分别为 230.4/8 000 × 500 = 14.4 V。当两线圈并联时，为获得同样的安匝，所需工作电压为 115.2 × 2 × 250 = 7.2 V。

可见，单线圈使用时，为了保证得到与两线圈串联使用时同样的工作安匝，通过线圈的电流必须比串联时大一倍，所消耗功率也大一倍。此时，电源容量要大，线圈易发热。因此，继电器大多采用两线圈串联使用的方法。但当电路需要时，也采用分线圈使用的方法。两线圈并联使用时，所需电压比串联时低一半，一般使用在较低电压的电路中。

3. 继电器基本电路

1）串联电路和并联电路

根据继电器接点在电路中的连接方式，继电电路可分为串联、并联和串并联三种基本形式。

（1）串联电路。

串联电路指继电器接点串联连接的电路，其功能是实现逻辑"与"的运算。图 LC5-29 所示为一串联电路，3 个接点必须同时闭合才能使继电器 DJ 吸起。从逻辑功能来看，接点在电路中的串接顺序是任意的，而且动接点是否接向电源也是任意的。但从工程角度出发，应考虑接点的有效使用，如 AJ 的后接点可用在别的电路中。

（2）并联电路。

由几个继电器接点并联连接的电路称为并联电路，它的功能是实现逻辑"或"运算。如图 LC5-30 所示为 3 个接点并联的例子，其中任一个接点闭合都会使继电器 DJ 吸起。从工程角度看，也要考虑接点组的有效利用。

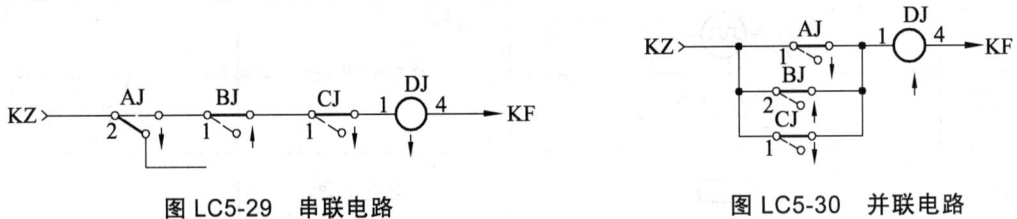

图 LC5-29　串联电路　　　　　　图 LC5-30　并联电路

（3）串并联电路。

根据逻辑功能的要求，在电路中有些接点串联，有些接点并联，这类电路称为串并联电路，如图 LC5-31 所示。

2）自闭电路

在继电器构成的控制系统中，常需要将某一动作记录下来为以后的过程作准备。例如，图 LC5-32 所示的按钮继电器电路，按下自复式按钮 A 后，继电器 AJ 经过励磁电路吸起。但松开按钮后，继电器就不能保持吸起。为此，增加由自身前接点构成的电路，使按钮松开后，继电器不落下。这条由自身前接点构成的电路称为自闭电路。有了自闭电路后继电器就有了记忆功能。当然，当它完成任务后，就必须由表示该任务完成的继电器接点使其复原。

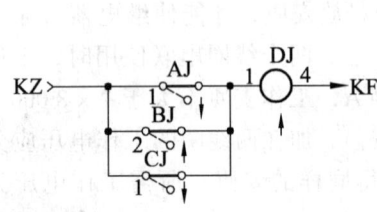 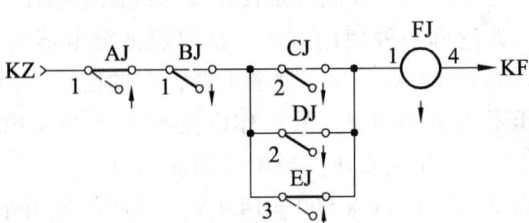

图 LC5-31　自闭电路　　　　　　图 LC5-32　按钮继电器电路

4. 继电电路的分析法

在设计和分析继电电路时,为了便于认识和掌握电路的逻辑功能、继电器动作顺序、继电器动作时机和继电器励磁回路,需采用一些简便的分析方法,通常有动作程序法、时间图解法和接通径路法。

1) 动作程序法

动作程序法用来表示继电器的动作过程,着重反映继电电路的时序关系因果关系,而不严格地表达逻辑功能。用符号表示各继电器状态的变化:"↑"表示继电器吸起,"↓"表示继电器落下(这里↑、↓表示继电器的动作,不要和电路图中表示继电器定位状态的↑、↓相混淆),"→"表示促使继电器吸起、落下,"|"表示逻辑"与"。

例如,对于图 LC5-33 所示的脉动偶电路(由两个继电器组成的脉冲形成电路),可写出它的动作程序。

2) 时间图解法

有些继电电路的时间特性要求较严格,整个电路动作过程与继电器的时间特性(如缓放时间的长短)密切相关。这时,可用时间图解法来较准确地进行分析。时间图解法能很清楚地表示出各继电器的工作情况、相互关系和时间特性,能正确地反映整个电路的动作过程。

时间图解法把继电器线圈通电、后接点断开、前接点闭合、线圈断电、前接点断开、后接点闭合等都用时间图表示出来,如图 LC5-34 所示。继电器之间的互相关系,在时间图上用箭头表示。

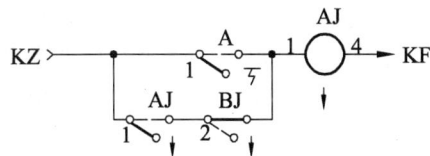

图 LC5-33 脉动偶电路图

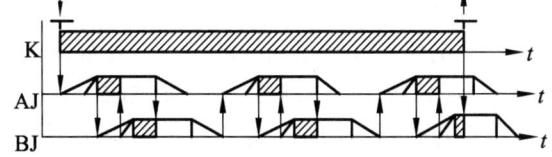

图 LC5-34 脉动偶电路时间图解

3) 接通径路法

接通径路法(曾称接通公式法)用来描述继电器励磁电流的径路,即由电源正极经继电器接点、线圈及其他器件(按钮接点、二极管等)流向电源负极的回路,它是在分析继电器电路中常用的方法(俗称跑电路,不一定写下来)。

例如,对于图 LC5-33 所示的脉动偶电路,其励磁电路如下:

$KZ—K_{11-12}—BJ_{11-13}—AJ_{1-4}—KF$

$KZ—K_{11-12}—AJ_{11-12}—BJ_{1-4}—KF$

式中各接点及其器件的下标是它们在电路中具体连接的接点号或端子号,接点之间用"—"联系,它表示经由,而不用"→"(没有促使的含义),以避免和动作程序法中的"→"相混淆。

一个继电器可能有多条励磁电路,需分别写出接通径路予以描述。

接通径路法仅表达了继电电路的导通路径,而不能反映电路的逻辑功能。对于复杂的继电电路,在对其逻辑功能不熟悉的情况下,可先用接通径路来加以描述。

在实际应用过程中，通常将动作程序法和接通径路法结合起来使用，一方面，在掌握继电电路动作程序的情况下，能方便地跑通电路；另一方面，在跑通电路的过程中，加深对动作程序的理解。

5. 继电器电路安全措施

在继电器电路中常见故障有：熔断器熔断、断路器脱扣、断线、脱焊、螺丝松脱、线圈烧坏、接点接触不良、器件失效、插接件接触不良、线间绝缘不良、线路混入电源等，故障种类很多。但就其对电路的影响可以归纳为两大类：一类使电路开路，称为断线故障；另一类使电路短路，称为短路故障。断线故障会导致吸起的继电器错误落下或使应吸起的继电器不能吸起。混线故障可能使不应吸起的继电器错误吸起或使已吸起的继电器不能及时落下，继电器电路的安全性主要是解决断线防护和混线防护问题。

1）断线防护电路

电路的断线故障远多于混线故障，据此必须按闭合电路法（以电路断开对应安全侧，以电路闭合对应危险侧）设计继电电路，即发生断线故障时使继电器落下以满足故障-安全的要求。图 LC5-35 所示的两个电路是等效的，即 AJF 是 AJ 的复示继电器，但两者结构不一样。图 LC5-35（a）符合闭合电路原理，无论何处发生断线故障都导致 AJF 在落下状态，具有故障-安全性能。图 LC5-35（b）是利用 AJ 的后接点构成 AJF 线圈的旁路而使 AJF 落下，称为旁路控制电路，其发生断线故障时 AJF 反而错误吸起而导向危险侧，所以安全电路不能采用旁路控制电路。按闭合电路原理设计的电路是断线保护的基本方法，它能对任何断线故障有反应，故可认为它具有断线故障自检能力。

2）混线防护电路

继电电路按闭合电路原理设计，在混线故障情况下就有可能使继电器错误吸起而导向危险侧。因此尽管混线故障远少于断线故障，也必须慎重地采取防护措施。实际上，要使电路的各点都进行混线防护，是困难的，也是不可能的。室内环境较好，只要采取严格的施工工艺，电路极少发生混线故障，一般不采取防护措施。

（1）位置法。

位置法也称远端供电法，是针对室外电路之间混线而采取的措施。例如，在图 LC5-36 中两电路的逻辑功能是等同的，但电路结构不同。图 LC5-36（a）的继电器和电源均在电路的同一侧，发生混线故障时继电器将无条件地错误吸起，这十分危险。而在图 LC5-36（b）

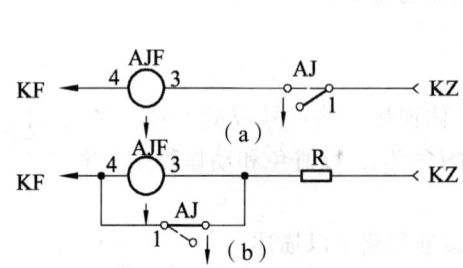

图 LC5-35　断线防护电路

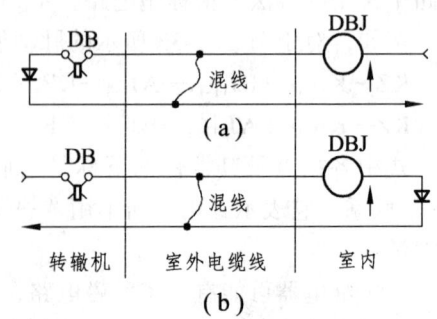

图 LC5-36　混线防护电路

中，继电器和电源分设在电路两侧，发生混线故障时，一方面使继电器短路，另一方面在接点 DB（转辙机接点）闭合的情况下使电源处的熔断器熔断，从而使继电器落下，导向了安全侧。所以，位置法的关键是继电器和电源必须分别设在可能混线位置的两侧。

（2）极性法。

极性法是针对室外电路混入电源而采取的措施。如图 LC5-37 所示，电路中采用偏极继电器。当 Q 线上混入正电时，与电源极性一致，则继电器 1JGJ 仍保持吸起，Q 线上混入负电时，则熔断器熔断，使继电器 1JGJ 落下导向安全侧。在 H 线上混入电源情况同样如此。如果在列车占用 1JG 时，IG↓，此时若在 Q 上混入负电，H 线上混入正电，则 1JGJ 因极性不符，不吸起，而如果采用无极继电器就不能达到此目的。

（3）双断法。

双断法是在电路的 Q 线和 H 线上都接入同样的控制接点，来防止混线混电故障。如图 LC5-38 所示，如不采用双断，则当 a、b 两点同时发生接地或控制接点引出端子间发生短路等故障时，尽管控制接点未闭合，也能使继电器错误吸起。但若采用双断法，这种可能性就大大减小。Q 线或 H 线混入电源，也可防护。又如图 LC5-39（a）所示，若不采用双断法，继电器 1DBJ 和 3FBJ 的 Q 线之间发生混线故障，则 3FBJ 将错误吸起；若采用双断法，如图 LC5-39（b）所示，则 Q 线间发生混线故障时也不会使 3FBJ 错误吸起。

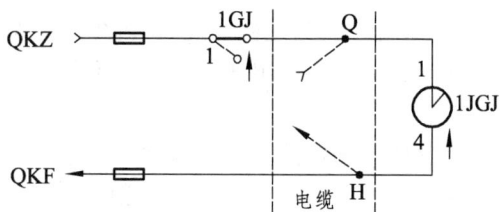

图 LC5-37　极性法混线防护电路

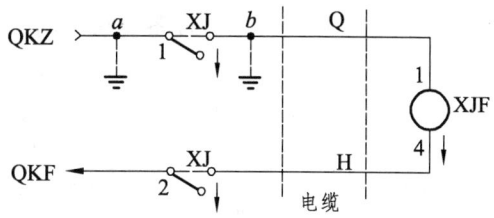

图 LC5-38　双断法混线防护（1）

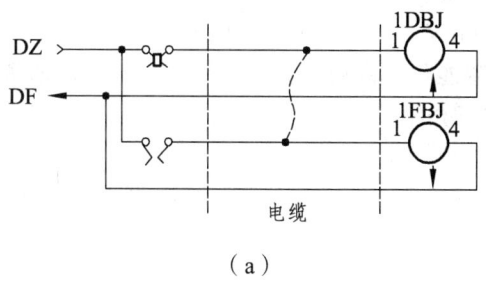

（a）

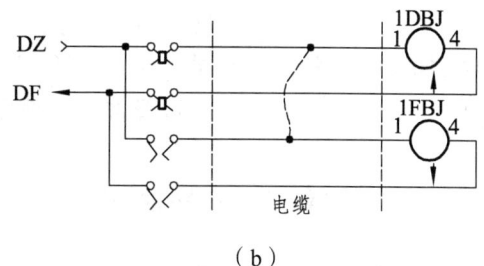

（b）

图 LC5-39　双断法混线防护（2）

（4）独立电源法。

独立电源法也称为电源隔离法。从上述双断法分析中可以看出，在混线故障情况下导致继电器错误吸起的原因在于继电器未采用独立电源或多个继电器共用一个电源所致。如果每个继电器有各自的电源且没有公共回线，那么任何两条线路混线都不会构成错误的闭合电路使继电器吸起。但为每个继电器设直流电源很不经济，故在直流电路中未采用，然而在交流电源中可以很方便地利用变压器实现电源隔离，例如轨道电路、信号点灯电路和道岔表示电路都采用变压器隔离。如图 LC5-40 所示为道岔表示电路，其中的 BB 就是专用的隔离变压器。

以上几种措施也可能同时采用。

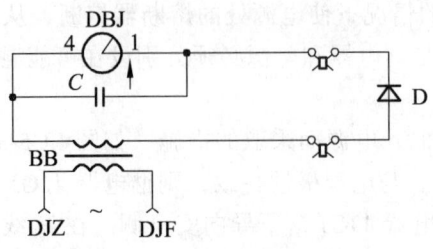

图 LC5-40　独立电源防护法

此外还有分路法（当继电器处于落下状态时接通继电器线圈的分路线，以防止因混入电源而错误吸起）、分线法（重要的继电器电路不与其他继电器共用回线）等。

子模块 LC6　电源设备

一、概　述

信号电源屏可为信号设备提供不同类型和电压的供电，按电源屏容量分类，可分为大站电源屏、中站电源屏、小站电源屏；按智能化分为普通电源屏和智能电源屏；按输出作用分为交流屏、直流屏、交直流屏、稳压屏、25 Hz 电源屏等。

目前由于智能电源屏具有较多优点，智能电源屏广泛使用于铁路系统和地铁系统中。

智能电源屏为了保证外网供电断电时继续向信号设备供电，采用了不间断电源（UPS）持续向设备提供电源。UPS 主要由逆变器和蓄电池组构成。

智能电源屏选用北京鼎汉技术股份有限公司研发生产的适用于地铁轻轨项目信号系统的 PZG 系列智能信号电源屏，它提供交流 DC24 V、DC60 V、DC24～60 V、AC380 V、AC220 V、AC110 V 等多种规格不同容量的电源。该系列采用智能化、模块化设计，具有对地漏泄监测功能。我们以鼎汉公司的 PZG 系列智能电源屏来进行介绍。

二、PZG 系列智能电源屏工作原理及构成

1. 系统的工作原理

信号电源屏中直流电源模块采用冗余备份的并联均流方式运行，在模块正常情况下同组模块均分负载，当其中一个电源模块故障时其他模块保证提供最大负载需求，不影响信号设备的正常运行。交流稳压模块采用集中稳压工作方式，直流智能高频开关电源具有测量输出电流、电压的功能并提供欠压、过压报警功能，另外在输出端有过载保护及浪涌吸收设备。除正常的负荷（保证信号系统能够正常工作）外，电源系统设备有 30% 以上的剩余容量，并为每套电源屏预留至少两个模块插槽和直流电源配置模块。交流电源由 UPS 直接供电，由于直流电源容量比较少，模块数量较少，故机柜预留的空间比较大，这样确保了电源系统的可靠性及将来系统的改动及扩展。

UPS 电源经交流输入配电并切换后，进入配电柜进行配电，之后提供交流 220 V 电源输入到 UPS 系统，经过 UPS 整流滤波输入给直流模块或直接提供给负载干净的 AC220 电源。此外，交流两路外电输入电源经隔离、整流后，变换为直流给逆变器供电，直流电路同时通过智能充电器给电池充电。逆变器将直流变换为稳定的标准正弦波，通过隔离变压器，经对交流输出的分配和监测向负载供电。

电源系统有稳压模块，在 UPS 旁路的情况下，仍然可以保证输出电流的稳压精度，保证信号设备能正常工作。

在非设备集中站，UPS 电源由通信系统提供，试车线、培训中心、司机派班室、维修中心 UPS 采用单机。UPS 配套蓄电池容量满足信号设备工作 30 分钟的时间要求，同时也考虑了为交流转辙机提供 AC380 V 电源，并在除交流转辙机前端 AC380 V 电源外增加 UPS 设备以确保两路电源切换时输出零中断。每台 UPS 配置一组电池。单机电源屏工作原理如图 LC6-1 所示。

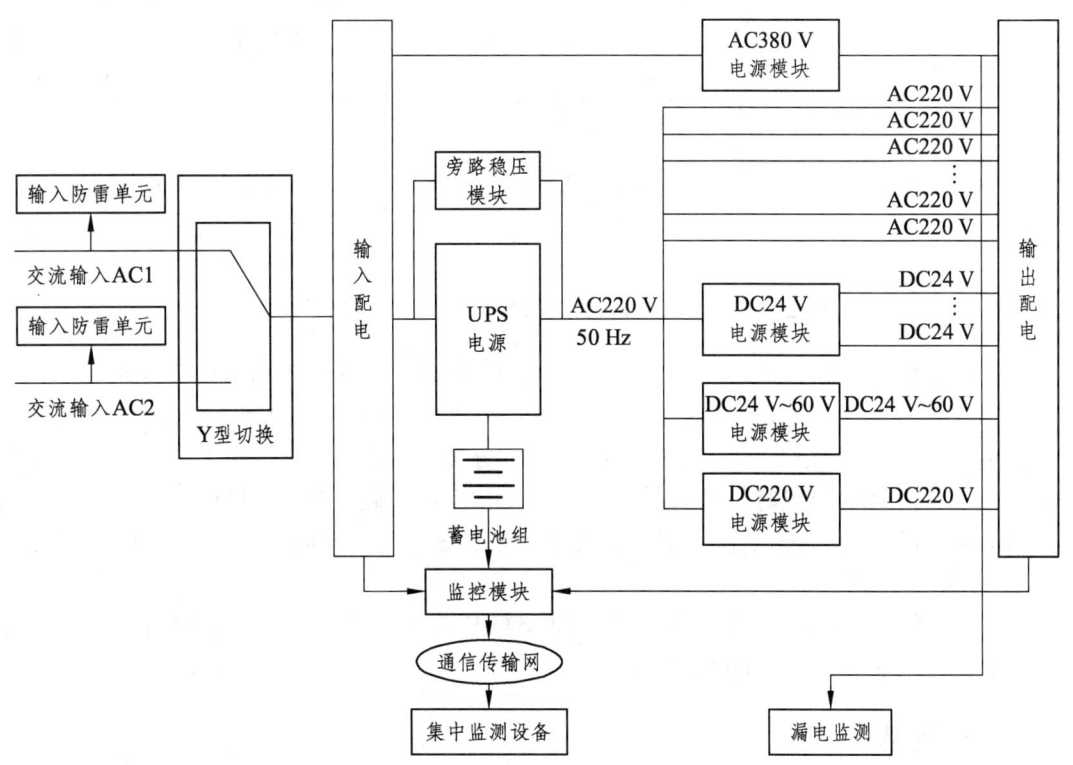

图 LC6-1　电源设备工作原理框图（UPS 单机系统）

为提高系统的安全性，设备集中站、控制中心、停车场、车辆段、临时/应急控制中心系统采用 UPS 并机方案，并机电源屏工作原理如图 LC6-2 所示。在并机系统中，通过各自配置的"并机逻辑控制板"，将两台 UPS 的输出直接并联而形成的并联冗余供电系统称为 1+1 并联供电系统。并机逻辑控制板的作用为保证两台 UPS 的逆变器输出的交流电压、频率、相位一致。交流 AC380 V 电源模块经输入配电输入，不经过 UPS 设备，为正线车站提供交流 380 V 输出电源。相应的电源输出配置漏电检测功能，所配备电池后备时间满足 30 分钟的要求。

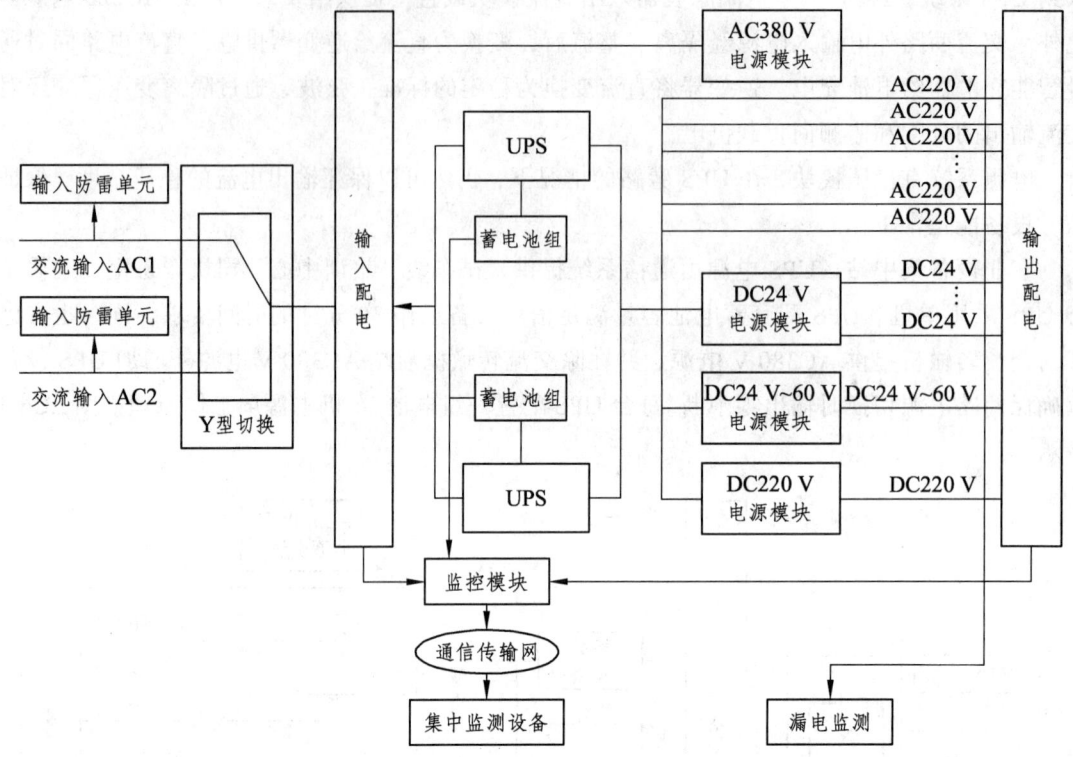

图 LC6-2　电源设备工作原理框图（UPS 并机系统）

在并机方案中，每台 UPS 配置一组蓄电池，由于并机 UPS 为各承担负载的 50% 容量，所以每台 UPS 配置蓄电池按照负载的 50% 配置，而两台 UPS 所带的蓄电池配置的总安时容量为总负载容量，同时，UPS 及总蓄电池后备 30 分钟。在市电正常情况下，由两台 UPS 均分负载，当一台 UPS 故障时，另一台 UPS 能够承担全部负载；当市电停电时，两台 UPS 同时转为电池—逆变工作模式，两台蓄电池通过每台 UPS 的逆变器向负载供电，两组蓄电池共提供 30 分钟的电源供电。

"1+1" 并联冗余系统的平均无故障时间 MTBF 是单机 UPSMTBF 的 5.5 倍。相对于单机系统而言，系统可靠性有了很大的提升。

2. 系统构成

PZG 系列智能电源屏主要由配电、电源模块、防雷、监控、UPS 及蓄电池
五部分构成。直流屏及交流屏正面图如图 LC6-3 所示。

1）配　电

输入配电将外电网引入电源屏并进行监测和切换控制。切换单元采用可靠的智能切换控制系统，设计中两路输入时采用"Y"型配电方案，如图 LC6-4 所示。

$QF_1 \sim QF_2$ 为手动转换开关，KM_1、KM_2 为交流接触器，KM_1、KM_2 具有电气和机械互锁特性。

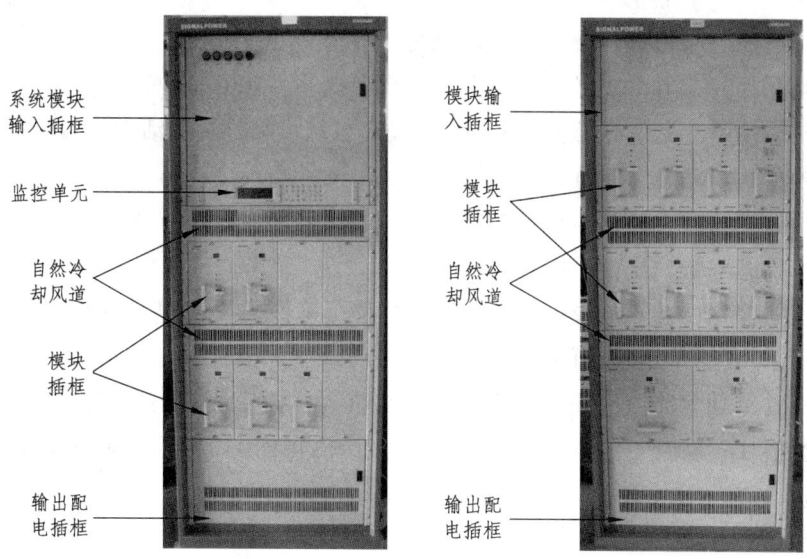

图 LC6-3　直流屏及交流屏正面图

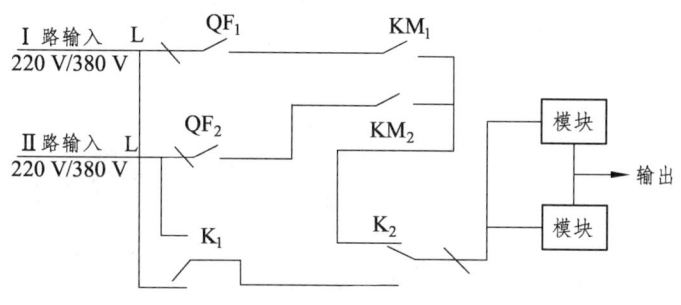

图 LC6-4　输入切换单元图

正常供电的情况下，上图中的 KM_1 吸合，KM_2 断开，第一路输入给互为主备的一组模块供电。在第一路输入不正常时，KM_1 断开，KM_2 吸合，这样由第二路输入给两个模块供电，切换时间小于 0.15 s。在 KM_1、KM_2 切换的过程中，虽然输入端由于交流接触器的切换有短时间的断电，但因为电源模块在设计时采用了 PFC（功率因素校正）技术，使得模块具有短时的记忆存储功能，也就保证了在输入端切换时模块的对外输出不间断，等交流接触器的切换完成，电源模块改由第二路供电，系统照常工作，所以在整个过程中我们保证了系统的输出不间断。同样在第一路输入恢复正常时 KM_2 断开，KM_1 吸合，这样由第一路输入给两个模块供电，系统依旧可以正常工作且保证电源输出不间断。在切换系统故障时直供开关 K_1、K_2 可以实现第一路输入或第二路输入直供供电。

输出配电主要用途是将模块变换后的电输送给负载。

2）电源模块

(1) 电源屏模块命名规则如下所示（以 DHXD-SC1-1 为例）。

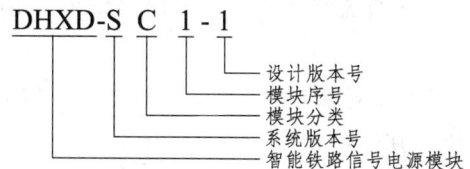

电源屏系统的各个组成部分均采用模块化结构。

直流模块采用高频开关电源功率因数自动调整技术（PFC 技术），输出采用"1＋1"或"N＋M（M＞N/3）"在线热备冗余工作技术，提高系统可靠性、灵活性，实现系统的免维修、少维护；更换模块时间小于 1 min。

电源模块设计采用无损伤热插拔专利技术，其输出和输入都有软启动和电流限制装置，带电插拔不会引起系统输出电压的扰动。

高可靠快速保护以及专门设计的短路回缩特性，确保模块长期短路不会损坏，完善的保护功能保证了系统与模块安全可靠运行。

模块本身具有独立的内嵌式 CPU 监控板，可自我监控模块的工作状态，从而成为一个真正的智能电源模块。模块工作的所有信息均可通过 RS485 串口传输到监控模块，方便后台实时监控各模块状态。

（2）模块地址开关。

模块上监控面板上的 8 位拨码开关，可设定模块的类型或者地址，电源模块如图 LC6-5 所示。

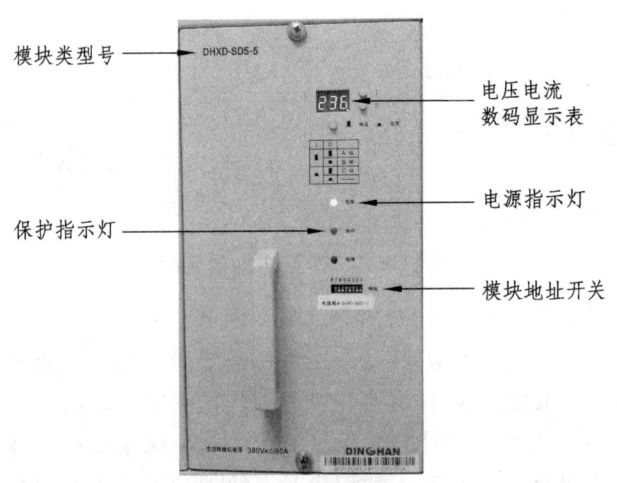

图 LC6-5　电源模块

地址开关表示八位二进制数，高位在左。开关拨向上时表示"1"，拨向下时表示"0"。其中最高位为地址选择位，后七位为实际地址，如上图模块位置为"10010100"。当需要更换模块时要将该模块电源开关断开，拨下模块，并将备用模块的地址开关调整到和原模块一致后装入模块框。此时如果电压/电流数码表显示"EEE"则说明地址开关设置错误。

（3）电源屏常用模块分类及用途说明。

直流模块 DHXD-SD1：用于直流转辙机电源，输出 220 V/16 A 的直流电，其外观如图 LC6-6 所示。

直流模块 DHXD-SE3：用于继电器电源、计轴机柜电源、LEU 机柜电源、轨道接收盒电源，输出 DC24V/50A 的电压，其外观如图 LC6-7 所示。

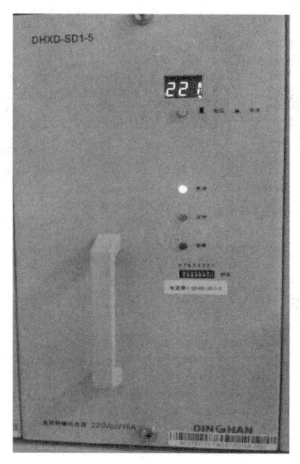 

图 LC6-6　DHXD-SD1 电源模块　　图 LC6-7　DHXD-SE3 电源模块

直流模块 DHXD-SE5：用于继电器电源，输出 DC24 V～60 V/2 A 的 4 路电压，其外观如图 LC7-8 所示。

直流模块 DHXD-SD4：用于计轴机柜电源、SDH 节点电源，输出 DC48V/16A 的电压，其外观如图 LC6-9 所示。

交流模块 DHXD-SD5：用于交流转辙机 380V 的电源，其外观如图 LC6-10 所示。

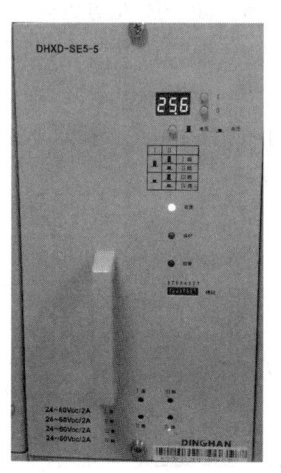 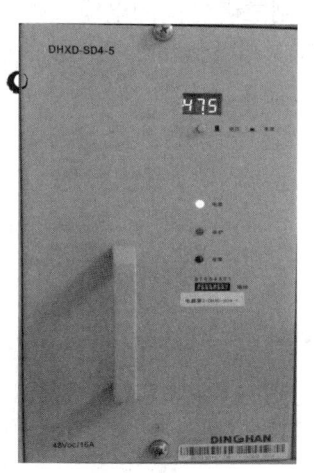 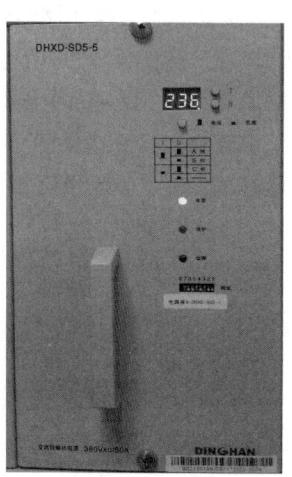

图 LC6-8　DHXD-SE5 电源模块　图 LC6-9　DHXD-SD4 电源模块　图 LC6-10　DHXD-SD5 电源模块

3）防雷系统

PZG 系列信号电源系统具有完善的交、直流侧防雷措施。防雷系统如图 LC6-11 所示。

系统内部安装有 II/C 级防雷器，同时系统的每个模块内还设计有完善的防雷电路。整个系统可承受 8/20 μs 模拟雷电冲击电流 20 kA，±5 次；8/20 μs 模拟雷电冲击电流 40 kA，1 次。

为防止直流侧雷击造成设备损坏，系统亦采取了有效的直流侧防雷措施，可承受 8/20 μs 模拟雷电冲击电流 10 kA，1 次。

为防止感应雷击造成监控模块 MODEM 信号口的损坏，系统还可以提供 MODEM 信号口防雷措施（供选配），可承受 8/20 μs 5 kA 冲击和 10/700 μs 4 kV 冲击。

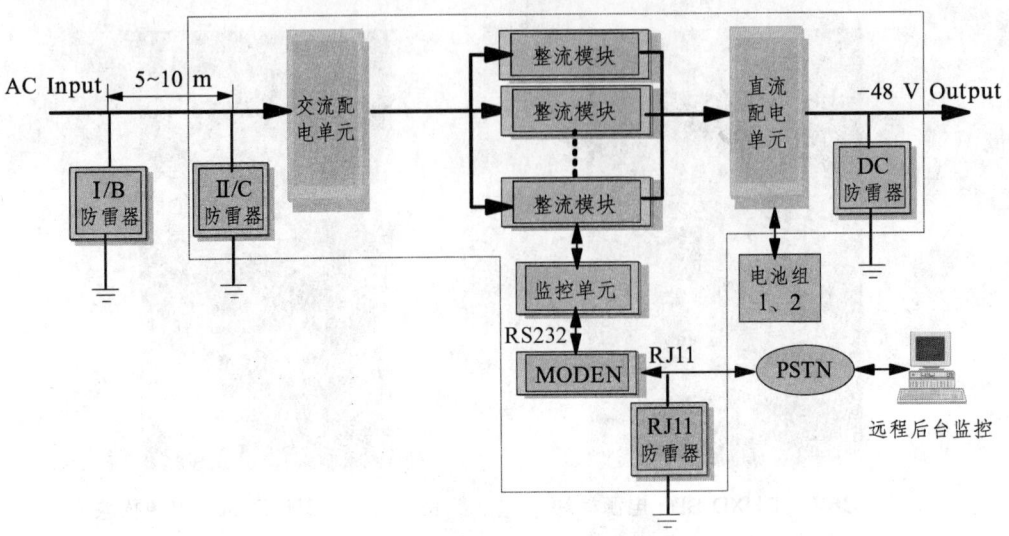

图 LC6-11　电源防雷系统示意图

注：Ⅰ，Ⅱ，Ⅲ级是 IEC 标准的分类方法
　　B，C，D 级是德国 VDE 标准的分类方法
　　DIN VDE0675-6:1989-11（draft）

如果条件允许，建议 I/B 级防雷器与电源交流配电柜之间的电缆引线长度满足如下规定：如 I/B 级防雷采用限压型防雷器，则二者之间的电缆线距离应 ≥ 5 m；如 I/B 级防雷采用开关型防雷器，则二者之间的电缆线距离应 ≥ 10 m。从 I/B 级防雷器安装地点到电源交流配电柜之间的电缆要求为室内电缆，以确保这段电缆不会遭受直接雷击。在安装 I/B 级防雷器时，应注意连接到 I/B 级防雷器上的电缆线径和长度，导线线径应不小于 16 mm^2，导线长度以越短越好为原则，I/B 级防雷器的接地线更应如此，如图 LC6-12 所示。

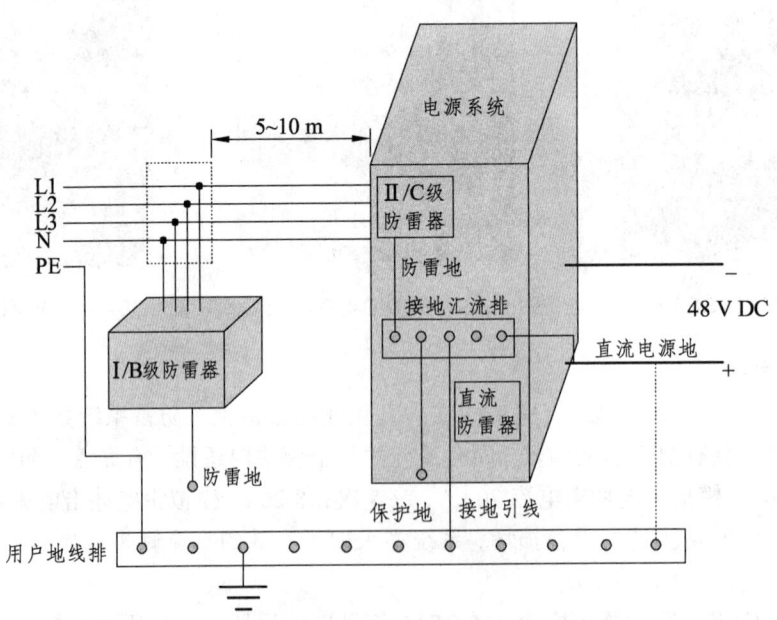

图 LC6-12　电源防雷系统示意图

4）监控系统

监控系统采用三级集散式监控体系，如图 LC6-13 所示。各级监控自成体系，下级监控保证在上级监控故障或不存在时能独立工作，产生告警信息；上级监控可以对下级监控的工作状态和数据进行汇总处理。第一级监控为模块监控和配电监控，监测模块信息和系统配电信息；第二级监控为监控单元，为电源系统的人机交互接口，对第一级监控数据进行汇总显示和故障定位；第三级监控为全线电源的信息汇总。具有如下特点：

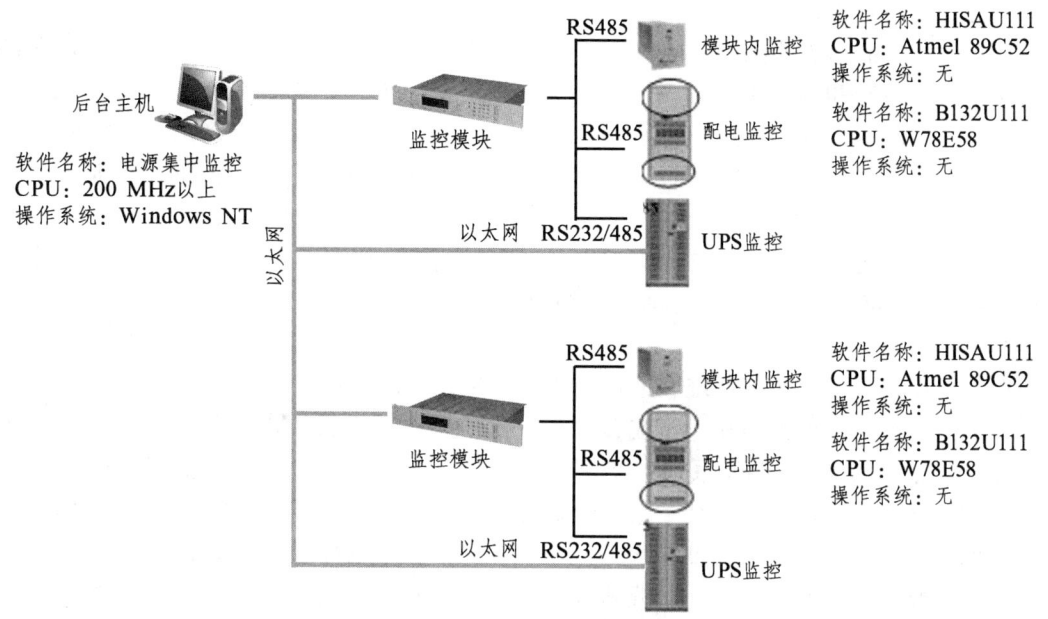

图 LC6-13　监控系统图

第一级：模块监控和配电监控

每个电源模块都是一个智能单元，电源模块内有一块模块监控 CPU 板。模块监控板的功能有：

（1）采集模块的输出电压、电流值；

（2）采集电源模块的工作状态，包括保护、故障、工作/备用；

（3）显示该模块的保护、故障告警信息；

（4）通过 RS485 口与监控模块通信。

配电监控对整个系统的配电状态进行监测，完成输入、输出配电的数据采集、干结点输出控制、声光报警及通信等功能。

第二级：监控单元

监控模块以 Intel 公司嵌入式 CPU 为主控器，以 RTOS（实时多任务操作系统）为系统平台，具有如下功能：

（1）显示与设置功能：能实时显示电源系统的各项运行参数、运行状态、告警状态、设置参数、系统配置数据。全汉字显示，界面友好，具有在线帮助、数据边界检查功能。

（2）遥测、遥信功能：监控模块可对系统输入、模块输出模拟量进行遥测；实现配电系统开关量、模块状态量等信号的遥信功能。

（3）告警与记录功能：监控模块可根据采集到的数据对系统故障进行声光报警，产生相应的动作，同时能上报到后台主机或传至综合维修中心。告警分为紧急告警、一般告警和不告警三种级别，用户可根据实际情况设定告警级别，并可为每种告警类型设定对应的继电器输出，也可设为无继电器输出。用户可查阅历史告警记录和当前记录，历史告警记录包括告警类型名、发生时间、结束时间，当前记录中则只有告警类型名和发生时间，显示顺序按发生时间的先后来显示。历史告警记录按循环存储方式保存，最多1 000条，超出1 000条则自动清除最旧的告警记录。

（4）通信功能：监控模块具有与后台主机和下级设备通信功能。与后台主机的通信支持MODEM、RS232、RS485/RS422等方式，与下级设备的通信支持RS485方式。

（5）故障回叫：在设有监控后台的电源系统中，当系统发生紧急告警时，监控模块通过MODEM向监控后台发出告警信息。用户可设置回叫次数、回叫时间间隔、回叫电话号码（最多三组），设置时必须通过密码校验。

（6）干结点输出功能：监控单元具有7个干结点信号输出，当系统发生任何告警时，用户可根据需要设置成其中一个干结点信号输出。

第三级：远程监控

电源屏设置有本地监测系统和远程监测工作站，电源模块监测板及UPS内部监测板对系统各输入、输出回路的电压、电流开关量进行全面监测，UPS电源与电源监测系统通过RS232接口进行通信（Adapt系列UPS采用RS485接口方式），将UPS监测信息实时传给电源监测系统。电源屏监测系统汇集本地电源屏及UPS的监测信息之后，通过TCP/IP方式将电源设备的工作状态及监测报警信息以图像、表格、文字说明等方式送至综合维修中心，综合维修中心配置服务器、传真机及监测管理软件可对所有各站的电源屏的监测信息进行采集和管理。

5）UPS及蓄电池

采用艾默生品牌UPS的UL33系列UPS，其输出功率为20 K、30 kVA和40 kVA；Adapt系列UPS，其输出功率为5 K、10 kVA和16 kVA；蓄电池选择阳光品牌，配置的电池容量满足后备30 min供电要求。

（1）UPS电源系统组成及原理。

UL33系列UPS系统主要由整流模块（REC）、逆变器（INV）、旁路静态开关、维修旁路空开Q3BP、输出隔离变压器、蓄电池组、输入空开Q1和输出空开Q5等设备组成。系统组成如图LC6-14所示。

断路器Q1控制主路交流电源输入，整流模块将交流电源变成直流电源，逆变模块进行DC/AC变换，将整流模块和蓄电池提供的直流电源变换成交流电源，经过隔离变压器输出。蓄电池组在交流停电时通过逆变器向负载供电。输入电源也可以通过旁路静态开关从旁路回路向负载供电。另外，要求对负载供电不间断而对UPS内部进行维修时，可使用维修旁路开关Q3BP。

（2）UPS显示控制面板功能介绍。

UPS显示控制面板，如图LC6-15所示。它由UPS过程检查指示灯、液晶显示屏、控制按钮等构成。

按住"逆变停机"按钮2 s以上，检查该按钮的响应及实现功能，在设备运行过程中按下"紧急停机"按钮后，确认设备各种故障已修复时，按"故障清除"按钮可以重新开启系统。

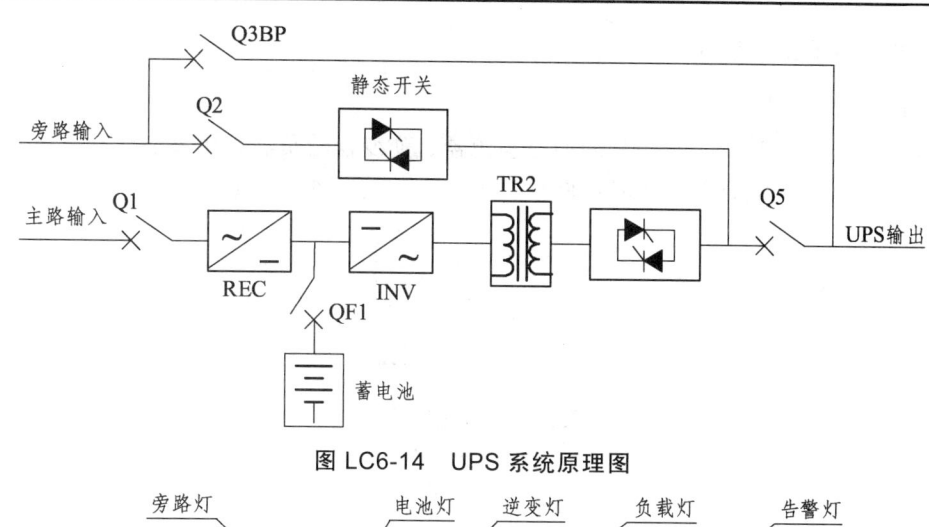

图 LC6-14　UPS 系统原理图

图 LC6-15　UPS 显示控制面板图

（3）UPS 开机及关机步骤。

开机步骤：

a. 闭合旁路开关 Q2 和输出开关 Q5，此时旁路工作灯亮绿灯。

b. 断开维修旁路开关 Q3BP。

c. 闭合主路输入开关 Q1，闭合电池组的输出开关 QF1，此时面板上的整流器工作指示灯先"绿色"闪烁后稳定亮，整流器工作正常。直流母线开始升压，电池灯由开始的红色变为灭灯。

d. 按面板上的"逆变启动"按钮持续 2 s 以上，逆变启动。面板上的逆变器指示灯由"绿色"闪烁变为长亮，此时旁路指示灯灭灯，负载灯亮，UPS 开机完成。

关机步骤：

a. 按面板上的"逆变停机"按钮持续 2 s 以上，关闭逆变器，系统自动转旁路供电。

b. 断开主路输入开关 Q1 和电池组开关 QF1。

c. 打开维修旁路开关保护锁，合上维修旁路开关 Q3BP。

d. 最后断开旁路开关 Q2 和输出空开 Q5，此时 UPS 完全停电 5 min 后可对 UPS 进行维修。

3. 电源系统工作模式

1）正常工作模式

在主路市电正常时，UPS 一方面通过整流器、逆变器给负载提供高品质交流电源；另一方面通过整流器为电池充电，将能量储存在电池中。其原理框图如图 LC6-16 所示。

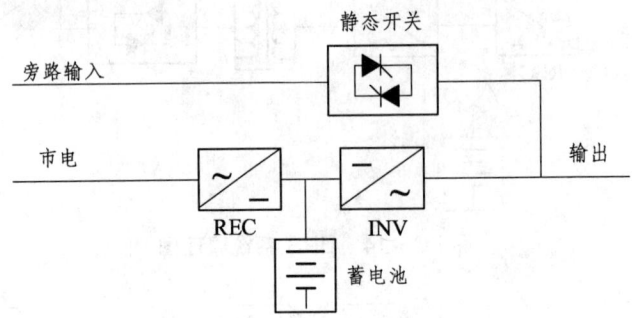

图 LC6-16 UPS 正常工作模式

2）电池工作模式

当主路市电异常时，系统自动无间断地切换到电池工作模式，由电池通过逆变器输出交流电向负载供电。市电恢复后系统自动无间断地恢复到正常工作模式。其原理框图如图 LC6-17 所示。

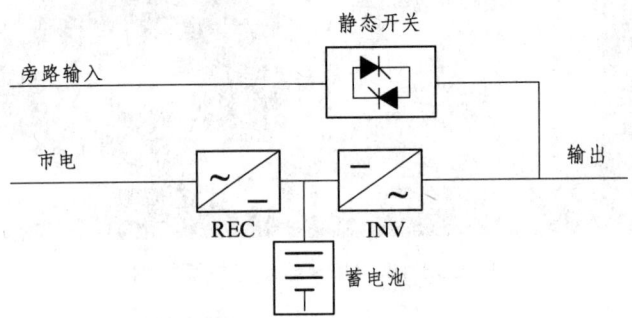

图 LC6-17 UPS 电池工作模式

3）旁路工作模式

旁路工作模式有两种：一种能自动恢复到正常工作模式；另一种需人工干预才能回到正常工作模式。其原理框图如图 LC6-18 所示。

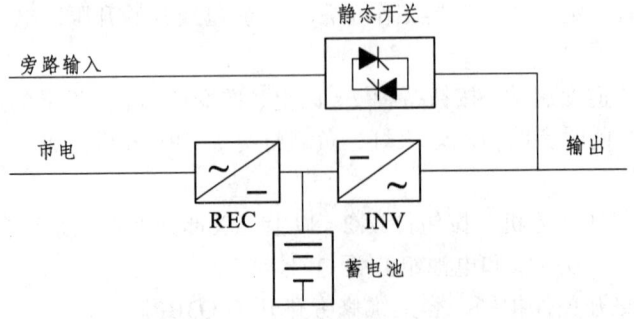

图 LC6-18 UPS 旁路工作模式

在逆变器过载延时时间到、逆变器受大负载冲击等情况下,系统自动无间断切换到静态旁路电源向负载供电。过载消除后,系统自动恢复正常供电方式。

当用户关机,或主路市电异常且电池储能耗尽,或发生严重故障等情况下,逆变器关闭,系统会切换并停留在旁路工作模式。此后若需恢复到正常工作模式,则需要用户重新开机。

4)手动维修旁路模式

当执行 UPS 维护操作时,通过此开关旁路 UPS。其原理框图如图 LC6-19 所示。

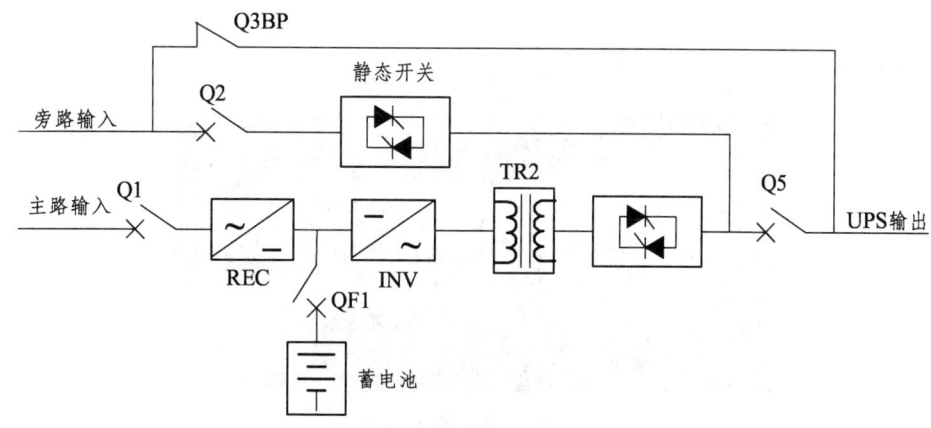

图 LC6-19　UPS 手动维修旁路工作模式

4. PZG 系列智能电源屏监控模块操作

监控模块 DPSM-C2 的正面如图 LC6-20 所示,包括 LED 液晶显示器、键盘和 LED 显示灯。用户可在液晶显示器上非常直观地查阅系统的运行参数,并可通过按键对系统的重要参数进行设置和配置。界面采用全中文操作,每个步骤都有相应的提示和帮助。

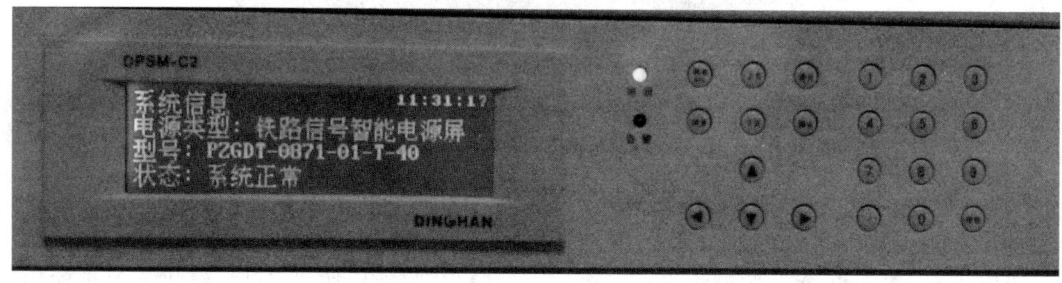

图 LC6-20　监控模块正面图

各操作键的基本功能及定义如下:

"0~9"和"·":设置菜单中的数字输入;

"▲、▼、◀、▶":控制菜单中光标的移动;

"菜单":在修改数字时具有"删除"功能。

1)系统主屏幕

系统启动后主屏幕显示界面,如图 LC6-21 所示。

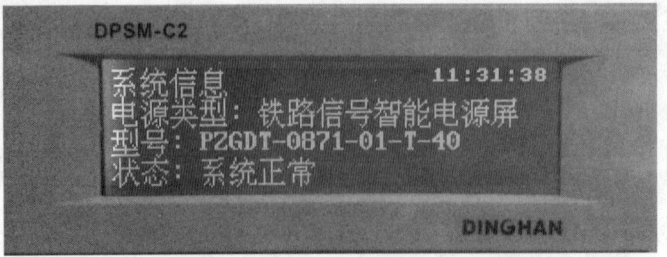

图 LC6-21　系统启动后主屏幕显示界面

2）系统主菜单

系统按压"菜单"键进入的界面，如图 LC6-22 所示。

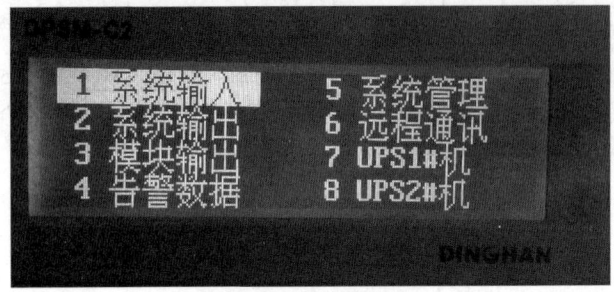

图 LC6-22　菜单界面

此时按"退出"键返回主屏幕界面。

3）系统输入

使用"▲、▼、◀、▶"按键将光标移到"系统输入"，然后按"确认"键进入系统输入界面，如图 LC6-23 所示。

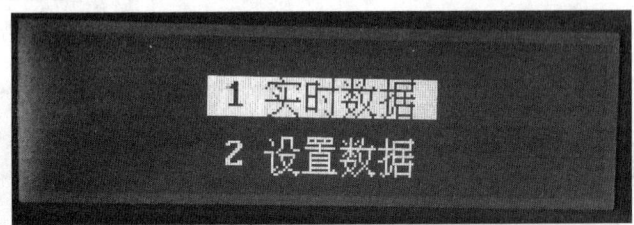

图 LC6-23　系统输入界面

4）系统输出

使用"▲、▼、◀、▶"按键将光标移到"系统输出"，然后按"确认"键进入系统输出界面，如图 LC6-24 所示。

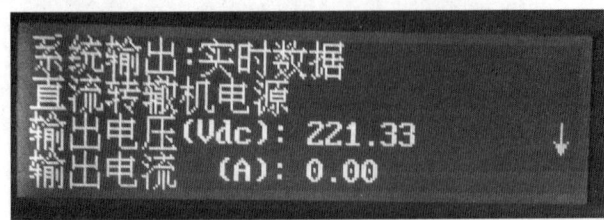

图 LC6-24　系统输出界面

5）模块输出

使用"▲、▼、◄、►"按键将光标移到"模块输出",然后按"确认"键进入模块输出界面,如图 LC6-25 所示。

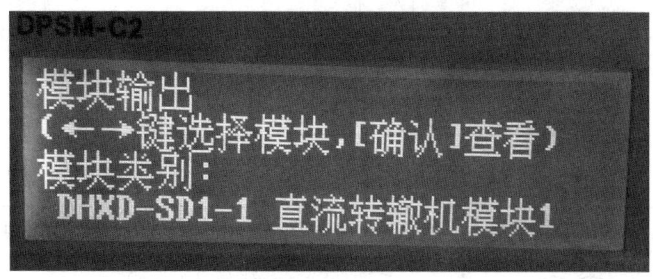

图 LC6-25　模块输出界面

6）告警数据

使用"▲、▼、◄、►"按键将光标移到"告警数据",然后按"确认"键进入告警数据界面如图 LC6-26 所示。

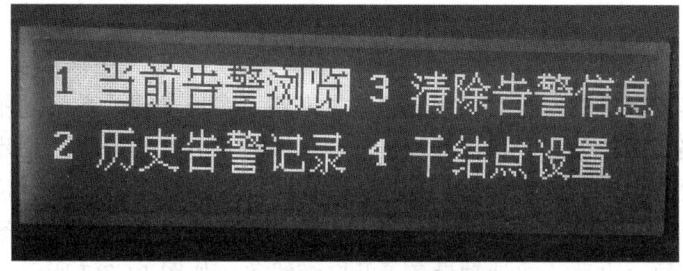

图 LC6-26　告警数据界面

子模块 LC7　计算机联锁系统（CBI）

一、概　述

联锁指通过技术方法,使信号、道岔和进路必须按照一定程序并满足一定条件,才能动作或建立起来的相互制约关系。联锁设备可分为非集中联锁和集中联锁两大类。非集中联锁包括臂板电锁器联锁和色灯电锁器联锁。集中联锁包括电气集中联锁和计算机联锁。

1. 电气集中联锁

电气集中联锁是我国铁路广泛采用的联锁装置,它由继电器组成的逻辑电路来实现各种联锁关系。电气集中联锁设备由室内设备、室外设备两部分组成。室内设备主要有控制台、继电器组合及组合架、分线盘和电源屏等;室外设备主要有色灯信号机、电动转辙机、轨道电路（或计轴设备）及电缆线等,如图 LC7-1 所示。电气集中联锁有很多类型,如 6026、6031、6032、6501、6502 等,6502 型电气集中联锁在全路各中、小车站广泛使用。

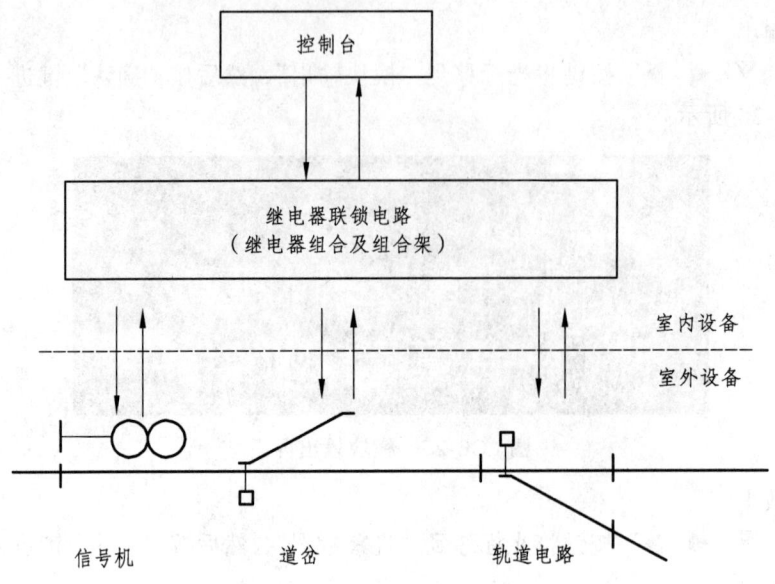

图 LC7-1　集中联锁示意图

2. 计算机联锁

计算机联锁是用电子逻辑电路取代继电逻辑电路而实现联锁关系的一种联锁设备，随着计算机技术、网络技术的发展，目前计算机联锁已取代了电气集中联锁。计算机联锁系统联锁设备也由室内设备、室外设备两部分组成。室内设备主要有控制台（或上位机）、联锁机（或下位机）、电务维修机、继电器组合及组合架、分线盘和电源屏等；室外设备主要有色灯信号机、电动转辙机、轨道电路（或计轴设备）及电缆线等，如图 LC7-2 所示。我国目前主要设计生产计算机联锁系统的厂家有铁科院（TYJL 系列）、通号设计院（DS6 系列）、卡斯柯（CIS 系列）等三家。第一代为双机热备系统的计算机联锁系统，分别为 TYJL-II 型、DS6-11 型、

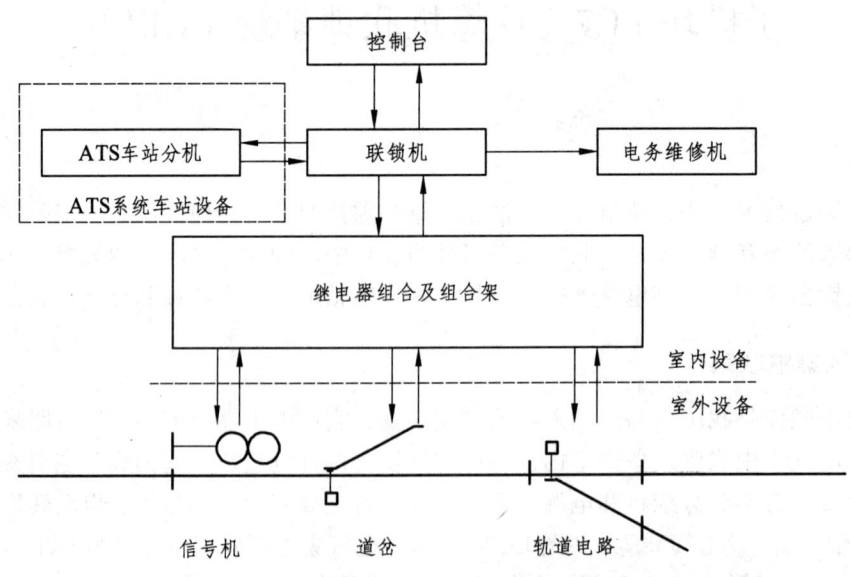

图 LC7-2　计算机联锁示意图

CIS-1型计算机联锁；第二代为三取二计算机联锁系统，分别是TYJL-TR9型、DS6-20型计算机联锁；第三代为二乘二取二计算机联锁系统，分别是TYJL-ADX型、DS6-K5B型、iLOCK型计算机联锁。本章以卡斯柯公司的iLOCK型计算机联锁系统为例进行介绍。

3. 计算机联锁基本要求

（1）计算机机房的接地和雷电电磁脉冲防护应符合标准；分散设置的防雷地线、安全地线、屏蔽地线或采用综合接地装置接地体的接地电阻值应符合标准。

（2）计算机电源必须由信号电源屏单独一路输出供给，在接入计算机前必须经过净化，并采用不间断供电电源（UPS）。UPS通电30 s后方可加负载。UPS的容量和时间特性应符合设计要求。UPS电源的蓄电池应定期进行充放电试验，保证UPS电源性能良好。

（3）计算机联锁系统，可以通过人工或自动方式相互切换。系统正常工作时，切换手柄（复位按钮）应处在"自动"位置，备机与工作机处于同步工作状态；当工作机故障时，应能自动切换至备机，备机上升为工作机，故障机自动脱机。在工作机自动切换至备机的过程中，应不影响系统的正常工作。

（4）二乘二取二计算机联锁系统属于两重系结构，以主从方式并行运行。两系之间通过并行接口建立的高速通道交换信息，实现两重系的同步和切换。

（5）联锁机信息采集电路板上的表示灯应与被采集设备的实际状态一一对应，且与控制台显示屏的显示一致。

（6）联锁机驱动电路板上的表示灯应与被控制对象一一对应，且与设备操作人员发出的控制命令一致。

（7）联锁机柜面板上应有指示工作状态的表示灯。在正常状态下表示灯的亮、灭或闪烁应符合设计要求；故障时应有相应的报警。

（8）计算机联锁的电务维修设备，应能随时监测设备的运行状态，记录操作信息、设备状态信息和自诊断信息，信息记录保存时间不少于48小时。

（9）计算机联锁系统应有完善的防静电措施，有良好的密封、防尘措施；计算机箱、柜应保持清洁，通风良好。

（10）计算机联锁系统的各种板、件不得进行带电热拔插。

（11）计算机联锁可与其他信号设备使用统一接口协议结合，并可联网与其他管理信息系统交换数据，但必须与其他系统安全隔离，不得影响系统的正常工作。

（12）计算机联锁系统出现故障影响正常使用时，应首先进行人工切换，必要时可采取关机复位的应急办法，硬盘闪烁时不得直接关闭计算机电源。

（13）当备机故障时，应能自动转入脱机状态。

（14）以人工方式切换工作机、备机时，必须确认工作机与备机处于同步状态并人为确认全站没有办理任何作业。

（15）控制台的显示器应能给出系统故障的文字和语音提示。

二、iLOCK计算机联锁系统构成

设备集中站计算机联锁系统结构如图LC7-3所示。

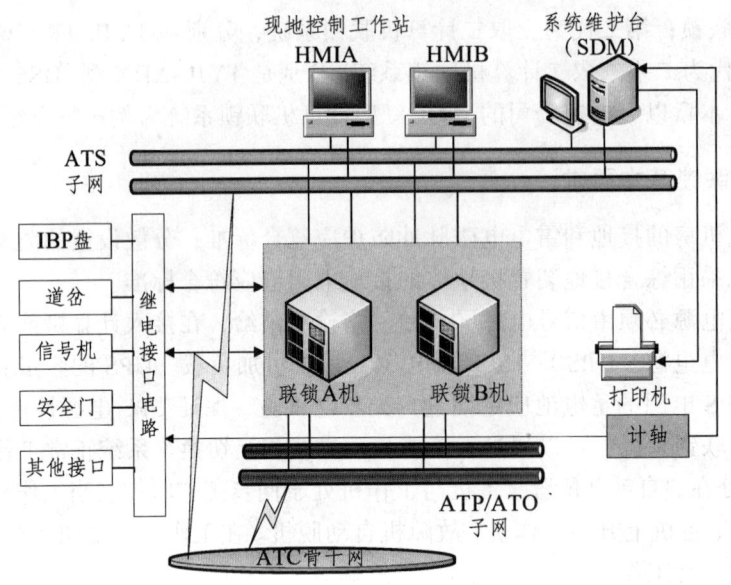

图 LC7-3　设备集中站计算机联锁系统结构图

1. 集中站的配置

（1）设置一套双系热冗余的 2 乘 2 取 2 联锁系统，负责完成管辖区域内的所有联锁功能，以及与轨旁 ZC 和车载 CC 之间的接口和数据传输。该设备布置在设备集中站的信号机房内。

（2）配置 2 层冗余的通信传输结构，一层为联锁系统与 ATS 系统、系统维护台及现地控制工作站之间的信息交换提供网络传输通道；一层为联锁系统与车载和 ATP 计算机之间的信息交换提供网络传输通道。上述传输设备均安置在信号机房的网络机架内。

（3）设置一套热备冗余的现地控制工作站（HMI）。车站值班员的操作命令（例如：进路办理、单操道岔、开放引导进路等所有的联锁操作）经 HMI 处理后送给联锁机；联锁机把联锁运算后的相关表示信息（信号机状态、道岔位置、区段状态等）送至 HMI 上显示。该设备布置在综控员室的综合控制台上。首期工程设备集中站的 ATS 监控工作站与联锁设备的操纵工作站合用，称为现地控制工作站。

（4）设置一个系统维护台（SDM），负责完成本设备集中站所辖车站的联锁诊断和故障记录等；并把相应的信息内容通过网络送至维修中心。该设备布置在信号机房内的维护操作台面上。

（5）其他接口设备。

2. 非设备集中站计算机联锁系统构成

相应的每个非设备集中站都与其所属的设备集中站相连，如图 LC7-4 所示。

每个非设备集中站设置一台车站操作员工作站，提供所属设备集中站范围内信号设备状态的显示和列车的运行显示，并将本站电源屏信息传递到所属正线设备集中站。同时提供和发车表示器的接口，该设备布置在综控员室的综合控制台上。

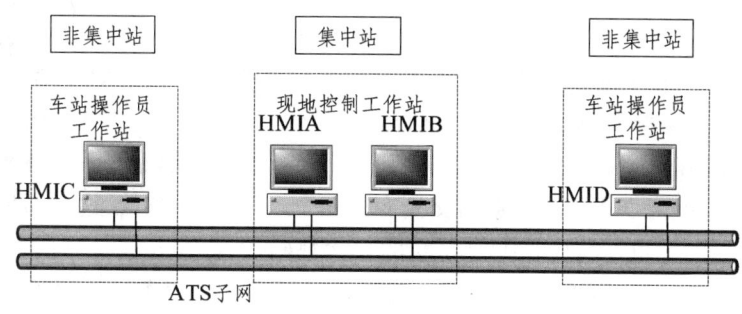

图 LC7-4　设备非集中站 CBI 系统结构图

3. 车辆段及停车场联锁系统构成

车辆段及停车场采用的联锁系统是与正线完全相同的 iLOCK 型计算机联锁系统。如图 LC7-5 所示，车辆段及停车场联锁系统设备主要由以下几部分组成：

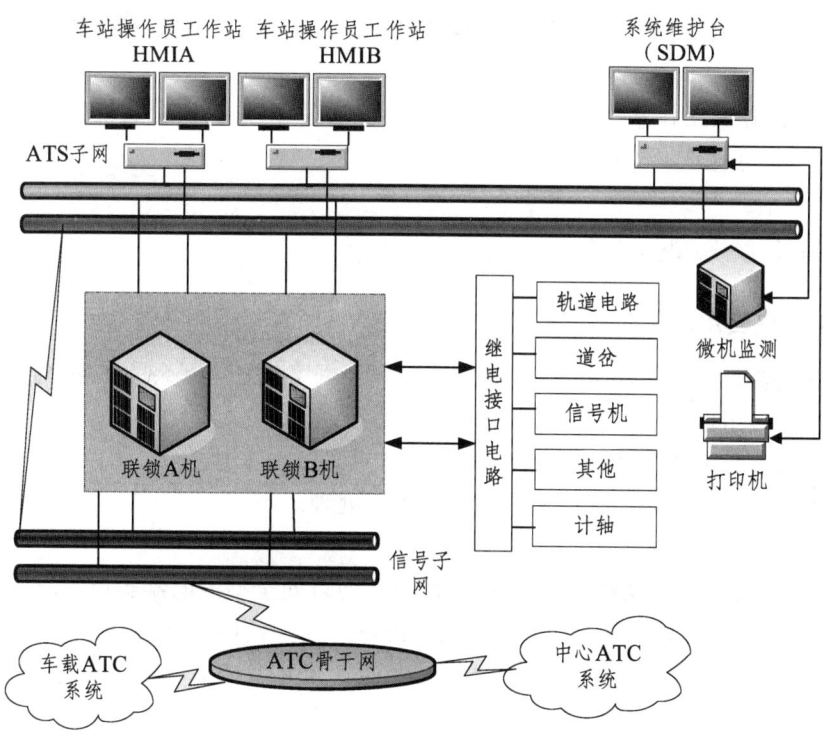

图 LC7-5　车辆段及停车场联锁系统结构图

4. 计算机联锁系统内部信息交换

在 CBTC 系统架构下，计算机联锁系统将采用分布式联锁控制的方式，即联锁逻辑分别由设备集中站的联锁机系统执行。联锁机负责接收本站车站 ATS 操作员工作站送来的联锁控制命令和 ZC 传递的列车位置，采集本设备站管辖范围内的信号设备状态（如道岔位置、计轴、区段状态等），联锁逻辑运算完成后，把处理结果输出到驱动现场信号设备，一方面把相关处理信息送给车站 ATS 操作员工作站显示，另一方面把相关信息通过 ATC 骨干网传递给轨旁 ZC 计算机。

CBI 内部设置两层冗余通信传输通道，接入骨干网。在冗余网络中，一层负责非安全信息的交换，定义为 ATS 子网；另外一层负责安全信息交换，定义为 ATP/ATO 子网。

CBI 通过信号子网接入 ATC 骨干网。ATC 骨干网是一种基于先进 FSFB2（Fail-Safe Field Bus）故障 – 安全现场总线技术而组建的高可靠性的冗余网络。这种总线技术的运用，使 CBI 系统与 ATC 系统的组网变得简单，数据交换变得安全、高速、实时，这些都是运用点对点通信的系统所不具备的，也是构成 CBTC 系统的技术基础。

计轴系统作为 CBTC 架构下列车位置检测的辅助手段，通过安全继电器接口实现和联锁机的连接，同时通过串口向联锁系统的系统维护台传送计轴系统的诊断信息。

车站 ATS 操作员工作站负责将车站值班员发来的操作命令发送给联锁机，同时将联锁机发送的车站信号表示信息通过车站 ATS 分机发送给 OCC。

为设备集中站设置的系统维护台（SDM）设备用于实时地记录车站操作信息、报警信息以及对 CBI 的自动诊断信息。并将通过骨干网向信号维修支持系统发送系统维护诊断信息，维护人员在维修中心就能对全线各车站的设备进行诊断和维护，更有利于诊断维护信息的集中分析与处理。

车站 ATS 操作员工作站、系统维护台及联锁机通过 ATS 网实时交换信息，并经过 ATS 网接入 ATC 骨干网中。

三、CBI 设备的功能

1. CBI 系统应用功能

CBI 系统主要由 2 乘 2 取 2 联锁计算机、热冗余网络设备、冗余的车站 ATS 操作员工作站、系统维护台等组成。

在正线各设备集中站其完成的主要功能如下：

（1）负责本设备集中站所辖区域内的联锁逻辑处理。

（2）负责相邻 CBI 之间的信息交换。

（3）负责采集和驱动现场相关轨旁信号设备，通过安全型继电器实现和道岔转辙机、信号机、紧急关闭按钮/恢复按钮、防护隔断门等设备的安全接口。

（4）实现与轨旁 ZC 接口，负责把本区域内的联锁处理结果发送给轨旁 ZC，并接收轨旁 ZC 发送的列车位置等相关信息。

（5）实现与车载 CC 的接口，接收车载系统发送的安全门动作信息，通过安全型继电器实现与安全门系统的接口。

（6）通过网络实现与车站 ATS 分机接口，接收车站 ATS 分机的控制命令，并把站场显示信息传送给车站 ATS 分机和 CATS；同时接收并显示 ATS 分机发送的列车识别号。

（7）负责和 LEU 接口，在后备模式下向车载系统提供轨旁信号和道岔的相关信息。

（8）提供直观的维护和诊断功能。

（9）具有现场脱机测试功能，便于站场改造时的现场联锁试验。

在车辆段及停车场完成的主要功能如下：

（1）负责车辆段、停车场的联锁逻辑处理和与正线的数字安全接口。

（2）负责采集和驱动现场相关轨旁信号设备，通过中国安全型继电器实现和轨旁信号机、道岔转辙机、轨道电路等设备的安全接口。

（3）实现与车站 ATS 的接口，把站场显示信息发送给中心 ATS。

2. 正线 CBI 系统联锁功能

联锁设备基本联锁功能保证列车运行安全，实现列车进路上轨道区段、道岔、信号机之间的正确联锁关系。以下内容列出了基本的联锁规则：

1）进路建立

根据操作能选出与操作意图相符的进路。不得同时选出敌对进路。敌对进路包括：同一站台轨道或无岔区段上对向的列车进路（包括保护进路）；同一咽喉区内对向或顺向重叠的列车进路（包括保护进路）。

2）进路锁闭

进路的锁闭按时机分为预先锁闭和接近锁闭。预先锁闭在进路选通，有关联锁条件具备时构成；接近锁闭在信号开放后接近区段有车占用时构成，当无接近区段时，信号开放后立即构成。

进路锁闭的基本条件：

（1）在 CBTC 模式下，在有关联锁条件（与进路有关道岔位置正确和未建立敌对进路）具备时，可对进路上的有关道岔实行进路锁闭，并排除敌对进路建立的可能性。

（2）当信号机故障或轨道区段故障时，可以采用办理引导进路锁闭方式锁闭进路。

（3）当道岔失去表示时，可以采用引导总锁闭方式锁闭全站道岔。（在用引导总锁闭方式引导接车时，列车运行安全由车站值班员人工保证）

3）进路解锁

（1）正常解锁。

锁闭的进路在其防护信号机关闭后，能随着列车的正常运行，使各轨道区段分段自动解锁。

各轨道区段原则上须满足三点检查（待解锁区段的接近区段已满足解锁条件、本区段占用又出清、本区段的离去区段占用）后，延时一段时间后自动解锁。接车进路的接近区段可作为三点检查的条件之一。

（2）取消进路。

进路未处于接近锁闭的情况下办理取消进路时，在检查信号机关闭和进路空闲后，进路立即解锁。

（3）进路人工延时解锁（简称人工解锁，办理"总人解"）。

当进路处于接近锁闭而列车未驶入进路的情况下需要解锁时，能办理人工解锁。进路自信号机关闭时起延时后解锁。自动记录人工解锁的使用次数。

（4）区段人工解锁（办理"区故解"）。

轨道区段在开机、停电恢复和因故障锁闭时，在检查该区段未排列在进路中且空闲后，能采取"区故解"操作实现故障解锁，并提供自动计数功能。

（5）引导进路解锁。

在人工确认列车通过引导进路后，办理"总人解"操作可使引导进路解锁。

4）进路防护

计算机联锁设备对于来自操作设备的错误操作，具备有效的防护能力。并对所有的进路进行侧面防护，保证进路的安全。

在对正常进路防护的同时，根据地铁特殊的安全要求建立列车进路的保护区段并予以防护。

5）信号机控制

办理进路时，检查其进路上超限区段空闲、道岔位置正确、进路已锁闭、未施行人工解锁、敌对进路未建立、照查联锁条件正确。当条件具备后，防护该进路的信号机方可开放。

信号机的开放检查红灯灯丝完好。信号机具有灯丝监督的功能，开放后能不间断地检查灯丝良好状态。若灯丝断丝到某一设定的临界值，自动关闭该信号机。

不允许信号出现乱显示（即不符合规定的信号显示）。

6）道岔控制

道岔能人工单独操纵，也能进路选动和带动。单独操纵优先于进路选动和带动。联锁道岔受进路锁闭、区段锁闭和人工单独锁闭。一旦锁闭，该道岔不能启动。

当以进路控制方式操纵道岔时，进路上的道岔顺序选出，动作电流错开启动峰值。道岔转辙机的电机电路发生故障时，自动切断道岔启动电路。道岔转换完毕时，自动切断道岔动作电源。

道岔一经启动，须能转换到规定的位置。当因故被阻，在规定时间（如30 s）内不能转换到规定位置时，自动切断道岔启动电路，并有音响和图像报警，道岔经操纵能转回原位。

道岔设有位置表示，并保证：只有当联动道岔中各组道岔均在规定位置时，才能构成位置表示；发生挤岔时有挤岔表示。当道岔失去表示时，联锁设备不会自动解锁进路。

7）临时限速

可利用车站现地控制工作站直接进行轨道和道岔区段的临时限速的设置。现地控制工作站可接收中央ATS系统设置的临时限速指令。

8）独立联锁通道

各车站联锁系统间的信息交换使用FSFB2（故障安全现场总线）协议，通过由骨干网划分的虚拟通道从逻辑上独立于非安全网，包括ATS和维护系统网络。这种技术的运用，有效隔离其他系统无关信息，使CBI系统的数据交换变得安全、高速、实时，这些都是运用点对点通信的系统所不具备的，也是构成CBTC系统的技术基础。

9）与ATP信息交换

设在设备集中站的正线联锁设备，与ATP/ATO系统设备相配套来保证列车运行进路的安全。

联锁设备向ATP计算机单元提供信号机和道岔状态、列车进路设置情况、保护区段的建立、线路的临时限速、区间运行方向等信息，并使ATP的信息发送满足列车在各种折返模式下的作业要求。

联锁设备根据ATP设备提供的装备列车/非装备列车信息自动控制相应信号机的显示。

办理取消进路时，若列车接近，进路将保持在接近锁闭状态，同时向ATP系统发送新的列车运行权限信息，在收到ATP系统发送的停车安全保证信息后，联锁设备才能解锁列车进路，防止进路的错误解锁，并采用延时解锁、限时解锁来确保行车安全。若列车已经进入进路，则不能人工取消进路。

10）联锁设备进路控制

联锁设备与 ATS 系统相结合，实现本地 ATS 和中央 ATS 的两级控制。

根据运营要求，以自动或人工控制模式办理进路。其中人工控制分为中央 ATS 人工和联锁设备人工两类，自动分 ATS 中央自动、联锁区域自动。人工控制的进路优先级高于自动控制的进路。

联锁设备进路自动控制具备以下功能：在联锁设备控制模式下，如果 ATS 设备及 ATS 设备与联锁设备之间的通信工作正常，保持 ATS 的自动功能。

11）控制列车运行方向

联锁设备可以实现对列车运行方向的控制，当一个方向的进路建立之后，区段设置的 TD 随着进路的锁闭，实现运行方向的锁闭。

12）站控与遥控转换

各设备集中站均能实现站控/遥控的转换。

控制权可由控制中心转到车站，也可由车站转到控制中心。正常情况下由控制中心控制。授权后，控制权可转到车站级。

车站级具有较高的优先级，特殊情况下可通过特殊手段启动紧急站控，车站可强行获得控制权。

13）扣车/取消扣车

扣车命令用来设置指定的正线站台或车辆段/停车场出库线进行扣车及取消扣车操作。对于站台扣车命令既能够在列车未到达站台的时候就预先设置，又能够在列车进入站台后发车前设置。

扣车和取消扣车命令既对一个站台进行控制，又可同时对同方向连续两个及以上站台进行控制。

当联锁设备接收到 ATS 系统的扣车命令时，取消已设置好的车站出发列车进路，如果此时列车已接近，按延时解锁处理，同时 ATP 系统通过车地通信设备向列车发送相应的列车控制命令信息。当中心办理扣车后，中心与车站通信中断，中心无法取消该扣车命令时，车站取消故障前已发出的扣车命令。

14）跳　停

当联锁设备接收到 ATS 系统的跳停命令时，立即设置好车站的出发进路。同时 ATP 系统通过车地通信设备向列车发送相应的列车控制命令信息。只有在线路运行的正方向上可以设置跳停。跳停命令既可实现对某一列车的控制，又可实现对站台控制。

15）自动进路

防护道岔的信号机关闭后，未经再次办理，不会重复开放。但当正线办理了自动进路后，该进路保持锁闭，列车顺序占用、出清该进路后不解锁，其防护信号机的显示随着列车的运行自动开放或关闭。

自动列车进路只有在列车到达某一特定"触发点"时才被调用，通过车次号中目的地编码来确定列车进路，检查进路的可用性，然后才输出命令，并对联锁系统返回的信息进行确认。

自动进路设置前，若进路已存在，则进路保持不变；自动进路命令取消时，原进路状态不改变，该进路由列车占用或者取消作业解锁。

在车站联锁自动进路模式下，值班员可在车站的现地工作站上将部分或全部信号机置于自动状态，而其他联锁操作则由值班员人工操作。

车站 ATS 设备故障时，联锁设备可以通过自动进路功能控制线上列车的运行。

16）自动折返进路

车站设置自动折返模式，自动折返进路的建立必须在自动折返模式建立的情况下才能实施。

当某一进路已设置为自动折返模式后，任何人工办理该进路的操作将被禁止。

当设置了自动折返模式后，联锁机检查联锁条件满足后（敌对进路未建立、站台紧急关闭没有启用等），自动办理初始进路；随着列车的行进自动解锁和触发自动折返进路。

在折返过程中，中央调度员或车站值班员仅需对信号机进行一次模式设置。

当需要人工取消已建立的折返进路时，必须先取消折返模式。

17）紧急关闭

在综合后备盘（IBP）上，设置有"紧急停车/取消紧停"按钮及相应表示灯。在紧急情况下，可按下车站控制室 IBP 盘上的紧急停车按钮或车站站台上的紧急停车按钮，实现对列车的紧急控制。

联锁设备检查车站 IBP 盘和站台紧急停车按钮的状态，一旦检测到紧急停车按钮被按下，立即关闭相应的信号机，同时 ATP 系统通过车-地通信设备向列车发送相应的列车控制命令信息，禁止列车自区间进入车站，实现车站股道封锁的功能；禁止已停在车站的列车出发，或其他列车进入区间，对于已启动而尚未完全离开车站的列车实施紧急制动。

紧急停车按钮须经人工确认后才能恢复。

18）区域（信号）的封锁和解锁

提供区域（信号）封锁和解锁功能。

19）人机界面

设置车站（分布式）的现地控制工作站，用于在联锁级控制情况下，对本联锁区运营列车进行监控。工作站人机界面对话窗主要由联锁、轨道、道岔、信号、进路、车站以及故障报警等部分组成。在相应的对话窗中可对对应的控制对象进行监控。在联锁工作站的人机界面上还可以根据需要设置屏蔽门或安全门的状态显示。

20）ATP 故障下的控制模式

当 ATP 功能尚不具备或完全丧失时，系统启用后备模式组织列车运行。

当 ATP 功能丧失时，联锁设备具有自动进路的功能，能为配合站间运行方式提供列车进路的安全保证。

支持后备运营模式下折返站列车进路的自动设置。当折返信号机被设置为自动折返模式时，联锁能在保护区段解锁后自动设置折返线的牵出和折返进路，开放相应的信号机，司机按地面的信号显示驾驶列车自车站的到达轨道至出发轨道。

3. 车辆段及停车场联锁功能

车辆段、停车场联锁设备不受 ATS 系统的控制，列车进路、调车进路均由车辆段、停车场值班员办理。仅向 ATS 系统提供停车场及车辆段内的列车运行情况以及转换轨及相邻的正线车站的列车运行信息。

车辆段、停车场计算机联锁根据进路与 ATS 的信息交换，在车辆段、停车场内保持对入段列车的车组号的跟踪。

车辆段、停车场联锁设备与正线联锁设备接口实现列车出入段的照查，保证列车出入车辆段、停车场的安全。

车辆段、停车场联锁设备控制段内的道岔和信号机，实现进路的建立、进路锁闭、开放信号、进路解锁、故障解锁等的基本联锁功能。

1）进路建立

根据操作的先后顺序确定进路的始端和终端后，自动地选出有且只有一条含几条基本进路的长调车进路。依次确定进路的始端、变更点和终端后，选出相应的变更进路。一条基本长调车进路可以有多条变更进路。

禁止同时开通敌对进路。敌对进路是指：

（1）同一到发线上对向的列车进路与列车进路；

（2）同一到发线上对向的列车进路与调车进路（包括非进路调车）；

（3）同一咽喉区内对向重叠的列车进路；

（4）同一咽喉区内对向或顺向重叠的列车进路与调车进路；

（5）同一咽喉区内对向重叠的调车进路；

（6）咽喉区内同一无岔区段对向的调车进路。

无岔区段有车占用时，允许向该区段办理调车进路，但不允许经由该区段组合调车进路，即长调车进路。

2）进路锁闭

进路锁闭分为预先锁闭和接近锁闭：

预先锁闭在进路选通，有关联锁条件具备时构成。

接近锁闭在信号开放，进路的接近区段占用时构成，对于列车进路，接近锁闭持续到进路第一区段自动解锁或人为解锁。

接近区段未设轨道电路时，接近锁闭于信号开放后立即构成。

进路的接近区段规定如下：

（1）接车进路的接近区段一般为入段信号机前方大于制动距离的轨道区段。

（2）发车进路的接近区段一般为发车股道。

（3）调车进路的接近区段为调车信号机前方邻接的轨道区段。当信号机前方不设轨道电路时，则信号开放即构成进路的接近锁闭。

通过操作可办理引导进路锁闭和引导总锁闭。引导进路锁闭检查道岔位置正确，并锁闭进路中的道岔，敌对信号不再开放。引导总锁锁闭咽喉区的全部道岔，包括到发线上的中间出岔。

系统具有对股道进行封锁的功能。股道封锁后，禁止排列经过本股道的进路。

3）进路解锁

任何操作不会使占用的区段解锁。任何操作不会使列车、车列运行前方的区段解锁。

4）进路正常解锁

进路的解锁在信号关闭后进行，随着列车或车列的正常运行，使各轨道区段分段地自动解锁。

进路按分段解锁方式设计。解锁时，有条件的区段均满足三点检查，延时3s自动解锁。必要时，接车进路的接近区段也可作为三点检查的条件之一。

到发线出岔：在列车全部进入到发线后，若中间出岔区段未曾被占用时，该中间出岔区段经3 min后自动解锁；若分歧道岔区段满足三点检查条件，延时3 s自动解锁。

出发列车全部出清到发线后，到发线上的中间出岔区段自动解锁。

当无岔区段留有车辆时，出发列车出清出站信号机内方邻接轨道区段后，中间出岔区段自动解锁。

取消发车进路，中间出岔和发车进路同时解锁。但中间出岔区段有车占用时，保留区段锁闭。

5）调车中途返回解锁

当车列驶入调车进路后，因中途折返作业而使该进路全部区段均不能解锁时，在检查车列顺序退出该进路和其接近区段后解锁。

当车列驶入并置信号机内方后，因中途折返作业而使该进路全部区段均不能解锁时，在检查车列确已根据开放的反向并置信号机驶入该信号机的内方，且出清全部未解锁的区段后，该条进路自动解锁。

已锁闭的进路不会因轨道电路瞬时分路不良或轨道电路停电恢复后错误解锁。

6）取消进路

进路未处于接近锁闭，办理取消进路后，进路在信号机关闭后立即解锁。取消发车进路时，到发线上的中间出岔与发车进路同时解锁。

7）人工延时解锁（简称人工解锁）

进路处于接近锁闭，需要解锁时，办理人工解锁；接车进路及有通过列车的发车进路在信号关闭后限时3min解锁；其他发车进路及调车进路限时30 s解锁。需进行密码授权管理和对操作进行记录才可人工解锁。

8）区段故障解锁

除下列区段外的区段均可采用区段故障解锁方式解锁：

（1）轨道电路占用区段；

（2）处于列车车列走行前方的区段。

需进行密码授权管理和对操作进行记录才可区段故障进路解锁。

9）引导进路解锁

在列车通过引导进路后，按压总人解按钮解锁引导进路。

10）信号机控制

正常办理进路或办理了重复开放手续，除引导信号外，防护该进路的信号机检查确认其进路空闲、超限界绝缘相邻区段空闲、有关道岔位置正确、进路已锁闭、未施行人工解锁、敌对进路未建立以及照查条件正确后方可开放。出段信号机检查与正线的联系接口关系正确。

向有中间出岔的到发线上排列接车进路，或由有中间出岔的到发线排列发车进路，中间出岔自动转换到规定位置并解锁，进站或出站信号机才能开放。

列车主体信号机和调车信号机应设灯丝监督；在信号开放后，不间断地检查灯丝完好。

入段和出段信号机开放后，若灭灯，自动转为红灯显示。

建立长调车进路及其变更进路时，防护各基本进路的调车信号机按运行方向由远而近地依次开放。

已开放的信号机在下列情况下及时关闭：

（1）列车信号，当列车第一轮对进入该信号机内方第一轨道区段时；

（2）调车信号，当车列全部越过信号机时或当信号机外方区段留有车辆（含未设轨道电路）出清内方第一区段时；

（3）发生故障时；

（4）办理取消或解锁进路时；

（5）复示信号机，当其主体信号机关闭时。

信号关闭后，未经再次办理，不会重复开放。

办理引导进路，检查引导进路中的道岔位置正确、未建立敌对进路、引导进路在锁闭状态，方可开放引导信号；也可通过对道岔进行总锁闭来开放引导信号。开放引导信号以检查其主体信号机为红灯显示为前提。

需进行密码授权管理和对操作进行记录方可使用引导信号。

引导信号在下列情况下及时关闭：

（1）列车未驶入引导进路之前信号保持开放的条件不能满足时；

（2）信号机内方第一轨道区段无故障的情况下，列车第一轮对进入该区段时；

（3）信号机内方第一轨道区段故障，未能在 15 s 内进行维持开放信号的操作时；

（4）办理引导进路解锁时；

（5）解锁道岔总锁闭时；

（6）人工关闭信号时。

开放预告或复示信号机时，不间断地检查其主体信号机在开放状态。不允许信号出现乱显示（即不符合规定的信号显示）；在组合灯光开放和关闭时，同时点灯或灭灯。

车辆段试车线两端的尽头调车信号机（单红灯）不纳入联锁范围。

11）道岔控制

道岔控制功能同正线联锁系统，具体见正线道岔控制功能部分。

4. 接口功能

CBI 系统将为其他相关系统提供安全可靠的接口方式，接口符合故障-安全原则，并采取双断和独立回路的方式，线路发生短路、馈电失效或者外部电路接地等导致电路故障，不影响系统的安全性。

具体内容见第七章 CBI 设备接口。

5. 故障诊断、信号设备监督和报警功能

系统具有自检、自诊断、监督基本信号设备和故障报警功能。在系统维护台上提供相应的报警信息显示，监测报警信息定位到板级；监测信号电源、信号机、道岔、计轴及轨道电路等的状态，并将相关报警信息反映到 ATS 终端。监测功能的实现不影响被监测设备的正常工作。

系统操作命令、所有信息的状态变化及故障记录须至少保存 90 天，并能打印输出。监视和记录自身的主要内容如下：

（1）进路状态；
（2）轨道的占用/空闲；
（3）信号机显示；
（4）道岔位置；
（5）转辙机动作状态；
（6）信号机主灯丝状态监测及断丝报警；
（7）站台紧急停车按钮及无人自动折返按钮状态。

6. 操作防护功能

对于由人工确保安全的操作命令，具有相应的安全操作手段。

在车站ATS操作员工作站上，具备操作员身份认证及记录功能，对不同的操作人员赋予相应的职责、权利，以确保对设备的正确控制，防止非法操作。合法操作具有防止误操作措施。对于48小时内的操作命令、运行过程及故障记录，还可以打印输出。

7. 操作员工作站的功能

1）设备集中站

设备集中站的ATS操作员工作站，是CBI的控制显示单元，对本联锁区运营列车进行监控。它主要负责把车站值班员的操作命令经过一定的预检查后传递给联锁机（如进路办理、道岔操作等），并接收车站ATS分机发送的中心操作命令。同时，车站ATS操作员工作站显示联锁机发送的显示信息（主要包括道岔、信号机、进路、故障报警（声光）等状态），并把相应的显示信息通过车站ATS分机发送给中心。

主要完成以下功能：

（1）值班员发送控制命令、接收中心发送的列车位置信息、接收联锁机发送的联锁处理信息，显示管辖区域内的站场表示；
（2）车站ATS操作员工作站与SDM子系统和仿真测试系统之间通过高速网络交换信息；
（3）完成非安全联锁逻辑功能（如选路判断、表示等）；
（4）通过车站ATS分机完成与中心ATS之间的信息交流；
（5）用户所要求的其他表示与报警功能；
（6）通过车站ATS操作员工作站，车站值班员可实现对列车进路的正常控制和紧急控制。

设于设备集中站的车站ATS操作员工作站设置的车站人工控制功能包括但不限于：

（1）设置列车进路；
（2）设置临时限速；
（3）将信号机设置为自动模式（自排模式或联锁追踪模式）或人工模式等；
（4）封锁信号元素（如信号机、道岔、轨道区段等）；
（5）跳停、扣车等。

通过车站IBP盘实现的紧急控制功能包括：

（1）本站扣车/扣车解除；
（2）本站紧急停车。

2）非设备集中站

非设备集中站车站 ATS 操作员工作站，提供本站所属设备站管辖区域的站场显示，并进行与正线设备集中站之间的信息交换。

3）车辆段及停车场操作员工作站的功能

为车辆段、停车场提供的操作员工作站，是 CBI 的控制显示单元，对本联锁区运营列车进行监控。它主要负责把车辆段操作员的操作命令经过一定的预检查后传递给联锁机（如进路办理、道岔操作等），同时，操作员工作站显示联锁机发送的显示信息（主要包括道岔、信号机、进路、故障报警（声光）等状态）并把相应的显示信息通过车站 ATS 发送给中心。

主要完成以下功能：

（1）操作员发送控制命令、接收中心发送的列车位置信息、接收联锁机发送的联锁处理信息，显示管辖区域内的站场表示。

（2）车辆段、停车场操作员工作站与 SDM 子系统和仿真测试系统之间通过高速网络交换信息。

（3）完成非安全联锁逻辑功能（如选路判断、表示等）。

（4）其他表示与报警功能。

四、iLOCK 计算机联锁设备的原理

iLOCK 联锁计算机是一种基于 NISAL 技术，带独立"故障－安全"校验 CPU 的硬件安全冗余车站联锁控制系统，其逻辑电路是由安全型逻辑组成的。它把传统的由继电器实现的联锁逻辑和控制逻辑"写"成一系列逻辑表达式（即布尔表达式），这些逻辑表达式的正确实施就是通过 NISAL-数字集成安全保证逻辑（Numerically Integrated Safety Assurance Logic）技术来保证的。NISAL 技术的运用使得联锁计算机具有"故障-安全"特性。同时，NISAL 是一种安全型逻辑，并且在基本逻辑（即联锁逻辑）以外运行，因此 NISAL 提供的是一种独立的安全校核。

根据欧洲铁路标准 EN50129"铁路安全电子系统"的定义，联锁系统综合运用了"组合故障-安全"、"反应故障-安全"和"固有故障-安全"技术。

联锁机采用同步跟踪技术、系统局部故障自动重组技术，并且使用了军标级的元器件和接插件，使联锁系统具有很高的可靠性和可用性。

联锁机具有全面的自诊断功能。各种印制电路板的面板上都设有表示灯，电务维修人员可以及时地了解各印制板工作状态，发现排除故障。

联锁机由系统机箱和 I/O 机箱组成。系统所能处理的 I/O 机箱的最大数值取决于有多少安全型输入输出口及联锁逻辑布尔方程式数量，系统的扩展是通过增设另一个 I/O 机箱，将接口电路板和所增加的输入/输出板插入该扩展的机箱，并用电缆把它与系统机箱相连接来实现的。印制电路板的数量取决于车站的规模。

联锁系统的输入输出对外连接是采用接触部分镀金的进口接插件，确保各部件（即每个插针）动态连接的安全性和可靠性。在所有的安全型线路中的各导体间及导体与地之间都能承受 3 000 V（有效值）的冲击。

系统机箱（SYS 机箱）高度为 9U，可放置 VLE 板、VPS 板、I/OBUS2 板。I/O 机箱高

度为 6U，可放置 I/OBE2 板、VIIB 和 VOOB 板。每个 I/O 机箱有 14 个槽道，第一个槽道放置 I/OBE2 板，其余槽道放置 VIIB 和 VOOB 板。每块 I/OBUS2 板可以带 1 个输入输出机箱，一个 CBI 系统最多能配置 13 块 I/OBUS2 板。

iLOCK 系统由人机界面（HMI）、联锁处理（IPS）、诊断维护（SDM）、冗余网络（RNET）和电源（PWR）等六个子系统组成。

1. 联锁处理子系统（IPS）

IPS 是整个 iLOCK 系统的核心，它由两套"二取二组合故障-安全"加"NISAL 反应故障安全"专用联锁机（IPSA 和 IPSB）组成；每个联锁机（即每个单系）均采用"二取二"的结构，双 CPU 独立运算，两个 CPU 运算采用的安全采集数据、安全输出数据、安全通信数据和中间数据均互相独立、互不相同；两个 CPU 之间通过数据比较、同步比较、结果比较等，只有运算结果相同时，才允许输出；根据需要，联锁机可以分中央逻辑控制器和区域逻辑控制器，实现"具备现地应急控制能力的区域计算机联锁"。IPS 主要包括：安全逻辑运算（VLE），安全校验（VPS），输入输出总线（I/OBUS2），输入输出总线扩展（I/OBE2），安全型双断输出（VOOB），双采安全型输入（VIIB）等。

IPS 主要包括以下印制电路板：

1）IPS 硬件连接

图 LC7-6 为典型的 iLOCK 联锁计算机系统硬件方框图。

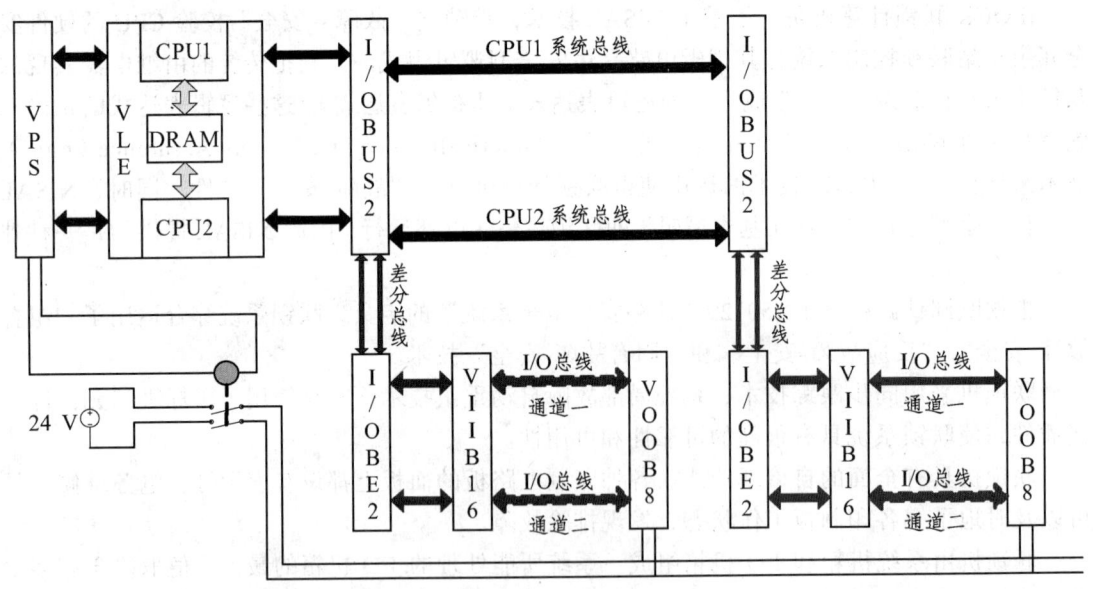

图 LC7-6　联锁机系统硬件方框图

联锁机使用双 CPU 作为核心控制器，两个 CPU 通过双口 RAM 进行数据通信和任务级同步。CPU1 和 CPU2 分别引出两条总线，CPU1 控制 I/O 总线的通道一，对应于 VIIB 是一端的采集总线，对应于 VOOB 是正电的输出和校验；CPU2 控制 I/O 总线的通道二，对应于 VIIB 是另一端的采集总线，对应于 VOOB 是负电的输出和校验。双 CPU 对各自的内存进行检查（包括双口 RAM），也对各自的运行状态进行检查，这些检查的结果产生主校核字；双

CPU 也分别对输出端口的正电和负电进行检查,生成重校核字。双 CPU 将主重校核字发给 VPS 板,VPS 板经过安全的校验确认主重校核字都正确后提供励磁电压给安全性继电器,安全性继电器吸起后提供输出电源给 VOOB 板。

2)安全逻辑运算板(VLE)

VLE 板是整个联锁处理子系统的核心,包括通过 I/O 选址读取输入/输出信息、进行联锁运算、与车站 ATS 分机之间以及联锁子系统与 ATC 骨干网之间通信等。对于大型联锁车站或有光通信的车站,为了缓解 VLE 板的通信压力,其中的安全通信由 CPU/PD1 板完成。VLE 板通过总线与 VPS 板、CPU/PD1 板通信。

VLE 板各接口及表示灯含义如下(自上而下说明):

SECURITE:并行口。

ON/OFF:电源开关,免误碰型。

L1A-L4A:四个灯由 CPU1 软件控制,常点绿灯。

VLS1A-VLS4A:CPU1 高速串口指示灯,有数据收发时亮红灯,VLS1A-VLS2A 为 422 电平,VLSA3-VLS4A 为 485 电平。

NET1A,NET2A:CPU1 网口 1,2 指示灯,有数据收发时亮黄绿灯。

COM1A,COM2A:CPU1 普通串口指示灯。

L1B-L4B:四个灯由 CPU2 软件控制,常点绿灯。

VLS1B-VLS4B:CPU2 高速串口指示灯,有数据收发时亮红绿灯,VLS1B-VLS2B 为 422 电平,VLS3B-VLS4B 为 485 电平。

NET1B,NET2B:CPU2 网口 1,2 指示灯,有数据收发时亮黄绿灯。

COM1B,COM2B:CPU2 普通串口指示灯。

RESET:复位按钮,同时复位两个 CPU。

VCC:直流电压正极测试孔。

GND:直流电压负极测试孔。

MAC:串口。

VLE 板上的并口是用来插软件检查块(俗称软件狗)的。进行仿真测试时,必须在 VLE 板上安装上述的软件检查块后,联锁子系统才能与仿真测试系统通信,确保联锁机的工作状态和仿真测试状态的身份鉴别正确。

VLE 板上的芯片分为系统芯片和应用芯片,如图 LC7-7 所示。

图 LC7-7　VLE 板

系统芯片中写入的是系统软件,系统软件包含联锁机的执行软件、仿真测试接口和诊断软件等。应用芯片中写入的是应用软件,应用软件是一套描述系统所应用的联锁逻辑功能的经过编码的应用数据结构（ADS），数据由 CAA 软件包生成。应用软件由信号工程师在规定的语法规则下编写，以满足不同联锁车站数据和联锁规则的要求。应用软件能够实现每个车站只要修改应用数据，就可以达到对每个车站的联锁进行修改的目的。每个车站的系统软件是不变的。

VLE 板电气特性：

逻辑电路工作电压：4.75～5.25V DC

逻辑电路最大电流：4A

通信口绝缘电压：>4000VRMS

3）安全校验板（VPS）

VPS 板是 iLOCK 系统的安全型监视机构，独立于 VLE 板面对系统进行全面的安全检查。它以一定的间隔接收到一组编码检查信息，如经检查这组信息正确，则输出一个安全型数字信号，这个信号通过一个安全型滤波器滤波并用于励磁一个安全型继电器 VRD，用以证明系统自检正常。所有通向 iLOCK 系统的安全型输出的电源都经过该继电器 VRD 的前接点。当发现系统有错误时，在 90 毫秒内 VRD 继电器失磁，然后这个安全型继电器将会切断 iLOCK 所有的安全型输出的电源。VRD 继电器在 VPS 经过 7 个周期连续检查后，证明系统是正常时才能再度激励，以确保系统安全。

采用 NISAL 安全校验算法及 NISAL 技术关键模块之一的 VPS 板，是独立于"二取二" VLE 板以外的、本身具有故障安全特性的安全校验模块。该模块用来检查 VLE 板硬件的正确性、检查双通道 CPU 每一个指令运算的正确性、检查输入/输出控制的安全性。这种独立的安全校验，使得 iLOCK 系统比通常的二取二系统具有更高的安全性。

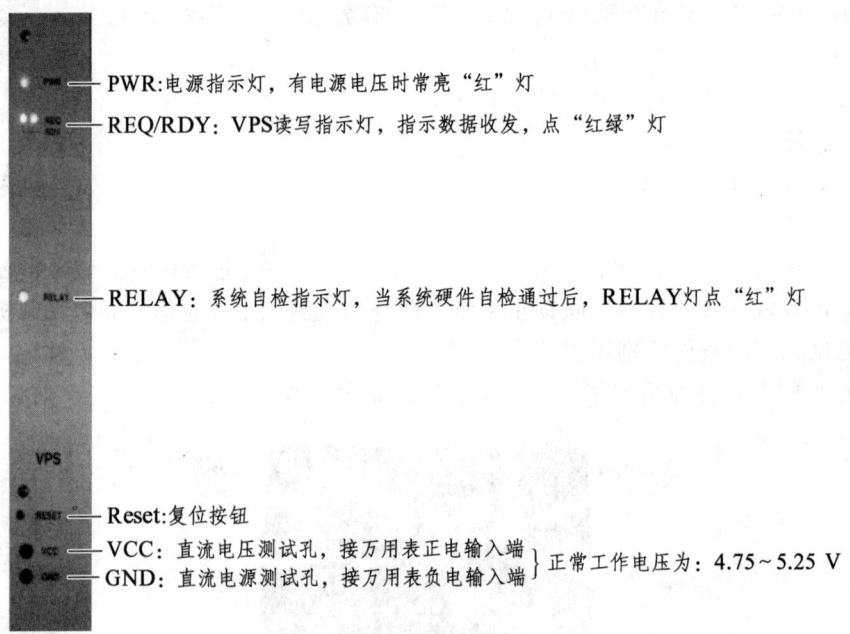

PWR：电源指示灯，有电源电压时常亮"红"灯

REQ/RDY：VPS读写指示灯，指示数据收发，点"红绿"灯

RELAY：系统自检指示灯，当系统硬件自检通过后，RELAY灯点"红"灯

Reset：复位按钮

VCC：直流电压测试孔，接万用表正电输入端

GND：直流电源测试孔，接万用表负电输入端

正常工作电压为：4.75～5.25 V

VPS 板驱动 VRD 继电器的电气特性如下：

最小励磁电流：0.019 2 A

线圈电阻：100 Ω

输入电压：36 V ± 5%

4）输入输出总线接口板（I/OBUS2）

I/OBUS2 板是 VLE 板和输入输出板交换信息的通道，I/OBUS2 为输入板的测试数据和输出板的端口校验数据提供存储空间；同时它也包含逻辑和时序电路，以控制输出端口的连续校验。I/OBUS2 板能与 I/OBE2 板交换信息，通过 I/OBE2 板实现差分驱动，驱动双断输出板。

每系可插 4 块 I/OBUS2 板，一块 I/OBUS2 板可带一个 I/O 机笼，如图 LC7-8 所示。

图 LC7-8　I/OBUS2 板

I/OBUS2 板电气特性：

逻辑电路工作电压：4.75 ~ 5.25 V DC

逻辑电路最大电流：300 mA

5）输入输出总线扩展板（I/OBE2）

I/OBUS2 板如图 LC7-9 所示，它与 I/OBE2 板交换信息，通过 I/OBE2 板实现差分驱动，驱动双断输出板。一块 I/OBUS 板可带 13 块 I/O 板。

I/OBE2 板电气特性：

逻辑电路工作电压：4.75 ~ 5.25 V DC

逻辑电路最大电流：300 mA

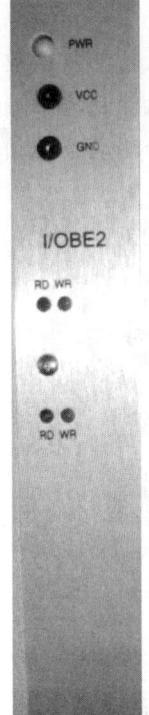

图 LC7-9　I/OBE2 板

6）双采安全型输入板（VIIB）

VIIB 板如图 LC7-10 所示，它为 iLOCK 系统的两个 CPU 分别采集提供相同的接口。每块 VIIB 板有 16 路输入端口，每路输入端口对应一个指示灯，当某端口有输入信号时，相应的指示灯点亮。

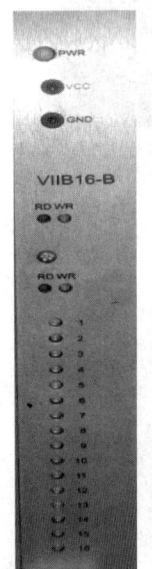

图 LC7-10　VIIB 板

所谓"双采"即 VLE 板中的两个 CPU 模块单独的对输入板的端口进行采集,这种处理方式既使 CPU 对输入状态采集的安全性进一步提高,也确保了双通道采集的同步性能。

每个输入有一个唯一的"校核字",如果电流在输入端连续存在,那么这个"校核字"能通过这个输入端,并能返回到处理器。为了确保正确的"校核字"能返回,并能点亮一个输入指示灯,必须使输入电压保持在 9 V 以上,输入阻抗约为 65 Ω。

在输入端设有浪涌防护电路,该电路用以保护硬件在普通的应用环境中免遭损坏。

VIIB 板电气特性:

逻辑电路供电电压:4.75 ~ 5.25VDC

逻辑电路工作电流:500 mA

采集电路的工作电压:9 ~ 30VDC

输入电流:12.8 ~ 33.0 mA

继电器输出端绝缘电压:> 3000VRMS

7)安全型双断输出板(VOOB)

VLE 板通过 VOOB 板产生输出信号,驱动接口设备,如图 LC7-11 所示,并且系统能时时检测 VOOB 板输出的正确性,输出与实际驱动的一致性。作为双断输出板,VOOB 板为"2取 2"系统的两个 CPU 分别提供正负电控制对象。每块 VOOB 板有 8 对输出,每对输出设一个正电输出和一个负电输出对应一个有效输出。每对输出端口设一个指示灯,当正电和负电输出同时有效时,相应的指示灯点亮。每块输出板包含有 8 个安全输出口。

图 LC7-11 VOOB 板

所谓"双断"即对于一个输出码位的电源的正负极都各自由一个 CPU 进行独立的监控,提高了系统的安全性和接口电路的混线防护能力。

VOOB 板的 8 个输出分别分成 2 组,每组有 4 个输出,在使用时均设有单独的隔离。每一个输出均设有指示灯,当某一个输出被励磁时,相应的指示灯就有表示。在每块板上,还有两个附加指示灯,显示了与 I/OBE2 板的通信状态。

供给每一路输出的电源必须通过"VRD继电器"或包含此条件的"系统工作继电器"的前接点。当VRD继电器落下时，就停止向双断输出板的输出口供电。这样，"输出"失效，说明输出端没有电流通过。

VOOB上设有无电流监测器，用以安全地检查当且仅当有正确的输出信号时，才允许向输出电路供电。

VOOB板的每个输出端口都设有浪涌保护电路，用以防止接口继电器侧瞬间反向感应电动势及其他干扰电压对系统的破坏。

在包含4个输出的每一组上装有一个用于供电的电源滤波器，它可以防止电源噪音和从外部进入联锁机的电磁干扰。

VOOB板的电气特性如下：

逻辑电路供电电压：4.75~5.25VDC

逻辑电路工作电流：500 mA

驱动电路的工作电压：9~30VDC

输入电流：12.8~33.0 mA

继电器输出端绝缘电压：>3000VRMS

8）母板（MB）

母板是iLOCK联锁处理子系统中各印制电路板之间连接的桥梁，通过母板VLE板可以进行I/O选址，可以与VPS板交换信息，对于配置安全通信板的联锁车站还可以与CPU/PD1板交换信息，通过母板I/OB板可以与输入、输出板交换数据，从而达到了整个联锁处理子系统之间的信息互通。

MB的电气特性如下：

逻辑电路工作电压：4.75~5.25VDC

逻辑电路最大电流：系统母板4 A；输入输出母板：1 A

由于输入板、输出板的逻辑电路工作电与输入/输出电同时从输入/输出母板接入，它们之间的绝缘电压为：>3 000VAC RMS

母板有浪涌保护设计。

2. 人机界面（HMI）子系统

在车站级控制的车站ATS操作员工作站，用于在车站级控制情况下，对本联锁区运营列车进行监控。操作台-人机界面对话窗主要由联锁、线路、道岔、信号机、进路、车站以及故障报警等部分组成。在相应的对话窗中可以对相应的控制对象进行监控。

车站ATS操作员工作站采用22寸液晶显示器作为计算机联锁系统的人机交互界面，供车站值班员通过鼠标办理各种作业，显示站场信号设备的状态。通过基于TCP/IP协议的网络接口与联锁机交换信息。

操作显示界面说明：

（1）能以方便、简单、直观、清晰、明确的方式进行人机对话。

（2）所有人机界面均汉化，并具有图形化的屏幕、多级窗口、多级菜单（包括主菜单和分菜单）、图形移动、缩放等功能。

（3）每个屏幕按功能划分为标题区、画面区、菜单区和人机对话信息显示区，在设备或列车运行状态发生任何变化时,有明确的反映。

(4)系统具备人机界面的在线帮助功能。当操作有误或不可操作时均能提供相应的文字提示信息。

(5)操作控制方式以使用菜单、鼠标操作方式为主,键盘为辅助。

3. 冗余网络子系统

联锁系统配置两层冗余的通信传输通道,一层用于 ATS 子网,一层用于 ATP/ATO 子网。

联锁 A 机、联锁 B 机、车站操作员工作站和系统维护台各提供 2 个网络接口,接入冗余的基于 TCP/IP 协议的 ATS 子网,实现相互之间信息交换。同时,通过 SDH 节点接入 ATC 骨干网,实现和中心 ATS 之间的信息交换。

联锁 A/B 机通过另外独立的两个网口接入冗余的基于 FSFB2 协议的 ATP/ATO 子网,通过 SDH 节点接入 ATC 骨干网,实现和中心轨旁 ATP/ATO 与车载 ATP/ATO 之间的信息交换。

这两层通信传输通道,均采用冗余的方式,因此一旦冗余网络中的一条网络发生故障时,各子系统仍可以通过另一条网络进行通信。

网路链接状态信息传递给 SDM 子系统,便于现场人员及时查询和维护。

4. 电源(PWR)子系统

iLOCK 系统采用了 UPS 热备的冗余供电方式,如图 LC7-12 所示。来自电源屏的单相交流电经过二级电源防雷后输入在线式 UPS,UPS 输出净化 220 V 交流电,经过电源屏端子排供给 iLOCK 各子系统。

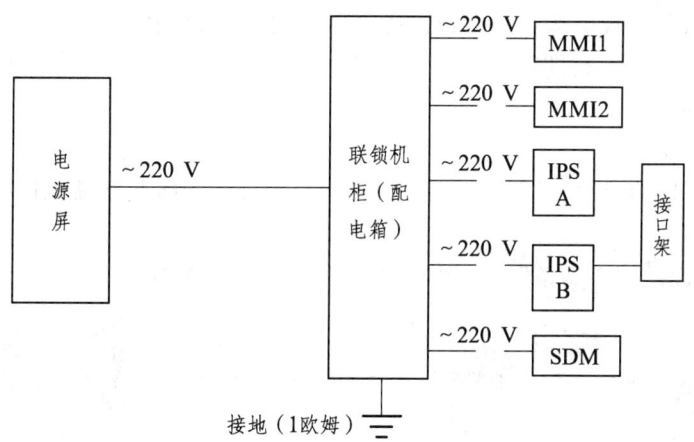

图 LC7-12　联锁机电源子系统

5. 诊断维护(SDM)子系统

信号系统提供的系统维护台,其显示的各种纪录、故障及报警信息意思明确,便于维修人员跟踪记录,查找故障,其功能和配置介绍如下:

在各设备集中站设置本地维护工作站(SDM),主要为计算机联锁完成系统维护及接口设备监测的功能。SDM 对联锁设备和接口设备实施在线监视和记录,同时也可打印设备操作信息、日期和时间记录。除此以外,还提供了一种先进的"电子向导式"的诊断手段,通过它电务维修人员可以快速直观地查询故障信息,及时有效地排除故障。各设备集中站的 SDM 将系统维护诊断信息通过专用维修网向维护支持系统发送,维护人员在维修中心就能对全线各车站的设备进行诊断和维护,更有利于诊断维护信息的集中分析与处理。

1) SDM 的基本功能

接收联锁机的诊断结果信息、输入/输出信息、全站简化参数信息、指定参数详细信息。系统正常工作时,不需要查询,SDM 自动接收联锁处理系统的信息,当 SDM 故障修复后,或与联锁机通信恢复后,SDM 能提供以下功能:

(1) 联锁处理系统的系统诊断与维护。通过高速网口接收 iLOCK 的诊断结果信息、输入/输出信息、站场表示信息、全站简化参数信息、指定参数详细信息等,对这些信息提供记录与分析诊断功能;

(2) 读取联锁机 CPU 启动过程中的自检关键点信息;

(3) SDM 子系统正常工作时,不需要对被监控对象进行查询,而是自动接收联锁处理系统的信息,当 SDM 故障修复后,或与联锁处理系统通信恢复后,SDM 能立即开始接收联锁处理系统记录的一天内的系统诊断信息;

(4) 通过网络接收来自车站操作员工作站的操作和表示,并记录关键操作和表示;

(5) 站场显示、历史回放;

(6) 联锁系统内部网络管理;

(7) 实现与智能电源屏接口,通过串口接收电源屏传送过来的维修和报警信息;

(8) 实现与计轴系统接口,通过串行口接收计轴系统传来的诊断信息;

(9) 实现与信号机设备接口,通过串行接口接收信号机设备送来的灯丝断丝报警信息。

对于联锁机布尔代数中运行的参数,SDM 提供参数追踪功能。维修人员可以选择所有参数,也可对指定的某个参数进行追踪。对于某些瞬间的故障,参数追踪功能可以帮助维修人员抓住故障点所在。

2) SDM 操作及显示

SDM 有两个可以互切的显示界面:默认界面用于查询网络及联锁机运行状态,切换界面用于显示当前站场运行图。

SDM 默认界面的"工具条",如图 LC7-13 所示,其功能如下:

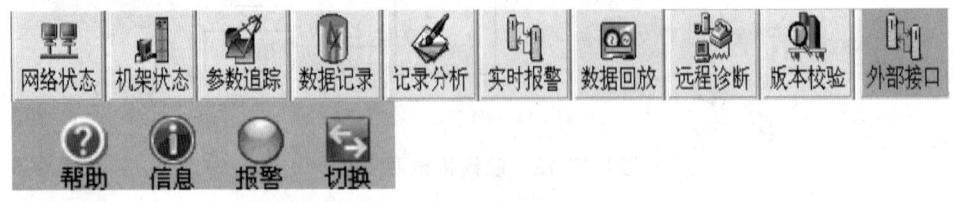

图 LC7-13 SDM 默认界面工具条

网络状态:显示当前联锁系统及其外围设备的网络连接状态。

机架状态:显示当前联锁机的运行状态,监督各个机笼板子的工作状态,查询采集板及驱动板码位采集与驱动情况。

参数追踪:可以追踪联锁系统所有变量的高低电平,并以此确定联锁机某些故障的原因。

数据记录:用于分类或全部显示一定时间内 MMI 及其他相关子系(ATS、综合后备盘、与 MMI 连接的控制台）的操作记录、各种信号设备显示变化记录、联锁机驱动及采集记录、联锁机运行状态、联锁机及其外围设备的通信状态。

记录分析：分类查询数据记录中某些变量跳变的原因。

实时报警：查询数据记录中某些信号设备的实时报警信息。

数据回放：单步或连续复现过去某个时间段内联锁机和 MMI 的站场变化信息，联锁机某些采集及驱动情况。

远程诊断：通过 MODEM 接入，电话拨号的方式实现远程诊断联锁系统的工作状态，分析报警或故障原因。

版本校验：查询联锁系统软件、生成应用数据（指 ADS，下同）所需的输入文件及相关应用软件的版本号，校验联锁机运行的应用数据与 SDM 当前加载的应用数据是否一致，显示 MMI 运行的应用数据版本号。

外部接口：联锁系统外部接口分为联锁机外部接口和 SDM/MMI 外部接口，见图 LC7-14。前者主要为地铁或区域联锁提供控制区域内控制中心和其他控制节点之间的通信情况，每个通信节点用一个表示灯表示，绿色表示双网通信正常、黄色表示目前为单网通信、红色表示通信中断。SDM/MMI 外部接口主要是显示通过 SDM/MMI 连接的其他子系统或设备（MMS、ATS、电流表、综合控制盘）通信情况，其显示方式同联锁机的外部接口。

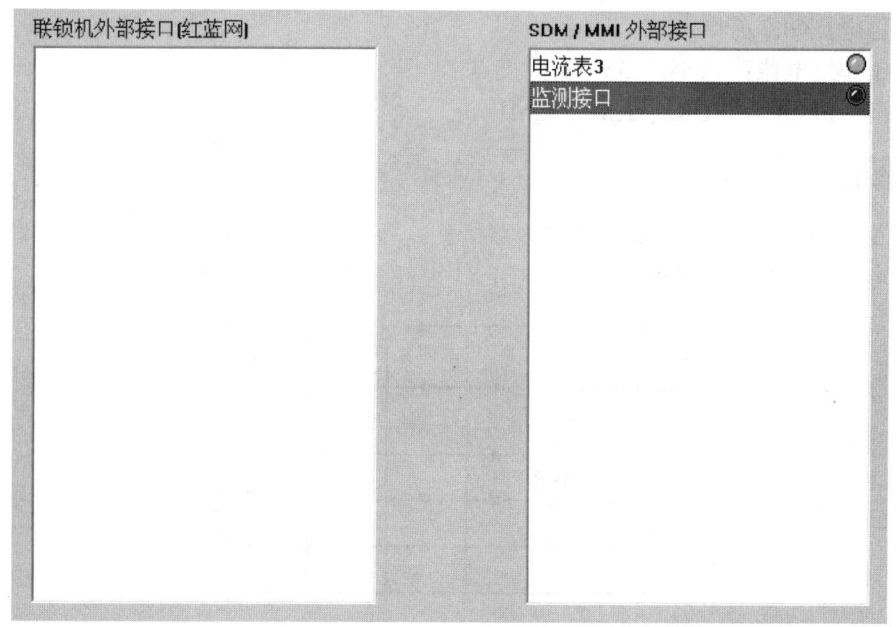

图 LC7-14　网络外部接口

五、iLOCK 型计算机联锁系统的接口电路

1. 输入（采集）接口电路

每一个采集接插件连接两块输入板，能够采集 32 位信息。采集电路原理图如图 LC7-15 所示。

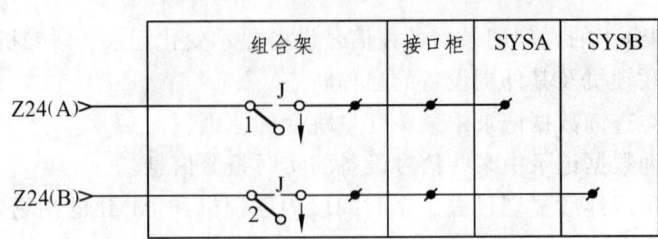

图 LC7-15　采集接口电路原理图

采集电源由联锁机柜的电源机箱提供，Z24（A）、F24（A）为 A 机使用，Z24（B）、F24（B）为 B 机使用。

iLOCK 系统需要采集的内容如下：
道岔：ZDBJ、ZFBJ 前接点（ZDJ9）；DBJ、FBJ 前接点（ZD6 系列）
信号机：DJ、2DJ 前接点
轨道区段：GJ 前接点
主副电源：ZDYJ、FDYJ 前接点
主灯丝断丝报警：DSBJ 前接点
熔丝断丝报警：RBJ 前接点
轨道停电：GDJ 前接点
系统工作继电器：SYSA、SYSB 前接点
屏蔽门：PDQCJ、PDKJ、KMJ、GMJ

2. 输出（驱动）接口电路

采用 VOOB8 型双断输出板，输出 8 路信息。每一个输出接插件连接两块输出板。驱动电路原理图（以列车信号继电器 LXJ 为例）如图 LC7-16 所示。

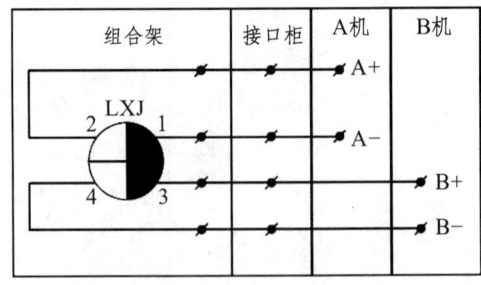

图 LC7-16　驱动接口电路原理图

系统驱动电源 KZ-VRDA/B-Q、KF-VRDA/B-Q 是将电源屏提供的 KZ、KF 电源通过接口架零层，再经过联锁机系统 VRD 继电器的前接点形成条件电源，经过接口架零层保险端子提供到接口柜各端子板上。条件电源 KZ-VRDA-Q、KZ-VRDB-Q、KF-VRDA-Q、KF-VRDB-Q 在接口架和组合架内分别环接。

iLOCK 系统需要驱动的继电器如下：
道岔：DCJ、FCJ、SJ、（SJ、AJ、XGAJ、JGAJ、FWJ）

信号机：LXJ、ZXJ、YXJ、DDJ、DXJ

计轴：YFWJ（允许复位继电器）

屏蔽门：KMJ、GMJ

3. 机架间配线

采集信息位如图 LC7-17 所示来举例说明。

端子号	A-I/O-1-X3				端子号
	3		4		
	VⅡB16(2)		VⅡB16(3)		
a1	1/3DBJ	1	29DBJ	21	c1
a3	1/3FBJ	2	29FBJ	22	c3
a5	5DBJ	3	31DBJ	23	c5
a7	5FBJ	4	31FBJ	24	c7
a9	7/9DBJ	5	33DBJ	25	c9
a11	7/9FBJ	6	33FBJ	26	c11
a13	11/13DBJ	7	35/37DBJ	27	c13
a15	11/13FBJ	8	35/37FBJ	28	c15
a2	F24(A)	9	F24(A)	29	c2
a16	F24(A)	10	F24(A)	30	c16
a17	15DBJ	11	39DBJ	31	c17
a19	15FBJ	12	39FBJ	32	c19
a21	17/19DBJ	13	41DBJ	33	c21
a23	17/19FBJ	14	41FBJ	34	c23
a25	21/23DBJ	15	43DBJ	35	c25
a27	21/23FBJ	16	43FBJ	36	c27
a29	15/27DBJ	17	45DBJ	37	c29
a31	15/27FBJ	18	45FBJ	38	c31
a18	F24(A)	19	F24(A)	39	c18
a32	F24(A)	20	F24(A)	40	c32

说明：
- 机柜号-机箱类型-机箱号-端子位
- 3和4是槽道号，一个端子对应两块输入板
- VⅡB16是安全型输入板，3说明第3块VⅡB
- 接24V电源，（A）表示A机的负电源，所有同种类的电源必须在接口柜的端子上环接，A机和B机分别环接

图 LC7-17　采集信息位

上图为 iLOCK 系统采集接口端子定义表。其中，1~40 表示插接件中 40 位的端子号；图中黄色标出的端子，分别为采集电源 F24V 的接线端子。其来向为联锁柜电源机笼，经接口架零层转接后再经接口架 22 芯电缆回到联锁柜。A 机和 B 机同类电源在接口架处分别环接，环线要求至少 0.75 m² 以上的多股线。

驱动信息位如图 LC7-18 来举例说明。

端子号	A-I/O-1-X3				端子号
	D3		D4		
	VOOB8(2)		VOOB8(3)		
a2	KZ-VRDA-Q	1	KZ-VRDA-Q	21	c2
a3	KZ-VRDA-Q	2	KZ-VRDA-Q	22	c3
a6	KF-VRDA-Q	3	KF-VRDA-Q	23	c6
a7	KF-VRDA-Q	4	KF-VRDA-Q	24	c7
a10	15DCJ+	5	29DCJ+	25	c10
a11	15DCJ−	6	29DCJ−	26	c11
a13	15FCJ+	7	29FCJ+	27	c13
a14	15FCJ−	8	29FCJ−	28	c14
a16	17/19DCJ+	9	31DCJ+	29	c16
a17	17/19DCJ−	10	31DCJ−	30	c17
a19	17/19FCJ+	11	31FCJ+	31	c19
a20	17/19FCJ−	12	31FCJ−	32	c20
a22	21/23DCJ+	13	33DCJ+	33	c22
a23	21/23DCJ−	14	33DCJ−	34	c23
a25	21/23FCJ+	15	33FCJ+	35	c25
a26	21/23FCJ−	16	33FCJ−	36	c26
a28	25/27DCJ+	17	35/37DCJ+	37	c28
a29	25/27DCJ−	18	35/37DCJ−	38	c29
a31	25/27FCJ+	19	35/37FCJ+	39	c31
a32	25/27FCJ−	20	35/37FCJ−	40	c32

VOOB是安全型输出板，3说明第3块VOOB8板。一个端子对应两块输出板

接条件电源，（A）表示A机的电源，所有同种类的电源必须在接口柜的端子上环接，A机和B机分别环接

图LC7-18　驱动信息位

上图为 iLOCK 系统驱动接口端子定义表。其中，1～40 表示插接件中 40 位的端子号；图中黄色标出的端子为驱动条件电源 KF-VRD-Q，红色标出的端子为驱动条件电源 KZ-VRD-Q。其来向为电源屏的 KZ/KF，经接口架零层转接后到达 C-FACE 的 K11 和 K12 再经 VRD 后变成 KZ/KFVRD-Q，A 机和 B 机同类电源在接口架处分别环接，环线要求至少 0.75 ㎡以上的多股线。

七、CBI 设备的接口

1. SDM 与其他子系统的接口

1）与智能电源屏接口

在设备集中站，电源屏通过串口连接 SDM。其接口信息主要包括：实时电压值，各个电源对地漏流，瞬间断电报警，断相、错序报警等。

在非设备集中站，电源屏通过串口接至 HMI，然后通过骨干网送给设备站的 SDM 进行处理及显示，其传输内容与设备集中站相同。

2）与计轴接口

提供一个串口与计轴系统连接，获得计轴系统的诊断信息以及一些报警信息，该信息根

据需要可传送给系统维护台。

3）与 LED 信号机报警总机接口

与 LED 信号机报警总机通过串口进行接口，获得列车信号机主灯丝断丝报警信息，并在维修中心及 SDM 上显示。

4）与 HMI 网络接口

通过局域网接收 HMI 传来的开关量信息。这些信息主要包括站场运用信息如信号灯开放/关闭状态、列车位置信息、道岔位置等以及车站值班员操作信息，同时还包括一些联锁系统的设备报警信息等。

2. 联锁系统与轨旁 ZC 计算机之间的数据交换

1）联锁系统与轨旁 ZC 的连接

CBI 通过信号子网接入基于 FSFB2 协议的 ATC 骨干网，通过骨干网的安全通信与其他相关系统交换信息，如图 LC7-19 所示。

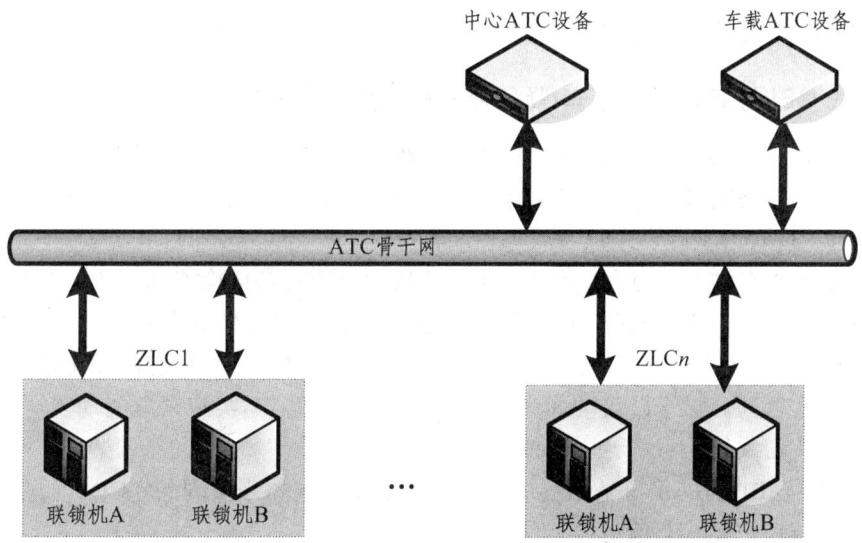

图 LC7-19　联锁系统与 ATC 的连接图

CBI 采集现场信号设备的状态（如信号机、道岔、车站紧急停车按钮、安全门、计轴信息等），接受 ZC 的列车位置、列车停稳等信息，经过联锁处理后，把处理结果一方面通过安全型双断输出板控制现场的相关设备（信号机、道岔等），另一方面通过骨干网传递给轨旁 ZC。

2）轨道信息

ATC 系统是基于 CBTC 的移动闭塞系统，联锁系统所需的轨道信息由轨旁 ZC 通过骨干网传来；辅助计轴系统的轨道信息则由 CBI 通过安全型采集板采集。因此在联锁机中有两种轨道信息：ZC 传递的列车位置信息和 CBI 采集的计轴信息两种，它们之间的关系如图 LC7-20所示。

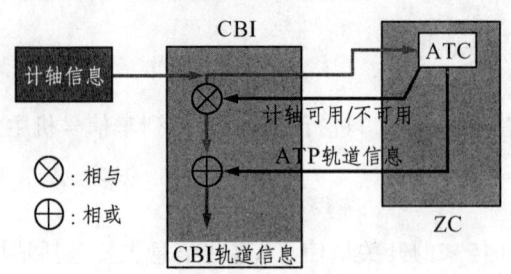

图 LC7-20 联锁机轨道信息组合图

CBI 轨道信息由计轴信息、ATP 闭塞信息和计轴信息应用/未应用三个因素有关。ATP 闭塞信息及计轴应用/未应用的信息由 ZC 提供给联锁系统，计轴信息由联锁机通过安全型采集板采集。联锁机将依照这些信息及其他相关的条件，编写布尔代数，得出 CBI 轨道信息。联锁设备与 ATP 的接口以及联锁设备与轨道占用/空闲设备的接口符合故障-安全原则。

3. 正线 CBI 与相邻联锁设备站的接口

所有联锁站之间的 CBI 通过 ATP/ATO 子网接入 ATC 骨干网。

4. 正线 CBI 与 IBP 紧急停车/紧急停车取消按钮盘的接口

在综合后备盘（IBP）上，设置"紧急停车/取消紧停"按钮及相应表示灯。在紧急情况下，可按下车站控制室 IBP 盘上的紧急停车按钮或车站站台上的紧急停车按钮，实现对列车的紧急控制。

联锁设备检查车站 IBP 盘和站台紧急停车按钮的状态，一旦检测到紧急停车按钮被按下，立即关闭相应的列车进路，同时 ATP 系统通过车-地通信设备向列车发送相应的列车控制命令信息，禁止列车自区间进入车站，实现车站股道封锁的功能；禁止已停在车站的列车出发，或其他列车进入区间，对于已启动而尚未完全离开车站的列车实施紧急制动。

紧急停车按钮须经人工确认后才能恢复。

正线 CBI 与 IBP 盘的接口是通过中国标准安全型继电器来实现的。CBI 通过安全采集板采集紧急停车按钮位置状态信息。

5. CBI 与 IBP 盘扣车/取消扣车按钮的接口

在 IBP 盘上设有扣车/取消扣车按钮，一旦按压扣车按钮，CBI 系统设备首先关闭相应出站信号机，并通过 ATS 改变发车表示器显示。办理取消扣车后恢复信号开放及发车表示器显示。CBI 与扣车/取消扣车按钮的接口可通过中国标准安全型继电器来实现。

6. 正线 CBI 与安全门接口

信号系统与安全门控制系统之间采用继电接口方式，继电电路均采用双断电路，信号系统的正线 CBI 通过安全型输入/输出板去采集/驱动相应的中国安全型继电器，如图 LC7-21 所示。分界点位于安全门设备室的外接线端子。

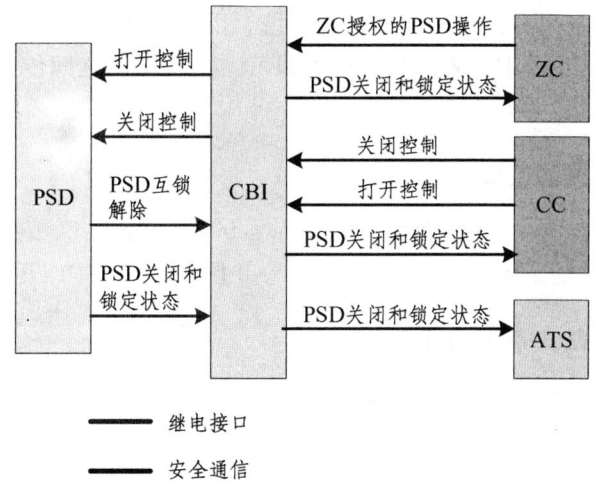

图 LC7-21　联锁机轨道信息组合图

当列车进入站台停车、满足定点停车精度要求后，车载 CC 设备发出停准停稳信息，解除对列车门的锁闭，允许 ATO 设备按指令执行开/关车门的操作，同时将开/关安全门信息通过安全通信传送给 CBI，CBI 收到信息后通过安全输出驱动继电器将开/关安全门信息送给安全门系统。

信号系统向安全门系统提供开、关安全门指令等，信号系统向安全门系统发送的开、关安全门控制信号必须是稳定的继电接点状态。

安全门系统向信号系统提供安全门关闭且锁闭信息，只有连续地接收到站台安全门关闭且锁闭信息的情况下，信号系统才允许列车进入站台区域或从站台区域发车。

安全门在"故障"状态时，安全门系统可以通过特殊操作解除与信号系统的联锁关系，并把安全门互锁解除状态信息传送至信号系统，才允许列车进/出车站。

信号系统与安全门系统间的信息传输通道应采用安全通道。

7. 正线 CBI 与车载 CC 之间的接口

正线 CBI 与 CC 之间通过基于 FSFB2 的安全型通信交换信息，主要完成与安全门接口的信息交换功能。CBI 向 CC 发送安全门关闭并锁闭信息，CC 向 CBI 发送安全门开/关的信息。

8. 正线 CBI 与车站 ATS 分机之间的接口

CBI 与 ATS 通过 TCP/IP 协议实现信息交换。CBI 向 ATS 发送站场显示信息，ATS 向 CBI 发送 ATS 的操作命令和列车识别号。

9. 正线 CBI 与 LEU 的接口

正线 CBI 与 LEU 的接口通过中国标准安全型继电器电路来实现，LEU 通过采集继电器接点来获取位于进路位置上的道岔状态信息和信号机状态信息。

10. 正线与停车场及车辆段的接口

排列出、入停车场/车辆段的进路，满足正线与停车场/车辆段的相互敌对照查条件。

车辆段/停车场将采用和正线相同的联锁系统,因此正线联锁系统和车辆段/停车场联锁系统之间的接口采用安全型继电器接口。正线和车辆段/停车场之间传递的条件主要为:敌对照查、信号机状态、区段状态等安全信息。

11. 与其他联络线的接口

包含联络线的车站,每个车站为每条线设置 1 套联锁系统,联锁系统间接口电路采用安全型继电器接口电路,以保证接口的安全、可靠,并保证列车在本线运行及跨线作业的安全。

12. 信号系统与防灾系统的接口

计算机联锁预留与防灾系统的接口条件。

子模块 LC8 列车自动防护/驾驶系统（ATP/ATO）

一、ATP/ATO 系统概述

列车自动防护（ATP）:实现列车运行间隔、超速防护、进路安全和车门等监控技术的总称。

列车自动操作（ATO）是控制列车自动运行的设备,由车载设备和地面设备组成,在 ATP 系统的保护下,根据 ATS 的指令实现列车运行的自动驾驶、速度的自动调整、列车车门控制。

二、ATP/ATO 系统的构成

ATP/ATO 系统包括轨旁设备和车载设备,见图 LC8-1。

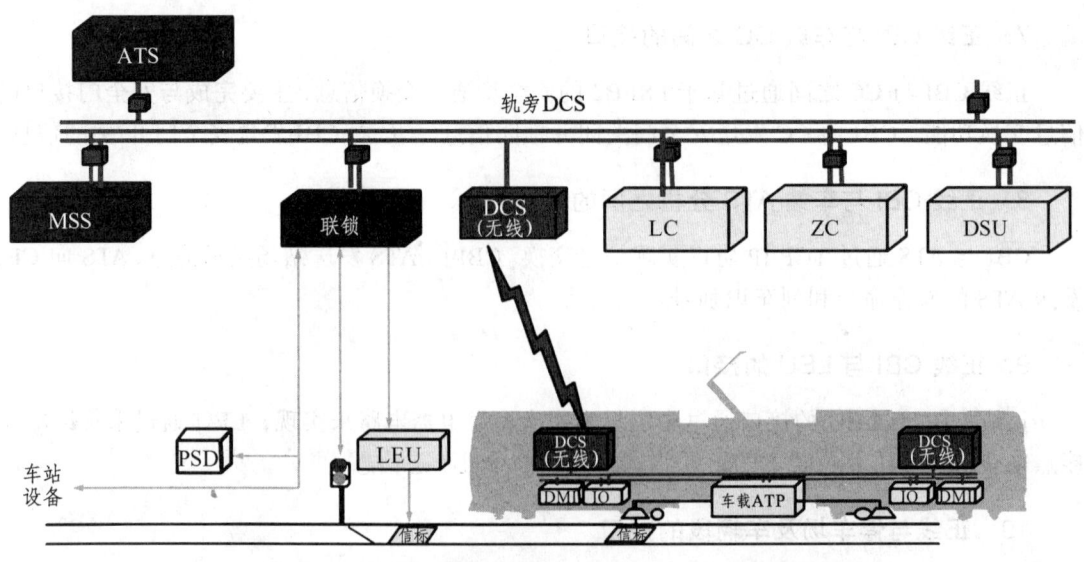

LC8-1 ATC 系统结构示意图（黄色部分为 ATC 设备）

安装在设备室内的 ATP/ATO 设备主要包括：
LC：轨旁线路控制器；
DSU：数据存储单元；
ZC：轨旁区域控制器；
LEU：欧式编码器。
安装在轨道上的轨旁 ATP/ATO 设备主要包括：信标。
安装在列车上的车载 ATP/ATO 设备主要包括：
CC：车载控制器；
DMI：司机显示单元；
编码里程计；
信标天线。

1. 轨旁 ATP/ATO 设备

轨旁 ATP/ATO 设备包括轨旁线路控制器 LC、区域控制器 ZC、数据存储单元 DSU、点式后备系统所需的 LEU，这些设备设置于集中站信号设备室中，信标设置于轨道上，其结构如图 LC8-2 所示。

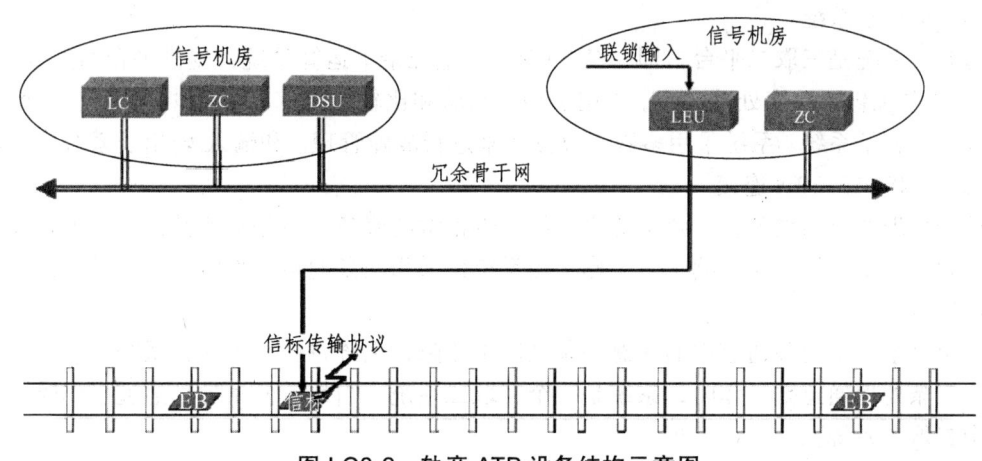

图 LC8-2 轨旁 ATP 设备结构示意图

1）轨旁控制器

轨旁控制器分为区域控制器 ZC 和线路控制器 LC，均用 3 取 2 配置。

（1）区域控制器 ZC。

ZC 设备处理线路占用信息、自动防护和进路等信息。根据 CC 设备发送的列车精确位置信息，ZC 设备主要为每列列车计算保护区域，即 AP（自动防护），并通过无线传输向每列车发送其授权终点（EOA）。

ZC 设备通过 DCS 系统同其他系统（内部和外部）设备的连接方式如图 LC8-3 所示。

（2）线路控制器 LC。

LC 设备管理整个线路的临时限速，负责存储、更新 ATS 发送的 TSR 请求。LC 还控制 ZC 和 CC 的应用软件和配置数据版本的校核。同时，在通信过程中 LC 也向 ZC 和 CC 提供内部时钟同步。

LC 设备通过 DCS 系统同其他系统（内部和外部）设备的连接方式如图 LC8-4 所示。

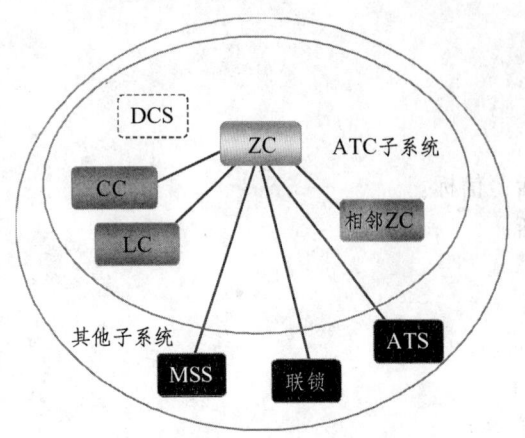

图 LC8-3　ZC 与其他系统设备连接示意图

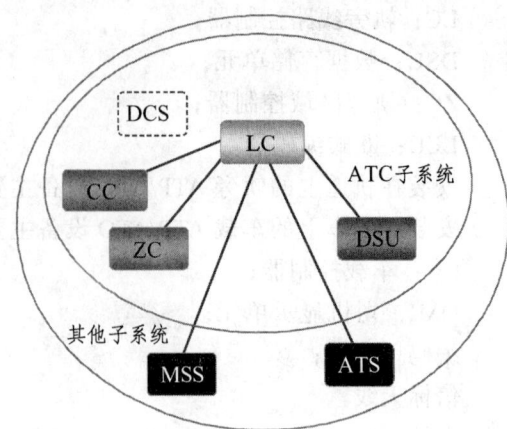

图 LC8-4　LC 与其他系统设备连接示意图

（3）硬件结构。

图 LC8-5 为三取二（2oo3）平台硬件结构示意图。

该结构包含两个子系统：运算子系统；I/O 子系统。

（4）运算子系统。

运算子系统是三取二平台，即一套 TMR（三重冗余）运算系统，提供平台的安全处理。

TMR 系统包含三套处理通道，采用了相互校验和比较的技术，以提供一套高安全性和高可用性的运算子系统。系统采用多数表决方式来进行故障管理。和输入/输出子系统通过高速串行总线（ISO13239）连接。

单个处理通道的故障会导致该通道不能提供正常的服务。但是只要其他两个处理通道的结果一致，整个系统仍会继续正常工作。当系统仅采用两条通道工作时不会对系统的功能产生任何影响。

如果剩余两条处理通道中的任意一条又产生故障，系统将停止工作，系统失效。

当三条处理通道都工作时，系统是一个三取二系统。当仅有两条处理通道工作时，系统是一个二取二系统。

当系统工作于二取二情况时，可以对故障通道进行维修而不影响其他两个通道的正常工作，第三条通道在修复后可以打开。在一段较短时间（称为"教育"）内，两条在线的通道（称为"老师"）将把历史数据传送给新打开的通道（称为"学生"），该过程不中断系统的功能。当该过程结束，系统将无扰转换至三取二系统。

如果工作在二取二系统时发生一个致命性的故障，系统将停止工作。

一条通道可以在不影响其他通道的情况下发现自身故障。依据故障的属性，它可以自己关闭（自动关闭），也可以自己修复。

当一个计算通道故障时，I/O 子系统保持工作和全冗余。

（5）I/O 子系统。

I/O 子系统，采用 2 个同样的 I/O 通道组成双重冗余（DMR）。提供了外部设备与运算子系统连接的途径。

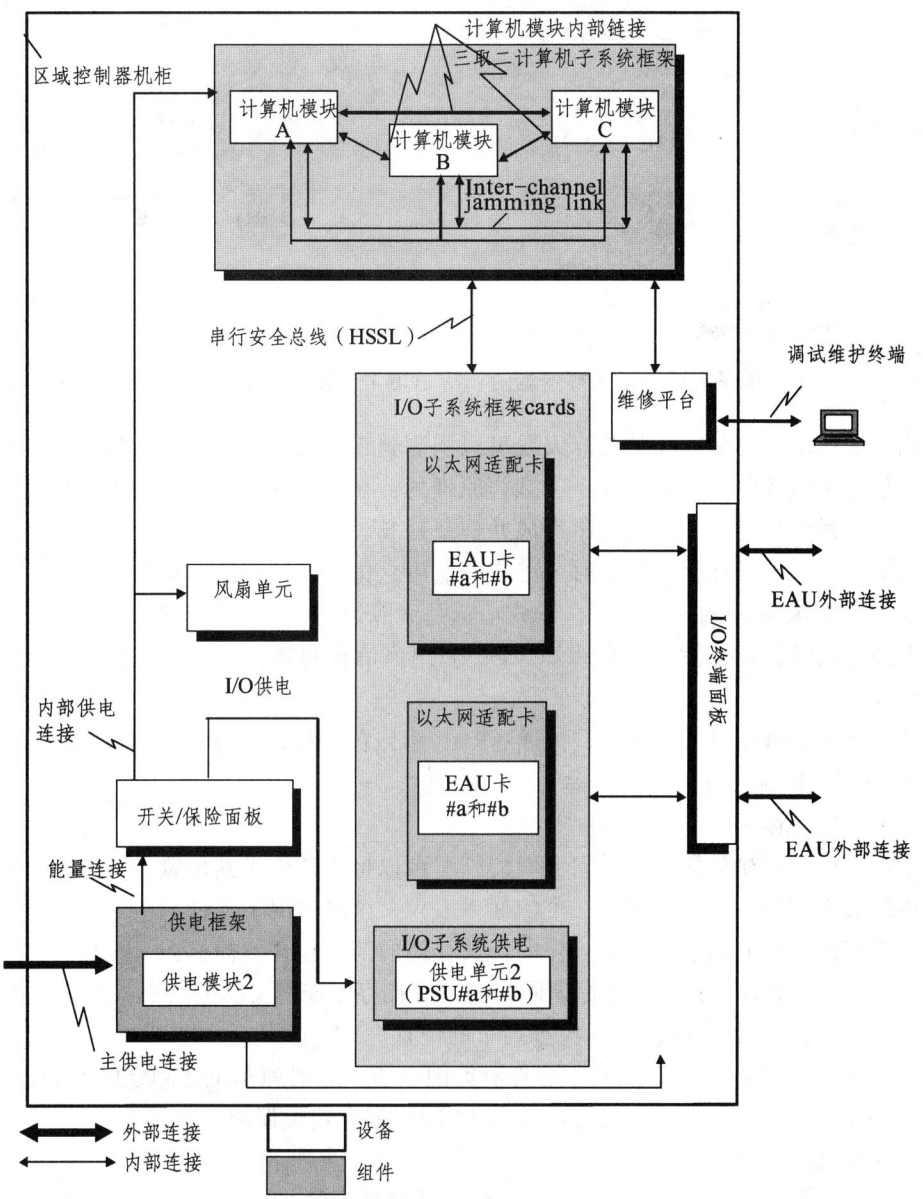

图 LC8-5　三取二（2oo3）平台硬件结构示意图

I/O 子系统提供和外界设备的电气和协议接口（通过以太网通信板）。它们也提供隔离和必要的器件用于防止外部干扰，如雷电、电磁干扰和电源波动等。

2）数据存储单元 DSU

数据存储单元 DSU 用于向 CC 设备上传新版本的应用软件和静态线路描述（SGD），同时也可对这些文件的升级进行管理和控制。DSU 由一个台式计算机组成，DSU 的故障不影响线路的运营。

DSU 设备通过 DCS 子系统同其他子系统（内部和外部）设备的连接方式如图 LC8-6 所示。

3）信　标

信标设备与其他子系统（内部和外部）设备的交互方式如图 LC8-7 所示。

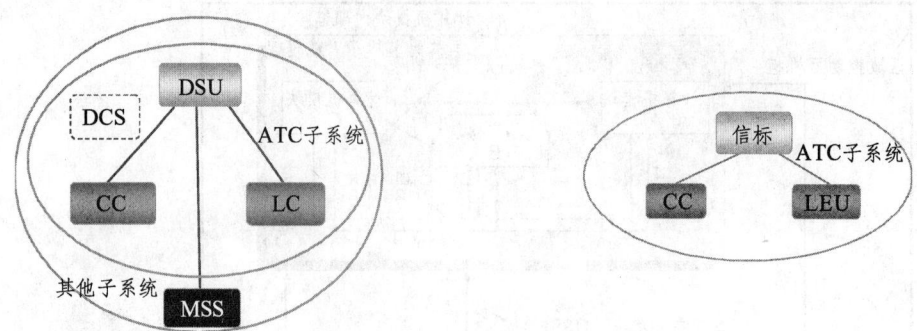

图 LC8-6　DSU 与其他子系统设备连接示意图　图 LC8-7　信标设备与其他子系统设备连接示意图

当列车通过欧式信标时，其信标天线可以探测到欧式信标的中心，然后产生一个信号。

列车信标天线的信息传输是基于磁耦合原理的：在信标内部集成了发送和接收环，当列车信标天线越过信标时，信标天线将生成并捕获磁场。

欧式信标只有被信标天线激活时才工作。然后它按规定的数据率将信标信息发给列车，该信号是一个 FSK 调制的射频信号。欧式信标是无源设备，因此无需额外供电。

列车通过时信标都会发送信标标识，CC 使用该信息初始化、重新修正列车位置、校准编码里程计。

按功能划分，信标包括以下类型信标：RB：重定位信标；MTIB：动态列车初始化信标；PSBa：精确停车预告信标；有源信标。

（1）重定位信标。

重定位信标的用途是保证经过它上面的列车可以检测并修正其位置。一般在 400 m 内布置 3 个连续的重定位信标，允许在三个信标中丢失一个的情况下保证列车定位。

所有重定位信标的信息类型是一样的。其存储的信息包含信标标识，该标识对于整个线路上的每个信标都是唯一的。信标标识同样包含在储存于车载 CC 里的静态线路描述（SGD）中，当列车经过信标时可通过 SGD 检查列车的位置。

这些信标布置主要是为了处理空转/打滑等因素所引起的列车位置测定的不确定性；以及需要在某些地方（如折返区域、信号机前方），减少列车定位误差。

（2）动态列车初始化信标 MTIB。

MTIB 由两个欧式信标组成，两者之间的距离是精确的 21 m。

在衔接车辆段和停车场的出入段线上和正线上的停车线上均布置 MTIB。

该类型信标的典型用途是进行系统定位并校准编码里程计。列车在区间失去定位之后也可以用于列车的初始化。

（3）精确停车预告信标。

精确停车预告信标用于确保列车在站内精确停车，由 RB 组成。

此信标的布置原则如下：

① 当列车停靠在运营停车点时，在距离信标天线约 70~100 m 处设置 1 个精确停车预告信标（PSBa）用于精确停车预告；

② 在距离信标天线约 25~30 m 处设置 1 个精确停车预告信标（PSBa）用于精确定位；

③ 当列车停靠在运营停车点时，在距离信标天线 0.5~1 m 处设置 1 个精确停车预告信

标（PSBa）用于精确停车。

在 ATO 驾驶模式下，2 个车载控制器 CC（车头或车尾）均用于管理列车的精确停车。因此，对应每个信标天线均需要设置以上信标。

信标在车站的总体布置如图 LC8-8 所示。

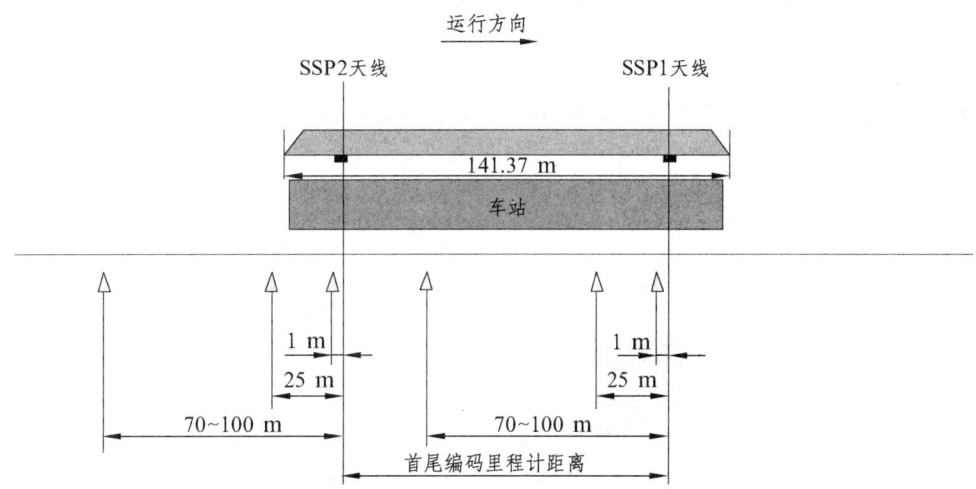

图 LC8-8　车站内用于停站的信标布置

（4）有源信标。

在点式 ATP/ATO 模式下，有源信标负责将轨旁变量信息（信号机，道岔）传给车载。图 LC8-9 是点式 ATP/ATO 模式下有源信标的布置示意图。

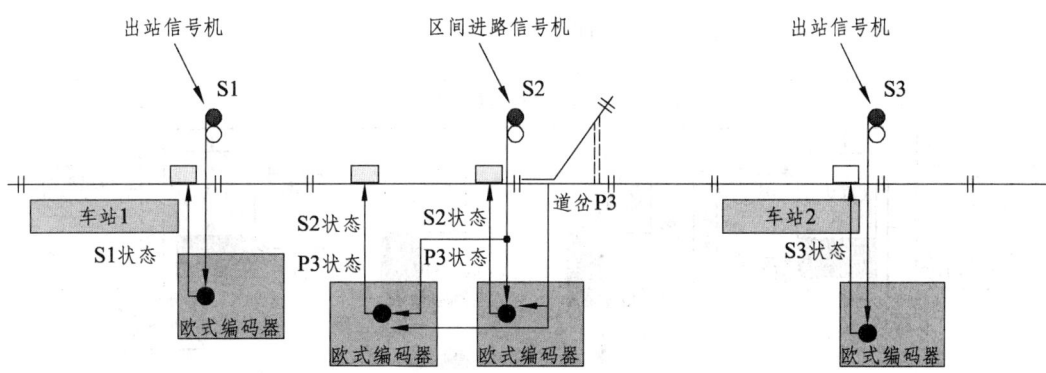

图 LC8-9　点式 ATP/ATO 模式下有源信标的布置示意图

4）欧式编码器 LEU

欧式编码器 LEU 用于点式 ATP/ATO 后备模式下。LEU 从联锁设备获取各种轨旁信息，为信号机附近的有源信标提供信息，每个有源信标将从 LEU 获取的信息传送到列车。

欧式编码器 LEU 设备与其他子系统设备的交互方式如图 LC8-10 所示。

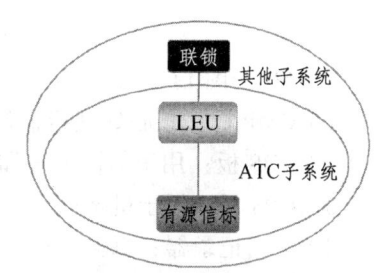

图 LC8-10　LEU 设备与其他子系统设备连接示意图

2. 车载 ATP/ATO 设备

车载 ATP/ATO 设备包括：车载控制器 CC；司机显示单元 DMI；信标天线；车载无线天线；编码里程计；DCS 的无线调制解调器；车载中继器。

车载 ATP/ATO 设备实现与车辆制动装置的可靠接口，保证安全、连续地对列车实施有效的控制。

1）车载控制器 CC

CC 设备同其他子系统（内部系统和外部系统）设备的连接方式如图 LC8-11 所示。

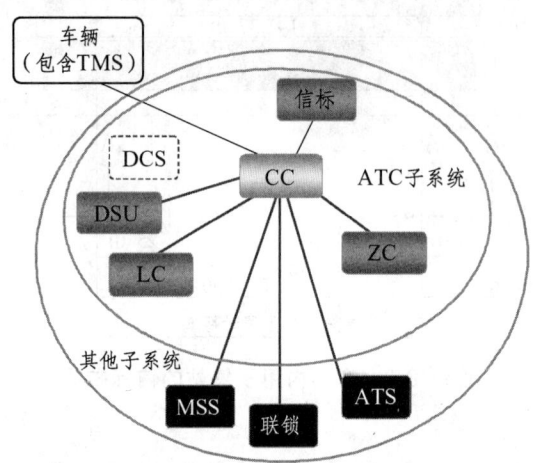

图 LC8-11　CC 设备与其他子系统设备连接示意图

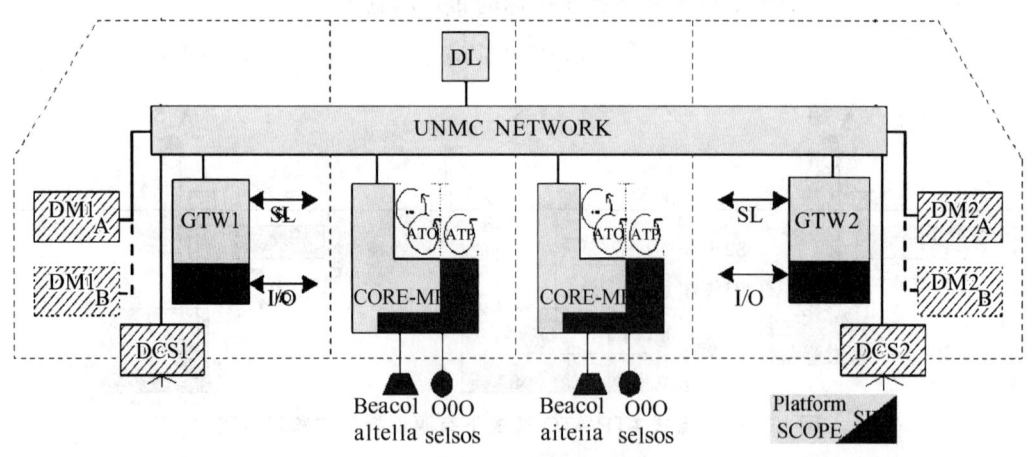

图 LC8-12　CC 结构示意图

CC 结构如图 LC8-12 所示，每个 CC 机架包含下列主要部件：

（1）CMP 板：核心处理器，包括 ATP/ATO 应用。

（2）CBS 板：用于信标天线和里程计的接口管理。

（3）CPS 板：用于机架内部、编码里程计和信标天线的供电。

（4）数据记录器：每辆列车仅一个，两个 CC 机架共享。

I/O 接口模块，由下列部件组成：

（1）3 个 PPU 板（电源和处理器单元），为 3 取 2 结构，用于 I/O 管理。

（2）1个PSO板（电源安全输出），用于2个安全输出的控制。

（3）1个DSO板（离散安全输出），用于12个安全输出的控制。

（4）1个FDO板（功能离散输出），用于20个非安全输出的控制。

（5）1个DSI板（离散安全输出），用于12个安全输入。

（6）1个FDI板（功能离散输入），用于20个非安全输入。

（7）1个FAG板（功能模拟输出），用于2个模拟输入和2个模拟输出。

（8）2个网关板（冗余），用于与车载IP网络和TMS相连。

每列车首尾各设置一套CC，互为热备。每套CC的安全机制基于反应故障-安全（单编码动态处理）结合组合故障-安全（3取2）原理。

2）车载显示器DMI

车载设备采用中文人机界面，如图LC8-13所示。

图 LC8-13　DMI 屏幕显示

人机界面的主要内容包括但不限于：

（1）列车实际速度显示；

（2）各种驾驶模式和折返模式下的允许速度；

（3）目标速度/距离显示；

（4）驾驶模式；

（5）牵引状态（动力、惰行、制动）；

（6）折返模式；

（7）紧急制动状态表示；

（8）列车停车精度；

（9）车门控制及车门状态表示；

（10）安全门的控制及状态表示；

（11）发车及驾驶命令、紧急制动的开启和表示；

（12）空转/打滑状态表示；

（13）制动力不足、失效表示；

（14）停车场及车辆段转换区的表示；

（15）车载设备故障表示；

（16）下一站站名及目的地名；

（17）时钟信息；

（18）列车完整性信息；

（19）驾驶员有关数据的输入及修改；

（20）驾驶员身份确认；

（21）地面线路变化时数据的增加及修改；

（22）自检操作输入，自检过程及结果显示。

每个司机室中均配置一个 DMI。非激活驾驶室的 DMI 使用屏保显示，不会接受司机的任何命令。

DMI 的亮度可以手动和自动调整。如果是自动调整，屏幕的亮度会根据周围环境的变化而自动调节，确保 DMI 保持可见状态。

速度控制显示如图 LC8-14 所示，包含下列图标：

（1）标度盘。

① 列车速度（以数值的形式显示，并在标度盘上以指针指出）；

② 推荐速度（标度盘上显示红色三角）；

③ 目标速度（标度盘上显示黄色三角）；

④ 目标距离指示与目标速度指示相关联。实际上，目标距离显示的是到下一个限制点的距离，该点位置则与授权速度的变化相关。

（2）标度盘的刻度。

标度盘上可以显示从 0 到 120 km/h 的速度。指针有三种颜色：

① 浅灰色（正常）；

② 橙色（警告-需要施加制动）；

③ 红色（已施加紧急制动）。

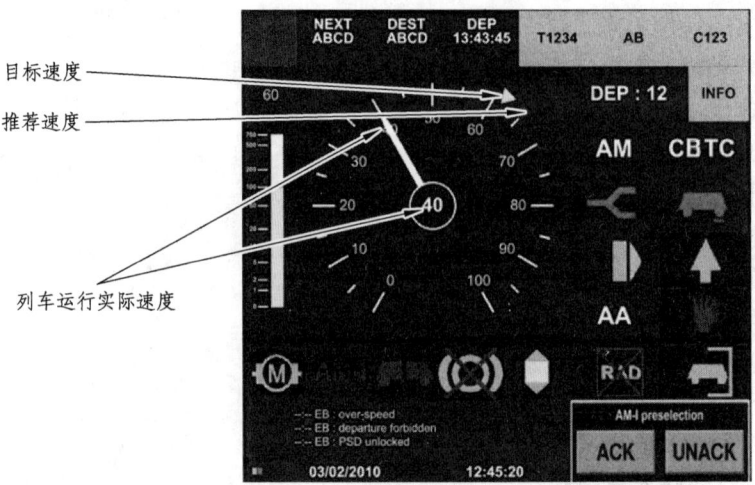

图 LC8-14　速度控制显示

在显示目标速度时,也将同时显示目标距离,如图 LC8-15 所示。

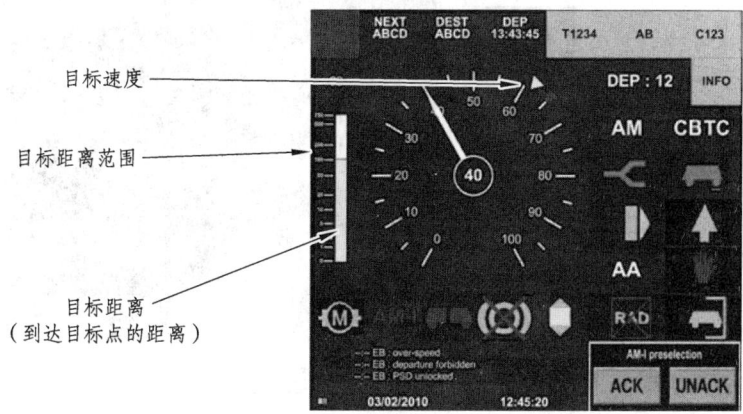

图 LC8-15　目标速度和目标距离显示

牵引制动状态信息,如图 LC8-16 ~ LC8-18 所示。

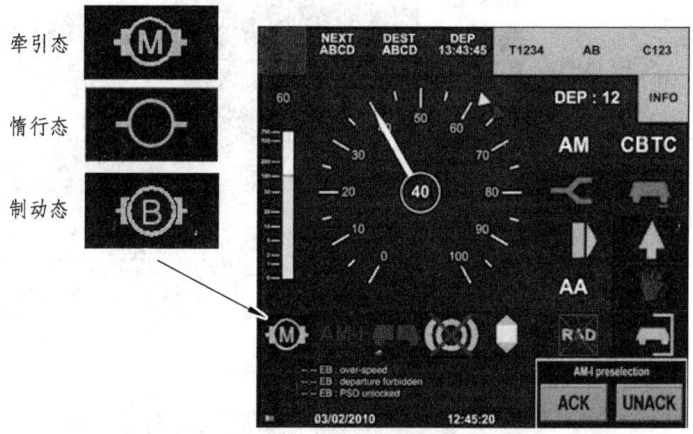

图 LC8-16　牵引制动状态信息显示

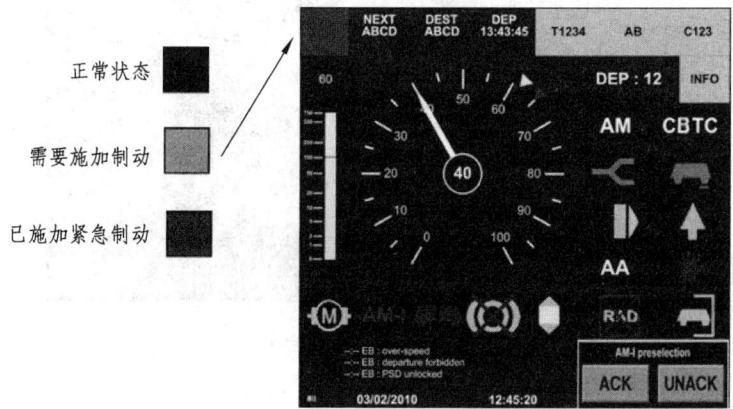

图 LC8-17　制动标志显示

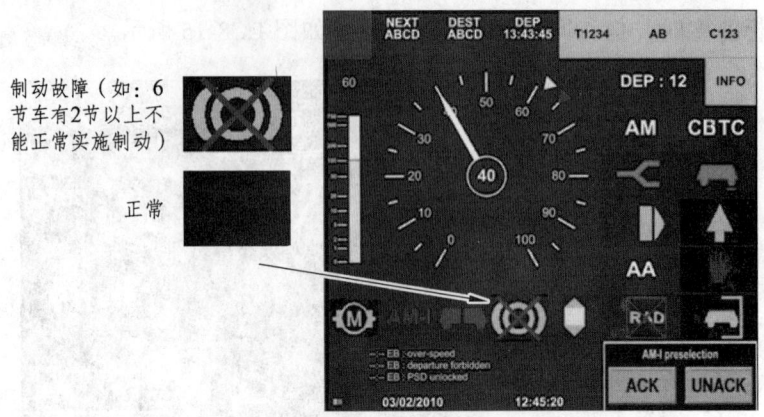

图 LC8-18　制动系统状态显示

驾驶模式和运营模式信息,如图 LC8-19、LC8-20 所示。

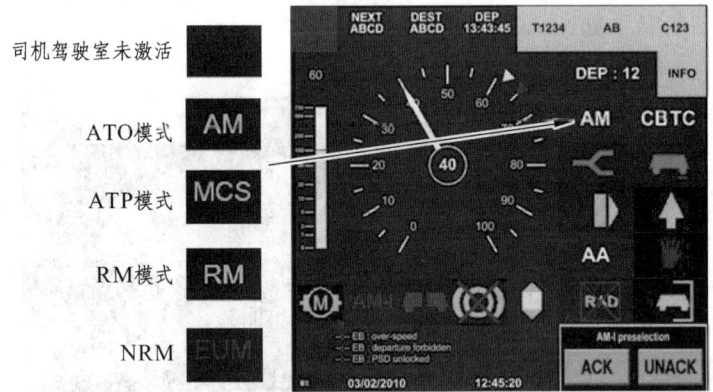

图 LC8-19　当前选择驾驶模式

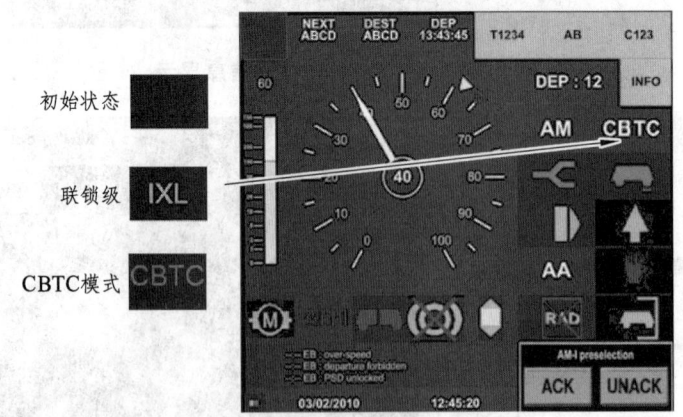

图 LC8-20　当前运营模式

列车完整性信息,如图 LC8-21 所示。

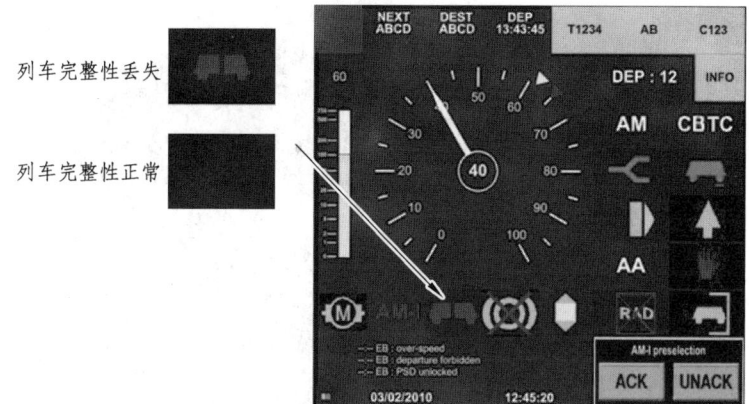

图 LC8-21　列车完整性信息显示

车载信号系统状态显示,如图 LC8-22 所示。

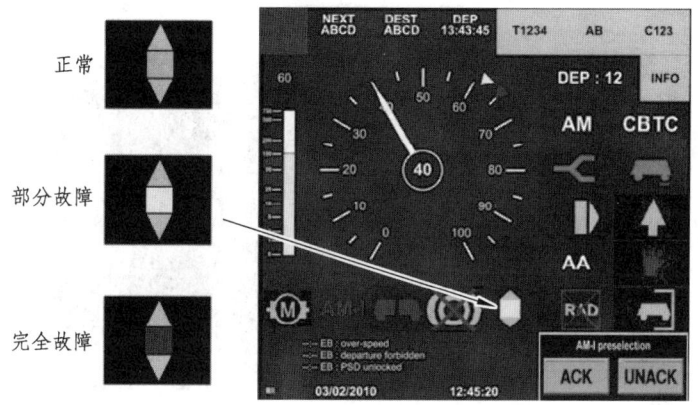

图 LC8-22　车载信号系统状态显示

通信故障信息显示,如图 LC8-23 所示。

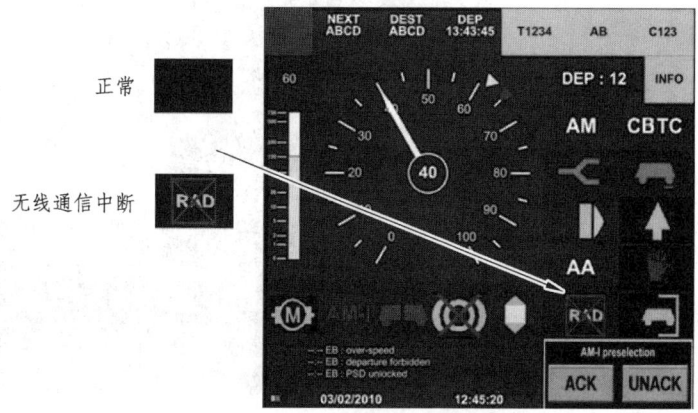

图 LC8-23　通信故障信息显示

下一站,终点站以及发车时间,如图 LC8-24 所示。

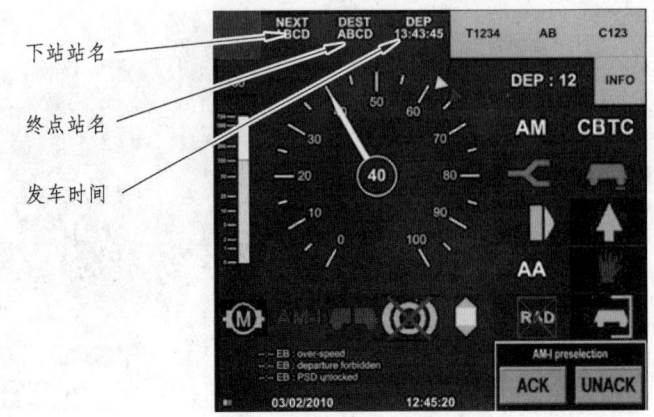

图 LC8-24 下一站，终点站以及发车时间信息显示

文本信息显示（告警及自检信息），如图 LC8-25 所示。

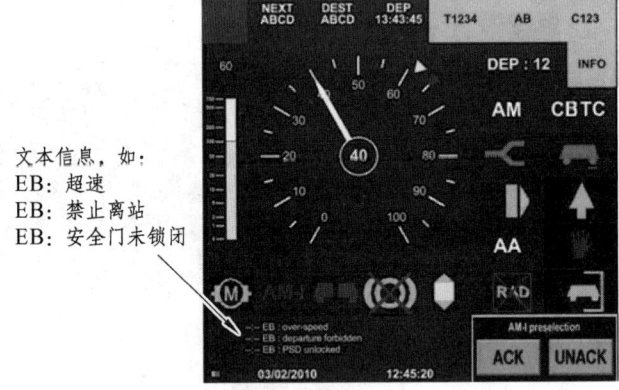

图 LC8-25 文本信息显示

列车折返信息，如图 LC8-26 所示。

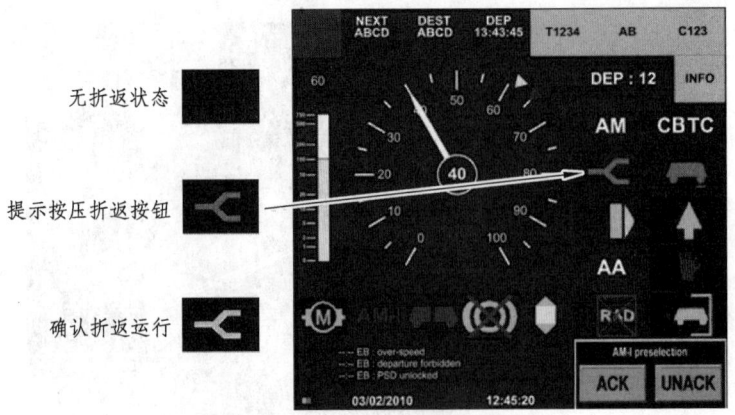

图 LC8-26 列车折返信息显示

列车站台停车信息，如图 LC8-27、LC8-28 所示。

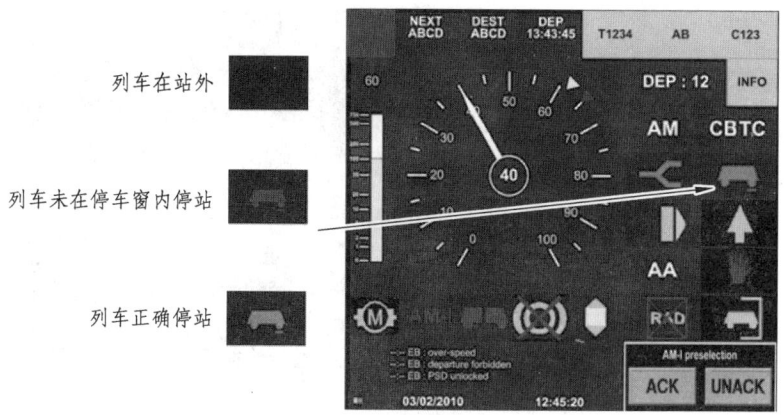

图 LC8-27　列车站台停车信息显示-1

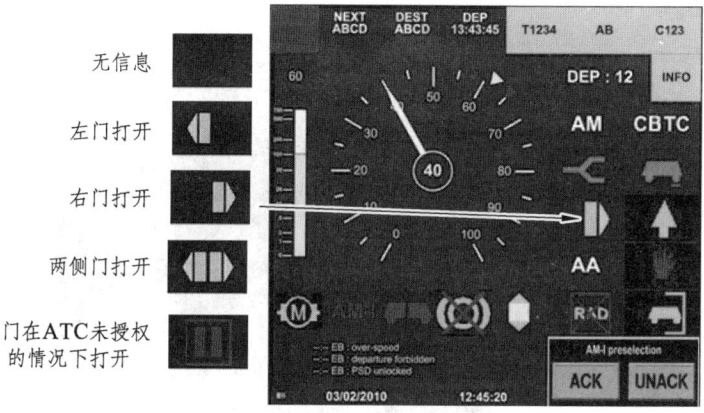

图 LC8-28　列车站台停车信息显示-2

车门控制状态信息，如图 LC8-29 所示。

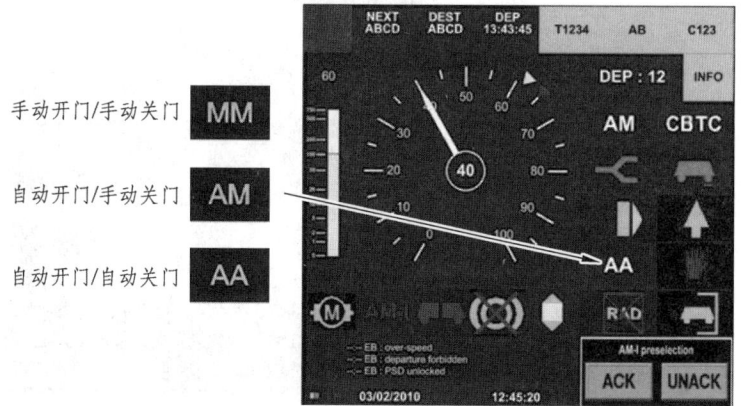

图 LC8-29　车门控制状态信息显示

车轮打滑，EB 和安全门信息，如图 LC8-30 所示。

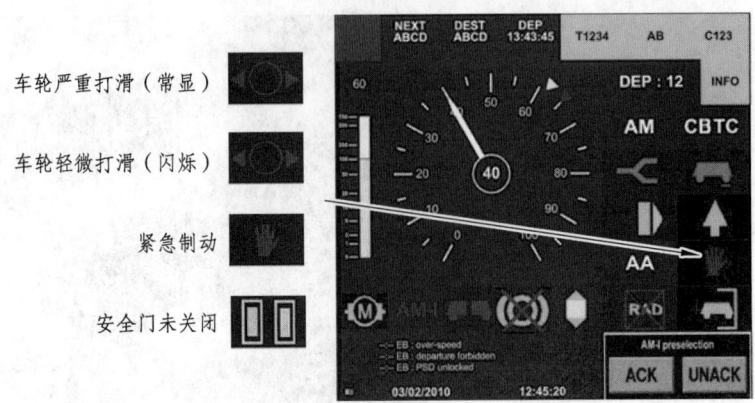

图 LC8-30　车轮打滑，EB 和安全门信息显示

输入数据信息，车载信号系统状态显示，如图 LC8-31 所示。

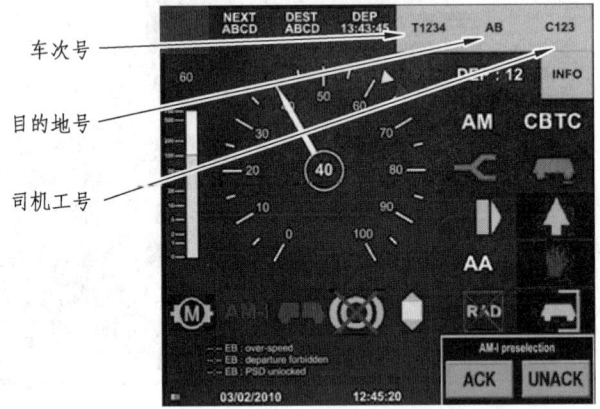

图 LC8-31　输入数据信息显示

特殊信息，如图 LC8-32 所示。

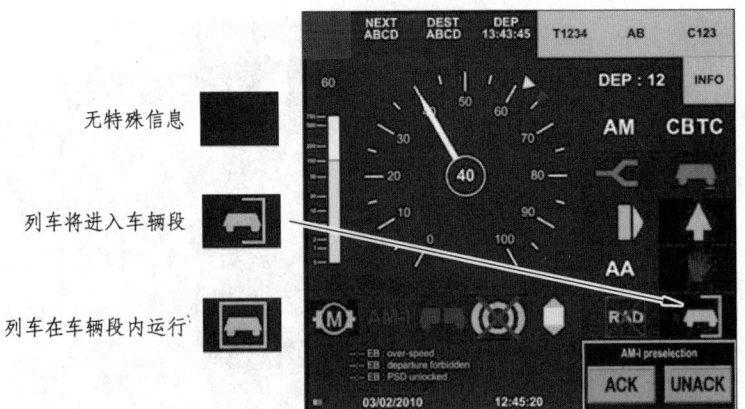

图 LC8-32　特殊信息显示

除显示器外的车载信号设备人机界面，如图 LC8-33 所示，操作及表示的内容有：
（1）门控模式选择开关（DMS）；
（2）ATO 启动按钮及按钮灯；

(3)限制人工模式按钮及按钮灯;

(4)ATB 按钮及按钮灯;

(5)BM/CBTC 模式按钮及按钮灯;

(6)ATC 切除开关;

(7)紧急制动按钮;

(8)紧急制动实施表示灯;

(9)开左门、开右门按钮及按钮灯;

(10)关左门、关右门按钮及按钮灯;

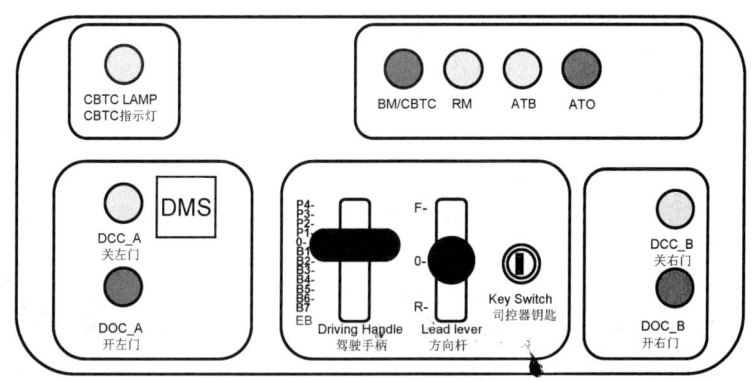

图 LC8-33　车载信号设备人机界面操作及表示设备示意图

3)信标天线

信标天线由下列部件组成:一个内置电源;一个传输模块;一个线圈模块;一个接收模块;与 CC 机架连接的接头。

信标天线的电源由 CC 机柜的 CPS 板提供。信标天线和 CC 机架的 CBS 板间采用多股线连接。单套车载天线的故障不降低系统的控制级别。

4)车载无线天线

车载无线天线包括 DCS 设备和多媒体设备。

DCS 设备是在轨道和列车之间实现持续的信号数据传输和接收。多媒体设备用于传输、接收轨道和列车之间的视频和乘客数据。

5)编码里程计

编码里程计的脉冲发生器编码盘与车轴的轴颈相连接,如图 LC8-34 所示,它可以激活一个或者若干个设置在编码盘圆周上的光学传感器。这些传感器提供一个与速度成比例关系的频率信号(所计算的齿数)。

其主要特征是:3 个传感器(C1,C2,C3)完成速度测量和确定走行方向;

1 个传感器(C4)完成编码任务。

C1、C2 和 C3 所数到的齿数用以计算车轮的转动。同时,C4 进行编码检测(该编码与车轮位置一一对应)。通过比较所有这些测量方式的一致性,ATP 可以安全地计算列车的速度。例如,如果一个齿损坏或未被任何传感器检测到,所数到的齿数将无法与车轮的位置编码相对应,所测得的速度无效。

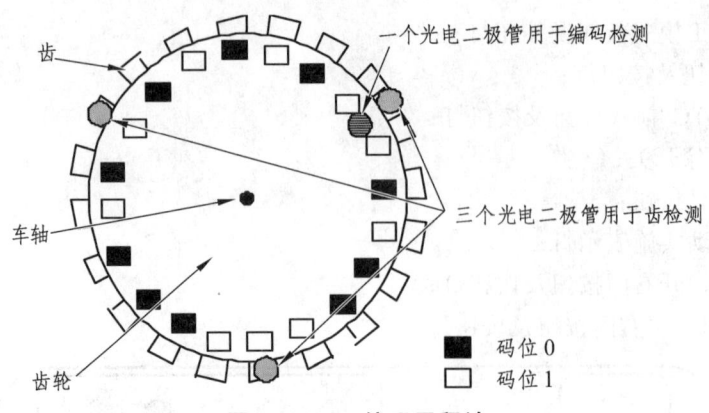

图 LC8-34 编码里程计

6）DCS 的无线调制解调器

DCS 的无线调制解调器是一个双重频带无线通信平台，专门设计用于铁路和地铁系统，数据传输速率高且通信可靠。车载和轨旁无线通信系统使用相同的无线调制解调器。

7）车载中继器

当列车的长度和组成（车厢间接头累计的数量）超过了最大的以太网的分隔容量时，为了能在列车上建立网络，以太网络中需要有专用的交换机作为"中继器"。由于 ATC 网络为冗余配置，每个网络有两个中继器，车载中继器位于 M 车内。

中继器是独立设备（包括电源），由车辆提供 110 V 直流电源。车载中继器是一个包含了电路板的盒子，如图 LC8-35 所示。通过其前面板进行配线工作，车载中继器所需配线空间为其前部 120 mm 的范围内（已考虑接头及电缆弯曲）。

图 LC8-35 车载中继器

三、ATP 系统的功能

1. 列车定位

通过编码里程计测量车轮的旋转和安装在轨旁精确位置的信标，连续、自动地对列车位置进行检测。如图 LC8-36 所示。

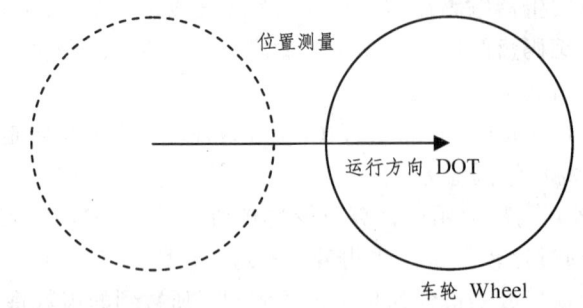

图 LC8-36 通过车轮旋转角测量位移

编码里程计是通过车轮的旋转角度来测量列车的位移，当列车通过一对移动列车初始化信标（MTIB）后，CC能够精确地估算列车的移动和计算其位置。然后由于牵引和制动是通过车轮和钢轨的接触实现，信号系统必须考虑可能出现的空转（安装在牵引轴）和打滑（安装在制动轴）现象。

因此信号系统管理列车的安全位置为：列车最大位置；列车最小位置。

补偿参数一般设置为15%，因此列车真实移动位置不会超过在车轮侧测试到的移动+15%（空转/打滑）。

随着列车的移动，列车位置偏差将增加，但是由于列车真实位置在最大和最小估算位置之间，安全是可以确保的，列车周期性地检测一个信标后将重新精确定位列车（重定位功能）。

列车编码里程计至少安装在列车的制动轴或自由轴上，列车的 Kslide 参数值不超过15%，因此列车的定位误差将低于16%。

这意味着重新定位信标应安装在每个最大定位误差/定位误差率 = 64/0.16 = 400 m，系统设计允许在丢失一个信标的情况下，对运营没有影响，3个重新定位信标之间的最大距离为400 m，如图LC8-37所示。

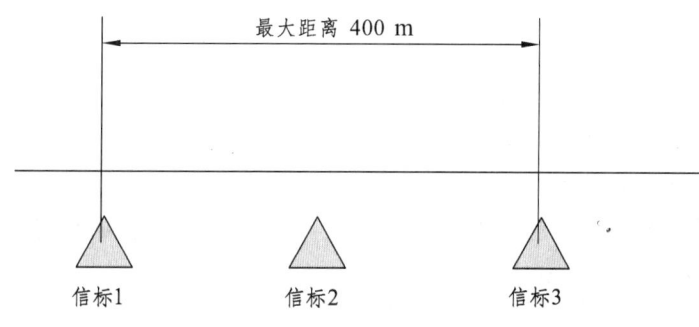

图 LC8-37　信标布置

信标的精确位置已存储在车载 CC 中的静态地图（SGD）中。

当 CC 通过一个信标时，CC 接收到信标识别并和线路配置数据比较以确定其在线路上的位置，然后将该位置信息报告给 ZC。

CC 周期性地计算其安全位置。在每次重新定位之间，CC 根据测算经过上一个信标之后的位移计算其最大和最小可能位置。

列车的实际位置总是在这两个位置之间。这两个最大和最小可能位置之间的距离称为定位误差。随着列车的移动，该误差将由于车轮的空转/打滑效应而增加。该原理保证列车的实际位置总是在 ATP 最大定位报告和 ATP 最小定位报告之间。

检测到的最大和最小位置将被发送至 ZC 用于计算自动防护（AP）。

在站台区域将能通过 PSBa 实现更精确的定位，以满足精确停车的性能。

2. 列车位移和速度测量

列车速度检测符合故障-安全原则，采用两套独立测速系统，对速度信息输出须相互校验，满足下列指标要求：

测速范围：0 ~ 120 km/h；

显示精度：± 1.0 km/h；

线性精度：± 0.5 km/h。

速度测量是通过列车车轴上的编码里程计测量车轮的角速度进行的。

编码里程计的结构可以探测到旋转方向，最小可探测的位移大约为 3 cm。列车速度检测充分考虑对列车运行空转打滑的有效补偿，车轮直径的精确度会引起位移测量误差。当列车经过"移动列车初始化信标"（MTIB）时，为了补偿轮径变化，ATP 会对编码里程计进行自动校准，修正范围为 770~840 mm。此类信标由两个间隔一定距离的重定位信标组成。这 2 个重定位信标间的预设距离用于校准编码里程计。CC 系统将测量到的距离与预设距离进行比较。当所有校准条件满足后，CC 导出编码里程计的一个校准常数，该值将应用于后面所有的距离测量中。否则，车载系统采用计算出的速度和距离的最大值作为缺省值。

与人工输入校准功能相比，自动校准功能避免了可能的人为错误。

3. 超速防护和防护点防护

此功能旨在监督列车速度必须始终低于授权的速度限制。

在完全 ATP 防护的模式（ATP 或 ATO 模式）下速度限制是以下速度中的最低速度：

（1）列车运行在线路的永久限速（PSR）区域。这些限速是由于弯道、道岔及桥梁等产生的；

（2）列车通过车站时的速度限制；

（3）在线路的临时限速（TSR）区域。

RM 模式下，列车速度将被限制为 25 km/h。

当列车速度接近紧急制动触发速度的时候，会有警报提醒司机必须对列车实施制动。如果没有反应，CC 设备将触发紧急制动。

为确保列车不超过应用的速度限制，ATP 计算紧急制动触发速度。如果列车达到此速度，则触发紧急制动。即使在最大加速度下，如果触发了紧急制动，此速度确保列车不会达到限制速度。

由于超速而紧急制动后，一旦列车完全停止运行，经 ATP 授权列车可重新正常运营（无需切换模式）。

为防止紧急制动，DMI 上显示的速度命令比紧急制动触发速度低 5 km/h 左右，如果司机未能遵循速度命令，当速度较紧急制动触发速度约低 2 km/h 时，DMI 上将显示告警并发出警报声。

CC 设备连续分析其前方线路情况，并判断出下一个约束点，约束点可以是低于当前速度的一个目标速度，或者由限制信号机、前方列车、激活的紧急停车区域（ESA）、CBTC 区域边界等引起的停车点。

最严格限制点规定了列车不能超过的最大速度。当 CC 设备检测到列车速度超过最大的授权速度将立即实施紧急制动。

4. 临时限速管理

临时限速（TSR）是为了考虑一些异常情况。

线路控制器 LC 管理线路的临时限速，并周期性地将临时限速信息发给车载 CC。在 LC 设备初始化时应用最受限制的临时限速作为缺省值，直到从 ATS 接收到 ATP/ATO 管理范围内临时限速设置（或者未设临时限速）。

CC 周期性地从 LC 收到 TSR 版本信息，如果 CC 在一定时限内未能从 LC 接收到 TSR 版本信息，列车将会紧急制动。

5. 运行方向和倒溜的监督

CC 设备连续监督列车的运行方向。

CC 设备监测列车是否发生倒溜，尤其是在列车启动时，一旦发生，则实施紧急制动。

6. 退行监督

在 RMR 模式下，列车允许以低于 5km/h 的速度反向运行一定的距离。该数值为安全参数，可根据项目情况进行修改。当退行达到指定距离时，会触发紧急制动，须由车辆缓解紧急制动。在 ATO 模式下如果发生了停车位置超过了运营停车点位置，则采用人工退行方式至正确的停车位置。

7. 停稳监督

编码里程计可以为 ATP 提供零速信息。当主驾驶室端的编码里程计检测到列车停车，ATP 同时将此零速信息与另一端冗余的编码里程计提供的零速度信息和其他速度信息进行比较。

列车停车时需通过检测编码里程计的最小转动角来检查零速信息，以防止向后或向前打滑。

将这些测量值与另一端冗余的编码里程计及车辆提供的零速度信息不断比较，可检测车轮抱死或编码里程计轴损坏。

当且仅当当前编码里程计零检测到速度信息时，此零速度信息与另一端冗余的编码里程计及车辆提供的零速度信息进行比较。若这两个信息有一个与当前信息一致，则可以检测到零速度信息，则 ATP 认为列车已停稳。若都不一致，检测出机械故障（轴损坏或抱死）。

8. 车门监督及释放

CC 设备给出列车开门允许授权。仅当 CC 设备发出开门允许授权且满足其他相关条件时，执行开门指令方有效。

当列车停在车站停车点（±0.5 m），且已检测到零速（ZVBA），CC 向车辆设备发出开门允许授权。授权列车打开一侧或两侧车门，视站台配置而定。任何其他情况下，CC 设备都不发出开门授权，包括列车运行中及列车错过停车点。

根据国际公共运输协会最新关于乘客疏散管理的建议，当列车在站间运行中检测到车门打开时，ATP 不会实施紧急制动（这意味着列车内的由车门状态安全输入监测的紧急手柄被拉出）。总之，由于安全 ATP 输出（保持车门关闭输出）对车门的作用，当列车时速大于 5 km/h 时，车门是不能打开的。如果列车站间运行时检测到车门打开，ATP 将向 OCC 发送报警信息，列车将在下一站停站。只有当报警信息清除后，列车方能获得离站授权。

9. 紧急制动激活

如果轨旁或车载发生了不安全的事件时，CC 设备将立即实施紧急制动。

若站台紧急停车设备已被激活，位于（或过于接近）相关区域的列车必须立即实施紧急制动，且下一列车必须在进入站台区域前停车。

轨旁紧急制动激活的条件是：
(1) 紧急停车按钮被按下；
(2) 安全门被检测到未关闭或未锁闭状态等。

ZC设备给每列列车的CC设备持续地发送紧急停车区域（ESA）的状态。

车载设备在下列的事件之一发生时，CC设备将实施紧急制动：
(1) CC设备发生严重故障，以致不能正常执行安全功能（对于任何驾驶模式）；
(2) 在ATP或ATO驾驶模式下，ESP已经被激活且列车已非常接近该区域（如果制动距离足够，限制性的ESP将被当作普通的限速点来考虑）；
(3) 当列车停止且车门打开时探测到列车的移动，尤其是在车站停车的时候（RM、ATP或ATO驾驶模式）；
(4) 当列车速度达到紧急制动触发曲线时（RM、ATP或ATO驾驶模式）；
(5) 当列车运行时，若司机台安装了驾驶模式选择开关，且切换至未授权的驾驶模式位置，或司机室激活信息丢失（任何驾驶模式）；
(6) 最新描述轨道状态（信号机、道岔）的变量信息失效（ATP或ATO驾驶模式）；
(7) 列车位置丢失；
(8) 连续式控制级（CBTC模式）下车-地通信中断（5 s）；
(9) 列车非正常移动；
(10) 常用制动率不足；
(11) 列车在车站运行时列车车门在未锁闭状态；
(12) 列车完整性丢失。

10. 实施快速制动

在ATO模式下，司机可以推动牵引/制动手柄由惰行位至制动位。此举将切除ATO控制，并且驾驶模式自动由ATO模式转换至ATP模式。因此，当列车运行于ATO模式下时，牵引/制动手柄应始终位于惰行位。

11. 紧急停车按钮

紧急停车按钮与线路上需防护的区域（电气危险区或乘客上下车区等）相关联。轨道设备如紧急停车按钮和CBI系统接口，CBI系统可发送ESP状态至所有列车。

当列车运行在ATP或ATO模式下，ESP被激活时，ATP以下列两种方式进行监督：

若列车在ESP区域运行则触发EB，直到ESP不再被触发时才允许运行，只有在获得ATS调度员授权后，方可以RMF模式驶出保护区域；

若列车接近保护区，则在保护区域前停车，且禁止进入保护区域，但RMF模式除外（降级模式）。

12. 列车完整性监督

当车载信号设备检测到由车辆提供的列车完整性信息丢失，列车完整性检查电路的中断时，应对列车实施紧急制动，并报告给中央调度员，同时信号系统对后续追踪列车进行安全防护，保证后续列车的运行安全。

13. 车辆故障

当正线上运营列车故障时，后续列车可以以限制人工驾驶模式接近故障列车实施救援。对于救援列车连挂故障列车后的编组列车，仅能运行在限制人工驾驶模式下。ATP 系统能对后续追踪列车实施安全运行防护。

14. 维修功能

1）CC 设备的健康监测

CC 机柜配置了内置的维护设施（数据记录仪），这些设施负责监测和记录 CC 的故障。

当检测到 CC 故障时，将产生报警信息。列车状态在需要时会周期发送给 ATS 系统。ATS 根据列车发来的状态也产生一个报警信息。

CC 监测的故障主要包括：

（1）CC 功能的故障；

（2）逻辑可替代单元（LRU）的故障；

（3）紧急制动故障。

有利于故障诊断的各种事件和 CC 检测的故障将一同被记录下来。维护人员可以使用笔记本电脑在车上将 CC 故障的有关信息下载下来。需要时将 LRU 状态也提供给维护支持系统。

2）CC 性能监测

CC 性能监测功能可以通过一台笔记本电脑来实现。ATC 性能可以通过菜单命令的形式进行实时的监测。

3）数据记录

为了方便故障诊断，车载系统配置了辅助诊断的功能。

车载系统记录了大量的内部数据，目的是为了在调试期间，保证对故障内容的正确把握和对线路操作进行很好的分析。在载客运营期间，维护支持系统将帮助值班员分析并纠正车载故障。

4）事件日志

CC 的各个模块发生的所有重要事件都将被写入日志。每个时间都会标上故障位置、日期及发生时间，并存储在非易失性的存储器中，并通过外接 PC 提供强大的离线图形图像分析。

日志事件包括：

（1）ATP 探测到的列车超速；

（2）ATP 触发的紧急制动；

（3）车站停车情况（如：停过头、未停到位、站台扣车、跳停等）；

（4）发车测试结果；

（5）CC 设备故障和运行状况；

（6）驾驶模式；

（7）ATO 报警类别；

（8）ATO 车地通信报警类别；

（9）车载设备的计算速度曲线及实际运行速度曲线；

（10）牵引制动指令及状态；

（11）车载设备所接收到的地面信息；

（12）车站通过；

（13）定点停车超精度范围显示及报警记录；

（14）列车日检数据。

15. 其 他

1）协助操作车载扣车

自动扣车：列车停在车站时，如果列车前方没有足够的距离使列车完全离开站台，CC 设备将通知 ATO 软件。该信息由车载 ATP 软件使用授权终点消息（描述目标距离）在本地生成。

ATS 扣车：当 ATS 调整功能或调度员需要将一列车扣留在车站时，ATS 系统向位于相关车站列车的 CC 设备发送扣车开始命令。当列车可离开车站时，发送扣车结束命令。扣车命令将通过特殊的图标显示在 DMI 上。

2）协助司机在限制点制动

当处于 ATP 模式下，当列车接近一个安全约束点时，司机必须对降低目标速度命令做出反应。如果司机不采取任何措施，在声光告警之后，CC 设备将实施紧急制动。

3）协助司机完成折返操作

当处于完全 ATP 防护下的人工模式时，同时由于小交路运营列车必须中间站折返，ATS 将向位于相关车站列车的 CC 设备发送折返指令。

当处于完全 ATP 防护下的自动模式（ATO 模式）时，ATO 软件将自动考虑此折返命令，然后将列车停在正确的停车位置进行折返操作。

四、ATO 系统的功能

1. 自动驾驶功能

1）自动驾驶

列车自动驾驶是 ATO 的主要功能，ATO 生成速度控制命令并发送到列车的牵引和制动系统。此功能可以确保：

（1）根据列车目标请求、牵引和制动性能及其他相关列车特性进行与计算速度曲线相关的速度控制，通过速度控制以免列车超速和超能；

（2）在车站和折返线精确平稳停车；

（3）根据列车前方的安全约束点控制列车运行。

2）车门管理

ATO 在车站进行车门管理。其原理是，当 ATP 检测到列车已停稳且位置正确后，授权 ATO 将站台侧的车门打开。ATO 随后将指令发送给车辆，然后打开站台侧的车门。

当列车以自动驾驶模式在车站停车时，如果门控模式选择开关（DMS）没有在"人工"位置上，开门由 ATO 在 ATP 的监控下自动控制。

一旦检测到列车停靠正确，且满足所有其他安全条件，ATP 系统将向 ATO 系统发出车门开门操作的授权。根据"车门开关门选择开关"的位置，有以下 3 种开关门方式：

（1）当车门开关门选择开关在"自动"位，ATO 向车辆发送车门开门命令并在 DMI 上向司机显示"车门开门"信息，停站时间结束后，ATO 向车辆发送关门命令，并在 DMI 上向司机显示"车门关门"信息。当检测到车门/安全门关闭并锁定，则 ATP 授权列车可以发车（在授权任何列车运行之前对车门状态的安全控制），司机按压"发车"按钮后发车；

（2）当车门开关门选择开关在"半自动"位，ATO 向车辆发送车门开门命令，停站时间结束后，ATO 通过 DMI 显示指示司机关闭车门。司机则按压"关门"按钮，向车辆发送车门关门命令。当检测到车门/安全门关闭并锁定，则 ATP 授权列车可以发车（在授权任何列车运行之前对车门状态的安全控制），司机按压"发车"按钮后发车；

（3）当车门开关门选择开关在"手动"位，司机手动打开车门，停站时间结束后，ATO 通过 DMI 显示指示司机关闭车门。司机按压"关门"按钮，向车辆发送车门关门命令。当检测到车门/安全门关闭并锁定，则 ATP 授权列车可以发车（在授权任何列车运行之前对车门状态的安全控制），司机按压"发车"按钮后发车。

在列车上，当车辆接收到车门关闭命令时会开启提示音和提示灯以告知乘客车门即将关闭。通过 CC 与车辆参数的接口，可定义从车辆发出声光提示至车门关闭的预置时间（通常为 3 秒）。ATO 或司机负责向车辆发送关闭车门命令。当 ATP 确认所有车门/安全门均已关闭并锁定后，可授权列车发车。如果列车在 ATP 模式下，司机则可以启动列车（由 DMI 提示）；如果列车在 ATO 模式下，司机可按压 ATO 启动按钮，ATO 控制列车发车。

全自动行为，ATO 自动开/关门，但非无人驾驶列车并不授权 ATO 直接起动列车。只有司机可以触发列车发车，否则如果没有司机的确认列车自行发车，可能会出现一些潜在的危机。

3）驾驶模式转换

列车驾驶模式有四种：自动驾驶模式（ATO 模式）、ATP 防护下的人工驾驶模式（ATP 模式）、限制人工驾驶模式（Restricted Manual Mode，简称 RM）、非限制人工驾驶模式（NRM）。

ATO 模式为 ATP 监控下的列车自动运行模式。在该模式下，ATP 系统保证列车的运行安全，ATO 系统实现列车在区间的自动运行、合理运行以及站台定位停车功能，可自动或人工控制车门、安全门的打开和关闭。

ATP 模式为 ATP 监控下的人工驾驶运行模式。在该模式下，ATP 系统确定列车运行的最大允许速度，司机驾驶列车在 ATP 保护的速度曲线下运行，ATP 系统实现列车自动防护的全部功能。站台停车以及车门及安全门的开关均由司机人工控制。

在 RM 驾驶模式下，车载 ATP 限制列车在某一固定的低速（如 25 km/h）之下运行，司机根据调度命令和地面信号机显示驾驶列车，列车运行超过该固定的速度时，则给出声光报警，提醒司机减速；若速度达到设定的紧急制动触发值，车载 ATP 设备对列车实施紧急制动，强迫列车停车。列车运行的安全由联锁设备、ATP 车载设备、调度人员、司机共同保证。在此模式下，车门及安全门由司机人工控制。

NRM 驾驶模式为完全人工驾驶模式，车载设备处于切除状态而不监控列车的运行，司机根据调度命令和地面信号机的显示驾驶列车。列车运行的安全由联锁设备、调度人员、司机共同保证。在此模式下，车门及安全门由司机人工控制。

2. ATO 精确停车

车辆和 ATO 系统共同实现列车在车站的精确停车。ATO 系统的设计至少可处理欧洲标准 EN-13452-1 和 EN-13452-2 及合同（有关制动性能）规定范围内的差值。具体适用标准在设计联络中确定。

在车站的精确停车通过位移测量功能实现。通过轨旁参考点进行定期更新（重定位信标）以确保其精确度。为实现此目标需配置三个信标：

（1）当列车停靠在运营停车点时，在距离信标天线约 70~100 m 处设置 1 个精确停车预告信标（PSBa）用于精确停车预告；

（2）在距离信标天线约 30 m 处设置 1 个重定位信标（PSBa）用于精确定位；

（3）当列车停靠在运营停车点时，在距离信标天线 1 m（暂定）处设置 1 个重定位信标（PSBa）用于精确停车。

在 ATO 驾驶模式下，2 个车载控制器 CC（车头或车尾）均用于管理列车的精确停车。因此，对应每个信标天线各需要设置 3 个信标。

每个车载控制器 CC 需要另一个重定位信标用于安全开门授权。ATP 系统需利用此信标，当列车停靠运营停车点时，其位于距离信标天线约 1 m 的位置。

列车在站台的停车精度将能达到：

99.995% 的情况下，误差不超过 250 mm；

99.9998% 的情况下，误差不超过 500 mm。

3. 调整功能

1）发　车

停靠在车站的列车，ATO 系统通过连续车地通信接收其发车时间。

对于列车的发车，由司机负责在 ATP 模式下启动列车；或在 ATO 模式下按压 ATO 启动按钮。停站时间到后（或如果要求立即发车，并在收到发车时间后），ATO 系统在 DMI 上显示"列车发车"信息以提示司机。这在收到自 ATP 系统发送的所有车门关闭并锁闭的安全信息后才具备条件，即 ATP 授权发车。

若 ATO 系统未收到发车调整时间命令，司机仍可在 ATP 模式下启动列车，或可在 ATO 模式下按压 ATO 启动按钮，并在 ATP 的授权下在车站发车。

当列车在站间，由于前方的防护点为限制状态，ATO 控制列车停车，当前方防护点变为允许状态时，ATO 能自动启动列车继续运行。

2）区间运行时间

ATO 自动驾驶列车功能充分考虑 ATP 安全限制（授权移动终点 EOA，限制信号机，限速）、乘客舒适度及调整约束，以计算出一个满足上述所有要求的运行曲线。

在车站发车时，ATO 也可以从多个运行曲线中选择一个完全匹配发车和到站时间要求的运行曲线。这些运行曲线包括全速运行曲线、中间运行曲线、非全速运行曲线。

在站间运行时，如果安全限制状态被更新，ATO 将立刻调整以遵守 ATP 能量控制的限制。

对于请求的列车运行，如果 ATO 认为有足够的移动授权（在站间运行期间，站间的约束点为开放状态），则 ATO 应确保按要求的到达时间准时到站。如果约束点的状态在列车站间运行期间发生变化，虽然 ATO 将始终试图按照其速度曲线运行以求准点到站，但站间运行时间完全取决于这些约束点的变化。如果列车在站间运行时，接收到更新的调整命令，则 ATO 将确保此更新符合列车牵引/制动能力、乘客舒适度要求和目标距离，然后应用此新的调整命令。如果由于前述原因或安全约束而不能被应用此命令,则 ATO 将以全速运行曲线尽快运行至下一个运营停车点。

3)提前发车

值班员随时可向列车发送一个提前发车指令,以命令列车只要 ATP 授权列车安全发车(车门关闭并锁闭)就立即离站。在此情况下,ATO 可立即发车。

4)扣　车

ATO 系统能够从 ATS 收到扣车控制命令。此控制命令通过连续车-地通信直接发送到 ATO 系统,ATO 根据扣车命令将列车扣留在车站,直至从 ATS 收到发车命令为止。在扣车期间,由于暂时不发车,故车门保持敞开。

扣车解除(如已到停站时间)将自动触发关闭车门操作(由 DMI 显示提醒司机人工关闭车门,或由 ATO 控制自动关闭车门)。

5)跳　停

跳停功能能够阻止 ATO 在下一车站停车。接收到 ATS 的请求之后,系统在屏幕上显示一个图标以通知司机,并触发由车辆处理的乘客信息。ATO 执行站间运行并监控列车速度。跳停命令可以取消,但是只有列车所在位置能够确保 ATO 在下一车站正确停车时才考虑取消跳停。

6)综合测试

"综合测试"是 CC 和车辆之间在列车上线运营前需要进行的测试,如图 LC8-38 所示。综合测试是由 CC 强制输出一些命令(如施加紧急制动),使车辆能测试其设备(紧急制动设备的施加和缓解等)并将状态反馈给 CC。只有当综合测试通过后,才允许列车上线运营,否则在司机显示屏上显示告警并不允许列车移动。

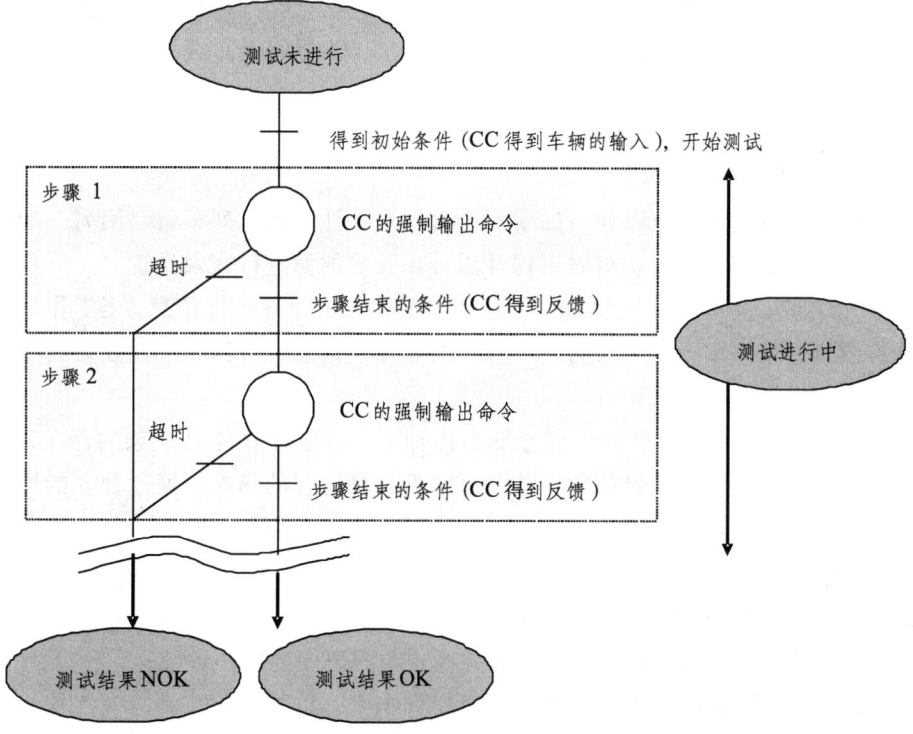

图 LC8-38　综合测试

综合测试由一系列连续的步骤组成。

"综合测试顺序"的每一步骤有以下特性：

（1）CC 的强制输出命令；

（2）当前步骤结束的条件（CC 得到的状态反馈）达成后才进行下一步骤（如有），如果当前步骤的执行超过一定时间则终止测试；

（3）当 CC 上电，通过初始化和自检后，司机通过激活驾驶室并选择 RMF 模式来触发综合测试。这个测试将在每个驾驶室进行（即这个驾驶室第一次选择 RMF 模式）。

五、ATP/ATO 系统的原理

1. 车载控制器的冗余配置及转换

我方提供的系统中，每列 6 节编组列车的车头和车尾驾驶室分别配置一套 CC。

车载信号设备采用首尾冗余配置，能实现热备切换。在 CBTC 模式下当单个 CC 故障时，首尾冗余的 CC 之间能实现无缝自动切换。工作 CC 和备用 CC（即将激活）之间将在以下情况发生时进行切换：

（1）失去速度测量信息（编码里程计故障）；

（2）失去信标通信（车载信标天线故障）；

（3）失去与车辆的通信；

（4）失去与司控台的接口等。

每端的 CC 设备都会连续地计算其可用性状况，包括计算其接口的可用性（如编码里程计，司控台等）。一旦工作 CC 的可用性低于备用 CC，头尾冗余车载控制器之间的切换就会立即执行。

2. 编码里程计的冗余配置及转换

车头和车尾均设有编码里程计，如果一个编码里程计失效，列车将启用另一端的 CC 以对应另一端有效的编码里程计。编码里程计因可用性目的而进行冗余设置。

编码里程计冗余设置的另一个目的是为 ATP 提供第二个零速度信息。当工作驾驶室的编码里程计检测到列车停车，ATP 与另一个独立的零速度信息进行比较，此独立的零速度信息可以为车辆提供的信息。

在正常情况下，当编码里程计安装于非自由轴上，由于打滑/空转现象的存在，测量可能是不准确的。将使用检测和纠错的软件功能来降低这种现象的影响，通过独立的用于速度输出验证的速度测量齿轮可以有效地、安全地估量打滑误差。该设计是得到验证的，根据设计，紧急制动不会引起列车失去定位。

编码里程计设计所应用的安全原理为：

"反应故障-安全"原理，用于嵌齿计数并检查与编码序列的一致性；

"固有故障-安全"原理，用于编码伪随机序列本身，以杜绝此控制链中各种故障生成一个有效的相干序列。

3. 线路数据库的安全管理及升级

静态线路数据库（SGD）是对轨道的描述，其在离线状况下存储在数据存储单元 DSU 中。其版本号存储在线路控制器 LC 中。

SGD 包含以下内容：线路地图；奇点。

1）线路地图 SGD

线路地图编制的基本原则是通过连续的区段表来说明该线路。每个区段对应于线路上的一段，与辅助轨道检测设备的边界一致。每个区段与 CBI 的输入和输出相关。

线路上的每个设备（如信标，信号机，道岔，车站等）由特定的区段识别号和它在该区段的位置来识别。根据列车实际运行，连续的区段表可用于双向的运行。轨道上区段的位置和长度根据需要达到的间隔性能来计算。

2）奇 点

对象及其相关数据的列表（奇点）用于以系统的方式描述线路的布局。CC 需使用该线路信息来执行 ATP 和 ATO 功能。

每个奇点用常量来描述，即"不变量"：线路上奇点的位置、坡度变化值、永久限速值、信标标识等。

对应状态可变的奇点的子集：如道岔可以是定位或反位，信号机可以是绿灯或者红灯。与这些奇点相关的是与此状态有关的不同布尔数据的数目。这些数据称为"变量"（例如，一个道岔关联两个变量等）。

奇点在区段内的位置由区段的坐标给出。最终，奇点可以通过几个方面描述：

（1）名称；

（2）区段上的位置；

（3）与其对应地静态数据；

（4）相关变量的编号。

线路上定义的主要奇点有：

永久限速：定义某速度变化的位置和数值；

坡度：定义新坡度的位置和数值；

停车点：定义停车点的属性、位置及关联变量的编号；

信标：定义信标的属性、位置及其可探测的窗口的大小；

车站：定义若干车站的参数，如停车点、开门侧、停站时间以及车站编号等。

当列车沿轨道运行时可通过奇点实现相应的功能：信标可使列车重新定位，停车点告知列车在何处停车，信号机对应的状态可以是一个限制约束点，等等。

4. 列车追踪间隔控制原理

系统采用"目标距离"的追踪间隔控制模型。

1）目标距离追踪间隔控制的原理

车载 ATC 不断地监控列车位置，计算列车安全车速使得列车可以安全的停止在最远可以到达的目标点前，这个目标点又称为移动授权终点，ATC 控制车辆的能量和速度。ATC 严格计算列车的运行速度曲线，保证在目标点前停车之前的列车的安全运行。如图 LC8-39 所示。

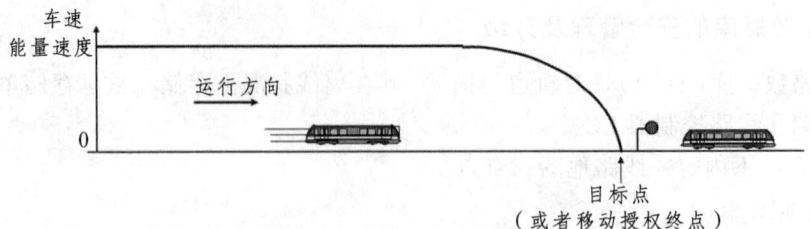

图 LC8-39　目标距离追踪间隔控制原理示意图

2）目标距离追踪间隔控制的计算原则

在点式 ATP/ATO 控制模式下，目标距离的计算是根据计轴点的位置（闭塞区段）来确定的，如图 LC8-40 所示。

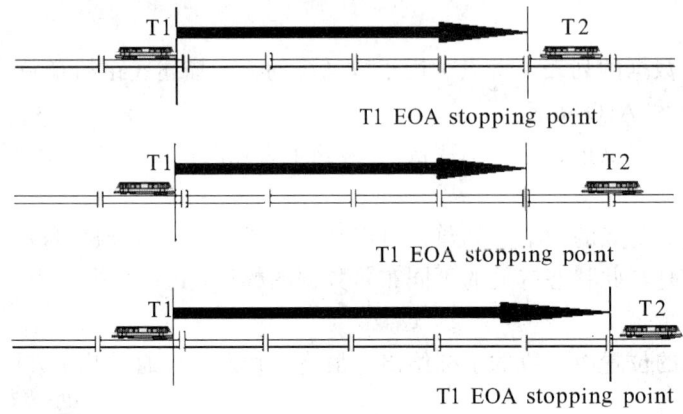

图 LC8-40　点式 ATP/ATO 防护下的移动授权点

在 CBTC 运行模式下的目标距离的计算是根据前车防护末端作为移动授权点的参考，如图 LC8-41 所示。

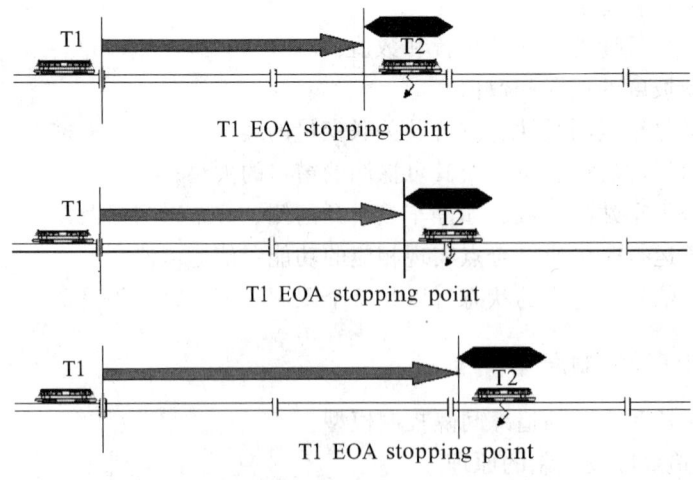

图 LC8-41　CBTC 的移动授权点

5. 列车防护原理

列车防护基于下列原则：

（1）每列车由一个基于列车位置（通信列车）或轨道占用（非通信列车）的安全包络，也称为自动防护（AP）进行防护；

（2）两列车之间的最小距离由前面一辆列车的AP和后面一辆列车的安全余量确定；

（3）计算每列车的紧急制动曲线以确保列车可遵循安全停车点的限制。

下面描述了三种主要的情况：

（1）防护点为前方列车（见图LC8-42）。

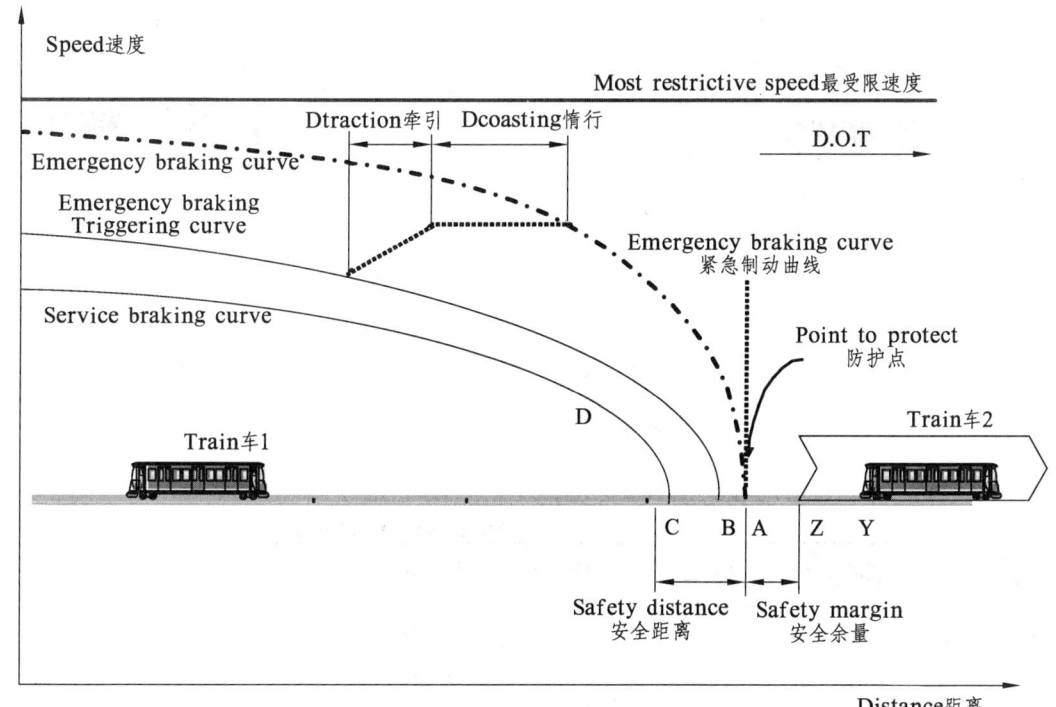

图 LC8-42　列车防护-1

限制信号机（没有防护区段）的列车防护（见图LC8-43）。

（3）对有安全防护区段的限制信号机的列车防护（见图LC8-44）。

1）列车自动防护

列车始终由自动防护（AP）安全地管理。AP表示为一列车占用的区域，如果列车驶出其自身的自动防护范围之外，ATP将实施紧急制动。

AP由ZC管理，是根据列车两端的定位来定义的：

对于通信正常的列车，定位的一端被认为是车头，另一端是车尾，此两端之间的区域被定义为列车占用区域；对于通信故障的列车，或未装备信号设备的列车，AP为所占用的辅助列车检测区域。

AP与预先定义的地理位置无关（其位置末端可能连续地变化）。

列车的自动防护计算考虑如下因素：最大车头位置；最小车尾位置。

CC与ZC间的无线通信所引起的时延已在最大车头位置与最小车尾位置中考虑。

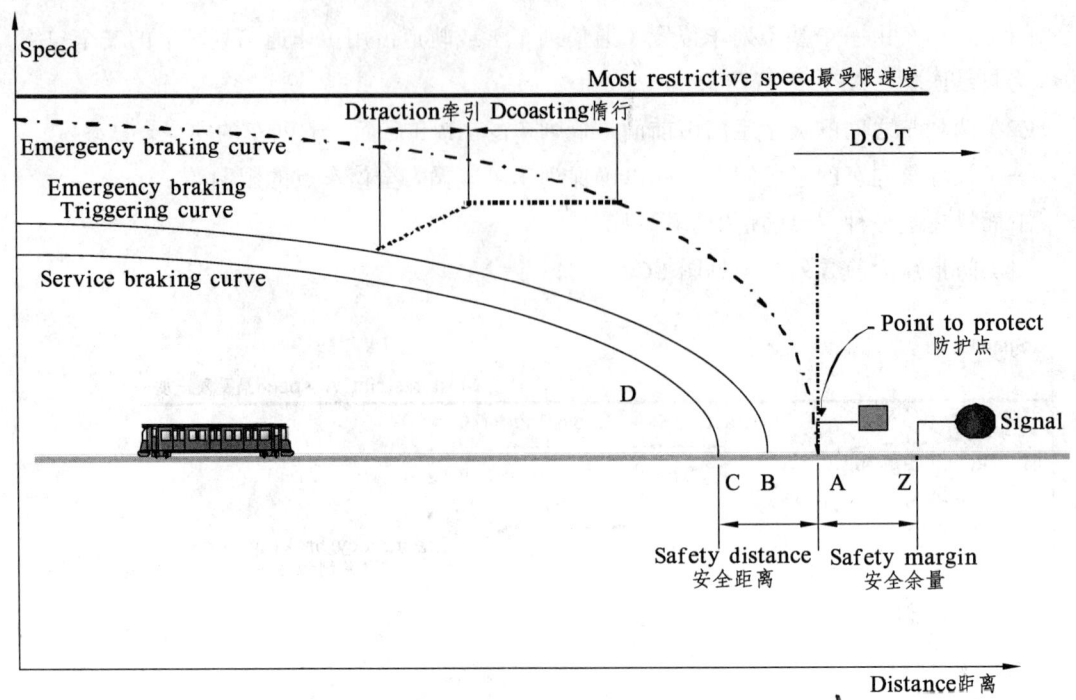

图 LC8-43 列车防护-2

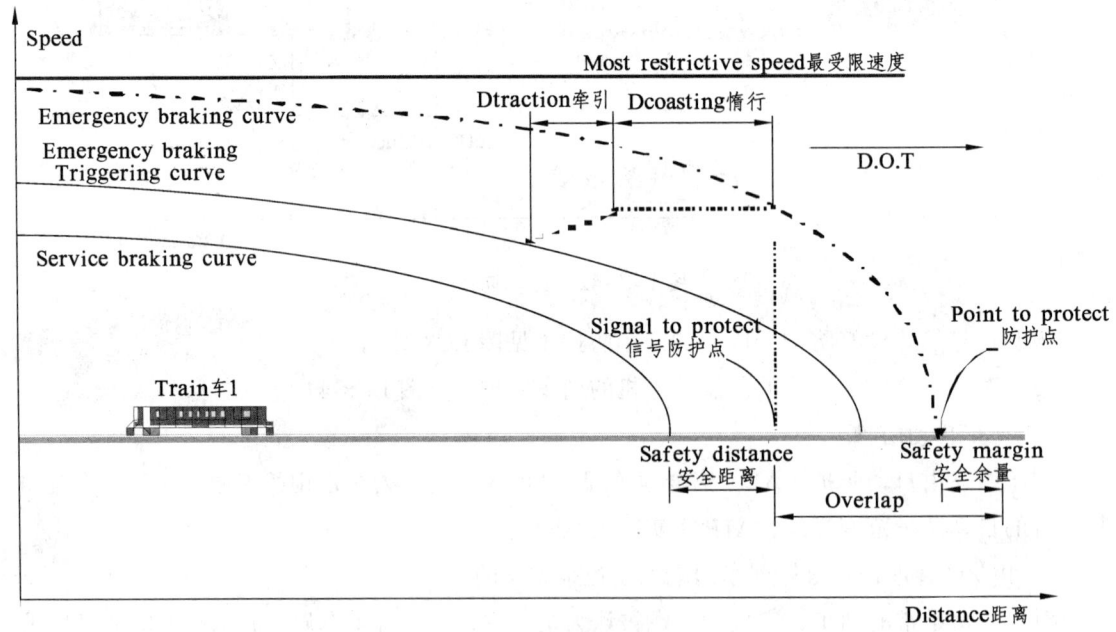

图 LC8-44 列车防护-3

2）防护点

防护点是线路上列车不能越过的、ATP 需考虑的位置点，否则可能造成安全事故。防护点的位置通过实际的事物（前面的列车、限制信号机或安全防护区段末端）和安全余量来计算。

CC 管理的紧急制动曲线由防护点来计算。

3）紧急制动曲线和紧急制动触发曲线

紧急制动曲线由车载 ATP 监控，以确保列车在任何时候都遵守防护点。它反映了车辆可以保证的限制行为，它的计算考虑了车辆方提供最大制动保障力、列车位置和防护点的位置。

EB 触发曲线保证在最不利情况下，在列车实施 EB 过后，速度仍低于 EB 曲线。

4）常用制动曲线

常用制动曲线由 ATO 系统管理，考虑了线路上的约束条件（如停车点、速度限制、OCC 的调整命令等），ATO 系统可使列车在距目标点安全距离处停车。

5）安全距离

安全距离为 ATO 运行至防护点或信号机防护点（带安全防护区段）的最短距离。

它由 ATO 常用制动曲线监控，考虑以下因素：

（1）车辆保证的制动减速度；

（2）车辆保证切断牵引的时间；

（3）车辆保证实施制动的时间；

（4）由 CC 计算所引起的定位误差；

（5）在牵引切除的时间内的最大加速度；

（6）在考虑区段的估计最大坡度。

6）安全防护区段

在进路/通过信号机（主要在车站用作出站信号机）之后也可以考虑一个距离：安全防护区段。设置安全防护区段可以在停车过程中提高行车间隔性能。安全防护区段可以防止列车越过红色信号灯造成影响。无论应用何种驾驶模式，该区域由 ATP 管理。安全防护区段包含安全余量。

7）安全余量

安全余量是防护点（ATP 所考虑的限制约束点）和线路上实际需保护的点（前车尾部，限制信号机或安全防护区段末端）间需考虑的距离。

安全余量的计算基于：

（1）在 ATC 数据准备中，由 ATP 制动距离估计算法（影响制动性能）中的坡度预测所引起的误差；

（2）信号设备（信号机、道岔）位置误差，如果车头与前方实际信号设备间的距离小于车头至预计的前方信号设置位置间的距离，则有危险；

（3）实际列车惯性（影响制动性能）的近似值所引起的误差；

（4）信标位置的允许误差。

6. 安全制动模型

无论选择何种驾驶模式（ATO 模式或 ATP 模式），图 LC8-45 中的紧急制动曲线和紧急制动触发曲线由 ATP 监控。

在完全 ATP 防护的自动驾驶模式下（ATO 驾驶模式），CC 设备的 ATO 软件自动控制列车设备的牵引和制动，将列车速度保持在紧急制动触发曲线之下。为获得最佳的系统性能，ATO 软件策略尽可能接近紧急制动触发曲线，如图 LC8-45 所示的常用制动曲线仅由 ATO 监控（在 ATO 驾驶模式下）。

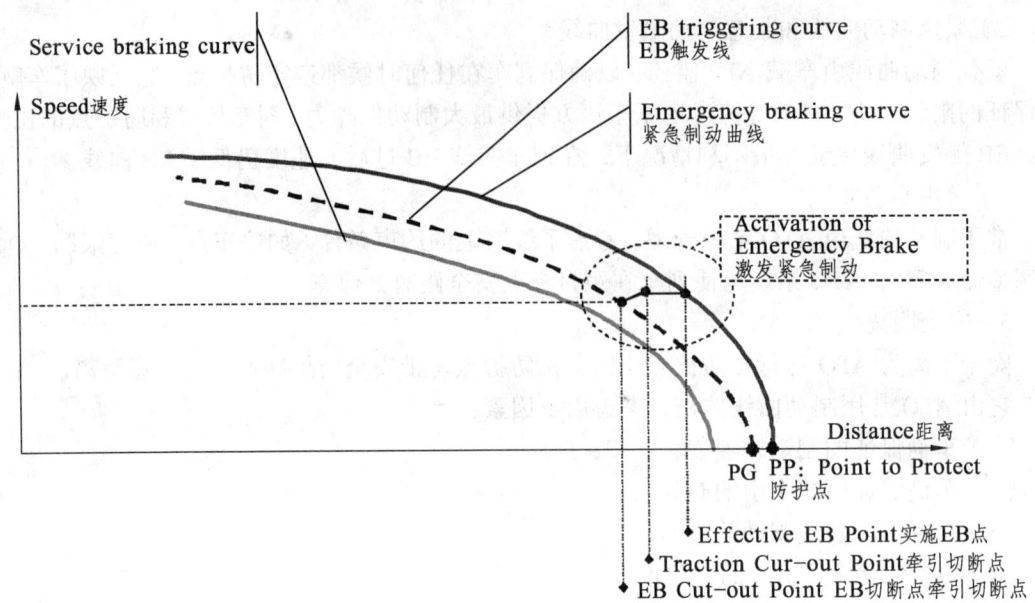

图 LC8-45　由 ATP 防护监控的紧急制动曲线

在 ATP 驾驶模式下，需要考虑司机的反应时间。然后根据紧急制动曲线和反应距离来导出一条警告曲线。根据此警告曲线，通过 DMI 向司机发送驾驶命令。如果司机驾驶速度较告警速度大于 5 km/h（可定义）时，则将实施紧急制动。

在 ATP 模式中，司机按照 DMI 上显示的目标速度和推荐速度控制牵引和制动。如果司机对目标速度降低没有反应，将会进行声光警告；如果司机对警告仍然没有反应，将会实施紧急制动。列车完全停车后，驾驶员可释放紧急制动和 ATP 紧急制动请求。

当列车运行于 ATO 模式时，ATO 根据 ATP 速度和能量控制驾驶列车。

当列车运行于 ATP 模式时，司机在 ATP 防护下驾驶列车。当列车速度接近 ATP 紧急制动曲线时，将会警告司机速度过高，必须降速。在紧急制动之前没有自动制动的功能，因为只有 ATO 可以控制制动实施，而在 ATP 模式时 ATO 是被切除的。

当列车运行在 RM 模式下，司机也在 ATP 的防护下驾驶列车，但不监控 EB 曲线，只监控最大限速（如 25 km/h）。这种情况下，当列车速度达到一个阈值时将会有告警出现。

7. 车门/安全门控制原理

在 ATO 模式或 ATP 模式（对于点式 ATP/ATO 控制模式当无线系统完好时）下：

当车载 ATP 检测到列车在车站精确停稳，由其授权车门/安全门开门；

当停站时间结束，车门/安全门关闭且锁闭时，ATP 才授权列车发车。

8. CBTC 报文传输原理

信息传输是通过无线传输实现点对点的传递。ZC 设备负责建立和管理在其控制范围内的每列列车的链接。

ATP 通过 DCS 无线系统实现车地双向传输，DCS 无线系统的主要设备包括车载的 DCS MRE 和轨旁的 DCS TRE：轨旁 DCS-TRE 安装于轨旁，防护等级为 IP65，并与轨旁天线相连接；车载 DCS-MRE 安装于车头与车尾，与车载 DCS 天线相连接。

DCS 无线系统调制解调方式：OFDM；传输制式：802.11a&g，支持不同传输率，如 6 Mb/s，24 Mb/s，5 4Mb/s 等；频段：IEEE802.11a：5725 ~ 5825 MHz；IEEE802.11g：2 400 ~ 2 483.5 MHz。

可能的干扰：使用 OFDM 调制方式进行无线传输，具有较强的抗干扰性能。

无线局域网（WLAN）中的嵌入层：在 DCS 的 WLAN 提供两个嵌入层，安全层和保密层。随机故障的防护，通过在上层 OSI 应用层实施的专有"安全层"来获取。该层也提供针对黑客入侵的部分加密措施。针对非预期的或恶意活动的防护，通过在 COTS 协议栈中实施的标准"保密层"来获取。通过在 MAC 层实施的 WEP 或/和 WPA2 技术来实现。

安全层：对应用层的 SACEM 编码，这种编码对于可能的相关破坏活动的抵抗能力也非常强，主要是因为：即使对于了解编码策略的黑客而言，双重时间戳策略功能极其强大，非常难以破解。

保密层：无线等效加密（WEP）协议极易被破解，即使与 EAP 方法（802.11x 中的扩展的认证协议）相关联也是如此。

选择使用 802.11x 的无线保护接入（WPA2），从而为系统提供了一个更安全的无线环境。

六、ATP 系统的接口

轨旁 ATS、ZC/LC、CBI 和 MSS 通过骨干网和安全的数据协议交换信息，ATP 系统数据流基于两种运营模式分为两个部分，如图 LC8-46 所示。

第一部分是 CBTC 数据流：ZC/LC 和 CBI 系统通过安全的数据协议和车地无线通信与 CC 之间进行安全 ATP 数据交换。

第二部分是点式 ATP/ATO 控制模式的数据流：联锁将道岔与信号机状态传输给 LEU，由 LEU 经过编码通过轨旁有源信标将信息传输给 CC。

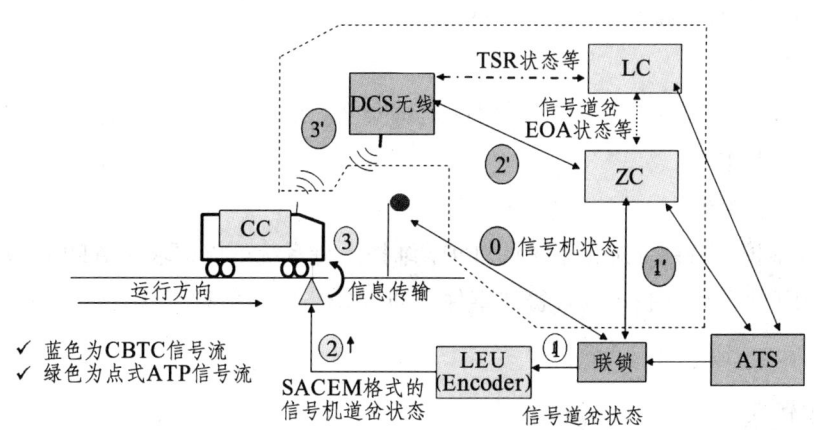

图 LC8-46　ATC 系统数据流

1. 系统内部接口

1）ATS

轨旁 ATP 向 ATS 发送如下信息：

（1）列车识别 AP 状态：描述每列车的 AP；

（2）ZC 可用性：3 取 2 平台的可用性；

（3）次级列车占用检测设备：计轴设备工作状态；

（4）TSR 状态报告：描述线路上 TSR 的数量和各 TSR 的状态。

ATS 向轨旁 ATP 发送如下信息：TSR 修改请求。CATS 值班员可设置对特定区段一个或几个 TSR 进行修改（以一个特定的速度）。

车载 ATP 向 ATS 发送如下信息：列车状态报告。发送所有列车相关状态信息（驾驶模式、故障状态、车门开/关状态、安全门开/关状态、CC 可用性等）。

ATS 向车载 ATP 发送如下信息：

（1）PTI（主动列车识别）设置：值班员对列车指定列车识别号；

（2）设置调整方式：值班员可给出某站的发车时间和到达时间；

（3）扣车：值班员可在某个车站扣车；

（4）跳停：值班员可要求列车跳停指定车站；

（5）列车在车站停车：值班员可请求列车在下一个车站停车（如果列车原计划下一站跳停）；

（6）列车换端：值班员可请求列车执行换端。

2）CBI

CBI 向轨旁 ATP 发送如下信息：

（1）信号设备状态：道岔位置、信号机显示、轨道占用；

（2）设备内部状态：进路、子进路、运行方向；

（3）紧急停车按钮 ESP 状态等。

轨旁 ATP 向 CBI 发送如下信息：ATP 区段状态。

3）ATO

执行与 ATO 系统的接口，ATP 向 ATO 提供安全约束用于牵引/制动操作，实现对列车运行的安全和自动控制。

4）维护支持系统

通过中央维护支持系统进行系统的维护，维护支持系统可以请求从 ATP 接收所有与设备维护相关（用于预防性维护）的告警和事件，即 MIB（管理信息库），包括 LRU 状态，告警和事件。

2. 与车辆接口

整个车载系统与车辆接口，如图 LC8-47 所示。

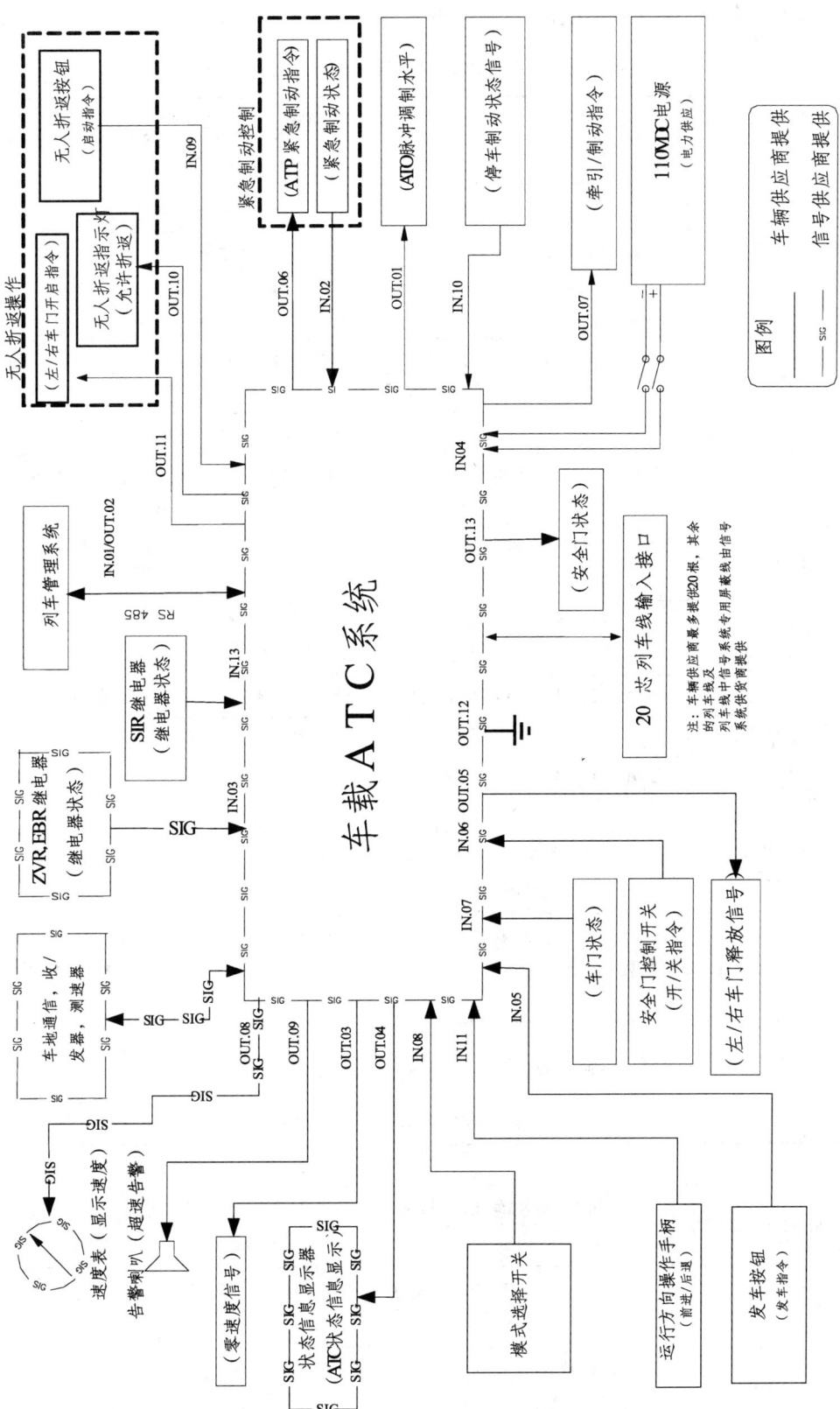

图 LC8-47 车载信号系统与车辆接口图

表 LC8-1 为车载信号系统输入的 12 个信息及功能。

表 LC8-1　车载信号系统输入接口功能表

序号	接口编号	功能要求
1	SIG.RS.IN.01	1. 列车管理系统将有关列车故障信息传送给车载信号系统,车载信号系统经过轨旁信号,将列车故障信息传输给中央系统,实施报警;这些信息包括:故障列车的车号;故障列车的类型;故障设备的编码;故障类型编码;故障开始的日期及时间;故障修复的日期及时间等。 2. 接收列车管理系统提供的表示信息,在司机驾驶台上给出相关表示,这些信息包括:车辆的动力作用状态信息;列车完整信息等。
2	SIG.RS.IN.02	列车系统通知车载 ATC 系统紧急制动触发信息。车载 ATC 系统需详细记录包括日期及时间的紧急制动状态。
3	SIG.RS.IN.03	车载 ATC 系统需根据反馈的 ATC 继电器的状态,确保正确的操作。
4	SIG.RS.IN.04	车辆为信号系统提供用于所有信号设备的 110 V DC 带有电源断路器的电源:110 V DC +/- 10%;电压波动<=2%;电流>5 A。
5	SIG.RS.IN.05	车载 ATC 系统感知启动按钮按下持续超过 0.5 s,并在条件具备时启动列车运行。
6	SIG.RS.IN.06	车载 ATC 系统接收车辆"开"或"关"门的指令后,在条件具备时以最短时间经轨旁信号设备传输于安全门系统作出相并的操作。
7	SIG.RS.IN.07	车载 ATC 系统接感知车门状态信号,在条件具备时进行所需的操作。
8	SIG.RS.IN.08	车载 ATC 系统根据接收到的驾驶模式驾驶列车和开/关门模式进行开/关门。
9	SIG.RS.IN.09	车载 ATC 系统在感知无人折返驾驶按钮按下信号持续超过 0.5 秒,开始自动折返操作。
10	SIG.RS.IN.10	车载 ATC 系统感知持续制动信息以决定列车是否完全停下。
11	SIG.RS.IN.11	感知前进/后退的指令。
12	SIG.RS.IN.12	感知列车安全联锁继电器的状态,信号系统在收不到此信号时,将会产生紧急制动;安全联锁继电器的状态应为列车完整性、列车的制动系统完好性、警惕按钮等的综合信息。

表 LC8-2 为车载信号系统输出的 12 个信息及功能。

表 LC8-2　车载信号系统输出接口功能表

序号	接口编号	功能要求
1	SIG.RS.OUT.01	车载 ATC 系统在 ATO 模式下输出 PWM 控制信号,配合牵引/制动指令,控制列车运行。
2	SIG.RS.OUT.02	车载系统根据卖方与车辆供应商在设计联络阶段确定的协议提供列车管理系统所需要的信息。
3	SIG.RS.OUT.03	车载 ATC 系统在感知列车停稳(速度小于 0.5 km/h)时,驱动 ZVR 继电器。车辆将包括这信号在为安全检查电路中及用于列车车门控制。

续表 LC8-2

序号	接口编号	功能要求
4	SIG.RS.OUT.04	车载 ATC 系统提供用于 ATC 显示的输出信号（具体数量须信号与车辆供应商协商）。
5	SIG.RS.OUT.05	车载信号设备在列车停准在站台（停车窗内）时给出两个车门释放信号——左门释放和右门释放信号。列车系统需根据这两个车门释放信号，才允许打开左门或右门。在特殊情况下，这两个释放信号会同时有效出现，列车系统可允许左门及右门打开。
6	SIG.RS.OUT.06	车载 ATC 系统在正常情况下需保持紧急制动继电器（EBR）在驱动状态，如要进行紧急制动时，以紧急制动继电器接点断开作为触发紧急制动要求。车辆在接收到紧急制动要求后施加紧急制动。
7	SIG.RS.OUT.07	车载信号系统输出识别 SIG-RS-OUT-01 PWM 信号是控制列车是一个牵引或制动信号。
8	SIG.RS.OUT.08	显示列车运行速度及允许速度。
9	SIG.RS.OUT.09	车载信号设备连续监控列车速度，在人工驾驶模式下，当列车速度接近警戒速度时，发出超速告警，提示司机，防止列车超速。
10	SIG.RS.OUT.10	列车在进行无人折返时，当所有需要条件满足时，向司机显示准备就绪的指示信号。
11	SIG.RS.OUT.11	在完成无人折返，列车停靠在站台正确位置时，发出开启车门的指令。
12	SIG.RS.OUT.13	传递 PSD 状态信息给车辆，用于切断车辆牵引电流，并向司机提供 PSD 状态显示信息。

七、ATO 系统的接口

1. 与 ATS 系统接口

与 ATS 的链路是无线链路，ATO 从 ATS 接收以下信息：主动列车识别；到达时间；发车时间；立即发车；跳停；扣车。

ATO 系统也可通过无线链路与 ATS 通信，发送的信息包括：计划到达时间；到达车站时间；到达时间太短；停车不准；跳停信息接收太晚。

一些故障报警由 ATO 通过无线信息发送给 ATS（至调度员）。故障报警列表在合同及系统设计阶段定义。

2. 与 ATP 系统接口

1）与轨旁 ATP 接口

与轨旁 ATP 的链路是无线链路，从轨旁 ATP 接收的信息包括：轨道的静态描述；轨道的动态描述，例如信号和道岔状态；与运行曲线有关的 ATO 数据。

信标可被视为轨旁 ATP 的一部分，其信息可通过车载信标天线接收。

2）车载 ATP 接口

驾驶列车时，ATO 系统遵循安全要求。为此，车载 ATP 向 ATO 系统发送的信息包括：使其能够驾驶列车运行且不触发紧急制动；授权的驾驶模式；发车授权（从宏观角度看，为移动授权）；授权的行驶方向；车门安全状态；列车最小和最大安全位置；最大安全速度；列车实际速度；安全目标距离；安全目标速度；前一列车的安全位置或限速点的安全位置。

同时，ATO 向 ATP 发送其状态（是否可用）、"ATO 控制命令"信息以及车门控制命令。

3. 与安全门 PSD 接口

当列车在站台精确停车后，ATO 系统通过无线链路向安全门（通过联锁）发送开/关的控制信号，打开/关闭安全门，以便旅客上下车。

在 ATO 模式下，自动开/关安全门需始终得到 ATP 系统的授权。

4. 与车辆接口

对于 ATO 控制和命令，要使用车辆供应商提供的车辆特征文件。车辆制动性能必须符合欧洲标准 EN-13452-1 和 EN-13452-2。

与车辆的接口对于 ATO 运行来说十分重要。ATO 从车辆接收列车状态，可帮助 ATO 优化驾驶。由车辆提供的信息包括：车辆软件应用版本（用于牵引、制动和乘客信息）；编码里程计；列车负载；高压等级；牵引能力：可用的牵引设备数量；电制动能力：可用的电制动设备数量；机械制动能力：可用的机械制动设备数量；检测列车空转/打滑。

ATO 向车辆发送列车需执行的命令。命令通过列车线和连续命令电平（MVB、电流或电压）直接发送的信息包括：开车门/关车门命令；乘客信息。

车载 ATO 设备应通过车辆网络向车载旅客信息系统提供有关数据，包括但不限于：发车信息；预到站信息；到站信息；目的地信息；左、右开门信息等。

子模块 LC9 列车自动监督系统（ATS）

ATS 系统作为 ATC 系统的一部分，它在 ATP 系统的支持下完成对列车的自动控制，主要由控制中心（OCC）、正线集中车站、正线非集中车站、车辆段/停车场等设备组成。

ATS 系统主要完成列车运行的监视；列车进路自动及人工控制；列车识别跟踪、传递及显示；列车运行实迹运行图自动绘制；时刻表自动生成、显示、修改和优化；运行数据统计及报表自动生成；现场信号设备状态监视等功能。

中央 ATS 设备设在临时/应急控制中心，能实现现场设备的监控功能（包括停车场/车辆段的监督）。

在控制中心设置行车调度工作站及显示正线行车信息，并分别为停车场/车辆段配置行车信息显示工作站，监视停车场及车辆段的行车信息。

每个设备集中站都装备有一套车站 LATS，通过冗余 ATS 网络与中央 CATS 设备相连。当中央 CATS 发生故障，每个设备集中站的车站 LATS 仍可以通过联锁监控线路运营，实现 ATS-CBI 的自动控制功能，或通过现地操作工作站执行本地操作功能。

在轮乘室配置有 ATS 显示终端，在终端折返站及集中站，配置有运行图显示工作站。在非设备集中站配置有 ATS 显示终端，通过光电转换器与相邻的设备集中站的信号骨干网进行连接。

在停车场/车辆段各配备了一套车站 ATS 和 ATS 终端设备，用以监督进出停车场/车辆段的人工驾驶列车的运行情况，管理车辆派班。

一、ATS 系统的构成

ATS 系统是一个分布式的计算机监控系统，主要分布于控制中心、临时/应急控制中心、正线设备集中站、正线非设备集中站、停车场和车辆段，系统采用热备冗余的方式，保证系统有高度的可用性。

1. 控制中心（OCC）

控制中心 ATS 系统结构示意图如图所示 LC9-1 所示。

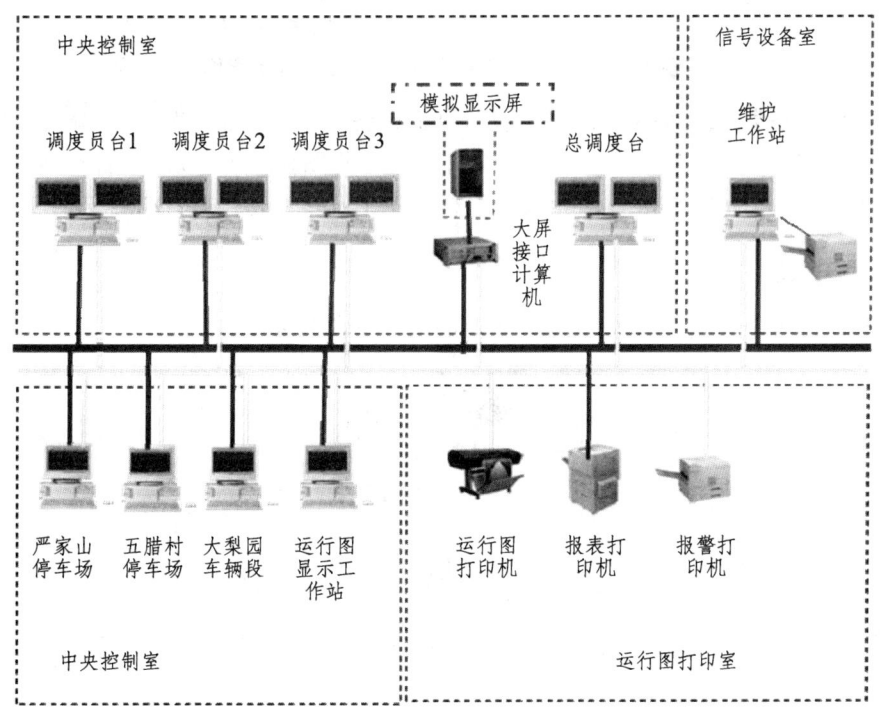

图 LC9-1　控制中心 ATS 系统结构示意图

控制中心 ATS 系统主要包括以下设备：

中央控制室：3 台行车调度工作站；1 台总调工作站；1 台运行图显示工作站；1 台车辆段显示工作站；2 台停车场显示工作站；1 台大屏接口计算机。

打印室：1 台运行图绘图仪；1 台事件报警打印机；1 台数据报表打印机。

中央信号设备室：1 台维护工作站（与维护支持系统维护工作站合用）；

1 台维护打印机。

2. 正线设备集中站

正线设备集中站 ATS 系统结构示意图如图 LC9-2 所示。

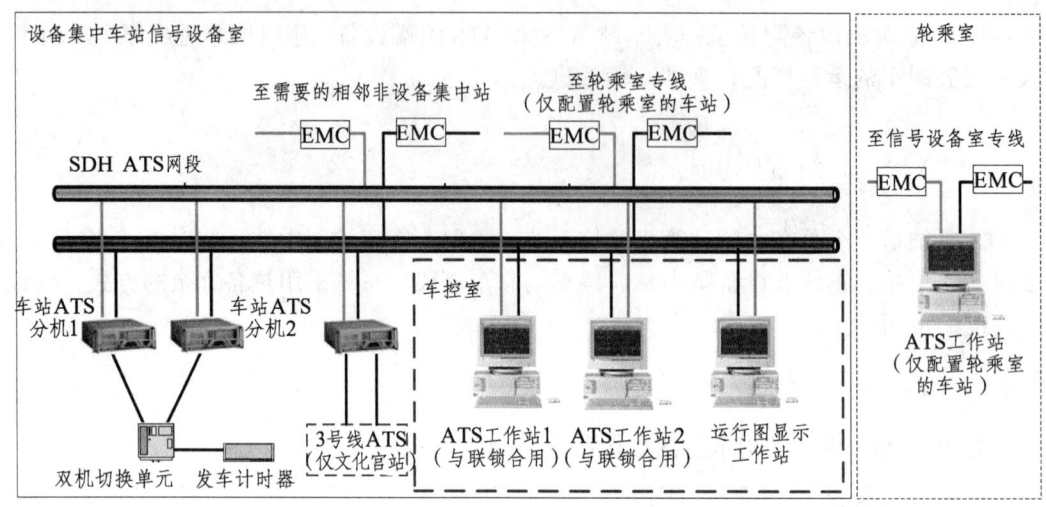

图 LC9-2　设备集中站 ATS 系统结构示意图

每个正线设备集中站 ATS 系统主要包括以下设备：1 套主/备车站 ATS 分机（LATS）；2 台现地操作工作站（与联锁现地工作站合用）；1 台运行图显示工作站；1 台轮乘室 ATS 显示终端（仅在配置轮乘室的车站）；1 个设备机柜；若干发车计时器（TDT）；若干光纤转换器。

3. 正线非设备集中站

正线非设备集中站 ATS 系统结构示意图如图 LC9-3 所示。

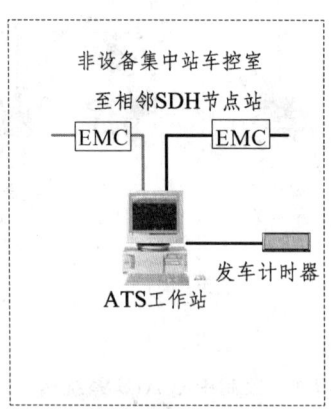

图 LC9-3　非设备集中站 ATS 系统结构示意图

每个正线非设备集中站 ATS 系统主要包括以下设备：1 台 ATS 工作站；若干发车计时器（TDT）；若干光纤转换器。

4. 车辆段/停车场

车辆段/停车场 ATS 系统结构示意图如图 LC9-4 所示。

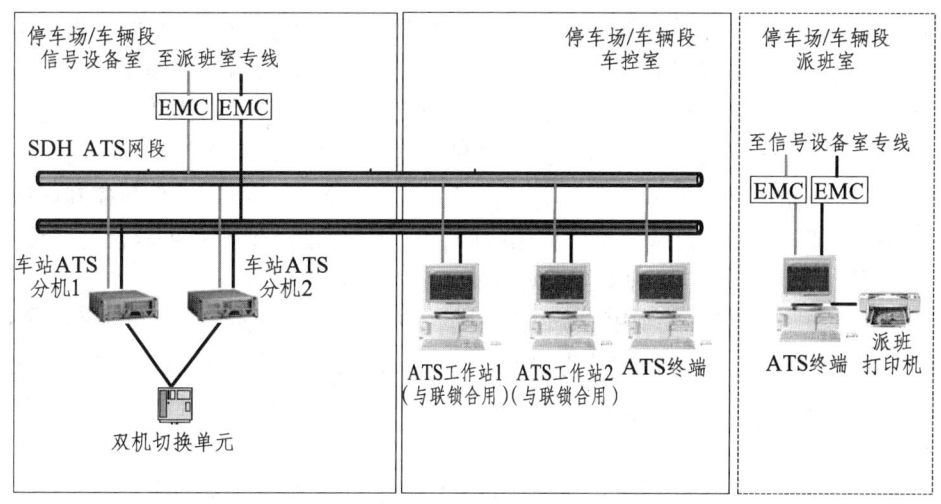

图 LC9-4　车辆段/停车场 ATS 系统结构示意图

车辆段/停车场 ATS 系统主要包括以下设备：1 套冗余的车站 ATS 分机（LATS）；2 台现地操作工作站（与联锁现地工作站合用）；1 个设备机柜；1 台 ATS 终端打印机；2 台 ATS 终端；若干光电转换器。

二、ATS 控制中心设备

1）CATS 应用服务器

CATS 应用服务器为 HP Proliant DL 580 G7 的服务器，采用 Windows Server 中文标准版操作系统，运行 CATS 应用服务器软件，该软件采用 C/C++ 语言编程。

CATS 应用服务器为 ATS 系统的数据处理中枢，它获得全线车站、车辆段/停车场以及外部系统的数据后，将站场图显示、告警、列车状态等各种信息发往各 ATS 工作站和表示屏显示。它负责列车运行和计划相关事务，并处理调度人员、维护人员、车辆段/停车场派班人员的各种操作请求，并发送到相关系统执行。它保存系统日常运行的各种数据，供各种事后分析和回放。CATS 应用服务器还负责向无线、综合监控系统等外部系统发送相应的信息。

CATS 应用服务器为双机热备冗余设计，备机实时从主机获得同步的各种数据，可以实现无扰切换。

2）数据库服务器和磁盘阵列

数据库服务器为 HP Proliant DL 580 G7 的服务器，采用 Windows Server 中文标准版操作系统，运行 Oracle 数据库标准版软件。

两台数据库服务器是双机冗余的，在数据库服务器上运行并行数据库例程，数据库例程接受数据库访问。数据库数据如计划数据、列车运行数据、列车编组信息等存放在磁盘阵列上，以便系统调用和查看。

3）总调/调度员工作站

调度工作站为 HP workstation z600 的工作站，采用 Windows XP 中文专业版操作系统，运行 ATS 工作站/终端软件，该软件采用 C/C++ 语言编程。

调度工作站包括两个全屏幕的窗口，一个运行图显示窗口主要用于显示计划运行图和历史运行图，提供与运行图相关的操作，如运行图修改、打印等；另一个站场图窗口主要用于显示系统设备状态、站场设备状态、时间、报警等，提供站场图相关的操作，如联锁控制、列车运行控制、车辆管理、职责和授权、报警管理及报表等。调度工作站的两个显示器输出控制相对独立，一个显示器故障，可由另一台显示器完成全部的显示及控制功能。

各个调度工作站在硬件和软件上具有相同的结构，根据登录用户角色和控制区域的不同来完成不同的功能，如果一台调度员工作站故障，另一台调度员工作站可以接管其控制区域。

4）ATS 维护工作站（与维护支持系统维护工作站合用）

在控制中心和临时/应急控制中心分别设置了 ATS 维护工作站，该设备与相应的维护支持系统维护工作站合用。维护工作站为 HP workstation z600，采用 Windows XP 中文专业版操作系统，运行 ATS 工作站/终端软件及维护支持系统客户端软件，ATS 工作站/终端软件采用 C/C++ 语言编程。

维护工作站用于显示全线站场图、系统设备状态、故障报警、重要事件等，并进行数据存储管理、ATS 系统管理和网络管理。对告警和事件的历史数据可进行查询分析，指定的查询条件包括：查询起始时间与查询终止时间，告警与事件的级别，告警与事件的类别，是否被确认，关键字。查询结果可以显示，打印和转存为文本文件供二次分析。

临时/应急控制中心 ATS 维护工作站还作为 ATS 系统和维护支持系统的接口计算机，负责与维护支持系统进行数据交换。

5）时刻表编辑工作站

时刻表编辑工作站为 HP workstation z600 工作站，采用 Windows XP 中文专业版操作系统，运行 ATS 运行图离线编辑软件，该软件采用 C/C++ 语言编程。

时刻表编辑工作站用于基本运行图的离线管理与维护，包括基本运行图的生成、编辑、打印、上传数据库及从数据库下载等。

6）通信前置机（FEP）

通信前置机为研华工控机 IPC-610，采用 Windows XP 中文专业版操作系统，运行 ATS 通信前置机软件，该软件采用 C/C++ 语言编程。

通信前置机作为临时/应急控制中心 ATS 系统的通信枢纽，负责为临时/应急控制中心的外部系统（无线、时钟、综合监控等系统）提供接入 ATS 的接口。

三、ATS 车站设备

1. 硬件构成及作用

1）设备集中站车站 ATS 分机（LATS）

设备集中站车站 ATS 分机（LATS）上采用 Linux 操作系统，运行设备集中站 LATS 软件，该软件采用 C/C++ 语言编程。

设备集中站 LATS 负责控制中心与车站联锁系统之间的数据传输，能根据运行图或目的地自动触发列车进路，当列车到达站台后，设备集中站 LATS 将正确驱动发车计时器的显示。

设备集中站 LATS 是双机热备的，备机实时从主机获得同步的各种数据，可实现无扰切换。

2) 设备集中站/车辆段/停车场现地控制工作站（与联锁共用）

现地控制工作站上采用 Windows XP 中文专业版操作系统，运行现地控制工作站软件，该软件采用 C/C++ 语言编程。

现地控制工作站用于显示系统设备状态、站场图，并可进行联锁控制等，相关界面操作方式与控制中心基本一致，其控显范围为本集中站管辖区域，并可选择显示相邻设备集中站/车辆段/停车场的相关信息。

每个设备集中站的两个现地控制工作站在硬件和软件上具有相同的结构，根据登录用户角色和控制区域的不同来完成不同的功能。

3) 非设备集中站 ATS 工作站

非设备集中站 ATS 工作站上采用 Windows XP 中文专业版操作系统，运行 ATS 工作站/终端软件。

非设备集中站 ATS 工作站除了提供本站发车计时器的接口外，还可以显示本站及相邻车站系统设备状态、站场图。

非集中站 ATS 工作站不具备控制功能。

4) 车辆段/停车场车站 ATS 分机（LATS）

车辆段/停车场车站 ATS 分机（LATS）上采用 Linux 操作系统，运行车辆段/停车场 LATS 软件，该软件采用 C/C++ 语言编程。

车辆段/停车场 LATS 负责控制中心与车辆段/停车场联锁系统之间的数据传输。

车辆段/停车场 LATS 是双机热备的，备机实时从主机获得同步的各种数据，可实现无扰切换。

5) 车辆段/停车场值班室 ATS 终端

车辆段/停车场值班室 ATS 终端上采用 Windows XP 中文专业版操作系统，运行 ATS 工作站/终端软件。

在车辆段/停车场值班室 ATS 终端上能正确显示车辆段/停车场范围内的信号设备状态和车组号，取得有关列车和司机数据，显示当前使用的时刻表和车辆段/停车场计划列车的出入场信息等。

6) 车辆段/停车场派班室 ATS 终端

车辆段/停车场派班室 ATS 终端上采用 Windows XP 中文专业版操作系统，运行 ATS 工作站/终端软件。

在车辆段/停车场派班室 ATS 终端上能正确显示车辆段/停车场范围内的信号设备状态和车组号，编辑有关列车和司机数据，显示当前使用的时刻表，编辑车辆段/停车场计划列车的出入场信息等。

7) 发车计时器

在各车站每个站台与正向运营相关的运行车头侧的适当位置设置发车计时器（TDT），发车计时器采用发光二极管 LED 作为光源全屏显示。ATS 系统在各车站通过 RS-422/485 串行接口连接到 TDT，向 TDT 发送停站时间、跳停和扣车等内容显示，向司机提供发车时机早晚点提示。ATS 系统可以正确可靠地采集发车计时器的状态信息。

2. 系统接口

1) ATS 系统与正线车站联锁设备接口

ATS 通过 100 M 以太网接口连接到正线计算机联锁系统，联锁将站场表示信息传送至 ATS 系统，表示信息包括：道岔表示、信号显示、进路状态、扣车状态等；ATS 系统将信号设备的控制命令传送到正线联锁系统执行，如进路控制命令、扣车命令等。

2) ATS 系统与停车场/车辆段联锁设备接口

ATS 通过 100 M 以太网接口连接到停车场/车辆段计算机联锁系统，联锁将站场表示信息传送至 ATS 系统，表示信息包括：道岔表示、信号显示、轨道电路表示、进路表示等。

3) ATS 系统与 ATP/ATO 系统的接口

ATS 通过网关计算机连接到 ATP/ATO 系统，向 ATP/ATO 系统传送列车识别号设定、列车运行调整信息、扣车、跳停等信息；从 ATP/ATO 系统接收列车位置信息、列车状态报告等信息。

四、ATS 系统的功能

1. 控制级别

对正线车站，ATS 系统包括集中控制和车站控制两种级别。正常运营时，ATS 系统主要采用集中控制，根据列车运行时刻表对全线列车进行集中监控，授权的行调人员也可在控制中心相应的 ATS 调度工作站上人工设置控制命令到相应的系统，对运营实施控制；在车站控制状态下，车站操作员可通过设备集中站 ATS 工作站发送控制命令到相应的系统，对运营实施控制。在设备集中站和 ATS 控制中心通讯正常的情况下，由车站操作员和中心调度员办理授、受权手续后完成集中控制和车站控制的转换。在紧急情况下车站操作员可不经授权，立即将控制权转到车站控制，控制联锁区范围内的进路和信号，并可办理引导接车。控制权的转换过程中及转换后，未经人工介入各进路的原自动控制模式不变。

对停车场/车辆段，控制中心只显示不控制。

2. 各级操作工作站权限管理

操作员必须登录工作站获得使用工作站功能的权限。在登录时，登录用户名/密码决定了本工作站的什么功能可使用。在工作站上输入按职责权限分类的系统操作人员的登录口令，实现操作人员登记进入确认和登记退出。

同时，操作员登录后必须选择其期望的控制区域，才能对该控制区域的设备进行控制操作，同一时间只允许一个工作站对同一目标实施控制。这一授权管理，它确保了 ATS 工作站输出命令的可靠性和唯一性，避免两个功能相同的工作站同时进行操作和控制，确保控制命令能唯一、有效地执行。

3. 信号设备管理

ATS 系统能够监控所有的正线车站信号设备，并监视车辆段/停车场信号设备。

ATS 系统主要有以下两种控制方式：

人工控制：通过人-机界面操作。
自动控制：无需人-机界面操作，按照运行图或列车目的地自动触发进路等。
ATS 人工控制的主要设备及对象包括：
进路：如人工设置/取消进路；
信号机：如禁止/允许以某信号机为始端的一条进路被 ATS 自动控制、信号机重开、信号机特殊开放/关闭、引导、封锁信号等；
道岔：如单操定位或反位，单锁/解除单锁；
区域：如临时限速设置/取消；
列车：如扣车/取消扣车、跳停/取消跳停等。
轨道区段：如轨道封锁/恢复、轨道或计轴切除/激活等。轨道封锁是某一区段因某种原因限制列车进入时后，需对此区段执行该操作；轨道或计轴切除是当某一区段的计轴设备故障，可能造成车次号追踪错误，为此需对此区段执行轨道切除操作，即标识该区段为故障状态，使 ATS 在进行车次号追踪处理时跳过该轨道区段。

4. 进路操作

操作人员任何时候都可对进路进行人工设置，人工操作模式优先级最高。但为了提高系统的自动化程度，ATS 系统提供了自动进路的设置功能，它只适用于正向列车运行。自动通过进路、自动折返进路为由联锁实现的固定模式的自动进路功能，进路的建立与车次号无关，ATS 提供设置自动通过进路和自动折返进路的操作命令。按运行图或目的地设置的自动进路功能是由 ATS 实现的。对同一条进路只能同时使用自动通过进路、自动折返进路和按运行图或目的地设置的自动进路功能中的一种。

5. 列车追踪

列车追踪功能通过处理由 ATP/ATO 系统、计算机联锁系统发送的数据对线路上运行的所有列车位置及识别号数据进行汇总。在移动闭塞方式下，通过车载 ATC 系统发送的列车位置信息对列车识别号进行追踪。在非 CBTC 模式下，则是用计算机联锁系统发送的计轴占用信息追踪列车识别号。该功能通过动态刷新站场模拟图的方式，将列车运行信息以图形化的方式显示。站场模拟图在 ATS 工作站的彩色显示屏上实时显示，并在大表示屏上显示。

6. 控制模式

在中央控制时，ATS 系统根据不同的线路控制模式，具有不同的调整和控制功能。系统定义了四种不同的线路控制模式，适应不同的运行需要：
自动按图调整：系统按计划图调整列车停站时间和运行等级，控制列车完成自动折返，自动出入段。
自动等间隔调整：按设定的交路及间隔调整列车停站时间、运行等级，控制列车在指定交路内自动折返运行。
带 ATS 自动进路的半人工控制：系统仅提供 ATS 自动进路触发功能，无自动调整、自动出入段、自动折返功能。当调度想人工控制列车运行、折返但仍由 ATS 根据列车识别号自动触发进路时，可选择此功能。

全人工：无 ATS 按列车识别号自动触发进路的功能，无自动调整、自动出入段、自动折返功能。人工办理进路或使用联锁的自动通过进路和自动折返进路。

调度员选择方便的控制模式，经确认对整条线路生效。但在任何时候，调度员还可通过人工干预的手段对列车运营进行局部调整。调度员也可以通过将指定列车定义为人工车，实现对指定列车取消自动进路功能。

7. 运营调整

当列车停站时，系统自动判断列车的早晚点状态，通过计算给出合理的发车时间和到下一站的区间运行时间，发送给 ATO 控制列车的区间运行时间，另外把停站时间通过每个站台的列车发车计时器传达给列车司机以便控制列车停站时间。

如果列车运行状况与计划偏离在系统调整范围内，ATS 的自动调整功能通过调整列车的停站时间和列车的区间运行时间，或只调整两者之一，来纠正偏离。

当列车的实迹运行图和计划运行图间发生的偏差超出一定范围时，经调度员操作确认后，能以起始站或终点站为基点对所有列车自动按等间隔运行原则自动调整。

如果列车运行状况与计划偏离超出调整范围时，系统发出告警。同时，ATS 的运营调整功能也为调度员提供人工干涉的手段，比如人工修改列车在区间的运行时间、停站时间、扣车、跳停，修改列车在线计划，以便尽快恢复列车的计划运营。

在调整策略中的计划偏离阀值是系统参数。系统管理员可自行设置。

8. 时刻表/运行图的管理与编辑

时刻表/运行图定义了在整个运营日内正常运行条件下列车的运营计划。系统提供了在数据库内保存至少 256 种以上基本时刻表/运行图的空间。用户可根据需要，任选其一作为当日时刻表/运行图。操作人员可用时刻表编辑工具以在线或离线的方式管理时刻表/运行图：

离线管理：通过一个有图形用户界面的时刻表/运行图编辑工具，建立和修改基本时刻表/运行图；

在线管理：通过一个有图形用户界面的时刻表/运行图编辑工具，建立和修改当日时刻表/运行图。

9. 维护和报警

当列车运行或信号设备发生异常时，系统会产生不同类型的报警信息。报警信息保存在数据库服务器中，并能以文本文件方式输出。报警信息可以按类型有选择地显示和打印。

10. 运营记录和统计报表

ATS 系统根据线路的运营情况，会将系统事件记录在数据库服务器中，由系统处理和统计后，生成一系列的运营报告，它们可以以文本的方式查看，也可以打印输出。系统具有自行生成报表功能，工作人员也能对运行资料库进行访问，根据需求自行生成报表。

11. 系统管理

ATS 系统提供对系统参数、系统用户权限的管理功能。

12. 回放

ATS 系统支持历史数据的记录和回放功能,以便在出现问题时可以追溯历史。回放数据包括已记录的轨道、道岔、信号机等信号设备的状态信息,列车位置信息,控制中心调度员执行的各种操作命令和各种报警信息。回放过程中在回放软件上的各种操作对正在运营的线路和 ATS 的各种既有功能没有影响,该回放软件为一单机版的应用软件。

13. 调度员留言/提醒

调度员可以在 ATS 工作站上设定一些留言/提醒记录。当指定的时间到后,系统弹出一个消息框,并伴随"嘟"的一声提示。调度员可以设定提醒的标题、提醒内容、指定的时间(每日的指定时间或者是指定日期的某个时间)、是否声音提示等。

五、系统接口

1. ATS 系统与维护支持系统的接口

ATS 通过信号骨干网连接到维护支持系统,基于 SNMP 协议实现与维护支持系统的连接,向维护支持系统报告 ATS 的设备状态。

2. ATS 系统与综合监控系统的接口

ATS 系统在临时/应急控制中心通过通信前置机为综合监控系统提供 2 路冗余的以太网接口。接口分界点在临时/应急控制中心 ATS 网络机柜,接口类型为 100M 以太网,接口形式的 RJ45。双方通过基于通用、开放的 TCP/IP 协议的 SOCKET 编程的方式建立连接,具体交换信息、接口形式及协议在设计联络阶段协商确定。

ATS 向综合监控系统提供实时的监控信息,如信号设备状态信息、实际列车运行图信息、列车识别号信息(车组号、车次号、目的地等)、列车位置信息、实际列车运行信息、系统重大故障报警信息等。

每天正式运营前或运营图变化时,信号系统向综合监控系统传送当天或更新的计划运营时刻表。

当列车在隧道内停留超过一定时间时,ATS 系统可将有关列车阻塞信息传送至综合监控系统。

中心 ATS 从综合监控系统接收各个供电区段的工作状态信息及相关的报警信息。该状态信息指明是正常状态还是非正常状态。ATS 系统根据该状态信息在中心工作站和大表示屏上向行车调度人员提供简明的全线接触网、三轨带电状态。

中心 ATS 从综合监控系统接收 FAS 火灾报警信息、AFC 突发大客流情况下的客流分析、统计信息以及综合监控范围内的重大事故信息。

回应综合监控系统对信号系统与综合监控之间的通道的检测。

3. ATS 系统与大表示屏系统的接口

大表示屏控制器由其他厂家提供,ATS 系统在控制中心为大表示屏控制器提供 2 路冗余的以太网接口,传送信号显示内容到大屏幕控制器,并在大屏幕实现信号相关内容的显示。

双方的接口分界点在控制中心调度大厅大屏幕显示系统控制器通信输出端子处。

4. ATS 系统与时钟系统的接口

ATS 系统通过 RS-422 串行通信口连接到通信时钟系统，从通信时钟系统得到时钟基准信息。时钟系统为 ATS 系统提供实时的标准时间信息。ATS 系统接收时间信号，并据此校准信号系统时钟，在信号系统内部以标准的 NTP 时钟同步协议同步系统内部各个设备的时钟。ATS 系统具备屏蔽错误时间信号的功能。

双方的接口界面在临时/应急控制中心通信设备室综合配线架外线侧。

5. ATS 系统与无线通信系统的接口

ATS 系统通过 2 路冗余的 RS-422 串行通信口连接到无线通信系统，向无线通信系统传送实时变化的目的地号、列车表号、车组号、乘务员号、车次号信息；列车的出、入场信息；列车所处的车站和线路的位置信息；列车进出车辆段/停车场信息；列车折返信息和运行方向等信息，以便调度员、车站值班员用车次号呼叫列车。

ATS 系统与无线通信系统的接口界面在临时/应急控制中心 ATS 网络机柜。

子模块 LC10 数据通信系统（DCS）

数据通信系统是为同时承载高可靠性的 CBTC 数据和高吞吐量的非紧急业务而设计的。数据通信系统（DCS）的主要特点如下：

（1）独立于信号业务的有线和无线网络，该网络可同时承载其他业务。

（2）DCS 系统确保各系统间直接的端到端的通信，通过波导管的无线传播提供车辆和轨旁的连续通信。

（3）DCS 有线网络是一个冗余的、多业务和高可靠性的系统，将轨旁和中心的信号设备连接在一起。该系统的设备（SDH 和 IP 交换机、路由器）可通过虚容器（VC），无干扰地同时管理数据、视频和语音业务。

（4）DCS 无线网络满足 2.4GHz 的 IEEE802.11g 接口要求。

（5）确保可靠有效地传递信号 CBTC 数据。

一、数据通信系统的网络构成

数据通信系统由以下两部分组成：

（1）有线网络部分包括：

骨干网：主要由 SDH 节点组成；

接入网：主要由交换机和光电转换器组成。

（2）无线网络部分包括：

轨旁无线网络：由 TRE、耦合单元及波导管等组成；

车载无线网络：由车载调制解调器及天线组成。

DCS 网络整体结构如图 LC10-1 所示。

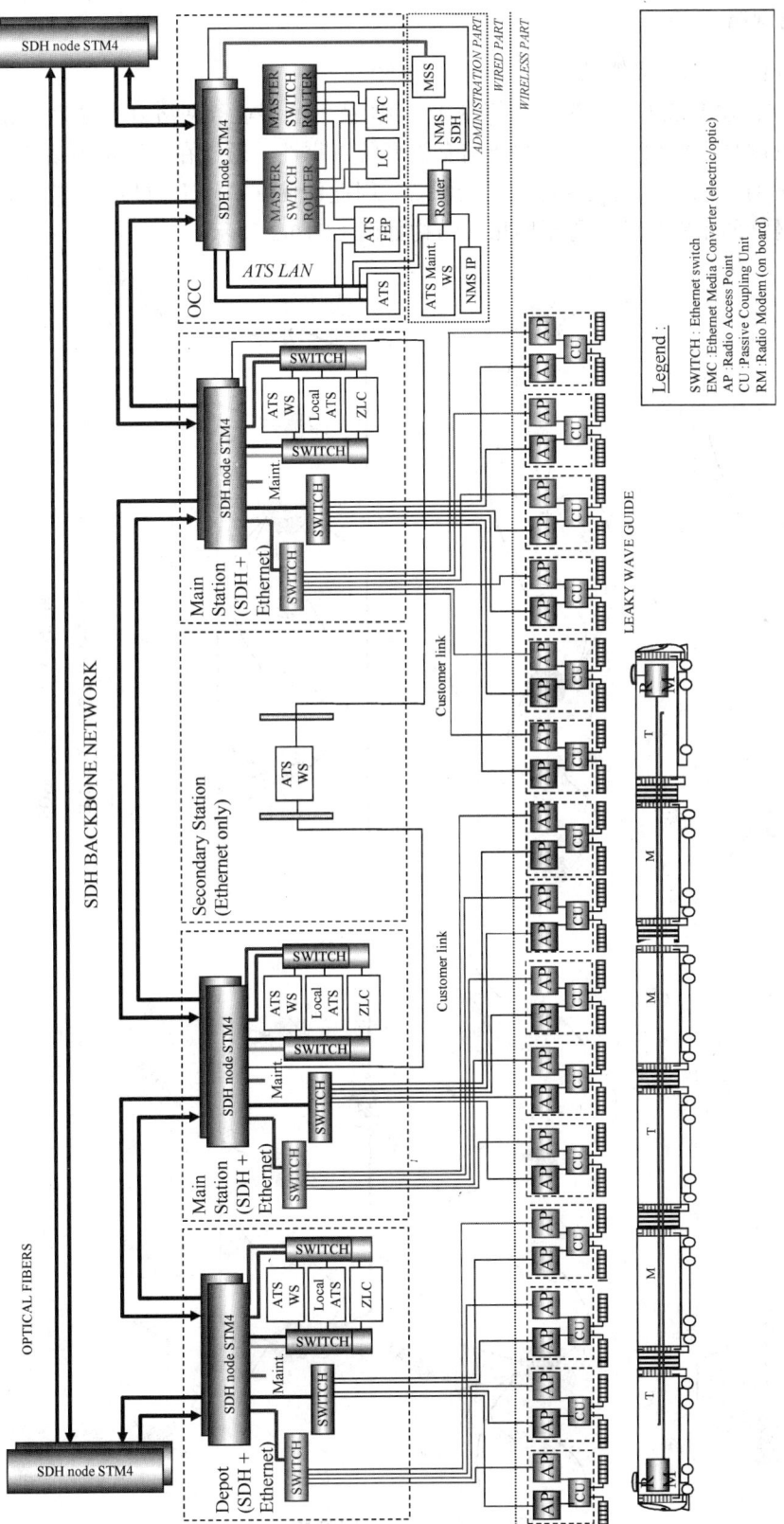

图 LC10-1　DCS 网络整体结构图

1. 有线网络

1）骨干网（BTN）光缆结构

DCS 有线传输系统的核心网络采用基于 SDH 技术的多业务网络解决方案，能利用 SDH 完善的保护机制来确保信号应用间的通信有更高的可靠性。通常在每个集中站我们设置一个 SDH 节点，并且节点的组成模块都是冗余配置，因此即使在节点上的某单一模块故障，也不会影响冗余网络的正常通信。骨干网拓扑结构如图 LC10-2 所示。

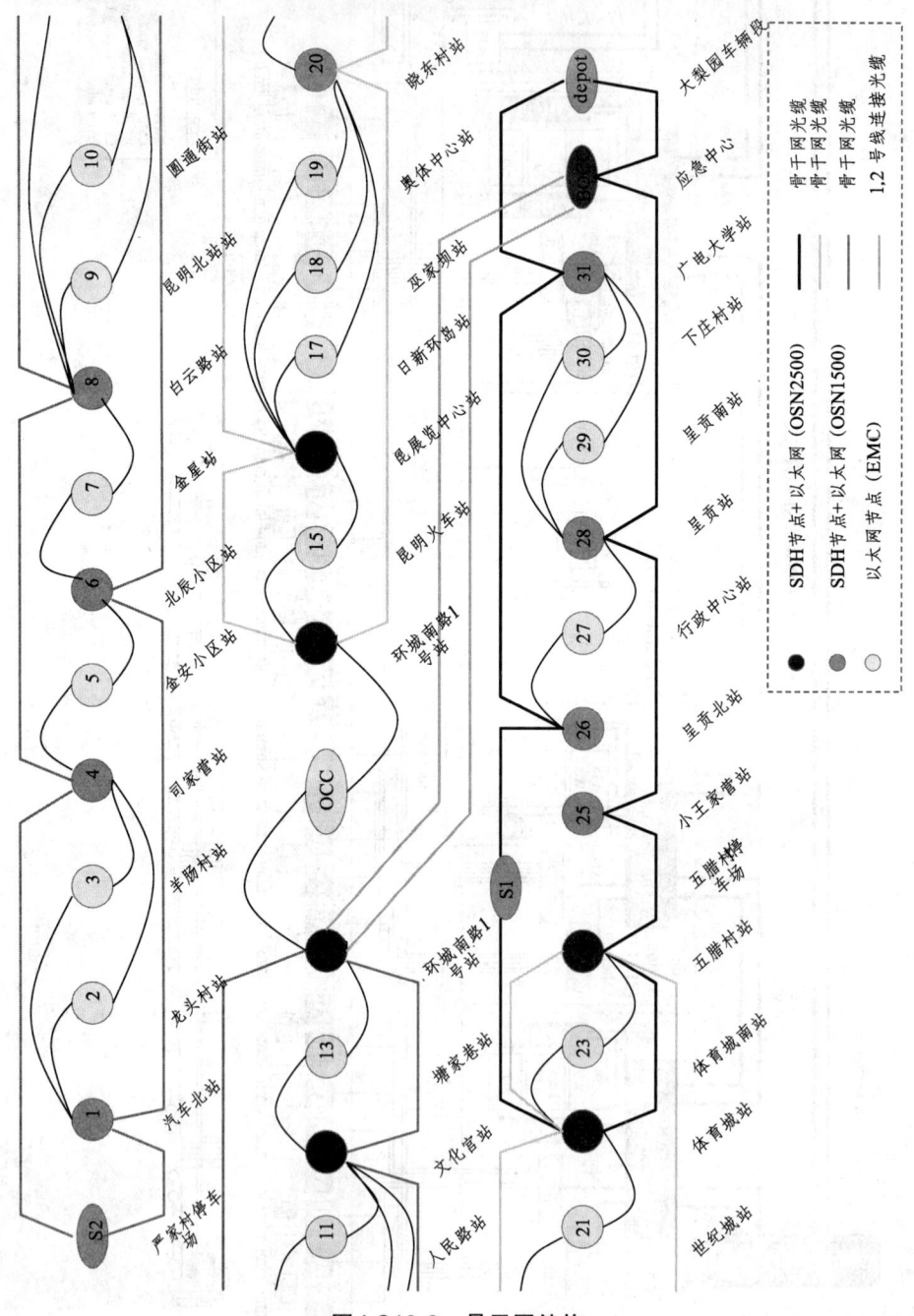

图 LC10-2　骨干网结构

主要设备包括 OSN 2500 SDH 节点、OSN 1500 SDH 节点和以太网节点

2）接入网（LAN）拓扑结构

承载在骨干网上的专用局域网（EPLAN）（用于 SIG、ATS 维护）可接入到沿线每个设有 SDH 节点的车站，并通过交换机组成的接入网与其他设备相连接。

ATS EPLAN 也可从未配置 SDH 的车站通过 EMC 接入骨干网络。

每个 EPLAN 均配有专用的 SDH 虚容器，使每种应用的带宽都可以得到保证且能将数据分开。

图 LC10-3 显示了信号应用的 EPLAN 分布示例图，具体方案在项目设计阶段确定。

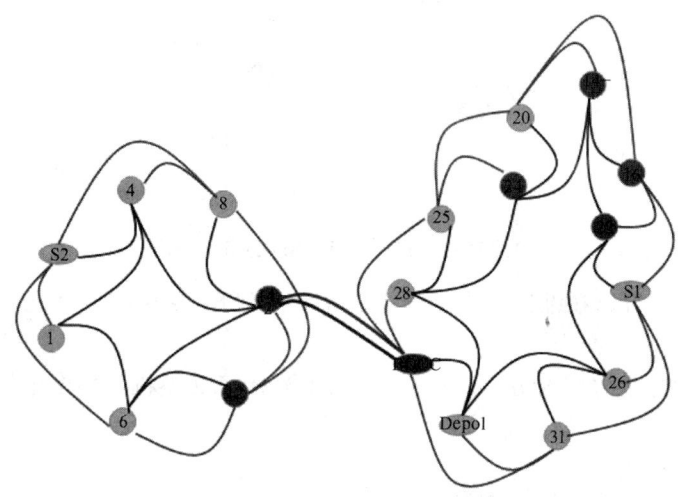

图 LC10-3　SIG EPLAN 分布示例图

如上图所示，SIGEPLAN 由两个 EPLAN 组成：红网 EPLAN，蓝网 EPLAN。红蓝 EPLAN 为环状，即使在同一节点发生灾难性双重故障，至少其中一个网络还可以通过其他地点的路径继续通信。

ATS EPLAN 和维护 EPLAN 将按照 SDH 拓扑分布成一个环形，如图 LC10-4 和 LC10-5 所示。

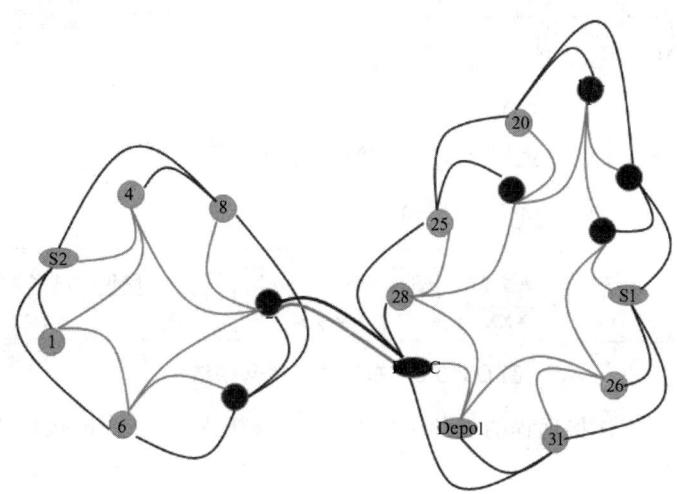

图 LC10-4　ATS EPLAN 分布示例图

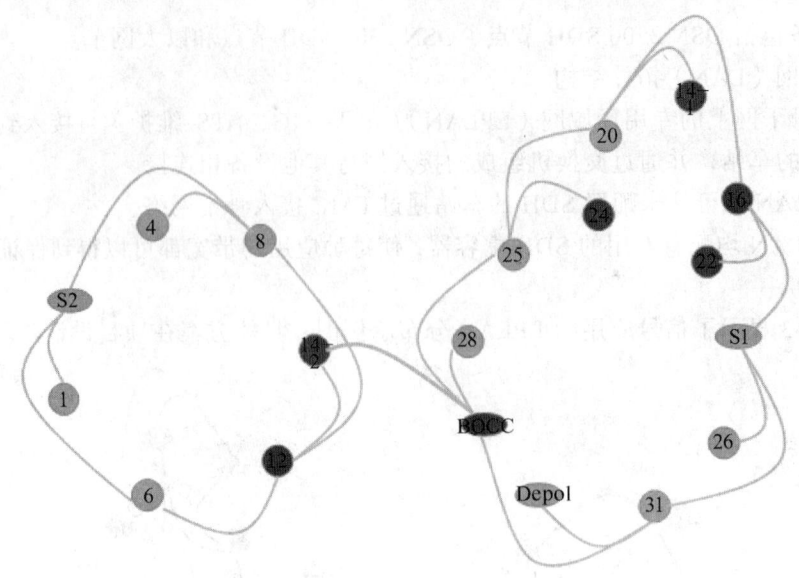

图 LC10-5 维护 EPLAN 分布示例图

根据实际需要,可以在维持结构原则的情况下,对 EPLAN 的设计进行相应的修改。

3)车站的有线网络结构

在每个集中站都设置有 SDH 节点,另设两个光接口交换机和两个电接口交换机,如图 LC10-6 所示。

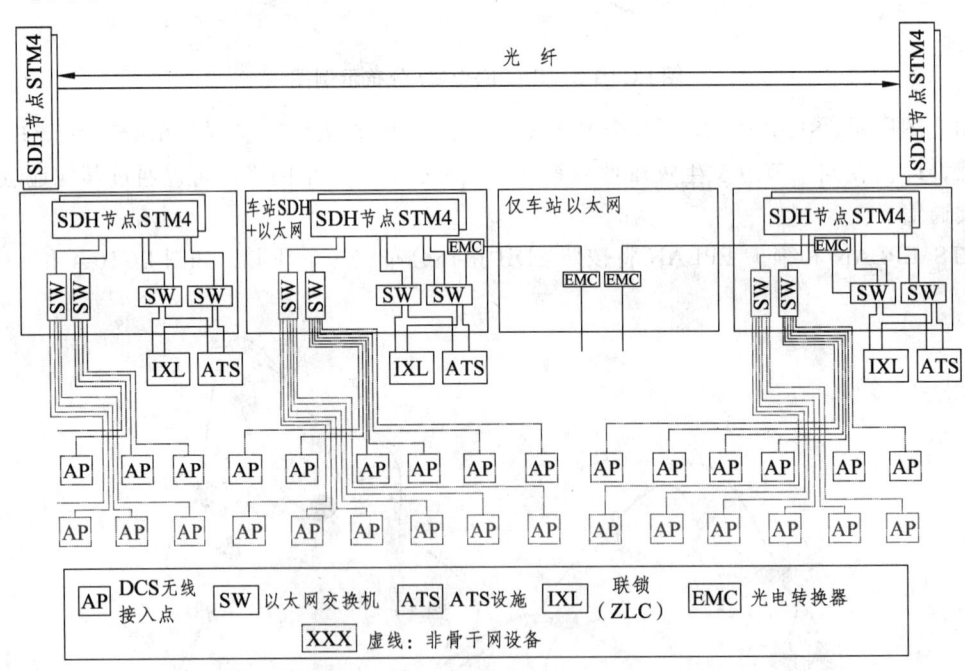

图 LC10-6 车站的有线网络结构

光接口交换机用于连接远程的设备(如 DCS 无线接入点),而电接口的交换机用于连接本地的设备。

信号子网和 ATS 网共用电接口交换机,数据流通过 VLAN 相互隔离。

在未安装 SDH 设备的非设备集中站，通过光电转换器（EMC），将 ATS EPLAN 连接至两侧最近的 SDH 节点站。OCC 的 SDH 节点配置和设备集中站的相同，如图 LC10-7 所示。

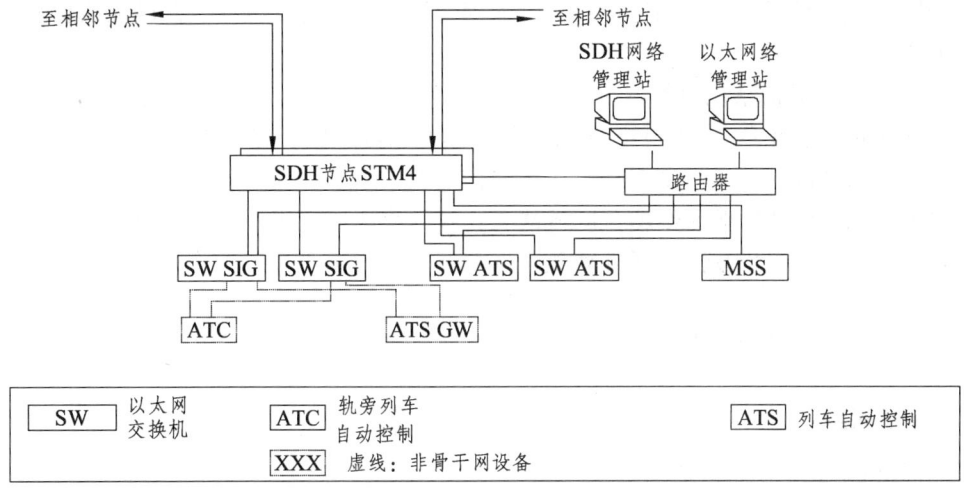

图 LC10-7　OCC 的有线网络结构

2. 无线网络

DCS 无线网络用于实现车辆与地面系统的无线通信，它由位于轨旁的无线接入点（AP）、耦合单元、波导管、车载无线天线、车载无线调制解调器组成。

DCS 无线网络采用冗余结构，由红网和蓝网组成。它们被用于承载车载和轨旁 CBTC 系统间信号数据流的通信。

DCS 无线系统的典型结构如图 LC10-8 所示。

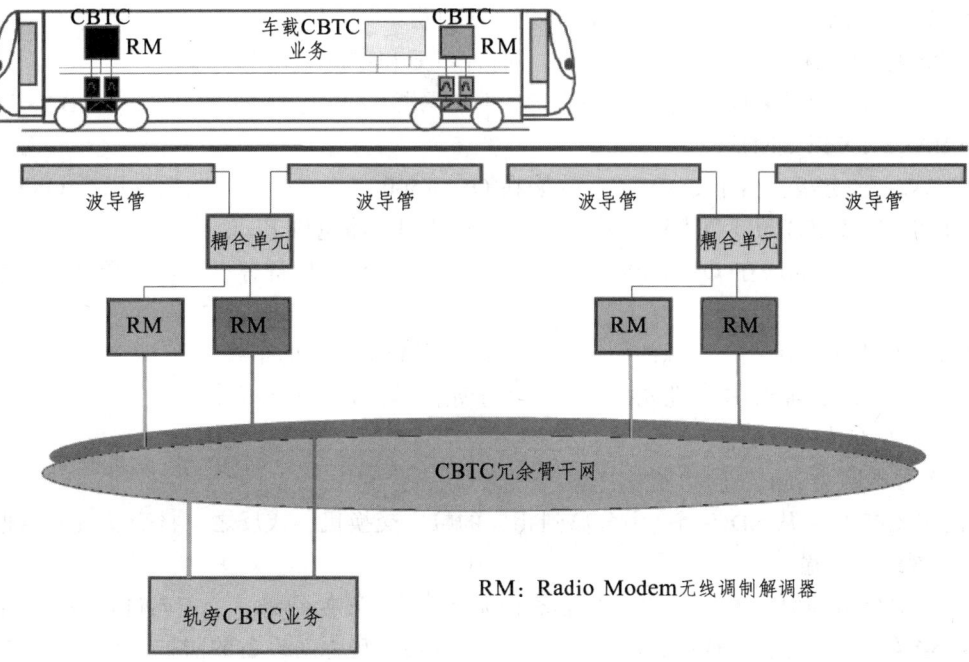

图 LC10-8　DCS 无线系统的结构

每个 TRE（轨旁无线设备）由红、蓝无线接入点组成，此红、蓝无线接入点与其各自的无线网络相连接。TRE 的红、蓝无线接入点分别通过不同的光纤与有线网络连接。

每个红、蓝无线接入点分别连接到各自的耦合器上，耦合器将红、蓝网无线信号耦合到波导管上传输。

DCS 无线网络通信系统根据隧道特性及限界等条件在正线全线（含岔区）实现无线网络的冗余、连续的全覆盖，满足列车无线通信的连续性和可靠性。同时 DCS 在试车线也设置独立的无线冗余覆盖区域，满足试车线对无线通信的要求。

车载无线调制解调器在无线覆盖区域能与无线网络快速完成握手及授权并接入，保证列车正常投入运营及故障恢复满足系统功能、性能及运营效率要求。

二、数据通信系统的设备组成及功能

1. 有线网络

1）有线网络典型设备组成结构

图 LC10-9 说明了 SDH 节点（OSN1500 型）配置与交换机的连接（常规节点）。在该节点，有两个光纤接口，以连接两端的节点。

图 LC10-10 说明了 SDH 节点配置（OSN2500 型）与交换机的连接（交叉节点）。在该节点，有 4 个光纤接口，2 个用于连接内环的前和后节点，2 个用于连接外环的前和后节点。

设备板描述：

AUX：系统辅助处理单元（仅在 OSN 1500 中使用）。提供系统辅助接口，板间通信和电源，环境监测功能，1：N 二次电源备份保护。

SAP（仅 OSN2500）：相当于 OSN1500 的 AUX。提供公务电话、板间通信和 PMU 功能。

CXL 4：STM-4 系统控制，交叉联接，光接口板。

STM-4：集线路处理单元、交叉单元、时钟单元和主控单元于一体。

EFS0：带有局域网切换功能的快速以太网接口板。接入并处理 100BASE-FX、10/100BASE-TX 以太网信号。

*EOW：公务板。由于 EOW 单元镶嵌在 OSN1500 支架上，本接线板仅用于 OSN 1500。

ETF8：8 路 10/100M 以太网接口板。接入并处理 8 路电口 FE 信号。

FAN：风扇单元。在 OSN2500 配备有两个，OSN1500 配备有一个。一个风扇单元由数个风扇组成。

PIU：电源输入单元。电源的引入和防止设备受异常电源的干扰。

SL 4：1x STM-4 SDH 处理光接口板。用于站间节点以链接内环。

2）DCS 有线网络功能

（1）骨干网（SDH）的功能：

a. 将 EPLANs 从 SDH 网络中分离到相应的接入交换机。或反之，将交换机的数据接入到 SDH 网络并传输；

b. 当光纤故障时，确保业务信息能够重新配置并且转换到另一个方向进行数据传输；

c. 当关键面板（交叉连接，电源单元等）故障时，确保对设备的防护，并且不影响数据的传输；

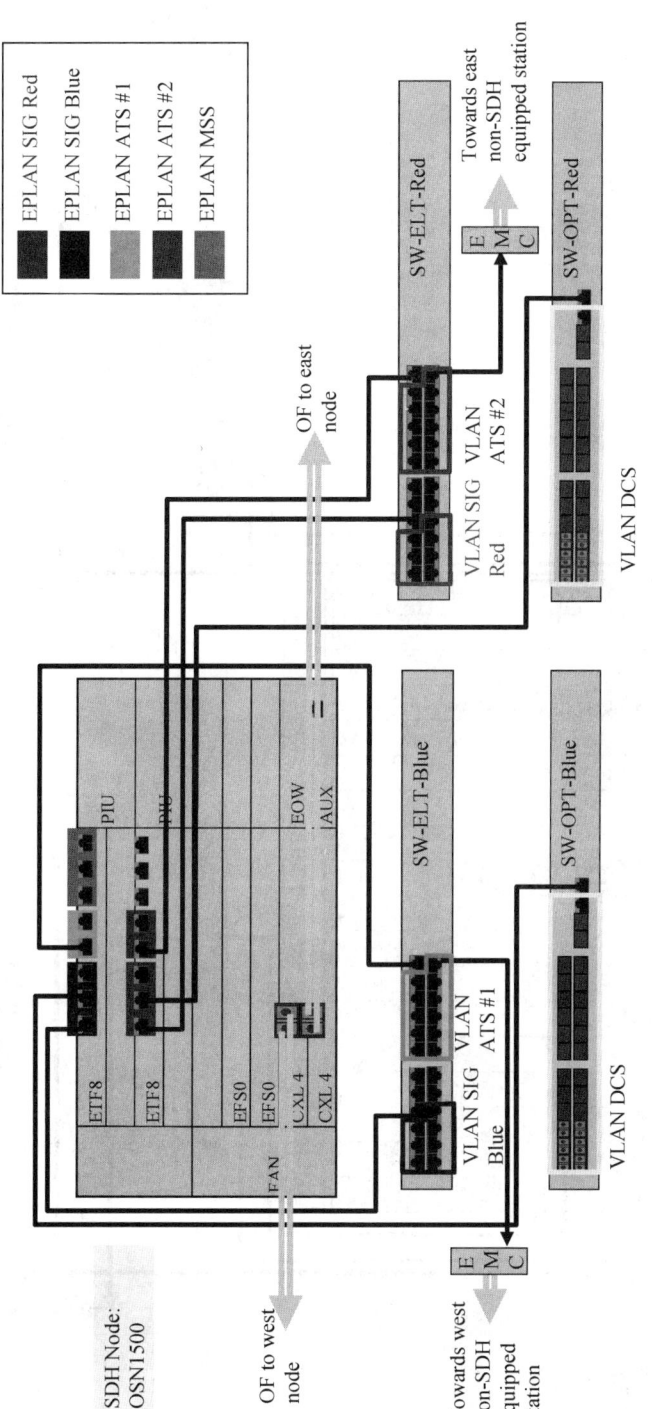

图 LC10-9 SDH 节点（OSN1500 型）配置与交换机的连接（常规节点）

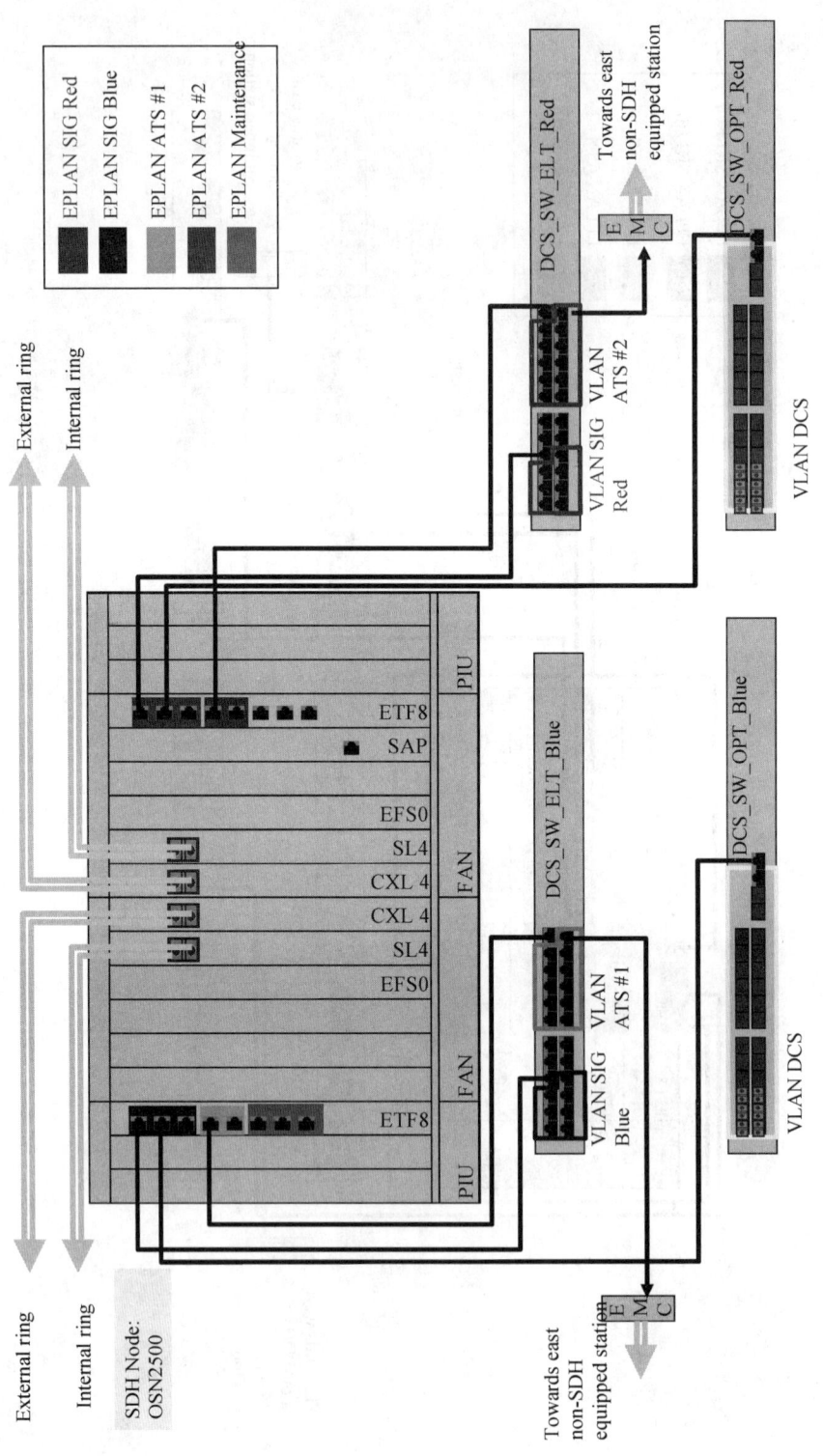

图 LC10-10　SDH 节点（OSN2500 型）配置与交换机的连接（分段节点）

d. 自动监测 SDH 网络状态并向 SDH NMS 报告状态信息。

（2）接入网的功能：

a. 交换机和光电转换器是 DCS 接入网络的主要设备。

b. 一般在集中站配备两台电接口交换机和两台光接口交换机来作为 SDH 以太网接口的补充。电接口交换机连接 SIG 和 ATS 网络的设备，通过划分 VLAN 来进行网络隔离。光交换机则是用来连接远端的无线接入点。

c. 在非设备集中站，通过光电转换器（EMC）将设备连接至两侧最近的 SDH 节点站。

3）交换机

DCS 应用了 3 种类型的交换机：

H3C 24 口 3 层光接口交换机，用于轨旁 AP 点的接入；

H3C 24 口 2 层电交换机，用于轨旁 SIG EPLAN 和 ATS EPLAN 的接入；

H3C 24 口 3 层电交换机，用于 OCC 设备的接入。

2. 无线网络

1）轨旁无线网络

（1）轨旁无线基站。

图 LC10-11 是关于波导管方案轨旁基站的详图。

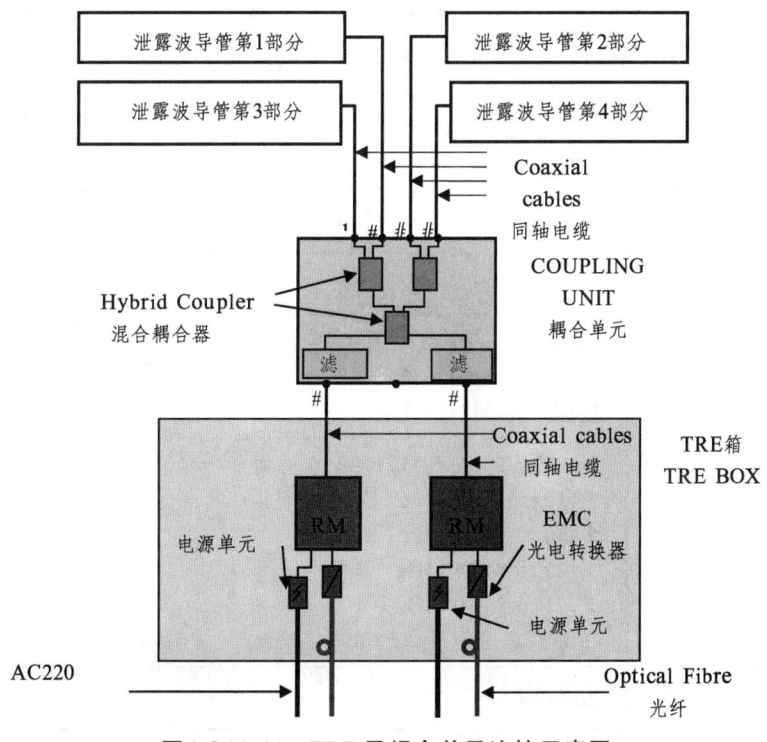

图 LC10-11　TRE 及耦合单元连接示意图

耦合单元由两个射频（RF）滤波器和三个混合耦合器组成，耦合器与漏隙波导管连接。

TRE 是配置于轨旁的无线传输设备，运用于与车载无线设备之间进行无线通信。其设备组成如下：两个无线调制解调器；两个电源单元；两个 EMC（光电转换器）。

无源耦合单元将两路无线信号耦合为单一信号,该无线频率信号通过 RF 电缆在波导管内传输。

无源耦合器和 TRE 箱在隧道内一般安装在墙壁上。如果在其他区域(开阔地或高架),安装位置和方式将根据实际情况再确定。

(2)漏隙波导管。

漏隙波导管由挤压断面、TEDLAR 涂膜层、聚酯盖组成。其防护等级为 IP65。

漏隙波导管安装于钢轨外侧。

典型的安装方式为每段漏隙波导管的长度不大于 500 m,连接耦合单元到漏隙波导管馈电线缆长度不大于 15 m。

2)车载无线网络

每辆列车内各安装两个无线调制解调器(红、蓝网)用于 CBTC 业务传输,每个无线调制解调器连接两个位于车体下方的天线(用于与波导管进行无线信息传输)。

为满足列车双向行驶,以及根据安装条件有时候波导管安装在走行轨道的左侧、有时候在另外一侧的情况,列车每端必须配置两个车载天线。

(1)车载天线。

车载天线(包括安装支架、天线)安装在列车底部。

(2)无线调制解调器。

DCS 的无线调制解调器是一个双重频带无线通信平台,专门设计用于铁路和地铁系统,数据传输速率高且通信可靠。车载和轨旁无线通信系统使用相同的无线调制解调器。调制解调器技术参数表如表 LC10-1 所示。

表 LC10-1　调制解调器技术参数表

物理尺寸	176 mm×105 mm×55 mm(不含电缆)
重量	<1.0 千克
电源	12…24 V,DC/AC,1.5A max
支持无线标准	IEEE 802.11a,b & g
工作频率范围	2.400 至 2 483.5 MHz(全球通用) 5 150～5 350 MHz(欧洲及美国) 5 470～5 725 MHz(欧洲) 5 725 to 5 825 MHz(美国) 5 725 to 5 850 MHz(中国) 工作频率范围可通过用户接口设置。
占用信道带宽	20 MHz
工作信道: 2 400～2 483.5 MHz 之间	信道中心频率 2 422 至 2 462 MHz,5 MHz 间隔 Channel centre frequency 2 422 to 2 462 MHz,by Steps of 5 MHz。
传播方式和调制类型	DSSS,CCK 和 OFDM

续表 LC10-1

支持的无线传输速度	802.11b：1 Mbit/s，2 Mb/s DSSS 802.11b：5.5 & 11Mbit/s CCK 802.11g：6 Mbit/s，9，12，18，24，36，48 & 54 Mb/s OFDM 802.11a：6 Mbit/s，9，12，18，24，36 & 54 Mb/s OFDM 数据率可以通过用户接口设置。
RF 传输功率	+6，9，12，15，18，21 和 24 dBm， +6，9，12，15 和 17 dBm
RF 天线接口	支持两个独立的天线接口 可通过用户接口 ANT1，ANT2 或两个（基于自动天线分集）来选择天线
接收器灵敏度	802.11b：−92 dBm（1 Mbit/s），−90，−86 & −84 dBm（11 Mbit/s） 802.11a&g：−90 dBm（6 Mbit/s），−88，−86，−84，−82，−79，−73 and −70 dBm（54 Mb/s）
安全性	WEP，WPA1 和 WPA2-PSK 支持 MAC 地址过滤
以太网接口	2×10/100 Base-T
设备管理	HTTP-通过用户认证，进行远程设备设置和防火墙更新； SNMP-MIB 802.11，traps
连接器	RF 天线连接器：两个 N 型母头连接器 以太网连接器：M12 电源：LEMO 1K

3）DCS 无线网络功能

DCS 无线系统主要功能是：为轨旁和车载 CBTC 系统提供可靠、持续、双向的通信服务。DCS 的无线系统是基于 IEEE802.11g 以及阿尔斯通的调制解调器。

其主要特征如下：

（1）通过设备 CBTC 系统信号数据流的无线覆盖率的冗余结构，提供高水平的可用性；

（2）对列车移动进行透明的管理；

（3）同类寻址区域（第 3 层 IP）。

无线系统是设计用于波导管传播，其范围可以连续覆盖正线（含岔区）。冗余的无线网络间通过服务识别码 SSID（Service Set Identifier）来进行区分，SSID 就作为每个无线网络的网络名。

每个无线基站的接入点实现以下功能：

（1）产生周期性的识别消息，其包含无线网络的 SSID、自身的 MAC 地址以及最大传输速率等附加信息。

（2）接入点识别具有正确注册密钥的车载 MODEM 并建立联系。

（3）每个车载 MODEM 完成的功能。

（4）寻找符合 SSID 标示的无线网络。车载 MODEM 存储两组 SSID 标示：首要 SSID 和次要 SSID。含有首要 SSID 标示的无线网络优先被接入，在没有首要 SSID 标示网络的情况下接入含有次要 SSID 标示的无线网络。

（5）与第一个含有首要或次要 SSID 的无线网络相关的接入点进行授权和握手。

（6）从无线接口部分接收含有 IP 包的 IEEE802.11g 的数据包，并通过以太网接口将其中每个有效的 IEEE802.3 的 IP 包发送给车载计算机。如果 IP 包无法送达目的地则返回一个错误消息给源地址。

（7）从以太网接口部分（IEEE802.3）接收信息帧，提取有效的 IP 包通过无线接口发送给轨旁计算机。如果 IP 包无法送达目的地则返回一个错误信息给源地址。

（8）当列车从一个接入点的覆盖区域移动到另外一个接入点覆盖区域时，保持无线通信的连续性。

（9）当与当前无线网络失去联系时能及时寻找另一个无线网络。

DCS 无线系统设备通过网络管理系统（NMS）的 SNMP 标准协议进行管理。NMS 提供下列管理功能：故障管理；性能管理；配置管理；保密管理；通信管理；拓扑结构管理；系统管理。

三、DCS 骨干网系统原理

1. SDH 传输原理

DCS 所选用的 SDH 节点均为冗余设置，选用的 STM 级别为 STM-4（622 Mbps）。SDH 标准规定了对应于某个现有 PDH 速率的"虚容器"数量。昆明地铁首期工程网络可使用 4 个 VC-4 容器。VC-4 容器带有小的容器（VC-3 和 VC-12）以适应不同网络客户的需要。在 STM-4 速率下，网络会留有一定备用带宽以便将来应用。如图 LC10-12 所示。

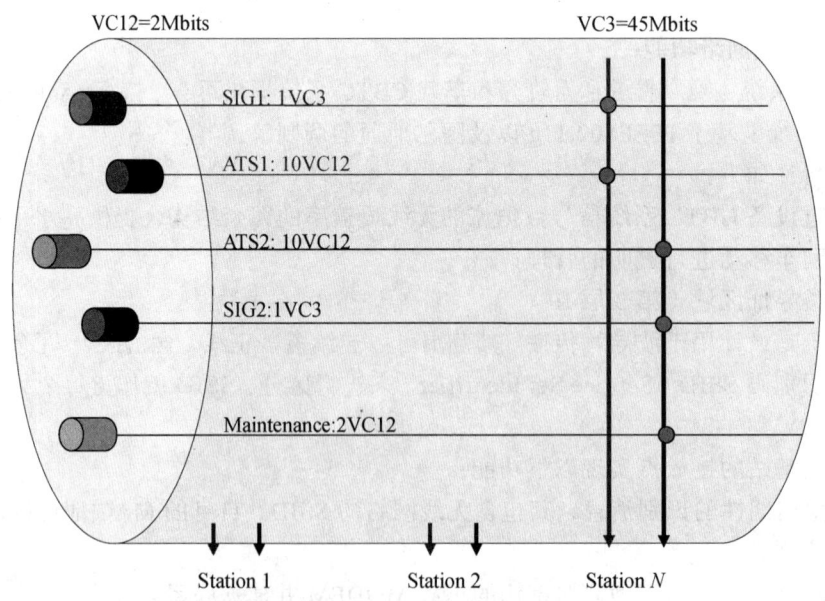

图 LC10-12　SDH 核心网络的应用

VC12 = 2 Mbps；VC3 = 21*VC12；VC4 = 3*VC3；STM4 = 4*VC4

接入的网络与 SDH 的虚容器组（VCG）相关联。每个 VCG 相关的数据流均为物理分离，并且每个 VCG 都能保证固定带宽。这样，不同 VCG 传输的数据流之间不会存在干扰。

被接入网络的每种应用使用 SDH 核心网络通过一个或两个专用通道传送数据，这些通道与其他通道完全分开。

主要包括以下接入网：

SIG EPLAN（冗余）：上图所示之红网和蓝网，传输 ATP/ATO、联锁信息；

ATS EPLAN（冗余）：传输 ATS 信息，使用深灰色和浅灰色网络；

维护支持系统 EPLAN（非冗余）：传输维护信息，使用绿色网络。

2. SDH 自愈原理

骨干网设备是双套配置，以下分别介绍 SDH 的两种冗余方式。

1）设备冗余

SDH 网络在 SDH 节点的电路板完全按双套配置：电源板；交叉连接板；光接口板；处理板。

当设备正常工作时，交叉连接的备用单元处于待机模式。待机单元不控制设备，不进行交叉连接以实现维护，也不为系统提供时钟。但是其交叉连接矩阵设置和时钟配置与当前主机完全一致。

在电路板切换时，SDH 核心网络重新配置时间小于 50 ms。接入网络的设备也将根据实际的需求进行冗余配置。

根据业务特点来决定 SDH 节点的支路接口板。冗余网络（SIG EPLAN，ATS EPLAN）使用 2 个独立的支路接口板，它们之间不需要切换，但由业务应用处理其网络冗余。

2）光纤防护和 SDH 网络的重新配置

SDH 核心网络通过光纤连接的方式可以得到全面的防护，甚至光纤被切断时，它也能够在 50 ms 以内完成自身重新配置。检测光纤上的所有问题，而且数据流自动引导到另一个方向，到达目的地。工作机制如图 LC10-13 所示。

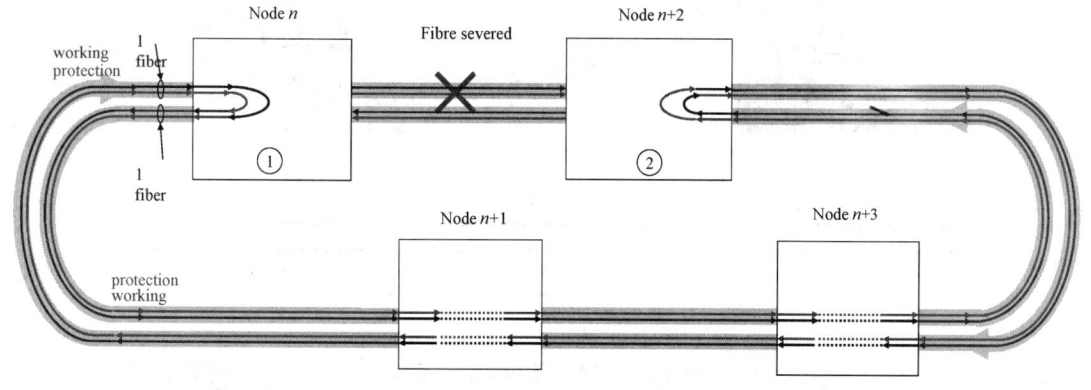

图 LC10-13　SDH 光缆防护原理

SDH 网络承载数据保护建议为 MS-SP（复用段共享防护）环。此保护运行在 VC-4 级，以确保为网络中的所有数据提供一种快速防护机制。

注意：VC-4 是一个高级虚容器，其中一些小的虚容器，如 VC-12 和 VC3，会连接在 VC-4 上（SDH 层）。因此，保护 VC-4 就意味着所有逻辑信道都会得到保护（基于 VC-3，VC-12）。

当光缆损坏时，重新配置的时间须小于 50 ms，符合 ITU-T 标准。

当光缆修复好时，系统在 10 min 内（该时间可配置）自动恢复保护模式，并切转回正常运行模式。

一个 STM-4 帧中有 4 个 VC-4。在每根光缆内，可使用的 VC-4 的一半用于工作路径，其余的用于防护路径。

当有故障发生时，故障两侧的节点切换 VC-4 的发送方向，由通过防护路径环反向发送替换通过工作路径发送（故障）。同时，通过防护路径接收的 VC-4，如同正常方式一样，被提取、分析，并发送至另外一个方向的工作信道。

以这种方式，所有从节点 n 发送到节点 n + 2 的通信量将转变到从节点 n 到节点 n + 1，n + 3，并且在防护通道的节点 n + 2 接收。

类似的方式，从节点 n（通过节点 n + 2）发送到节点 n + 3 的通信量将转换到从节点 n 到 n + 1 再到 n + 3（没有被提取，因为节点在通过状态），通信量再防护通道的 n + 2 接护，并被复制到工作路径 n + 3。

四、无线数据通信系统的原理

1. 无线 DCS 系统

无线系统的各个无线网络在轨道沿线构成一套重叠的无线覆盖区域。一个区域由相应基站连接的波导管所产生，如 LC10-14 所示。

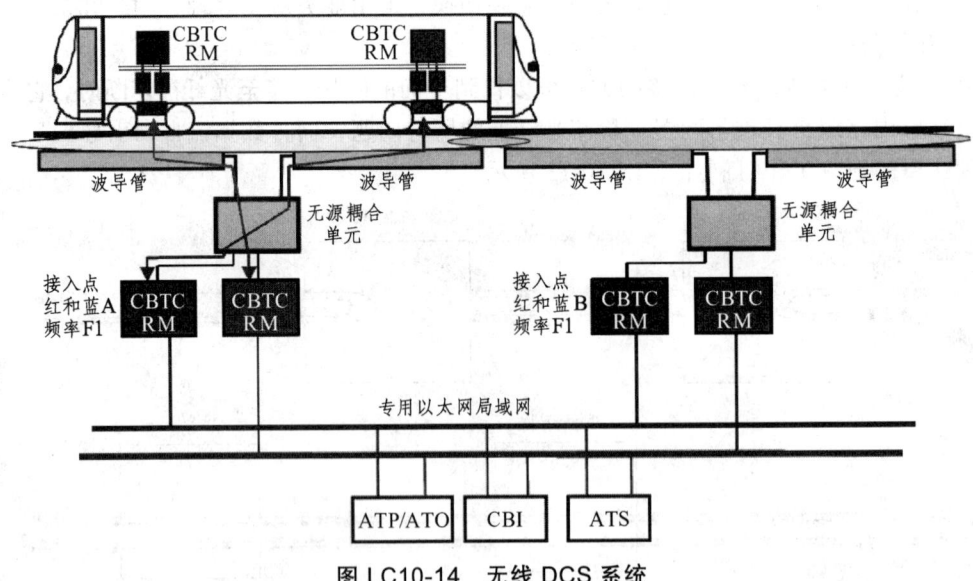

图 LC10-14　无线 DCS 系统

一个轨旁无线接入点能够覆盖的范围被称之为无线小区。整个线路的无线覆盖是由连续重叠的无线小区来完成。

一个无线小区内包含的无线网络有红网和蓝网，红、蓝车载无线调制解调器能与红色或蓝色的 AP 进行通信。对于 CBTC 业务，红网（蓝网）车载无线调制解调器默认情况下与对应的红色（蓝色）接入点相关联。

每个红网或蓝网无线调制解调器都存储了一个已授权无线网络的列表用来与其连接。该列表由两个部分组成：主用无线网络和备用无线网络。

红网车载无线调制解调器的无线网络列表如下：

主用无线网络 = 红色无线网络；

备用无线网络 = 蓝色无线网络。

蓝网车载无线调制解调器的无线网络列表与上述情况类似，不同的是，主用无线网络为蓝色，备用为红色。

当红网（或蓝网）接入点出现故障时，红网（或蓝网）车载无线调制解调器可与其备用无线网络的蓝网（或红网）接入点部分建立连接。

当车载无线调制解调器到达两个无线覆盖区域的重叠区域时，将进行接入点之间的切换。

2. 无线传输参数和最大应用信息吞吐量

车载红、蓝无线调制解调器和轨旁的红、蓝无线接入点采用 IEEE 802.11g 无线协议进行无线传输。CBTC 业务无线链接的吞吐量为 6 Mb/s，使用 OFDM 传播模式和 BPSK 调制。

3. 无线小区范围和链路预算

波导管方案的链路预算计算方式如图 LC10-15 所示。

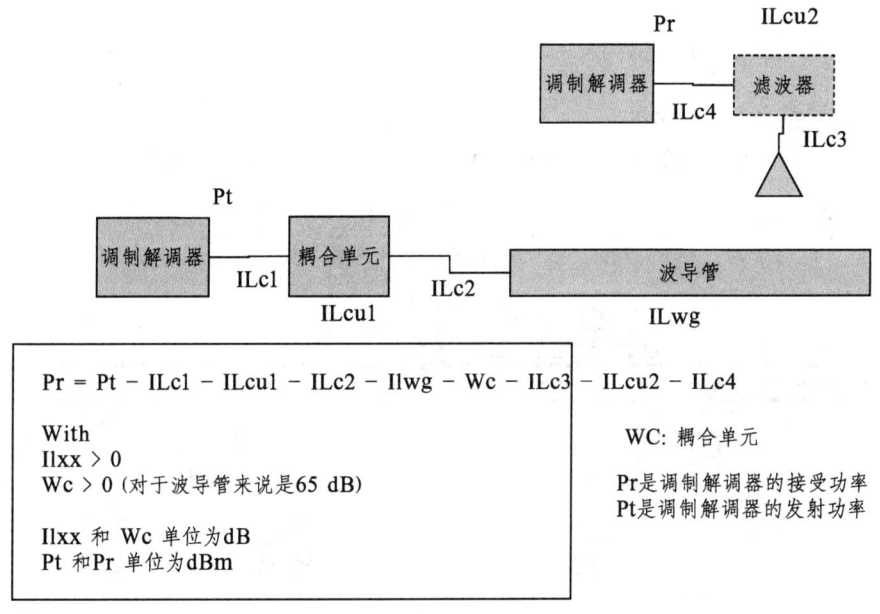

图 LC10-15 波导管链路计算

为了满足波导管无线传输性能要求，根据环境条件不同（直隧道、弯曲隧道和车站），无线小区的覆盖范围为 600 ~ 800 m。

4. 漫游切换阶段

切换是由车载无线调制解调器发起的，切换过程为三个阶段：

（1）探测阶段。

（2）搜索阶段。

（3）加入阶段。

5. 正常情况下的连续通信

图 LC10-16 显示了 DCS 无线系统如何能在列车沿轨道运行过程中为车载和轨旁系统提供连续的通信连接。

列车在隧道内运行，处于无线单元（A）内。其车载红网调制解调器与红色接入点（A）相连。其车载蓝网调制解调器与蓝色接入点（A）相连。红网和蓝网列车无线调制解调器向红网或蓝网接入点（A）发送或从它们那里接收数据包。

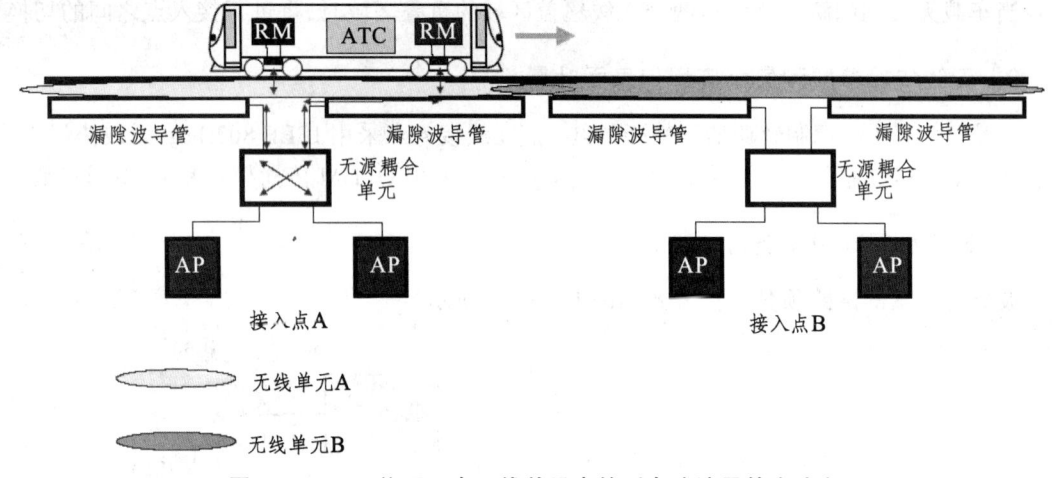

图 LC10-16　位于一个无线单元内的列车（波导管方式）

图 LC10-17 所示是到达无线单元（A）和无线单元（B）之间重叠区域的列车。在此重叠区域内，红网列车无线调制解调器接收红网接入点（A）和红网接入点（B）定期发出的识别消息。

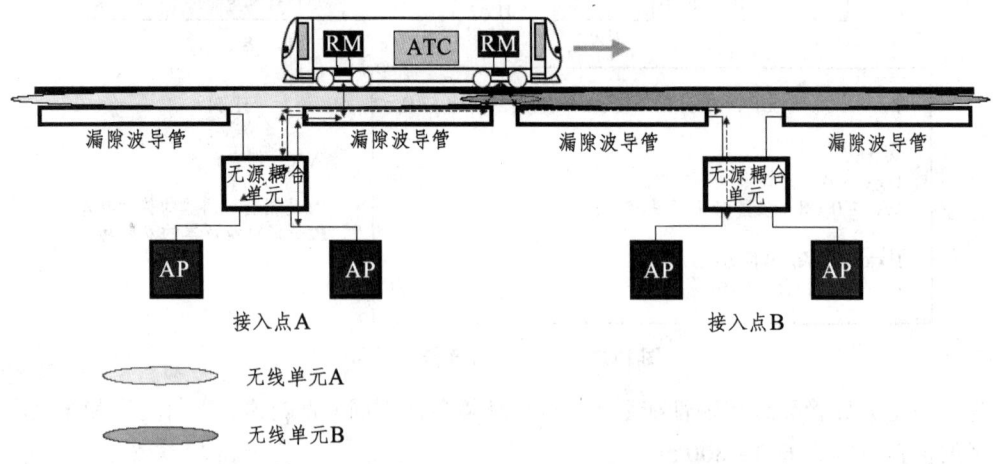

图 LC10-17　列车进入无线单元 A 和无线单元 B 的重叠区域

列车红网无线调制解调器将测量和比较接收到的两个功率，当从红网接入点（B）接收到的功率高于从红网接入点（A）接收到的功率时，无线链接将从红网接入点（A）切换到红网接入点（B）。

当从红网接入点 B 接收到的信号高于从红网接入点 A 接收到的信号时,红网车载无线调制解调器将执行下列任务:

(1) 停止与接入点 A(红网)的通信;
(2) 停止与接入点 A(红网)的关联;
(3) 执行鉴定并与接入点 B(红网)关联;
(4) 继续与接入点 B 进行通信。

在完成上述四项任务后,红网和蓝网车载无线调制解调器如图 LC10-18 所示,位于无线单元 B 内。

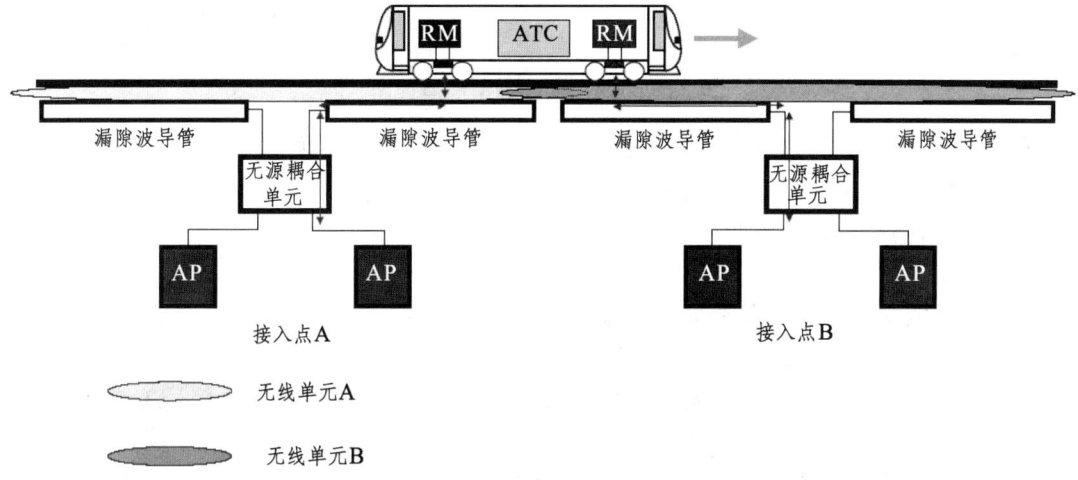

图 LC10-18　进入无线单元(B)的列车

红网车载无线调制解调器和蓝网车载无线调制解调器的交接绝不可能同时进行。也就是说,当一个车载无线调制解调器在进行交接时,另一个继续正常通信。

6. 故障情况下的通信

仅当主用无线连接由于接入点故障或无线网络故障而中断时,才建立备用无线连接。备用无线连接一直维持到列车无线调制解调器检测到主用无线连接切换后自动恢复。

该概念将提供非常高的可用性。红网和蓝网互相独立,如果一个无线网络故障,另一个并不受影响。如果一个车载调制解调器故障,另一个也不受影响。

五、数据通信系统的性能

1. DCS 无线系统抗干扰应对措施

1) 电磁兼容:设计标准及性能说明

DCS 系统采用 802.11g 协议、频段 ISM2.4、OFDM、波导管传输方案。

信号系统本身设计已经考虑干扰防护,具备同其他射频传输系统共存的能力,并不会降低系统本身质量和性能,同时也不会影响系统功能实现。

波导管传播原理如图 LC10-19 所示。

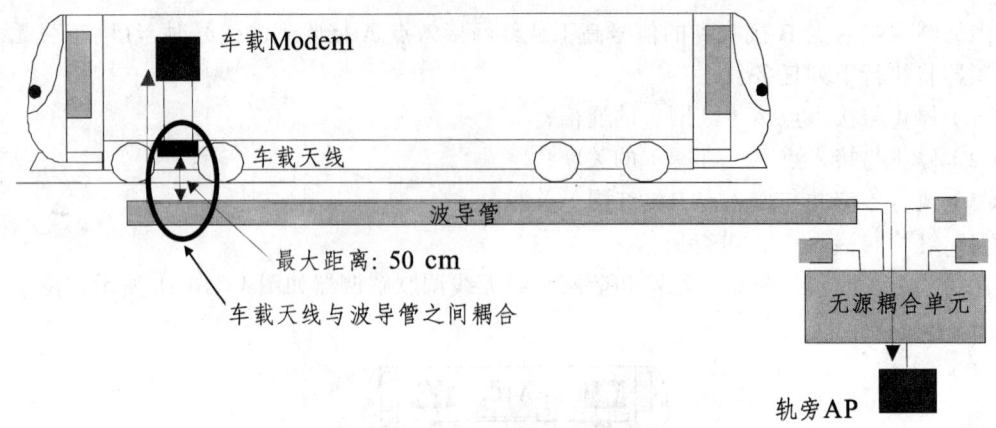

图 LC10-19 波导管传播原理图

车辆与波导管的信息传输通过安装于车辆底部的天线耦合实现，65dB 左右的耦合损耗对于人为干扰及无线干扰具有高隔离性。

2）波导管传输方案的主要优势之一：高抗干扰性

有以下五个方面：

（1）短距离通信：通信距离最长 50 cm；

（2）使用朝向波导管的定向车载天线；

（3）车载天线在水平方向（见图 LC10-20）增益为负->衰减此范围内信号（皆视为干扰信号）；

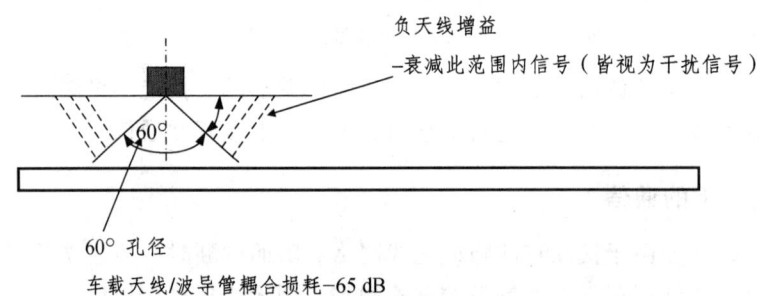

图 LC10-20 车载天线与波导管耦合示意图

（4）波导管上方超过 60 cm 处信号衰落非常迅速；

（5）在上图中小范围（60°孔径内）实现通信。

天线背瓣对所有方向的信号均视为干扰信号并对其衰减。无线通信可以视为在一个直径和高度均为 50 cm 的圆柱体内完成。在这个圆柱体范围之外的信号（皆视为干扰信号）均处在一个非常低的电平值。

基于波导管与车载天线的耦合方式的设计特点，在与其他线路共站换乘时（见图 LC10-21），仍然可以确保昆明地铁首期的无线系统和其他线路无线系统共存，不会对其他系统发射高电平干扰信号，同时对昆明地铁首期的信号系统本身在质量、性能及功能也不会产生影响。原因是波导管和自由无线传播的干扰被配置在一个非常低的电平值，主要通过以下方式来实现：

（1）自由无线传播天线至少需安装在隧道内 20 m 处，满足当信号传输到站台时，至少有 20 dB 的传输损耗；

（2）对于昆明地铁首期的波导管方案，车载天线安装在车辆底部，波导管安装在轨旁位于站台下方，车站站台同时阻挡了非车载天线视域内的所有信号（皆视为干扰信号）；

（3）车体本身阻挡所有天线除耦合衰减为 −65 dB 以外的所有 WiFi 信号。

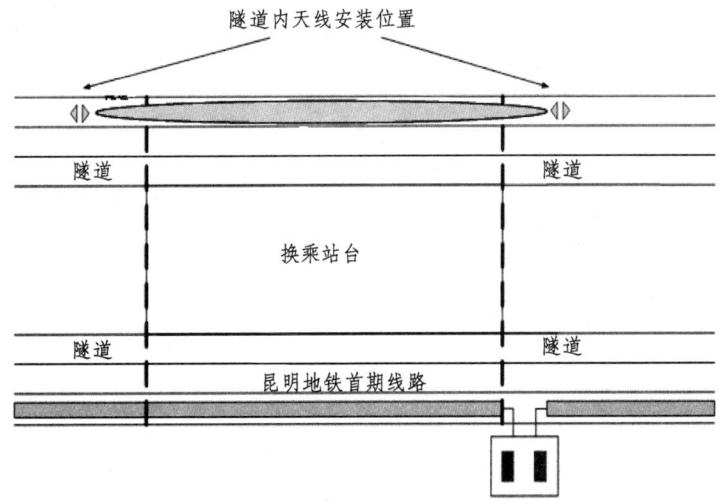

图 LC10-21　昆明地铁首期工程线路与其他地铁线路同站换乘示意图

2. DCS 无线传输性能

DCS 无线传输性能描述见表 LC10-2。

表 LC10-2　DCS 无线传输性能

应　用	ATC
传输模式	连续、无缝
无线标准	WLAN（WiFi），符合 IEEE 802.11 b/g 标准
调制方式	OFDM（正交频分复用） BPSK（二进制相移键控）
天　线	轨旁：泄漏波导 列车：专用 8 dB 波导天线与泄露波导管耦合
信噪比	最小 15 dB（正常 ATC 的 SNR 设计） 设计 > 20 dB
RF 覆盖	全线冗余
AP 距离	接入点之间的最大距离为 800 m
带　宽	ATC 的最大 100 Kbps 全双工
交换机	二层或三层交换机（COTS），冗余配置
接　口	IEEE 802.3 以太网，ATC 冗余
接口协议	UDP（对 ATC 冗余管理）

续表 LC10-2

IP 寻址	每辆列车为冗余静态 IP 地址（vIP）
切换方式	列车无线调制解调器可在无 ATC 指令的情况下进行切换
漫游时间	事实上有 2 条连续的无线链路（红和蓝），因此在漫游时端到端通讯不会中断。仅在降级情况下（如 1 个车载调制解调器故障导致 1 个通讯链路故障）考虑中断时间： 小于 100 ms 的概率为 95% 小于 150 ms 的概率为 95% 小于 300 ms 的概率为 99%
最大列车速度	120 km/h
安　全	SIL0
数据安全	在应用层使用了阿尔斯通专有的"安全层" 对于轨旁 AP 与车载无线调制解调器间的链路，DCS 支持 Wi-Fi 保护接入-移相键控（WPA2-PSK），使用基于固定键的用户授权和基于 802.11i 中定义的高级加密标准（AES）算法。
加　密	无线链接 AES 256 位加密算法
鉴　证	WPA2-PSK
带宽预留	ATC 每个通道留 100 kpbs

3. IP 网管系统

昆明地铁首期工程采用的 IP 网管系统为配备有正式的使用许可证的 Castelrock SNMPc 企业版，该软件为专用的以太网/IP 网管系统，专门用于管理整个以太网接入网，并且所有的网管系统都配备有功能强大的杀毒软件。

它可以管理无线网络设备（轨旁无线接入点和车载调制解调器）和接入网设备（H3C 交换机），提供故障管理和性能管理等功能。

IP 网管系统使用国际 NM 协议，也就是简单网络管理协议（SNMP），支持 V1、V2c 和 V3。

以太网/IP 网管系统可以达到以下目标：

（1）增强 IP 网络的运行和维护能力，降低成本；

（2）实时显示网络和设备的运行状态，增强网络可靠性；

（3）迅速进行故障定位并且减少反应时间。

因此，可以通过 IP 网管系统来对无线通信设备（包括车载无线传输设备和轨旁无线接入点）进行远程监控及故障定位。同时可以通过 IP 网管系统来对全线的无线通信设备（包括车载无线传输设备和轨旁无线接入点）进行软件及配置的升级和管理。IP 网管系统还可以对骨干网的接入网络设备（交换机）进行远程监控和故障定位，并且可以同时对接入网络设备同步进行配置文件的升级和管理。

1）以太网/IP 接入网网管系统功能

以太网/IP 网管系统提供的主要功能包括：故障管理；性能管理；拓扑结构管理；保密性管理。

(1) 故障管理。

故障管理功能用于实时监控设备故障和运行状态，统计历史记录信息并提供故障定位措施。它包括以下功能：

① 声光实时告警；

② 支持故障分级，用户可以根据需要定义故障级别；

③ 支持屏蔽重复故障和间歇故障，以便减少错误故障报告；

④ 支持通过 Email 发送故障；

⑤ 支持根据要求发布"查询模板"，这样用户可以设定条件查询故障并存储结果；

⑥ 支持告警拓扑定位以便得到产生告警的网元位置；

⑦ 提供联接利用的日报、周报和月报。

(2) 网络性能监督。

它实时监督网络和设备的性能变化，以便有效管理设备并提供网络优化的数据支持。它包括以下功能：

① 输入/输出通信接口，输入/输出利用率接口，输入/输出误包接口，输入/输出误码率接口，输入/输出丢包接口，输入/输出丢包率接口，输入/输出单点信息包接口，输入/输出非单点信息包接口和非协议输入信息包接口；

② IP 接收/发送速率，接收/发送丢 IP 包，正确接收/发送请求 IP 包，路由故障/段故障 IP 包，IP 包头错误/地址错误包和 IP 不可知协议包；

③ 监控门限设置功能和在超过门限情况下通知管理员；

④ 通过 RMON（RFC1757 RMON）监控网络性能指标（例如丢信息包数，接收信息包数，超过 64bytes 的包数以及超过 1518bytes 的包数）并支持用户定义性能监控指标。

(3) 拓扑结构显示。

它提供整个网络上所有监控设备的拓扑结构管理。它完成以下功能：

① 执行拓扑结构自动查找和动态更新；

② 检测网络设备状态变化（例如端口状态变化或者与 NMS 通信中断）并改变拓扑节点颜色；

③ 使用户可以根据其关注的设备创建拓扑结构视图（物理视图）；

④ 提供一个主视图以便在一个大型网络里显示和定位必需的拓扑结构；

⑤ 在一个拓扑结构中搜索节点并尽快在浏览器和拓扑结构视图中定位网络设备；

⑥ 可以在拓扑结构图上拖拽、放大、缩小和选择几个节点。

(4) 完善的系统保密性。

应用于 SDH 节点的保密方法为：

① 网络管理员的管理：系统管理员可以建立用户，指定用户名和密码，将用户分配到从属的并稍微调整用户的权限的组中，其包括设备设置管理，操作设置管理，用户组管理和用户管理；

② 远程维护用户的管理：设置远程维护用户的级别（包括设置和权限）和接入是否允许；

③ 其他控制模式：用户变换，单用户模式和多用户模式的切换，屏幕锁定和强制用户退出；

④ 本地维护终端（LCT）接入控制。

应用于以太网交换机和 IP 路由器的保密方法为：

① 以太网交换机和 IP 路由器的登录管理；

② 为用户权限分配提供灵活策略（根据目的＋操作对用户进行授权），这将方便值班员根据用户实际管理责任来分配用户权限；

③ 提供详细的用户和任务操作记录。

子模块 LC11　信号集中监测系统

信号集中监测系统作为信号系统项目的一个系统，是整个信号系统的设备状态监测和维护辅助工具，主要用于维护信息的采集，帮助维修调度人员对故障设备进行定位，管理维修作业。调度员可借助该系统制定计划与安排维修工作，达到比传统人工方式更加有效的效果。

信号集中监测系统，包含信号微机监测系统（MMS）和维护支持系统（MSS）两部分。微机监测系统在正线各集中站设置监测模块；维护支持系统在控制中心设置服务器，在控制中心、停车场/车辆段、列检库及正线各维修工区设置维护终端。

一、信号集中监测系统的构成

信号集中监测系统设备可分为中心级（维护中心、控制中心）、车站级（设备集中站、正线维护工区、停车场及车辆段），其网络结构如图 LC11-1 所示。

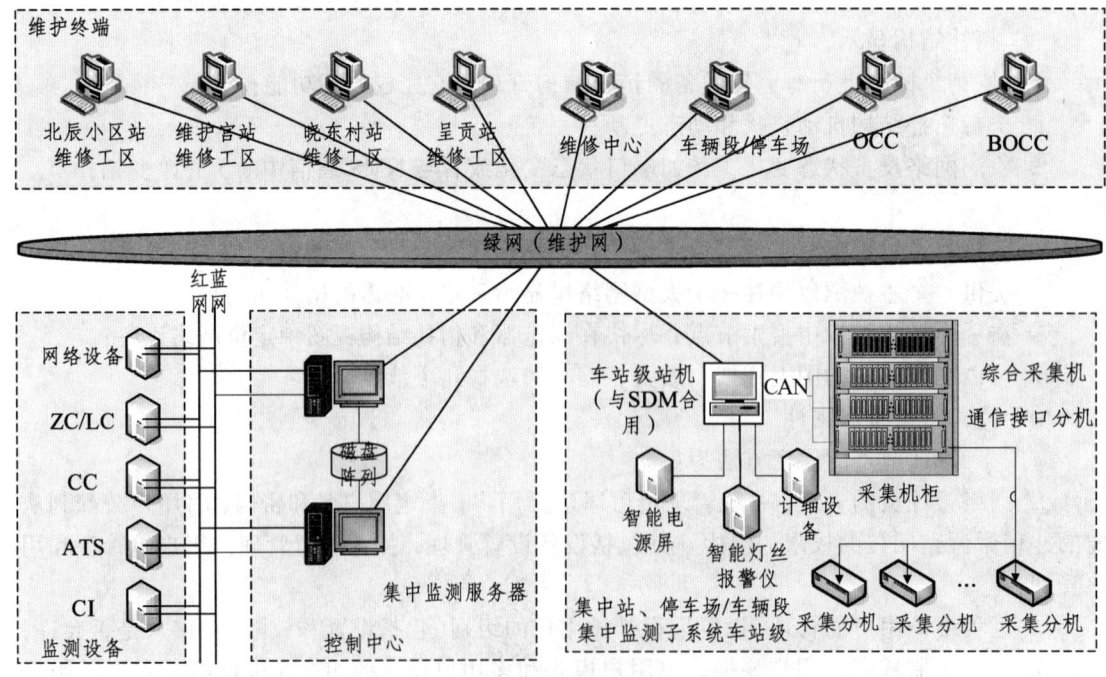

图 LC11-1　集中监测系统的网络结构

1. 集中监测中心设备

按总体布局的要求，集中监测中心系统将设置在控制中心内，其体系结构中的应用、数据库服务器为冗余配置，同时进行工作。

集中监测中心系统的组成如图 LC11-1 所示，主要设备包括：两套位于控制中心的微机监测/维护支持服务器；一套共享磁盘阵列；位于控制中心、维修中心的维护工作站/监测终端及打印机。

集中监测中心系统分别与信号网络、维修网络连接，并收集维护数据；集中监测中心系统与维护网络相连，采集基础信号设备的状态；设置在控制中心维护工作站，与 ATS 的维护终端合用；集中监测车站系统通过维护网将维护信息送给集中监测中心服务器；集中监测中心服务器通过信号网直接与 ATS、CBI、ZC、LC、ATC、DCS 等系统相连，采集维护信息。

2. 集中监测车站设备

集中监测车站系统主要设备包括：位于设备集中站的维护工作站；位于正线工区的维护工作站；位于停车场/车辆段的维护工作站；位于停车列检库车载维护部的维护工作站；位于设备集中站的微机监测车站设备；位于停车场/车辆段的微机监测车站设备。

设置在正线设备集中站信号设备室的维护诊断工作站，与计算机联锁系统的系统维护台合用。同时，作为集中监测站机，具备信号微机监测的功能。如图 LC11-2 所示。

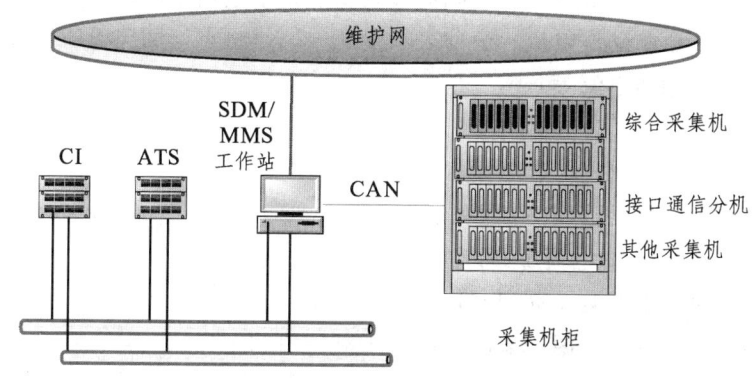

图 LC11-2　集中监测系统的车站级组成图

二、信号集中监测系统功能

1. Urbalis 888 设备状态收集

维护支持系统使用标准 SNMP 协议，从 CBI、ATS、车载设备、LC、ZC、NMS 等信号系统收集维护数据。

CBI、ATS 等系统设备具有自诊断及监测报警功能，除在相应的终端上显示监测和报警外，报警信息还能传至维修中心的信号集中监测系统服务器，并在控制中心、维修中心的维护终端上进行显示。

数据采集流程如图 LC11-3 所示。

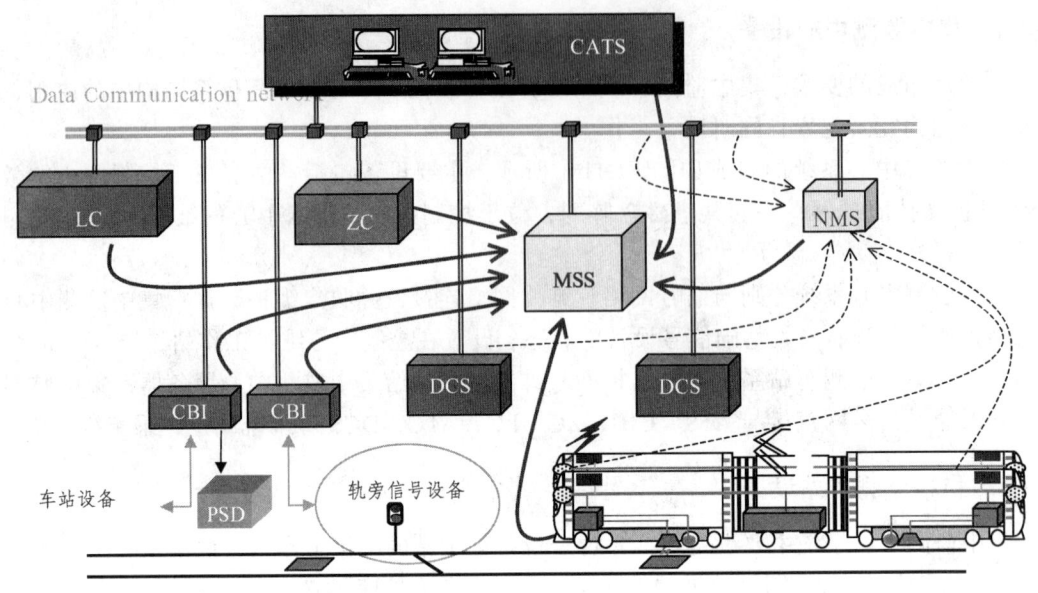

图 LC11-3　数据采集流程

2. 模拟量在线测试

集中监测系统车站级需要测量的基础信号设备模拟量包括电源屏输入/输出口电压、外电网质量、轨道电压、道岔动作电流、道岔表示电压、信号机点灯回路电流、提速道岔功率、电缆绝缘电阻、电源漏泄电流等。

1）电源屏监测

监测内容：电源屏输出电压、电流。

监测点：智能电源屏通信口。

监测精度：电压 ±1%；电流 ±2%。

测试方式：站机周期巡测（周期≤1 s）；变化测。

电源屏输出电压监测：电源屏输出电压大于额定值的 +15%、-20% 时报警并记录。

2）外电网监测

监测内容：外电网输入相电压、线电压、电流、频率、相位角、有功功率、无功功率。

监测点：配电箱（电务部门管理）闸刀外侧。

监测精度：电压 ±1%；电流 ±2%；频率 ±0.5 Hz；相位角 ±2°；有功、无功功率 ±1%。

测试方式：站机周期巡测（周期≤1 s），变化测；电流采用开口式电流互感器检测；断相、错序、瞬间断电开关量的采样速率为 40 ms，电压、电流采样速率为 250 ms；有功功率及无功功率的采样速率为 400 ms；频率的采样速率为 1 s。

输入电压监测：外电网输入电压大于额定值的 +15%、-20% 时报警并记录；

外电网三相（380 V）输入线电压或单相（220 V）输入电压低于额定值的 65%，时间超过 1 000 ms 时进行断相或断电报警并记录；当输入三相线电压低于额定值的 65%，时间超过 140 ms，但不超过 1 000 ms 时进行瞬间断电报警并记录；对于三相（380 V）输入电源，当 A、B、C 三相之间夹角超过 120° 时进行错序报警并记录。

3）50 Hz 轨道电压的监测

监测内容：50 Hz 轨道交流电压。

监测点：轨测盘相应端子。

监测精度：±1%。

测试方式：站机周期巡测（周期≤2 s）；变化测。

4）直流转辙机监测

监测内容：道岔转换全过程中电动转辙机动作、故障电流、动作时间。

监测点：动作回线。

动作时间：0~40 s（单机）。

测量精度：±3%。

测试方式：根据 1DQJ 条件进行连续测试。

采样速度：小于等于 40 ms。

5）交流转辙机监测

监测内容：道岔转换全过程电动转辙机动作线功率和动作时间。

监测点：动作线（保护器后端）。

动作时间：0~40s（单机）。

测量精度：±2%。

测量方法：根据 1DQJ 条件进行连续测试。

采样速率：小于等于 40 ms。

6）各种电缆绝缘监测

监测内容：电缆芯线全程对地绝缘。

监测点：分线盘或电缆测试盘处。

测试电压：DC 500 V。

测量精度：±10%。

测试方式：人工启动、自动测量；人工命令多路测试。

7）各种电源对地漏泄电流监测

监测类型：电源屏各种输出电源。

监测内容：输出电源对地漏泄电流。

监测点：电源屏输出端。

监测量程：AC 0~300 mA，DC 0~10 mA。

测量精度：±10%。

测试方式：在天窗点内人工启动，通过 1 kΩ 电阻测试电源对地漏泄电流值。人工命令多路测试。

8）道岔表示电压监测

监测内容：道岔表示交、直流电压。

监测点：分线盘道岔表示线。

监测量程：DC：0~100 V；AC：0~200 V。

监测精度：±1%。

测量方式：站机周期巡测（周期≤2 s）；变化测。

9）列车信号机点灯回路电流的监测

监测内容：列车信号机的灯丝继电器（DJ，2DJ）工作交流电流。

监测点：信号点灯电路始端。

量程：0~200 mA。

监测精度：±2%。

测试方式：站机周期巡测（周期≤2 s）。

10）开关量在线测量

集中监测系统车站级系统对基础信号设备开关量在线测量的要求包括按钮状态、控制台表示状态、功能型继电器状态。采用与计算机联锁系统接口的方式获取开关量信息。具体开关量需要根据站场的具体情况及用户需求增减。

11）车站维护报警

车站站机和监测终端的故障报警根据故障性质分为三级：

一级报警：涉及行车安全的信息报警。

报警方式：声光报警，人工确认后停止报警，并通过网络上传到各级终端。

二级报警：影响行车或设备正常工作的信息报警。

报警方式：声光报警，报警后延时适当时间自动停报，并通过网络上传到各级终端。

三级报警：电气特性超限或其他一般的报警。

报警方式：红色显示报警，电气特性恢复正常后自动停报，可根据需要通过网络上传到车间/工区终端。

12）中心维护报警

在中心维护支持系统根据维护类型和报警来源分为：

（1）故障报警（对应纠正性维护）。

设备故障：关于设备或其部件故障检修的报警。需要进行纠正性维护。

失去联系报警：与列车失去联系或连接设备超时时产生的报警。

MSS系统故障：数据库备份文件超出磁盘限额，生成系统故障报警。

（2）事件报警（对应预防性维护）。

超限报警：当度量值达到或超过参数门限值后生成的报警。

计数：当计数值达到门限后，产生的报警。

手动：由维护调度手动生成的报警。此类报警生成前不进行任何分析。

计划维护：根据维护调度指定的维护计划生成的维护报警。

13）报警显示

维护工作站在维护操作员的请求下显示中央服务器的所有报警，这些报警可根据操作员请求定制并过滤。

报警信息可由人工确认生成维护工单。报警界面如图LC11-4所示。

14）状态数据的存储、回放和统计分析

所有的系统或设备的状态、事件和报警等维护管理数据都保存在数据库中，保存这些信息时带有时间戳。操作员就可根据系统/系统/设备进行历史信息分类查询和回放。

信号集中监测系统以报表等方式进行显示，根据系统和设备的状态、报警等信息产生各种统计分析报告。报警报告（如日报告或月报告）可以通过打印机输出。

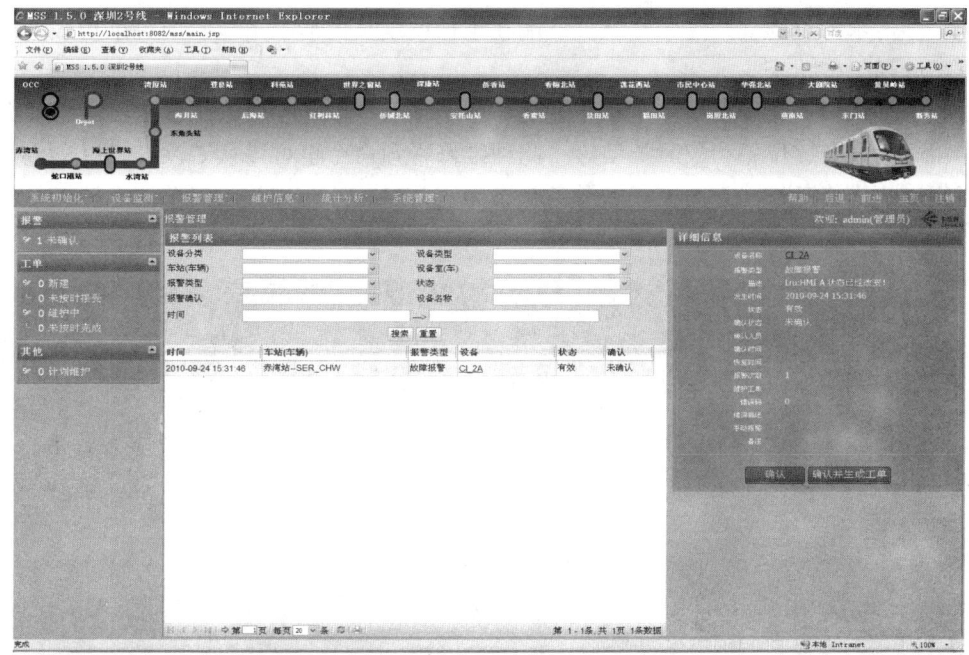

图 LC11-4 报警界面

站机回放界面如图 LC11-5 所示。

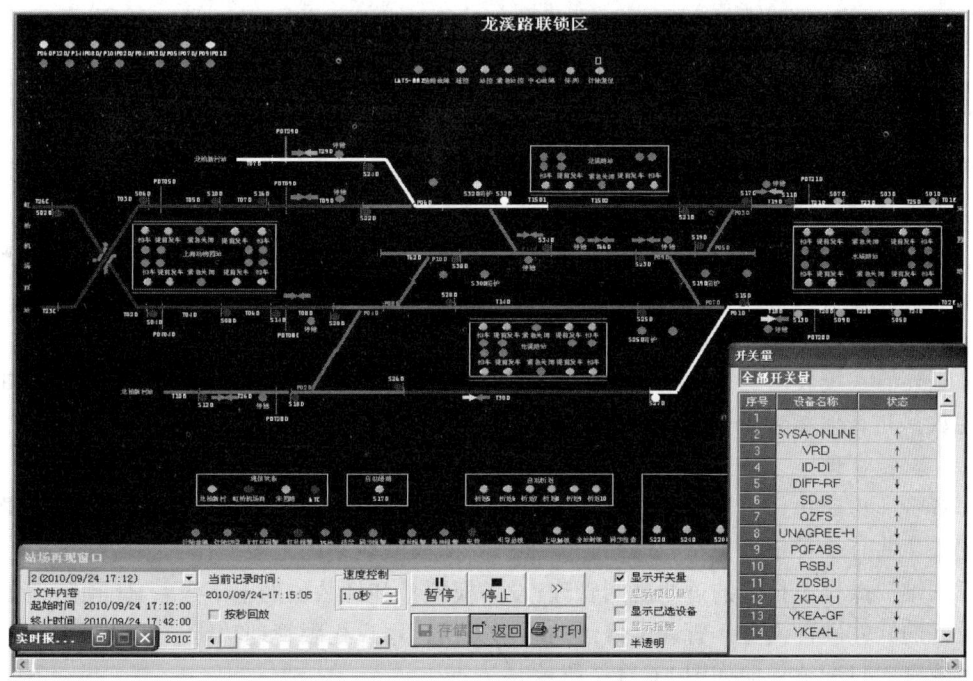

图 LC11-5 站机回放界面

15）维护管理

（1）维护作业管理。

工单生成规则管理：基于时间、日期、状态数据、报警类型等，对应计划修和预防修；

工单和工作请求的过滤规则管理;维护终端在维护调度员的请求下显示中央维护服务器发送的所有工单和工作请求。

这些信息将根据调度员请求定制并过滤。系统也可以手动生成给维修人员的维护命令,填入了相应的设备,位置和故障类型等。此种维修干预命令也可以从 OCC 向维修人员发出。只有当工单的维修工作状态为完成、设备状态为正常时,才允许关闭工单。维护工单界面如图 LC11-6 所示。

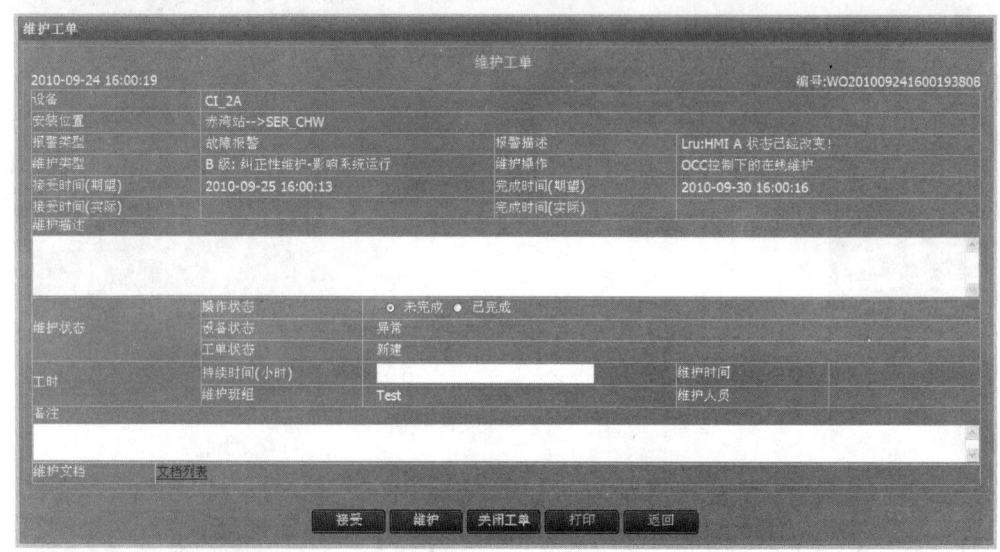

图 LC11-6　维护工单界面

(2)维护作业的存储和统计分析。

所有的维护作业数据都保存在历史数据库中,保存这些信息时带有时间戳。操作员就可根据系统、系统、设备进行历史信息分类查询。

信号集中监测系统以报表方式进行显示,根据系统和设备的维护操作、维修命令等信息产生各种统计分析报告。任何统计报告都可以通过提供的打印机输出。

16)外部接口管理

抑制外部系统发出的雪崩报警;提供合并、批量存档和删除外来报警;处理与接口消息相关的数据和其他参数。

17)配置管理

配置管理功能包括:设备分类管理;设备子类型和配置;报警类型和配置;维护操作类型和配置(共有 2 种维护类型,即纠正性维护,即故障纠正的维护操作;预防性维护,即避免故障的维护操作);报警的过滤规则管理;设备模拟量和计数值的上下限管理(预防性维护);管理设备的软件硬件设置;管理维修活动所需文档;用户权限管理功能。

系统管理与配置界面如图 LC11-7 所示。

18)其他功能

其他功能包括:天窗修作业管理及检修时报警的屏蔽处理;定制某一时间段的报警信息记录,并提供查阅;安全保密:为保证系统的正常运行而设定的必要的安全管理内容,包括密码管理等。

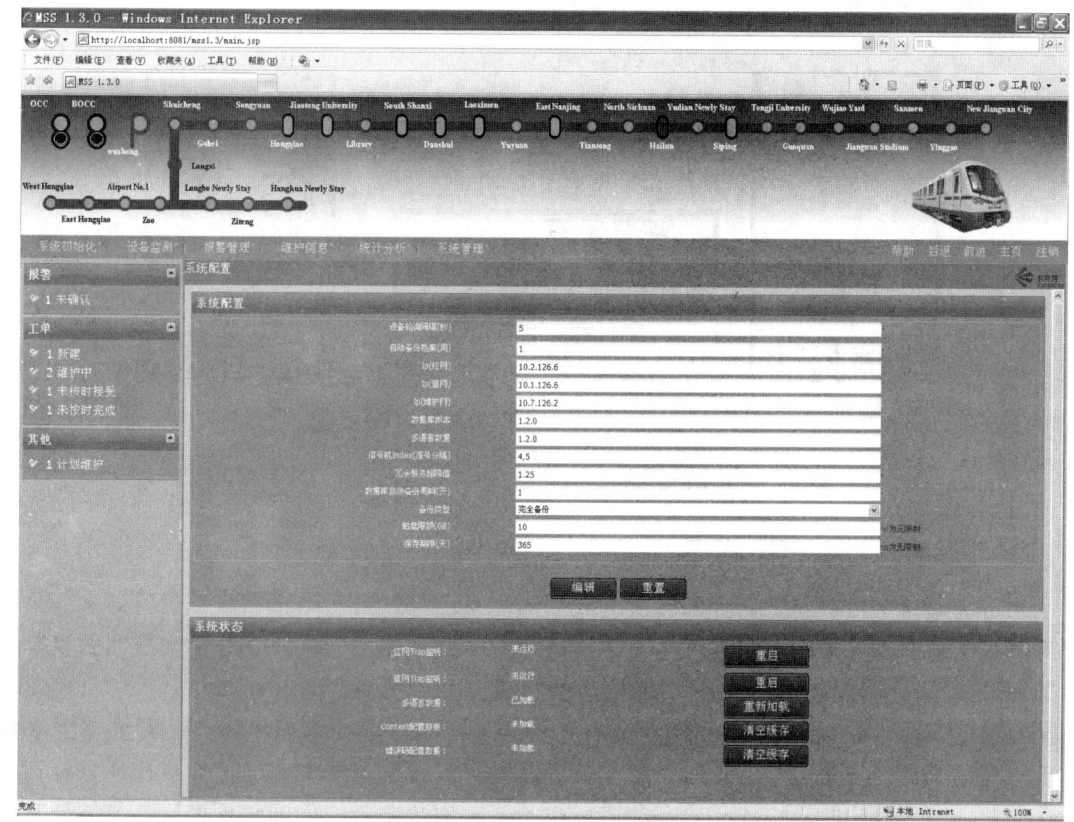

图 LC11-7　系统配置界面

三、集中监测中心设备

1. 应用服务器

应用服务器实现热备冗余的模式，冗余服务器的切换时间不超过 3 分钟。主要采集 ATS、ATP/ATO、联锁、DCS 系统和基础信号设备所有设备状态，给出事件和报警，保存到事件和报警库中。

应用服务器存储系统所有的历史数据，最低期限为 12 个月，并为系统的客户端提供历史数据源。同时主、从维护系统的数据库服务器进行同步冗余，管理全线维护支持系统所有与应用开发有关的参数，包括设备定义、报警门限、设备运行时间、维护计划、表格等。当其中一台数据库服务器发生故障时，不影响系统的正常工作。服务器连接示意图如图 LC11-8 所示。

应用服务器采用 Apache Tomcat，该应用服务器能实施 Java Servlet 和 JSP 规范，并能够提供 Java 代码与 Web 服务器的合作平台。同时，可以通过 C/S 架构的网络通信收集基层信号信息。

集中监测系统使用的数据库管理系统是 Oracle。Oracle 是一款对象-关系数据库，负责管理磁盘阵列中的所有数据。

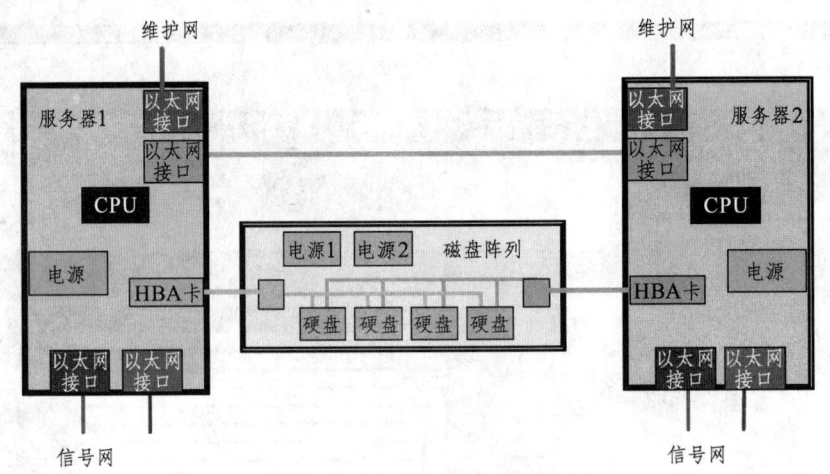

图 LC11-8 服务器连接示意图

2. 磁盘阵列

两台服务器共用一套磁盘阵列。所有集中监测系统的数据都储存在该磁盘阵列中。集中监测系统支持服务器冗余，当服务器 1 出现故障时，服务器 2 能够在 3 分钟内取回磁盘阵列中的相关数据，接替服务器 1 的工作。

磁盘阵列由 4 块硬盘组成，采用 RAID5 模式。RAID5 技术有以下特点：需要至少 3 块硬盘；每块硬盘的块大小一致；每个数据块都有相应的备份数据块；通过异或操作来计算备份数据块；即使其中的一块硬盘出现故障，也不会丢失数据；故障硬盘更换后，能够从其余磁盘恢复数据。

3. 维护工作站

维护人员可以通过维护工作站访问维护支持系统和使用监测终端查看微机监测信息。

维护人员通过维护工作站访问维护支持服务器，并且只有拥有权限的用户才能够通过终端进入系统。对应每种用户角色，系统中都有详细的权限定义：

1）系统管理员

管理员角色属于超级用户，他拥有所有的系统访问权限，并在服务器上访问集中监测系统；管理系统角色及用户，进行创建、修改和删除操作；进行角色权限分配；访问其他角色的所有可访问功能；进行数据库手动备份和下载。

2）维护调度

监测所有 Urbalis 888 设备状态和报警；接收和确认报警；手工或自动创建报警；发出维护指令；管理和组织各类维护人员的维护操作；验证并关闭维护完成的维护工单。

3）维护员

接收维护相关的维护工单；确认维护工单；执行维护操作；访问所有设备相关的信息；手工创建报警；利用可用的维护文档。

4）可靠性分析员

统计；版本；归档；收集和分析信息，并将分析结果提交 CASCO，来跟踪系统运行质量。

四、集中监测车站设备

1. 维护工作站

站机是车站微机监测的核心,它负责监测系统的数据采集、分类、逻辑分析处理、报警、数据统计、汇总、存储、回放等功能。并提供了人性化的人机交互界面,以图形、列表及曲线等方式给信号维护人员提供最有价值的维修状态信息,同时接收用户数据以及指令的输入,实现实时、交互式的浏览和查询。

2. 微机监测采集设备

车站微机监测采集设备包含综合采集机、接口通信分机等,采集该车站基础信号设备相关的模拟量信息,并且通过 TCP/IP 协议,由站机将车站实时的数据和报警传送到上层,并接受上级的控制命令。

1)接口通信分机

接口通信分机是微机监测采集设备中的核心部分,绝大部分的监测模拟量采集数据都通过接口通信分机搜集并编码转发给监测主机。接口通信分机如图 LC11-9 和 LC11-10 所示。

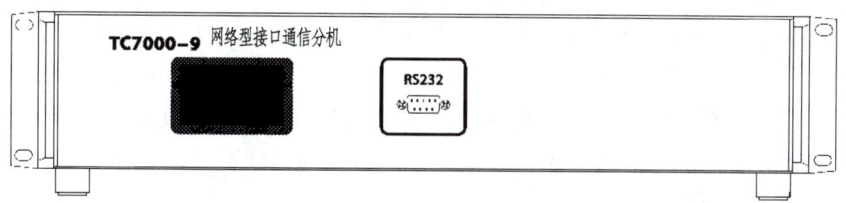

图 LC11-9 网络型接口通信分机正面图

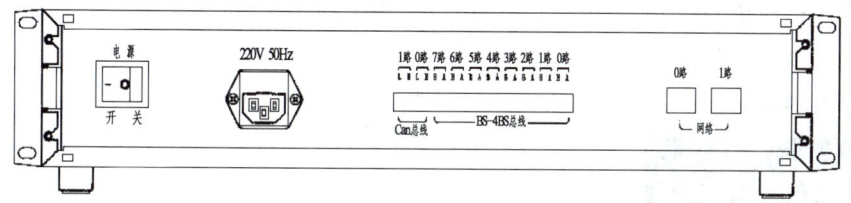

图 LC11-10 网络型接口通信分机后视图

一台接口通信分机共有 8 个 485 通信串口。每个串口连接一条 485 总线,每条总线可挂 20 个采集单元,每个单元 485 地址不相同。

网络型接口通信分机前方为接口状态显示液晶屏和 232 配置通信口,后部为 8 组端子式的 485 通信输入口、2 组 CAN 总线接口、2 个以太网口。

2)车站采集单元

监测车站的采集单元为继电器形状的分立式采集单元,如图 LC11-11 所示。每个采集单元有独立的数据处理芯片,将采集的模拟量直接转换成数字编码通过 485 通信输出。采集单元使用监测机柜提供的 12 V 直流电源供电。

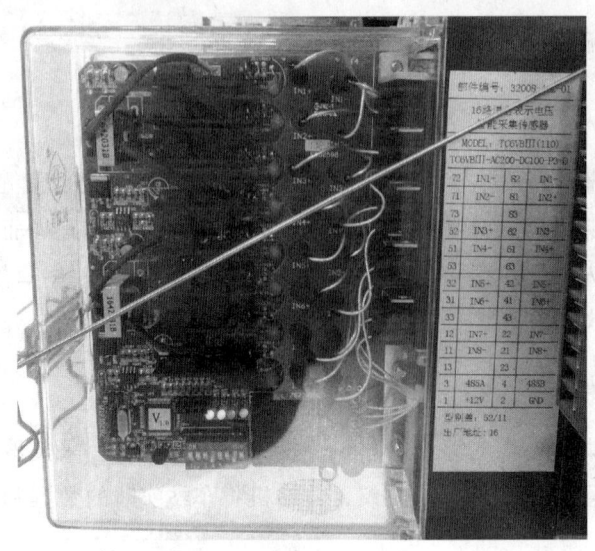

图 LC11-11　车站采集单元

通常每个采集单元内部电路板上有 4 个灯：电源灯、工作灯、通信收发灯（2 个）。正常情况电源灯亮稳定灯光，工作灯固定闪烁，通信收发灯快速闪烁。通信收发灯的闪烁频率与通信巡检的时间有关，在同一串口的采集单元放置在一起时，能明显看出通信灯有次序地逐个亮起的状态。当通信灯出现常亮、常灭状态或只亮一个灯时，可检查通信线路是否有接错情况。

每个采集单元都有一组 8 位通信地址。通常第 8 位和第 7 位为通信设置开关，一般固定使用。第 1 位至第 6 位是通信地址设置开关，"on"为二进制的"1"，"off"为二进制的"0"。

3）采集模块及采集板

（1）开关量采集模块。

开关量采集模块如图 LC11-12 所示，用于采集道岔 1DQJ 的状态，1DQJ 或 1DQJF 的一组低压半空接点的闭合状态。

开关量采集模块内部电路如图 LC11-13 所示。

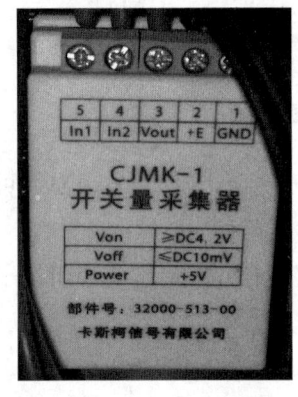

图 LC11-12　开关量采集模块

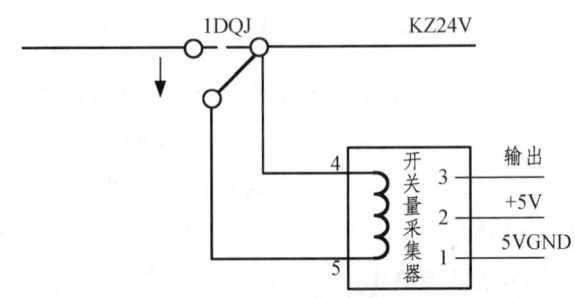

图 LC11-13　开关量采集模块内部电路图

在开关量采集内部端子 4 和 5 之间是一个感应线圈，当道岔未动作 1DQJ 落下时，4 和 5 端子通过 1DQJ 的接点构成一个闭合回路，此时 3 号端子上输出

5 V 电压至道岔采集或道岔功率采集单元。

开关量采集模块的好坏判断方式为：在模块 1 号端子和 2 号端子正常连接 5 V 直流电源时，将 4 和 5 端子上外线取下，通过短接和断开 4 和 5 端子，同时测试 3 对 1 之间的 5 V 电压有无响应变化。正常断开 4 和 5 时，3 对 1 没有 5 V 电压，短接 4 和 5 时，3 对 1 有 5 V 电压。反之则说明采集器已坏。

（2）三相交流采集模块。

三相交流电流采集模块用于配合三相道岔功率采集单元采集道岔电流以计算功率信息。此模块为有源模块，安装在道岔组合内部，如图 LC11-14 所示。

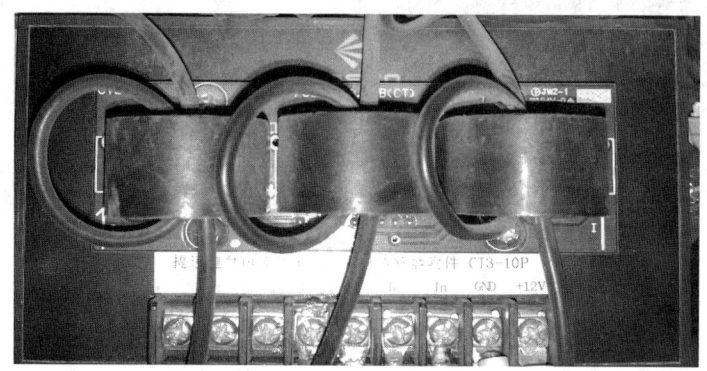

图 LC11-14　道岔三相交流采集模块

由上图可以看出电流传感器模块分为上下两部分，上部为封闭线圈的传感器部分，将采集电缆线穿过该传感器来采集道岔电流。下部为电子元件，通常较为容易损坏。

交流电流采集模块电路图如图 LC11-15 所示。

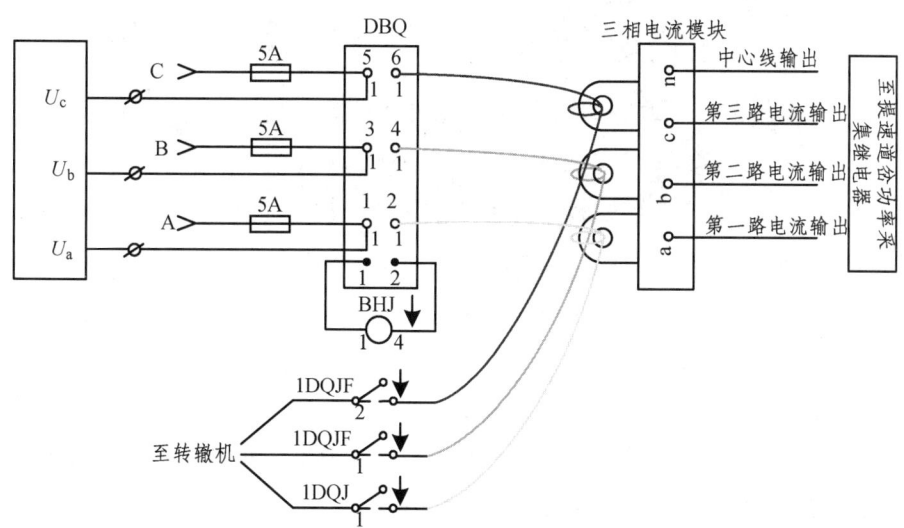

图 LC11-15　道岔三相交流采集模块电路图

电流传感器好坏判断方式：测试底座输出端子对 12VGND 间的电压来判断。当电流传感器正常供电并与采集单元连接良好时，电流 A、B、C 三相输出端子对 12VGND 间应有 12 V 左右的直流电压，如果测试不到此电压，表示底座损坏。

（3）综合采集机。

综合采集机有 CPU 板、模入板、开入板、开出板和绝缘接口板，如图 LC11-16 所示。其主要用于绝缘漏流测试和熔丝报警。

图 LC11-16　综合采集机

每块板上均有"电源"和"工作"指示灯。正常工作时，各板的电源灯稳亮，工作灯周期闪烁。各采集板均受 CPU 板集中控制，若出现所有采集板只亮电源而工作灯不正常时，可能是 CPU 板损坏。

4）12 V 大功率电源

12 V 大功率电源用于给各类带 485 通信的监测采集单元提供工作直流电源。由机柜底部的 12 V 电源输出，如图 LC11-17 所示。

图 LC11-17　12 V 大功率电源

12 V 大功率电源输出两种电源，即 ±12 V 电源，对应两个工作灯显示。其中 +12 V 为各采集单元工作电源，−12 V 目前只有采集移频接收的阻抗匹配器用到。

当电源输出线上短路时，12 V 电源会自我保护截止输出，此时对应的电源灯将会灭灯。此时甩开外线去除短路因素后，电源将恢复输出。

通常采集机柜内在大功率 12 V 电源输出端加有保险，进一步防护电源。当发现 12 V 电源上的灯正常，而采集模块电源回路上测量不到 12 V 电压时，需检查是否有线路短路造成保险熔断的情况。

正常 12 V 电源应保持不低于 12 V 的输出电压，以确保实际送到模块上的工作电压在 12 V 以上。

5）采集机电源

采集机电源分为综合层和开关量采集层两种，每层都能独立向外提供电源，其中开关量采集层已逐渐不再使用。

综合 24 V：主要用于绝缘测试继电器吸起的驱动电源。正常值应保持在 24~25 V。

综合 ±12 V：主要用于灯丝漏流测试单元的测试电源。正常值应保持在 12~13 V。

综合 5 V：用于采集的板卡供电。电压应保持在 5~5.5 V。

综合 5I：用于 CAN 通信供电。电压应保持在 5~5.5 V。

五、信号集中监测系统设备的接口

信号集中监测系统服务器的接口示意图如图 LC11-18 所示。

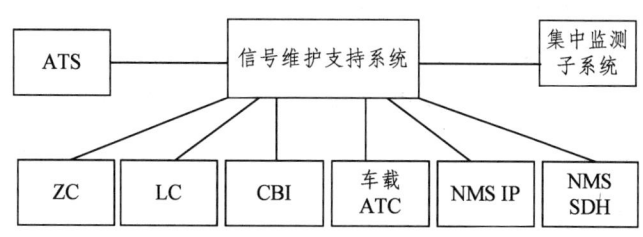

图 LC11-18　系统外部接口图

1. 与 ATS 接口

信号集中监测系统在控制中心通过 SNMP 接口接收 ATS 设备信息，包括：ATS 调度员工作站状态；ATS 计划员工作站状态；ATS 信号楼终端状态；ATS 大屏状态等；车站 ATS 设备。

2. 与 ATP/ATO 接口

信号集中监测系统在控制中心通过 SNMP 接口接收 ATP/ATO 设备信息，包括：信标天线状态；编码里程计状态；车轮打滑监测等。

3. 与 CBI 接口

车站维护工作站通过 RS422 串口与联锁维护机连接，获取计算机联锁系统的维护开关量信息、报警信息、系统维护信息等，并把设备维护信息通过主干网传送给维护中心维护支持服务器，主要包含：SDM 状态；信号机状态；道岔状态；挤岔报警等。

4. 与 DCS 接口

信号集中监测系统通过网管系统接收 DCS 设备信息，包括：无线 AP 状态；AP、Switch 温度超限报警。

5. 灯丝报警系统

SDM 与 LED 智能灯丝报警系统采用 RS422/485 方式连接。通过该接口，获取 LED 灯丝断丝报警信息，并传送给维护中心服务器。如图 LC11-19 所示。

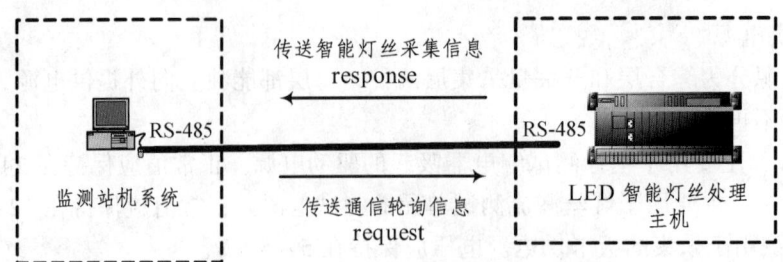

图 LC11-19　灯丝报警系统信息采集示意图

6. 与智能电源屏接口

在车站，监测站机通过 RS422/485 与电源屏接口，采集电源屏相关报警信息，包括电源屏的输入/输出电压电流、断电信息和其他状态信息，UPS 故障报警，在线/旁路、电池电压、过放电、电池故障等状态信息。

在临时控制中心，集中监测系统维护工作站与电源监测工作站接口，采集电源屏报警信息并传送给中心服务器，包括：系统状态-系统正常/故障；UPS 电源电压-正常/故障；UPS 电源状态-正常/故障；Ⅰ路市电状态-正常/故障；Ⅱ路市电状态-正常/故障。

7. 与计轴系统接口

接口硬件采用串口接口方式，接口协议采用国家铁路局统一的《计轴系统与信号机监测采集机通讯协议》。

总模块 S

实作技能

分模块 SA 基本技能

子模块 SA1 仪器仪表使用

一、万用表

万用表一般可用来测量直流电压、直流电流、交流电压、交流电流和电阻,是电气设备检修、试验和调试等工作中常用的测量工具。万用表的型号很多,主要由指示部分(表头)、测量电路、转换装置三部分组成,可分为指针式和数字式两类。

1. 指针万用表

1)万用表面板结构及功能

指针万用表由表头、测量电路及转换开关等三个主要部分组成。表头是一只高灵敏度的磁电式直流电表,MF-14 指针万用表头上有三条刻度线,如图 SA1-1 所示。其功能如下:

图 SA1-1 MF14 万用表

第一条（从上至下）标有"Ω"，表示用来测量电阻时的刻度线。
第二条标有"～"，表示用来测量交流电压和电流时的刻度线。
第三条标有"-"，表示用来测量直流电压和电流时的刻度线。
转换开关是用来选择不同的测量对象及量程的旋钮。它可选择交流电压、直流电压、直流电流、电阻等。

2）使用前的检查与调整

（1）外观应完好无破损，当轻轻摇晃时，指针应摆动自如。

（2）旋动转换开关，应切换灵活无卡阻，挡位应准确。

（3）水平放置万用表，转动表盘指针下面的机械调零螺丝，使指针对准标度尺左边的 O 位线。

（4）测量电阻前应进行电调零（每换挡一次，都应重新进行电调零）。即：将转换开关置于欧姆挡的适当位置，两支表笔短接，旋动欧姆调零旋钮，使指针对准欧姆标度尺右边的 O 位线。如指针始终不能指向 O 位线，则应更换电池。

（5）检查表笔插接是否正确。黑表笔应接"－"极插孔，红表笔应接"＋"。

（6）检查测量机构是否有效，即使用欧姆挡短接两表笔线时，指针应偏转灵敏。

3）测量类型和量程选择

测量前首先要根据被测对象，将类型选择开关旋至相应位置，如测量交流电压应将旋钮旋至交流电压挡。在类型选择之后注意量程的选择，量程选择过小，将可能烧损表头，量程选择过大，将影响测量精度，所以在选择量程时，应使指针指示在满刻度的 1/2 或 2/3 以上，这样测量结果较准确。在无法预测测量的电压或电流值时，应选择最高量程，然后再逐步减小量程。

4）直流电阻的测量

（1）首先应断开被测电路的电源及连接导线。若带电测量，将损坏仪表；若在路测量，将影响测量结果。

（2）合理选择量程挡位，以指针居中或偏右为最佳。测量半导体器件时，不应选用 R×1 挡和 R×10K 挡。

（3）测量时表笔与被测电路应接触良好；双手不得同时触至表笔的金属部分，以防将人体电阻并入被测电路造成误差。

（4）正确读数并计算出实测值。

5）电压的测量

（1）测量电压时，表笔应与被测电路并联。

（2）测量直流电压时，应注意极性。若无法区分正、负极，则先将量程选在较高挡位，用表笔轻触电路，若指针反偏，则调换表笔。

（3）合理选择量程。若被测电压无法估计，应先选择最大量程，视指针偏摆情况再作调整。

（4）测量时应与带电体保持安全间距，手不得触至表笔的金属部分。测量高电压时（500～2 500 V），应戴绝缘手套且站在绝缘垫上使用高压测试笔进行。

6）电流的测量

（1）测量电流时，应与被测电路串联，切不可并联。

(2）测量直流电流时，应注意极性，应将万用表正极的红色表笔接被测电路的正极，连接万用表负极的黑色表笔接被测电路的负极。

(3）合理选择量程。

(4）测量较大电流时，应先断开电源然后再撤表笔。

7）欧姆挡的正确使用

使用万用表欧姆挡测量电阻时必须注意以下几点：

(1）选择适当的倍率，尽量使指针在接近欧姆挡中心的刻度部分，因为被测元件的数值越接近欧姆挡中心刻度，读数越准确。

(2）测量前应先"调零"，即将两测试表笔短接，旋转"零欧姆调整旋钮"，使指针在零欧姆位置，若零欧姆调整旋钮无法调零，则需更换内部相应的电池。

(3）不能带电测量电阻，若带电测量相当于在测量回路中又增加了一外加电源，这不仅使测量结果无效，而且可能烧坏表头。所以测量电路的电阻时，首先应断开电源。

(4）被测电阻不能有并联支路，否则测得的电阻值将不是被测电阻的实际值，而是某一等效电阻值。

(5）测量电阻时，不要双手同时接触表笔的金属部分，否则，人体电阻将被并入被测电阻，影响测量的准确度，在测量阻值较高的电阻时，尤其要注意。

8）注意事项

(1）仪表在测量高压、大电流时，不许旋转选择开关以免烧毁开关触头。

(2）测试电路的电阻时，断开被测电路，如电路中有电容器，应放电后再进行测量，禁止带电测量电阻。

(3）当被测值不能确定大约数值时，应将量程选择开关旋至最大的量程位置上，然后逐挡缩小量程位置以便仪表指针得到较大偏转，读取被测值。

(4）读数时，应三点成一线（眼睛、指针、指针在刻度中的影子）。

(5）使用万用表测量时，要注意手不能触及测试棒的金属部分，以防止触电或影响测量结果。

(6）不能用万用表欧姆挡去直接测量检流计、微安表头、标准电池等仪器和仪表的内阻，否则很可能会损坏这些仪器仪表。

(7）万用表使用完毕，应旋至交流最大挡位。

(8）较长时间不使用电表时，应取出表内电池。

(9）仪表应经常保持清洁干燥，并妥善保管，以免降低准确度和损坏机件。

2. 数字万用表

数字万用表具有测量精度高、显示直观、功能全、可靠性好、小巧轻便以及便于操作等优点。下面以常用的Fluke17B数字万用表为例来介绍。

1）面板结构与功能

Fluke17B型数字万用表包括LCD液晶显示屏、电源开关、量程选择开关、表笔插孔等，如图SA1-2所示。

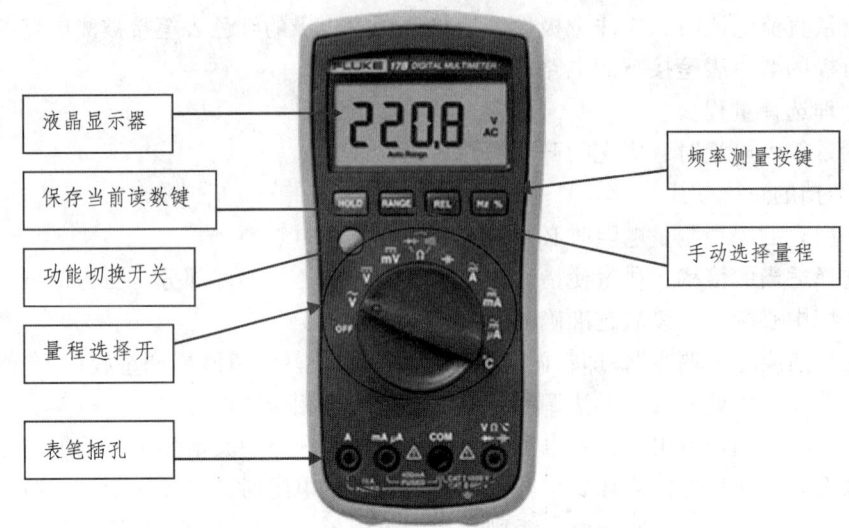

图 SA1-2 Fluke17B 数字万用表

液晶显示屏最大显示值为 1999，且具有自动显示极性功能。若被测电压或电流的极性为负，则显示值前将带"-"号。若输入超量程时，显示屏左端出现"1"或"–1"的提示字样。

电源开关（POWER）可根据需要，置于"ON"（开）或"OFF"（关）状态。测量完毕，应将其置于"OFF"位置，以免空耗电池。数字万用表的电池盒位于后盖的下方，采用 9 V 叠层电池。电池盒内还装有熔丝管，起到过载保护的作用。旋转式量程开关位于面板中央，用以选择测试功能和量程。

输入插口是万用表通过表笔与被测量连接的部位，设有"COM"、"V·Ω"、"mA"、"A"四个插口。使用时，黑表笔应置于"COM"插孔，红表笔依被测种类和大小置于"V·Ω"、"mA"或"A"插孔。

2）使用方法

测量交、直流电压（ACV、DCV）时，红、黑表笔分别接"V·Ω"与"COM"插孔，旋动量程选择开关至交流和直流电压挡位，红、黑表笔并接于被测电路（若是直流，注意红表笔接高电位端，否则显示屏左端将显示"–"），此时显示屏显示出被测电压数值。

测量交、直流电流（ACA、DCA）时，红、黑表笔分别接"mA"或者"A"与"COM"插孔，旋动量程选择开关至交流直流挡位，将两表笔串接于被测回路（直流时注意极性），显示屏所显示的数值即为被测电流的大小。

测量电阻时，无须调零。将红、黑表笔分别插入"V·Ω"与"COM"插孔，旋动量程选择开关至欧姆挡位，将两笔表跨接在被测电阻两端（不得带电测量），显示屏所显示数值即为被测电阻的数值。

3）注意事项

（1）当显示屏电池指示器出现"➕➖"时，表明电池电压不足，应予更换。

（2）若测量电流时，没有读数，应检查熔丝是否熔断。

（3）测量完毕，应关上电源；若长期不用，应将电池取出。

（4）不宜在日光及高温、高湿环境下使用与存放（工作温度为 0~40 ℃，湿度为 80%）。使用时应轻拿轻放。

二、钳形表

钳形表的最基本使用是测量交流电流,虽然准确度较低(通常为 2.5 级或 5 级),但因在测量时无须切断电路,因而使用仍很广泛。如需进行直流电流的测量,则应选用交直流两用钳形表。以下以常用的 Fluke312 钳形表进行介绍,其实物如图 SA1-3 所示。

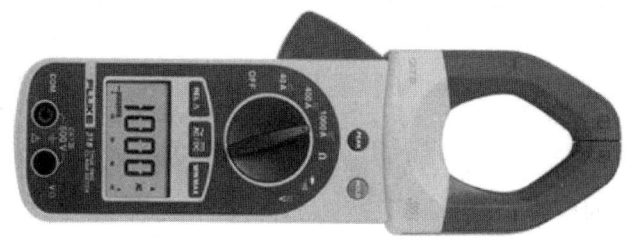

图 SA1-3　Fluke312 数字万用表

1. 使用方法

(1)测试前进行调零。
(2)选择合适的量程,先选大量程、后选小量程或者看铭牌值估算。
(3)当使用最小量程,其读数还不明显时,可将被测导线绕几匝,匝数要以钳口中央的匝数为准,则实测值 = 指示值/匝数。
(4)测量时,应使被测导线处于钳口的中央,并使钳口闭合紧密,以减少误差。
(5)测量完毕,应将量程开关拨至"OFF"。

2. 注意事项

(1)使用前应检查外观是否良好,绝缘有无破损,手柄是否清洁、干燥。
(2)测量时应戴绝缘手套或干净的线手套,并注意保持安全间距。
(3)测量过程中不得切换挡位。
(4)钳形电流表只能用来测量低压系统的电流,被测线路的电压不能超过钳形表所规定的使用电压。
(5)每次测量只能钳入一根导线。
(6)若不是特别必要,一般不测量裸导线的电流。
(7)测量完毕应将量程开关置于最大挡位,以防下次使用时,因疏忽大意而造成仪表的意外损坏。

三、兆欧表

兆欧表(Megger)的刻度是以兆欧(MΩ)为单位的,因其大多采用手摇发电机供电,故又称摇表。兆欧表主要由磁电系比率表、电源(手摇发电机)和测量电路组成,常用的有 ZC-7 兆欧表,如图 SA1-4 所示。测量额定电压在 500 V 以下的设备或线路的绝缘电阻时,可选用

图 SA1-4　ZC-7 兆欧表

500 V 或 1 000 V 的兆欧表；测量额定电压在 500 V 以上的设备或线路的绝缘电阻时，可选用 1 000～2 500 V 的兆欧表；测量瓷瓶时，应选用 2 500～5 000 V 的兆欧表。

1. 使用方法

（1）测量时的两条引线，一条接"L"端子，一条接"E"端子（地线端子）。

（2）手摇发电机至规定转速（120 r/min），指针应指示在"∞"位置，若不在"∞"位置，可用微调器将其调至"∞"位置。

（3）短接地线"E"端子和线路"L"端子，摇动发电机，使指针指向"0"位置，短接时间要短促。

（4）地线端子"E"和线路端子"L"要分别用单根导线与被测物相连，不能用双股线分别作"E"、"L"端子的连线。

（5）待手摇发电机转速均匀后，指针也随之稳定下来，此时可进行读数，若指针摇摆不定，可读取其中间值。

（6）测量电路芯线间绝缘电阻时，应先摇转 1 min，使芯线充满电后，再取读数。

2. 注意事项

（1）测量前必须切断被测设备电源并对地放电。

（2）在测绝缘电阻时，应先将防雷元件拆下。

（3）有可能感应高电压的设备，在可能性未消除前，不可进行测量。

（4）测量时，兆欧表应水平放置平稳。测量过程中，不可用手去触及被测物的测量部分，以防触电。

（5）手摇发电机要保持匀速，不可忽快忽慢地使指针不停地摆动。

（6）测量过程中，若发现指针为零，说明被测物的绝缘层可能击穿短路，此时应停止继续摇动手柄。

（7）温度、湿度、被测物的有关状况等对绝缘电阻的影响较大，为便于分析比较，记录数据时应反映上述情况。

（8）测量工作结束后，对被测物应进行充分放电，以保护设备及人身安全。

四、接地电阻测量仪

接地电阻测量仪可用于直接测量各种接地装置的接地电阻值，也可以测量低电阻导体的电阻值，还可以测量土壤电阻率。此表主要由手摇发电机、电流互感器、滑线电阻器、量程转换开关及检流计等组成，常用的有 ZC-8 接地电阻测试仪，如图 SA1-5 所示。

1. 使用方法

1）使用前的准备

开路零位：仪表测量端钮均为开路状态，摇动发电

图 SA1-5　ZC-8 接地电阻测试仪

机至 120 r/min，检流计指针在中心线偏移不大于 3 mm 处，即说明仪表开路零位正常。

短路零位：用短路片将仪表的测量端钮同时短路，倍率开关置于量程最低挡。顺时针旋转大旋钮使刻度盘于零刻度线以外，摇动发电机至 120 r/min，检流计指针应指在表盘中心线偏移不大于 1.5 mm 处，再逆时针旋转大旋钮，当刻度盘零刻度线与表盘中心线重合，检流计指针应随动即为正常。

2）接地电阻的测量

接地电阻测量的接线方法如图 SA1-6 所示。

（1）沿被测接地极 E，使电位探针 P 和电流探针 C，依直线彼此相距 20 m，且电位探针 P 插于接地极 E 和电流探针 C 之间。

（2）用导线将 E、P、C 连于仪表相应的端钮。

（3）将仪表放置水平位置，检查检流计指针是否指在中心线，如否则可用零位调整器将其调正指在中心线上。

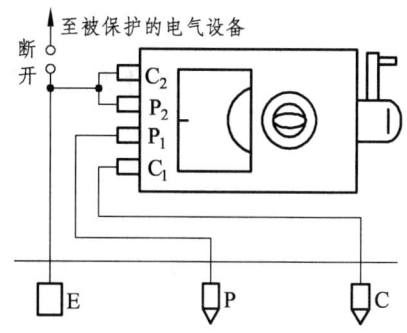

图 SA1-6　测量接地电阻接线

（4）将"倍率标度"置于最大倍数，慢慢转动发电机摇把，同时旋动"测量刻度盘"，使检流计指针指在中心线上。

（5）当检流计指针接近平衡时，加快发电机摇把的速度，使其达到 120 r/min 以上，调整"测量标度盘"，使指针指在中心线上。

（6）如"测量标度盘"的读数小于 1，应将"倍率标度"置于较小的倍数，再重新（5）的测量，以得到精确的读数。

（7）用"测量标度盘"的读数乘以"倍率标度"的倍数即为所测的接地电阻值。

2. 注意事项

（1）当检流计的灵敏度过高时，可将电位探针 P 插入土壤中浅一些。当检流计灵敏度不够时，可沿探针 P 和 C 注水使其湿润。

（2）当接地极 E 和电流探针 C 之间的距离大于 20 m 时，电位探针 P 的位置允许插在 E、C 之间的直线以外几米，其误差可忽略不计。当 E、C 之间的距离小于 20 m 时，则电位探针 P 应准确地插于 E 和 C 之间。

（3）当用 0～1/10/100 Ω 量程的仪表测量小于 1 MΩ 的接地电阻时，应将 C2、P2 间连接片打开，分别用导线连接到被测接地体上，以消除测量时连接导线电阻的附加误差，如测量高压输电线电塔的接地电阻。

（4）测量地线电阻时，应将地线同被保护的电气设备断开。

分模块 SB 专业技能

子模块 SB1 单项信号设备检修

一、色灯信号机检修

1. 色灯信号机检修（日巡视）

（1）检修周期：1 次/日。
（2）检修程序，如图 SB1-1 所示。

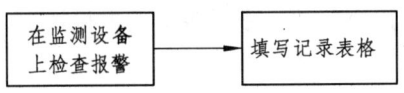

图 SB1-1 色灯信号机检修（日巡视）作业程序

（3）检修内容。
① 在监测设备上检查报警：检查信号机是否有报警。
② 填写记录表格：正确填写记录表格。

2. 色灯信号机检修（半年检）

（1）检修周期：1 次/半年。
（2）检修程序，如图 SB1-2 所示。

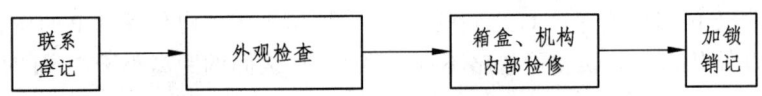

图 SB1-2 色灯信号机检修（半年检）作业程序

（3）安全注意事项。
首先应注意人身安全、行车安全。灯丝转换试验、电气特性测试必须在检修点内完成，避免影响行车。
（4）检修内容。
① 联系登记：
a. 指定专人负责联系登记要点防护工作。
b. 联系登记，经车站值班员同意并签字后方可开始作业。
② 外观检查，显示距离检查：
a. 基础稳固，硬化面完好，机柱正直。
b. 各种箱盒外部检查。

c. 机构、机柱及梯子机械强度检查。

d. 各部螺丝紧固注油,加锁检查。

③ 箱盒、机构内部检修:

a. 箱盒机构内部清扫,图物核对。配线端子、器材安装、防尘防水检查,不良整修。

b. 主副灯丝转换及报警试验,电气特性测试。

c. 测试点灯变压器 I、II 次侧电压,并符合有关规定。

d. 测试灯泡主、副丝端电压。

e. 认真填写各项测试、更换记录。

④ 加锁、销记:

a. 加锁。

b. 会同车站值班员试验良好,按相关规定和要求办理销记手续,经车站值班员签字后方可离开。

3. 色灯信号机检修(年检)

(1)检修周期:1 次/年。

(2)检修程序,如图 SB1-3 所示。

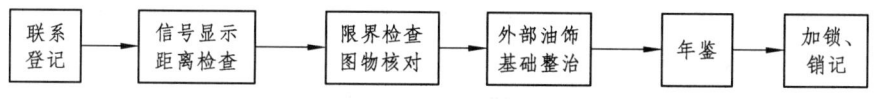

图 SB1-3　色灯信号机检修(年检)作业程序

(3)安全注意事项。

首先应注意人身安全、行车安全。灯丝转换试验、电气特性测试、绝缘测试必须在检修点内完成,避免影响行车。

(4)检修内容。

① 联系登记:

a. 指定专人负责联系登记要点防护工作。

b. 联系登记,经车站值班员同意并签字后方可开始作业。

② 信号显示距离检查:

信号机显示距离应符合有关要求,不良的调整。

③ 限界检查、图物核对:

信号机机构限界检查、配线图图物核对。

④ 外部油饰、基础整治:

对信号机除锈、油饰(含箱盒),书写编号,基础整治。

⑤ 年鉴:

对设备使用情况、维护情况进行年度鉴定。

⑥ 加锁销记:

a. 加锁。

b. 会同车站值班员试验良好,按相关规定和要求办理销记手续,经车站值班员签字后方可离开。

二、ZD6 型电动转辙机道岔检修

1. ZD6 型电动转辙机道岔检修（日巡视）

（1）检修周期：1 次/日。

（2）检修程序，如图 SB1-4 所示。

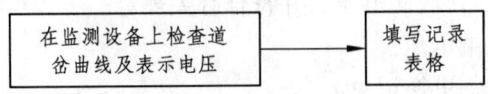

图 SB1-4　ZD6 型电动转辙机道岔检修（日巡视）作业程序

（3）检修内容。

① 检查曲线表示电压：在监测设备上检查并分析动作电流曲线是否正常，表示电压是否正常。

② 填写记录：

正确填写记录表格。

2. ZD6 型电动转辙机道岔检修（月检）

（1）检修周期：1 次/月。

（2）检修程序，如图 SB1-5 所示。

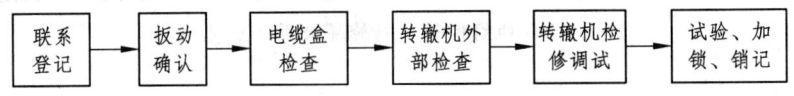

图 SB1-5　ZD6 型电动转辙机道岔检修（月检）作业程序

（3）安全注意事项。

首先应注意人身安全、行车安全，道岔扳动时应注意手脚不要放入尖轨和基本轨之间。各种检查必须在检修点内完成，避免影响行车。

（4）检修内容。

① 联系登记：

a. 指定专人负责联系登记要点防护工作。

b. 联系登记，经车站值班员同意并签字后方可开始作业。

② 扳动确认：

扳动确认所检修的道岔号码是否正确。

③ 电缆箱盒检查：

a. 箱盒外部检查，安装牢固、不歪斜、无裂纹、基础完好、清洁。

b. 箱盒内部清扫，检查配线端子、防尘防水。

④ 转辙机外部检查：

安装装置、各连接杆、连接板、轨距杆绝缘检查测试。

⑤ 转辙机检修调试：

a. 断开遮断器、机内各部件螺丝紧固，图物核对。

b. 调整道岔密贴、表示缺口。

c. 检查电机、减速器、摩擦连接器、自动开闭器、移位接触器、齿条块、配线。

d. ZD6 转辙机挤切实验。

⑥ 试验、验收、加锁、销记：

a. 电气特性测试并记录，道岔扳动试验：故障电流调整达标，道岔密贴、表示缺口达标，整机动作无异状，室内外道岔表示一致；牵引点处试验 2 mm 锁闭、4 mm 不锁闭。测试工作电压、电流及电机定、转子电阻。

b. 工长或作业组长验收，验收内容：电气特性达标、道岔扳动试验达标。

c. 试验良好，加锁、销记。

3. ZD6 型电动转辙机道岔检修（年检）

（1）检修周期：1 次/年。

（2）检修程序，如图 SB1-6 所示。

图 SB1-6　ZD6 型电动转辙机道岔检修（年检）作业程序

（3）安全注意事项。

首先应注意人身安全、行车安全，道岔扳动时应注意手脚不要放入尖轨和基本轨之间。各种检查必须在检修点内完成，避免影响行车。

（4）检修内容。

① 联系登记：

a. 指定专人负责联系登记要点防护工作。

b. 联系登记，经车站值班员同意并签字后方可开始作业。

② 扳动确认：

扳动确认所检修的道岔号码是否正确。

③ 道岔外部检查：

道岔安装方正、各部螺丝紧固检查，清扫注油。

④ 箱盒检查：

图物核对。

⑤ 道岔检修调试：

a. 断开遮断器、机内各部件螺丝紧固，图物核对。

b. 调整道岔密贴、表示缺口，挤切销抽出检查试验。

c. 检查电机、减速器、摩擦连接器、自动开闭器、移位接触器、齿条块、配线。

⑥ 外部油饰漆饰：

除锈、油饰、漆饰（含箱盒），书写编号。基础整治，箱盒防尘、防水整治。

⑦ 年鉴：

对设备使用情况、维护情况进行年度鉴定。

⑧ 加锁、销记：

a. 加锁良好。

三、ZDJ9 型电动转辙机道岔检修

1. ZDJ9 型电动转辙机道岔检修（日巡视）

（1）检修周期：1 次/日。

（2）检修程序，如图 SB1-7 所示。

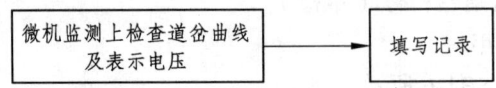

图 SB1-7　ZDJ9 型电动转辙机道岔检修（日巡视）作业程序

（3）检修内容。

① 检查曲线、表示电压：

在微机监测上检查动作电流曲线是否正常，表示电压是否正常。

② 填写记录：

正确填写记录表格。

2. ZDJ9 型电动转辙机道岔检修（周检/双周检/月检）

（1）检修周期：折返站道岔 1 次/周；中间站道岔 1 次/2 周；场、段试车线道岔 1 次/月。

（2）检修程序，如图 SB1-8 所示。

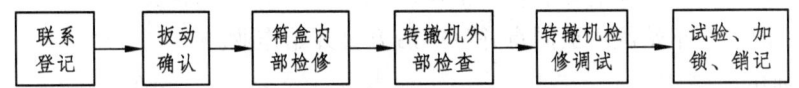

图 SB1-8　ZDJ9 型电动转辙机道岔检修（周检/双周检/月检）作业程序

（3）安全注意事项。

首先应注意人身安全、行车安全，道岔扳动时应注意手脚不要放入尖轨和基本轨之间。各种检查必须在检修点内完成，避免影响行车。

（4）检修内容。

① 联系登记：

a. 指定专人负责联系登记要点防护工作。

b. 联系登记，经车站值班员同意并签字后方可开始作业。

② 扳动确认：

扳动确认所检修的道岔号码是否正确。

③ 箱盒内部检修：

a. 箱内清扫，检查配线端子、防尘防水。

b. 配线整齐无伤痕，引线孔堵塞严密；各部螺丝紧固，标记清晰正确，配线图完好，图物相符。

④ 转辙机外部检查：

箱盒外部检查清扫、基础安装、防尘、防水设施整修。

⑤ 道岔检修调试：

a. 断开遮断器、机内各部件螺丝紧固，图物核对。

b. 调整道岔密贴、表示缺口。检查电机、减速器、摩擦联结器、滚珠丝杠、推板套、动作板、锁块、锁闭铁、自动开闭器、动作杆、锁闭（表示）杆。

⑥ 试验、验收、加锁销记：

a. 道岔扳动试验：道岔密贴，表示缺口达标，整机动作无异状，室内外道岔表示一致；第一牵引点处试验 2 mm 锁闭、4 mm 不锁闭，第二牵引点处试验 6 mm 不锁闭。

b. 电气特性达标，动作电压：380 V，动作电流：≤2 A。

c. 试验良好，加锁、销记。

3. ZDJ9 型电动转辙机道岔检修（年检）

（1）检修周期：1 次/年。

（2）检修程序，如图 SB1-9 所示。

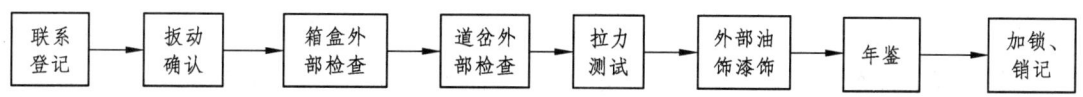

图 SB1-9　ZDJ9 型电动转辙机道岔检修（年检）作业程序

（3）安全注意事项。

首先应注意人身安全、行车安全，道岔扳动时应注意手脚不要放入尖轨和基本轨之间。各种检查必须在检修点内完成，避免影响行车。

（4）检修内容。

① 联系登记：

a. 指定专人负责联系登记要点防护工作。

b. 联系登记，经车站值班员同意并签字后方可开始作业。

② 扳动确认：

扳动确认所检修的道岔号码是否正确。

③ 箱盒内部检查：

箱盒内部图物核对。

④ 道岔外部检查：

道岔转辙机、杆件安装方正检查。

⑤ 拉力测试：

a. 使用专用设备测试道岔牵引力、摩擦力。

b. 正确填写记录表格。

⑥ 外部油饰漆饰：

外部除锈、油饰、漆饰（含箱盒），书写编号。基础整治，箱盒防尘、防水整治。

⑦ 年鉴：

对设备使用情况、维护情况进行年度鉴定。

⑧ 加锁、销记：

a. 加锁良好。

b. 同车站值班员试验良好，按有关规定和要求办理销记手续，经车站值班员签字后方可离开。

四、计轴设备检修

1. 计轴设备检修（日巡视）

（1）检修周期：值班点车站 3 次/日，其他集中站 1 次/日。

（2）检修程序，如图 SB1-10 所示。

（3）检修内容。

① 检查各部工作状态：

a. 计轴机柜各部指示灯显示是否正常。

b. 检查计轴复位盘破封情况，发现破封及时加封，并进行登记。

② 填写记录表格：

正确填写记录表格。

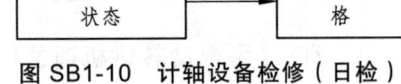

图 SB1-10　计轴设备检修（日检）作业程序

2. 计轴室内设备检修（月检）

（1）检修周期：1 次/月。

（2）检修程序，如图 SB1-11 所示。

（3）检修内容。

① 联系登记：

a. 指定专人负责联系登记要点防护工作。

b. 联系登记，经车站值班员同意并签字后方可作业。

② 室内计轴设备检查、测试：

a. 检查机柜各部指示灯显示是否正常。

b. 检查室内计轴主机和电源设备，各部配线、接插件。

c. 机柜内部清扫。

d. 电气特性测试，并正确填写表格。

③ 试验、销记：

试验良好，销记。

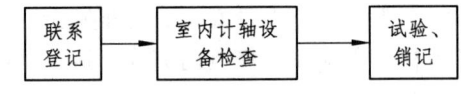

图 SB1-11　计轴室外设备检修（月检）作业程序

3. 计轴室外设备检修（季检）

（1）检修周期：1 次/季。

（2）检修程序，如图 SB1-12 所示。

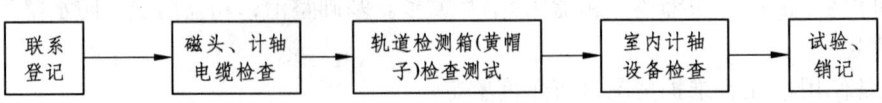

图 SB1-12　计轴室外设备检修（季检）作业程序

(3)检修内容。

① 联系登记:

a. 指定专人负责联系登记要点防护工作。

b. 联系登记,经车站值班员同意并签字后方可作业。

② 磁头、计轴电缆检查:

a. 磁头套管接地线安装情况检查。

b. 检查磁头状态、磁头距轨面距离、磁头与钢轨绝缘。

c. 计轴磁头外部清扫。

d. 轴电缆固定、防护、铭牌标记情况检查。

e. 对不常过车区段磁头进行滑轴实验。

③ 轨道检测箱(黄帽子)检查测试:

a. 外观检查、清扫,箱盒内部防尘、防水、端子紧固、铭牌标记状况检查并清扫,图物核对。

b. I 级电气特性测试,并正确填写表格。

c. 接地线安装情况检查。

④ 室内计轴设备检查:

a. 检查机柜各部指示灯显示是否正常。

b. 检查计轴复位盘破封情况,发现破封及时加封,并进行登记。

c. 检查室内计轴主机和电源设备,各部配线、接插件。

d. 级电气特性测试,并正确填写表格。

⑤ 试验、销记:

试验良好,销记。

4. 计轴设备检修(年检)

(1)检修周期:1 次/年。

(2)检修程序,如图 SB1-13 所示。

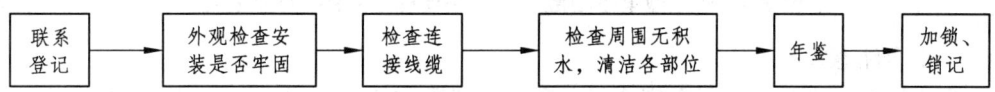

图 SB1-13 计轴设备检修(年检)作业程序

(3)检修内容。

① 联系登记:

a. 指定专人负责联系登记要点防护工作。

b. 联系登记,经车站值班员同意并签字后方可开始作业。

② 外观检查安装是否牢固:

a. 外观检查安装是否牢固、符合标准。

b. 信标位置、水平安装核对调整。

③ 检查连接线缆:

检查连接线缆无破损,固定、防护良好。

④ 检查周围无积水，清洁各部位：

a. 检查信标周围无积水，清除线路垃圾，清洁信标表面。

b. 信标编号印字。

⑤ 年鉴：

对设备使用情况、维护情况进行年度鉴定。

⑥ 试验、销记：

会同车站值班员试验良好，按相关规定和要求办理销记手续。

五、50 Hz 微电子相敏轨道电路检修

1. 50 Hz 微电子相敏轨道电路检修（日检）

（1）检修周期：1 次/日。

（2）检修程序，如图 SB1-14 所示。

（3）检修内容。

① 检查电路工作电压及各状态：

a. 检查轨道电路工作电压是否正常。

b. 检查轨道电路状态是否正常。

② 检查曲线填写记录：

正确填写记录表格。

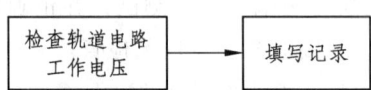

图 SB1-14　微电子相敏轨道电路检修（日检）作业程序

2. 50 Hz 微电子相敏轨道电路检修（月检）

（1）检修周期：1 次/月。

（2）检修程序，如图 SB1-15 所示。

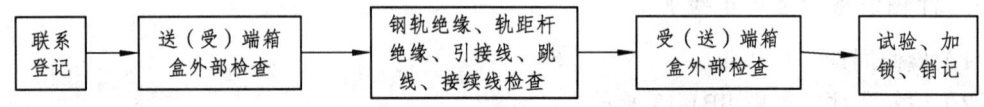

图 SB1-15　微电子相敏轨道电路检修（月检）作业程序

（3）安全注意事项。

首先应注意人身安全、行车安全。各种检查必须在检修点内完成，避免影响行车。

（4）检修内容。

① 联系登记：

a. 指定专人负责联系登记要点防护工作。

b. 联系登记，经车站值班员同意并签字后方可开始作业。

② 送（受）端变压器箱外部检查：

a. 基础埋设牢固、不破损，倾斜度不超过 10 mm，安装螺丝紧固，基础硬面化无破损，面上无杂物，四周无杂草，不积水。

b. 箱、盖完好无裂纹、破损、防尘、防水作用良好，加锁装置良好，活动部分油润无锈蚀。

③ 钢轨绝缘、轨距杆绝缘、引接线、跳线、接续线检查：

a. 钢轨绝缘检查。

b. 钢轨绝缘、轨距杆绝缘、钢轨引接线、跳线、接续线、道岔跳线不良整修，绝缘不良分解更换。

④ 受（送）端变压器箱外部检查：

a. 基础整治。

b. 箱盒防尘、防水整治。

⑤ 试验、加锁、销记：

试验良好，加锁销记。

3. 50 Hz 微电子相敏轨道电路检修（季检）

（1）检修周期：1 次/季。

（2）检修程序，如图 SB1-16 所示。

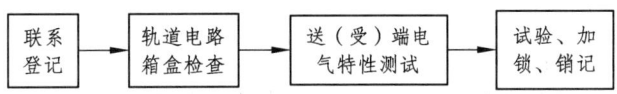

图 SB1-16 微电子相敏轨道电路检修（季检）作业程序

（3）安全注意事项。

首先应注意人身安全、行车安全。各种检查必须在检修点内完成，避免影响行车。

（4）检修内容。

① 联系登记：

a. 指定专人负责联系登记要点防护工作。

b. 联系登记，经车站值班员同意并签字后方可开始作业。

② 轨道电路箱盒检查：

各部配线端子与螺丝不松动、锈蚀，配线整齐、不破皮，线环无反上现象，名牌标记完整，清晰正确。

③ 送（受）端电气特性测试：

测试并正确填写记录表格。

④ 验收、试验、加锁、销记：

试验良好，加锁销记。

4. 50 Hz 微电子相敏轨道电路检修（年检）

（1）检修周期：1 次/年。

（2）检修程序，如图 SB1-17 所示。

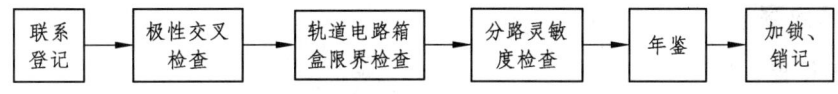

图 SB1-17 微电子相敏轨道电路检修（年检）作业程序

（3）安全注意事项。

首先应注意人身安全、行车安全。各种检查必须在检修点内完成，避免影响行车。

(4)检修内容。

① 联系登记：

a. 指定专人负责联系登记要点防护工作。

b. 联系登记，经车站值班员同意并签字后方可开始作业。

② 极性交叉检查：

对轨道电路各区段的极性交叉情况进行检查。

③ 限界检查：

对轨道电路各箱盒限界进行检查。

④ 分路灵敏度测试：

轨道电路各区段进行分路灵敏度测试。

⑤ 年鉴：

对设备使用情况、维护情况进行年度鉴定。

⑥ 加锁、销记：

a. 试验良好，加锁销记。

b. 会同车站值班员试验良好，按有关规定和要求办理销记手续，经车站值班员签字后方可离开。

子模块 SB2　转辙机轮修

一、ZD6 型电动转辙机轮修

1. 轮修周期：1 次/5 年。

2. 轮修程序，如图 SB2-1 所示。

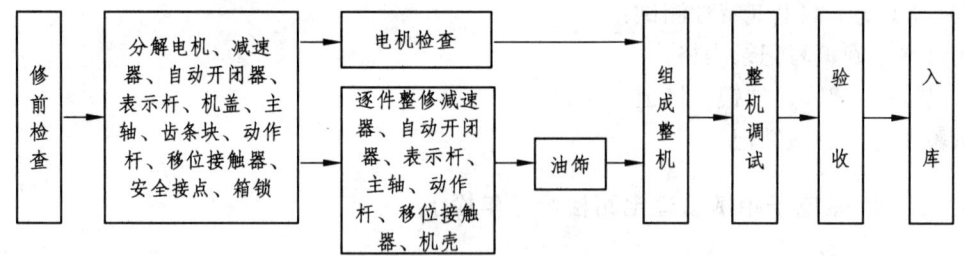

图 SB2-1　ZD6 型电动转辙机轮修作业程序

3. 检修内容

1）修前检查

（1）各种零部件是否齐全、是否破损，编号是否相符。

（2）锁闭圆弧及削尖齿的磨耗。

（3）主轴及锁闭齿轮的串量。

（4）启动片与速动片的间隙。
（5）启动片与内齿轮的间隙。
（6）速动片在锁闭前滞后于起动片。
（7）速动片在解锁前滞后于起动片。
（8）滚轮滚动情况。
（9）试验表示杆。
（10）填写如上检查记录。
（2）逐件整修
（1）机壳：
① 机壳内外壁去漆、清洗、整修。
② 目测、手摸、锤敲，听声音判断是否有裂纹。
③ 整修进线板、架、堵孔、箱锁。
（2）减速器：
① 用手轻轻转动输入轴测试是否灵活，是否卡阻。
② 用深度尺测量输入轴和输出轴的轴向窜动。
③ 用塞尺检查内齿轮端面与启动片的间隙。
④ 检查输出轴上八个滚棒。
⑤ 检查内齿轮与减速器外壳。
⑥ 检查各种轴承。
⑦ 测量夹轴板螺钉进入深度。
⑧ 用测试台测试空载电流。
⑨ 带负载测试摩擦电流。
⑩ 用尺子检查弹簧相邻间隙。
（3）自动开闭器：
① 检查各部件磨损情况，有无裂纹、损伤。
② 座面打光。
③ 消旷。
（4）动作杆：
① 用取挤切销工具上下转动挤切销看是否灵活。
② 测试顶杆动程。
③ 检查锁闭齿轮和齿条块及削尖圆弧磨损情况。
④ 用塞尺检查锁闭齿轮启动齿在齿条块缺口槽中间的间隙。
⑤ 试装动作杆、齿条块，了解各销孔对位情况。
⑥ 用深度尺测试顶杆与齿条块上平面间隙。
⑦ 采用百分表检查动作杆圆孔套的旷动。
⑧ 用塞尺检查齿条块与底壳间隙。
（5）表示杆：
① 用深度尺检查表示杆检查块的上平面尺寸。
② 移动检查表示杆看是否灵活。

③ 用游标卡尺检查锁块磨损情况及表示杆高度。
④ 采用百分表检查表示杆方孔套的旷动。
（6）移位接触器：
① 用移位接触器调整仪测试触头行程距离；
② 用测力计测试常闭接点接触压力。
（7）主轴：
① 检查主轴套 206#轴承磨损情况，轴承转动是否灵活。
② 止挡栓无旷动。
③ 用检查尺检查速动片与启动片之间的间隙。
3）油　饰
机壳、机盖、自动开闭器、减速器、止挡栓等部件脱去旧漆，刷漆时将油漆搅匀，涂一次底漆、二次面漆。
4）组成整机
① 箱锁安装及开关试验。
② 安全接点安装及推位试验。
③ 齿条块、动作杆及表示杆安装。
④ 主轴安装。
⑤ 移位接触器安装及试验。
⑥ 自动开闭器（速动衬套、速动片、启动片）：放入并紧固；沿轴顺利将速动衬套推入开闭器；沿主轴方向放入速动片和启动片。
⑦ 减速器转动主轴，使输出轴同启动片相对放入紧固。
⑧ 电机安装。
⑨ 按配线图配线。
5）整机调试
① 自动开闭器调整。
② 表示杆推、拉试验。
③ 各部件调整、检查、紧固、注油。
④ 电气性能测试：额定负载；额定电流；额定转换时间；故障电流；额定电压；绝缘电阻；电机火花。
6）验　收
① 自检互检：自检合格后进行互检，互检合格后交验收员验收。
② 验收员验收：检修者将检修记录表交验收员；验收员按检修记录表内容逐项检查测试；打紧固标记。

二、ZD6 型电动转辙机轮修方法及标准

1. ZD6 型电动转辙机减速器检修方法及标准

1）减速器检修方法
（1）分解组装时用专用拆装机具。

（2）部件用汽油清洗，有损伤、裂纹的应更换。

（3）外壳与内齿轮输出端不应过紧，过紧时用 00#砂纸研磨，其光洁度为▽6。

（3）行星齿轮与轴配合不能过松，更换时要成组更换。

（4）更换摩擦带用夹具划线打孔安装。

（5）内部涂铁路二号锂基脂润滑。

（6）用深度尺测出夹板轴螺孔深度与螺钉比较。

2）减速器检修标准

（1）输入轴和输出轴的轴向串动≯1.5 mm。

（2）内齿轮端面与起动片之间隙≮0.5 mm。

（3）输出轴上的八个滚棒应压紧并垂直，不得松动。

（4）内齿轮与减速器壳处于同心位置，两者磨耗间隙超过 0.5 mm 时应报废。

（5）减速器内各滚动轴承不得松动，转动灵活（不加外力时，行星齿轮能自动落下为不合格）。

（6）夹轴板不得松动。

（7）松开摩擦带紧固螺丝，测试减速器空载电流，应≯0.8 A。

（8）摩擦电流正反偏差≤0.3 A。

（9）摩擦电流在 2.6～2.9 A 条件下，弹簧相邻圈最小间隙≮1.5 mm，弹簧及弹簧支撑垫大圆台不得与夹板接触。

2．ZD6 型电动转辙机自动开闭器检修方法及标准

1）自动开闭器检修方法

（1）用专用工具分解各部件，逐件查修。

（2）更换磨损超标的连接销、速动爪滚轮。

（3）接点片磨损厚度超过 1/3 时应更换。

（4）用调整工具调整静接点使其受力均匀，压力为 4.9～14.7 N，动接点与静接点的接触应成线性。

（5）连接板厚度为 8 mm。

（6）拐肘与拐轴扁方夹角为：48°±12′。

（7）自动开闭器拐轴与支架方孔紧配合。

2）自动开闭器检修标准

（1）速动爪上的滚轮应垂直爪面，滚动灵活不偏磨。

（2）动接点不得低于静接点片，静接点片不得被动接点座圆柱凸台撑开。

（3）动接点在静接点内的接触深度≮4 mm，手扳动接点其旷动≯2.5 mm。

（4）动接点与静接点组的接触深度两侧相差≯1.5 mm，动接点与静接点沿进入方向中分线偏差≯0.5 mm。

（5）检查柱与其圆孔之间间隙≯0.5 mm。

3. ZD6 型电动转辙机动作杆检修方法及标准

1）动作杆检修方法

（1）松开螺堵，用取挤切销工具提出挤切销，检查清除齿条孔内铁屑杂物并涂润滑油脂防锈。

（2）齿条块削尖齿和锁闭齿轮未达标时更换。

（3）克服锁闭齿轮串量采用加垫片，克服主轴串量在轴套中加内垫。

（4）旷动超限时进行整修扩孔加垫。

2）动作杆检修标准

（1）连接齿条块与动作杆的主、副销应能顺利放入动作杆的圆形和扁圆形的挤切孔内。

（2）顶杆上升动程≤2.5 mm。

（3）动作杆与齿条块相对的轴向错移量和圆周方向的转动量均≯0.3 mm。

（4）锁闭齿轮圆弧和削尖齿圆弧棱角磨耗应≯R1.5 mm。

（5）锁闭齿轮圆弧和削尖齿圆弧半径分别为 R39-0.05 mm 和 R39 + 0.05 mm，磨耗≯0.05 mm，表面硬度为 HRC45～50°。

（6）锁闭齿轮起动齿应在齿条块缺槽的中间，两边间隙为 2±1 mm。

（7）顶杆应低于齿条块上平面 0.1～1 mm。

（8）动作杆与圆孔套的旷动量≯0.5 mm。

（9）圆孔套安装后，齿条块与底壳不悬空，间隙≯0.3 mm。

4. ZD6 型电动转辙机表示杆检修方法及标准

1）表示杆检修方法

（1）分解清洗，检查是否有变形并用平台校直，抛光除锈，光洁度达到▽4。

（2）检查块装入表示杆腔内后用手推动无卡阻。

（3）检查块磨损补焊整修。

（4）旷动超限时进行整修。

2）表示杆检修标准

（1）检查块上平面应低于表示杆上平面 0.2～0.8 mm。

（2）在手动条件下，检查块应动作灵活。

（3）检查柱落进检查块缺口后，两侧间隙总和最小为 3.00 mm，最大为 3.28 mm。

（4）表示杆高度 < 33.7 mm 时应报废。

（5）表示杆与方孔套的旷动量≯0.5 mm。

5. ZD6 型电动转辙机移位接触器检修方法及标准

1）移位接触器检修方法

（1）用测试仪测试检查接触器的机械动作性能，调整调节筒，将触头行程调至（0.7±0.1）mm 行程时，接点可靠断开，调至 0.9 mm 时，接点跳起。

（2）测试调整移位接触器。

2）移位接触器检修标准

（1）触头行程为（0.7±0.1）mm。

（2）接点接触压力≮0.79 N。

6. ZD6型电动转辙机主轴检修方法及标准

1）主轴检修方法

（1）用机具分解主轴并清洗、除锈、抛光。

（2）轴承磨耗过大要更换，轴承内注润滑剂。

（3）当间隙过大时，整修速动片和起动片。

2）主轴检修标准

（1）锁闭齿轮与主轴轴向串动≯0.3 mm，径向间隙为0.1～0.2 mm。

（2）主轴与速动衬套径向间隙≯0.2 mm。

（3）主轴与起动片径向间隙≯1.2 mm。

三、ZD6电机轮修

1. 检修周期：1次/5年。

2. 检修程序，如图SB2-2所示。

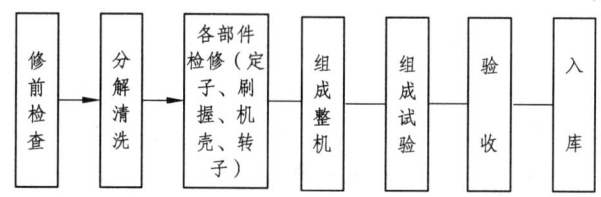

图 SB2-2　ZD6型电机轮修作业程序

3. 检修内容

1）修前检查

（1）外观检查：零件完整；有无裂纹、破损；转动试验。

（2）电气性能测试：电阻（万用表）；绝缘电阻（兆欧表）；绕阻间短路测试（短路测试仪）；断路测试（万用表）；碳刷长度（游标卡尺）；轴向窜动（百分表）；径向跳动（百分表）；火花（目测）；动作电流（带额定负载测试）；转速。

2）分解清洗

拆卸端子板及塑料套管；取碳刷；扒齿轮；扒端盖（专用机具）；扒轴盖（专用机具）；拆卸转子；用电烙铁焊开两定子连接点，并做好标记；拆卸极掌及定子线包；拆卸刷握；清洗各零部件。

3）各部件检修

定子：线圈及引线（目测）；磁极；单圈电阻（电桥）；绝缘电阻（兆欧表）；

转子：转子端部（目测）；轴（用百分表测量），轴头校正，机具校正，磨损的用金属涂铲加工达到要求；短路试验（用短路测试仪检测）；断路检查（用万用表测量）；片间电阻（用万用表测量）；换向器；轴承；浸漆、烘烤。

机壳：前后端盖检查；前端盖进线孔倒角，防止引线被割破，用铲刀倒角 0.5×45°；检查 M6 螺杆与机壳之间的间隙，防止间隙过小挤压定子线造成破皮接点；油饰。

4）组成整机

装刷握；把极掌及定子线包装入机壳内，上紧固定螺栓；焊接两定子连线；转子装入机壳；装齿轮（压装）；装碳刷；引出线装防护套管，按使用方式连接配线。

5）组成试验

（1）定子电阻（用电桥测量）。

（2）转子刷间总电阻（用电桥测量）。

（3）转速（用专用仪器测量）。

（4）额定电流。

（5）绝缘电阻（导电部分与外壳间，用兆欧表测量）。

（6）火花。

6）验　收

（1）自检、互检。

检修完的电机，检修者应进行一次全面仔细的检查，自检合格后进行互检，互检合格后交验收员验收。

（2）验收员验收。

检修者将检修记录卡交验收员；验收员按验收表项目进行全面验收。

4. 检修标准

（1）电阻标准：定子电阻 5.3~5.7 Ω，转子电阻 4.9~5.1±0.245 Ω。

（2）测试绝缘电阻（欧姆）：定子引线对壳绝缘不小于 30 MΩ，线间绝缘不小于 100 MΩ。转子对壳绝缘不小于 100 MΩ。

（3）绕组间无短路及断路情况。

（4）测试碳刷长度 ≮13 mm。

（5）测试轴向窜动 ≯0.4 mm。

（6）测试径向跳动 ≯0.1 mm。

（7）电机火花不大于 1.5 级。

（8）在额定电压 160 V，转矩 0.882 6 N·m 时，电流不大于 2 A，转速不少于 2 400 r/min，功率不小于 220 W。

子模块 SB3　继电器轮修

一、安全型无极继电器轮修

1. 检修周期：故障修（其中道岔组合中 JWJXC-H125/80、JWJXC-480、JWXC-1700

跟随 JYJXC-160/260 周期一并更换）。

2. 检修程序，如图 SB3-1 所示。

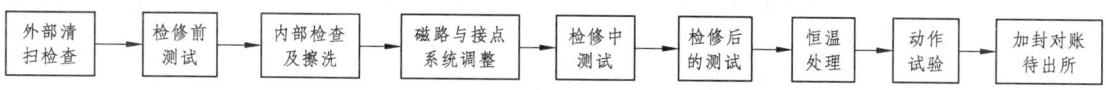

图 SB3-1　安全型无极继电器检修

3. 检修内容

1）外部清扫检修

（1）清扫外部尘土及污物。

（2）检查外罩及各部有无破损、残缺。

（3）检查封印是否完整。

（4）继电器所有的可动部分和导电部分，不论在何种情况下与外罩均须有 2 mm 以上间隙。

2）检修前测试

（1）测试释放值：先将线圈电压（电流）升至过载值后下降至前接点断开之值。

（2）测试工作值：继续将电压（电流）降至零，切断电源 1s 后，再升电压（电流）至前接点完全闭合之值。

（3）测试反向工作值：继续升电压（电流）至过载值降至零，改变电源极性，再升高电压（电流）至继电器完全吸合之值。

（4）测试缓放、缓吸时间。

（5）测试线圈电阻。

（6）测试接点电阻。

（7）测试绝缘电阻。

3）内部检查及擦洗

（1）线圈系统检查：线圈架检查；线圈引线及焊片检查。

（2）磁路系统检查：钢丝卡检查；铁心检查；轭铁检查；衔铁及止片检查；检查衔铁安装及吸起时与铁心的间隙。

（3）接点插片及底座内部检查（卸下底座，取下防尘垫）：检查接点插片间有无异物；接点组及各部螺丝检查紧固；各单元及底座胶木检查；清扫接点插片、防尘垫及底座；调整插片。

（4）接点系统检查：接点片及托片检查；接点触头检查；接点位置检查；接点拉杆、轴及绝缘轴检查；装好防尘垫及底座，紧固底座螺丝，检查确认型号识别盖；手推衔铁或通电检查继电器整体动作。

（5）接点系统清擦去污：擦去接点各部的氧化物；擦去加强接点面的氧化物及烧损痕迹。

4）磁路与接点系统调整

（1）将接点片调整平直。

（2）调整接点压力、托片间隙、接点间隙。

（3）调整同类接点片齐度。

(4) 检查衔铁重锤与下止片之间的间隙。

5) 检修中测试

测试释放值、工作值及缓放、缓吸时间。当测试特性不合格时,应查明原因处理。

6) 检修后的测试

(1) 测试释放值、工作值、反向工作值及缓放、缓吸时间。

(2) 测试接点电阻。

(3) 测试绝缘电阻。

(4) 外罩检查、擦净,填写测试小票,由互检人员外观检查合格后交验收员检验。

7) 恒温处理

将继电器放入恒温箱进行恒温处理。

8) 动作试验及微调

(1) 检修好的继电器,在测试台或者动作试验台上进行动作试验。

(2) 检查接点组的断接齐度,不合标准的进行微调。

9) 验收及加封

(1) 验收员按验收范围对机械特性、电气特性进行检查测试,确认合格后在小票上签章。

(2) 清扫确认良好后,上罩贴票加封,放入成品架上待出所。

二、安全型整流继电器检修

1. 检修周期:1 次/10 年。

2. 检修程序,如图 SB3-2 所示。

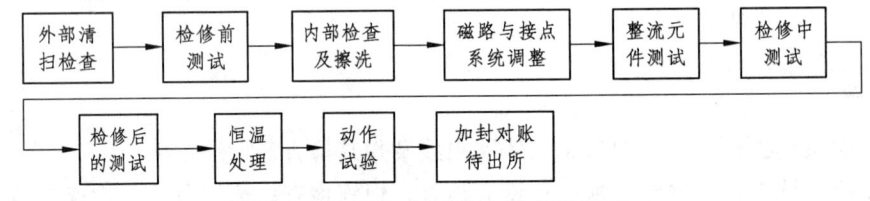

图 SB3-2 安全型整流继电器检修

3. 检修内容

1) 外部清扫检修

(1) 清扫外部尘土及污物。

(2) 检查外罩及各部有无破损、残缺。

(3) 检查封印是否完整。

(4) 继电器所有的可动部分和导电部分,不论在何种情况下与外罩均须有 2 mm 以上间隙。

2) 检修前测试

(1) 测试释放值、工作值及缓放时间。

(2) 测试线圈电阻。

(3) 测试接点电阻。

（4）测试绝缘电阻。

3）内部检查及擦洗

（1）线圈系统检查：线圈架检查；线圈引线及焊片检查。

（2）磁路系统检查：钢丝卡检查；铁心检查；轭铁检查；衔铁及止片检查；检查衔铁安装及吸起时与铁心的间隙。

（3）接点插片及底座内部检查（卸下底座，取下防尘垫）：检查接点插片间有无异物；接点组及各部螺丝检查紧固；各单元及底座胶木检查；清扫接点插片、防尘垫及底座；调整插片。

（4）接点系统检查：接点片及托片检查；接点触头检查；接点位置检查；接点拉杆、轴及绝缘轴检查；装好防尘垫及底座，紧固底座螺丝，检查确认型号识别盖；手推衔铁或通电检查继电器整体动作。

（5）接点系统清擦去污：擦去接点各部的氧化物；擦去加强接点面的氧化物及烧损痕迹。

4）整流元件测试

（1）测试整流元件——二极管正向压降。

（2）检查印刷电路板。

5）磁路与接点系统调整

（1）将接点片调整平直。

（2）调整同类接点片齐度。

（3）检查衔铁重锤与下止片之间的间隙。

6）检修中测试

测试释放值、工作值及缓放、缓吸时间。当测试特性不合格时，应查明原因并处理。

7）检修后的测试

（1）测试释放值、工作值、时间特性，方法同检修前测试。

（2）测接点电阻及绝缘电阻。

（3）检查确认电源片直流极性。

（4）外罩检查、擦净，填写试验小票后交验收员。

8）恒温处理

将继电器放入恒温箱进行恒温处理。

9）动作试验及微调

（1）检修好的继电器，在测试台或者动作试验台上进行动作试验。

（2）检查接点组的断接齐度，不合标准的进行微调。

10）验收及加封

（1）验收员按验收范围对机械特性、电气特性进行检查测试，确认合格后在小票上签章。

（2）清扫确认良好后，上罩贴票加封，放入成品架上待出所。

三、安全型偏极（缓放）继电器检修

1. 检修周期：1次/5年（视道岔动作次数的多少应适当缩短检修周期）。

2. 检修程序，如图 SB3-3 所示。

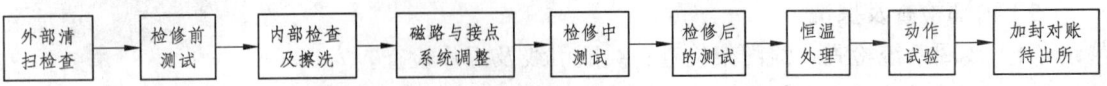

图 SB3-3　安全型偏极（缓放）继电器检修

3. 检修内容

1）外部清扫检修

（1）清扫外部尘土及污物。

（2）检查外罩及各部有无破损、残缺。

（3）检查封印是否完整。

（4）继电器所有的可动部分和导电部分，不论在何种情况下与外罩均须有 2 mm 以上间隙。

2）检修前测试

（1）测试释放值。

（2）测试工作值。

（3）测反向不吸起值。

（4）测释放时间。

（5）测试线圈电阻、接点电阻、绝缘电阻。

3）内部检查及擦洗

（1）线圈系统检查：线圈架检查；线圈引线及焊片检查。

（2）磁路系统检查：钢丝卡检查；铁心检查；轭铁检查；衔铁及止片检查；检查衔铁安装及吸起时与铁心的间隙。

（3）接点插片及底座内部检查（卸下底座，取下防尘垫）：检查接点插片间有无异物；接点组及各部螺丝检查紧固；各单元及底座胶木检查；清扫接点插片、防尘垫及底座；调整插片。

（4）接点系统检查：接点片及托片检查；接点触头检查；接点位置检查；接点拉杆、轴及绝缘轴检查；装好防尘垫及底座，紧固底座螺丝，检查确认型号识别盖；手推衔铁或通电检查继电器整体动作。

（5）接点系统清擦去污：擦去接点各部的氧化物；擦去加强接点面的氧化物及烧损痕迹。

（6）偏极磁钢剩余磁通量测量。

4）磁路与接点系统调整

（1）将接点片调整平直。

（2）调整接点压力。

（3）调整托片间隙。

（4）调整接点间隙。

5）检修中测试

测试释放值、工作值、反向吸起值、释放时间。当测试特性不合格时，应查明原因处理。

6）检修后的测试

（1）测试释放值、工作值、时间特性，方法同检修前测试。

（2）测接点电阻及绝缘电阻。
（3）检查确认电源片直流极性。
（4）外罩检查、擦净，填写试验小票后交验收员。

7）恒温处理

将继电器放入恒温箱进行恒温处理。

8）动作试验及微调

（1）检修好的继电器，在测试台或者动作试验台上进行动作试验。
（2）检查接点组的断接齐度，不合标准的进行微调。

9）验收及加封

（1）验收员按验收范围对机械特性、电气特性进行检查测试，确认合格后在小票上签章。
（2）清扫确认良好后，上罩贴票加封，放入成品架上待出所。

四、安全型有极（加强）接点继电器检修

1. 检修周期：1次/年（动作次数达到12万次必须下线入所检修）。

2. 检修程序，如图 SB3-4 所示。

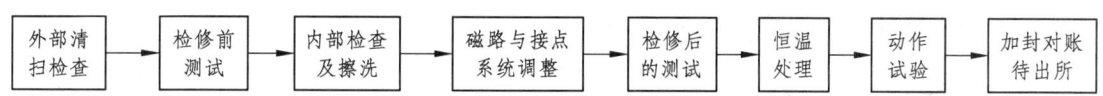

图 SB3-4　安全型有极（加强）接点继电器检修

3. 检修内容

1）外部清扫检修

（1）清扫外部尘土及污物。
（2）检查外罩及各部有无破损、残缺。
（3）检查封印是否完整。
（4）继电器所有的可动部分和导电部分，不论在何种情况下与外罩均须有 2 mm 以上间隙。

2）检修前测试

（1）测试转极值时，检查极性是否正确。
（2）测圈吸起值及后圈打落值。
（3）测试线圈电阻、接点电阻、绝缘电阻。

3）内部检查与擦洗

（1）线圈系统检查：线圈架检查；线圈引线及焊片检查。
（2）磁路系统检查：钢丝卡检查；铁心检查；轭铁检查；衔铁及止片检查；检查衔铁安装及吸起时与铁心的间隙；永久磁钢检查。
（3）接点系统检查：接点片及托片检查；接点触头检查；接点位置检查；接点拉杆、轴及绝缘轴检查；装好防尘垫及底座，紧固底座螺丝，检查确认型号识别盖；手推衔铁或通电检查继电器整体动作；磁熄弧器安装；磁熄弧器极性；隔弧云母片。

（4）接点擦洗去污：擦去接点各部的氧化物；擦去加强接点面的氧化物及烧损痕迹。

4）磁路与接点系统调整

（1）将接点片调整平直。

（2）调整接点压力、间隙及托片间隙。

（3）测试正常转极值。

5）检修后测试

（1）按检修前测试方法测试。

（2）擦净外罩，填写测试小票，互检合格后交验收员验收。

6）恒温处理

将继电器放入恒温箱进行恒温处理。

7）动作试验及微调

（1）检修好的继电器，在测试台或者动作试验台上进行动作试验。

（2）检查接点组的断接齐度，不合标准的进行微调。

8）验收及加封

（1）验收员按验收范围对机械特性、电气特性进行检查测试，确认合格后在小票上签章。

（2）清扫确认良好后，上罩贴票加封，放入成品架上待出所。

五、时间继电器继电器检修

1. 检修周期：1次/年。

2. 检修程序，如图 SB3-5 所示。

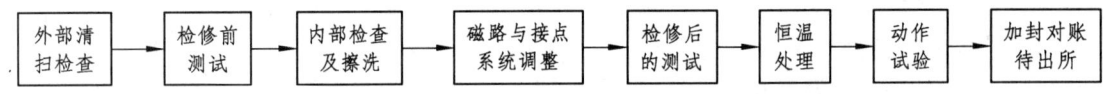

图 SB3-5　时间继电器检修

3. 检修内容

1）外部清扫检修

（1）清扫外部尘土及污物。

（2）检查外罩及各部有无破损、残缺。

（3）检查封印是否完整。

（4）继电器所有的可动部分和导电部分，不论在何种情况下与外罩均须有 2 mm 以上间隙。

2）检修前测试

（1）测试转极值时，检查极性是否正确。

（2）测圈吸起值及后圈打落值。

（3）测试线圈电阻、接点电阻、绝缘电阻。

（4）分别测试 180 s、30 s、13 s、3 s 延时。

3）内部检查与擦洗

（1）线圈系统检查：线圈架检查；线圈引线及焊片检查。

（2）磁路系统检查：钢丝卡检查；铁心检查；轭铁检查；衔铁及止片检查；检查衔铁安装及吸起时与铁心的间隙。

（3）接点插片及底座内部检查（卸下底座，取下防尘垫）：检查接点插片间有无异物；接点组及各部螺丝检查紧固；各单元及底座胶木检查；清扫接点插片、防尘垫及底座；调整插片。

（4）接点系统检查：接点片及托片检查；接点触头检查；接点位置检查；接点拉杆、轴及绝缘轴检查；装好防尘垫及底座，紧固底座螺丝，检查确认型号识别盖；手推衔铁或通电检查继电器整体动作。

（5）接点系统清擦去污：擦去接点各部的氧化物；擦去加强接点面的氧化物及烧损痕迹。

（6）印刷电路板的检查与修理：检查印刷板电路的引出线；检查各元件在印刷电路板上的焊接；检查印刷电路板。

4）磁路与接点系统及延时调整

（1）将接点片调整平直。

（2）调整接点压力、托片间隙、接点间隙。

（3）调整同类接点片齐度。

（4）检查衔铁重锤与下止片之间的间隙。

（5）时控单元的延时调整。

5）检修后测试

（1）测试继电器落下值、工作值。

（2）测试 180 s、30 s、13 s、3 s 延时。

（3）测试接点电阻、绝缘电阻。

（4）擦净外罩，填写测试小票，互检合格后交验收员验收。

6）恒温处理

将继电器放入恒温箱进行恒温处理。

7）动作试验及微调

（1）检修好的继电器，在测试台或者动作试验台上进行动作试验。

（2）检查接点组的断接齐度，不合标准的进行微调。

8）验收及加封

（1）验收员按验收范围对机械特性、电气特性进行检查测试，确认合格后在小票上签章。

（2）清扫确认良好后，上罩贴票加封，放入成品架上待出所。

子模块 SB4　电源设备检修

一、信号电源屏检修

1. 信号电源屏检修（日巡视）

（1）检修周期：集中站 1 次/日，非集中站 2 次/周。

（2）检修程序，如图 SB4-1 所示。

（3）检修内容。

① 外观检查：

各仪表、表示灯及元器件外观检查，无过热、噪音异味。

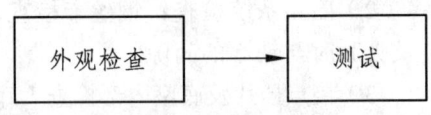

图 SB4-1　信号电源屏检修（日巡视）作业程序

② 测试：

通过微机监测或电源屏监控单元测试电源屏电气特性，并正确填写记录表格。

2. 信号电源屏检修（月检）

（1）检修周期：1次/月。

（2）检修程序，如图 SB4-2 所示。

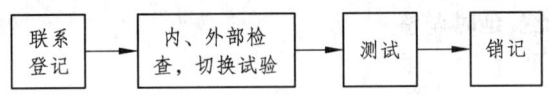

图 SB4-2　信号电源屏检修（月检）作业程序

（3）安全注意事项。

首先应注意人身安全、行车安全。各种检查必须在检修点内完成，避免影响行车。

（4）检修内容。

① 联系登记：

联系登记，经车站值班员同意并签字后方可开始作业。

② 内、外部检查，切换试验：

a. 外部检查清扫，查看屏内设备、指示灯、仪表状况。

b. 检查两路输入电源及各路输出电源是否正常。

c. 检查两路切换是否正常，检查主备间转换是否正常。

d. 检查备用模块是否正常。

e. 检查室内环境温度、湿度是否在允许范围内。

f. 监控单元功能检查，调阅监控数据。

③ 测试：

通过仪器仪表测试电源屏电气特性，并正确填写测试表格。

④ 销记：

试验良好，销记。

3. 信号电源屏检修（年检）

（1）检修周期：1次/年。

（2）检修程序，如图 SB4-3 所示。

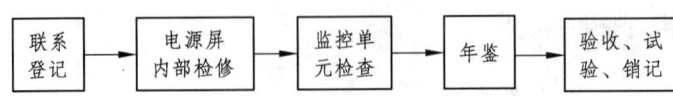

图 SB4-3　信号电源屏检修（年检）作业程序

（3）安全注意事项。

首先应注意人身安全、行车安全。各种检查必须在检修点内完成，避免影响行车。

（4）检修内容。

① 联系登记：

联系登记，经车站值班员同意并签字后方可开始作业。

② 电源屏内部检修：

a. 断路器、按钮、手柄、表示灯，配线检查。

b. 熔断器、断路器容量、铭牌、图物核对。

c. 电源屏内检查测试，各种器材元件无异状。

d. 紧急直供功能试验。

e. 检查监控单元显示屏是否正常。

f. 检查告警功能是否正常。

g. 紧固件有无松动及脱落。

③ 监控单元检查：

检查监控单元时间显示是否正确、各检测数据是否与实测值一致，误差在允许范围内。

④ 年鉴：

对设备使用情况、维护情况进行年度鉴定。

⑤ 验收、试验、销记：

试验良好，销记。

二、UPS 检修

1. UPS 检修（日检）

（1）检修周期：1 次/月。

（2）检修程序，如图 SB4-4 所示。

图 SB4-4　UPS 检修（月检）作业程序

（3）检修内容。

① 联系登记：

联系登记，经车站值班员同意并签字后方可开始作业。

② UPS 检查、测试：

a. UPS 设备和蓄电池设备上及四周不得堆放杂物，表面清洁，熔断器、断路器容量、铭牌，图物核对。

b. UPS 无告警显示，无异响。

c. UPS 工作指示灯正常，在正常范围内（显示屏显示正常）。

d. UPS 风扇工作正常。

e. 观察蓄电池有无漏液、破损。

f. 电池放电试验（1 次/季）。

③ 填写记录表格、销记：

工作结束后，正确填写测试记录表格，并清点机具、仪表齐全，销记。

2. UPS检修（年检）

（1）检修周期：1次/年。
（2）检修程序，如图SB4-5所示。

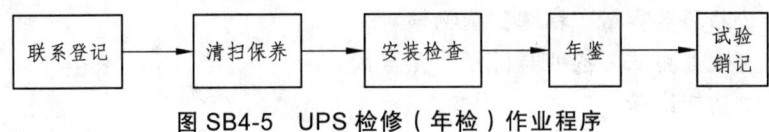

图SB4-5　UPS检修（年检）作业程序

（3）检修内容。
① 联系登记：
联系登记，经车站值班员同意并签字后方可开始作业。
② 清扫保养：
UPS机柜、电池柜内部清扫。
③ 安装检查：
UPS机柜、电池柜安装情况检查，各部螺丝紧固。
④ 年鉴：
对设备使用情况、维护情况进行年度鉴定。
⑤ 试验、销记：
试验良好，销记。

子模块SB5　计算机联锁设备检修

一、iLOCK计算机联锁设备检修

1. iLOCK计算机联锁设备检修（日巡视）

（1）检修周期：值班点车站3次/日，其他集中站1次/日。
（2）检修程序，如图SB5-1所示。
（3）检修内容。
① 检查各指示灯、温湿度、报警情况：
a. 检查VLE板工作状态。
b. 检查VPS板工作状态。
c. 检查I/OBUS2板工作状态。
d. 检查输入、输出板工作状态。
e. 检查电源工作情况以及各灯位是否正常，切换手柄是否在自动位。
f. 检查网络设备是否正常工作。
g. 在SDM上观察VLE板的CPU温度在规定范围内，对SDM监测的各种信息进行查看。

图SB5-1　计算机联锁设备检修（日巡视）作业程序

h. 在 SDM 上检查故障信息。
② 填写记录表格：
正确填写记录表格。

2. iLOCK 计算机联锁设备检修（月检）

（1）检修周期：1次/月。
（2）检修程序，如图 SB5-2 所示。

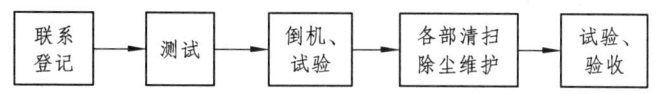

图 SB5-2　计算机联锁设备检修（月检）作业程序

（3）检修内容。
① 联系登记：
a. 指定专人负责联系登记要点防护工作。
b. 联系登记，经车站值班员同意并签字后方可开始作业。
② 测试：
a. 测试 VLE 板卡电压（5 V）：5.02 ~ 5.05 V。
b. 测试采集电压（24 V）：24 ~ 25.5 V。
c. 测试驱动电压（24 V）：24 ~ 25.5 V。
d. 12 V 模块电源测试：12 ~ 12.6 V。
③ 倒机、试验：
a. 联锁机切换手柄置中间自动位置，主备机切换后，待两机输出一致，则联锁备机应能处于同步状态。
b. 联锁机切换手柄切换后，检查切换是否执行，切换后主备机是否工作正常。切换完毕后，切换手柄恢复到自动位置。
c. 联锁 A、B 机每月交替切换使用，不单独一直使用某台联锁机。
④ 各部清扫除尘维护：
a. 清洁各设备表面及风扇，使其整洁，无积灰。
b. 检查各插接件插接良好，紧（锁）固良好，螺丝齐全无松动。
c. 配线排列整齐无破损，线头无伤痕。
d. 各部标签、铭牌清晰、完整、无脱落。
e. 工控机滤网除尘。
⑤ 试验、验收：
试验良好，销记。

3. iLOCK 计算机联锁设备检修（年检）

（1）检修周期：1次/年。
（2）检修程序，如图 SB5-3 所示。

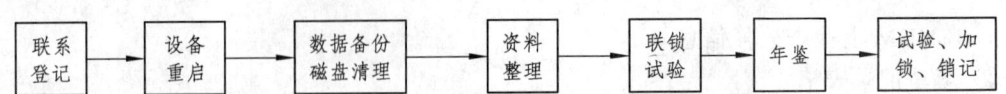

图 SB5-3 计算机联锁设备检修（年检）作业程序

（3）检修内容。

① 联系登记：

a. 指定专人负责联系登记要点防护工作。

b. 联系登记，经车站值班员同意并签字后方可开始作业。

② 设备重启。

a. 分别对联锁 A、B 机进行重启。

b. 对 SDM 进行重启。

③ 数据备份、磁盘清理：

a. 对联锁数据进行备份。

b. 对 SDM 磁盘进行清理。

④ 资料整理：

对联锁系统相关设备的技术资料、图纸、备品进行整理、核对、更新

⑤ 联锁试验：

进行年度联锁试验。

⑥ 年鉴：

对设备使用情况、维护情况进行年度鉴定。

⑦ 验收、试验、销记：

a. 班组长或作业组长验收达标，验收内容：切换试验、电气特性测试达标。

b. 会同车站值班员试验良好，按相关规定和要求办理销记手续。

二、HMI 设备检修

1. HMI 设备检修（日巡视）

（1）检修周期：1 次/日。

（2）检修程序，如图 SB5-4 所示。

（3）检修内容。

① 计算机软硬件检查：

计算机软硬件使用情况及运行情况检查。

② 填写记录表格：

工作结束后，正确填写记录表格。

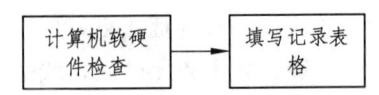

图 SB5-4 HMI 设备检修（日巡视）作业程序

2. HMI 设备检修（月检）

（1）检修周期：1 次/月。

（2）检修程序，如图 SB5-5 所示。

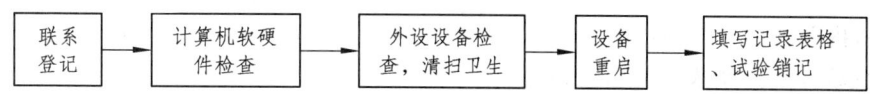

图 SB5-5　HMI 设备检修（月检）作业程序

（3）检修内容。

① 联系登记：

联系登记，经车站值班员同意并签字后方可开始作业。

② 计算机软硬件检查：

计算机软硬件使用情况及运行情况检查。

③ 设备检查，卫生清扫：

a. 检查车站服务器及 HMI 硬件状态。

b. 检查键盘键位状况、鼠标移动反应。

c. 清洁键盘鼠标，使键盘和鼠标表面清洁，无污渍残留。

e. 发现键盘鼠标故障，应及时调校或更换。

f. 工控机滤网清扫。

g. HIM 切换试验。

h. 版本号核对。

④ 设备重启：

HIM 设备重启。

⑤ 填写记录表格、试验、销记：

a. 工作结束后，正确填写记录表格。

b. 会同车站值班人员试验良好，销记。

3. HMI 设备检修（年检）

（1）检修周期：1 次/年。

（2）检修程序，如图 SB5-6 所示。

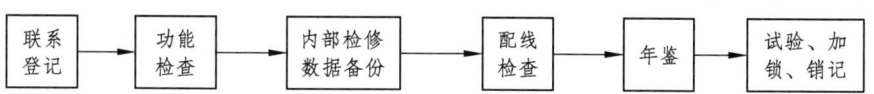

图 SB5-6　HMI 设备检修（年检）作业程序

（3）检修内容。

① 联系登记：

a. 指定专人负责联系登记要点防护工作。

b. 联系登记，经车站值班员同意并签字后方可开始作业。

② 功能检查：

a. 检查站场图显示状态。

b. 各菜单、按钮功能正常。

c. 文字标识正确。

③ 内部检修数据备份：

a. 主机内部清洁保养和机柜清洁。
b. 系统软件维护及数据清理、磁盘维护。
c. 通信网络及接口装置维护。
d. 数据备份。
④ 配线检查:
a. 检查配线端子是否有松动、脱落。
b. 螺丝紧固。
⑤ 年鉴:
对设备使用情况、维护情况进行年度鉴定。
⑥ 试验、加锁、销记:
试验良好,加锁、销记。

子模块 SB6 ATP/ATO 设备检修

一、ZC 检修

1. ZC 检修(日巡视)

(1)检修周期:1次/日。
(2)检修程序,如图 SB6-1 所示。
(3)检修内容。
① 检查各指示灯、板卡工作情况:
a. 检查 CPU 板各指示灯显示状态及工作情况。
b. 检查通信板各指示灯显示状态及工作情况。
c. 检查各电源模块各指示灯显示状态及工作情况。
② 填写记录表格:
正确填写记录表格。

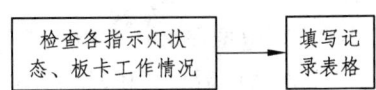

图 SB6-1 ZC 检修(日巡视)作业程序

2. ZC 检修(季检)

(1)检修周期:1次/季。
(2)检修程序,如图 SB6-2 所示。

图 SB6-2 ZC 检修(季检)作业程序

(3)检修内容。
① 联系登记:
a. 指定专人负责联系登记要点防护工作。

b. 联系登记，经车站值班员同意并签字后方可开始作业。

② 各部清扫除尘维护：

a. 清洁各设备表面及风扇，使其整洁，无积灰。

b. 检查各插接件、结头等插接良好，紧（锁）固良好，螺丝齐全无松动。

c. 配线排列整齐无破损，线头无伤痕。

d. 各部标签、铭牌清晰、完整，无脱落。

③ 测试：

电气特性测试。

④ 填写记录表格：

正确填写记录表格。

⑤ 试验、销记：

试验良好，销记。

3. ZC 检修（年检）

（1）检修周期：1 次/年。

（2）检修程序，如图 SB6-3 所示。

图 SB6-3 ZC 检修（年检）作业程序

（3）检修内容。

① 联系登记：

a. 指定专人负责联系登记要点防护工作。

b. 联系登记，经车站值班员同意并签字后方可开始作业。

② 铭牌标示检查：

各部铭牌标示核对。

③ 技术资料整理：

ZC 相关技术资料、图纸、备品整理、更新。

④ 年鉴：

对设备使用情况、维护情况进行年度鉴定。

⑤ 销记。

二、LC 检修

1. LC 检修（日巡视）

（1）检修周期：1 次/日。

（2）检修程序，如图 SB6-4 所示。

（3）检修内容。

① 检查各指示灯、板卡工作情况：

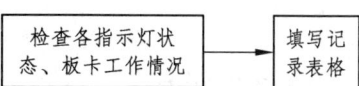

图 SB6-4 LC 检修（日巡视）作业程序

a. 检查CPU板各指示灯显示状态及工作情况。
b. 检查通信板各指示灯显示状态及工作情况。
c. 检查各电源模块各指示灯显示状态及工作情况。
② 填写记录表格：
正确填写记录表格。

2. LC检修（季检）

（1）检修周期：1次/季。

（2）检修程序，如图SB6-5所示。

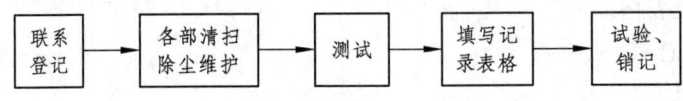

图SB6-5　LC检修（季检）作业程序

（3）检修内容。

① 联系登记：

a. 指定专人负责联系登记要点防护工作。

b. 联系登记，经车站值班员同意并签字后方可开始作业。

② 各部清扫除尘维护：

a. 清洁各设备表面及风扇，使其整洁，无积灰。

b. 检查各插接件、结头等插接良好，紧（锁）固良好，螺丝齐全无松动。

c. 配线排列整齐无破损，线头无伤痕。

d. 各部标签、铭牌清晰、完整、无脱落。

③ 测试：

电气特性测试。

④ 填写记录表格：

正确填写记录表格。

⑤ 试验、销记

试验良好，销记。

3. LC检修（年检）

（1）检修周期：1次/年。

（2）检修程序，如图SB6-6所示。

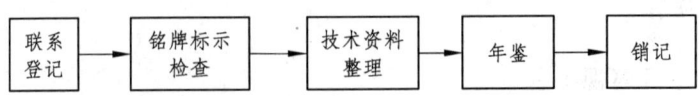

图SB6-6　LC检修（年检）作业程序

（3）检修内容。

① 联系登记：

a. 指定专人负责联系登记要点防护工作。

b. 联系登记，经车站值班员同意并签字后方可开始作业。

② 铭牌标示检查：

各部铭牌标示核对。

③ 技术资料整理：

LC 相关技术资料、图纸、备品整理、更新。

④ 年鉴：

对设备使用情况、维护情况进行年度鉴定。

⑤ 销记。

三、车载 ATP/ATO 设备检修

1. 车载 ATP/ATO 设备检修（日检）

（1）检修周期：1 次/日。

（2）检修程序，如图 SB6-7 所示。

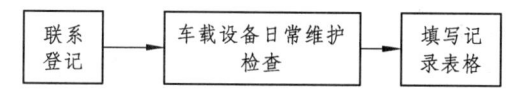

图 SB6-7　车载 ATP 设备检修（日检）作业程序

（3）检修内容。

① 联系登记：

指定专人负责联系登记要点防护工作。

② 车载设备日常维护检查：

a. 检查车底设备：主要检查车底信标天线，DCS 天线，编码里程计螺丝紧固，电缆无刮痕。

b. 列车车载机柜检查：检查车载机柜各板卡面板指示灯正常，检查车载机柜内交换机的每根电缆紧固，与车辆的接口插头紧固。

c. 车载信号屏检查：检查信号屏屏幕触摸正常，显示正常，无发热现象。

d. 车载网络通信设备检查：网络通信电缆、交换机、中继器。

e. 车载主机重启，当天运行数据下载分析、备份。

f. 激活钥匙开关，确保列车正常。

③ 填写记录表格：

工作结束后，正确填写记录表格，并清点机具、仪表齐全。

2. 车载 ATP/ATO 设备检修（季检）

（1）检修周期：1 次/季（投入运用的新车，前 3 个月按季检的内容进行月检工作，后续按季检进行检修）。

（2）检修程序，如图 SB6-8 所示。

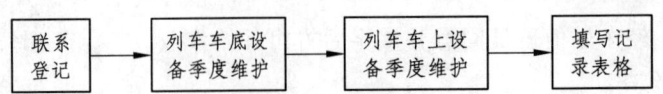

图 SB6-8　车载 ATP 设备检修（季检）作业程序

（3）安全注意事项。

首先应注意人身安全，下车底时，三轨必须断电，必须戴安全帽。各种检查必须在检修点内完成，避免影响行车。

（4）检修内容。

① 联系登记：

a. 指定专人负责联系登记要点防护工作。

b. 联系登记，经车辆段运转值班员同意并签字后方可开始作业。

② 列车车底设备季度维护：

a. 外观、螺丝紧固检查：无机械损伤，各螺丝紧固，电缆接头不松动。

b. 外部清洁：用抹布清洁，确保表面无灰尘、油渍。

c. 各接头是否松动：使用专用工具紧固螺丝，连接线应连接牢固，无断线、接触不良、表皮破损，在各螺丝位处做紧固标记。

③ 列车车上设备季度维护：

a. DMI 检查、清扫。

b. 车载机柜检查、清扫，配线、插头检查、紧固。

c. 网络设备检查、清扫，配线、插头检查、紧固。

d. 铭牌标识检查修整。

e. 激活钥匙开关，确认列车静态工作正常。

④ 填写记录表格：

工作结束后，正确填写记录表格，并清点机具、仪表齐全。

3. 车载 ATP/ATO 设备检修（年检）

（1）检修周期：1 次/年。

（2）检修程序，如图 SB6-9 所示。

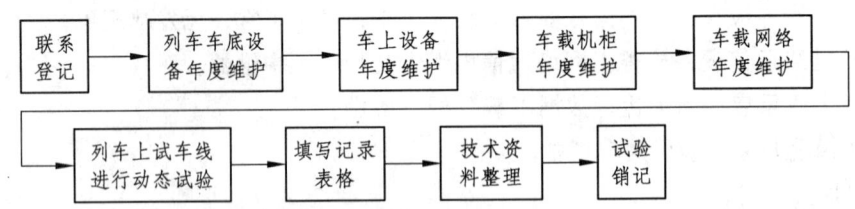

图 SB6-9　车载 ATP 设备检修（年检）作业程序

（3）安全注意事项。

首先应注意人身安全，下车底时，三轨必须断电，必须戴安全帽。各种检查必须在检修点内完成，避免影响行车。

（4）检修内容。

① 联系登记：

a. 指定专人负责联系登记要点防护工作。

b. 联系登记，经车辆段运转值班员同意并签字后方可开始作业。

② 列车车底设备年度维护：

a. 外观、螺丝紧固检查：无机械损伤，各螺丝紧固，电缆接头不松动。

b. 外部清洁：用抹布清洁，确保表面无灰尘、油渍。

c. 各接头是否松动：使用专用工具紧固螺丝，连接线应连接牢固，无断线、接触不良、表皮破损，在各螺丝位处做紧固标记。

d. 拆下编码里程计，检查各螺丝无生锈腐蚀，检查里程计内部无磨损情况，清洁里程计内部齿轮，重新恢复安装里程计，紧固螺丝，做上紧固标记。

③ 车上设备年度维护：

a. DMI 年度维护。

b. 检查设备运行状态：无异状，显示清晰，外观无机械损伤。

c. 显示器屏幕清洁，确保设备表面干净，内部清洁无灰尘，各部件螺丝紧固（无松动、锈蚀、滑丝、缺损等现象），显示正常、图像清晰、色彩鲜艳、光亮度、对比度适中，屏幕无触摸不良情况。

d. 重启 DMI 电源，重启后再次确认显示正常。

④ 车载机柜年度维护：

a. 检查设备运转状态：柜内各指示灯的显示正常，无其他异常显示。

b. 检查设备所有接插件牢固，检查设备所有螺丝牢固，地线连接良好，安装牢固、无锈蚀。检查标识及设备铭牌齐全、清楚；设备铭牌安装良好、清洁。

c. 清洁机柜外部确保无灰尘。

d. 清洁机柜内部各板卡：各部件的面板、印刷电路板、插槽、插匙、端口（接口）清洁无灰尘。清洁完毕，所有部件保证正确恢复原位且连接紧固口（接口）清洁无灰尘；对有接触不良、面板显示不良、连接不紧固、电路板元件老化、开关跳线不良的部件进行更换，拔出要更换的模块，换上备件，并记录有关模块的编号，更换模块后，设备能正常工作。

e. 重启车载机柜设备电源，重启后确认启动正常，板卡运行正常，面板指示灯指示正常。

⑤ 车载网络年度维护：

a. 检查设备运转状态：柜内各指示灯的显示正常，无其他异常显示。

b. 检查设备所有接插件牢固，检查设备所有螺丝牢固，地线连接良好，安装牢固、无锈蚀。检查标识及设备铭牌齐全、清楚；设备铭牌安装良好、清洁。

c. 网络通信正常，通信线缆防护良好，无破损，网络接头连接可靠。

⑥ 列车上试车线进行动态试验：

列车上试车线进行动态功能测试，确保列车无线正常，驾驶模式能相应转换，轮径数据正常，列车所有功能正常，驾驶正常。

⑦ 填写记录表格：

工作结束后，正确填写记录表格，并清点机具、仪表齐全。

⑧ 技术资料整理：

对技术资料、图纸、备品进行整理、更新。

⑨ 试验、销记。

子模块 SB7　ATS 设备检修

一、ATS 服务器检修

1. ATS 服务器检修（日巡视）

（1）检修周期：3 次/日。

（2）检修程序，如图 SB7-1 所示。

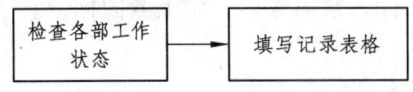

图 SB7-1　ATS 服务器检修（日巡视）作业程序

（3）检修内容。

① 检查各部工作状态：

a. 检查 LED 指示灯、电源工作指示灯、网络连接指示灯是否显示正常；机箱风扇工作正常，无异响。

b. 通过维护设备检查与服务器相关的各设备通信是否正常。

c. 检查服务器与通信前置机、网关计算机的时钟是否一致；通信前置机、网关计算机时钟与 ATS 系统时钟偏差在 3 s 以内。

② 填写记录表格：

正确填写记录表格。

2. ATS 服务器检修（周检）

（1）检修周期：1 次/周。

（2）检修程序，如图 SB7-2 所示。

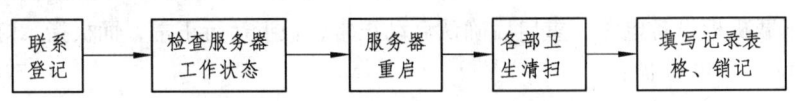

图 SB7-2　ATS 服务器检修（周检）作业程序

（3）安全注意事项。

各项工作必须在检修点内完成，避免影响行车。

（4）检修内容。

① 联系登记：

a. 指定专人负责联系登记要点防护工作。

b. 联系登记，经控制中心行调值班人员同意并签字后方可开始作业。

② 检查服务器工作状态：

a. 检查工作站软件工作状态。

b. 检查系统各进程运行状态。

c. 时钟核对。

d. 病毒库升级（1次/2周）。

③ 服务器重启：

ATS主用服务器重启及A/B机切换使用。

④ 各部卫生清扫：

服务器各部卫生清扫。

⑤ 填写记录表格、销记：

正确填写记录表格，确认设备正常、销记。

3. ATS服务器检修（月检）

（1）检修周期：1次/月。

（2）检修程序，如图SB6-3所示。

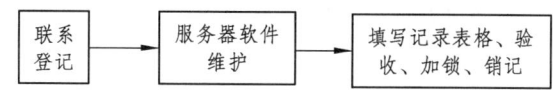

图SB7-3 ATS服务器检修（月检）作业程序

（3）检修内容。

① 联系登记：

a. 指定专人负责联系登记要点防护工作。

b. 联系登记，经控制中心行调值班人员同意并签字后方可开始作业。

② 服务器软件维护：

a. 临时文件删除。

b. 注册账户管理。

c. 磁盘碎片整理。

d. 数据备份（历史实际运行图数据、回放数据、DCS无线工作状态数据）。

③ 填写表格、试验、加锁、销记：

a. 正确填写记录表格。

b. 试验良好，加锁、销记。

3. ATS服务器检修（年检）

（1）检修周期：1次/年。

（2）检修程序，如图SB7-4所示。

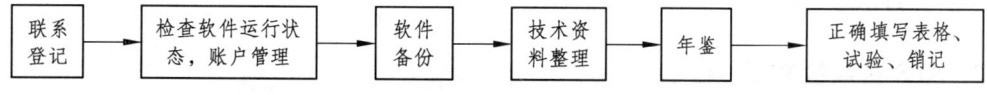

图SB7-4 ATS服务器检修（年检）作业程序

（3）检修内容。

① 联系登记：

a. 指定专人负责联系登记要点防护工作。

b. 联系登记，经控制中心行调值班人员同意并签字后方可开始作业。

② 检查软件运行状态，账户管理：
a. 计算机软件工作状态检查。
b. 用户账户管理登记，网络设置检查。
③ 软件备份：
备份服务器系统硬盘，确认备份硬盘工作正常。
④ 技术资料整理：
对 ATS 子系统相关设备的技术资料、图纸、备品进行整理、核对、更新。
⑤ 年鉴：
对设备使用情况、维护情况进行年度鉴定。
⑥ 正确填写表格、试验、销记：
a. 正确填写表格。
b. 试验良好，按相关规定和要求办理销记手续。

二、ATS 终端检修

ATS 终端包括：维护工作站、调度工作站、主调工作站、运营图显示工作站、时刻表编辑工作站、MSS 维护工作站、培训工作站、网管工作站。

1. ATS 终端检修（日巡视）

（1）检修周期：3 次/日。
（2）检修程序，如图 SB7-5 所示。

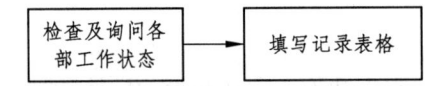

图 SB7-5　ATS 终端检修（日巡视）作业程序

（3）检修内容。
① 检查及询问各部工作状态：
a. 检查风扇是否工作正常。
b. 检查电源指示灯是否正常。
c. 询问操作人员各工作站使用或显示是否正常。
② 填写记录表格：
正确填写记录表格。

2. ATS 终端检修（月检）

（1）检修周期：1 次/月。
（2）检修程序，如图 SB7-6 所示。

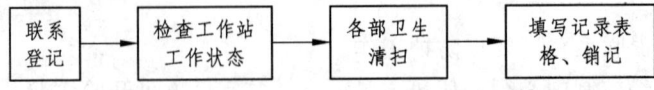

图 SB7-6　ATS 终端检修（月检）作业程序

(3）检修内容。

① 联系登记：

a. 指定专人负责联系登记要点防护工作。

b. 联系登记，经控制中心行调值班人员同意并签字后方可开始作业。

② 检查工作站工作状态：

a. 检查软硬件工作状态，检查键盘键位状况、鼠标移动反应。

b. 清洁键盘、鼠标。

③ 各部卫生清扫：

各工作站卫生清扫。

④ 填写记录表格、销记：

a. 正确填写记录表格。

b. 试验良好、销记。

3. ATS 终端检修（年检）

（1）检修周期：1 次/年。

（2）检修程序，如图 SB7-7 所示。

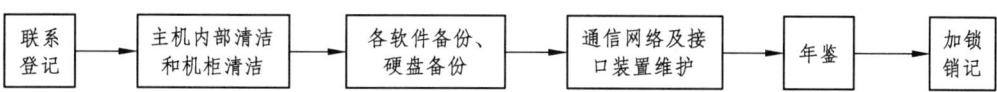

图 SB7-7　ATS 终端检修（年检）作业程序

（3）检修内容。

① 联系登记：

a. 指定专人负责联系登记要点防护工作。

b. 联系登记，经车站值班员同意并签字后方可开始作业。

② 主机内部清洁和机柜清洁：

a. 清洁主机内部，无灰尘。

b. 检查 CPU 风扇和主机散热风扇，存在问题或性能不良及时调整或更换。

c. 检查机内硬件无缺损，各板卡安装牢固。

③ 各软件备份、硬盘备份：

a. 备份软件、数据。

b. 检测硬盘运转是否正常，如运转不稳定或损坏应及时更换。

④ 通信网络及接口装置维护：

清洁并检查交换机状态，确认各端口连接正常，如有松动或接触不良，尽快检查网线接头或更换交换机。

⑤ 年鉴：

对设备使用情况、维护情况进行年度鉴定。

⑥ 加锁销记：

a. 加锁完整。

b. 会同车站值班员试验良好，按相关规定和要求办理销记手续。

三、通信前置机检修

1. 通信前置机检修（日巡视）

（1）检修周期：3次/日。
（2）检修程序，如图 SB7-8 所示。

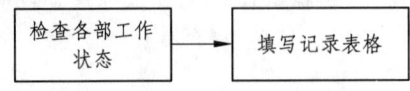

图 SB7-8 通信前置机检修（日巡视）作业程序

（3）检修内容。
① 检查各部工作状态：
a. 检查风扇是否工作正常、电源指示灯是否正常。
b. 通过通信前置机人机交互界面检查各外部接口是否正常。
c. 时钟校核。
② 填写记录表格：
正确填写记录表格。

2. 通信前置机检修（周检）

（1）检修周期：1次/周。
（2）检修程序，如图 SB7-9 所示。

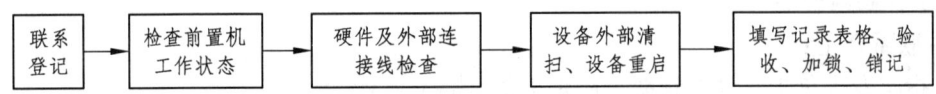

图 SB7-9 通信前置机检修（周检）作业程序

（3）检修内容。
① 联系登记：
a. 指定专人负责联系登记要点防护工作。
b. 联系登记，经控制中心行调值班人员同意并签字后方可开始作业。
② 检查前置机工作状态：
a. 外部通信情况检查。
b. 软件运行正常。
c. 各类报警检查。
d. 时钟核对。
③ 硬件及外部连接线检查、外部清扫：
a. 机柜内部配线检查。
b. 与外部接口连接线检查。
c. 显示器、键盘、鼠标清扫。
④ 服务器重启、切换使用：
前置通信机重启及 A/B 机切换使用。

⑤ 填写表格、试验、加锁、销记：
a. 正确填写记录表格
b. 试验良好，加锁、销记。

3. 通信前置机检修（年检）

（1）检修周期：1 次/年。
（2）检修程序，如图 SB7-10 所示。

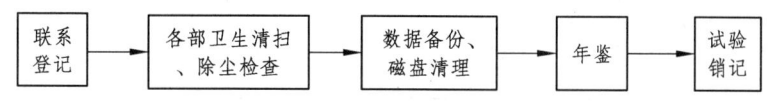

图 SB7-10 通信前置机检修（年检）作业程序

（3）检修内容。
① 联系登记：
a. 指定专人负责联系登记要点防护工作。
b. 联系登记，经控制中心行调值班人员同意并签字后方可开始作业。
② 各部卫生清扫、除尘检查：
a. 清洁机箱滤网。
b. 内部板卡除尘。
c. 内部板卡紧固、工作情况检查。
③ 数据备份、磁盘清理：
a. 对前置通信机数据进行备份。
b. 对前置通信机磁盘进行清理。
④ 年鉴：
对设备使用情况、维护情况进行年度鉴定。
⑤ 试验销记：
a. 试验良好。
b. 按相关规定和要求办理销记手续。

四、网关计算机检修

1. 网关计算机检修（日巡视）

（1）检修周期：3 次/日。
（2）检修程序，如图 SB7-11 所示。

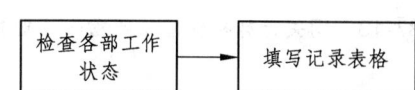

图 SB7-11 网关计算机检修（日巡视）作业程序

（3）检修内容。
① 检查各部工作状态：

a. 检查风扇是否工作正常、电源指示灯是否正常。

b. 人机交互界面检查各站 LATS 通信是否正常。

c. 时钟校核。

② 填写记录表格：

正确填写记录表格。

2. 网关计算机检修（周检）

（1）检修周期：1 次/周。

（2）检修程序，如图 SB7-12 所示。

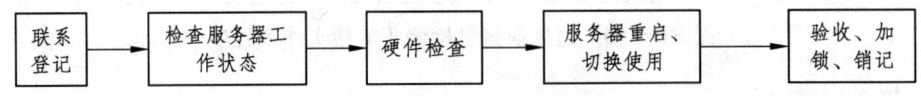

图 SB7-12　网关计算机检修（周检）作业程序

（3）检修内容。

① 联系登记：

a. 指定专人负责联系登记要点防护工作。

b. 联系登记，控制中心行调值班人员同意并签字后方可开始作业。

② 检查服务器工作状态：

a. 检查工作站软件工作状态。

b. 检查系统各进程运行状态。

c. 时钟核对。

d. 病毒库升级（1 次/2 周）。

③ 服务器重启、切换使用：

ATS 主用服务器重启及 A/B 机切换使用。

④ 填写记录表格、销记：

a. 正确填写记录表格。

b. 试验良好，销记。

3. 网关计算机检修（年检）

（1）检修周期：1 次/年。

（2）检修程序，如图 SB7-13 所示。

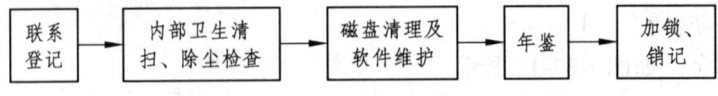

图 SB7-13　网关计算机检修（年检）作业程序

（3）检修内容。

① 联系登记：

a. 指定专人负责联系登记要点防护工作。

b. 联系登记，经控制中心行调值班人员同意并签字后方可开始作业。

② 内部卫生清扫、除尘检查：
a. 清洁机箱滤网。
b. 内部板卡除尘。
c. 内部板卡紧固、工作情况检查。
③ 磁盘清及软件维护：
a. 对前置通信机磁盘进行清理。
b. 系统工作软件版本核对。
④ 年鉴：
对设备使用情况、维护情况进行年度鉴定。
⑤ 加锁、销记：
a. 试验良好。
b. 会同车站值班员试验良好，按相关规定和要求办理销记手续。

五、集中站 LATS 检修

1. 集中站 LATS 检修（日巡视）

（1）检修周期：值班点车站 3 次/日，其他集中站 1 次/日。
（2）检修程序，如图 SB7-14 所示。

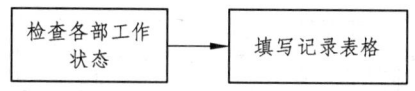

图 SB7-14　集中站 LATS 检修（日巡视）作业程序

（3）检修内容。
① 检查各部工作状态：
a. 检查机柜风扇是否工作正常。
b. 检查电源指示灯是否正常。
c. 检查 LEU 电源板、输入输出板指示灯工作是否正常。
② 填写记录表格：
正确填写记录表格。

2. 集中站 LATS 检修（月检）

（1）检修周期：1 次/月。
（2）检修程序，如图 SB7-15 所示。

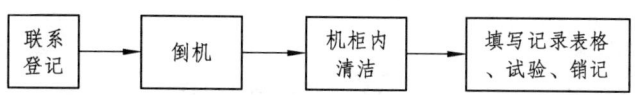

图 SB7-15　集中站 LATS 检修（月检）作业程序

（3）安全注意事项。
各项工作必须在检修点内完成，避免影响行车。

(4) 检修内容。
① 联系登记：
a. 指定专人负责联系登记要点防护工作。
b. 联系登记，经车站值班员同意并签字后方可开始作业。
② 倒机：
a. 切换 A/B 机。
b. LATS 系统工作状态检查。
③ 机柜内清洁：
a. 机柜内部清扫（包含 LEU 清扫）。
b. 机柜内部配线检查无松动。
c. 各种指示灯显示正常。
④ 填写记录表格、试验、销记：
a. 正确填写记录表格。
b. 确认切换单元在自动位。
c. 试验良好，销记。

3. 集中站 LATS 检修（年检）

(1) 检修周期：1 次/年。
(2) 检修程序，如图 SB7-16 所示。

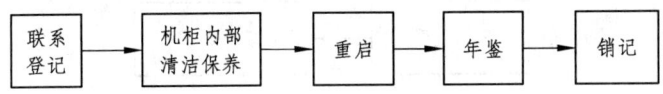

图 SB7-16　集中站 LATS 检修（年检）作业程序

(3) 安全注意事项。
各项工作必须在检修点内完成，避免影响行车。
(4) 检修内容。
① 联系登记：
a. 指定专人负责联系登记要点防护工作。
b. 联系登记，经车站值班员同意并签字后方可开始作业。
② 机柜内部清洁保养：
a. 机柜内部清洁。
b. 机柜风扇检查、清扫。
c. 检查机内硬件无缺损，各板卡安装良好。
d. 配线、铭牌检查。
③ 重启：
LATS 设备重启。
④ 年鉴：
对设备使用情况、维护情况进行年度鉴定。
⑤ 销记：
会同车站值班员试验良好，按相关规定和要求办理销记手续。

子模块 SB8　DCS 设备检修

一、波导管检修

1. 波导管检修（季检）

（1）检修周期：1 次/季。
（2）检修程序，如图 SB8-1 所示。

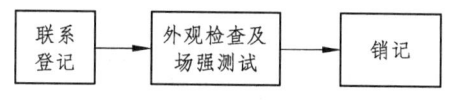

图 SB8-1　波导管检修（季检）作业程序

（3）安全注意事项。
各项工作必须在检修点内完成，避免影响行车。
（4）检修内容。
① 联系登记：
a. 指定专人负责联系登记要点防护工作。
b. 联系登记，经车站值班员同意并签字后方可开始作业。
② 外观检查及场强测试：
a. 检查外观是否正常，安装是否牢固、符合标准，防雨罩完好并绑扎牢固。
b. 无线场强测试。
③ 销记：

2. 波导管检修（年检）

（1）检修周期：1 次/年。
（2）检修程序，如图 SB8-2 所示。

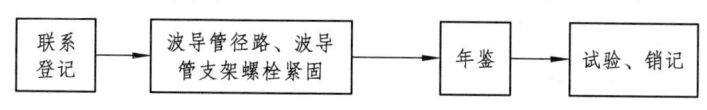

图 SB8-2　波导管检修（年检）作业程序

（3）安全注意事项。
各项工作必须在检修点内完成，避免影响行车。
（4）检修内容。
① 联系登记：
a. 指定专人负责联系登记要点防护工作。
b. 联系登记，经车站值班员同意并签字后方可开始作业。
② 波导管径路、波导管支架螺丝紧固：
各部螺丝紧固，清扫注油。
③ 年鉴：

对设备使用情况、维护情况进行年度鉴定。

④ 试验销记：

试验良好，销记。

二、TRE 检修

1. TRE 检修（季检）

（1）检修周期：1 次/季。

（2）检修程序，如图 SB8-3 所示。

图 SB8-3　TRE 检修（季检）作业程序

（3）安全注意事项。

各项工作必须在检修点内完成，避免影响行车。

（4）检修内容。

① 联系登记：

a. 指定专人负责联系登记要点防护工作。

b. 联系登记，经车站值班员同意并签字后方可开始作业。

② 箱体外观检查：

检查外观是否正常，箱体安装牢固，不倾斜，外部标记清晰，不良的调整。

③ 箱体内部检查、测试：

a. 检查同轴电缆、电源电缆、光纤连接良好整齐，走线顺畅，弯曲半径满足相关要求。

b. 各种元器件安装平正、稳固、不松动，各部固定螺丝紧固，标记清晰正确，元器件工作正常，不发热发烫。

c. 箱体防尘防水良好，暗锁完好，开关顺畅，引线孔堵塞严密。

d. 电气特性测试，并正确填写表格。

④ 加锁、验收、销记。

2. TRE 检修（年检）

（1）检修周期：1 次/年。

（2）检修程序，如图 SB8-4 所示。

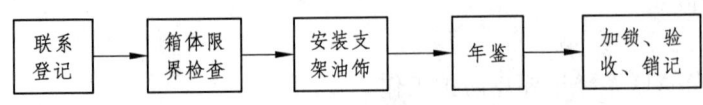

图 SB8-4　TRE 检修（年检）作业程序

（3）安全注意事项。

各项工作必须在检修点内完成，避免影响行车。

（4）检修内容。

① 联系登记:
a. 指定专人负责联系登记要点防护工作。
b. 联系登记,经车站值班员同意并签字后方可开始作业。
② 箱体限界检查:
检查限界应大于 1 650 mm。
③ 安装支架油饰。
④ 年鉴:
对设备使用情况、维护情况进行年度鉴定。
⑤ 加锁、验收、销记。

三、DCS 网络通信设备检修

1. DCS 网络通信设备检修(日巡视)

(1)检修周期:集中站 1 次/日,非集中站 2 次/周,中央机房 3 次/日。

(2)检修程序,如图 SB8-5 所示。

(3)安全注意事项。

各项工作必须在检修点内完成,避免影响行车。

图 SB8-5 DCS 网络通信设备检修
(日巡视)作业程序

(4)检修内容。

① DCS 网络设备运行状态检查:

a. 检查 SDH 节点设备板卡指示灯显示正常。

b. 检查交换机指示灯的状态。

c. 检查 EMC 光电转换器状态。

d. 查询设备告警情况(仅限控制中心)。

e. DCS 无线检测软件重启(仅限控制中心)。

② 填写记录表格:

正确填写记录表格。

2. DCS 网络通信设备检修(季检)

(1)检修周期:1 次/季。

(2)检修程序,如图 SB8-6 所示。

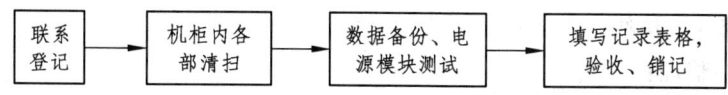

图 SB8-6 DCS 网络通信设备检修(季检)作业程序

(3)安全注意事项。

各项工作必须在检修点内完成,避免影响行车。

(4)检修内容。

① 联系登记:

a. 指定专人负责联系登记要点防护工作。

b. 联系登记，经车站值班员同意并签字后方可开始作业。
② 机柜内各部清扫：
a. 机柜内除尘。
b. 检查连线良好，确保所有电缆完好无损，更换损坏的电缆；线缆绑扎良好。
c. 铭牌标示齐全。
③ 数据备份、电源模块测试：
a. DCS 数据备份（仅限于控制中心）。
b. 电源模块测试。
④ 填写记录表格，验收、销记：
a. 正确填写记录表格。
b. 联系中央班组人员确认设备良好。
c. 试验良好、销记。

3. DCS 网络通信设备检修（年检）

（1）检修周期：1 次/年。
（2）检修程序，如图 SB8-7 所示。

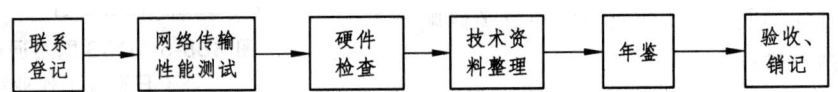

图 SB8-7　DCS 网络通信设备检修（年检）作业程序

（3）安全注意事项。
各项工作必须在检修点内完成，避免影响行车。
（4）检修内容。
① 联系登记：
a. 指定专人负责联系登记要点防护工作。
b. 联系登记，经车站值班员同意并签字后方可开始作业。
② 网络传输性能测试：
对骨干网的传输性能进行测试，检查是否有丢包、网络拥堵的情况。
③ 硬件检查：
a. 检查硬件工作状态符合要求。
b. 检查各部件连接线（缆）插接及作用良好。
④ 技术资料整理：
对 DCS 系统相关技术资料、图纸、备品进行整理、核对、更新。
⑤ 年鉴：
对设备使用情况、维护情况进行年度鉴定。
⑥ 正确填写记录表格、试验、销记：
a. 正确填写记录表格。
b. 试验良好，销记。

四、信标检修

1. 信标检修（季检）

（1）检修周期：1次/季。

（2）检修程序，如图 SB8-8 所示。

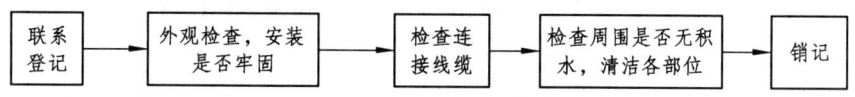

图 SB8-8　信标检修（季检）作业程序

（3）安全注意事项。

各项工作必须在检修点内完成，避免影响行车。

（4）检修内容。

① 联系登记：

联系登记，经车站值班员同意并签字后方可开始作业。

② 外观检查，安装是否牢固：

信标外观检查，安装是否牢固、符合标准。

③ 检查连接线缆：

检查连接线缆无破损，固定、防护良好。

④ 检查周围是否无积水，清洁各部：

检查信标周围是否无积水，清除线路垃圾，清洁信标表面。

⑤ 销记：

按相关规定和要求办理销记手续。

2. 信标检修（年检）

（1）检修周期：1次/年。

（2）检修程序，如图 SB8-9 所示。

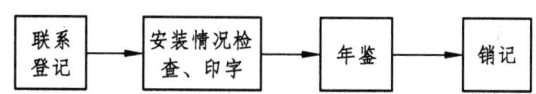

图 SB8-9　信标检修（年检）作业程序

（3）安全注意事项。

各项工作必须在检修点内完成，避免影响行车。

（4）检修内容。

① 联系登记：

联系登记，经车站值班员同意并签字后方可开始作业。

② 安装情况检查、印字：

a. 信标位置、水平安装测量、调整。

b. 信标编号印字。

③ 年鉴：

对设备使用情况、维护情况进行年度鉴定。
④ 销记：
按相关规定和要求办理销记手续。

子模块 SB9　信号集中监测设备检修

一、信号微机监测（MMS）检修

1. 信号微机监测（日巡视）

（1）检修周期：1次/日。
（2）检修程序，如图 SB9-1 所示。

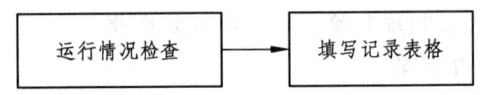

图 SB9-1　信号微机监测（日巡视）作业程序

（3）检修内容。
① 运行情况检查：
a. MMS 机柜检查：检查机柜内各表示灯显示是否正常，机柜散热风扇工作是否正常、无异味。
b. MMS 终端设备检查：工控机键盘键位状况正常、鼠标移动反应灵敏、显示器显示正常，工控机工作正常。
c. 监测功能及通信情况检查。
② 填写记录表格：
工作结束后，正确填写记录表格。

2. 信号微机监测（月检）

（1）检修周期：1次/月。
（2）检修程序，如图 SB9-2 所示。

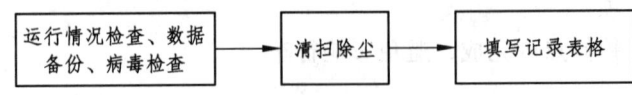

图 SB9-2　信号微机监测（月检）作业程序

（3）检修内容。
① 运行情况检查：
a. 检查机柜内各设备是否工作正常。
b. 计算机重启。
② 清扫除尘：

a. 监测机柜内各部清扫除尘。
b. 清理工控机防尘网。
③ 填写记录表格:
工作结束后,正确填写记录表格。

3. 信号微机监测(年检)

(1)检修周期:1次/年。

(2)检修程序,如图 SB9-3 所示。

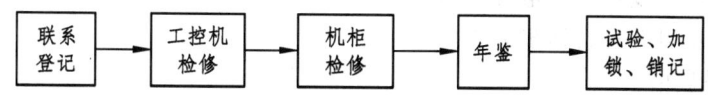

图 SB9-3　信号微机监测(年检)作业程序

(3)安全注意事项。
各项工作必须在检修点内完成,避免影响行车。

(4)检修内容。
① 联系登记:
指定专人负责联系登记工作。
② 工控机检修:
a. 工控机内部检查清扫。
b. 各部配线、接插件、插座检查,各部螺丝紧固。
c. 开关量采集信息校核,模拟量测试数据精度校核。
d. 存储文件整理,释放存储空间。
e. 磁盘清理。
③ 机柜检修:
a. 机柜电源、各指示灯工作状态检查。
b. 各部配线、板卡、接插件、插座检查,各部螺丝紧固。
c. 熔断器检查核对,不良的更换整修。
d. 各地线连接状态检查,防雷元件规格、容量检查核对,不良的整修更换。
④ 年鉴:
对设备使用情况、维护情况进行年度鉴定。
⑤ 试验、加锁、销记:
试验良好后,销记。

二、维护支持系统(MSS)检修

1. 维护支持系统(日巡视)

(1)检修周期:1次/日。
(2)检修程序,如图 SB9-4 所示。

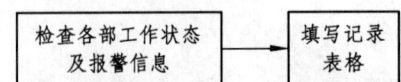

图 SB9-4　维护支持系统（日巡视）作业程序

（3）检修内容。

① 检查各部工作状态：

a. 检查风扇是否工作正常。

b. 检查电源指示灯是否正常。

c. 检查现场信号设备状态是否有异常。

d. 查看报警信息并进行初步分析。

② 填写记录表格：

工作结束后，正确填写记录表格。

2. 维护支持系统（周检/月检）

（1）检修周期：控制中心 1 次/周，车站终端 1 次/月。

（2）检修程序，如图 SB9-5 所示。

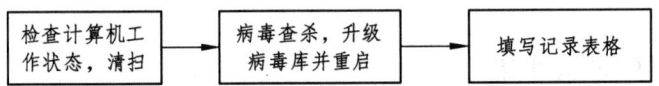

图 SB9-5　维护支持系统（周检/月检）作业程序

（3）检修内容。

① 检查计算机工作状态，清扫：

a. 检查键盘键位状况、鼠标移动反应，发现键盘鼠标故障，应及时调校或更换。

b. 清洁机箱表面。

c. 清洁显示器、键盘、鼠标。

② 病毒查杀，升级病毒库并重启：

a. 开机进行病毒查杀。

b. 升级杀毒软件病毒库（控制中心，1 次/2 周）。

c. 重启计算机（车站终端 1 次/月；控制中心 1 次/周）。

③ 填写记录表格：

工作结束后，正确填写记录表格。

3. 维护支持系统（年检）

（1）检修周期：1 次/年。

（2）检修程序，如图 SB9-6 所示。

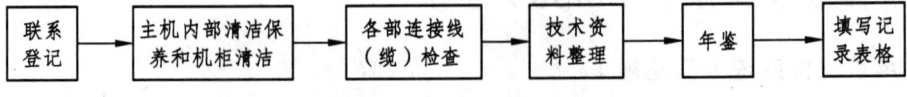

图 SB9-6　维护支持系统（年检）作业程序

（3）检修内容。

① 联系登记：

a. 指定专人负责联系登记要点防护工作。
b. 联系登记，经控制中心行调值班人员同意并签字后方可开始作业。
② 主机内部清洁保养和机柜清洁：
a. 主机内部及滤网清洁。
b. 检查 CPU 风扇和主机散热风扇，存在问题或性能不良应及时调整或更换。
c. 检查机内硬件无缺损，各板卡安装良好。
③ 各部连接线（缆）检查。
④ 技术资料整理：
集中监测子系统相关设备技术资料、图纸、备品整理、核对、更新。
⑤ 年鉴：
对设备使用情况、维护情况进行年度鉴定。
⑥ 填写记录表格：
工作结束后，正确填写记录表格。

子模块 SB10　各种设备操作

一、HMI 工作站操作

1. 主界面

由菜单、标题栏、视图、输入对话框等组成整个人机交互界面，如图 SB10-1 所示。它能够支持双屏幕显示，每个屏幕的分辨率为 $1\,600 \times 1\,200$。主要显示内容包括：

（1）主框架界面（标题栏、菜单栏等）；
（2）主要 ATS 设备状态显示视图；
（3）时间显示视图；
（4）站场图显示视图；
（5）告警显示和确认处理视图；
（6）在线计划管理视图；
（7）信号管理操作视图；
（8）列车管理操作视图。

主界面显示的布局见下表：

标题栏		
菜单栏		
主要设备状态视图	时间显示视图	列车运行信息显示（上行线）
站场图显示视图		
告警显示和确认处理视图		列车运行信息显示（下行线）

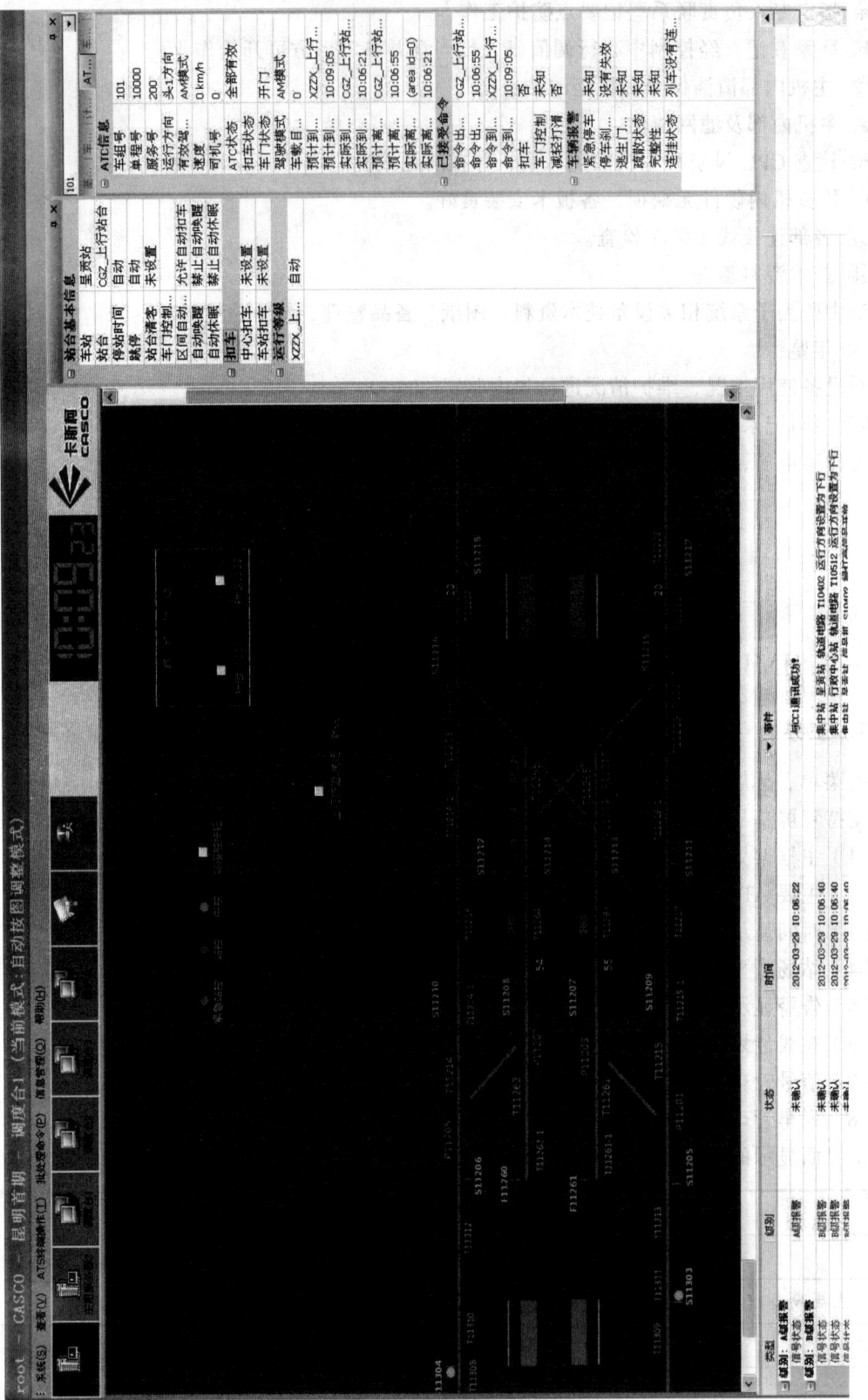

图 SB10-1　HMI 主界面视图

除站场图显示视图外，其他视图可选择隐藏、拖动。除上面布局图中包括的视图外，其他视图在操作时弹出，平时隐藏。

2. 执行命令的操作方式

在 HMI 界面上选择执行命令可以用几种方式来实现：

用鼠标在站场图上选择一个可操作设备所对应的敏感区域，例如在一架信号机上，点击鼠标右键，从弹出的菜单中选择该设备可以执行的命令。或者通过点击顶部菜单项，选择相应的命令来执行。

在大多数情况之下，都可以避免使用字母数字键盘输入，而代之以鼠标在站场图上点选操作对象。当显示信息列表，如报警信息列表或列车信息列表时，就用滚动条来显示信息列表中的任意部分。

对于比较关键的操作命令，如区间限速的设置和取消，必须采用二次确认方式处理。即用户选择执行命令后，系统会弹出一个询问是否确认的对话框，需要用户第二次确认发送该命令给外部设备执行。

当操作员执行控制命令时，如果操作成功，对应的信号设备图标状态会有变化。如果命令执行失败，则会弹出报警框提示失败原因。

3. 鼠标操作

鼠标可用来点选和执行功能，也可用于从站场图中选定控制单元或列车来输入数据。用户可以综合鼠标和键盘的操作来完成特定操作。

以下简要介绍 ATS 工作站中可用到的鼠标操作：

为了在站场图中选择一个控制单元（道岔、轨道名、信号机等），移动鼠标指针到所选单元上并单击鼠标右键，会显示对应该设备当前能够执行的命令的菜单，菜单激活的原则是只有能够执行的菜单才可以使能。用户可以选择所要执行的命令的菜单。

移动鼠标指针到可控制的单元上时，光标的形状会变成手状。

为了使用滚动条来定义一个特定的数值（例如：停站时间），移动鼠标指针到滚动条上方，按压住鼠标左键，拖动滚动条到达所需数值处，释放鼠标按键。

在激活了一项命令的时候，如果该项命令只牵涉一个设备，如跳停，只是牵涉一个站台，那么在命令的对话框弹出后，用鼠标左键点击站场图上的站台，会将相应的站名和站台输入编辑框内。如果一个命令需要两个设备，如移动车次号，则通过鼠标左键点击车次窗输入第一个设备（原车次号），鼠标右键点击车次窗则输入第二个设备（目的车次窗）。

当鼠标右键在站场图的空白位置点击的时候，会弹出车站选择的快捷菜单。按住鼠标左键时可以上下左右拖动站场图。

功能和数据的输入只有在该窗口被"激活"的时候才可用。移动鼠标到一个窗口的分界线之内，单击鼠标左键，该窗口被"激活"，可通过窗口边框的颜色的改变来判断。

4. 键盘操作

键盘通常是用来在命令窗的数据输入区输入特定的数据的。用户可以综合使用鼠标和键盘的操作来输入他所要求的参数。键盘只用来输入数字和简单字母，如输入车次号、车组号、目的地等,选择信号设备、车站、站台必须通过鼠标点击选择的方式。

5. 告警/事件显示和确认

操作员可以在告警视图观察到所发生的报警。告警按照严重程度分为5个级别。级别为0的告警(弹出式告警)将直接在 ATS 工作站上弹出一个消息框显示,操作员点击消息框上的"确认"按钮关闭该消息框,同时确认该告警。

告警窗口只显示用户通过报警过滤设置所选的需要显示的告警,并且能够确认,界面如图 SB10-2 所示。显示界面的网格如下:

类型	级别	状态	时间	事件	推荐操作

每条告警或事件都包含以下的内容:

时间:发生告警的年月日、时分秒。

级别:用数字定义告警和事件的重要性。

0——弹出式告警;

1——A 级告警;

2——B 级告警;

3——C 级告警;

4——事件。

类型:用数字描述告警和事件的类型。

1——操作命令:各种人工操作命令记录;

2——信号状态:轨道、道岔、信号机、区间限速等各种信号设备的状态变化;

3——列车信息:列车追踪移动、出入库、到发站、计划状态等信息;

4——系统事件:其他 ATS 系统运行中发生的事件,如服务器倒机、计划生成等。

状态:一条报警分已确认或是未确认状态。

推荐操作:对于该类报警,是否有默认的后续解决操作。

根据需要,以上告警和事件类型还可以细分子类型,如操作命令可以划分为以下5个子类型:进路控制、信号控制、列车管理、计划管理、其他操作。信号状态类型的记录按车站划分。

图 SB10-2 告警/事件显示界面

6. 主要设备状态显示

服务器会将当前的 ATS 状态同步到车站工作站，会将当前 ATS 系统中各设备的连接情况通知 ATS 工作站，在设备状态视图会将这些主机的状态信息显示出来。车站工作站显示连接信息主要有：车站服务器，车站工作站，控制中心等。当鼠标移到设备上时会有 tooltip 提示当前设备的状态。其中深绿色代表连通，灰色代表没有连通，浅绿色代表备机连通，如图 SB10-3 所示。

图 SB10-3　主要设备状态视图

7. 时间显示

时钟显示（TIME）显示当前的日期和时间，以一个 24 小时制的数字显示式时钟来显示，按秒数更新。

8. 站场信号显示

站场信号显示如图 SB10-4 所示。

9. 静态显示数据

在站场图区域中将显示以下固定不变的静态信息：

（1）在每个车站相应的站台上方显示该站的中文名称和车站编号（同一集中站范围内的车站站名用同一颜色显示，而与相邻集中站内的车站站名颜色应不同，以示区分，集中站站名显示较大，以示区分）；

（2）自动折返模式 CYCLE 名；

（3）在相应的信号机标识符附近显示该信号机的名称（可隐藏）；

（4）计轴名称（可隐藏）；

（5）在相应的道岔标识符附近显示该道岔的名称（可隐藏）；

（6）折返区域的目的地编号；

（7）ATS 自动触发进路的触发位置（线路旁三角形标志）。

10. 动态显示数据

以下信息在每一车站区域中动态显示。当现地工作站 Layout 和本地服务器连接上的时候，工作站 Layout 会请求服务器发送初始的设备状态、报警、列车的内容、动态列车内容、控制区域和当前的站场图。当本地服务器和现地工作站 Layout 连接丢失的时候，所有这些内容都会清空，或者设置为缺省状态。

1）站遥控模式

站遥控状态标识符为：

站遥控状态用实心圆点表示,每个圆点下方用"站控"或"中控"来标识:

标识为"中控"的圆点,稳定绿色——当前控制模式为中控;

标识为"站控"的圆点,稳定黄色——当前控制模式为站控;

标识为"紧急站控"的圆点,稳定红色——当前控制模式为紧急站控。

对于站场界面上的站遥控切换按钮进行操作可以进行控制模式间的切换。

右键点击站遥控切换按钮,ATS 系统将根据当前的控制模式自动使能相对应的模式切换操作:如当前遥控下,站控菜单将被使能;当前站控下,其余控制将被使能。

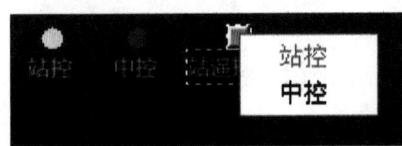 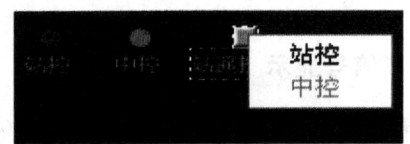

点击相应的菜单进入对话框,操作的对象集中站及切换类型已经被自动选中并不能进行编辑,点击应用完成该操作;点击关闭,退出该对话框。

如果从系统菜单——站遥控切换进入到对话框,则全部的集中站均可以进行勾选,切换的模式也可以进行选择,点击应用后完成操作。

2)信号机显示

道岔防护信号机显示:

灯位 1	灯位 2	含 义
稳定绿色	暗	表示道岔已锁闭,并开通直向,准许列车按规定速度运行
暗	稳定黄色	表示道岔已锁闭,并开通侧向,准许列车按规定的限制速度运行
稳定红色	暗	不准列车越过信号机,列车在信号机前停车
稳定红色	稳定黄色	表明开放引导信号,准许列车以不大于一个规定的速度(如 25 km/h)越过该架信号机并随时准备停车。出站信号机兼做道岔防护信号机没有引导信号

道岔防护信号机的 ATS 自动进路使用状态用信号机旁边的黄色三角图形显示:

黄色三角显示:该信号机为始端的自动进路中至少一条被禁止;

黄色三角隐藏:该信号机为始端的所有自动进路被允许;

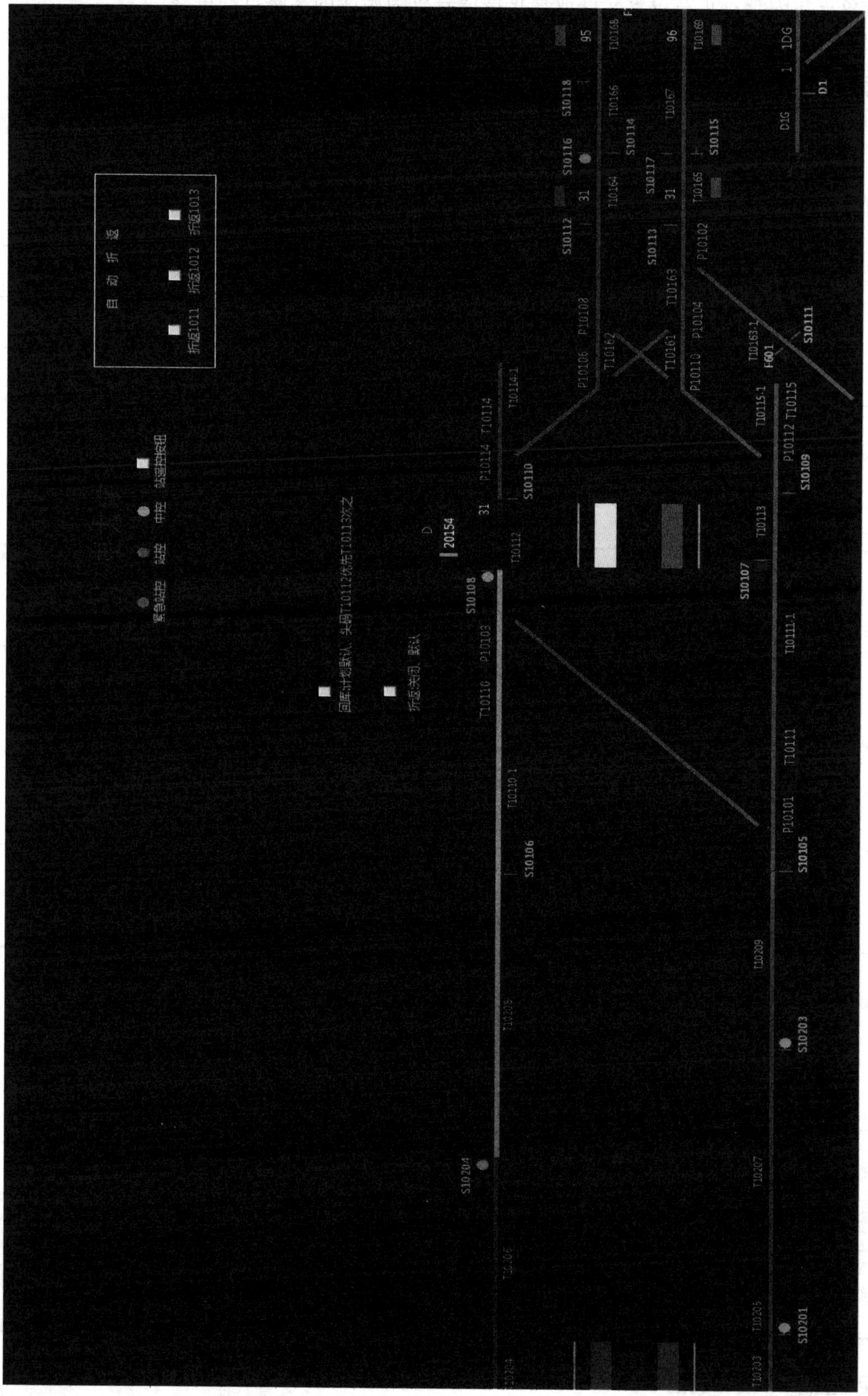

图 SB10-4 站场信号显示

黄色三角闪烁：正在设置允许或禁止该信号机为始端的某条自动进路。
部分信号机旁的箭头图形显示信号机相关自动通过进路建立状态：
绿色箭头显示：该信号机为始端的进路设置了自动通过（fleet）模式；
箭头隐藏：无自动通过（fleet）模式。
正线出站信号机显示：

灯位1	含义
稳定绿色	表明准许列车按规定的速度越过该架信号机
稳定红色	禁止通行，列车在信号机前停车

线路中阻挡信号机显示：

灯位1	含义
稳定红色	信号关闭，不准越过该信号机
稳定绿色	允许越过该信号机

线路终端阻挡信号机显示：

灯位1	含义
稳定红色	信号关闭，不准越过该信号机

车辆段内信号机显示：

灯位1	灯位2	含义
稳定绿色	暗	表明进段的进路开通，准许列车按规定的速度越过该架信号机进段
稳定红色	暗	不准列车越过该架信号机
稳定红色	稳定黄色	表明开放引导信号，准许列车以不大于规定的速度越过该架信号机并随时准备停车

阻挡兼调车信号机显示：

灯位 1	灯位 2	含 义
暗	稳定白色	准许按规定的速度越过该架信号机进行调车作业
稳定红色	暗	不准列车越过该架信号机

调车信号机显示：

灯位 1	含 义
稳定白色	准许按规定的速度越过该架信号机进行调车作业
稳定红色	不准列车越过信号机

当室外处于灭灯状态时，在相应的灯位上打叉。

某些信号机旁使用"Y"的文字显示延时解锁状态：

白色 Y 显示——该信号机为始端的进路正在 CBTC 模式下延时解锁；

黄色 Y 显示——该信号机为始端的进路正在闭塞模式下延时解锁；

黄色 Y 隐藏——该信号机为始端的进路未在延时解锁。

3）计 轴

计轴区段显示颜色及含义：

稳定粉红色——计轴处于占用状态；

稳定绿色——计轴处于出清状态，是一条锁闭进路的一部分；

稳定白色——计轴处于出清状态，故障锁闭；

稳定蓝色——计轴处于出清状态，不是进路的一部分；

稳定棕色——计轴被 ATC 报告失效；

闪烁——计轴被 ATS 切除跟踪，以当前颜色闪烁。

在自动区，对于长度比较长的计轴可以根据显示需要分割成多个虚拟小区段，在 CBTC 模式跟踪列车时，ATS 可以根据来自 ZC 的列车位置报告信息分别显示每个虚拟小区段的占用和出清状态。

计轴内虚拟小区段单独显示颜色及含义：

稳定红色——小区段被 CBTC 报告列车占用；

稳定粉红色——小区段所述计轴被报告占用，但未被 CBTC 报告占用；

稳定绿色——小区段处于出清状态，属于一条锁闭的进路；

稳定白色——小区段处于出清状态，故障锁闭；

稳定蓝色——小区段处于出清状态，不是进路的一部分。

4）道 岔

道岔的定位在 ATS 的图形用户界面上表示为：

道岔的反位在 ATS 的图形用户界面上表示为：

ATS 通过叉尖是连到道岔的定位或反位的状态来表示道岔的定位或反位位置。

道岔线段图形的颜色表示及含义：

稳定红色——道岔被 CBTC 报告占用；

稳定粉红色——道岔区所在机轴被报告占用；

稳定蓝色——道岔未占用，道岔未锁闭，未单锁；

稳定绿色——道岔未占用，道岔正常锁闭，未单锁；

稳定白色——道岔未占用，道岔故障锁闭；

稳定棕色——道岔所在的计轴被 ATC 报告失效；

闪烁——道岔所在的计轴被 ATS 切除，以当前颜色闪烁。

道岔名称显示颜色及含义：

稳定红色——单锁；

稳定绿色——定位；

稳定黄色——反位。

道岔圈显示颜色及含义：

稳定红色——逻辑锁和手动锁同时；

稳定绿色——手动定位锁闭；

稳定黄色——手动反位锁闭。

5）站台显示

ATS 在站场图上显示站台状态包括：是否有列车停站、扣车、跳停、人工停站时间设置、人工站间运行等级设置，如图 SB10-5 所示。

（1）站台矩形图标显示颜色及含义：

稳定蓝色：站台设置了跳停命令；

稳定浅蓝色：站台设置了指定列车跳停命令；

稳定黄色：无跳停命令，列车在站台停站；

稳定橙色：站台设置了清客命令。

（2）站台旁菱形图标显示及含义：

稳定红色：站台紧急关闭；

隐藏：站台没有紧急关闭。

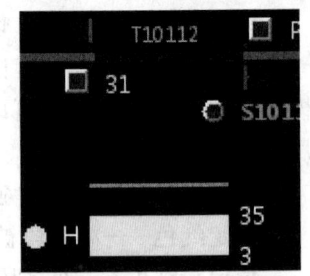

图 SB10-5　站台显示

（3）站台旁白色数字显示及含义：

显示：站台人工设置的停站时间数值；

隐藏：站台没有被人工设置停站时间。

（4）站台旁数字或字符 P 显示及含义：

显示数字：该站台只在缺省方向设置了固定运行时间；
显示字符 P：该站台设置了具体到秒的运行时间或者是按不同方向设置了运行时间；
隐藏：站台没有被人工设置运行时间。
（5）站台旁 H 字符显示颜色及含义：
黄色：车站设置站台扣车；
白色：中心设置站台扣车；
红色：车站和中心同时设置站台扣车；
隐藏：站台没有被设置扣车。
（6）站台旁扣车指示灯显示颜色及含义：
黄闪：中心扣车；
白色：车站扣车；
红色：车站和中心同时设置站台扣车；
隐藏：站台没有被设置扣车。
（7）站台旁 2 根横线段显示及含义：
绿色分开：站台屏蔽门打开；
绿色合拢：站台屏蔽门关闭；
红色分开：站台屏蔽门切除。
6）自动折返
当车站设置自动折返模式后，在控制中心调度工作站对应站场区域显示如下：

1ZF

稳定黄色——设定自动折返模式；
隐藏——未设定自动折返模式。
当终端车站存在多个折返轨时，对应该站有多个折返模式显示。
7）临时限速 TSR
线路上已设置的临时限速范围和限制速度，如图 SB10-6 所示。

图 SB10-6 临时限速设置

8）信号告警和设备状态显示
在控制中心调度工作站上每个集中站和车辆段站场下方显示一个总告警。

总告警

闪烁红色——集中站发生影响行车的故障；灰色——无告警。
在控制中心调度工作站上显示区间通信故障告警。
在控制中心调度工作站站场图区域显示 ZC 设备工作状态：

●　　　　　●
ZC1　　　　ZC2

稳定红色——ZC/LC 设备与 ATS 离线；

稳定黄色——ZC/LC 设备在线，但非 3 取 2 全系统工作；

稳定绿色——ZC/LC 设备在线，全系统工作；

灰色——设备接口无连接。

9）图形元素的显示/隐藏

通过选择菜单功能，站场图上每根轨道/计轴下方、每个道岔附近和每个信号机附近的名称显示可以被隐藏。

10）道岔电流表

道岔电流表采用指针显示，如图 SB10-7 所示。

图 SB10-7　道岔电流表

11）电源故障告警

电源故障告警采用圆形表示灯表示，如图 SB10-8 所示。

图 SB10-8　电源故障告警

12）邻站通信状态表示

邻站通信状态采用圆形表示灯表示，如图 SB10-9 所示。

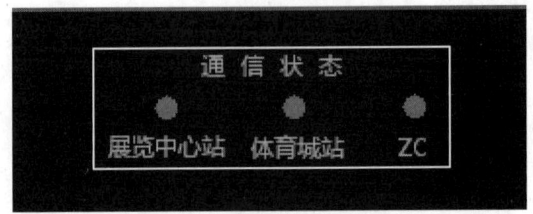

图 SB10-9　通信状态

13）进路排列故障

进路排列故障采用圆形表示灯表示，如图 SB10-10 所示。

图 SB10-10　通信状态

14）屏蔽门显示

站台旁两段线段合拢或打开，表示关闭或打开状态。线段红色标识旁路状态。

15）延时解锁倒计时

站场图信号机旁合适位置显示延时解锁倒计时数字，如图 SB10-11 所示。

图 SB10-11　延时倒计时

16）引导信号倒计时

站场图上会放置一批信号机引导按钮，在按钮上方显示 60 s（条件）倒计时，提醒每隔 60 s 需要重新操作。

17）区故解按钮操作计数

站场图显示一个数字，下方文字说明"区故解操作计数"，如图 SB10-12 所示。

18）总人解按钮操作计数

站场图显示一个数字，下方文字说明"人工解锁操作计数"，如图 SB10-13 所示。

19）引导总锁按钮操作计数

站场图"引导总锁"按钮上方显示一个数字，如图 SB10-14 所示，工作站本地更新。

图 SB10-12　区故解按钮操作计数　　图 SB10-13　总人解按钮操作计数　　图 SB10-14　引导总锁按钮操作计数

20）信号机引导按钮操作计数

站场图上会放置一批信号机引导按钮，在按钮上方显示该按钮的操作计数数字，如图 SB10-15 所示，工作站本地更新。

图 SB10-15　信号机引导按钮操作计数

21）延续防护 Overlap 状态（见图 SB10-16）

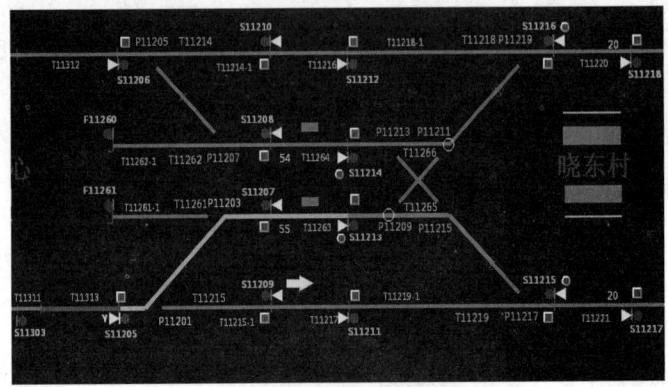

图 SB10-16　延续防护 Overlap 状态

22）延续防护 Overlap 倒计时

表示灯旁倒计时显示数字表示延续防护 Overlap 倒计时，如图 SB10-17 所示。

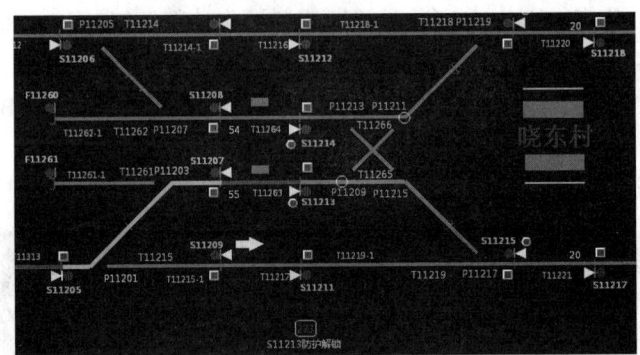

图 SB10-17　延续防护 Overlap 倒计时

23）信号被封锁状态

信号机灯位粉色闪烁表示信号被封锁，如图 SB10-18 所示。

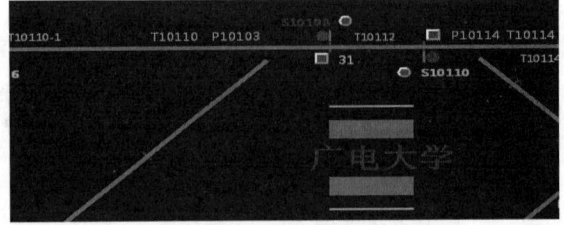

图 SB10-18　信号被封闭状态

11. 信号与列车操作界面

1）设置进路

该功能允许操作排列指定的进路，提供两种操作方式：

按钮方式：先点击功能按钮中的"进路建立"，此时"进路建立"图标显示白色，如图 SB10-19 所示。在站场图上点击所排进路的始端按钮，如操作有效，则发出一声声响同时始端按钮呈蓝色凹下，所有相对于此按钮的有效的终端按钮均黄闪，点击一下进路的终端按钮，如操作有效，则发出一声声响同时此终端按钮和始端按钮开始白闪，其余黄闪按钮恢复常态，此时排列表示灯红闪。

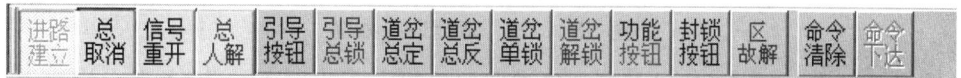

图 SB10-19 进路建立

右键菜单方式：右键点击站场图选择始端信号机，并在出现的菜单中选择该操作项，在对话框中的进路列表中选择进路，然后执行这一功能。

用户可以点击"展开进路预览"按钮展开进路预览站场图，或点击"收起进路预览"按钮来收起进路预览站场图，如图 SB10-20 所示。

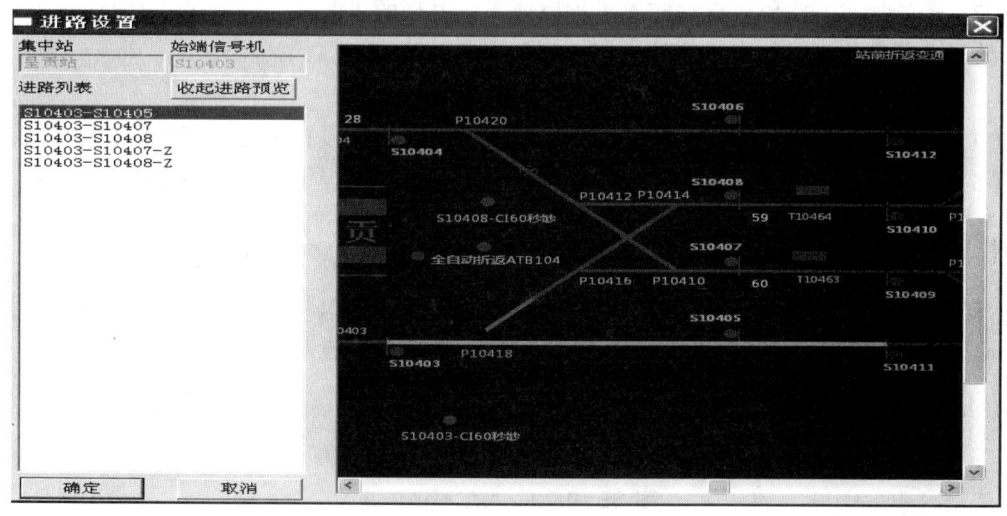

图 SB10-20 进路预览站场图

执行设置进路需要注意的：

（1）系统正常工作时，计划车、头码车的进路会自动触发，不需人工干预；

（2）人工车不能自动触发进路，需人工办理进路；

（3）执行办理进路操作前先目视下所要办的进路具备条件（如进路上是否有列车占用，是否有敌对进路等）；

（4）人工办进路时需核实所办的进路是所需要的（如想办列车进路，不要误办了相同始端信号机的折返进路）；

（5）进路办理成功后，进路锁闭的区段呈白光带显示；

（6）办理进路的命令发出后，若办理失败，会有相应提示（命令冲突或命令超时等）。

2）取消进路

该功能允许取消一条指定的进路，如图 SB10-21 所示。提供两种操作方式：

按钮方式：点击功能按钮中的"总取消"，然后点信号机始端按钮。

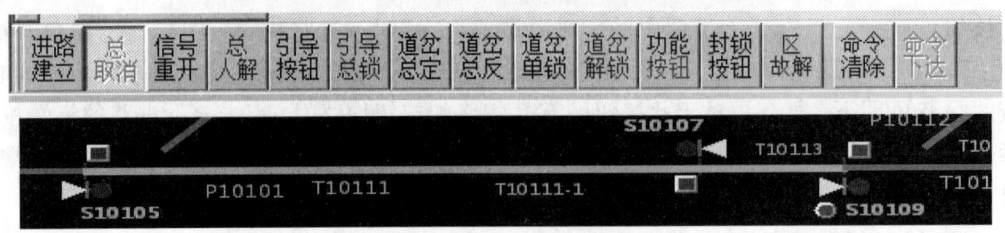

图 SB10-21　取消进路办理

右键菜单方式：右键点击站场图选择进路的始端信号机，并在出现的菜单中选择"取消进路"操作项，此时该信号机及所属车站的信息将自动输入到弹出的对话框中。操作员选择"执行"，该请求将发送给服务器处理。

执行取消进路需要注意的：

（1）正常情况下（自动通过进路除外），列车经过进路后，联锁会自动解锁进路，不需人工取消进路；

（2）若计划车、头码车自动触发了进路或人工办理的进路，当调度运营有变动时，且列车未处于接近锁闭区段状态（信号机灯柱颜色变黄），可人工取消进路；

（3）执行取消进路操作时需仔细确认，不要选错信号机；

（4）取消进路成功后，信号机关闭，进路需要锁闭的区段显示为出清且不锁闭的状态；

（5）取消进路的命令发出后，若取消失败，会有相应的提示（命令冲突或命令超时等）。

3）人工解锁进路

当需取消已处于接近锁闭状态（接近区段有车、信号开放、进路空闲）的进路时，使用【总人解】，如图 SB10-22 所示；在办理取消引导接车进路时，使用【总人解】。另外在取消进路时，可使用【总取消】，也可使用【总人解】。人工解锁进路提供两种操作方式：

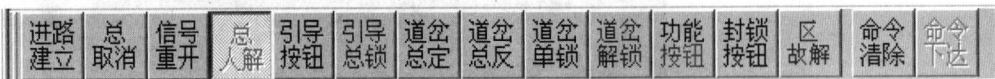

图 SB10-22　人工解锁进路

按钮方式：点击功能按钮中的"总人解"，然后点击信号机始端按钮。如果用于解锁普通进路，则开始延时解锁。如果用于解锁引导进路，则进路和引导同时被解除。

弹出 HILC 对话框，第一步输入框内已显示操作内容，点击第一步输入框内的确认按钮。使能第二步输入框内的操作内容选择界面，操作选择同样的信号机，然后点击第二步输入框内的确认按钮。

右键菜单方式：右键点击站场图选择进路的始端信号机，并在出现的菜单中选择"总人解操作项。操作员选择"执行"，该请求将发送给服务器处理。

执行人工解锁进路需要注意的：

（1）在取消列车进路时，首选是使用总取消的方式，为保证安全性，特殊情况下（如接近锁闭、引导进路等），总取消仅能关闭信号，不能解锁进路，这时需要总人解来解锁进路，

操作时需确认操作后的安全性;

(2)在进行接近解锁时,操作人员应特别注意以下 3 条安全注意事项:

① 在后备/CBTC 模式下,当列车接近需要办理总人解解锁进路时,操作员必须严格遵循先确认列车停稳,后办理总人解的操作规程来人工解锁列车前方的进路。

② 在后备/CBTC 模式下,当列车接近需要办理总人解解锁进路时,操作员在办理接近解锁的过程中,需注意区分取消进路按钮与总人解按钮。当错误按下总人解时,不要输入总人解确认密码,确认列车停稳后,方可使用总人解来解锁进路。

③ 在后备/CBTC 模式下,当列车接近需要办理总人解解锁进路时,操作员在确认列车停稳的过程中,需注意确认该列车为即将解锁进路前方列车,不能张冠李戴。操作员和驾驶员共同确认列车停稳后,方可使用总人解来解锁进路。

④ 执行人工解锁进路后,若执行成功,进路解锁,若执行失败,会有相应的提示(如命令冲突或命令超时等)。

4)进路交人工控

该功能允许用户将某个信号机为始端的进路取消 ATS 自动触发功能,转为人工办理。

操作方法:用户鼠标点击站场图选择进路的始端信号机,并在出现的菜单中选择该操作项,在弹出对话框中的进路列表中选择进路,并选择"执行",可以设置该条进路必须为人工办理,不能由 ATS 自动触发。

使用进路交人工控需要注意的:

(1)正常情况下,列车在系统的自动调整模式下运行,不需人工干预;

(2)在特殊的情况下(人工调整列车的运行顺序、人工调整早晚点、处理故障的需要等),可人工干预,将某条进路设为人工控的状态,以此禁止进路的自动触发,待合适时机再转为自动控或人工办理进路;

(3)执行进路交人工控时需确认选择的进路是想要转人工控的进路;

(4)执行进路交人工控后,可在"查询进路控制状态"中查看命令是否执行成功。

5)进路交自动控

该功能允许用户将某个信号机为始端的某条进路设置为由 ATS 自动触发功能。

操作方法:右键点击站场图选择进路的始端信号机,并在出现的菜单中选择该操作项,在弹出对话框中的进路列表中选择进路,并选择"执行",可以设置该条进路由 ATS 自动触发。

使用进路交自动控需要注意的:

(1)若要使计划车、头码车自动触发进路,则要触发的进路需处于自动控状态;

(2)若某条进路由于转人工控操作或人工取消此进路而转为人工控后,需人工执行"进路交自动控"后,此进路才能被计划车、头码车自动触发;

(3)执行进路交自动控时需确认选择的进路是想要转自动控的进路;

(4)执行此操作后,可在"查询进路控制状态"中查看命令是否执行成功。

6)信号重开

该功能允许用户向某个未开放信号机发送信号重开命令。提供两种操作方式:

按钮方式:点击功能按钮中的"信号重开",然后点击信号机(区间信号机)或者信号机始端按钮(进路信号机),如图 SB10-23 所示。

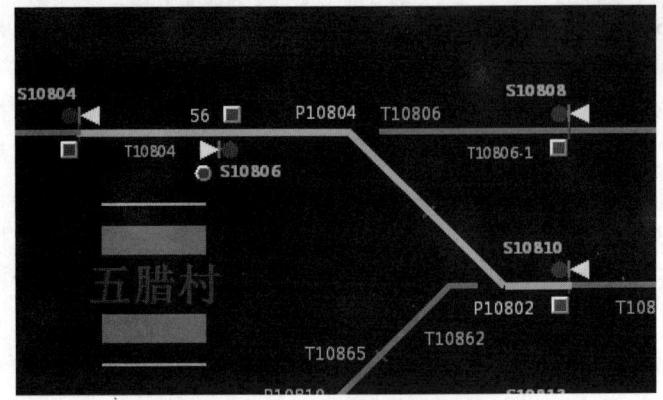

图 SB10-23　利用功能菜单重开信号办理

右键菜单方式：右键点击站场图选择信号机（区间信号机）或者信号机始端按钮（进路信号机），并在出现的菜单中选择该操作项，此时该信号机及所属车站的信息将自动输入到弹出的对话框中。操作员选择"执行"，该请求将发送给服务器处理。

执行信号重开需要注意的：

（1）信号系统正常工作时，无须执行此操作；

（2）若信号由于故障（如锁闭的进路区段故障）或人工干预导致信号关闭，此后调度运营想再次开放此信号（前提是信号开放的条件具备，如故障区段已恢复），可以执行信号重开使信号重新开放；

（3）若办理了折返进路后，列车到达折返轨，但由于运营调整，需要让列车继续前行时，可执行此命令重开前方阻挡信号机；

（4）执行此操作后，若执行成功则信号会开放，若执行失败，会有相应的提示（如命令冲突或命令超时等）。

7）引导信号办理

该功能提供两种操作方式：

按钮方式：点击功能按钮中的"引导按钮"，然后点击站场图右下方的信号机"引导"按钮，如图 SB10-24 所示。弹出密码窗，输入密码后确认。

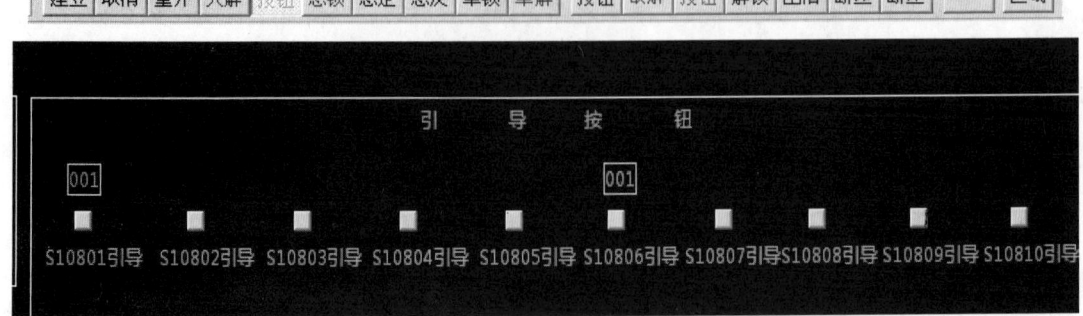

图 SB10-24　引导信号办理

右键菜单方式：右键点击站场图选择引导进路始端信号机，并在出现的菜单中选择该操作项。操作员选择"执行"，该请求将发送给服务器处理。

执行引导信号办理需要注意的：

（1）当进站信号机（或防护信号机）因故障（如轨道区段故障）不能正常开放时，可开放引导信号，列车以引导方式进站，需现场值班人员确保行车安全；

（2）在办理引导进路开放引导信号前，需要将道岔人工操纵到适当的位置；

（3）若信号机内方第一区段良好，当列车压入信号机内方第一区段时，引导信号自动关闭；若信号机内方第一区段故障，则在列车进入信号机内方第一区段前，需每隔20 s补办一次引导（引导按钮上有20 s倒计时显示），以使引导信号保持开放；

（4）执行成功后，引导信号开放，若执行失败，会有相应的报警提示。

8）引导信号取消

该功能提供两种操作方式：

按钮方式：点击功能按钮中的"总取消"，然后点击站场图右下方的信号机"引导"按钮，如图 SB10-25 所示。（注：如果为进路信号机，则此时引导被取消，但进路不会被取消。只有按"人工解锁进路"操作，才能同时取消引导和进路。）此时弹出对话框显示操作内容，点击对话框按钮确认。如果信号机为区间信号机则不使用 HILC 操作，如果不是区间信号机，则使用 HILC 界面。

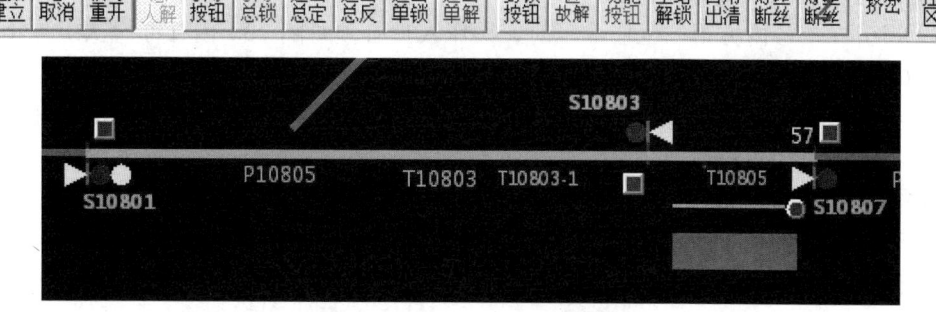

图 SB10-25　引导信号取消

右键菜单方式：右键点击站场图选择引导进路始端信号机并在出现的菜单中选择"人工解锁进路"操作项。

执行引导信号取消需要注意的：

（1）在引导信号不再需要或列车已经完全到达指定位置时，可以执行引导信号取消操作；

（2）在执行取消引导信号时，现场值班人员须人为确认列车已经完全到达指定位置（正线一般为站台轨，车辆段一般为股道），行车安全由现场值班人员保证；

（3）执行成功后，引导按钮不再黄闪，若执行失败，会有相应的报警提示。

9）引导总锁

该功能提供两种操作方式：

按钮方式：点击功能按钮中的"引导总锁"，然后点击站场图"引导总锁"按钮，如图 SB10-26 所示。此时弹出密码框，输入密码后确认。然后再弹出二次确认对话框，重新选择操作为"引导总锁"，确认。如果已设置引导总锁，则再操作一次为取消引导总锁。

图 SB10-26　利用功能菜单办理引导总锁闭

如果是"设置引导总锁",弹出对话框显示操作内容,点击对话框按钮确认。如果是"取消引导总锁",则弹出 HILC 对话框,第一步输入框内已显示操作内容,点击第一步输入框内的确认按钮,使能第二步输入框内的操作内容选择界面,操作选择同样的命令,然后点击第二步输入框内的确认按钮。

右键菜单方式:右键点击站场图"引导总锁"按钮,并在出现的菜单中选择该操作项。操作员选择"执行",该请求将发送给服务器处理。

执行引导总锁需要注意的:

(1)在线路故障(如进路上的道岔失去表示)时可以使用引导总锁的方式,锁闭全设备集中站的道岔、开放引导信号来接车进站;

(2)由于引导总锁方式的引导信号不检查道岔位置、不锁闭进路,在执行操作前需将道岔人工操纵到适当的位置,并人工到现场确认设备状态正确(特别是表示道岔的位置),行车安全完全由行车值班人员保证;

(3)当引导信号内方第一区段故障时,操作人员必须每隔 20 s 内补办一次引导(引导按钮上有 20 s 倒计时显示),以保持引导信号开放;

(4)执行成功后,引导总锁按钮红灯亮,全集中站道岔单锁,对应引导信号开放;若执行失败,会有相应的报警提示。

执行取消引导总锁需要注意的:

(1)在引导总锁不再需要或列车已经完全到达指定位置时,可以执行取消引导总锁操作;

(2)在执行取消引导总锁时,现场值班人员须人为确认列车已经完全到达指定位置(正线一般为站台轨,车辆段一般为股道),行车安全由现场值班人员保证;

(3)执行成功后,引导总锁按钮红灯灭,全集中站道岔单锁解除,对应引导信号关闭;若执行失败,会有相应的报警提示。

10)信号机封锁

该功能提供两种操作方式:

按钮方式:点击功能按钮中的"封锁按钮",如图 SB10-27 所示,点击信号机,弹出密码窗,输入密码后确认。然后弹出对话框显示操作内容,点击对话框按钮确认。

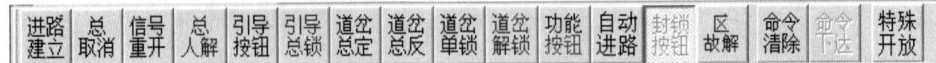

图 SB10-27　信号机封锁

右键菜单方式:右键点击站场图信号机,并在出现的菜单中选择该操作项,此时该信号机及所属车站的信息将自动输入到弹出的对话框中。操作员选择"执行",该请求将发送给服务器处理。

执行信号机封锁需要注意的：

（1）在执行调车或行车作业时，为保证行车安全或其他运营调度的需要，可以执行信号机封锁操作；

（2）值班人员必须人为确认列车已经完全到达指定位置，才能办理封锁操作；

（3）执行信号机封锁时，若此时信号机为开放状态，联锁会将其状态转为限制，若此信号机为关闭状态，则在解除封锁之前，任何手段都无法开放此信号机；

（4）执行成功后，信号机呈粉色闪光显示，若执行失败，会有相应的报警提示。

11）信号机解除封锁

该功能提供两种操作方式：

按钮方式：点击功能按钮中的"信号封锁"，点击信号机，弹出密码窗，输入密码后确认。弹出 HILC 对话框，第一步输入框内已显示操作内容，点击第一步输入框内的确认按钮，使能第二步输入框内的操作内容选择界面，操作选择同样的信号机，然后点击第二步输入框内的确认按钮。

右键菜单方式：右键点击站场图信号机，并在出现的菜单中选择该操作项。操作员选择"执行"，弹出 HILC 对话框。后续操作同上。

执行信号机解除封锁需要注意的：

（1）在相应的调车或行车作业完成时，根据运营调度的需要，可以为信号机解除封锁；

（2）值班人员必须人为确认列车已经完全到达指定位置，才能办理解除封锁操作；

（3）执行成功后，信号机不再呈粉色闪光显示，变为关闭状态，这时恢复允许对信号机执行其他操作（如信号重开、办理进路等）；若执行失败，会有相应的报警提示。

12）设置/取消通过模式

该功能允许向某个未开放信号机设置/取消通过模式。

操作方法：右键点击站场图选择进路的信号机，并在出现的菜单中选择该操作项，信号机及其车站属性将被自动列入弹出的对话框中，选择"确认"，将发出设置/取消通过模式命令。

执行设置/取消通过模式需要注意的：

（1）若在较长的一段时间内，列车均会经过某信号机的一固定进路，而不会经过此信号机的其他进路，且该进路可以办理自动通过模式，为提高效率，减少不必要的重复的进路建立与取消，或因调度运营的需要，可以设置此进路的自动通过模式；

（1）若进路处于自动通过模式，则该进路不允许自动触发，根据调度运营的需要（如下次列车的运行路径与此自动通过进路不符），可以取消自动通过模式；

（3）执行设置或取消通过模式后，若执行成功，界面上会有相应显示，若执行失败，会有相应的提示（如命令冲突或命令超时等）。

13）站台操作

12. 区段操作

1）区段切除跟踪

此功能用于对某一计轴设置切除状态，ATS 不再使用该计轴的占用出清状态变化跟踪列车。

操作方法：用户鼠标点击站场图上的轨道或道岔线段图标，并在出现的菜单中选择该操作项,被点击的计轴所属车站和名称将自动列入弹出的对话框中。"功能"被自动选定为"切除"。选择"执行"将发出命令,选择"取消"将放弃操作并关闭对话框。

执行区段切除跟踪需要注意的:

(1)由于区段故障(如计轴故障导致的红光带显示)或其他故障情形等,导致该区段不能正确反应设备的状态时,为避免故障设备影响列车的正常车次跟踪功能,可以使用此操作,这样系统将不再根据此区段的状态来跟踪列车车次,CBTC 列车不需要使用;

(2)执行成功后,列车运行到此区段后,系统将跳过该区段进行列车车次信息的跟踪;若执行失败,会有相应的报警提示。

2)区段激活跟踪

选择此功能用于取消某一计轴上被设置的切除状态,ATS 重新使用该计轴的占用出清状态变化跟踪列车。

操作方法:用户鼠标点击站场图上的轨道或道岔线段图标,并在出现的菜单中选择该操作项,被点击的计轴所属车站和名称将自动列入弹出的对话框中。"功能"被自动选定为"切除"。选择"执行"将发出命令,选择"取消"放弃操作并关闭对话框。

执行区段激活跟踪需要注意的:

(1)由于区段故障恢复或其他情形,该区段已可以正常反应设备的状态变化,这时可以激活该区段,使用该区段进行列车车次信息的跟踪;

(2)执行成功后,系统将使用该区段进行列车车次跟踪;若执行失败,会有相应的报警提示。

3)区段故障解锁

该功能提供两种操作方式:

按钮方式:点击功能按钮中的"区故解",如图 SB10-28 所示,然后点击站场图特定按钮。此时弹出密码窗,输入密码后确认。

图 SB10-28 区段故障解锁

右键菜单方式:右键点击区段图形,在弹击菜单中选择"区段故障解锁"。弹出密码窗,输入密码后确认。弹出 HILC 对话框,第一步输入框内已显示操作内容,点击第一步输入框内的确认按钮,使能第二步输入框内的操作内容选择界面,操作选择同样的道岔,然后点击第二步输入框内的确认按钮。

执行区段故障解锁需要注意的:

(1)当线路的某些区段因为故障情况处于故障锁闭状态时(如进路内区段未按顺序出清),绿光带显示,可以使用"区故解"操作实现故障解锁;

(2)在办理区故解前,值班人员必须确认该故障区段无车占用;同时严禁解锁列车运行前方的故障区段(也称迎面解锁);

(3)执行成功后,故障锁闭的绿光带消失;若执行失败,会有相应的报警提示。

13. 道岔操作

1）道岔单操

该功能提供两种操作方式：

按钮方式：点击功能按钮中的"道岔总定"或者"道岔总反"，如图 SB10-29 所示，然后点击站场图上对应道岔的名字。

图 SB10-29　道岔单操

右键菜单方式：右键点击站场图道岔，选择"单操定位"或"单操反位"，被点击的道岔所属车站和名称将自动列入弹出的对话框中。选择"确定"将发出命令，选择"取消"放弃操作并关闭对话框。

执行道岔单操需要注意的：

（1）由于调度运营的需要，可以执行此操作，将道岔搬到需要的位置；

（2）执行操作前需确认道岔未锁闭、未占用；

（3）执行成功后，道岔会被搬到指定的位置（定位或反位）；若执行失败，会有相应的报警提示。

2）道岔单锁

该功能提供两种操作方式：

按钮方式：点击功能按钮中的"道岔单锁"，如图 SB10-30 所示，然后点击站场图上对应道岔的名字。

图 SB10-30　道岔单锁

右键菜单方式：右键点击道岔图形，在弹出菜单中选择"道岔单锁"，弹出密码窗，输入密码后确认。然后弹出对话框显示操作内容，被点击的道岔所属车站和名称将自动列入弹出的对话框中。选择"确定"将发出命令，选择"取消"放弃操作并关闭对话框。

执行道岔单锁需要注意的：

（1）在特殊情况下（如岔区有施工），根据运营调度的需要，为确保安全，可以执行道岔单锁操作，将道岔锁住，防止道岔搬动；

（2）执行成功后，道岔名称呈红色显示；若执行失败，会有相应的报警提示。

3）道岔单解

该功能提供两种操作方式：

按钮方式：点击功能按钮中的"道岔单解"，如图 SB10-31 所示，然后点击站场图上对应道岔的名字。弹出密码窗，输入密码后确认。

图 SB10-31　道岔单解

若键菜单方式：右键点击道岔图形，在弹出菜单中选择"道岔单解"。弹出密码窗，输入密码后确认。弹出对话框显示操作内容，点击对话框按钮确认。弹出 HILC 对话框，第一步输入框内已显示操作内容，点击第一步输入框内的确认按钮，使能第二步输入框内的操作内容选择界面，操作选择同样的命令，然后点击第二步输入框内的确认按钮。

执行道岔单解需要注意的：

（1）当特殊情况已解除（如施工结束），根据运营调度的需要，可以为道岔执行解锁操作；

（2）在执行道岔解锁操作前，值班人员需确认施工或维护工作已经结束；

（3）执行成功后，道岔名不再红色显示，会恢复正常显示状态（定位绿色，反位黄色）；若执行失败，对话框状态栏有文字提示。

14. 上电解锁

该功能提供两种操作方式：

按钮方式：点击功能按钮中的"功能按钮"，然后点击站场图"上电解锁"按钮，如图 SB10-32 所示。此时弹出密码窗，输入密码后确认。

图 SB10-32　上电解锁

右键菜单方式：点击站场图"上电解锁"按钮。弹出密码窗，输入密码后确认。弹出 HILC 对话框，第一步输入框内已显示操作内容，点击第一步输入框内的确认按钮，使能第二步输入框内的操作内容选择界面，操作选择"上电解锁"，然后点击第二步输入框内的确认按钮。

执行上电解锁需要注意的：

（1）当联锁机上电重启后，系统处于初始启动状态，在正常使用之前须在直联视图下执行"上电解锁"操作；

（2）上电解锁在联锁机重启后 8 min 内有效，超过 8 min 后，需对所有的区段逐一进行解锁；上电解锁只能使用一次，在重启使用后，联锁不再提供上电解锁功能；上电解锁前，值班人员须确认所有列车已经停车；

（3）执行成功后，"上电解锁"按钮消失，全站绿光带消失。

15. 取消全站封锁

该功能提供两种操作方式：

按钮方式：点击功能按钮中的"功能按钮"，然后点击站场图"全站封锁"按钮，如图 SB10-33 所示。此时弹出密码窗，输入密码后确认。

右键菜单方式：点击站场图"全站封锁"按钮右键菜单。弹出密码窗，输入密码后确认。然后弹出对话框显示操作内容，点击对话框按钮确认。

图 SB10-33　取消全站封锁

执行取消全站封锁需要注意的：

（1）当联锁机上电重启后，系统处于初始启动状态，在正常使用之前须在直联视图下执行"取消全站封锁"操作；

（2）取消全站封锁仅允许一次操作，操作之后该按钮消失；取消全站封锁前，值班人员须确认所有列车已经停车；

（3）执行成功后，全站封锁按钮消失。

16. 计轴预复位

此功能用于对某一计轴区段进行预复位操作。提供两种操作方式：

按钮方式：点击功能按钮中的"功能按钮"，然后点击站场图上的"计轴复位"按钮，如图 SB10-34 所示。

图 SB10-34　计轴预复位

右键菜单方式：右键点击站场图"计轴复位"按钮，并在出现的菜单中选择该操作项。弹出密码窗，输入密码后确认，将直接发出命令。

执行计轴预复位需要注意的：

（1）由于计轴故障导致红光带显示时，可以使用现地工作站的计轴预复位按钮＋IBP 盘的计轴复位按钮对计轴进行复位，使计轴恢复正确状态；

（2）在后备/CBTC 模式下，计轴复位应遵循计轴复位规程操作，值班人员应确保在执行计轴复位前确认该区段没有列车占用，由值班人员人工保证安全；

（3）考虑到计轴故障的情况存在多种因素：大部分情况下，值班员在首次执行完计轴复位操作后，计轴即可恢复到正常工作状态；但某些特殊情况下，计轴可能依然处于故障状态，需要值班员再次执行计轴复位操作，才可以将计轴复位到正常工作状态；当需要第二次执行复位操作的时候，应该由另一名值班员（监督人员或经理）来进行确认；

（4）执行成功后，计轴恢复正常工作状态，红光带消失；若执行失败，会有相应的报警提示，如图 SB10-35 所示。

图 SB10-35　计轴预复位失败报警

17. 封　锁

该功能允许用户封锁信号机、轨道或道岔。提供两种操作方式：

按钮方式：点击功能按钮中的"封锁按钮"，如图 SB10-36 所示，然后点击信号机、轨道或道岔。

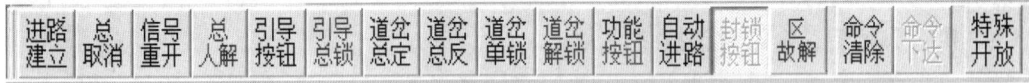

图 SB10-36　封锁

右键菜单方式：右键点击站场图信号机、轨道或道岔、并在出现的菜单中选择该操作项，此时该信号机、轨道、道岔及所属车站的信息将自动输入到弹出的对话框中。操作员选择"执行"，该请求将发送给服务器处理。

·执行封锁需要注意的：

（1）在执行调车或行车作业时，为保证行车安全或其他运营调度的需要，可以执行封锁操作；

（2）值班人员必须人为确认列车已经完全到达指定位置，才能办理封锁操作；

（3）执行信号机封锁时，若此时信号机为开放状态，联锁会将其状态转为限制，若此信号机为关闭状态，则在解除封锁之前，任何手段都无法开放此信号机；

（4）执行成功后，信号机、轨道、道岔呈粉色闪光显示；若执行失败，会有相应的报警提示。

18. 解除封锁

该功能允许用户解除封锁信号机、轨道或道岔。提供两种操作方式：

按钮方式：点击功能按钮中的"封锁按钮"，如图 SB10-37 所示，然后点击信号机、轨道或道岔。弹出 HILC 对话框。

图 SB10-37　解除封锁

右键菜单方式：右键点击站场图信号机、轨道或道岔，并在出现的菜单中选择该操作项。操作员选择"执行"，弹出 HILC 对话框。第一步输入框内已显示操作内容，点击第一步输入框内的确认按钮，使能第二步输入框内的操作内容选择界面。操作选择同样的信号设备，然后点击第二步输入框内的确认按钮。

执行解除封锁需要注意的：

（1）在相应的调车或行车作业完成时，根据运营调度的需要，可以为信号机、轨道或道岔解除封锁；

（2）值班人员必须人为确认列车已经完全到达指定位置，才能办理解除封锁操作；

（3）执行成功后，信号机或轨道或道岔不再呈粉色闪光显示，变为关闭状态，这时恢复允许对信号机、轨道或道岔执行其他操作；若执行失败，会有相应的报警提示。

19. 邻站显示

在遥控/站控情况下，现地工作站可显示相邻车站可显示的信息，方法为：点击主菜单"邻站显示"菜单项，弹出邻站显示界面。

执行邻站显示需要注意的：

（1）可使用鼠标左键拖动对话框边框修改对话框大小。

（2）当站场图尺寸大于对话框尺寸时，自动出现相应的水平或垂直滚动条，且用户可以使用鼠标左键来拖动站场图的可视区域。

（3）站场图仅具有可视属性，右键菜单仅具有基本的站场图操作（车站选择，放大缩小站场图或车次窗等）。

（4）当用户点击主菜单项"显示信号机名"、"显示道岔名"等站场显示信息时，如该窗口处于显示状态，则自动对应刷新站场显示。

20. 信息管理和维护

1）报警过滤设置

显示报警设置对话框，在这个对话框里面，可以设置需要查看显示的报警类型以及哪些级别以上的告警需要显示。

如有4大类告警，对于每类告警都可以设置是否显示，以及哪些级别以上的告警在工作站报警视图内显示，如图 SB10-38 所示。

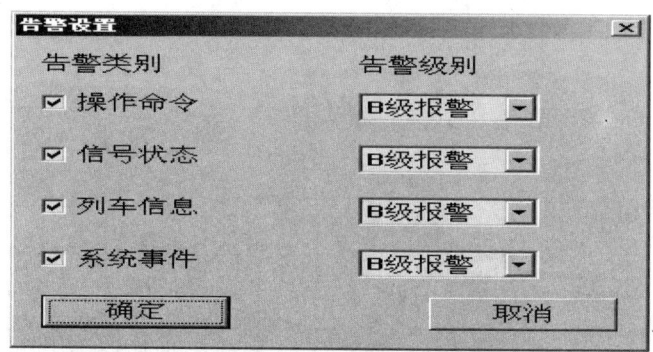

图 SB10-38　工作站报警设置

2）登　录

该功能可以使用户用不同的身份登录系统，以获得不同的操作权限。只有注销之后才能重新登录。

用户需要输入正确的用户名和密码来登入系统。

注：各工作站须使用预先定义好的用户名/密码登录系统，不允许使用高权限或其他用户登录。

3）注 销

该功能可以使用户注销当前的身份，同时屏蔽大部分操作，使用户能够不用担心别人使用他的机器，以他的身份做命令操作。

4）站遥控转换检查条件

表 SB10-1　站遥控转换检查条件

条　件	配置名
中心状态	Occ Status
引导总锁	Lock Guide
引导进路	Route Guide
紧急关闭	Emergency Close

5）控制区域设置

车站按照非集中站来划分多个区域，用户选择申请控制区域菜单，弹出对话框，在其中勾选需要的控制区域并确认即可。

注：如果要对设备进行操作，先要申请获得相应车站的控制权。

二、ATC 司机操作

1. 操作相关设备介绍

1）ATO 启动按钮（带指示灯）

在 ATO 模式下，当 ATC 授权列车发车或在 ATP 模式下，ATC 授权进入 ATO 模式，ATO 启动按钮灯会点亮，如图 SB10-39 所示。

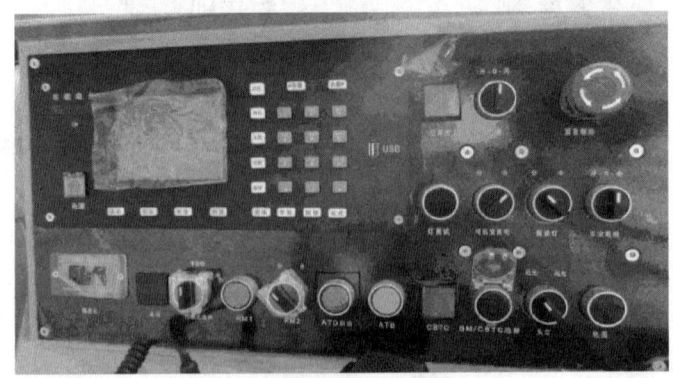

图 SB10-39　ATO 启动按钮

2）ATB 按钮（带指示灯）

当司机室未被激活且 ATB 模式可用时，ATB 按钮灯会点亮，如图 SB10-40 所示。

图 SB10-40 ATB 启动按钮

3）DMI

车载信号显示器（DMI）是司机和车载信号系统间的接口，为触摸屏，如图 SB10-41 所示。

图 SB10-41 DMI

4）扩音器

当信号系统请求扩音器响时，扩音器将会发出"滴滴"的响声，以提醒或警告司机。

5）RM 模式选择按钮（带指示灯）

当授权 ATC 使用 RM 模式时，RM 模式选择按钮灯会点亮，如图 SB10-42 所示。

图 SB10-42 RM 模式选择按钮

6）RM2 模式开关

RM2 开关为 2 位带铅封自锁开关，RM2 开关常态应在分位。若有一端 RM2 开关打到合位，列车将运营在 RM2 模式下。其余 ATC 模式此时都不能被激活。如图 SB10-43 所示。

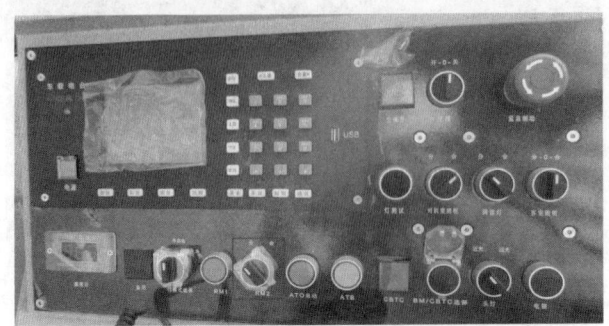

图 SB10-43　RM2 模式开关

7）BM/CBTC 模式选择按钮

当司机需要在 CBTC 和 BM 模式之间切换时按下该按钮。如图 SB10-44 所示。

图 SB10-44　BM/CBTC 模式选择按钮

8）CBTC 模式指示灯

该灯点亮时，表示列车处于 CBTC 的运营模式，如图 SB10-45 所示。

图 SB10-45　CBTC 模式指示灯

9）司控器钥匙

司机使用司控器钥匙激活驾驶室。司控器钥匙有两个位置：接通（激活）和断开（非激活）。

10）方向手柄

方向手柄用于控制列车的运行方向，有 3 个位置：向前、零位、向后。如图 SB10-46 所示。

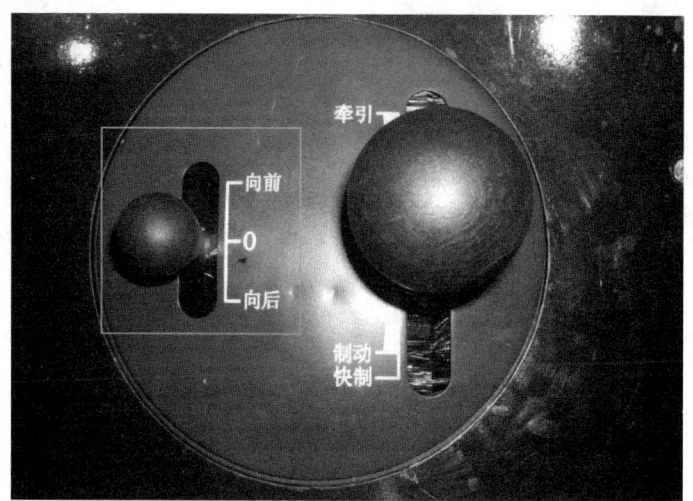

图 SB10-46　方向手柄

11）牵引/制动控制手柄

使用驾驶手柄在模式下对列车进行牵引或制动。驾驶手柄有 4 个位置：牵引、惰行、制动、快速制动。如图 SB10-46 所示。

12）开/关门按钮（带指示灯）

车门开/关门按钮（带指示灯）位于司机台上和司机室门旁边。车门打开指示灯点亮时，指示司机该侧车门可以打开，如图 SB10-47 所示。

图 SB10-47　开/关门按钮

13）车门模式选择器（DMS）

车门模式选择器用来选择自动或手动打开关闭车门，如图 SB10-48 所示。

图 SB10-48　车门模式选择器

车门模式具有三种模式：手动（手动开门，手动关门）；半自动（自动开门，手动关门）；自动（自动开门，自动关门）。

注：当列车在当前站台已完成了正确开关门操作后，若需将车门模式选择由手动模式切换到自动或半自动模式，建议在站间运行时完成该操作。否则在站台执行车门模式切换到自动或半自动模式操作，在 ATO 或 ATB 模式下，会再次自动进行开门作业。

14) ATC 旁路开关

当要 ATC 旁路时，使用 ATC 旁路开关。它位于司机座椅后司机可以接触到的区域。ATC 旁路开关有两种位置：正常位、旁路位。

（15）ATC 重启按钮

实施 ATC 重启的目的是在 ATC 软件失效后，重启车载 CC（确保两个 ATC 计数器再同步）。ATC 重启功能将关闭有关列车的所有的车载 ATC 设备。

按压 ATC 重启按钮的持续时间应大于 3 s。

2. 运营模式

1) BM/CBTC 模式

BM/CBTC 模式有三种状态：CBTC 模式、强制 BM 模式、非强制 BM 模式。

当运行在非强制 BM 模式下时，如果 CBTC 模式有效，将自动升级为 CBTC 模式，强制 BM 模式不具有此功能。

三种模式转换如表 SB10-2 所示。

2) 联锁控制模式

在此模式下，联锁将通过控制信号机和道岔来确保列车的行车安全以及行车间隔。当 CBI 正常运行时，该模式可用。

联锁控制级运营模式下，仅 BM 驾驶模式可用。

3. 驾驶模式

1) RMF 模式（RM1，RM2）

在该模式下，列车以不超过的 25 km/h 速度运行。列车的监控、运行、制动及开关车门由司机操作，车载设备对列车速度进行 25 km/h 的超速防护。

表 SB10-2　三种模式转换表

模式转换	司机操作	CBTC 指示灯状态
CBTC 转为强制 BM	按下 BM/CBTC 模式选择按钮，DMI 上弹出确认对话框后，选择"强制"（BM 强制）	进入强制 BM 后指示灯熄灭
CBTC 转为非强制 BM	按下 BM/CBTC 模式选择按钮，DMI 上弹出确认对话框后，选择"非强制"（BM 强缓）	进入非强制 BM 后指示灯熄灭
强制 BM 转为 CBTC	按下 BM/CBTC 模式选择按钮，DMI 上弹出确认对话框后选择"非强制"（BM 强缓），当 CBTC 模式有效后，升级为 CBTC 模式	进入 CBTC 模式后指示灯点亮
非强制 BM 转为 CBTC	无需司机操作，当 CBTC 模式有效后，自动升级为 CBTC 模式	进 CBTC 入模式后指示灯点亮
强制 BM 转为非强制 BM	按下 BM/CBTC 模式选择按钮，DMI 上弹出确认对话框后，选择"非强制"（BM 强缓）	指示灯保持熄灭
非强制 BM 转为强制 BM	按下 BM/CBTC 模式选择按钮，DMI 上弹出确认对话框后，选择"强制"（BM 强制）	指示灯保持熄灭

RM1 模式的应用条件：在正常运营模式下仅用于列车进行定位前、初始化后或列车在车辆段停车场运行。

对于降级模式，当列车故障时，可以此驾驶模式将其撤出正线运营；或当列车因故障停车后，以此驾驶模式行驶至下一站。

RM2 模式的应用条件：需根据调度员命令执行。

2）RMR 模式

在该模式下，列车允许以低于 5 km/h 的速度反向运行最多 5 m。当退行达到 10 m 或退行速度超过 5 km/h 时，ATP 会触发紧急制动。

RMR 模式的应用条件：

RMR 模式可在列车错过精确停车位置若干米不超过最大可退行距离后，后退以纠正列车停车位置（经调度员授权）。

3）ATP 模式

在该模式下，列车的监控、运行、制动及开关车门和地下站屏蔽门（高架站安全门）在车载 ATP 设备监督下由司机操作。ATP 系统保证列车的运行安全，司机根据 DMI 及 DTI 显示的辅助驾驶信息，人工驾驶列车，ATP 对列车的运行进行完全的自动防护。所有必要的驾驶信息将在车载信号显示器上显示。

ATP 模式的应用条件：

（1）在 CBTC 运营模式下应用 ATP 驾驶模式时需要 DCS、ZC、LC、CBI 和 CC 全部可用。

（2）在 BM 运营模式下应用 ATP 驾驶模式时需要 DCS 有线网络、CBI 和 CC 可用。

（3）在需要司机人工控制列车运行或 ATO 与车辆的自动驾驶接口故障时，使用该模式。

4）ATO 模式

在该模式下，本模式是在司机监视下的自动驾驶模式，在线列车的启动、加速、巡航、惰行、制动、精确停车均由 ATO 子系统根据 ATS 指令自动控制（CBTC 模式下），除发车需要司机确认外，不需司机操作，列车的车门和地下站屏蔽门（高架站安全门）控制，可自动控制也可手动控制。

ATO 模式的应用条件：

（1）CBTC 模式下，当 DCS、ZC、LC、CBI 和 CC 都正常运行时，列车可以以 ATO 驾驶模式在正线任何 ZC 控制区域内运行。

（2）BM 模式下，当 DCS 有线网络、CBI 和 CC 都正常运行时，ATO 模式有效，司机可以以 ATO 模式驾驶。

（3）ATO 与车辆的自动驾驶接口可用。

5）ATB 模式

在该模式下，ATO 将自动选择控制驾驶室并驾驶列车运行至折返区域，在规定位置停车后，自动换端，并控制列车自动驾驶至发车站站台停车，完成自动折返功能。

ATB 模式的可用条件：

（1）列车完全位于自动折返区域且处于 CTBC 模式下。

（2）ATS、DCS、ZC、LC、CBI 和 CC 可用。

（3）ATO 与车辆的自动驾驶接口可用。

4. 驾驶模式选择

表 SB10-3 给出了驾驶模式的建立。

表 SB10-3　驾驶模式建立表

驾驶模式	驾驶模式建立条件			
	司控器钥匙	方向手柄	牵引制动手柄	按钮操作
RM1	接通	向前	不考虑	RM 模式按钮点亮后按下该按钮（RM2 开关不在合位）
RM2	接通	向前	不考虑	RM2 开关在合位
RMR	接通	向后	不考虑	RM2 开关不在合位
ATP	接通	向前	不考虑	RM2 开关不在合位
ATO	接通	向前	惰行	ATO 启动按钮点亮后按下该按钮（RM2 开关不在合位）
ATB	断开	零位	惰行	ATB 按钮点亮后按下该按钮（RM2 开关不在合位）

5. RM1、ATP、ATO 驾驶模式之间的转换

1）RM1 切换到 ATP

ATP 模式有效后，自动升级转换，如图 SB10-49 所示。

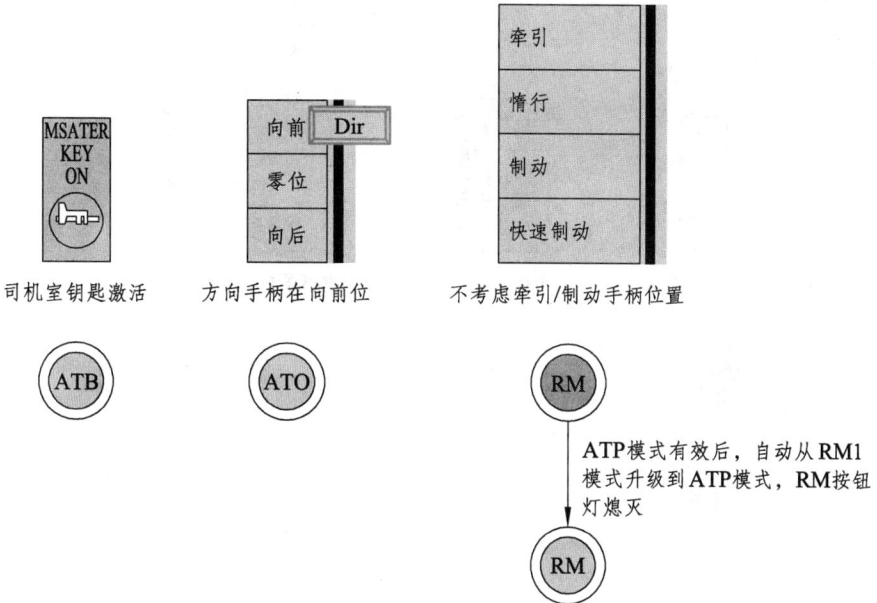

图 SB10-49　RM1 切换到 ATP

2）ATP 切换到 ATO

将牵引/制动手柄放到牵引或制动位，如图 SB10-50 所示。

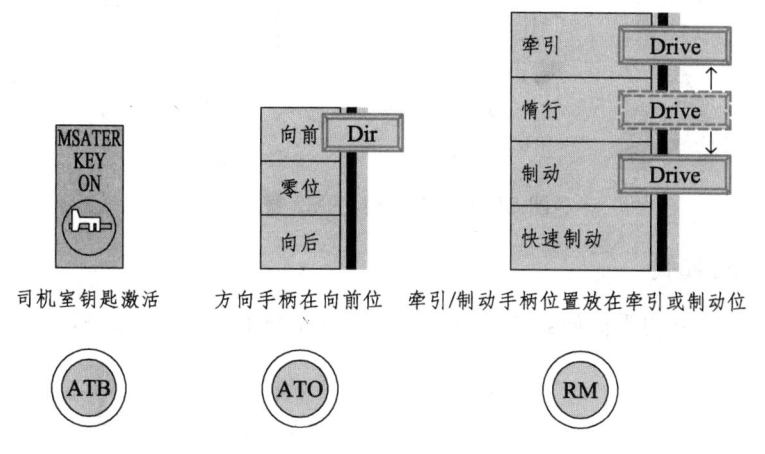

图 SB10-50　ATP 切换到 ATO

3）ATP 切换到 RM1

RM 按钮点亮后，按压该按钮，如图 SB10-51 所示。

6. 进入 RM2 模式

司机选择司机室（钥匙在 ON 位置）、方向手柄在"向前位置"、当前司机室的 RM2 开关被司机由"分"置于"合"的位置，如图 SB10-52 所示。

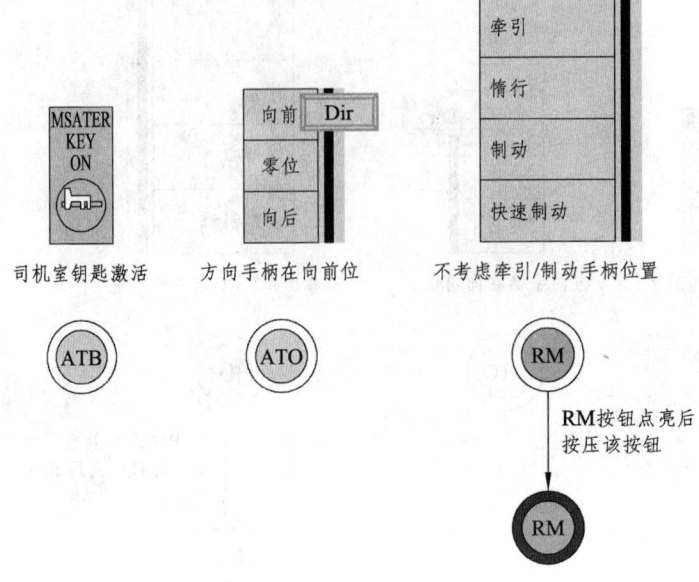

图 SB10-51　ATP 切换到 RM1

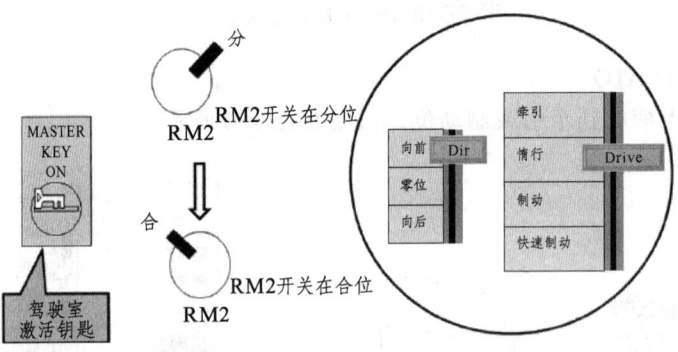

图 SB10-52　进入 RM2 模式

7. 进入 RMR 模式

列车停车后，将方向手柄放到向后位置，即进入 RMR 模式，如图 SB10-53 所示。

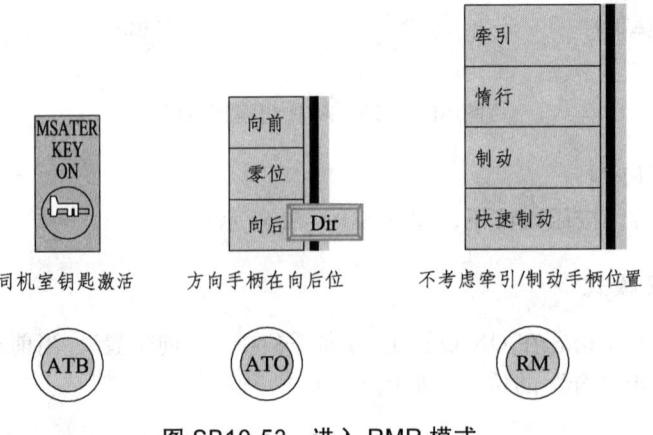

图 SB10-53　进入 RMR 模式

8. 进入 ATB 模式

列车停在自动折返区域后,两头驾驶室的牵引制动手柄放在惰行位,方向手柄放在零位,司控器钥匙断开,在 ATB 模式按钮灯点亮后按压该按钮,如图 SB10-54 所示。

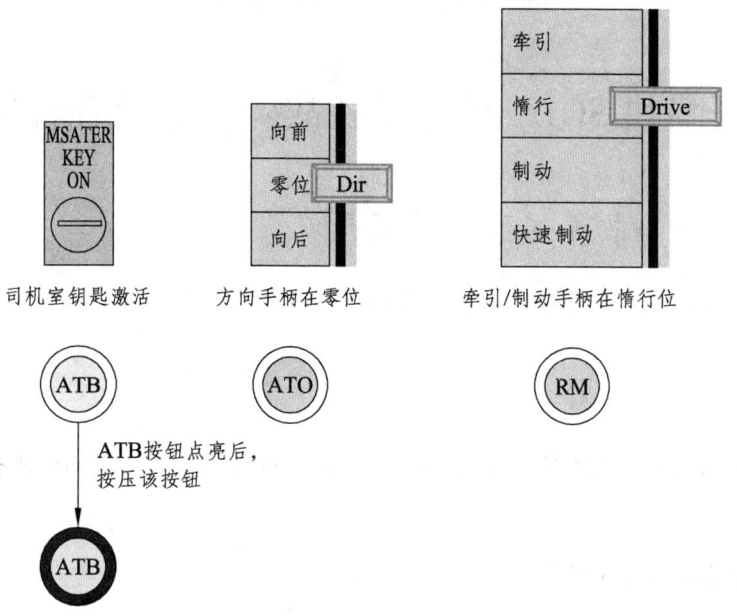

图 SB10-54　进入 ATB 模式

分模块 SC　应急处置

子模块 SC1　信号设备故障应急处理程序

一、信号设备故障处理信息汇报流程图

信号设备故障处理信息汇报流程图，如图 SC1-1 所示。

二、故障处理程序

故障处理程序为：了解情况—登记—询问—核实故障—分析、判断—查找—处理—复查试验—消记。

1. 了解概况和应急处理

首先了解故障概况，了解列车运行情况和是否已经构成事故。一般接收故障的为值班人员，由于是故障接收的第一个环节，对故障的描述要尽量力求准确。必要时根据应急预案安排应急处理。及时通知值班信号人员尽快赶往现场处理。

2. 登　记

信号人员到达现场后（车控室等）办理登记手续，必要时停用相关设备。

3. 询　问

向有关人员详细了解故障发生时的设备状态，采用的方法是口问、耳听、眼看，但是不能动手。一旦发生与信号有关的重大事故时，切记不要擅自启门开箱、动设备，同时要派人监视并保护事故现场，迅速报告上级。

4. 核实故障情况

根据已经掌握的资料，要亲自动手试验。核实故障情况。

5. 分析、判断

对了解、询问、试验所获得的第一手资料，进行综合分析，对故障原因和范围作出符合客观实际的大致判断。

6. 查　找

根据判断出的大致范围，运用各种不同的处理方法，迅速查找出故障的真正原因。要求做到：

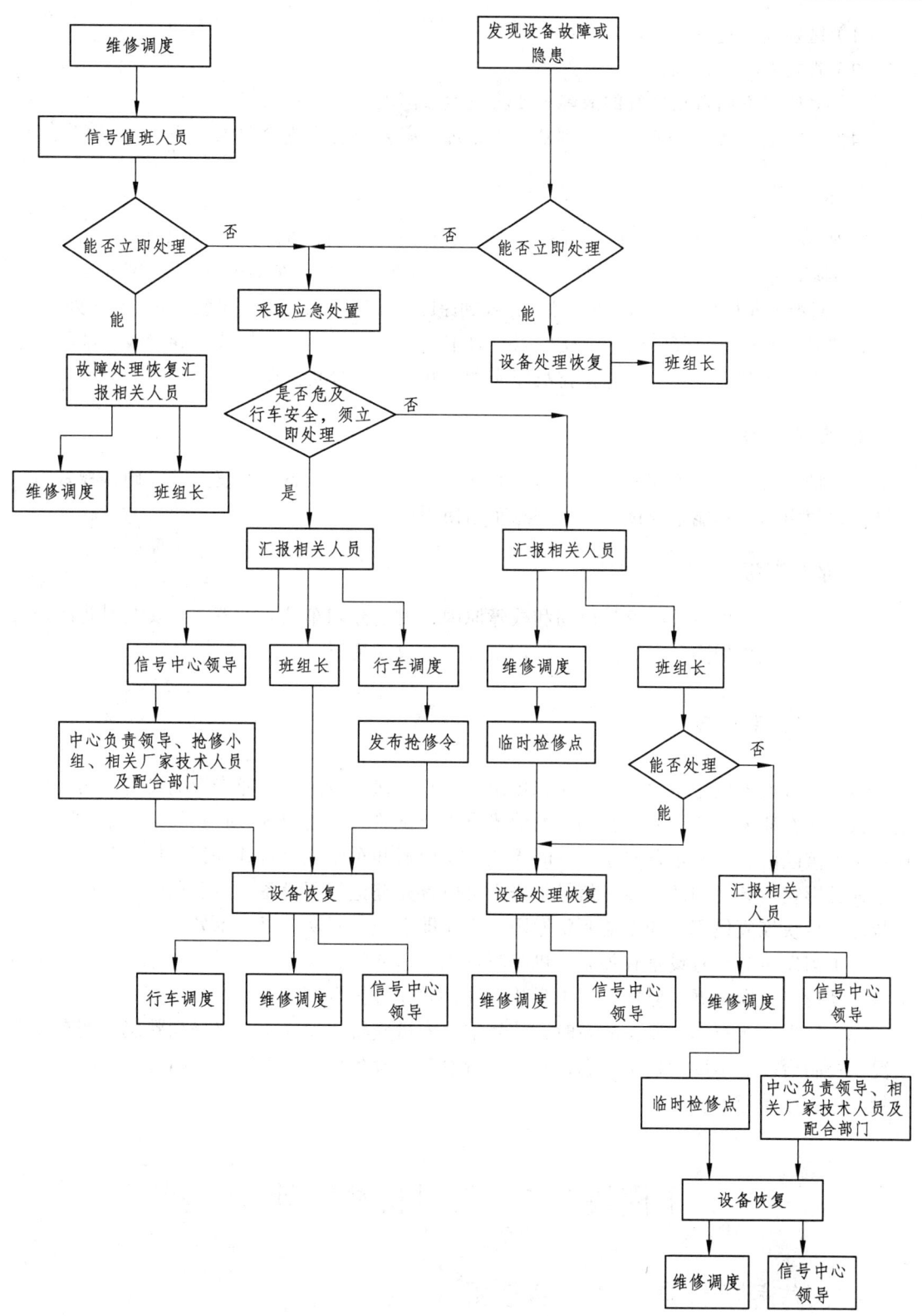

图 SC1-1 信号设备故障处理信息汇报流程图

(1) 区别故障是在室内还是在室外故障。
(2) 查找方法要正确。
(3) 对原因不明自动恢复的故障,要将发生故障的可能性进行彻底检查。
(4) 定时汇报故障处理情况,判断能否处理,必要时提出支援要求。

7. 处　理

处理办法得当,严禁采用非法手段办理闭塞、转换道岔、开放信号,严禁代替行车人员办理闭塞、转换道岔、开放信号,决不能因小失大,为避免发生一般行车事故而违章作业造成人为重大事故。对涉及非信号专业影响的故障,如找到原因要及时向相关专业联系而不要自行处理。

处理时要保存好故障实物,如熔断器、灯泡、线头、线圈、引接线、导接线、电阻、电容和晶体管元件等不能丢失,并保持故障实物原状,便于分析故障。

8. 复查试验

故障排除后,使设备恢复正常状态,对涉及故障有关的设备,经复查试验确认良好后,才能交付使用,决不能未经试验盲目同意车站使用。

9. 消记汇报

取消登记时要填写故障修复时间和故障原因,由信号和车站双方签字,要及时将故障发生情况和处理结果如实向上级报告,并记录好信号故障情况。

三、信号故障处理

(1) 信号设备发生事故障碍时应积极组织修复。遇一般故障,尚未影响设备使用时信号维修人员应在联系、登记后,会同车站值班员进行试验,判明情况,查找修复;如试验中发现设备严重缺陷,危及运营安全,一时无法排除应通知车站值班员并登记停用设备;

遇已影响设备使用的故障,信号维修人员应首先登记停用设备,然后积极查找原因,排除故障,尽快恢复使用,如不能判明原因,应立即上报,听从上级指示处理。

(2) 当发生与信号设备有关联的机车车辆脱轨、冲突、颠覆事故时,信号维修人员不得擅自触动设备,同时派人监视、保护事故现场,并立即报告调度。

(3) 发生影响行车的设备故障时,信号维修人员应将接发列车进路排列状况、调车作业情况,控制台、显示屏的显示状态,列车运行时分,设备位置状态以及故障处理情况,进行记录,作为原始记录备查。

子模块 SC2　信号机故障处理

一、信号机故障处理程序框图

信号机故障处理的关键是充分了解信号机在正常情况下点亮的灯光及对信号点灯电路图

的了解和掌握。结合信号机实际故障处理技巧及方法,编制以下故障处理程序框图,如图 SC2-1 所示。

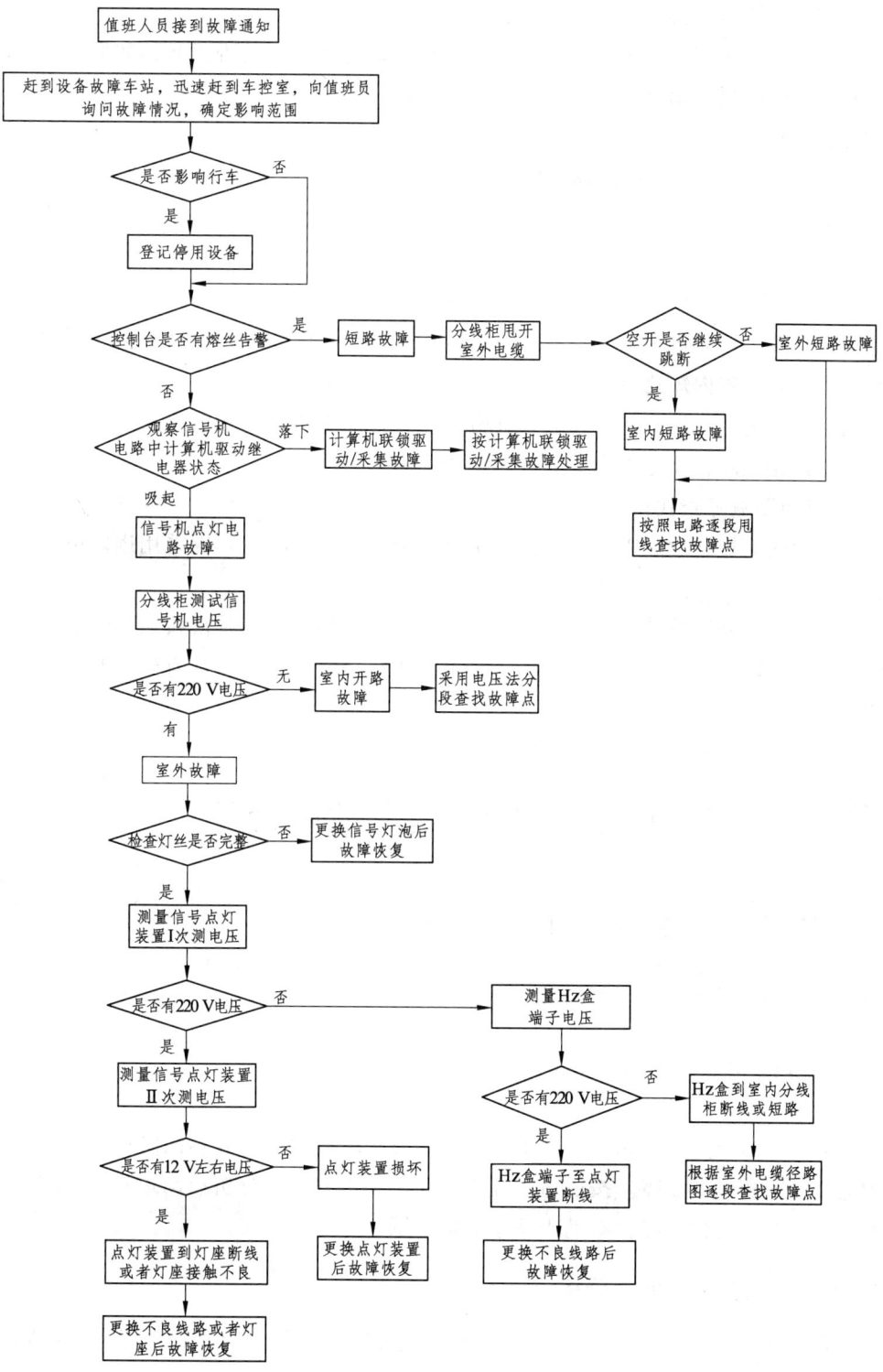

图 SC2-1　信号机故障处理程序框图

二、信号机点灯电路故障处理

1）区分驱动故障与信号点灯电路故障

当出现信号机故障时，首先观察有关计算机驱动的继电器是否吸起，如果没有吸起，则说明是驱动故障；反之则是信号点灯电路故障。

2）区分开路与短路故障

信号机点灯电路开路与短路故障区分，首先观察控制台是否出现熔丝告警，并且检查对应信号机组合空开是否跳断，如果跳断，则可判断为存在短路故障；反之则可判断为开路故障。

3）区分室内外故障

当已经判断为信号机短路故障时，在分线柜甩开室外电缆线，再合上空气开关，如果再次跳断，可判断为室内短路故障；反之则为室外短路故障。

当已经判断为信号机开路故障时，在分线柜进行测试电压，如果有 220V 交流电，则可判断为室外开路故障；反之则为室内开路故障。

4）开路短路故障查找

当初步判断为短路故障时，首先在分线盘区分室内外故障，其次采用逐段甩线方式进行故障查找。

当初步判断为开路故障时，首先在分线盘区分室内外故障，其次按照点灯电路图采用电压法逐段查找故障，一般来说从有电压一端开始查找故障，当电压从有到无时，开路故障就在这两点间。

子模块 SC3　道岔故障处理

一、ZD6 型电动转辙机故障处理程序框图

ZD6 型电动转辙机故障处理程序框图，如图 SC3-1 所示。

二、ZD6 型电动转辙机故障处理

与道岔有关的故障，从动作层次上来分，可分为转换故障和表示故障；从结构上来分，可分为电路故障和机械故障。按照道岔控制电路的动作程序，分析启动道岔和控制台上电流表及道岔表示灯的变化情况，有助于缩小故障范围。

1. 通过控制台现象判断分析

通过观察控制台电流表和道岔表示灯的变化来区分控制、启动和表示电路故障，如表 SC3-1 所示。

表 SC3-1 控制、启动、表示电路故障判断分析表

控制台电流表	道岔定、反位表示灯	1DQJ 状态	2DQJ 状态	故障判断
不摆动	绿灯不灭	未吸起	未转极	室内控制电路故障
不摆动	绿灯灭后又点亮	吸起	未转极	室内控制电路故障
不摆动	绿灯灭灯	吸起	转极	启动电路断线
摆动很大后回零	绿灯灭灯	吸起	转极	启动电路混线
正常摆动	绿灯灭灯	吸起	转极	表示电路故障

2. 道岔室内控制电路及机械故障处理

道岔启动电路故障，有如下几种情况：

（1）单操道岔后，原表示灯不灭，电流表不动。

判断：1DQJ 未励磁。

处理：分别判断原因是缺 KZ 还是 KF，根据电路图进行查找。

（2）单操后表示灯灭，松手后又有表示。

判断：2DQJ 未转极。

处理：检查 2DQJ 电路配线及接点。2DQJ 机械故障、磁路故障也可能出现上述现象。

（3）单独操纵道岔后表示灯灭后不亮，电流表不动。

判断：测试分线盘端子有无电压输出，作为判断故障范围的依据。

在单操道岔时测试分线盘端子有无直流电压输出。有输出，故障在室外；无输出，则故障在室内。

处理：采用一人单操道岔、一人测试电压的方法处理或采用测试道岔回路电阻的方法来判断故障。

① 室内故障处理。

首先要测试和判断电源及侧面断路器是否正常。测试断路器好坏的方法可用电压交叉测试法，亦可取下断路器用电阻挡直接测试。

如侧面无电源输入，则应考虑零层断路器是否断开。若电源、断路器正常，则是该道岔组合至分线盘的有关配线或继电器接点有断路点。此时可以测试电压的方法（在单操该道岔时测试）或短路法。

② 室外故障处理。

若分线盘处测试结果是外线断路，则应到首动道岔电缆盒处测试 2-5（1-5）端子间的电压值。若电压为零则故障的原因是室内到该岔电缆芯线断线。

若测试结果是电压正常，则是本岔故障：可能到转辙机插头配线断线，亦可能是转辙机内存在断路点。

此时可以打开转辙机，在外观检查找不出故障点时，用电压法按电路通道查找。也可甩开电缆或插接器用电阻挡按回路逐段测试。

（4）单操道岔后，控制台上电流表一直有指示。

判断：室外故障；道岔空转。

处理：应至室外检查，常见的原因一是岔尖有异物，二是故障电流过小，道岔过紧。

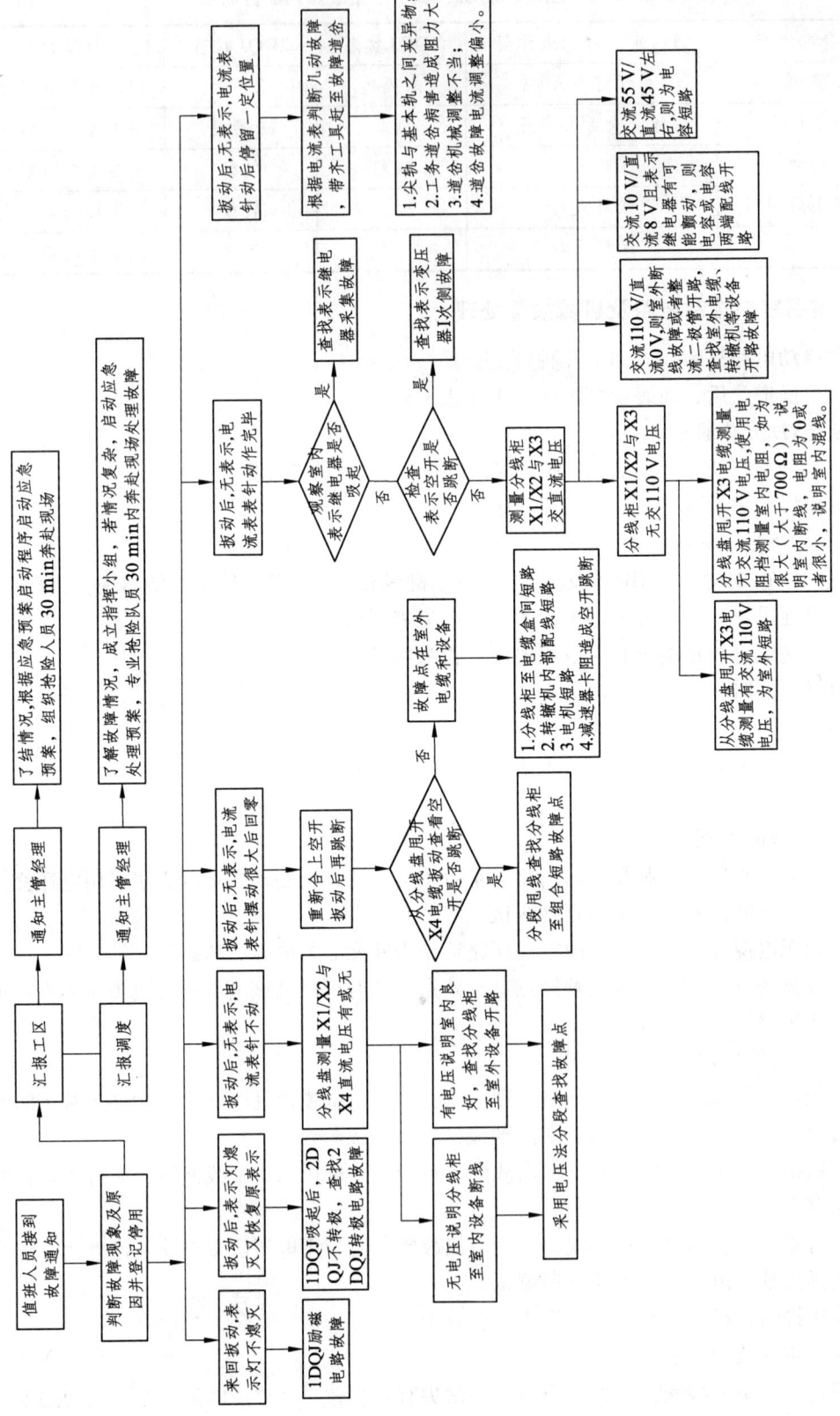

图 SC3-1　ZD6型电动转辙机故障处理程序框图

（5）单操道岔后，启动断路器熔断。

单操道岔后启动断路器熔断有以下几种原因：

① 道岔调整过紧，故障电流过大。启动后道岔解锁困难。道岔启动时使断路器熔断。

② 道岔机械故障，启动后道岔不能解锁，使道岔电流大幅度增加，断路器迅速熔断。

③ 启动电路混线。启动电路外线是否混线、接地，可用测试电缆线间、对地绝缘的办法，进行分线判断，此时应室内、外协同处理。在测试时，室内拔下 2DQJ 室外拔下转辙机插头，测试线间、对地绝缘，分辨混线点在室内还是室外、电缆还是转辙机内、逐段甩线，直至找出混线点。

3. 道岔室外启动电路故障分析

故障现象：道岔转换操纵后，启动电源已送至分线盘端子，电动转辙机不转换。

（1）与分线盘联结的 X1、X2、X4 电缆芯线中断。如在道岔电缆盒的 1—5 或 2—5 端子上测不出直流 220 V 电压，即可判断为电缆断线。此时可在分线盘上将电缆芯线与室内电路断开，借 X3 作回线，以万用表 X10 电阻挡导通，查明是哪条电缆芯线断线。然后对备用芯线作绝缘测试，如良好则更换使用。如为电缆芯线制环断开，则重新制环联结。

如电缆盒端子上测得的直流电压仅为 50～100 V 甚至更低，则 X1、X2、X4 可能有接地情况。这时要作对地绝缘测试，查明故障芯线予以更换。

（2）插接器接触不良或电缆盒与插接器间断线。故障主要原因是插接器或电缆线路不良，可在插接器接向转辙机一侧的插座 1—5 或 2—5 间测量直流电压。

（3）转辙机启动接点接触不良或遮断器接点接触不良。启动静接点调整不良或维护不善，动、静接点接触面不清洁都能致使电路中断，移位遮断器接点也会因轴承螺帽松动或胶木接点臂断裂脱落而接触不良，逐段测量直流 220 V 电压可查出故障点。

（4）电动机定子或转子线圈断线，或引出端子过长机盖使其折断而中断电路，转子换向片间嵌满炭末使转子电阻变小，或电动机刷握断裂炭刷未压在换向器上，或去遮断器的线条压在电动机底下被压破皮或压断。

4. 室内道岔表示电路故障处理

室内表示电路故障可参照表示电路故障分析表 SC3-2 来进行判断处理。

表 SC3-2 表示电路故障判断分析表

故障类别	表示继电器电压		分线盘电压		备注
	交流（V）	直流（V）	交流（V）	直流（V）	
正常电压	40	32	70	60	
整流二极管开路	0	0	110	0	
整流二极管短路	75	0	0-2	0	
室外断线	0	0	110	0	
室内断线或电阻断线	0	0	0	0	电阻断线其端电压为 60 V 左右
室内电容开路	80	7	10	8	
室内电容击穿	0	0	55	45	
继电器线圈断线	155	145	155	145	

5. 室外道岔表示电路故障的处理

（1）测试首动道岔电缆盒 X1-X3（X2－X3）和 B1-B3（B2－B4）端子有无交流电压。

① 若 X1-X3（X2－X3）端子无交流电压则是首动道岔电缆盒至室内电缆芯线断线。

② 若 X1-X3（X2－X3）端子有交流电压和 B1-B3（B2－B4）端子无交流电压，则故障点在本岔，此时应打开首动道岔转辙机盖，按表示电路配线逐段测试，找出故障点。

③ 若 X1-X3（X2－X3）及 B1-B3（B2－B4）端子均有交流电压，则故障点在次动道岔。

（2）机内故障点的确定（以故障点首动道岔为例）。

当确定故障点的大体位置后，可用电压表测试判断故障点。其方法是在电缆盒上选定一个端子（例如 X1 端子）接上表棒，另一表棒按回路测试移位接触器、自动开闭器、电缆盒各点，故障点就在可以测出电压和测不出电压的测试点之间。

6. 转辙机及安装装置的机械故障

（1）摩擦联结装置空转，转辙机不能实现内解锁。

判断：摩擦压力减小，电动机启动后转矩无法通过摩擦联结装置向动作杆传递。

处理：将松脱摩擦联结装置压力弹簧调整螺帽的固定螺栓紧固。

（2）尖轨转换后无法实现内锁闭。

判断：尖轨密贴调整过紧，或基本轨高过尖轨太多，使尖轨爬不上坡；尖轨与基本轨间夹入异物；动作齿条面上落入异物；密贴调整杆杆架与轨枕摩擦。

处理：应配合线路专业调整道岔尖轨后，调整故障电流。

（3）转辙机表示杆卡缺口。

判断：表示杆调整不良，使检查柱与表示杆缺口间隙过小。

处理：调整表示杆缺口间隙，使其达到标准范围及紧固联接前后表示杆螺栓。

（4）电动转辙机摩擦电流无法调大/调小或调整后自动下降。

判断：无法调大原因是摩擦带与内齿轮表面沾上了油脂和摩擦带不良；无法调小原因是压力弹簧已拧得很松；调整后自动下降的原因是摩擦联结装置压力弹簧调整螺帽松动。

处理：清洁摩擦带与内齿轮表面或更换摩擦带；需用扳手轻轻敲击压力调整弹簧，左右夹板便会随着调整而松开，摩擦电流即能正常调整；应紧固弹簧调整螺帽。

（5）尖轨已密贴，但电动转辙机动接点无法实现第二次变位。

其可能原因有如下几点：

① 道岔部分密贴调整过紧或表示杆位置调整不良，使表示杆缺口空隙调整不良，检查柱无法落入缺口。

② 表示杆销子孔与销子磨耗，表示杆旷动使缺口变位而受卡。

③ 检查柱与自动开闭器座孔之间缺油，或沾有油漆，检查柱上下动作受阻，无法落入表示杆缺口。

④ 检查柱与座孔边摩擦，或旷动，影响检查柱落入表示杆缺口。

⑤ 速动爪拉簧松弛使拉力不足，速动爪落入起动片缺口后，拉力无法将调整架拉至相应位置，即动接点无法第二次变位。

⑥ 动接点与调整架之间的连接板与接点座平面边沿摩擦，或拐肘与接点座铸口凸面连接，使连接板动作受阻，影响调整架就位。

三、ZDJ9 型电动转辙机故障处理程序框图

ZDJ9 型电动转辙机故障处理程序框图，如图 SC3-2 和图 SC3-3 所示。

注：以双机牵引单动道岔定位至反位为例。

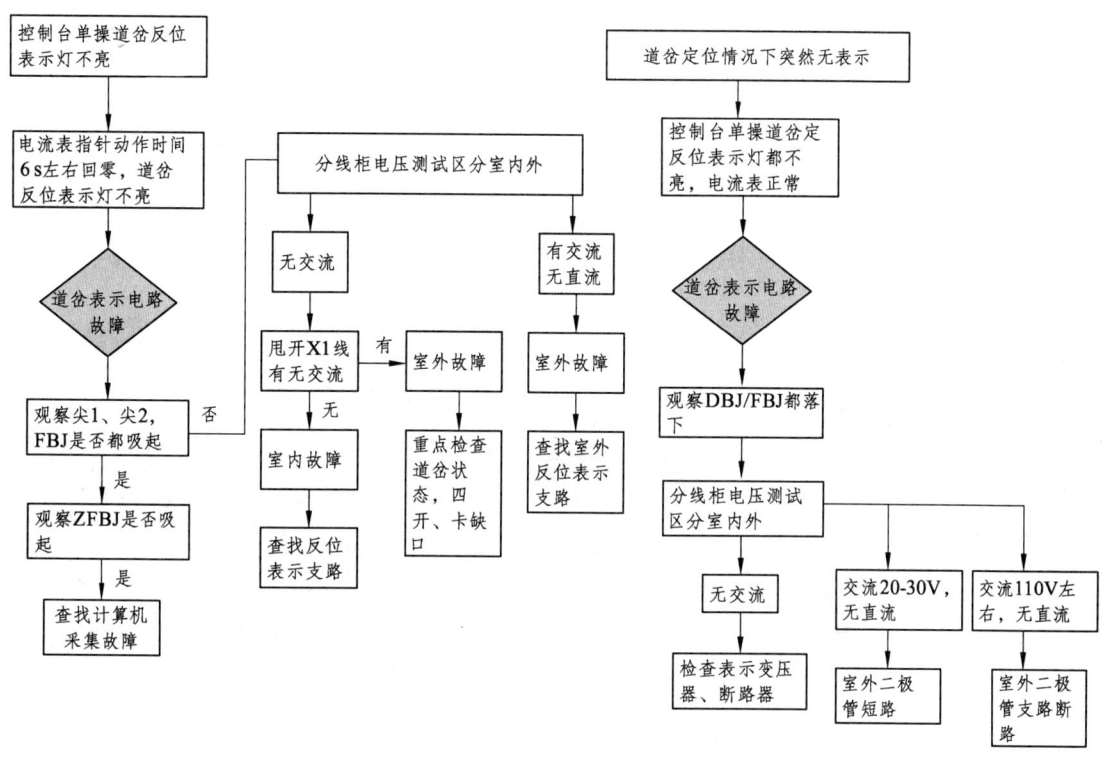

故障排除，会同车站值班员共同试验，试验良好后进行消记，交付使用。

图 SC3-2　ZDJ9 型电动转辙机故障处理程序框图（一）

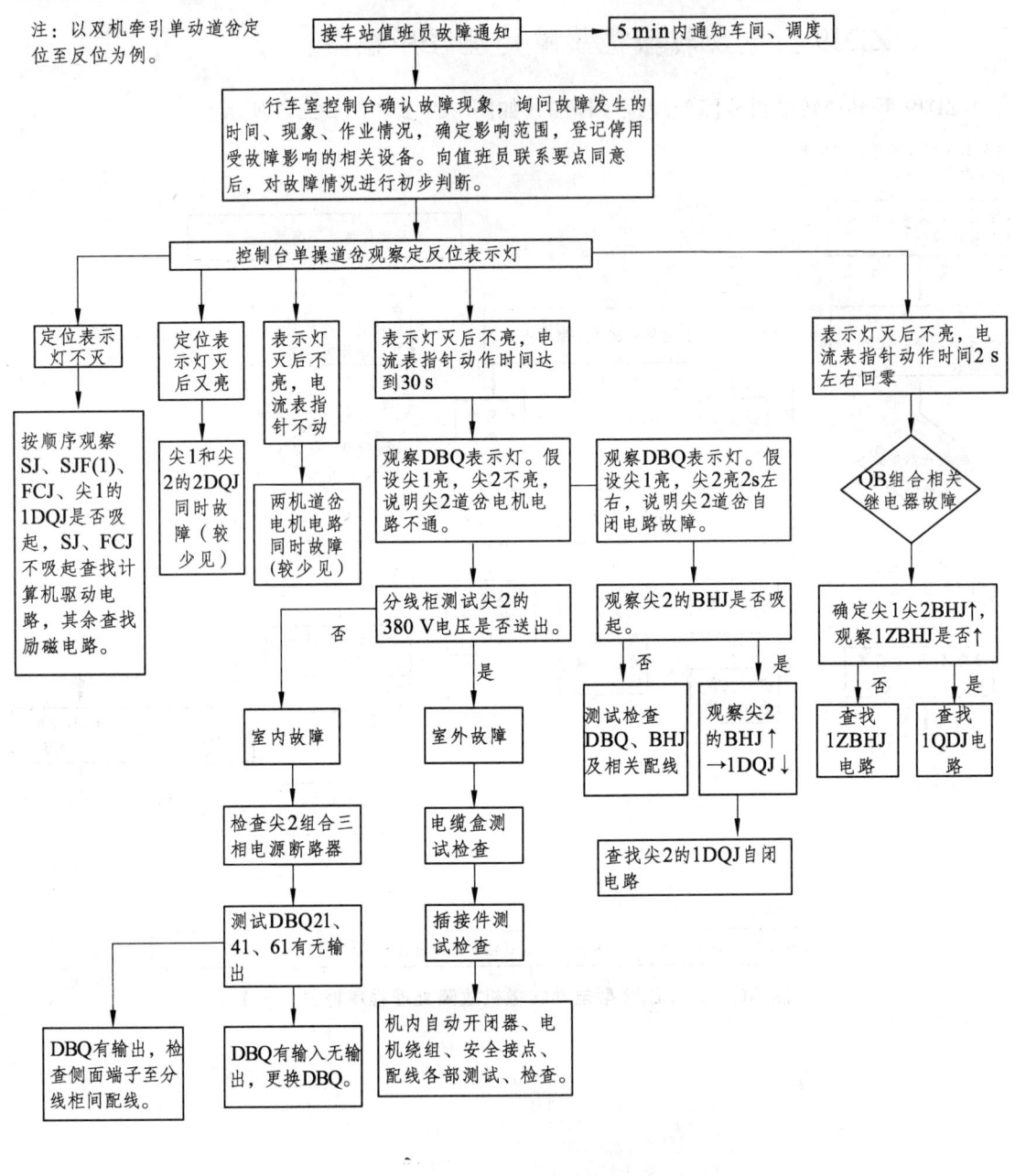

图 SC3-3 ZD6型电动转辙机故障处理程序框图（二）

四、ZDJ9型电动转辙机故障处理

道岔故障可分为机械故障和电气故障两大类。其中机械故障又通过电路故障反映出来，故本文将机械故障安排到相关的电路故障进中行分析处理。分清室内外故障可以避免人为的故障延时。

1. 故障现象

道岔故障都反映到 HMI 显示器上面，主要现象有挤岔、转不到位和无信息（无表示）三种。道岔转不到位是指道岔在左（右）位，得到转换位置的命令后，道岔经过一段时间（30秒）后仍得不到右（左）位的位置监督信号。此时 HMI 上显示道岔名红闪。

无信号是指 HMI 上道岔没有位置监督信号，呈灰色。

2. 故障处理方法

（1）查看 HMI 报警信息，确定道岔故障性质（挤岔、转不到位或无信息）。根据故障现象观察继电器、分线柜确定室内外。

（2）根据室内配线及信息走向情况，采用电压法进行逐段排除（也可采用优选法或其他办法处理，这里为了说明信息流程而采用顺序逐段排除的办法处理故障）。

（3）要熟练、快速处理故障，首先要熟悉电路，了解各部件的功能构成以及整个系统的信息传递过程；其次要注意积累，特别对一些习惯性故障，要做好分析总结；再次要灵活运用各种处理方法，如逐个排除法、比较法、优选法等。

3. 启动电路故障

（1）启动故障必须观察 DCJ、FCJ、SJ 等继电器的动作状态，检查能否正常吸起，再进一步查找。

（2）检查 A、B、C 三相电源是否良好，可直接在 1DQJF1 组和 1DQJF2 组接点与 1DQJ1 组接点间测是否有 380 V 交流电压。

（3）1DQJ 第一组前接点、1DQJF 的第一组、第二组前接点接触不好，可用换继电器的方法处理，不能用短路法处理。

4. 断线故障查找方法

在表示电路里检查了电动机的三个线圈，在电动机的三个线圈上能测到 1 V 多的交流电压和 1 V 以下的直流电压，如发生断线故障，可用下列方法查找。

（1）如 X1 断线。因为 X1 是道岔定、反位表示电路和道岔定、反位启动电路的共用线，其现象是无表示，而且道岔向另一位置操不动（启动时 A 相断相）。查找方法：在分线柜上测 X1、X2 是否有 110 V 交流电压；有 110 V 故障在室外，没有 110 V 故障在室内；用交流电压法不难查出表示电路故障点。

（2）如道岔在定位时 X2 或 X4（反位时 X3 或 X5）断线，其现象是无表示。查找方法：在分线柜上测 X1、X2（反位时 X1、X3）交、直流电压值，如果有交流电压 110 V 左右，直流电压零 V，再测 X2、X4（反位时测 X3、X5），如果有交流电压 110 V 左右，说明室外 X2 断（反位时 X3 断），应去室外查找。

在分线柜上测 X1、X2（反位时 X1 或 X3）交、直流电压值；如果有交流电压 60 V 左右，直流电压 20 V 左右，再测 X2、X4（反位时测 X3、X5）如果有上述电压值故障在室内。如果没有上述电压值故障在室外的 X4（反位时 X5）断。

5. 表示电路故障

表示电路导通时，相当于室内 110 V 表示电源与 1 000 Ω 电阻 R1、DBJ/FBJ 线圈（1 000 Ω）串联，DBJ/FBJ 线圈上的分压和室外二极管 Z、电阻 R2（300 Ω）并联。这样的连接方式，可直接得出在继电器线圈上的交流电压是与 1 000 Ω 电阻的分压，即 110 V 的一半。直流电压则是这分压电缆线路、二极管/电阻电路整流后的电源电压，一般在继电器线圈上测得的只是 20 V 左右。

如道岔转换正常，但无表示，表示继电器在落下状态。这种情况下可在分线柜上测量 X1、X2、X4（以定位无表示为例）端子电压。如无电压，可甩开室外电缆，再测仍无电压时，则是室内故障；甩开室外电缆，电压数值正常，即可判断是室外电缆或机内表示电路故障；测得的电压值如果是 110 V 左右的交流电压，没有直流，一般可能是室外表示电路断路；测得的电压如果是 55 V 左右的交流而没有直流，则可能是整流元件击穿或短路。

6. 机械故障处理

（1）电机转动摩擦连接器打滑，动作杆不能动作，检查机内外有无卡阻。

（2）转辙机机械动作中停止转换，检查轴承是否锈蚀严重，清除锈斑，排出卡阻；更换新轴承或电动机。

（3）转换到位后无表示，机内检测杆检测位置是否正确，表示杆卡口时调整机外长短表示螺母。叉形接头与鼓形销是否磨损旷量过大（>1 mm），更换叉形接头衬套或鼓形销。锁闭块是否卡阻，分解检查排除卡阻。自动开闭器是否有损坏或有异物卡阻，更换自动开闭器，排除卡阻。

子模块 SC4　50 Hz 轨道电路故障处理

一、50 Hz 轨道电路故障处理程序框图

二、故障分析处理

1. 室内外故障区分

在分线盘上接收端上测量有无电压，如电压正常或者较高，则为室内故障，且多为半短路故障；如无电压或者电源低，需要甩开电缆测试电缆上的电压，如无电压或电压低，则为室外故障。

2. 故障性质判断

1）短路故障

（1）测量送端轨道变压器Ⅱ侧电压、限流器电阻和送端轨面电压，若限流电阻电压大约等于变压器Ⅱ侧电压，而送端轨面电压为 0 V，则可判断为轨道电路短路或者是 RX 断线。

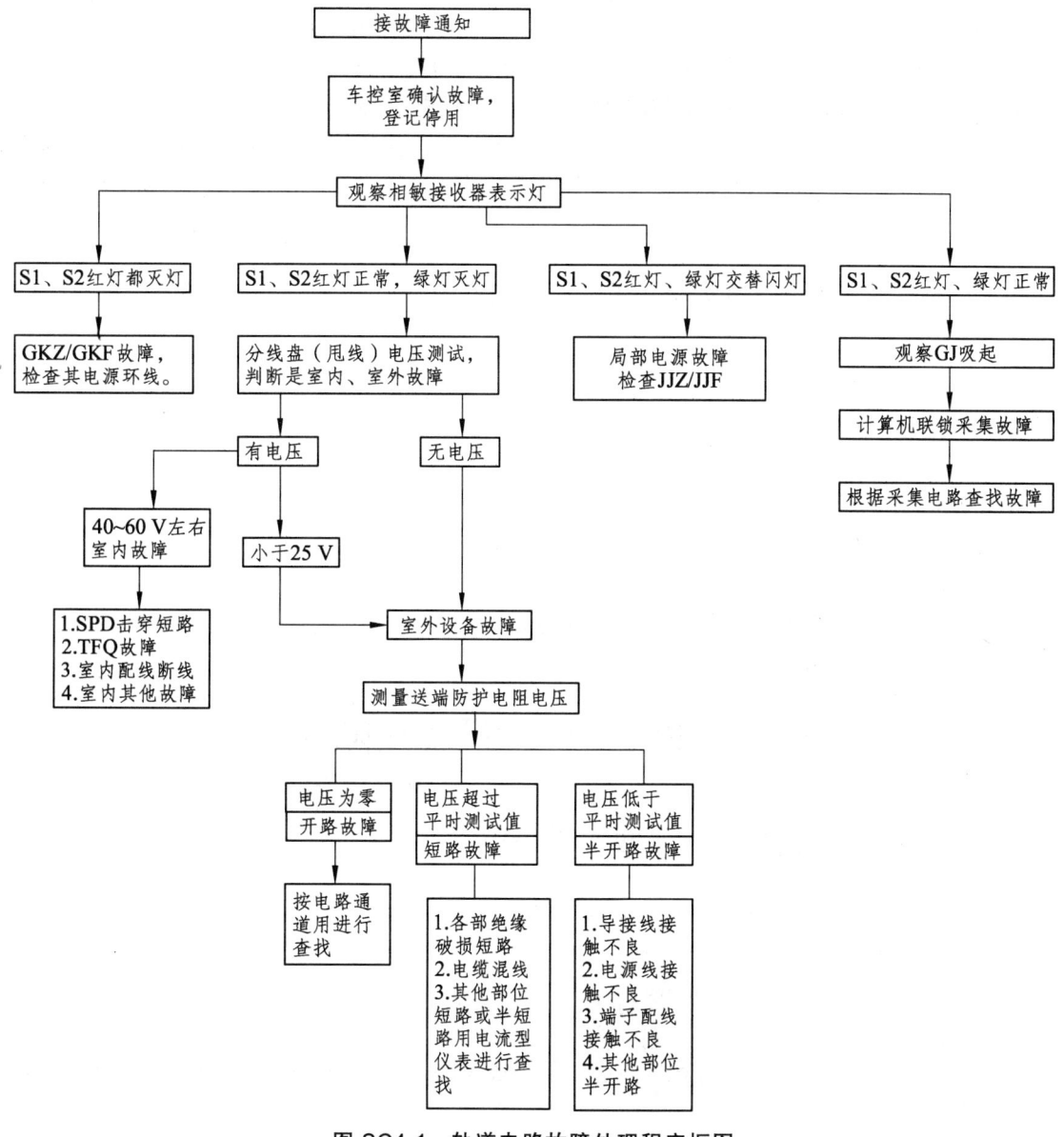

图 SC4-1 轨道电路故障处理程序框图

（2）用钳形电流表测量送端变压器箱引入线上有无电流，没有则说明 RX 断线；有较大电流则顺序检查回路电流，电流突然变小的地方即是故障点。

（3）若变压器箱引入线上有较小电流（较正常值减少），说明短路点在轨道箱内或者箱壁上。

（4）在没有钳形电流表和轨道电路故障测查找仪的情况下，可用断线法查找混线故障，即断开回路中的某一点，然后测量断点前的电压，若电压明显上升，则混线点在断开点之后；如电压无变化，则混线点在断开点之前。

（5）有两个受电端时，若任一侧的电流明显增加，而另一侧的电流明显减少时，电流增加的一侧存在短路现象。

2）开路故障

（1）测量送端轨道变压器Ⅱ侧电压、限流器电阻和送端轨面电压，若限流电阻电压比正常值低或者为零，而送端轨面电压为 0 V，则判断为送电端及其电源开路故障。

（2）若限流电阻电压比正常值低或者为零，而轨面电压比正常值高，可再测试受电端轨面电压，如还高，可判断为受电端部分及其电缆开路；如受电端轨面电压很低或者为零则为送受端间的通道故障。

3. 造成短路故障的主要原因

（1）室内防雷元件击穿短路；
（2）道岔岔后极性绝缘破损；
（3）道岔安装装置绝缘双破损；
（4）轨距杆绝缘或岔后第二、第三连接杆绝缘破损；
（5）道岔两侧滑床板倾斜移位，与角钢接触；
（6）绝缘两侧道钉、扣件接触绝缘接头夹板；
（7）道岔第一连接杆两侧 T 字铁处垫板加反；
（8）异物短路，如铁屑、铁丝、车辆部件等。

子模块 SC5　计轴设备故障处理

一、计轴设备故障处理程序框图

计轴设备故障处理程序框图如图 SC5-1 所示。

二、计轴设备常见故障

（1）主机 VAU 板 VGL 黄灯稳定点亮，某一块 VESBA 电路板面板指示灯 U1 和 U2 突然稳定点亮。

① 有车轮或者金属物品压在传感器上。

采取措施：无需特殊处理，机车离开或者移走异物，设备自行恢复正常。

② "VESBA" 电路板面板保险熔断。

采取措施：使用万用表测量，如果确认保险熔断，更换保险（0.2 A）。

③ 计轴主机和室外磁头点的连接电缆中断。

采取措施：使用万用表由室内到室外，通过电缆各个接点逐步检查。

④ 室外磁头点设备故障。

采取措施：对车轴电子检测器的工作参数进行重新调整（通过同时按下参数调整按钮），若故障消除，则表示车轴电子检测器由于长时间没有维护导致参数严重漂移；若故障没有消除，则根据说明书的相关条件检查车轴电子检测器电路板以及传感器，适当时进行更换。

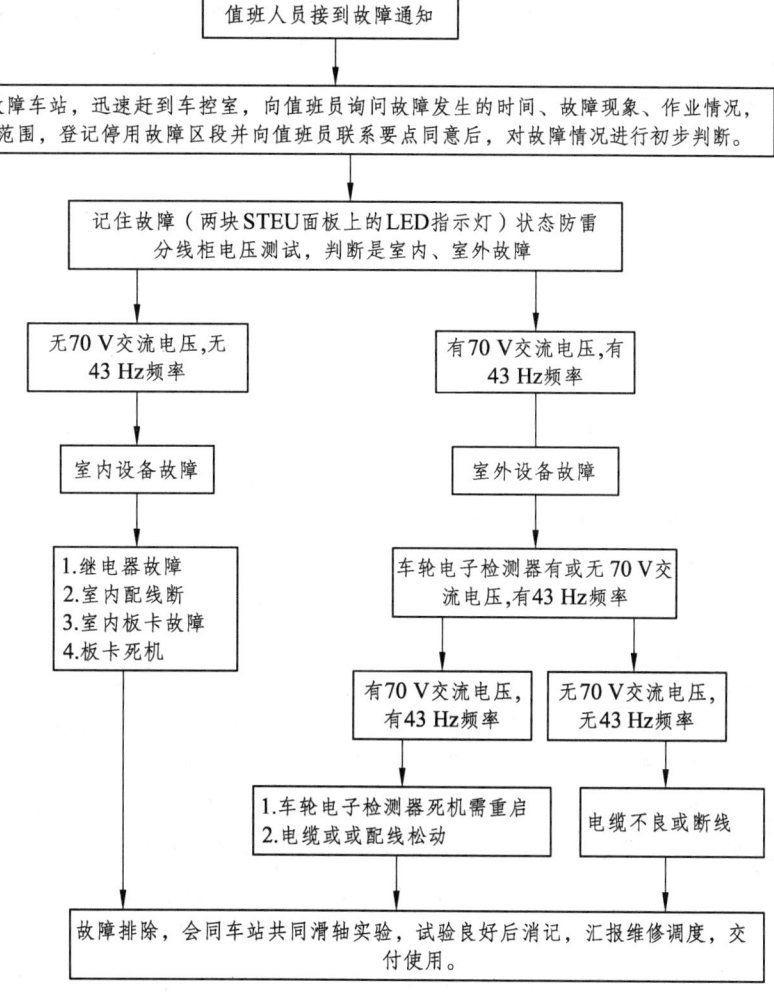

图 SC5-1　计轴设备故障处理程序框图

⑤ 放大滤波板本身故障。

采取措施：更换放大滤波板。

注意：首次对新放大滤波板 U1 和 U2 的调节必须一直逆时针调节旋钮至 0V 后再顺时针调至 3V。

（2）主机 VAU 板 VGL 黄灯稳定点亮，VESBA 电路板面板指示灯 U1 或者 U2 稳定点亮。

采取措施：

（7）　对于标准计轴点（S25554-A6110-A300）将对应 VESBA 电路板面板保险拿掉，再重新安上，对车轴电子检测器进行重新上电启动，一般故障即会消除；

② 对于复用计轴点（S25554-A6110-A200），在主用主机内，将对应 VESBA 电路板面板保险拿掉，再重新安上，对车轴电子检测器进行重新上电启动，一般故障即会消除；

③ 对于外部供电计轴点（S25554-A6110-A100），一般在计轴点所在的车站处提供 AC220 V 电源，通过隔离变压器对该计轴点供电，断开该计轴点的 AC220 V，对车轴电子检测器进行重新上电启动，一般故障即会消除；

④ 若故障没有消除，则对车轴电子检测器的工作参数进行重新调整；

⑤ 若故障仍未消除，则更换车轴电子检测器电路板、车轮传感器或放大滤波板（优先考虑更换车轴电子检测器电路板）。

（3）主机 VAU 板 VGL 黄灯稳定点亮，该层主机所有 VESBA 电路板面板指示灯 U1、U2 都没有点亮，STEU 面板 0 和 5 稳定点亮。

采取措施：

① 该现象为主机刚刚开机状态，不是故障，可能是由于电源中断或主机曾经被重新启动过，而没有对区段进行复位导致的；

② 按照复位（预复位或者立即复位）操作流程对每一个区段复位，设备即可进入正常状态。

（4）主机 VAU 板 VGL 黄灯稳定点亮，右侧 STEU 面板 7 和 9 或者 8 和 9 稳定点亮，所有区段功能正常。

采取措施：该现象不属于故障，为系统配置过程当中个体的差异产生，对计轴系统的功能不会产生任何影响，不需要做任何处理。

（5）主机 VAU 板 VGL 黄灯稳定点亮，STEU 和 VESBA 面板指示正常，轨道继电器始终处于落下状态。

采取措施：

① 若该现象涉及多个区段，则检查机柜内 DC24 V 电源是否正常（测试方法：万用表直流电压挡，红表笔连接 DC24 V 正端，黑表笔连接 DC24 地）。

② 若该现象仅涉及一个区段，则使用万用表在机柜下方相应的接线端子位置测试该区段有无 DC24 V 输出（测试方法：万用表直流电压挡，红表笔连接区轨输出，黑表笔连接 DC24 地），如果没有输出，更换计轴主机内闭塞信息板，如果有输出，检查从机柜到继电器的电缆接线。

注意：更换闭塞信息板时，必须保证新闭塞信息板与原闭塞信息板的拨码开关、跳线帽位置一致。

（6）VAU 板和 VESBA 面板指示均正常，对于岔道区段，复位后多次正常过车不能出清，STEU 板 2、5 灯或⑧11 灯亮。

采取措施：

① 该现象是由于岔道区段的某一个磁头点曾经受到过干扰，当干扰消除后干扰标记仍然记录在计轴系统当中，只有当正确删除该干扰标记之后才能恢复该区段的正常出清功能，因此该现象是系统受到外界干扰之后保证安全的一种措施，不属于系统的故障；

② 消除干扰标记有两种办法：

a. 受干扰的磁头点上有正常过车信号（可用人工划轴或列车通过）之后，该干扰标记自动消除（该现象大部分情况是由于岔区的点受到过干扰，而复位之后列车一般只从正线通过，因此岔区的点始终没有得到正确的车轴信号，因此干扰标记始终不能消除）；

b. 直接将该区段所牵扯的计轴主机断电重启，重启后干扰标记会自动消除（注意：对于复用的磁头点，应当对该磁头点所直接连接的计轴主机进行断电重启）。

（7）VAU 板 PAB 红灯稳定点亮，两块 STEU 板 0 灯闪烁，观察指示灯 1 到 7，根据如表 SC5-1 所示故障代码表判断故障的原因及处理措施。

表 SC5-1　故障代码表、判断故障的原因及处理措施

故障代码	1	2	3	4	5	6	7	含义	处理
02	●	○	○	○	○	○	○	严重系统错误，中断 INT 3 被触发	重起主机，假如故障再次发生，更换 VAU 板
0C	○	●	●	○	○	○	○	当系统重新启动时，两个通道的复位按钮（AzGrT 或 AzGrH）操作不同步	检查两个按钮的连接是否正确以及按钮的功能是否正常（接触故障）
0E	●	●	●	○	○	○	○	堆栈溢出	重起主机，假如故障再次发生，更换 VAU 板
10	○	○	○	●	○	○	○	SOPP 程序没有在规定的时间内终止	重起主机，假如故障再次发生，更换 VAU 板
1C	○	●	●	●	○	○	○	停止监控（70 ms）	重起主机，假如故障再次发生，更换 VAU 板
20	○	○	○	○	●	○	○	在存储器自检过程中校验和出现错误（LED 5 点亮）	重起主机，假如故障再次发生，更换 VAU 板
22	●	○	○	○	●	○	○	通道 1 的外部数据总线出现错误	重起主机，假如故障再次发生，更换 VAU 板
24	○	●	○	○	●	○	○	通道 2 的外部数据总线出现错误	重起主机，假如故障再次发生，更换 VAU 板
28	○	○	●	○	●	○	○	RAM 出现错误（读/写检测失败）	重起主机，假如故障再次发生，更换 VAU 板
2A	●	○	●	○	●	○	○	RAM 出现错误（地址检测失败）	重起主机，假如故障再次发生，更换 VAU 板
2E	●	●	●	○	●	○	○	RAM 故障（非法状态）	重起主机，假如故障再次发生，更换 VAU 板
36	●	●	○	●	●	○	○	VAU 板不同步	按压两块 VAU 板上的红色按钮（系统复位按钮）；如果这样还不能解决故障，则更换 VAU 板
40	○	○	○	○	○	●	○	通道 1 中的第 1 块 BLEA12 板的闭塞信息输出控制出错；BLEA12 板故障或缺少 BLEA12 板	检查 BLEA12 板的地址（插槽 11 地址为 0）；或者更换 BLEA12 板和 STEU 板。
42	●	○	○	○	○	●	○	通道 2 中的第 1 块 BLEA12 板的闭塞信息输出控制出错；BLEA12 板故障或缺少 BLEA12 板	检查 BLEA12 板的地址（插槽 71 地址为 0）；或者更换 BLEA12 板和 STEU 板

续表 SC5-1

故障代码	1	2	3	4	5	6	7	含义	处理
4A	●	○	●	○	○	●	○	通信中收到错误的接口地址	检查 SIRIUS 板的地址设置；或者更换 STRIUS 板
4C	○	●	○	○	○	○	○	串行接口或接口连接出现错误	检查串口接线是否正确；或者更换 STRIUS 板
4E	●	●	○	○	○	○	○	串口初始化检测失败	或者更换 STRIUS 板
50	○	○	○	○	○	○	○	错误的 DIP 开关配置	检查 DIP 开关设置
52	●	○	○	○	●	○	○	STEU 板故障	更换 STEU 板
58	○	○	●	●	○	●	○	为了选择通道以便将闭塞信息输出到相邻系统而所配置的 DIP 开关无效	检查 DIP 开关设置
5A	●	○	●	●	○	○	○	BLEA12 板被插入到错误的插槽中	检查 BLEA12 板的地址，或者更换 BLEA12 板或者 STEU 板
5C	○	●	●	○	●	○	○	无效的 DIP 开关配置；将一个计轴点配置给了一个相邻的系统，而本地系统没有被配置或根本就不存在	检查 DIP 开关设置
								闭塞信息继电器输入不同步	
5E	●	●	●	●	○	●	○	闭塞继电器 4	检查第一对 BLEA12 板
60	○	○	○	○	●	●	○	闭塞继电器 5	检查第一对 BLEA12 板
62	●	○	○	○	●	●	○	闭塞继电器 6	检查第一对 BLEA12 板
66	●	●	○	○	●	●	●	闭塞继电器 1	检查第一对 BLEA12 板
68	○	○	●	○	○	○	●	闭塞继电器 2	检查第一对 BLEA12 板
6A	●	○	●	○	○	○	●	闭塞继电器 3	检查第一对 BLEA12 板
6E	●	●	●	●	○	○	●	闭塞继电器 10	检查第一对 BLEA12 板
70	○	○	○	●	●	○	●	闭塞继电器 11	检查第一对 BLEA12 板
72	●	○	○	●	●	○	●	闭塞继电器 12	检查第一对 BLEA12 板
76	●	●	○	●	●	○	●	闭塞继电器 7	检查第一对 BLEA12 板
78	○	○	●	●	●	○	●	闭塞继电器 8	检查第一对 BLEA12 板
7A	●	○	●	●	●	○	●	闭塞继电器 9	检查第一对 BLEA12 板
9C	○	●	●	●	●	○	○	WDE1 自检未成功	检查 WDE1
9E	●	●	●	●	○	●	○	WDE2 自检未成功	检查 WDE2
A0	○	○	○	○	●	●	○	WDE3 自检未成功	检查 WDE3
A2	●	○	○	○	●	●	○	WDE4 自检未成功	检查 WDE4
A4	○	●	○	○	●	○	●	WDE5 自检未成功	检查 WDE5

子模块 SC6 计算机联锁故障处理

一、计算机联锁故障处理程序框图

计算机联锁故障处理程序框图如图 SC6-1 所示。

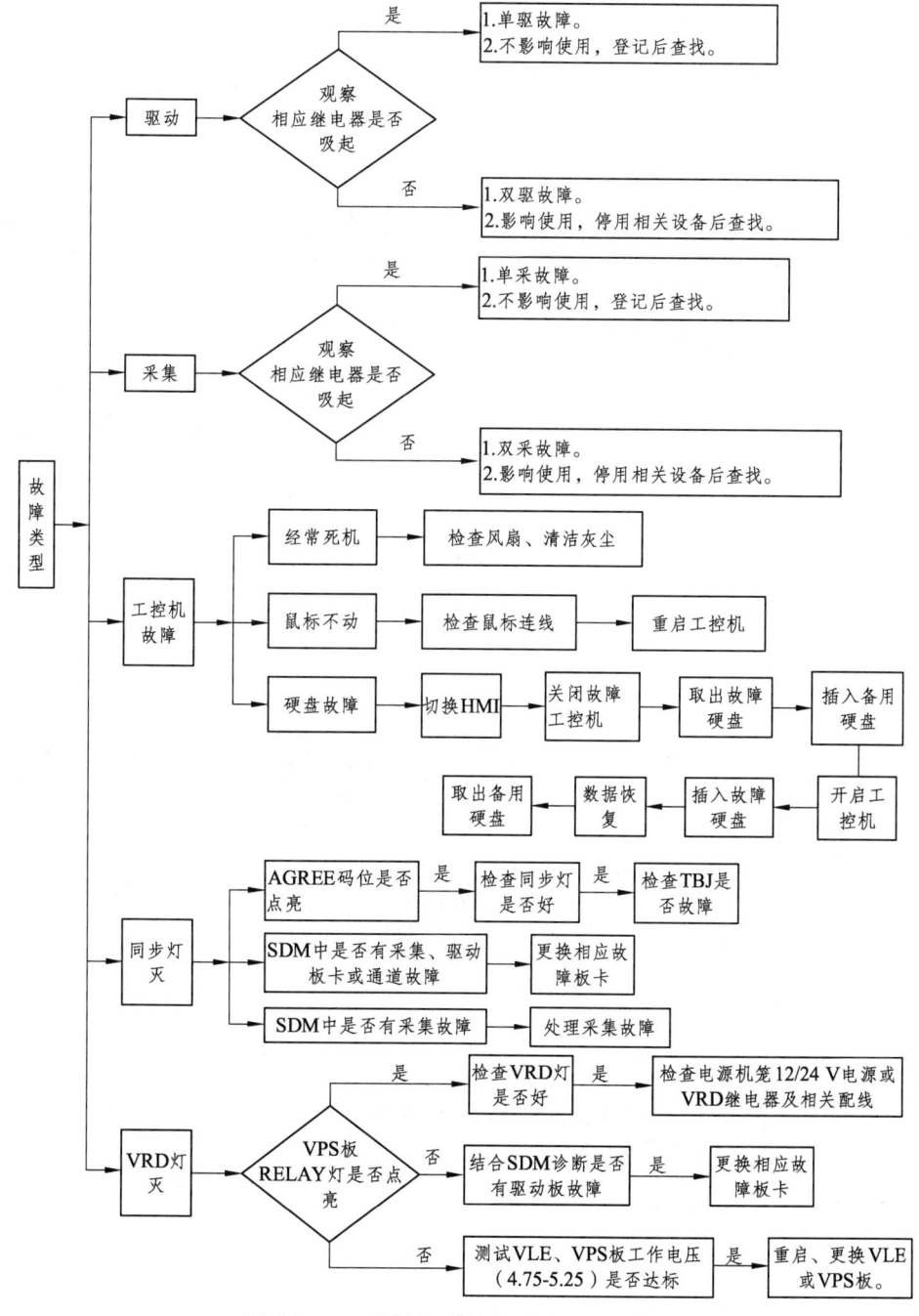

图 SC6-1 计算机联锁故障处理程序框图

二、维护台常见报警信息

维护台常见报警信息如表 SC6-1 所示。

表 SC6-1　维护台常见报警信息表

序号	故障现象	分析原因	处理办法
1	输出端口未驱动	这种故障是由于输出板上的电流监测模块没用监测到电流的原因而报警的。可能原因如下： 输出板该码位电流监测模块故障，不能检测电流通过，这种故障只需更换输出板即可恢复正常； 从输出板到驱动继电器之间的回路中有断线，确实造成输出板已输出而继电器不能驱动，这种故障可以通过检查继电器至联锁机柜之间的配线查出。 输出板上没有驱动电源，此时输出便会报出该信息	关闭联锁机； 拔出该输出板，更换新的输出板； 联锁机开机，系统同步后办理操作试验原来报故障的码位是否还是有问题； 若更换板子后仍有问题，检查 96 芯插头上 KZ-VRD-Q 与 KF-VRD-Q 的电源，或是检查相应码位的针是否有问题，或者在驱动该码位时测量继电器线圈两端的电压是否满足要求
2	输出端口未驱动—正、负电混电	这种故障是由于外界混电造成输出板输出端口有正电，可以通过检查联锁机柜该输出板至继电器之间的配线来查找混电的位置	根据报警信息找出相应码位的 96 芯插头及相应位置； 拔出插头后测量该插头相应码位是否还有电； 若没有电了，则说明混电的位置在母板和机箱处，再提供观察和测量找出真正的位置； 若仍旧有电，则说明混电的位置是从 96 芯插头至组合架，可按供线的走向一级一级判断查找
3	输出板出错	输出板故障时该板报错	更换该报错输出板即可恢复
4	A\B 机标志采集不到	联锁机启动后采集不到系统的标志位，主要有以下情况： 系统采集板上采集标志位的码位故障，更换系统采集板即可恢复； 系统采集电缆故障，需要更换系统采集电缆； 电源机箱系统采集的空气开关跳开了，闭合即可恢复	
5	通道出错	这种故障说明 VLE 板上的上 CPU 读写输入、输出板出错，引起这种问题主要是以下原因： IOBUS2 板故障； IOBE2 板故障； 总线电缆故障； 输入板故障； 输出板故障	

三、采集及驱动类常见故障及处理

采集及驱动类常见故障及处理如表 SC6-2 所示。

表 SC6-2　采集及驱动类常见故障及处理

序号	故障现象	分析原因及处理
1	在 HMI 上显示道岔断表示、灯丝断丝、轨道电路红光带或其他报警信息等问题	查相应继电器是否吸起，若没有吸起，则找继电接口原因； 若相应继电器已吸起，通过 SDM 看是否有采集板故障，若有可更换该采集板； 若主备机都没亮灯则说明采集信息都未送来，则说明故障在采集插头至该继电器接点之间，可通过接口架来区分故障在哪侧，然后逐点查找； 若出现一块采集板上同一组的 8 个码位（甚至更多）都采集不到的情况，则肯定是该组采集码位的负电的线有问题，可从接口架相应位置查； 若出现某些码位时好时坏，更换板子也是如此，则可在接口架量一下该采集的电压，是否达到标准，若不达标，一般情况是继电器节点接触不良所致。
2	在 HMI 上发现有信号开不了、道岔操不动等问题	查相应继电器是否吸起，若能吸起，则找继电接口原因； 若相应继电器没有吸起，HMI 界面上会出现回采报警。先查相应输出板该码位是否亮灯，若亮灯则说明故障点在输出板至继电器励磁线圈之间，此时先量接口架相应位置是否有 24 V 电送出，有电则故障在接口架至继电器励磁线圈之间，没有电则故障点在接口架至输出板之间，可查相应输出插头和该信号电缆有没有问题。

四、联锁机表示灯常见故障及处理

联锁机表示灯常见故障及处理如表 SC6-3 所示。

表 SC6-3　联锁机表示灯常见故障及处理

故障现象	措施及说明
系统维护台与 HMI 通信中断	首先确认 SDM 和 HMI 之间的网线是否连接正常；或把系统维护台关机再重新开机。
联锁机 A 机的"A 机联机"灯闪亮	正常状态下，"A 机联机"表示灯亮稳定的灯光。当此表示灯闪亮时，表示联锁机 A 机与 HMI 通信中断。可按以下办法检查故障原因： 措施 1：检查联锁机与 HMI 的通信线接触是否牢固。 措施 2：复位 VLE 板，如故障仍在，请更换 VLE 板。
联锁机 B 机的"B 机联机"灯闪亮	措施同上
联锁机 A 机的"VRD 灯"灭	正常状态下，"VRD 灯"点稳定的灯光。如果"VRD 灯"灭，则按以下方法检查： 措施 1：检查此灯的灯泡是否完好； 措施 2：对联锁机进行诊断，判断故障所在。
联锁机 B 机的"VRD 灯"灭	措施同上
联锁机"同步工作"表示灯灭	正常状态下，"同步工作"表示灯点稳定的灯光。如果"同步工作"表示灯灭，则按以下方法检查： 措施 1：检查此表示灯的灯泡是否完好； 措施 2：检查联锁机 A 机和联锁机 B 机间的安全通信线接触是否牢固； 措施 3：复位 VLE 板，如故障仍在，请更换 VLE 板。

五、电源系统故障处理

常见的电源系统故障及处理方法如表 SC6-4 所示。

表 SC6-4　常见的电源系统故障及处理方法

序号	故障现象	影响范围	处理办法
1	外电断电	联锁机及 HMI、SDM 电源是由电源屏供出经 UPS 稳压后的电源,当某种原因导致电源屏输出电源中断时,在 UPS 供电时间到,还不能恢复外电的情况下,联锁系统必须停用。	断开联锁机柜空开。
2	联锁机断电	影响联锁 A、B 机的供电。	检查联锁配电箱分配到联锁 A、B 机的电源空气开关状态,如果是设备故障导致开关断开,应先关闭、更换故障设备后再开启空气空开。
3	工控机、显示器断电	影响 HMI、SDM 的供电。	检查联锁配电箱分配到工控机、显示器的空气开关状态,如果是设备故障导致开关断开,应先关闭、更换故障设备后再开启配电箱空开。

六、显示器故障处理

显示器提供了一个自检功能,可以让用户检查显示器是否工作正常。自检功能具体操作如下:

(1) 按压显示器右侧或下方的菜单按钮,进入菜单栏,如图 SC6-2 所示。

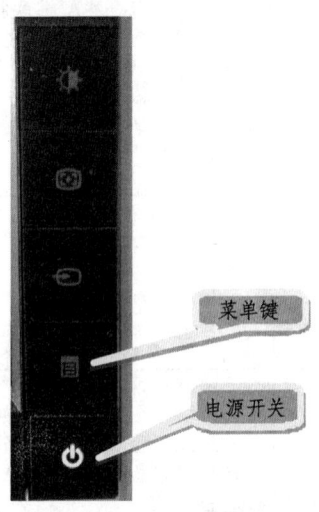

图 SC6-2　显示器菜单栏

（2）选择自检功能，按压确定按键，完成后，屏幕会在 3～5 s 内调整，如图 SC6-3 所示。

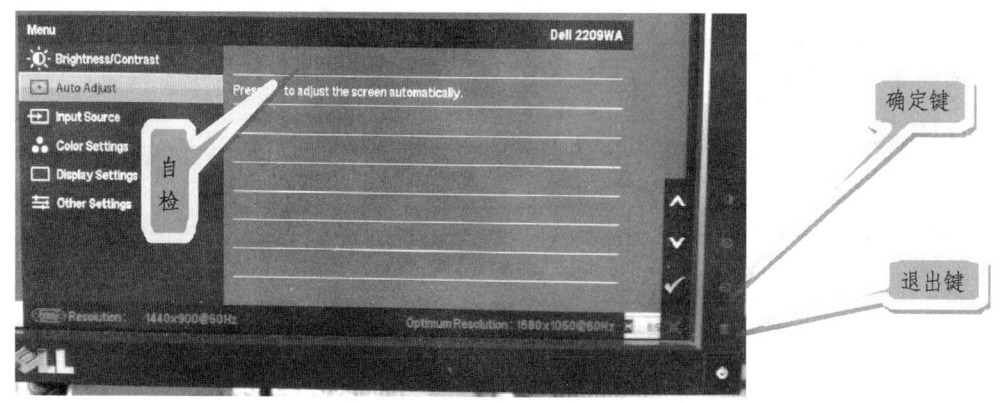

图 SC6-3　自检功能菜单

（3）自检完成后，按压退出键，退出菜单项；或等待几秒钟，显示器自动退出菜单项。
如果显示器和计算机已正确连接，但显示器屏幕仍为黑屏，请执行以下步骤来运行显示器自检：
（1）关闭计算机和显示器的电源。
（2）从计算机背后拔下视频线，为确保自检工作正常，从计算机背后拔下数字（白色接口）线和模拟（蓝色接口）线。
（3）打开显示器电源。

如果显示器检测不到视频信号且工作正常，浮动对话框会出现屏幕上（黑色背景），如图 SC6-4 所示。处于自检模式时，电源 LED 会保持绿色。另外，根据所选的输入，下面显示的其中的一个对话框会不断滚动屏幕。

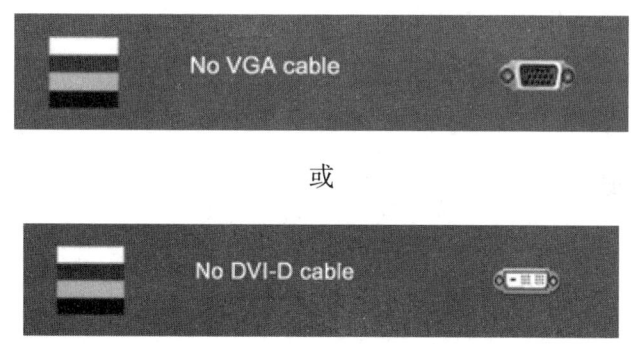

图 SC6-4　显示器无信号显示

（4）在正常系统操作期间，如果视频线断开连接或已损坏，也会出现这个对话框。
（5）关闭显示器，重新连接视频线，然后打开计算机和显示器电源。

如果在执行以上步骤之后显示器屏幕仍然保持黑屏，请检查一下视频控制器和计算机系统。显示器工作正常。

表 SC6-5 列出了显示器常见的故障和可能的解决办法。

表 SC6-5 显示器常见故障处理

常见现象	问题描述	可能的解决办法
显示器屏幕中间出现锁头	显示器屏幕中间出现锁头	需按压菜单按键 30 s 左右,待屏幕上锁头解锁或是等待一段时间后,屏幕锁自动消失
没有视频/电源指示灯不亮	没有画面	确保显示器和计算机之前的视频线连接正确和牢固 使用其他电器检查一下电源插座是否正常 确保完全按下了电源按钮
没有视频/电源指示灯亮起	没有画面或没有亮度	通过显示菜单调整提高亮度和对比度 执行显示器自检功能检查 检查视频线端头的针脚是否有弯曲或折断
亮度问题	画面太暗或太亮	将显示器重置为出厂设置 通过显示菜单 调整 Auto Adjust 通过显示菜单 调整亮度和对比度
画面扭曲、缺色灯乱显示问题		通过显示菜单 调整 Auto Adjust 关闭显示器电源后重开 将显示器重置为出厂设置 通过显示菜单调整 通过显示菜单调整亮度和对比度

七、工控机故障处理

在遇到下列故障时,请重新启动相应工控机:
（1）硬件连线都正确,鼠标却不能动作;
（2）界面显示程序异常关闭;
（3）鼠标点击界面无任何反应时;
（4）界面显示不再变化。

八、更换电路板操作

1. 更换电路板操作步骤

（1）关闭板卡电源、系统电源;
（2）接触电路板前,做好静电防护;
（3）拔出故障电路板;
（4）检查所更换板卡的设备号,包括序列号,并做好记录;
（5）如果要更换的是 VLE 板,应拔出板上系统芯片,将芯片按照原来的方向插到备用板的相同位置;
（6）检查备用板上跳线和开关的位置是否与被更换板一致;
（7）插入板子,接通系统电源,观看系统维护台诊断有关信息是否正常;
（8）观察系统运行至少 5 min,如果没有异常,系统恢复使用;
（9）系统维修日志中记录有关维护信息。

2. 更换电子盘芯片操作

DOC 电子盘分为两种类型，一种为系统芯片，该芯片存放联锁系统软件，用于进行联锁系统运算和相关 IP 设定；另一种为应用芯片，内放联锁数据。VLE 进行更换时，需要进行电子盘的更换。

（1）使用起片工具或小一字螺丝刀将电子盘一侧轻微翘起；

（2）使用工具将电子盘另一侧翘起，反复几次，待针脚脱离底座后，拔出即可；

（3）将电子盘按照原板原先的位置进行安装，注意电子盘的点和底座缺口对应一致（见图 SC6-5），否则无法正常启动，严重时会损坏电子盘内部数据；

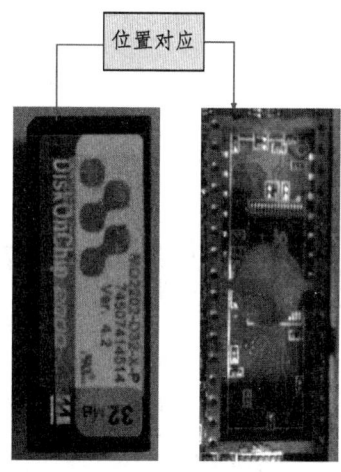

图 SC6-5　电子盘的点和底座缺口对应情况图

（4）电子盘针脚和底座全部接触好以后，两端分别按压电子盘，确认电子盘插紧以后即可。

子模块 SC7　智能电源屏故障处理

一、智能电源屏故障处理程序框图

智能电源屏故障处理程序框图如图 SC7-1 所示，具体故障处理后面章节详细介绍。我们以 PZG 系列的智能电源屏为例进行介绍。

二、智能电源屏故障处理

智能信号电源系统，自身具备故障判断功能，当系统出现故障时各单元均有故障提示，监控单元同时显示故障内容。电源系统故障按照系统组成可分为三大类：配电故障、电源模块故障、监控模块故障。

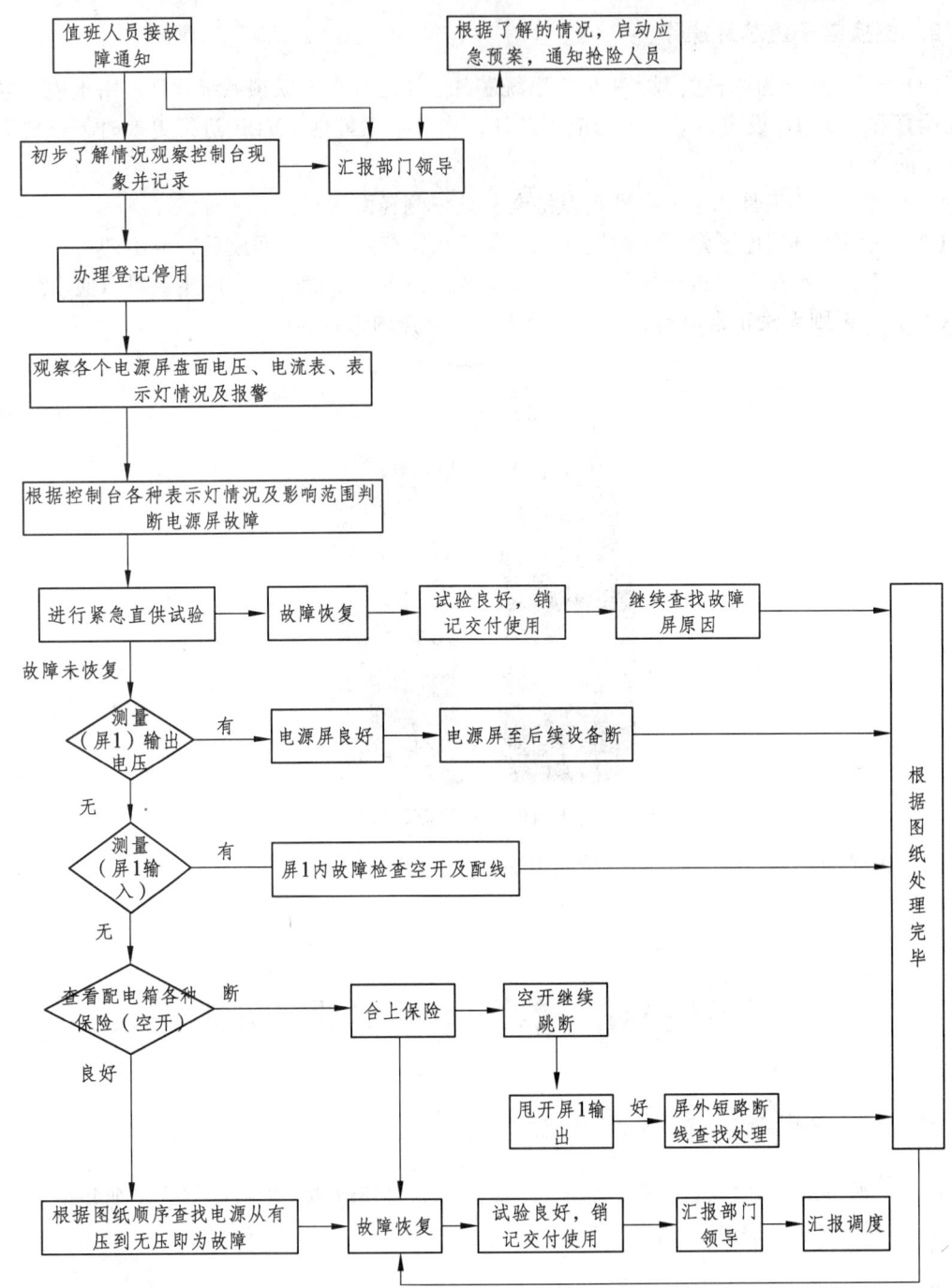

图 SC7-1 智能电源屏故障处理程序框图

1. 故障处理一般步骤

（1）查看告警内容。

系统出现故障时，一般都会有声光告警：故障灯亮，蜂鸣器告警；监控单元故障灯亮，蜂鸣器告警。查看系统监控单元的告警内容，根据告警内容可确认故障范围。

（2）根据故障内容，对故障进行核实。
（3）故障检修。

根据故障内容和实际情况，积极处理故障。电源系统告警状态及处理方法如表 SC7-1 所示。

表 SC7-1　电源系统告警状态及处理方法

外界条件	告警状态	告警状态	处理方法
交流输入相电压大于告警点，即 275Vac。	故障灯亮、蜂鸣器告警；监控模块故障灯亮，蜂鸣器告警。	交流当前状态：交流输入过压。	改善电网条件，电压下降后自动恢复
交流输入相电压小于告警点，即 157Vac。	故障灯亮、蜂鸣器告警；监控模块故障灯亮，蜂鸣器告警。	交流当前状态：交流输入欠压。	改善电网条件，电压上升后自动恢复
交流输入缺相	故障灯亮、蜂鸣器告警；监控模块故障灯亮，蜂鸣器告警。	交流当前状态：交流输入缺相。	交流输入正常后会自动恢复
当前工作电网交流输入停电	故障灯亮、蜂鸣器告警；监控模块故障灯亮，蜂鸣器告警。	交流当前状态：交流输入停电。	交流输入正常后会自动恢复
两路输入其中一路出现故障	故障灯亮、蜂鸣器告警；监控模块故障灯亮，蜂鸣器告警。	交流当前状态：交流输入 1（2）断。	交流输入 1（2）正常后会自动恢复
C 级防雷器出现故障	故障灯亮、蜂鸣器告警；监控模块故障灯亮，蜂鸣器告警。	交流当前状态：C 级防雷空开跳	更换防雷器后会自动恢复
配电单元与监控模块的通信线没有插好	监控模块故障灯亮	当前状态：配电监控通信中断	通信线连接正常后恢复
电源模块与监控模块的通信线没有插好	监控模块故障灯亮，蜂鸣器告警。	当前状态：模块通信中断	通信线连接正常后恢复
监控模块设置的模块数或地址与实际模块不符	监控模块故障灯亮，蜂鸣器告警。	模块当前状态：***模块通信中断	重新设置后恢复
模块输入故障	监控模块故障灯亮，蜂鸣器告警。	模块当前状态：***模块通信中断	模块输入正常后自动恢复
模块输出故障	监控模块故障灯亮，蜂鸣器告警。	模块当前状态：***模块故障	模块输出正常后自动恢复
模块保护	监控模块故障灯亮，蜂鸣器告警。	模块当前状态：***模块保护	模块输出正常后自动恢复
输出空开跳	监控模块故障灯亮，蜂鸣器告警。	当前状态：***输出断电	消除故障后会自动恢复

2. 配电故障

配电故障一般有：交流输入检测故障、交流输入过压、交流输入欠压、交流输入缺相、交流输入停电、配电通信中断、空开跳闸、防雷器故障等。

配电故障发生时，监控模块的液晶屏上可以观察到交流故障告警的内容，同时直流柜的故障灯亮，蜂鸣器告警。处理故障时，先把蜂鸣器（位于直流柜上门内部）的控制开关拨到故障消音位置，查找相应的故障内容，进行相应的处理，故障处理完毕后，再将告警控制开关拨到故障告警位置。

配电故障告警时，需要核对告警内容是否和实际相符，如果不符，可以判断为配电监控板或者对应空开检测板故障。

输出空开可以手动操作，断开空气开关，可以模拟故障发生的现象，输出告警信号；将空开置于接通位置，告警消失。

C级防雷器输出为一常闭信号，断开防雷器的任意一个防雷空开，输出告警信号；对防雷空开闭合，告警消失。

（1）交流输入检测故障。

当监控模块显示交流过压、欠压、停电告警时，测试交流输入端子上的三相电压 U_a、U_b、U_c 电压正常，此时可判断为交流输入检测故障。

检测故障主要原因：交流采样部分线路错误、交流电压采样板 A14C3S1 故障。

（2）配电通信故障。

观察到监控模块通信中断故障，经检查监控模块与其他部分通讯均中断，可判断为监控模块故障；如果与其他部分通信正常，可判断为监控板故障，需要更换 B12C5U1 板进行处理。

配电通信故障主要原因：配电通信线或者 B12C5U1 配电监控板故障。

（3）输出空开跳闸故障。

空开跳闸主要原因：交流负载故障、空开本身故障、监控检测板（B1J2T05X1 板）上开关量检测电路故障。

（4）防雷器故障。

防雷器故障主要原因：防雷器故障、防雷空开故障及监控检测板（B1J2T05X1 板）检测电路故障。

3. 电源模块故障

电源模块故障主要有模块通信中断故障、输出空开跳闸故障。

故障主要原因：输入过欠压、输出过欠压、过温、过流、通信异常。

4. 监控系统故障

监控模块的故障主要有液晶屏显示不清晰、无显示、按键无反应、不断翻屏等。

5. 故障处理注意事项

（1）在进行故障检测时，不要接触到交流高压部分。

（2）在进行故障检修时，工具应做绝缘包扎处理。

（3）更换前或者维修后的电源模块，在上电测试之前要测试是否有短路现象。

（4）对于监控模块、液晶屏故障时，应把监控模块、液晶屏复位或断电重新上电，确认是否可以恢复。

（5）在更换电源模块时，需要核对模块型号，并将地址开关拨到正确的位置。

子模块 SC8　ATS 系统故障处理

一、ATS 系统设备故障处理程序框图

ATS 系统设备故障处理程序框图如图 SC8-1 所示，ATS 系统设备故障分为车站 LATS 和中心 CATS 两部分，故障处理程序框图从系统、电源、网络三方面进行故障查找。

二、ATS 系统设备故障处理

1. 故障处理原则

原则一：ATS 系统发生故障时，需值班员将相应车站转入站控或紧急站控模式。

原则二：ATS 发生单点故障时，不要轻易重启交换机等网络设备，否则容易扩大故障影响范围。

原则三：日常巡视时发现备用机器或者备用通道故障时，虽然暂时不影响使用，但必须立即处理。

2. ATS 车站分机故障

正常情况下，ATS 车站分机在界面上显示本机主备机状态和对方机的主备机状态，同一时间只有一台机器为主机，另一台为备机，状态栏左方的信息窗口中以正常滚动速度显示一般的提示信息。

当 ATS 车站分机单机故障或网络连接故障时，在现地工作站界面上设备状态栏显示类似下图所示，此时不影响 ATS 系统使用，但需及时查找解决该故障。

当 ATS 车站分机双机故障或网络连接故障时，在现地工作站界面上弹出下图所示报警框：

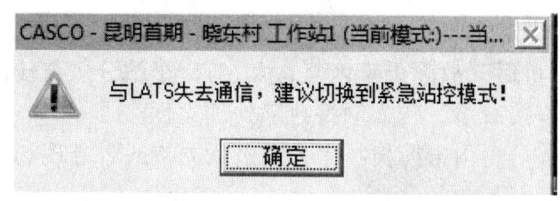

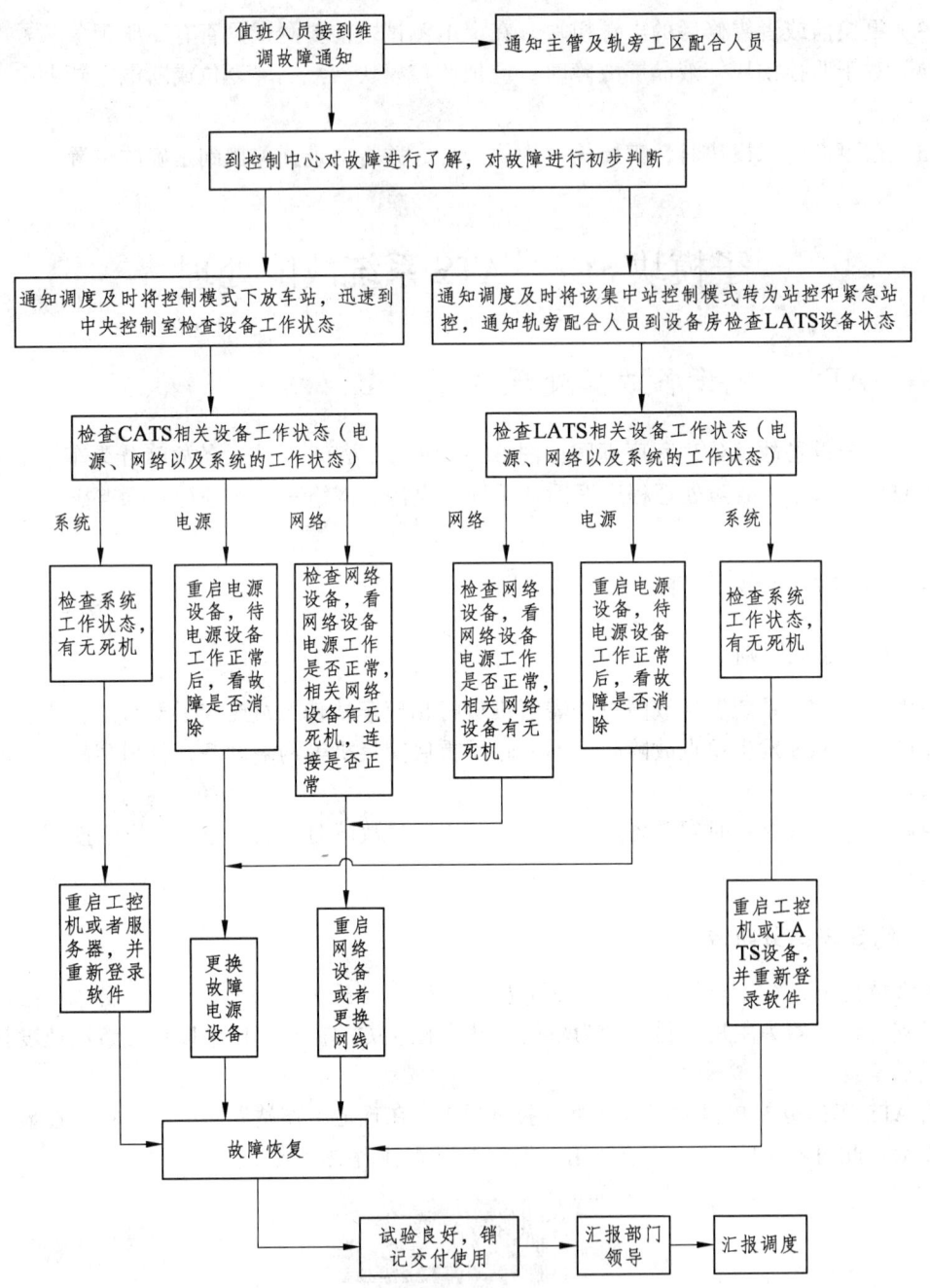

图 SC8-1　ATS 系统设备故障处理程序框图

同时站场界面全部变为灰色，此时需与调度联系，转为紧急站控模式继续指挥行车。

在 ATS 车站分机上查看，如果状态栏左方的信息窗口中无任何信息刷新，则车站分机故障，此时需重启 ATS 车站分机。

若重启 ATS 车站分机后，故障仍未恢复，且 ATS 车站分机与任何其他设备连接状态均未建立，则可能为网络连接故障，转入网络故障处理流程。

立即通知信号值班人员，由卡斯柯技术人员电话支持或者赴现场处理。

3. 现地工作站故障

设备集中站两台现地控制工作站互为主备,其中一台故障时,不影响 ATS 系统的使用,可在另外一台现地控制工作站上操作以完成相应的操作。

如观察到站场图信息中断,则可能是与 ATS 车站分机连接故障,首先检查设备状态栏 ATS 车站分机工作状态,如果正常则重新启动并登录当前程序,如果中断则检查与 ATS 车站的网络连接(ping),如果网络不通则转至网络故障流程处理,如果整个操作系统无反应则重启该机器。此时如果现地工作站与 ATS 车站分机的网络正常,需立即将 ATS 车站分机倒机,以恢复正常显示。

立即通知信号值班人员,由卡斯柯技术人员电话支持或者赴现场处理。

4. 车站网络故障

1)单点网络故障

(1)排除物理故障。

正常情况下,机器后的网卡指示 LINK 灯常绿,ACT 灯闪绿;交换机对应端口的 LINK 灯常绿或者闪绿;出现其他情况如灭灯、黄灯、红灯则表示物理连接故障,需要检查网线接插,必要时更换备用网线。

(2)排除系统设置故障。

对于 Windows 系列操作系统,打开"控制面板"的"网络连接"检查网卡设置状态。在 CMD 窗口中运行 ipconfig 命令可以查询 TCP/IP 设置状态,应该显示每块网卡的 IP 设置,如果没有列出网卡,则表明网卡被"禁用",或者物理连接有问题。

(3)用 ping 命令检测局域网连通质量。

在 CMD 窗口中运行 ping a.b.c.d -t

其中 a.b.c.d 是局域网中无故障的机器地址,如果发生丢包现象,则进一步检查网线接插,必要时更换备用网线。

(4)涉及远程终端设备的,排除以上故障可能后问题依然存在,应立即联系 DCS 系统和数传系统相关人员。

2)网络全面故障

(1)交换机故障。

检查交换机的工作状态,包括前后面板的各种指示灯;如果发生全灭则可能是供电问题,或者被他人意外关机,检查电源后开机试验;如果指示灯全闪或者其他异常情况则重新开机(关机等 2 分钟,再开机)再试;如果重新开机后还不能恢复,则彻底关机,完全切换到另外一台交换机。

(2)由网络广播风暴导致的全面故障。

这种故障在交换机上表明看起来基本正常,但是终端之间时通时断,ping 丢包严重或者时延严重,出现这种故障时可以采用一根一根的试验拔出交换机的网线,如果拔出某根后故障消失,则这根网线连接的终端有问题(比如病毒)或者这根网线构成了环,顺藤摸瓜可以查出原因。

5. 时间同步故障

ATS 系统依赖统一的时间源，但如果任何两台设备之间时间不同步，但不影响设备的主要功能正常运作，则在每天运营结束后再进行时钟的统一调整。

正常情况下 ATS 时间与时钟系统的时间一致。如果发现 ATS 时间异常，首先检查 ATS 通信服务器与时钟接口是否正常，如果中断则转到外部接口故障流程处理，如果正常则可能发生 ATS 系统内部时间同步异常，可以使用以下手段直接同步：

在 Windows xp/2008 系统下查看服务"windows time"是否处于启动状态，如处于停止状态，则需手工启动该服务，并把启动类型设为自动。

在 LATS 系统下运行# ntpupdate cats-ip-address，其中 cats-ip-address 是 ATS 应用服务器的 ip 地址，如果成功则提示一行英文，包含一个纠正的时间差。

如果以上不成功，则可能时间源（应用服务器或者通信前置机）故障，或者网络通信中断，必要时可以手工修改时间，但必须精确。

如果时钟系统的授时功能发生故障，必须立即联系时钟系统解决，同时断开通信前置机与时钟系统的接口。

人工调整 ATS 系统内设备的时间有可能导致网络通信故障，立即通知信号值班人员，由卡斯柯技术人员电话支持或者赴现场处理。

6. 非集中站 TDT 故障

如果是单个 TDT 故障则可能是个别设备的故障所致，如果是整个站的 TDT 都突然没有显示了，则可能是该非集中站的车站接口机软件异常，重启车站接口机程序尝试恢复，可以通过车站接口机界面显示初步判断故障原因。

LATS 状态：绿色表示连通，否则代表断开；TDT 状态：绿色表示连通，否则代表断开。

7. 车站 LATS 无法登录

造成车站 LATS 无法登录的原因主要有两种，现象描述及解决方法如下：

（1）键盘无法操作。

原因可能为鼠标键盘端口冲突或者 KVM 切换器供电不够（KVM 不使用电源），解决方法为拔掉鼠标（Linux 系统不使用鼠标）。

（2）进入界面后显示小企鹅，无法正常进入 Linux 界面。

使用 ctrl + alt + tab 退出小企鹅界面，使用 ctrl + alt + F2/F3/F4 切换到 Linux 使用界面。

8. 车辆段/停车场单元控制台操作无响应

如果发现车辆段/停车场单元控制台执行操作后无响应，可暂时切换至现地工作站办理相关操作，然后再进行相关的故障处理流程。

9. 单站信息中断故障

在维护工作站上打开设备状态面板，观察该站 LATS 主、备机的通信状态，如果全部中断则可能是网络故障（转至网络故障流程处理）或 ATS 应用服务器故障（转至 ATS 应用服务器故障流程处理）。

如果观察到 LATS 正常但联锁 HMI 连接中断，且该站在大屏、调度员工作站、维护工作站上都失去表示，则通知现场工区检查联锁 HMI 状态和连接线，必要时重新启动 LATS 或联锁 HMI。

联系现场工区检查设备供电情况，如果发现供电故障，则按照电源故障流程处理。

立即通知信号值班人员，由卡斯柯技术人员电话支持或者赴现场处理。

10. 单调度台中断故障

如观察到站场图信息中断，则可能是与服务器连接故障，首先检查设备状态栏服务器工作状态，如果正常则重新启动并登录当前调度台程序，如果中断则检查与服务器的网络连接（ping），并且检查机器时间与服务器是否同步（ATS），如果网络不通则转至网络故障流程处理，如果时间错误则转至时间同步故障流程处理。必要时重新启动调度台计算机。如果故障依然存在则可能是应用服务器故障，转至应用服务器故障流程处理。

如果站场图信息正常，但运行图紊乱或者操作异常，则应重新启动并登录调度台程序，如果故障依然存在则可能是 ATS 应用服务器故障，转至应用服务器故障流程处理。

立即通知信号值班人员，由卡斯柯技术人员电话支持或者赴现场处理。

11. 大屏中断故障

如观察到大屏失去所有车站的表示和车次号，但维护工作站及调度员工作站上表示正常，首先重新启动大屏工作站软件；如果故障依然存在则可能是网络故障，检查与服务器的网络连接（ping），并且检查机器时间与服务器是否同步（ATS），如果网络不通则转至网络故障流程处理，如果时间错误转至时间同步故障流程处理。必要时重新启动大屏计算机。如果故障依然存在则可能是应用服务器故障，转至应用服务器故障流程处理。

如观察到大屏失去所有车站的表示和车次号，同时维护工作站及调度员工作站也发生中断，则可能是服务器故障（转至应用服务器故障流程处理）或网络故障（转至网络故障流程处理）。

立即通知信号值班人员，由卡斯柯技术人员电话支持或者赴现场处理。

12. 中心全部中断

如果各调度台上车站信息全部中断，包括运行图，首先检查 ATS 应用服务器工作状态，如果工作不正常（如死机或者双主双备）则进行 ATS 应用服务器的主备切换或者重新启动，如果工作正常但车站连接状态全部中断，则检查 ATS 应用服务器的网线以及网卡状态，确认本机无故障后转入网络故障流程处理。

如果中心全部工作站（包括大屏）表示不刷新，并且中心和车站连接状态正常，则需立即应用服务器倒机，以恢复故障。

立即通知信号值班人员，由卡斯柯技术人员电话支持或者赴现场处理。

13. ATS 应用服务器故障

正常情况下，应用服务器在界面系统状态栏显示本机主备机状态和对方机的主备机状态，同一时间只有一台应用服务器为主机，另一台为备机，状态栏下方的信息窗口中以正常滚动速度显示一般的提示信息。

如果出现双主机或者双备机的异常情况，则选择退出一台的程序（首先登录，用户名 root，密码 root），如果故障依然存在，则再退出另外一台程序，然后再启动。如果启动后故障依然存在，应立即退出该机程序，进行人工倒切到另一台做主机。

立即通知信号值班人员，由卡斯柯技术人员电话支持或者赴现场处理。

14. 无法下载运行图

如果调度员工作站或显示终端无法正常下载运行图，并且报与连接数据库失败，用 netmanager 测试，与数据库连接失败，则应为 ATS 数据库服务器故障，转入 ATS 数据库服务器故障处理流程。

立即通知信号值班人员，由卡斯柯技术人员电话支持或者赴现场处理。

15. 维护员工作站无法回放或远程访问文件

需要实现回放或远程访问文件必须启动以下三个服务 Computer Browser、Server、Workstation，查看维护员工作站及应用服务器上这三个服务（控制面板-管理工具-服务）是否已处于启动状态，如处于停止状态，则需手工启动该服务，并把启动类型设为自动。

16. 数据库服务器故障

正常情况下，两台数据库服务器以冗余方式工作，其中一台故障不影响系统正常运行。如果发现多次车次号自动换号失败，则可能发生双数据库服务器故障，首先在维护台上或调度台上尝试下载当天计划，如果尝试失败并且可 ping 通数据库服务器，则可判断为双数据库服务器故障，应立即重启两台数据库服务器；如无法 ping 通数据库服务器，则可能为网络故障，转至网络故障处理流程。

立即通知信号值班人员，由卡斯柯技术人员电话支持或者赴现场处理。

17. 通信前置机故障

通信前置机界面显示了主备机状态、正常情况下，同一时间只有一台通信前置机为主机，另一台为备机，且主备机通信正常，如果出现双主机或者双备机的异常情况，则选择退出一台的程序，如果故障依然存在，则再退出另外一台程序，然后再启动。如果启动后故障依然存在，应立即退出该机程序，进行人工倒切到另一台做主机。

如观察到与外部接口的通信中断，首先通过双机切换单元进行人工倒切到另一台做主机，如果故障依然存在，转到外部接口故障流程处理。

如果观察到与 ATS 应用服务器的通信中断，首先检查与服务器的网络连接（PING），如果网络不通则转至网络故障流程处理。如果故障依然存在则可能是应用服务器故障，转至应用服务器故障流程处理。必要时重新启动通信前置机计算机。

立即通知信号值班人员，由卡斯柯技术人员电话支持或者赴现场处理。

18. 中心网络故障

1）单点网络故障

（1）排除物理故障。

正常情况下，机器后的网卡指示 LINK 灯常绿，ACT 灯闪绿；交换机对应端口的 LINK

灯常绿或者闪绿；出现其他情况如灭灯、黄灯、红灯则表示物理连接故障，需要检查网线接插，必要时更换备用网线。

（2）排除系统设置故障。

对于 Windows 系列操作系统，打开"控制面板"的"网络连接"，检查网卡设置状态。在 CMD 窗口中运行 ipconfig 命令可以查询 TCPIP 设置状态，应该正确的每块网卡的 IP 设置，如果没有列出网卡，则表明网卡被"禁用"，或者物理连接有问题。

（3）用 ping 命令检测局域网连通质量

在 CMD 窗口中运行 ping a.b.c.d -t

其中 a.b.c.d 是局域网中无故障的机器地址，如果发生丢包现象，则进一步检查网线接插，必要时更换备用网线。

（4）涉及远程终端设备的，排除以上故障可能后问题依然存在，应立即联系 DCS 系统和数传系统相关人员。

2）网络全面故障

（1）交换机故障。

检查交换机的工作状态，包括前后面板的各种指示灯；如果发生全灭则可能是供电问题，或者被他人意外关机，检查电源后开机试验。如果指示灯全闪或者其他异常情况则重新开机（关机等 2 分钟，再开机）再试。如果重新开机后还不能恢复，则彻底关机，完全切换到另外一台交换机。

（2）由网络广播风暴导致的全面故障。

这种故障在交换机上表明看起来基本正常，但是终端之间时通时断，ping 丢包严重或者时延严重，出现这种故障时可以采用一根一根的试验拔出交换机的网线，如果拔出某根后故障消失，则这根网线连接的终端有问题（比如病毒）或者这根网线构成了环，顺藤摸瓜可以查出原因。

3）中心与车站全部中断

这种故障表现为中心设备之间通信正常，但与车站全部通信中断；此时涉及 DCS 系统和数传系统，应立即联系相关人员排除故障。

立即通知信号值班人员，由卡斯柯技术人员电话支持或者赴现场处理。

19. 时间同步故障

ATS 系统依赖统一的时间源，但如果任何两台设备之间时间不同步，但不影响设备的主要功能正常运作，则在每天运营结束后再进行时钟的统一调整。

正常情况下 ATS 时间与时钟系统的时间一致。如果发现 ATS 时间异常，首先检查 ATS 通信服务器与时钟接口是否正常，如果中断则转到外部接口故障流程处理，如果正常则可能发生 ATS 系统内部时间同步异常，可以使用以下手段直接同步：

在 Windows xp/2008 系统下查看服务"windows time"是否处于启动状态，如处于停止状态，则需手工启动该服务，并把启动类型设为自动。

在 LATS 系统下运行# ntpupdate cats-ip-address，其中 cats-ip-address 是 ATS 应用服务器的 ip 地址，如果成功则提示一行英文，包含一个纠正的时间差。

如果以上不成功，则可能时间源（应用服务器或者通信前置机）故障，或者网络通信中断，必要时可以手工修改时间，但必须精确。

如果时钟系统的授时功能发生故障，必须立即联系时钟系统解决，同时断开通信前置机与时钟系统的接口。

人工调整 ATS 系统内设备的时间有可能导致网络通信故障，应通知卡斯柯值班人员，由技术人员电话支持或者赴现场处理。

20. 外部接口故障

如果 ATS 系统与外部系统接口发生中断故障，首先应检查相关连接线路是否有问题，在排除 ATS 端故障后如果问题依然存在，则应联系对方系统维护人员共同解决。对于通过网络连接的，转到网络故障流程处理；对于通过串口连接到 ATS 通信服务器、LATS，或车站接口控制计算机的外部接口，如已排除了线路故障，还需要检查 ATS 通信服务器，LATS 的双机切换单元是否工作正常。

（1）ATS-时钟系统接口故障。

系统能自动降级切换至 1 级时钟同步，不影响正常运营，待当天运营结束后再处理故障，转至时间同步故障。

（2）ATS-综合监控系统接口故障。

将主要影响综合监控功能，综合监控系统发送给 ATS 的 SCADA 信息也将不再在 ATS 上有效显示；联系双方技术人员尽快查明原因恢复故障。

（3）ATS-无线接口故障。

将有可能影响无线电调无法正常与列车通信，联系双方技术人员尽快查明原因恢复故障，故障期间启动备用联系方式。

（4）ATS-PIS 系统接口故障。

将有可能影响 PIS 无法正常显示，联系双方技术人员尽快查明原因恢复故障。

（5）ATS-广播系统接口故障。

将有可能影响广播系统无法正常显示，联系双方技术人员尽快查明原因恢复故障。

（6）ATS-TDT 接口故障。

对于个别点的 TDT 显示故障，并不影响全线的运营和调度，及时通知车站值班人员检查是否由于 TDT 硬件故障引起。

立即通知信号值班人员，由卡斯柯技术人员电话支持或者赴现场处理。

子模块 SC9　车载设备故障处理

一、车载信号屏故障处理

车载信号屏故障处理如图 SC9-1 所示。

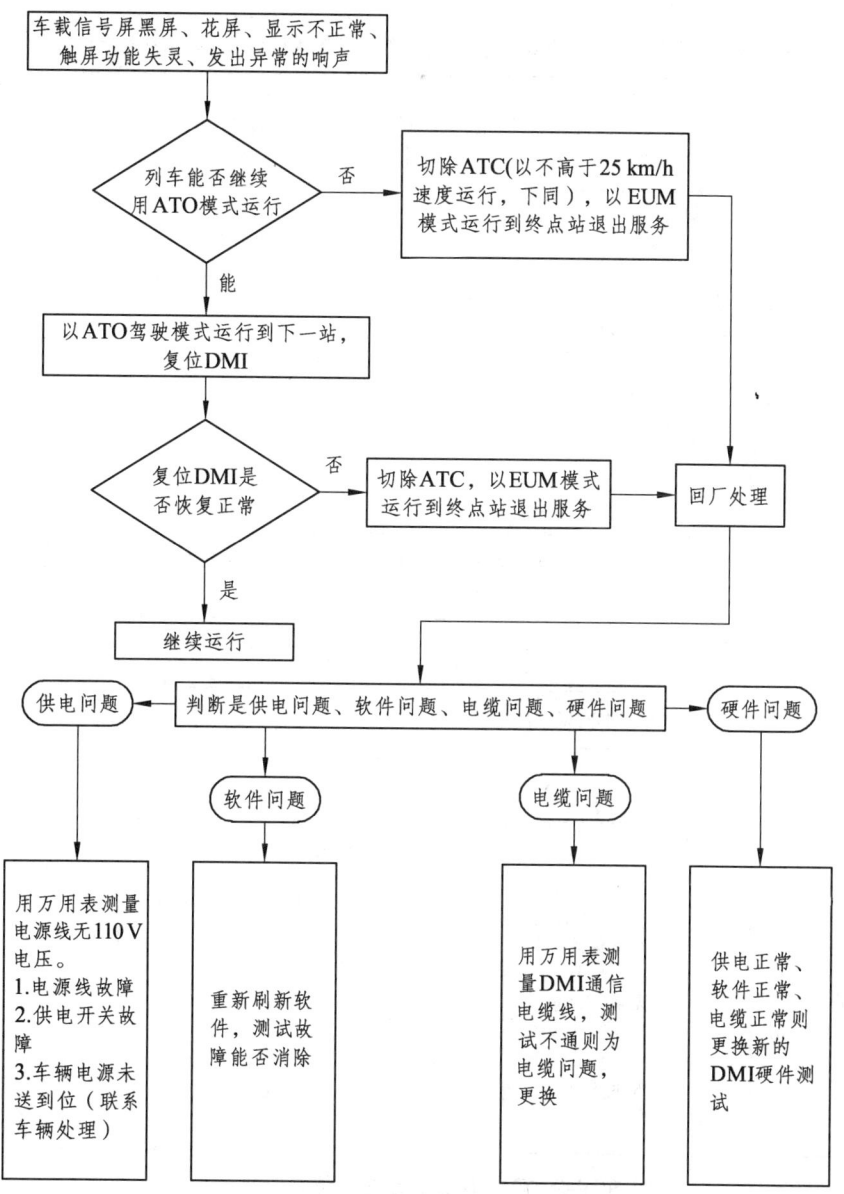

图 SC9-1 车载信号屏故障处理

二、RM 模式下无法定位升级故障处理

单列车出厂或出站后，RM 模式下无法定位升级，该故障处理如图 SC9-2 所示。

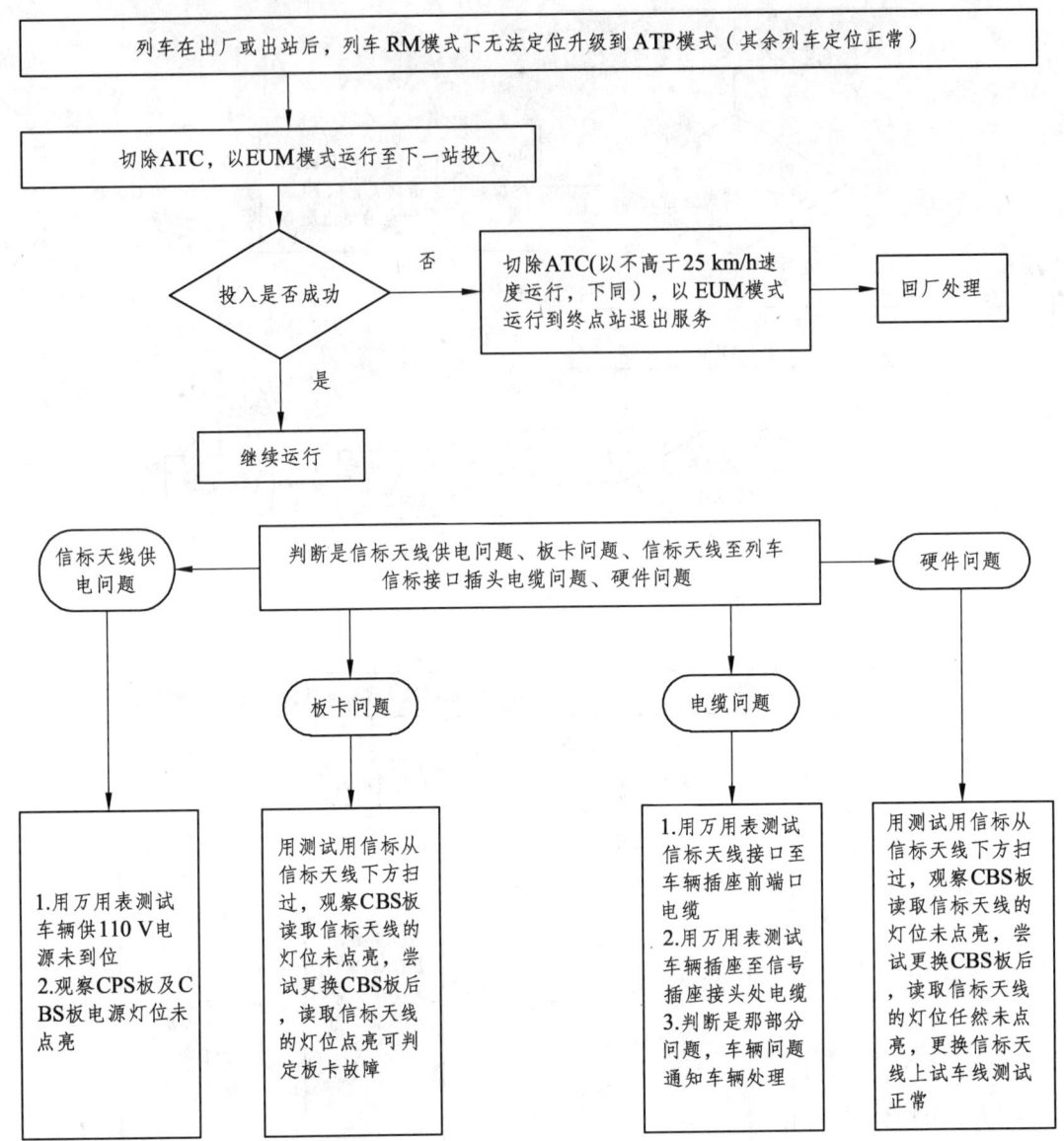

图 SC9-2 RM 模式下无法定位升级故障处理

三、CBTC 模式灯不亮故障处理

列车出库后，DMI 上一直显示无线打叉，CBTC 模式灯不亮（其余列车正常）。该故障处理如图 SC9-3 所示。

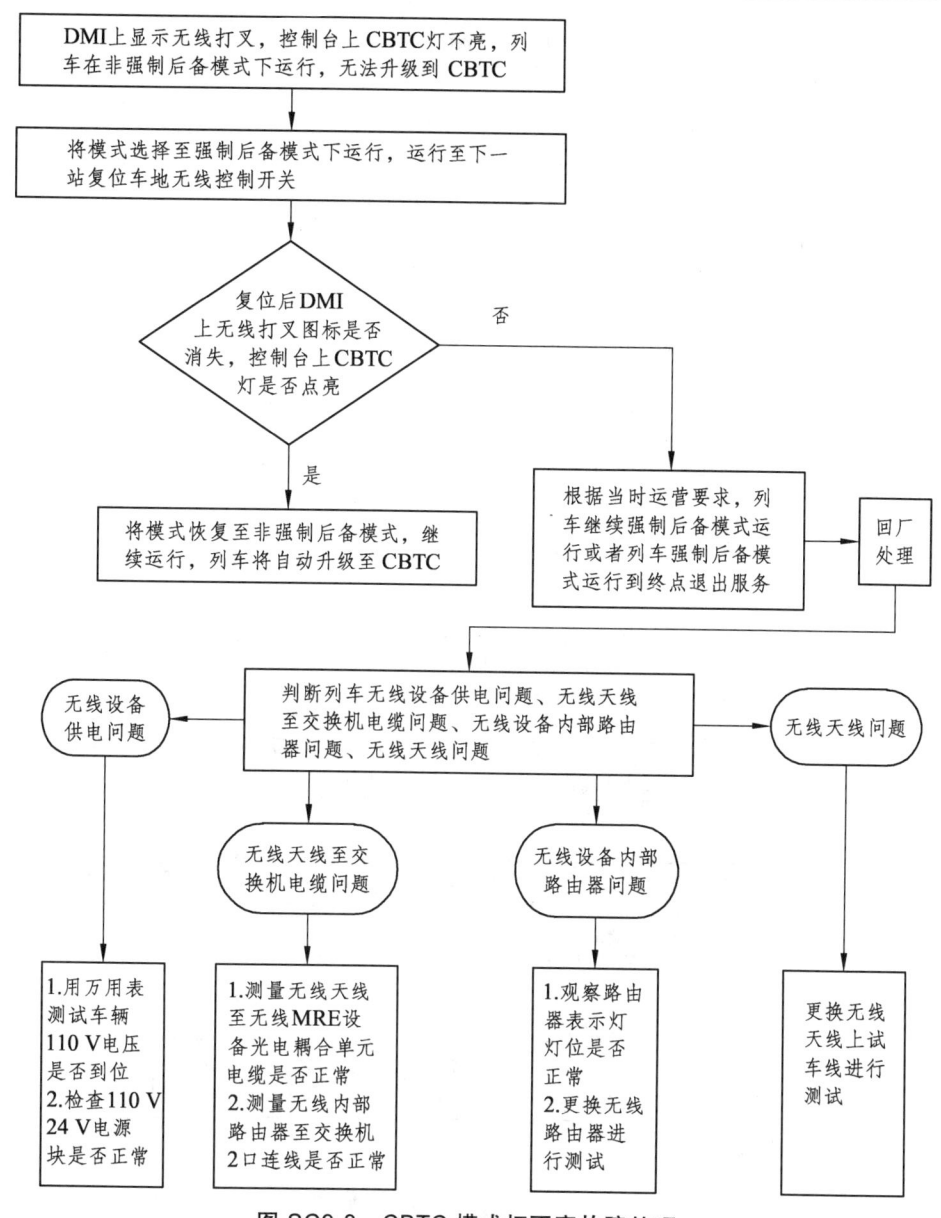

图 SC9-3 CBTC 模式灯不亮故障处理

四、EB 不解锁故障处理

当列车发生紧急制动 EB 后，在 DMI 上显示红色小手掌不消失。该故障处理如图 SC9-4 所示。

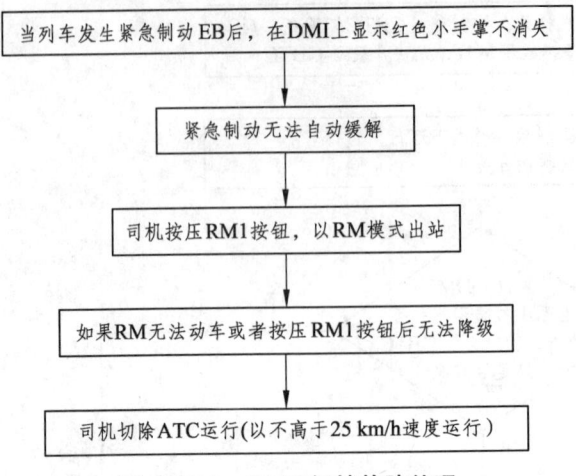

图 SC9-4　EB 不解锁故障处理

五、列车无开门码故障处理

列车 ATO-CBTC 模式运行至站台后未精确停车在停车位置（越过或未到位），列车无开门码，DMI 显示红色小车。该故障处理如图 SC9-5 所示。

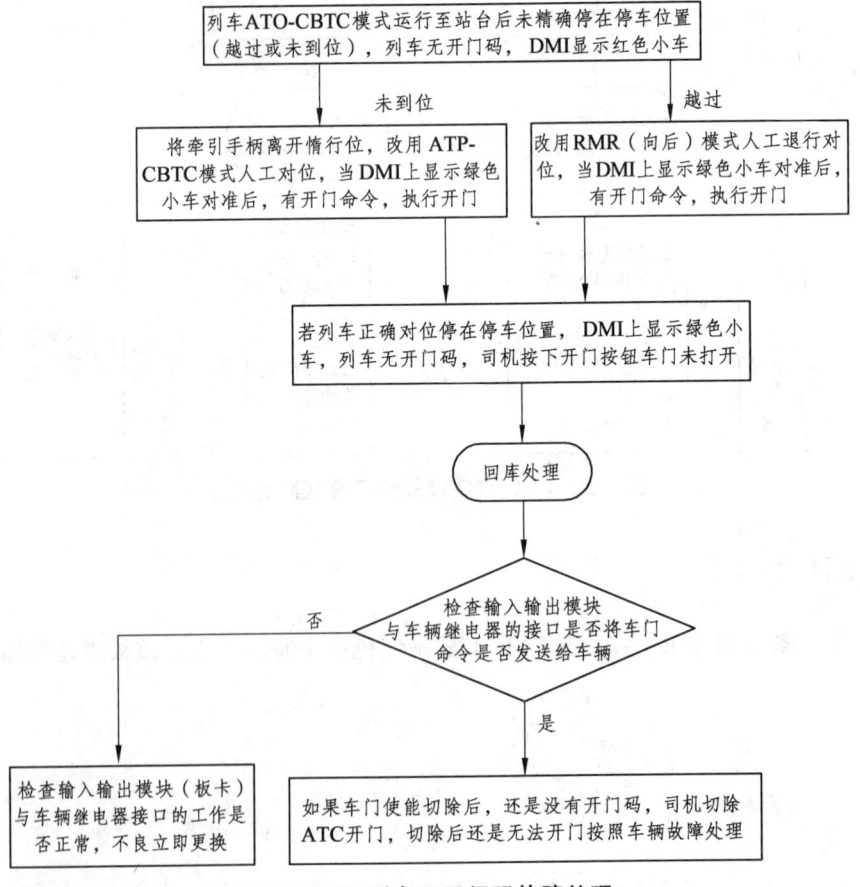

图 SC9-5　列车无开门码故障处理

六、按压 ATO 按钮后无法动车故障处理（见图 SC9-6）

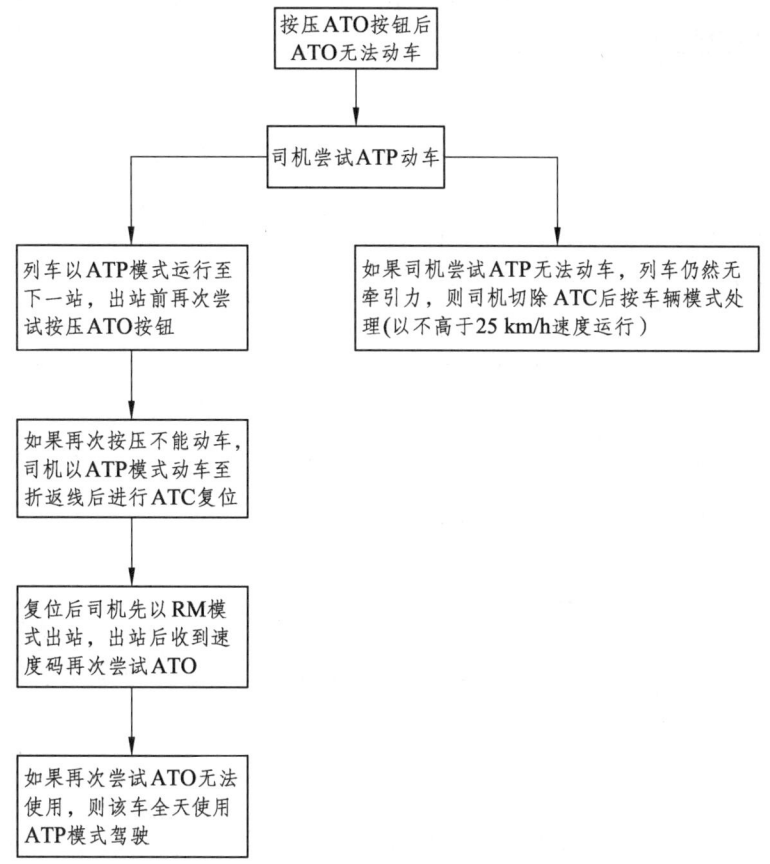

图 SC9-6　按压 ATO 按钮后无法动车故障处理

七、ATB 自动折返失败故障处理（见图 SC9-7）

```
┌─────────────────────────────────────────────────────────────────────────────┐
│ 在无线通信正常的情况下，列车以 ATO-CBTC 模式运行至终点站或者是 ATB 折返区域时，车门模式为│
│ AM，待旅客下车完车门关闭好，待前方进路排好后，司机将司控器钥匙断开后，ATB 按钮灯点亮稳│
│ 定黄色，司机按下 ATB 按钮后将激活 ATB 模式，ATO 按钮灯点亮后，司机再按下 ATO 按钮后，列车将│
│ 以 ATB 模式由下行站台自动折返运行至折返线后，自动换端折返至上行站台停稳进行开关门作业 │
└─────────────────────────────────────────────────────────────────────────────┘
                    │                                           │
        ┌───────────┴──────────┐                   ┌────────────┴──────────────┐
        │司机按下ATB按钮和ATO按钮│                   │司机按下ATB按钮和ATO按钮后，列车以ATB│
        │后，列车不启动，ATB自动 │                   │模式由下行站台自动折返运行至折返线后，│
        │折返失败              │                   │自动换端后列车动一下就不动了或者列车不启│
        └───────────┬──────────┘                   │动，ATB自动折返失败         │
                    │                                └────────────┬──────────────┘
        ┌───────────┴──────────┐                                 │
        │激活司机室钥匙，待前方进路排好后，在│                       │
        │ATO—CBTC模式有效后，ATO按钮灯点亮后│                       │
        │按压该按钮，列车以ATO模式从下行站台运行│                   │
        │至折返线                         │                       │
        └───────────┬──────────┘                   ┌────────────┴──────────────┐
                    │                              │当列车停稳在折返线后，司机将本端司机室钥│
                    │                              │匙断开，激活另外一端的司机室，待前方进路│
                    │                              │排好，在ATO—CBTC模式可用时，ATO按钮│
                    │                              │灯点亮后按压该按钮，列车以ATO模式运行至│
                    │                              │上行站台进行开关门作业       │
                    │                              └────────────┬──────────────┘
        ┌───────────┴──────────┐                                 │
        │当列车停稳在折返线后，司机将本端司机室钥│                   │
        │匙断开，激活另外一端的司机室，待前方进路│                   │
        │排好，在ATO—CBTC模式可用时，ATO按钮│                       │
        │灯点亮后按压该按钮，列车以ATO模式运行上│                   │
        │行站台进行开关门作业              │                       │
        └───────────┬──────────┘                                 │
                    └──────────────────┬────────────────────────┘
                                       │
        ┌──────────────────────────────┴──────────────────────────────┐
        │以上两种情况均为ATB自动折返失败，根据现场运行情况或根据行调安排下线回库处理或待运营结束│
        │后回库处理                                                   │
        └──────────────────────────────┬──────────────────────────────┘
                                       │
        ┌──────────────────────────────┴──────────────────────────────┐
        │回库后，用电脑到TC2端将DLU板里面的数据拷下来分析，判断是车辆问题还是信号问题，联系车辆│
        │配合处理                                                     │
        └─────────────────────────────────────────────────────────────┘
```

图 SC9-7　ATB 自动折返失败故障处理

八、信标天线故障更换

当信标天线出现故障，应更换信标，其操作步骤如图 SC9-8 所示。

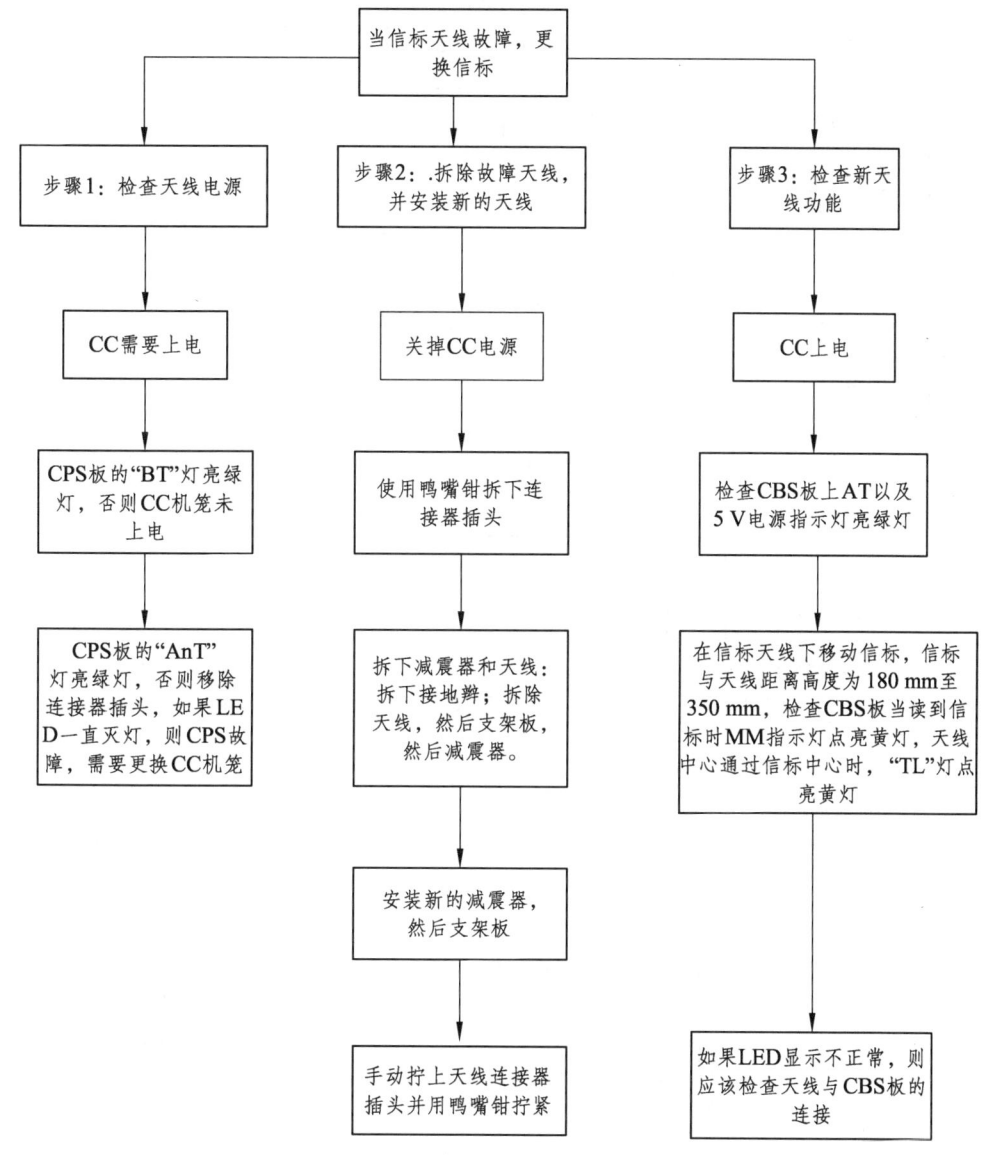

图 SC9-8 信标天线故障更换

九、里程计故障更换

里程计故障更换的操作步骤如图 SC9-9 所示。

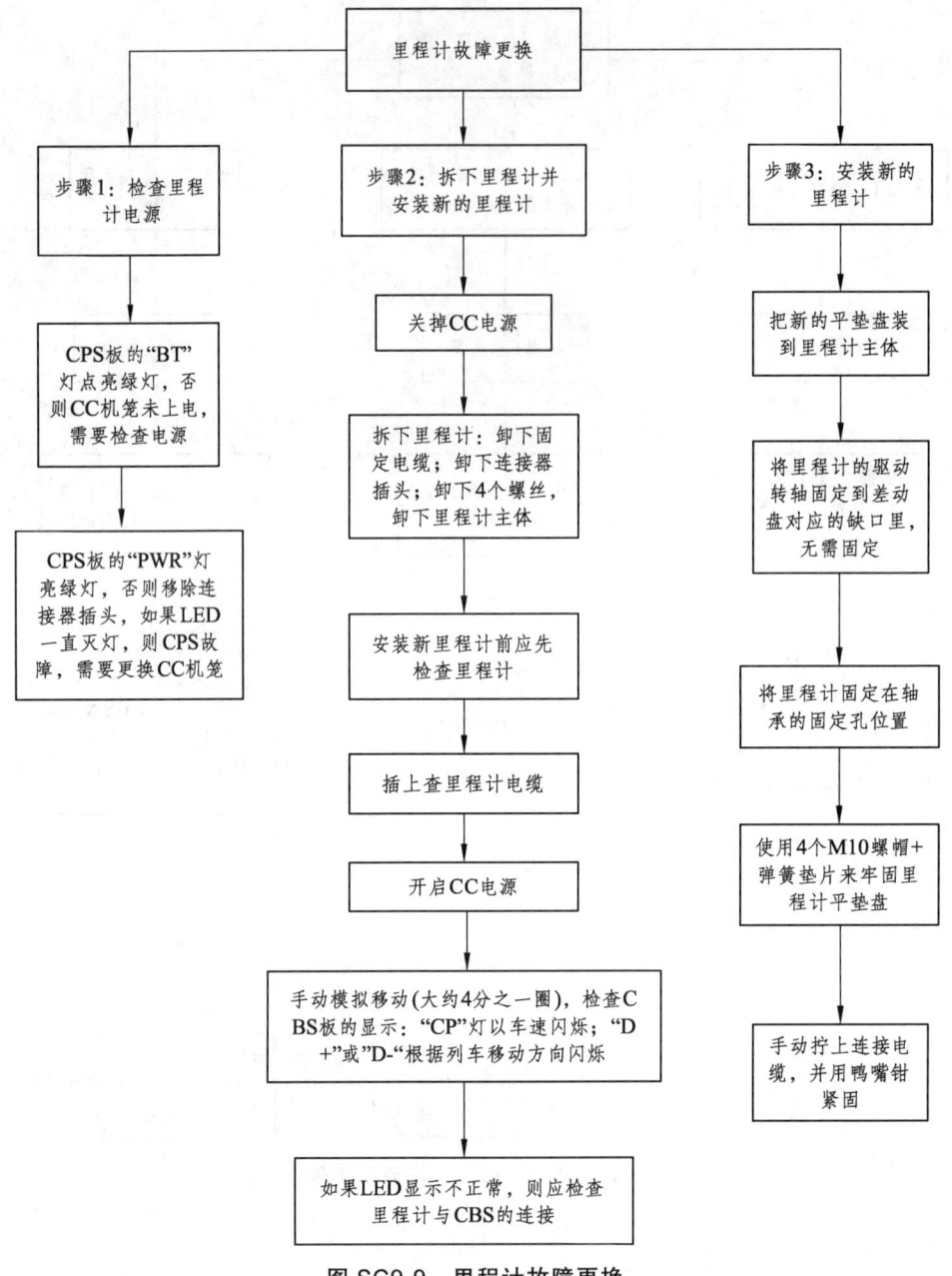

图 SC9-9 里程计故障更换

子模块 SC10 DCS 设备故障处理

一、DCS 设备故障处理程序框图

DCS 设备故障处理程序框图如图 SC10-1 所示。

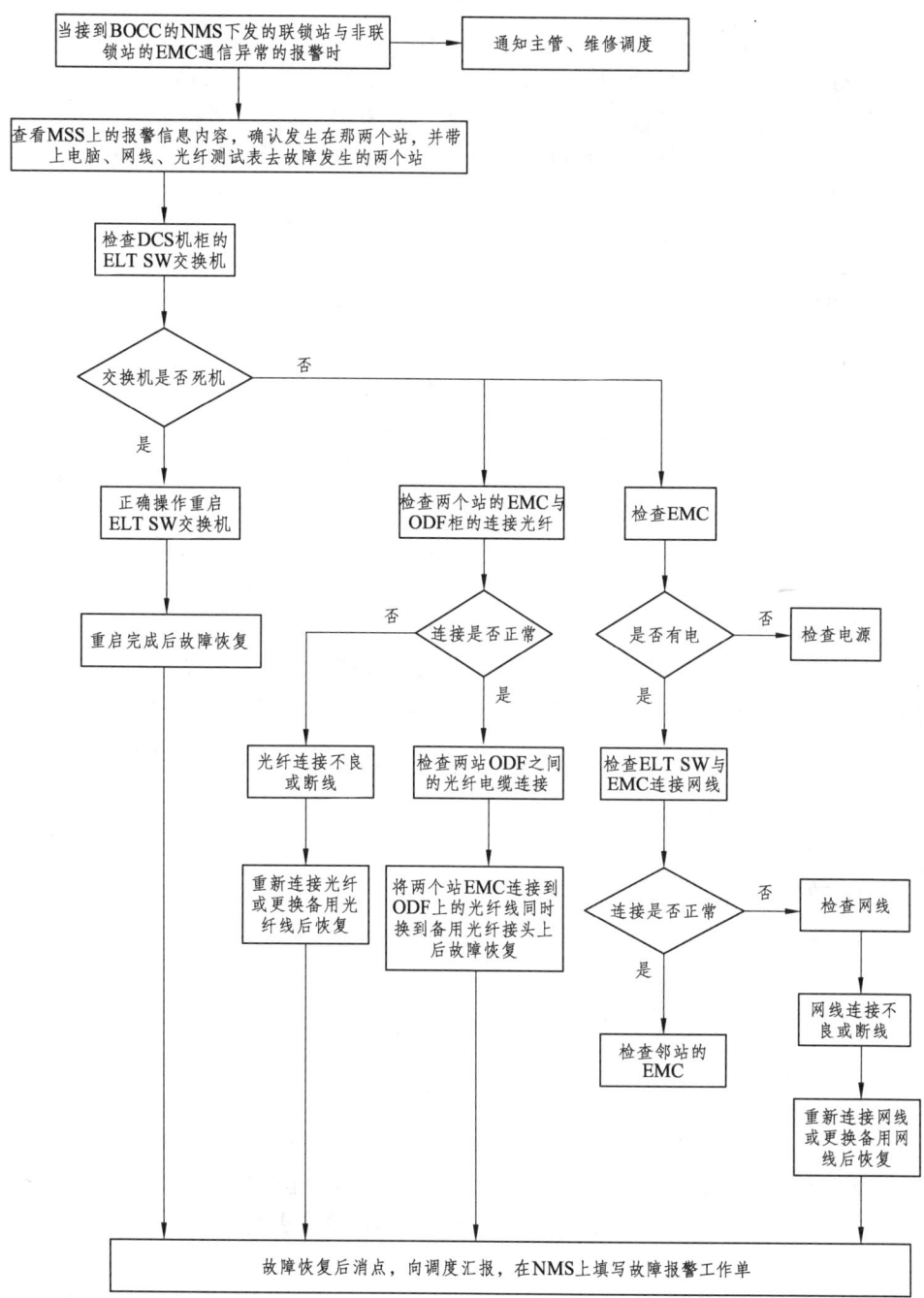

图 SC10-1 DCS 设备故障处理程序框图

二、控制中心 DCS 设备故障处理

1. SDH 故障

1）应急处置

控制中心 SDH 故障，将直接影响所有集中站与控制中心之间的通信。首先，应检查控

中心 BTN 机柜供电是否正常。其次，查看 NMS SDH 中的"当前告紧"、"告警原因"、"SDH 性能浏览"，分析故障可能产生原因。立即对故障点进行现场排查及处理。确定问题故障出在硬件本身还是网络连接上。如果是硬件本身的话（如 SDH 板卡），直接更换硬件；如果是网络连接问题的话，检查骨干网光纤和网线是否紧固，发现松动及时恢复。

2）一般故障处置

在运营结束后，对控制中心的 SDH 再次进行全面的检查。

2. 主交换机故障

1）应急处置

互为冗余网络的红、蓝网主交换机同时发生故障时，全线列车将无法实现无线车-地通信。首先应采用降级（后备模式）运营。其次，应检查 BTN 机柜供电是否正常；再来，查看 NMS IP 中的告警信息（右键单击设备->"视图"->"当前事件"），分析故障可能产生原因。确定问题故障出在硬件本身还是网络连接上。如果是硬件本身的话（如交换机），直接更换硬件；如果是网络连接问题的话，检查光纤和网线是否紧固，发现松动及时恢复。

2）一般故障处置

单个网络的主交换机出现故障，查看 NMS IP 中的告警信息（右键单击设备->"视图"->"当前事件"），分析故障可能产生原因。建议在运营结束后，对故障点进行现场排查及处理。确定问题故障出在硬件本身还是网络连接上。如果是硬件本身的话（如交换机），直接更换硬件；如果是网络连接问题的话，检查光纤和网线是否紧固，发现松动及时恢复。

三、集中站 DCS 设备故障

1. SDH 故障

1）应急处置

SDH 网络一般配置为环状结构，采用 MSP（二纤双向复用段）保护确保当单个 SDH 节点故障或光纤故障时，不影响其他 SDH 节点设备之间的通信。

两个或以上 SDH 节点故障或光纤故障时，将影响两个或以上集中站之间通信和集中站与控制中心之间的通信。首先，应检查 BTN 机柜供电是否正常。其次，查看 NMS SDH 中的"当前告紧"、"告警原因"、"SDH 性能浏览"，分析故障可能产生原因。立即对故障点进行现场排查及处理。确定问题故障出在硬件本身还是网络连接上。如果是硬件本身的话（如 SDH 板卡），直接更换硬件；如果是网络连接问题的话，检查光纤和网线是否紧固，发现松动及时恢复。

2）一般故障处置

单个 SDH 节点故障或光纤故障时，查看 NMS SDH 中的"当前告紧"、"告警原因"、"SDH 性能浏览"，分析故障可能产生原因。在运营结束后，对故障点进行现场排查及处理。确定问题故障出在硬件本身还是网络连接上。如果是硬件本身的话（如 SDH 板卡），直接更换硬件；如果是网络连接问题的话，检查光纤和网线是否紧固，发现松动及时恢复。

2. 交换机故障

1）应急处置

所有 DCS 接入设备（以太网交换机，轨旁无线设备）都为冗余配置。单个网络的交换机故障不会影响其他系统设备的通信。

互为冗余网络的交换机同时发生故障时对设备的影响，分为以下两种情况：

（1）红、蓝网二层电交换机同时故障，将造成该站设备无法与其他车站的设备和控制中心的设备通信。

（2）红、蓝网三层光交换机同时故障，将造成该联锁区的轨旁无线设备所管辖的区域无法实现无线车-地通信。

首先，应检查 BTN 机柜供电是否正常；其次，查看 NMS IP 中的告警信息（右键单击设备->"视图"->"当前事件"），如图 SC10-2 所示，分析故障可能产生原因。立即对故障点进行现场排查及处理，确定问题故障出在硬件本身还是网络连接上。如果是硬件本身的话（如交换机），直接更换硬件；如果是网络连接问题的话，检查光纤和网线是否紧固，发现松动及时恢复。

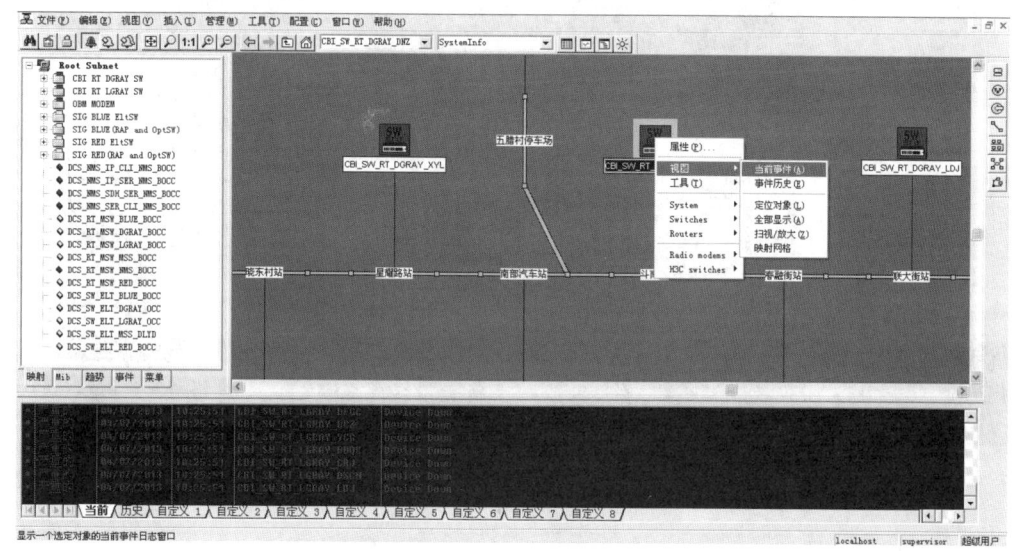

图 SC10-2　NMS IP 中的交换机故障告警信息查询

2）一般故障处置

单个网络的交换机出现故障，查看 NMS IP 中的告警信息（右键单击设备->"视图"->"当前事件"），分析故障可能产生原因。在运营结束后，对故障点进行现场排查及处理。确定问题故障出在硬件本身还是网络连接上。如果是硬件本身的话（如交换机），直接更换硬件；如果是网络连接问题的话，检查光纤和网线是否紧固，发现松动及时恢复。

三、轨旁 DCS 设备故障

1. TRE 故障

1）应急处置

所有 DCS 接入设备（以太网交换机，轨旁无线设备）都为冗余配置。单个网络的轨旁无线设备故障不会影响无线车-地通信。

互为冗余网络的轨旁无线设备同时出现故障，该轨旁无线设备管辖的区域将无法实现无线车-地通信。首先检查集中站室内供电是否正常。其次，查看 NMS IP 中的告警信息（右键

单击设备->"视图"->"当前事件"),如图 SC10-3 所示,分析故障可能产生原因。主要有以下两种处理的方法:

(1) 可立即对故障点进行现场排查及处理。检查该 TRE 在柜旁侧的供电是否正常,确定问题故障出在硬件本身还是网络连接上。如果是硬件本身的话(电源转换模块、光电转换器、Modem 等),直接更换硬件;如果是网络连接问题的话,检查光纤和网线是否紧固,发现松动及时恢复。

(2) 该区域也可采用列车以 RM 模式通过,列车离开故障区域,通信恢复后,可重新使用 CBTC 模式运行。等到运营结束以后,再对该故障点进行问题排查与处理。

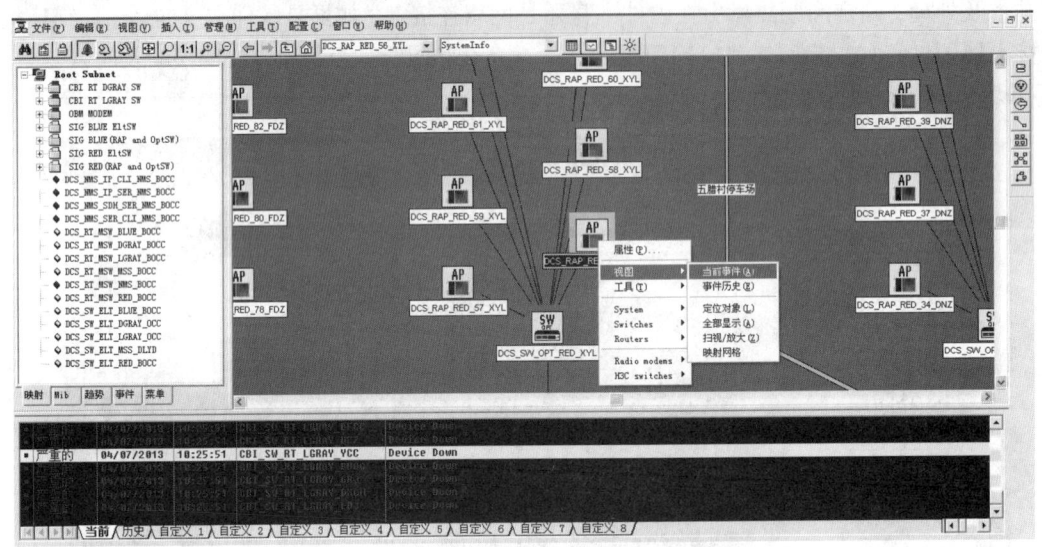

图 SC10-3　NMS IP 中的 TRE 故障告警信息查询

2) 一般故障处置

单个网络的轨旁无线设备出现故障,查看 NMS IP 中的告警信息(右键单击设备->"视图"->"当前事件"),分析故障可能产生原因。在运营结束后,对故障点进行现场排查及处理。确定问题故障出在硬件本身还是网络连接上。如果是硬件本身的话(电源转换模块、光电转换器、Modem 等),直接更换硬件;如果是网络连接问题的话,检查光纤和网线是否紧固,发现松动及时恢复。

2. 耦合单元、RF 馈线、波导管故障

1) 应急处置

此类设备发生故障时,无法在 NMS IP 上监测到。故障现象多为列车进入同一个区域时,都无法建立无线车-地通信。遇到该类问题时,建议等到运营结束以后,再对该故障点进行问题排查与处理。

2) 一般故障处置

在运营结束后,对故障点进行现场排查及处理。使用频谱分析仪结合逐步排除法,查找出发生故障的设备(耦合单元、RF 馈线、波导管等),并直接更换故障设备。

附录1：考试卷样题

信号检修工职业技能培训考试卷（初级）

题号	一	二	三	四	五	合计	统分人
得分							

注意事项：1. 答卷前将装订线左边的项目填写清楚。
2. 答卷必须用蓝色或黑色钢笔、圆珠笔，不许用铅笔或红笔。
3. 本份试卷共5道大题，满分100分，考试时间120分钟。

评卷人	得分

一、填空题（请将正确答案填在横线空白处；每题2分，共20分）

1. 横越轨道时，必须执行＿＿一停、二看、三通过＿＿制度，严禁翻越车钩、钻车底、车下作业和休息。

2. ＿＿联锁＿＿是指通过技术方法，使信号、道岔和进路必须按照一定程序并满足一定条件，才能动作或建立起来的相互关系。

3. 带电作业时，必须由持有＿＿电工安全操作证＿＿，二人或二人以上有人监护的情况下方可操作。

4. 正线信号机开放引导信号，准许列车以不大于＿＿25 km/h＿＿速度越过该架信号机继续运行，并随时准备停车。

5. 转辙机摩擦电流为＿＿2.3～2.9＿＿A，正反向摩擦电流相差应小于0.3 A。

6. 轨道电路的三种基本工作状态是＿＿调整状态＿＿、分路状态和断轨状态。

7. ＿＿道岔＿＿是车站的重要设备，担负着列车或机车车辆在车站改变径路的任务，是会让和转线作业的设备，它与线路相连。

8. 根据电流通过人体的路径及触及带电体的方式，一般可将触电分为＿＿单相触电＿＿、两相触电、和跨步电压触电等。

9. 正线上各类信号机的显示距离原则上不得小于＿＿400＿＿m。

10. 继电器按动作原理分类，分为＿＿电磁＿＿继电器和感应继电器。

二、选择题（请将正确答案的代号填入括号内；每题2分，共20分）

1. 在后备模式下，开放引导信号时，正线信号机显示（ D ）。
   A. 蓝色灯光   B. 红色灯光   C. 绿色灯光   D. 红黄灯光

2. 接触轨上的电压为（ B ）。
   A. DC 700 V   B. DC 750 V   C. AC 700 V   D. AC 750 V

3. 以下哪种电压不属于低压电压安全等级？（ D ）
   A. 12 V   B. 24 V   C. 36 V   D. 45 V

4. ZD_6型电动转辙机动作杆与齿条块之间用（ B ）连接。
   A. 检查柱   B. 挤切销   C. 销子   D. 挤脱柱

5. 与触电伤害程度无关的因素是（ D ）。
   A. 电流的大小   B. 触电时间的长短
   C. 人体电阻的大小   D. 环境温度

6. 城市轨道交通运行速度通常最高为（ C ）。
   A. 40 km/h   B. 60 km/h   C. 80 km/h   D. 100 km/h

7. 单人负重不得超过50公斤，二人以上共同抬运，平均负重不得超过（ B ）。
   A. 70公斤   B. 80公斤   C. 90公斤   D. 100公斤

8. ZD6系列电动转辙机额定电压为（ A ）。
   A. DC160 V   B. AC160 V   C. DC220 V   D. AC220 V

9. 道岔安装装置绝缘不得小于（ B ）。
   A. 500 Ω   B. 1 kΩ   C. 1 MΩ   D. 2 MΩ

10. JWXC-1700继电器共有（ C ）组接点。
    A. 4   B. 6   C. 8   D. 10

三、判断题（正确的请在括号内打"√"，错误的打"×"；每题2分，共20分）

1. 非集中站ATS工作站不具备控制功能。（ √ ）
2. ZD6转辙机摩擦带与内齿轮伸出部分清洁，不锈蚀或沾油。（ √ ）
3. 电压频率越高，电击对人体伤害程度越低。（ √ ）
4. 使用指针万用表测量电阻时，电阻带电和不带的测量值一样。（ × ）
5. 大雪、雷暴雨天、迷雾天，能见度差的时候，严禁上道作业。（ √ ）
6. 加强接点继电器是为通断功率较大的信号路而设计的。（ √ ）
7. 几个电阻串联时，每个电阻的电压相等。（ × ）

8. 安全门被检测到未关闭或未锁闭状态会触发紧急制动。（ √ ）
9. 当三相电源中任意一相断电,室外电机不得启动,在转换过程中任一相断电,电机应立即停止转换。（ √ ）
10. LC 运算子系统是二取二冗余系统。（ × ）

评卷人	得分

四、简答题（每题 5 分,共 20 分）

1. 如何检查二极管的好坏?

答：使用万用表的 R×100 挡或 R×1k 挡,用两只表笔分别接在二极管的两个极上,看一下表的指针,然后将两只表笔对换一下,再看一下表的指针,如果两次测试中,表针一次指示无穷大,一次指示很小,即存在单向导电性,那么就说明二极管是好的,反之就是坏的。

2. 信号设备维护工作中必须执行"三不动"、"三不离"的内容有哪些?

答："三不动"

（1）未联系登记好不动；

（2）对设备性能状况不清楚不动；

（3）正在使用中的设备不动。

"三不离"

（1）工作完成后未彻底试验好不离；

（2）发现设备有异常,未查明原因不离；

（3）没有彻底克服影响设备正常使用缺点不离。

3. 触电伤害程度与哪些因素有关?

答：电流的大小；触电时间的长短；电流通过人体的途径；人体电阻的大小；电流频率；人体状况。

4. ZD6 型电动转辙机主要由哪几部分构成?

答：ZD6 型电动转辙机由电动机、减速器、开闭器、动作杆、表示杆、移位接触器、底壳及机盖等九个部分组成

评卷人	得分

五、综合题（每题 10 分,共 20 分）

1. 写出 500 V 兆欧表使用方法。

答：（1）测量时的两条引线,一条接"L"端子,一条接"E"端子（地线端子）。

（2）手摇发电机至规定转速（120 r/min）,指针应指示在"00"位置,若不在"00"位置,可用微调器将其调至"00"位置。

（3）短接地线"E"端子和线路"L"端子，摇动发电机，使指针指向"0"位置，短接时间要短促。

（4）地线端子"E"和线路端子"L"要分别用单根导线与被测物相连，不能用双股线分别作"E"、"L"，端子的连线。

（5）待手摇发电机转速均匀后，指针也随之稳定下来，此时可进行读数，若指针摇摆不定，可读取其中间值。

（6）测量电路芯线间绝缘电阻时，应先摇转 1 min，使芯线充满电后，再取读数。

2. 信号检修作业及处理故障时执行的"八严禁"的内容有哪些？

答：（1）严禁采用封连线或其他手段封连信号设备电气接点，造成联锁失效；

（2）严禁甩开联锁条件，借用电源动作设备或借用其他条件改变联锁关系；

（3）严禁在轨道电路上拉临时线沟通电路造成死区间，或盲目用提高轨道电路送电端电压的方法处理故障；

（4）严禁色灯信号机灯光灭灯时，用其他光源代替；

（5）严禁采用非正常手段，人为地沟通道岔假表示，更换转辙、转换设备或进行道岔转换试验；

（6）严禁未要命令、未登记要点使用道岔"手摇把"转换道岔；

（7）严禁代替行车人员按压按钮扳动或转换道岔，检查进路，办理闭塞和开放信号；

（8）严禁未登记要点"偷点"、"抢点"作业。

信号检修工职业技能培训考试卷（中级）

题号	一	二	三	四	五	合计	统分人
得分							

注意事项：1. 答卷前将装订线左边的项目填写清楚。

2. 答卷必须用蓝色或黑色钢笔、圆珠笔，不许用铅笔或红笔。

3. 本份试卷共5道大题，满分100分，考试时间120分钟。

评卷人	得分

一、填空题（请将正确答案填在横线空白处；每题2分，共20分）

1. 按用途分类，车辆段可以分为列车信号机、__调车__信号机、阻挡信号机等三种。

2. 安全门被检测到未关闭或未锁闭状态时，CC设备将立即实施__紧急制动__。

3. 从协议分层模型方面来讲，TCP/IP由四个层次组成：网络接口层、网间网层、__传输层__、应用层。

4. 列车迎着道岔尖轨运行时，该道岔就叫__对向__道岔。

5. 在进路与进路之间，存在着两种性质不同的联锁关系：一是抵触进路；二是__敌对__进路。

6. 三相电源中任意两根端线间的电压称为__线电压__。

7. 城市轨道交通列车运行折返方式分为：站后折返、__站前折返__和混合折返。

8. 任何人员__严禁__擅自进入轨行区，如因工作需要必须进入轨行区时，应按接触轨区域安全管理规定的相关要求办理手续后，方可进入。

9. 转换锁闭装置由__锁闭齿轮__和齿条块、动作杆组成。

10. 所有接触轨设备，自__第一次__受电后开始即认定为带电设备，所有进入接触轨区域的人员均必须严格执行本规定。

评卷人	得分

二、选择题（请将正确答案的代号填入括号内；每题2分，共20分）

1. 进行更换钢轨、更换道岔、更换转辙机、接触轨检修、巡道等与带电接触轨距离小于（ C ）毫米的作业时，接触轨必须停电并挂接地线。

　　A. 500 mm　　B. 600 mm　　C. 700 mm　　D. 1 000 mm

2. 入段/场信号机显示引导信号显示，准许列车以不大于（ D ）速度越过该架信号机继续运行，并随时准备停车。
  A. 5 km/h   B. 10 km/h
  C. 15 km/h   D. 25 km/h

3. （ B ）用来监督是否挤岔。
  A. 挤切销   B. 移位接触器
  C. 齿条块   D. 锁闭齿轮

4. 50 Hz 相敏轨道电路电子接收器轨道输入信号与局部电源理想相位角为（ A ）。
  A. 0°   B. 90°
  C. 180°   D. 45°

5. 三相电路中采用星型连接方式时，线电压为（ C ）。
  A. 110 V   B. 220 V
  C. 380 V   D. 400 V

6. ZD6 系列电动转辙机故障电流为（ B ）。
  A. 2.2～2.5 A   B. 2.3～2.6 A
  C. 2.0～2.2 A   D. 2.3～2.9 A

7. 城市轨道交通运行速度通常最高为（ C ）。
  A. 40 km/h   B. 60 km/h
  C. 80 km/h   D. 100 km/h

8. 计轴点和主机的距离为（ B ）时，通过增加宽带隔离变压器，可以实现 21 km 的控制距离。
  A. 5 km   B. 6.5 km
  C. 7.5 km   D. 8.5 km

9. 普通接点继电器接点容量为（ A ）。
  A. 1 A   B. 2 A
  C. 3 A   D. 5 A

10. iLock 大型计算机联锁采集电源为（ D ）。
  A. Z 12 V   B. F 12 V
  C. Z 24 V   D. F 24 V

评卷人	得分

三、判断题（正确的请在括号内打"√"，错误的打"×"；每题 2 分，共 20 分）

1. 三相电路中采用星型连接方式时，相电压为 220 V，线电压为 380 V。（ √ ）
2. IP 地址根据网络 ID 的不同分为 5 种类型，A 类地址、B 类地址、C 类地址、D 类地址。（ × ）
3. 车辆段钢轨上既有信号电流流过，也有牵引电路流过。（ √ ）

4. ZD6 转辙机自动开闭器接点编号是站在电动机处观察，自左向右分别为 1、2、3、4 排。 (×)

5. 计轴设备的工作与轨道和道床状况无关。 (√)

6. 临时限速由线路控制器 LC 管理。 (√)

7. ATS 子系统不具备屏蔽错误时间信号的功能。 (×)

8. 在正线联锁系统中人工控制的进路优先级高于自动控制的进路。 (√)

9. 导体的电阻和导体的截面积成反比，和导体的长度成正比。 (√)

10. 非集中站 ATSZ 作站不具备控制功能。 (√)

评卷人	得分

四、简答题（每题 5 分，共 20 分）

1. 简述转辙机的作用。

答：（1）转换道岔的位置，根据需要转换至定位或反位；

（2）道岔转至所需位置而且密贴后，实现锁闭，防止外力转换道岔；

（3）正确地反映道岔的实际位置，道岔的尖轨密贴于基本轨后，给出相应的表示；

（4）道岔被挤或因故处于"四开"（两侧尖轨均不密贴）位置时，及时给出报警及表示。

2. $JSBXC_1$-850 型可编程时间继电器内部电路由哪几部分组成？

答：$JSBXC_1$-850 型时间继电器内部电路 4 部分组成：输入电路、控制电路、电源电路和动态输出电路。

3. 事故分析处理"四不放过"原则内容是什么？

答：（1）事故发生后原因不查明不放过；

（2）事故责任者不处理不放过；

（3）整改措施未落实不放过；

（4）有关人员未受到教育不放过。

4. 轨道电路分路状态最不利的因素是哪些？

答：分路状态的最不利因素是：电源电压最高、钢轨阻抗最小、道砟电阻最大，即轨道接收设备获得的电流最大。

评卷人	得分

五、综合题（每题 10 分，共 20 分）

1. 信号检修作业及处理故障时执行的"八严禁"的内容有哪些？

答：（1）严禁采用封连线或其他手段封连信号设备电气接点，造成联锁失效；

（2）严禁甩开联锁条件，借用电源动作设备或借用其他条件改变联锁关系；

（3）严禁在轨道电路上拉临时线沟通电路造成死区间，或盲目用提高轨道电路送电端电压的方法处理故障；

（4）严禁色灯信号机灯光灭灯时，用其他光源代替；

（5）严禁采用非正常手段，人为地沟通道岔假表示，更换转辙、转换设备或进行道岔转换试验；

（6）严禁未要命令、未登记要点使用道岔"手摇把"转换道岔；

（7）严禁代替行车人员按压按钮扳动或转换道岔，检查进路，办理闭塞和开放信号；

（8）严禁未登记要点"偷点"、"抢点"作业。

2. 写出 ZD6 道启动电路的三级电路。

答：第一级控制电路是 1DQJ3-4（道岔第一启动继电器）线圈励磁电路，检查联锁条件，确定能否接收控制命令。

第二级控制电路是 2DQJ 的转极电路，确定道岔的转换方向（向定位转还是向反位转），1DQJ↑后使 2DQJ 转极。

第三级控制电路是 1DQJ1-2 线圈自闭电路。接通并随时检查电动机动作电路是否正常。

信号检修工职业技能培训考试卷（高级）

题号	一	二	三	四	五	合计	统分人
得分							

注意事项：1. 答卷前将装订线左边的项目填写清楚。

2. 答卷必须用蓝色或黑色钢笔、圆珠笔，不许用铅笔或红笔。

3. 本份试卷共 5 道大题，满分 100 分，考试时间 120 分钟。

评卷人	得分

一、填空题（请将正确答案填在横线空白处；每题 2 分，共 20 分）

1. 联锁机切换手柄置中间__自动__位置，主备机切换后，待两机输出一致，则联锁备机应能处于同步状态。

2. 计轴区段显示稳定粉红色表示计轴处于__占用状态__。

3. 道岔电路故障按电路区分，可分为启动电路故障和__表示电路__故障。

4. 使用兆欧表测量工作结束后，对被测物应进行__充分放电__，以保护设备及人身安全。

5. DCS 无线网络采用冗余结构，由__红网__和蓝网组成。它们被用于承载车载和轨旁 CBTC 系统间信号数据流的通信。

6. 综合采集机有 CPU 板、__模入板__、开入板、开出板和绝缘接口板。

7. CATS 应用服务器为__双机热备__冗余设计，备机实时从主机获得同步的各种数据，可以实现无扰切换。

8. __列车自动驾驶__是 ATO 的主要功能，ATO 生成速度控制命令并发送到列车的牵引和制动系统。

9. 车载 DMI 标度盘显示三种速度，即列车速度、推荐速度、__目标速度__。

10. 计轴__STEU 板__（控制诊断板）用于分析所接收到的车轮传感器信号。

评卷人	得分

二、选择题（请将正确答案的代号填入括号内；每题 2 分，共 20 分）

1. 当 ZD（J）9 转辙机转换超过规定（ B ）时，应停止转换。
   A. 13 s   B. 30 s   C. 40 s   D. 60 s

2. 计轴 STEU 控制诊断板上 5 号灯位稳定电路表示（ D ）。

A. 系统复位　　B. 负轴锁闭　　C. 未用　　D. 区段占用

3. 轨道区段在开机、停电恢复和因故障锁闭时，在检查该区段未排列在进路中且空闲后，能采取（ C ）操作实现故障解锁。

　　A. 总人解　　B. 上电解　　C. 区故解　　D. 解封

4. 计算机联锁 VPS 板驱动 VRD 继电器输入电压标准为（ C ）。

　　A. 12 V　　B. 24 V　　C. 36 V　　D. 48 V

5. （ A ）板是 VLE 板和输入输出板交换信息的通道。

　　A. I/OBUS2　　B. VPS　　C. I/OBE　　D. VIIB

6. DCS 系统确保各子系统间直接的端到端的通信，通过（ C ）的无线传播提供车辆和轨旁的连续通信。

　　A. 无线 AP 天线　　B. 漏缆　　C. 波导管　　D. 信标天线

7. 车站现地控制工作站上采用（ A ）操作系统，运行现地控制工作站软件，该软件采用 C/C++ 语言编程。

　　A. Windows XP　　B. Windows 2000　　C. Linux　　D. unix

8. 集中监测系统采集单元使用监测机柜提供的（ B ）直流电源供电。

　　A. 5 V　　B. 12 V　　C. 24 V　　D. 48 V

9. 典型的安装方式为每段漏隙波导管的长度不大于 500 米，连接耦合单元到漏隙波导管馈电线缆长度不大于（ C ）。

　　A. 6.5 米　　B. 10 米　　C. 15 米　　D. 18 米

10. 钢轨引接线塞钉孔距钢轨连接夹板边缘应为（ B ）左右。

　　A. 5 mm　　B. 10 mm　　C. 15 mm　　D. 20 mm

评卷人	得分

三、判断题（正确的请在括号内打"√"，错误的打"×"；每题 2 分，共 20 分）

1. 单操道岔后，原表示灯不灭，电流表不动，可判断为 1DQJ 未励磁。（ √ ）
2. 计算机联锁上电解锁只能使用一次，在重启使用后，联锁不再提供上电解锁功能。（ √ ）
3. 车载 ATP 向安全门发送安全门打开和关闭命令是通过 ATS 发送的。（ × ）
4. 在无法预测测量的电压或电流值时，万用表应选择最高量程，然后再逐步减小量程。（ √ ）
5. 道岔名称显示稳定绿色表示道岔处于反位。（ × ）
6. 轨道电路跳线和引接线处不得有防爬器和轨距杆等物。（ √ ）
7. ATS 操作人员任何时候都可对进路进行人工设置，人工操作模式优先级最高。（ √ ）
8. 转辙机作为锁闭装置，当尖轨和基本轨不密贴时，不影响锁闭。（ × ）
9. 整流式继电器是通过内部的半波或全波整流电路将交流电变为直流电而动作。（ √ ）
10. iLock 计算联锁设备的采集两系合用采用信息。（ × ）

评卷人	得分

四、简答题（每题 5 分，共 20 分）

1. iLOCK 联锁处理（IPS）由哪些板卡构成？

答：安全逻辑运算（VLE）、安全校验（VPS）、输入输出总线（I/OBUS2）、输入输出总线扩展（I/OBE2）、安全型双断输出（VOOB）、双采安全型输入（VIIB）等。

2. 当计轴区段无车但处于占用状态时，如何处理？

答：由行车人员确认该区间无车后，先对区段进行预复位，然后正常通过一列列车，才能使区段空闲。

3. 改变继电器时间特性的方法有哪些？

答：（1）提高继电器端电压使其快吸；

（2）与继电器线圈串联 RC 并联电路使其快吸；

（3）在继电器线圈两端并联电阻或二极管使其缓放；

（4）短路继电器一个线圈使其缓放等。

4. 进路解锁方式有哪几种？

答：正常解锁、取消进路、进路人工延时解锁（简称人工解锁，办理"总人解"）、区段人工解锁（办理"区故解"）、引导进路解锁。

评卷人	得分

五、综合题（每题 10 分，共 20 分）

1. 单操道岔后启动断路器熔断的主要原因有哪些？

答：（1）道岔调整过紧，故障电流过大。启动后道岔解锁困难。道岔启动时使断路器熔断。

（2）道岔机械故障，启动后道岔不能解锁，使道岔电流大幅度增加，断路器迅速熔断。

（3）启动电路混线。启动电路外线是否混线、接地，可用测试电缆线间、对地绝缘的办法，进行分线判断，此时应室内、外协同处理。在测试时，室内拔下 2DQJ 室外拔下转辙机插头，测试线间、对地绝缘，分辨混线点在室内还是室外、电缆还是转辙机内、逐段甩线，直至找出混线点。

2. ZD6 道岔表示电路中采用了哪些安全措施？

答：（1）电路中使用了两个安全型偏极继电器，作为道岔表示继电器，使用了独立的表示变压器，并在电路的末端设置整流堆（直流开关），检查电路完整后送回直流电源，为了防止半波整流造成表示继电器抖动，在表示继电器两端并联了 4 μF 电容器起滤波作用。

（2）为了实施断线保护而采用两个继电器 DBJ 和 FBJ。

（3）为了实施混线保护，DBJ 和 FBJ 采用直流偏极继电器。这种继电器既检查电压极性，又检查是否有电流流过线圈。

附录 2：中英文对照表

序号	英文缩写	英文全称	中文含义
1	AP	Automatic Protection	自动保护
2	ATB	Automatic Turn Back	自动折返
3	ATC	Automatic Train Control	列车自动控制
4	ATO	Automatic Train Operation	列车自动驾驶
5	ATP	Automatic Train Protection	列车自动保护
6	ATS	Automatic Train Supervision	列车自动监控
7	ARP	Address Resolution Protocol	地址解析协议
8	ASCII		美国信息交换标准码
9	BHJ		断相保护继电器
10	BLEA12		闭塞信息输入/输出板
11	BPSK		二进制相移键控
12	BM	Block Mode	后备模式
13	CASCO	CASCO SIGNAL LTD.	卡斯柯信号有限公司
14	CBI	Computer Based Interlocking	计算机联锁
15	CBTC	Communication Based Train Control	基于通信的列车控制
16	CC	Carborne Controller	车载控制器
17	COM	Communications	通信系统
18	DSBJ		灯丝断丝告警继电器
19	DDJ		点灯继电器
20	DJ		灯丝继电器
21	DBJ		定位表示继电器
22	DQJ		启动继电器
23	DBQ		断相保护器
24	DKJ		动作开始继电器
25	DWJ		动作完成继电器
26	DMI	Driving Monitor Interface	驾驶室显示屏
27	DOT	Direction Of Travel	行车方向
28	DSU	Data Storage Unit	数据存储单元

续表

序号	英文缩写	英文全称	中文含义
29	DCS	Data Communication System	数据传输系统
30	DMR		双重冗余
31	DMS		门控模式选择开关
32	EB	Emergency Brakes	紧急制动
33	EMC	ElectroMagnetic Compatibility	电磁兼容性
34	EMI	Electric Magnetic Interference	电磁干扰
35	EOA	End Of Authority	授权终点
36	ESA	Emergency Stop Area	紧急停车区域
37	ESP	Emergency Stop Plunger	紧急停车按钮
38	FDDI		光纤分布式数据接口
39	FTP	File Transfer Protocol	文件传输协议
40	FBJ		反位表示继电器
41	FCJ		反位操纵继电器
42	FSFB	Fail Safe Field Bus	故障安全总线
43	FSK	Frequency Shift Keying	频移键控
44	HMI		现地控制工作站
45	IP	Internetworking Protocol	网际协议
46	ICMP	Internet Control Message Protocol	互联网控制信息协议
47	ISO	International Standards Organization	国际标准化组织
48	IBP		综合后备盘
49	TMR		三重冗余
50	I/OBUS2		输入输出总线扩展板
51	JZ		灯丝转换继电器
52	JG		报警继电器
53	LED		发光二极管
54	LEU		欧式编码器
55	LC	Line Controller	轨旁 ATP/ATO 线路控制器（线路控制功能）
56	LATS	Local ATS	车站 ATS 分机
57	LAN	Local Area Network	局域网
58	LXJ		列车信号继电器
59	LRU	Line Replaceable Unit	线路可替换单元
60	MMS	Maintenance Monitoring System	微机监测系统

续表

序号	英文缩写	英文全称	中文含义
61	MSS	Maintenance Support System	维护支持系统
62	MTBF	Mean Time Between Failures	故障平均间隔时间
63	MTIB	Moving Train Initialization Beacon	列车运行初始化信标
64	MIB		管理信息库
65	NIC	Network Interface Card	网卡
66	NMS	Network Management System	网络管理系统
67	NRM		非限制人工驾驶模式
68	NISAL	Numerically Integrated Safety Assurance Logic	数字集成安全保证逻辑
69	OCC	Operation Control Centre	控制中心
70	OFDM		正交频分复用
71	PIS	Passenger Information System	乘客信息系统
72	PSBa	Precise Stop Beacon for arriving	用于进站的精确停车信标
73	PSD	Platform Safety Door	站台安全门
74	PSR		永久限速
75	QDJ		切断继电器
76	RAM	Reliability, Availability, Maintainability	可靠性、可用性、可维护性
77	RB	Relocalization Beacon	重新定位信标
78	RF	Radio Frequency	射频
79	RS	Rolling Stock	车辆
80	RMR		限速向后
81	RM	Restricted Manual mode	限制人工驾驶模式
82	RMF		限速向前
83	SDH	Synchronous Digital Hierarchy	骨干网
84	SDM	Diagnostics and Maintenance Subsystem	诊断和维护子系统
85	SJ		锁闭继电器
86	STP		屏蔽双绞线
87	SMTP	Simple Mail Transfer Protocol	简单邮件传输协议
88	SNMP	Simple Network manage Protocol	简单网络管理协议
89	SER	Signaling Equipment Room	信号设备室
90	SIG	Signaling	信号系统
91	SSID	Service Set Identifier	服务识别码
92	SGD		静态数据库

续表

序号	英文缩写	英文全称	中文含义
93	SVK2150		电源板
94	SIRIUS2		串行通信板
95	STEU		控制诊断板
96	TC	Track Circuit	轨道电路
97	TCP/IP	Transfer Control Protocol/Internet Protocol	传输控制/网际协议
98	TCP	Transport Control Protocol	传输控制协议
99	TDT	Train Departure Timer	发车表示器
100	TSR	Temporary Speed Restrictions	临时速度限制
101	TJ		时间继电器
102	UTP		非屏蔽双绞线
103	UDP	User Datagram Protocol	用户数据报协议
104	UPS	Uninterruptible Power Supply	不间断供电系统
105	VLE		安全逻辑运算板
106	VOOB		安全型双断输出板
107	VIIB		双采安全型输入板
108	VAU		数据处理和监视板
109	VESBA		放大触发和带通滤波板
110	VPS		安全校验板
111	WAN	Wide Area Network	广域网
112	WiFi	Wireless Fidelity	无线保真技术
113	XDZ		信号点灯装置
114	YXJ		引导信号继电器
115	ZBHJ		总断相保护继电器
116	ZC	Zone Controller	轨旁ATP/ATO控制器（区域控制功能）
117	ZXJ		正线继电器
118	ZVBA	Zero Velocity Breaking Applied	零速制动施加
119	2oo2	2 out of 2 channel configuration	2取2通道配置
120	2oo3	2 out of 3 channel configuration	3取2通道配置

参 考 文 献

[1] 人力资源和社会保障部教材办公室、广州市地下铁道总公司编写组. 信号检修工[M]. 北京：中国劳动社会保障出版社，2010.

[2] 上海申通地铁集团有限公司轨道交通培训中心. 城市轨道交通信号技术[M]. 北京：中国铁道出版社，2010.

[3] 铁道部劳动和卫生司编写组. 信号工（通用基础知识）[M]. 北京：中国铁道出版社，2005.

[4] 铁路职工岗位培训教材编审委员会. 信号工（联锁、列控与区间信号设备维修）[M]. 北京：中国铁道出版社，2009.

[5] 昆明地铁运营有限公司信号中心. 信号系统设备维护规程.

[6] 昆明地铁运营有限公司信号中心. 信号系统设备作业指导书.